Die Rezeption von Arthur Schnitzlers *Reigen*

Studies in Austrian Literature, Culture and Thought

Gerd K. Schneider

Die Rezeption von Arthur Schnitzlers *Reigen* 1897-1994

Text, Aufführungen, Verfilmungen Pressespiegel und andere zeitgenössische Kommentare

ARIADNE PRESS

Ariadne Press would like to express its appreciation to the Austrian Cultural Institute, New York for assistance in publishing this book.

Library of Congress Cataloging-in-Publication Data

Schneider, Gerd K., 1931-
Die Rezeption von Arthur Schnitzlers Reigen 1897-1994 ; Text, Aufführungen, Verfilmungen ; Pressespiegel und andere zeitgenössische Kommentare / Gerd K. Schneider.
p. cm. -- (Studies in Austrian literature, culture, and thought)
Includes bibliographical references and index.
ISBN 1-57241-006-X
1. Schnitzler, Arthur, 1862-1931. Reigen. 2. Schnitzler, Arthur, 1862-1931--Appreciation. I. Title. II. Series
PT2638.N5R438 1995
832'.8--dc20

95-4122

Cover design:
Art Director and Designer: George McGinnis

Printed in the United States of America.
ISBN 1-57241-006-X

Inhaltsverzeichnis

Kapitel VI: Die Zeit 1921-1926. Vom zweiten *Reigen*-Prozeß bis zum 'Schund- und Schmutz'-Gesetz

Kapitel VII: Aufführungen und Lesungen des *Reigen* in anderen europäischen Städten 1920-1931

Kapitel XI: Die Zeit 1987-Sommer 1989. *Reigen*-Aufführungen und Lesungen

A. Die Aufnahme des *Reigen* in Paris, der ehemaligen DDR, Tokio und Italien: 1987-1988

B. Aufführungen und Lesungen in Deutschland und in Österreich: 1988-Sommer 1989

Kapitel XII: Die Zeit Herbst 1989-April 1994. *Reigen*-Aufführungen und Bearbeitungen

Danksagung

Folgenden Personen möchte ich für ihre Hilfe danken: Professor W. E. Yates, der mir gestattete, das Schnitzler-Archiv der Universität von Exeter zu benutzen; Frau Ingrid Leis, die über 1300 Zeitungsausschnitte zum *Reigen*, die im Archiv von Exeter vorhanden sind, für mich ordnete; Dr. Trevor Learbury von der Universitätsbibliothek in Exeter; Dr. Werner Volke vom Deutschen Literaturarchiv in Marbach am Neckar, der mir erlaubte, in Arthur Schnitzlers Nachlaß, seine unveröffentlichten Tagebücher, seine den *Reigen* betreffenden Briefe und andere relevante Dokumente Einsicht zu nehmen; Herrn Feifel und Frau Grüninger vom Literaturarchiv in Marbach, die immer bereit waren, mir mit Rat und Tat zur Seite zu stehen; Dr. Hans Bohrmann, dem Direktor der Zeitungs-Ausschnitt Sammlung der Stadt- und Staatsbibliothek Dortmund, sowie Frau von Oertzen, die mir beide auf beispielhafte Weise behilflich waren; Frau Stark von der Deutschen Bibliothek in Frankfurt am Main; Professor Dr. Alfred Doppler, der mir bei der Beschaffung der Kritiken zeitgenössischer *Reigen*-Aufführungen aus dem Zeitungsarchiv des Instituts für Germanistik der Universität Innsbruck half; DDr. Gabriele Melischek und Dr. Josef Seethaler von der Österreichischen Akademie der Wissenschaften in Wien, die mir ihre zeitungswissenschaftlichen Forschungsergebnisse zugänglich machten; Dr. Peter Michael Braunwarth von der Österreichischen Akademie der Wissenschaften in Wien, der mir wertvolle Anregungen gab und bei der Beschaffung seltenen Materials behilflich war, und Professor Dr. Kurt Klinger, dem stellvertretenden Direktor der Österreichischen Gesellschaft für Literatur in Wien, der mir gestattete, die Bestände des Schnitzler-Archivs zu benutzen.

Ganz besonderen Dank schulde ich Michael Koseler, der mir bei der Übersetzung des auf Englisch geschriebenen Erstmanuskripts ins Deutsche behilflich war, Professor Dr. Richard H. Lawson für sein kritisches Durchsehen des vorliegenden Manuskripts und Professor Dr. Jorun Johns für ihre wertvollen Hinweise.

Insbesondere danke ich meiner Kollegin und Gattin, Professor Dr. Georgia A. Schneider, für ihre hilfreichen Kommentare und für ihre Geduld. Ohne sie wäre diese Arbeit nie zu Ende geführt worden.

Kapitel I

Einleitung

> *Reigen*: Eine der größten Seltenheiten der modernen Literatur (Hayn 392)

Reigen ist ein Werk über Menschen, die sich lieben, ohne sich zu lieben. Das Stück besteht aus zehn Szenen oder Dialogen, in denen je zwei Figuren, die zum großen Teil unterschiedlichen Gesellschaftsschichten angehören, auftreten, um sich vor und nach ihrer geschlechtlichen Vereinigung zu unterhalten; der Akt selbst wird im Text durch Gedankenstriche angezeigt. In jeder dieser Szenen ist einer der beiden Partner bereits aus der vorhergehenden Begegnung bekannt, so daß sich folgende Konstellation ergibt: Die Dirne und der Soldat; der Soldat und das Stubenmädchen; das Stubenmädchen und der junge Herr; der junge Herr und die junge Frau; die junge Frau und der Ehemann; der Gatte und das süße Mädel; das süße Mädel und der Dichter; der Dichter und die Schauspielerin; die Schauspielerin und der Graf. Am Ende schließt sich der Kreis, indem jene beiden Gestalten zusammengeführt werden, die auf der höchsten respektive niedrigsten sozialen Rangstufe stehen: der Graf und die Dirne. Jede dieser Episoden beginnt mit großen Erwartungen, und jede endet mit Ernüchterung, Überdruß und Ekel, ein Kausalnexus, wie er ganz ähnlich von Erich Fromm beschrieben wird:

> Das sexuelle Verlangen zielt auf Vereinigung—und ist keineswegs nur eine physische Begierde, die Lösung einer quälenden Spannung. Das sexuelle Verlangen kann jedoch noch durch die Angst vor der Einsamkeit gesteigert werden oder durch den Wunsch, zu erobern oder erobert zu werden, durch Eitelkeit, durch das Verlangen, zu verletzen oder sogar zu zerstören—aber auch durch Liebe. . . . Wenn das Verlangen nach physischer Vereinigung nicht durch Liebe bedingt wird, wenn die erotische Liebe also nicht auch Nächstenliebe ist, führt sie immer nur zu einer Vereinigung in orgiastischem, vorübergehendem Sinne. Die sexuelle Anziehung schafft zwar im Augenblick die Illusion der Vereinigung, aber ohne Liebe bleiben nach dieser "Vereinigung" Fremde zurück, die genauso weit voneinander entfernt sind wie vorher; Fremde, die sich dann voneinander schämen oder sich hinterher hassen, weil sie die gegenseitige Fremdheit nach dem Verschwinden der Illusion stärker spüren als vorher. (79-80)

Und eben das widerfährt all den Gestalten, die an diesem Reigen teilnehmen, der häufig mit einem Totentanz verglichen wurde. Eine permanente Vereinigung ist nicht möglich; alles, was wir erreichen, ist eine vorübergehende Aufhebung der Einsamkeit, welche die Desillusion des *après* nur um so unerträglicher macht. Im Laufe der Zeit läßt uns eine andere Affäre diese existentielle Frustration wieder vergessen, und das Ende einer solchen Affäre ist immer voraussagbar, wenn auch Akzidenzien wie die soziale Zugehörigkeit der einzelnen Partner, Gelegenheit, Familienstand etc. den Beginn durchaus unterschiedlich gestalten. Ingeborg Bachmann hat der Verzweiflung, die den Menschen angesichts dieser ewigen Wiederkehr des Gleichen überkommt, in folgendem Gedicht Ausdruck gegeben:

Reigen

Reigen—die Liebe hält manchmal
im Löschen der Augen ein,
und wir sehen in ihre eignen
erloschenen Augen hinein.

Kalter Rauch aus dem Krater
haucht unsere Wimpern an;
es hielt die schreckliche Leere
nur einmal den Atem an.

Wir haben die toten Augen
gesehn und vergessen nie.
Die Liebe währt am längsten
und sie erkennt uns nie. ("*Reigen*" 35)

In ihrem Buch *Malina* greift Ingeborg Bachmann auf dieses Bild zurück, und auch hier ist der Reigen eher ein Totentanz als ein Tanz der Liebe. Im Zusammenhang mit Wien spricht sie von der "universellen Prostitution," die nach dem Krieg in dieser Stadt geherrscht habe und die bis in die Gegenwart fortdauere:

> es muß jede einmal mit jedem auf dem niedergetretenen Rasen gelegen sein oder, gegen die Mauern gelehnt, gestöhnt, gekeucht haben, manchmal einige gleichzeitig, abwechselnd, durcheinander. Miteinander haben alle geschlafen, alle haben einen Gebrauch von-

> einander gemacht, und so sollte es heute niemand mehr wundern, daß kaum noch Gerüchte zirkulieren, denn dieselben Frauen und Männer begegnen einander höflich, als wäre nichts geschehen, die Männer ziehen den Hut, küssen die Hände, die Frauen gehen mit leichten Schritten und gehauchten Grüßen am Stadtpark vorbei, tragen elegante Taschen und Regenschirme, sehen geschmeichelt aus. Es rührt aber aus dieser Zeit, daß der Reigen begonnen hat, der heute nicht mehr anonym ist. (289-290)

Ingeborg Bachmann bezieht sich hier auf die Zeit nach 1945, in der sexuelle Angelegenheiten ihren intimen Charakter zu verlieren begannen und nicht mehr vor den Augen und Ohren der Öffentlichkeit verborgen wurden. Diese Veränderung des Sexualverhaltens spiegelt sich auch in der Rezeption von Schnitzlers *Reigen* wider, ein Werk, das fast einhundert Jahre alt ist. Auf den folgenden Seiten wird seine Wirkungsgeschichte—des gedruckten Werkes und der Bühnenaufführungen—vom ersten Erscheinen als Privatdruck bis in die unmittelbare Gegenwart nachgezeichnet.

Im Vergleich zur Rezeption des gedruckten Werkes ist die der Inszenierungen ein wesentlich komplexerer Vorgang, weil die Besprechung einer Bühnenaufführung die doppelte Aufgabe hat, sowohl den Text als auch seine Darbietung auf der Bühne zu beurteilen. In diesem Zusammenhang stellt Margot Elfving Vogel treffend fest:

> Abhängig u.a. von der spezifischen Situation der einzelnen Vorstellung und der Einstellung des Kritikers, in seiner Rolle als Entwicklungsträger einer Norm und als Individuum, verlagert sich das Hauptgewicht auf die Vorstellung, den Text oder den Autor. In einer Theaterkritik eines Schnitzlerwerkes werden in der Regel mehrere der folgenden Gesichtspunkte behandelt: Thema, Sprache, Übersetzung, Form-Technik, Moralisches, Politisches, Affinität zu anderen Autoren, Aufführung, Inszenierung und Schauspieler. (21)

Daß damit das Verstehen des Publikums in eine bestimmte Richtung gedrängt werden kann, wurde schon von Wolfgang Lechner festgestellt:

> Die Vermittlertätigkeit, die das Theater zwischen Text und Publikum ausübt, ist in der bisherigen Rezeptionstheorie . . . nicht reflektiert worden. Daß nicht nur der Leser, sondern auch Regisseur, Schauspieler, Ausstatter so eine selbständige Konkretisation

> unmöglich machen bzw. doch in eine bestimmte Richtung zu beeinflussen, ist bisher [1978] nicht diskutiert worden und wird auch nur auf der Grundlage eines erweiterten Rezeptionsbegriffs in ein Rezeptionsmodell einzubeziehen sein. (29-30)

Der Großteil der Kritiken, die in dieser Studie zitiert werden, erschien in Zeitungen. Die meisten der bis 1931 veröffentlichten Rezensionen und Aufsätze hat Arthur Schnitzler selbst gelesen. Schnitzler nahm die Dienste zweier Zeitungsausschnittbüros in Anspruch, der Observer Agentur in Wien und der Firma Klose & Seidel in Berlin; von den frühen neunziger Jahren des neunzehnten Jahrhunderts bis zu seinem Tode im Jahre 1931 belieferten ihn beide Agenturen mit Material. Diese seine Sammlung befindet sich jetzt in der Bibliothek der Universität von Exeter (England) und wurde dieser von Dr. Mary Garland geschenkt. Professor H.B. Garland, der von 1947 bis 1972 am German Department der Universität von Exeter lehrte (er starb 1981), erhielt die Ausschnitte von Schnitzlers Witwe. Es sind großenteils Artikel über *Liebelei* und *Reigen* (Yates, The Tendentious Reception 108-109), und viele der Ausschnitte über den *Reigen* wurden von Schnitzler selbst mit Unterstreichungen versehen, ein Beweis, daß er bestens darüber informiert war, wie sein Werk von der Öffentlichkeit aufgenommen wurde. Wie Yates sagt, stellt diese Sammlung

> nicht nur das wohl umfangreichste Korpus von Zeugnissen zur Rezeption des Schnitzlerschen Werks dar; sie ist auch insofern einzigartig, als sie dokumentiert, was er selbst mit Sicherheit über diese Rezeption wußte. In dieser Hinsicht ist sie von eminenter biographischer Bedeutung. Daß er sie so sorgfältig aufbewahrte, paßt auch zu der Tatsache, daß er seine Tagebücher aufhob: zusammengenommen bilden die Zeitungskritiken und die Tagebucheintragungen eine Dokumentation seines Lebens und seiner Leistungen. Das detailreiche Material der Kritiken, die er erhielt, ergänzt die Tagebücher und ist für die Beurteilung seiner in täglichen Eintragungen festgehaltenen Reaktionen von hohem Erkenntniswert. (The Tendentious Reception 109)[1]

Ein Handicap bei der Arbeit mit den in der Sammlung enthaltenen Zeitungsartikeln ist der Umstand, daß bei einer beträchtlichen Anzahl von ihnen weder die Seite noch die Ausgabe angegeben wird. Mitunter sind bestimmte Artikel nur in der Morgen- oder der Nachmittags- oder

der Abendausgabe der jeweiligen Zeitung erschienen, und auch das Fehlen der Seitenangabe erschwert es, eine der angeführten Quellen zu finden. Überdies machte der Zeitungsausschnittdienst gelegentlich einen Fehler und versah den Ausschnitt mit einem falschen Datum. Ich habe versucht, diese Mängel zu beheben, indem ich die meisten Zitate, die aus größeren und mir zugänglichen Zeitungen stammen, nachgeprüft habe. In manchen Fällen ließ sich die Richtigkeit der Seitenzahl und der Ausgabe nicht bestätigen, da einige Zeitungen nicht mehr oder nur sehr schwer zugänglich sind oder eine bestimmte Nummer in den Sammlungen fehlt. Bei meiner Forschung der zu Schnitzlers Lebzeiten erschienenen Zeitungen habe ich die Mikrofilmsammlungen von Zeitungen in der New York Public Library, der Library of Congress in Washington, D.C., der Deutschen Bibliothek in Frankfurt am Main, der Deutschen Bücherei in Leipzig und der Staatsbibliothek Preußischer Kulturbesitz in Berlin benutzt, wie auch die Zeitungsbestände und die auf Mikrofilm vorhandenen Zeitungen in der Österreichischen Nationalbibliothek in Wien sowie die Mikrofichebestände der Gesellschaft für Mikroverfilmung mbH in Hamburg.

Die Zeitungsartikel, die nach Schnitzlers Tod erschienen, wurden hauptsächlich in vier Sammlungen überprüft: der Library of Congress in Washington, D.C., der Handschriftenabteilung des Schiller Nationalmuseums in Marbach, dem Institut für Zeitungsforschung in Dortmund, in dem sich das Mikrofilmarchiv der deutschsprachigen Presse e.V. befindet, und der Dokumentationsstelle für Österreichische Literatur in Wien (jetzt zum Literaturhaus Wien gehörig); einige Kritiken stellte das Germanistische Seminar der Universität von Innsbruck zur Verfügung. Bei einer beträchtlichen Anzahl dieser Zeitungsausschnitte fehlen ebenfalls die Seitenangaben, und ich habe versucht, sie anhand der Zeitungssammlungen in den Vereinigten Staaten, Deutschland und Österreich zu eruieren.

Den Großteil des vorgelegten Materials bilden die Reaktionen der Presse auf die Veröffentlichung und Aufführung des *Reigen* in den obenerwähnten drei Ländern; andere Länder wurden jedoch hier und da ebenfalls berücksichtigt. Da Schnitzlers Text in andere Kunstgattungen, wie Musical, Film, Ballett und Oper umgesetzt wurde, sind auch die diesbezüglichen Rezensionen mit aufgenommen worden. Der von diesem Stück ausgehende Impuls zur Schaffung anderer Kunstformen offenbart sich auch in den zahlreichen Parodien auf den *Reigen*; diese Parodien können als besondere Form der "künstlerischen" Rezeption gelten. Obwohl sie einen spezifischen Rezeptionsstrang bilden und auch zum Verständnis des kulturellen, historischen und politischen Kontexts der *Reigen*-Rezeption beitragen, konnten sie hier nicht aufgenommen werden, weil dies den Rahmen dieser Studie gesprengt hätte. Anderes *Reigen*-spezifische Quellenmaterial, wie zum Beispiel Auszüge aus Schnitzlers Tagebüchern und Briefen (veröffentlichten wie unveröffentlichten) sowie sonstige relevante Bemerkungen über dieses Werk in Zeitschriften, wurde jedoch mit einbezogen.

Die vorliegende Untersuchung hat im wesentlichen fünf Ziele: (1) *allen Literaturliebhabern*, also nicht nur den Berufsgermanisten, die Reaktion auf eines der bedeutendsten Werke deutscher Sprache aufzuzeigen. Hierbei soll nicht nur die zweckbestimmte Manipulation *durch* die Sprache, sondern auch die reine Freude *an* der Sprache herausgestellt werden. Manche Journalisten und auch andere, die mit Sprache umgehen, bedienen sich vieler eleganter und hervorragender sprachlicher Formulierungen, die zu lesen ein ästhetischer Genuß sind. Andere Ziele sind: (2) denjenigen, die sich wissenschaftlich mit Schnitzlers *Reigen* beschäftigen, neues, genau belegtes Material an die Hand zu geben, mit dem sich weiterarbeiten läßt. Dazu gehört wohl die umfangreichste *Reigen*-Bibliographie, die je zu diesem Werk erstellt wurde; (3) die wechselvolle Rezeption nachzuzeichnen, die Arthur Schnitzlers *Reigen* von seiner Entstehung (1896/97) bis in unsere Zeit zuteil wurde; (4) am Beispiel des *Reigen* die Manipulation der öffentlichen Meinung durch die Massenmedien aufzuzeigen, vor allem anhand der Skandale in Berlin und Wien, deren Berichterstattung durch Schlagzeilen die Emotionen der Leser anregten; (5) einige der zahlreichen Metamorphosen und Neubearbeitungen dieses Werkes in Deutschland, Österreich und den U.S.A. —besonders nach 1945—darzustellen.

Zu dem Punkt der Manipulation heißt es in der von Gabriele Melischek und Josef Seethaler verfaßten Broschüre *Historische Pressedokumentation*, die 1992 von der Österreichischen Akademie der Wissenschaften veröffentlicht wurde:

> Da [politische] Einstellungen und Werthaltungen wesentlich durch das Medium der Öffentlichkeit vermittelt sind, können sie auf der Grundlage von Quellen, die—wie beispielsweise Tageszeitungen—die öffentliche Meinung dokumentieren, erhoben werden. Dabei ist zu berücksichtigen, daß durch die um die Jahrhundertwende einsetzende Entwicklung der Massenpresse die Vermittlung politischer Inhalte nicht nur durch Parteiorgane erfolgte, sondern immer stärker sowohl von parteinahen als auch von vorgeblich "unpolitischen"

bzw. "parteilosen", auflagenstarken "Boulevardzeitungen" übernommen worden ist. (Melischek 3)

Viele Zeitungsartikel wurden in Übereinstimmung mit einem bestimmten Parteiprogramm geschrieben, und dienten dazu, dessen offene oder versteckte politische Ziele zu propagieren. Das trifft besonders für die Berichterstattung über den umstrittenen *Reigen* zu, anläßlich dessen es in Deutschland und Österreich zu schweren Krawallen kam. Die Zeitungen trugen durch ihre inhaltlich wie stilistisch emotionale Berichterstattung und durch ihren Appell an den "wesentlichen" Volkscharakter der Deutschen respektive Österreicher in großem Maße zu diesen Skandalen bei. Technische Errungenschaften wie die Telegraphie und später dann die drahtlose Telegraphie sorgten dafür, daß Informationen rasch von einem Land ins andere bzw. von einer Region in die andere gelangten, so daß man als Zeitungsleser permanent über die Reaktionen anderer Menschen in anderen Teilen des Landes oder in anderen Ländern unterrichtet wurde. Von großer Wichtigkeit hierbei ist auch, daß die Rezensionen, Feuilletons, Bemerkungen, Leserbriefe und Pamphlete über den *Reigen* eine weitaus größere Leserschaft erreichten als die Veröffentlichungen über dieses Werk in wissenschaftlichen Abhandlungen, besonders wenn man an die Kaffeehauskultur Wiens denkt, wo viele Tageszeitungen in den Cafés auslagen.

Die vorliegende Studie befaßt sich auch mit den antisemitischen Sentiments, die um die Jahrhundertwende und zur Zeit der Skandale in Wien und Berlin (1921) im Schwange waren. Indem ich diese Tendenzen in die Untersuchung einbezogen habe, habe ich versucht, die Lücke zu füllen, auf die Horst Thomé in seinem Forschungsbericht "Sozialgeschichtliche Perspektiven der neueren Schnitzler-Forschung" aufmerksam macht. In seinen Ausführungen über die "fremdkulturelle Rezeption Schnitzlers" kommt Thomé zu folgendem, vorsichtig formuliertem Schluß: "Es dominieren die gelehrten Miszellen der Auslandsgermanisten, die meist lokale Archivbestände knapp referieren. Ein erstes Ergebnis legt die Vermutung nahe, daß die Rezeption generell spezifisch österreichische Hintergründe wie etwa den Antisemitismus eliminiert und statt dessen allgemeine Lebensbedingungen fortgeschrittener Zivilisationen betont" (186).

Diese Untersuchung zur Rezeption eines so umstrittenen Werkes wie *Reigen* berücksichtigt auch den Hintergrund, vor dem diese Rezeption sich vollzog, selbst wenn bestimmte, in einer vergangenen historischen Epoche vorherrschende Ideen, Standpunkte und Ideologien in unserer eigenen Zeit vielleicht fragwürdig geworden sind. Es ist leicht, den Großteil der während des Berliner Prozesses gemachten Zeugenaussagen als parteimotiviert, rückständig und politisch extrem abzutun. Doch wenn man einige der Aussagen, die im Prozeßprotokoll festgehalten und von der Presse wiedergegeben wurden, aufmerksam liest, stellt man fest, daß zum Teil echte Angst aus ihnen spricht—Angst vor den möglicherweise bedrohlichen kulturellen und politischen Problemen, die zu jener Zeit auftauchten, besonders vor den Gefahren, die durch die Verbreitung sogenannter pornographischer Literatur entstehen könnten.

Was die Organisation betrifft, so wurde darauf verzichtet, die Materialien zu sondern; Dokumentation und Analyse sind gemischt. Angestrebt wird vor allem, die Geschichte des *Reigen* diachronisch aufzuzeichnen, dabei aber möglichst viele synchrone Aussagen über dieses Werk zu Wort kommen zu lassen. Angestrebt ist somit eine Wirkung, die der Nietzscheschen Perspektivenoptik ähnelt. Dieser Dichter-Philosoph, der mit dem Dichter-Arzt viele Gemeinsamkeiten aufweist, hat seine Ansicht der perspektivischen Wertschätzung verschiedene Male niedergelegt. Er schlägt z.B. in seiner Schrift *Zur Genealogie der Moral* vor, sich gerade die Verschiedenheit der Perspektiven und der Affekt-Interpretationen für die Erkenntnis nutzbar zu machen und fährt dann fort: "Es giebt *nur* ein perspektivisches Sehen, *nur* ein perspektivisches 'Erkennen'; und *je mehr* Affekte wir über eine Sache zu Worte kommen lassen, je *mehr* Augen, verschiedne Augen wir uns für dieselbe Sache einzusetzen wissen, um so vollständiger wird unser 'Begriff' dieser Sache, unsre 'Objektivität' sein" (Colli 382-383). So bekundet auch der "Freie Geist" in seiner Schrift *Menschliches, Allzumenschliches*:

> Du solltest das Perspektivische in jeder Wertschätzung begreifen lernen—die Verschiebung, Verzerrung und scheinbare Teleologie der Horizonte und was Alles zum Perspektivischen gehört; auch das Stück Dummheit in Bezug auf entgegengesetzte Werthe und die ganze intellektuelle Einbusse, mit der sich jedes Für, jedes Wider bezahlt macht. Du solltest die *nothwendige* Ungerechtigkeit in jedem Für und Wider begreifen lernen, die Ungerechtigkeit als unablösbar vom Leben, das Leben selbst als *bedingt* durch das Perspektivische und seine Ungerechtigkeit. Du solltest vor Allem mit Augen sehn, wo die Ungerechtigkeit immer am grössten ist: dort nämlich, wo das Leben am kleinsten, engsten, dürftigsten, anfänglichsten entwickelt ist und dennoch nicht umhin kann, *sich* als Zweck und Maass der Dinge zu nehmen und seiner Erhaltung zu Liebe das Höhere, Grössere, Reichere heim-

lich und kleinlich anzubröckeln und in Frage zu stellen . . . (Colli 14)

Das Für und Wider der Anschauungen, die Vielfalt der zeitgebundenen oder 'zeitgemäßen' Sinngebungen und die Verzerrung und Verschiebung der Horizonte kann auch in den Rezensionen des *Reigen* aufgezeigt werden. Nur eine Aussage über dieses Werk läßt ihm keine Gerechtigkeit widerfahren, und die Bemerkungen Ulrich Weinzierls in seinem Artikel "Der Reigen als Endspiel," veröffentlicht in der *Presse* vom 6. August 1994, gelten spezifisch für den *Reigen*:

> Wer den Versuch macht, Arthur Schnitzler—den Mann zuvorderst und das Werk—bloß unter drei Gesichtspunkten zu betrachten, der läuft Gefahr, mutwilliger Perspektivenbeschränkung angeprangert zu werden. Gewiß nämlich bleibt dabei eine Menge unberücksichtigt: etwa die politische Position des liberalen Bürgers im Umbruch der Epochen oder exemplarische Haltung zu Judentum und Antisemitismus; ferner sein Durchschauerblick, der ihm rechtens den Ehrentitel eines "'poetische[n] Soziologe[n]' der Wiener und europäischen Welt des Fin de siècle" eintrug. (Spectrum: VII)

Ebenfalls aber soll ersichtlich gemacht werden, daß dieses Stück äußerst befruchtend für die künstlerische Anregung war, denn *Reigen* stand Pate vieler anderer Schöpfungen, die unter Beibehaltung des Grundthemas und der Form Variationen schufen zu einem Werk, von dem Günther Rühle in einem Feature des Hessischen Rundfunks 1982 sagte: "Es gibt kein anderes dramatisches Kunstwerk mit einem ähnlichen Schicksal" (Schrecklich und schön zugleich 31).

Anmerkungen

1. Diese Stelle lautet im Original: "This collection not only brings together what must be the most comprehensive body of evidence on the reception of Schnitzler's work; it is unique in documenting what he himself incontrovertibly knew about that reception. In that respect it has a distinct biographical importance. That he kept it so carefully is consistent with his preservation of his diaries: the reviews and the diary entries both amount to a cumulative documentation of his life and achievements. The detailed evidence of the reviews he received complements the diaries, providing a basis for evaluating his reactions as recorded in the day-by-day entries."

Kapitel II

Die Zeit 1896/97-1903

Nun heißt's herabzusteigen ins Tägliche, Allzutägliche. (Schnitzler, Brief vom 21. Juli 1895 an Marie Reinhard. *Briefe 1875-1912*: 270.)

1. *Die Entstehung des* Reigen *1896/97. Zeit bis 1900*

Im Winter 1896-97 schrieb Arthur Schnitzler in der kurzen Zeit von drei Monaten seinen *Liebesreigen*. Er erwähnte dieses am 24. Februar 1897 beendete Werk gegenüber S. Fischer, der in einem Brief vom 11. November 1897 antwortete:

> Lieber Herr Doktor! Die von Ihnen erwähnten zehn Scenen *Liebesreigen* sind mir unbekannt; vielleicht ließen sich dieselben der Neuauflage von *Anatol* beifügen. Fällt dies aber aus dem Rahmen, so würde sich eine Separatausgabe veranstalten lassen. Sind denn diese Sachen wirklich so gewagt, daß Sie sich meinetwegen dabei beunruhigen? In Deutschland liegt die Sache ja so, daß Sie als Ausländer nicht verantwortlich gemacht werden. Der Verleger ist allerdings für seine Publicationen dem Gesetz gegenüber verantwortlich. (Mendelssohn 18)

Nachdem S. Fischer den *Liebesreigen* gelesen hatte, schickte er Schnitzler einen weiteren Brief, datiert vom 11. Januar 1898: "Ich habe den *Liebesreigen* schon gelesen, ich wünschte, es wäre möglich, dieses feine Werk zu veröffentlichen, ich habe aber doch große Bedenken. Das Manuscript befindet sich gegenwärtig bei meinem Rechtsanwalt zur Begutachtung" (Mendelssohn 19). Der Rechtsanwalt, Dr. Albert Osterrieth, machte S. Fischer auf die Konsequenzen aufmerksam, die sich aus einer Publikation dieses Werkes ergeben könnten:

> Ein eigentliches Sachverständigen-Gutachten kann ich Ihnen nicht geben, da es sich doch wesentlich um eine rein subjektive Anschauung handelt, und die moralische Empfindlichkeit eines Staatsanwalts oder Gerichtshofes schwer vorher zu beurteilen ist. Rein privatim kann ich allerdings die Befürchtung nicht unterdrücken, daß die Skizzen, so fein durchgeführt sie sind, manchen Anstoß erregen

werden und vielleicht auch gerichtlich verfolgt werden könnten. (Mendelssohn 19)

Fischer setzte Schnitzler von dieser Einschätzung in Kenntnis und fügte hinzu: "Mir persönlich war es nicht zweifelhaft, daß die Veröffentlichung des *Liebesreigen* in Deutschland unmöglich ist. Es thut mir sehr leid, die Publication dieses Werkes unterlassen zu müssen" (Mendelssohn 19-20).

Auf Anraten Alfred Kerrs änderte Schnitzler im Sommer 1899 den Titel, und aus dem *Liebesreigen* wurde der *Reigen*, da nicht die Liebe, sondern lediglich der Geschlechtsakt das zentrale Thema des Stücks bilde.[1] Dieser neue Titel wird auch in einem weiteren Brief erwähnt, den S. Fischer Schnitzler am 30. August 1899 schickte:

> Lieber Herr Doctor! Ich habe mich gestern über die Form, die dem *Reigen* zu geben wäre, zu informieren gesucht. Die Sache stellt sich noch ungünstiger, als ich dachte. Nach Paragr. 184 würde auch die *Verteilung* des Buches, also selbst die Verteilung nur weniger Exemplare strafbar sein, immer vorausgesetzt, daß der Inhalt überhaupt unter den Begriff dieses Paragraphen fällt. . . . Wir sind zu dem Resultat gekommen, daß es das einfachste wäre, wenn Sie das Buch in Wien drucken ließen, und zwar ohne andere äußere Abweichung von der gewöhnlichen Buchform, nur mit der Bemerkung 'Als Manuscript gedruckt', versehen. . . . In sexuellen Dingen herrscht in Österreich ein größeres Maß von Liberalität wie bei uns und es ist durchaus nicht unmöglich, daß das Buch die Censur unbeanstandet passiert. Von Oesterreich aus könnten Sie das Buch an Ihre Freunde ruhig versenden. Sie sind Oesterreicher, das Buch ist in Oesterreich gedruckt, in Deutschland kann höchstens, wenn der unwahrscheinliche Fall eintritt, daß die Behörde ein Exemplar beanstandet, das betreffende Exemplar confisciert werden. (Mendelssohn 20-21)

Schnitzler befolgte Fischers Rat und nahm das Angebot des Wiener Verlags an, den *Reigen* auf Kosten des Autors zu drucken. Dieser Privatdruck erschien im Frühjahr 1900 mit folgenden Vorwort:

> Ein Erscheinen der folgenden Szenen ist vorläufig ausgeschlossen. Ich habe sie nun als Manuscript in Druck gegeben; denn ich glaube, ihr Wert liegt anderswo als darin, daß ihr Inhalt den geltenden

> Begriffen nach die Veröffentlichung zu verbieten scheint. Da jedoch Dummheit und böser Wille immer in der Nähe sind, füge ich den ausdrücklichen Wunsch bei, daß meine Freunde, denen ich dieses Manuscript gelegentlich übergeben werde, es durchaus in diesem Sinne behandeln und als ein bescheidenes, ihnen persönlich zugedachtes Geschenk des Verfassers aufnehmen mögen.[2]

Angeführt wird *Reigen* bei Hayn als "eine der größten Seltenheiten der modernen Literatur" (392). Im *Gesamtverzeichnis des deutschsprachigen Schrifttums (GV) 1700-1910* steht der durch reprographisches Verfahren abgedruckte Eintrag: "*Reigen.* Zehn Dialoge. [Wien] 1896 bis 1897 als Ms. gedruckt; nicht anonym (!!)" (Schmuck 189). Der Zusatz: "nicht anonym (!!)" könnte so verstanden werden, daß es vielleicht besser gewesen wäre, Schnitzler hätte dieses Werk ohne seinen Namen veröffentlicht. Er hätte sich somit viel Ärger ersparen können.

2. *Soziokultureller Kontext um 1900*

Um die Rezeption des *Reigen* um die Jahrhundertwende besser zu verstehen, hilft es, insbesondere vier Aspekte des soziokulturellen Kontexts einer näheren Betrachtung zu unterziehen: a) die weite Verbreitung erotischer und pornographischer Literatur; b) die *Lex Heinze*; c) die *Vera*-Publikationen und d) den Antisemitismus.

a) *Erotische und pornographische Literatur in Berlin und Wien*

Erotische, großenteils in Berlin und Wien publizierte Literatur fand um die Jahrhundertwende weite Verbreitung. Einige dieser Werke wurden auch von Sachs und Pollack in Budapest herausgebracht, andere von dem Preßburger Verleger Hermann Hartleb. Selbst seriöse Verlage, darunter R. Piper & Co. und Georg Müller in München, belieferten den pornographischen Markt. Ein am 14. Juni 1903 in der Sonntagsausgabe der christlichsozialen *Österreichischen Volks-Presse* erschienener Artikel über "Moderne Literatur" weist auf die moralische Gefährdung hin, der junge Menschen durch erotische Bücher wie *Zehn Jahre aus dem Leben einer jungen Frau*, *Sündige Liebe*, *Das ewig Weibliche* oder *Um eine Liebesnacht* ausgesetzt sind: "Die Bilder dieser *Werke* richten bei den 14-20 jährigen *Buben und Mädchen* eine verheerende Wirkung an. Mit glühenden Augen betrachten selbe die dargestellten Szenen, die hier nicht beschrieben werden können" (2). In diesem Zusammenhang sei der interessante Umstand erwähnt, daß Felix Salten und Arthur Schnitzler im Verdacht standen, einen der zu seiner Zeit am weitesten verbreiteten Sexromane geschrieben oder daran mitgearbeitet zu haben, nämlich *Josephine Mutzenbacher. Aus dem Leben einer Wiener Dirne* (Wilson 203), ein Buch, das um diese Zeit (1906) erschien. Paul Englisch bietet dazu folgende Bemerkung an:

> Beide [Salten und Schnitzler] stellen aber (nach schriftlicher Rückfrage) die Autorschaft mit aller Entschiedenheit und auch mit Recht in Abrede. Die Vermutung ist auch gar nicht ernst zu diskutieren. Abgesehen von der Eigenart des Stils, der jedem der beiden genannten Schriftsteller eigen, ist weder dem einen noch dem andern die Verfasserschaft eines derartig krassen Erotikums zuzutrauen, wogegen auch nicht spricht, daß Schnitzler im *Reigen* ultrarealistische Szenen schrieb. Denn Schnitzler hat nie aus seinem Herzen einer Mördergrube gemacht, sondern alles, was aus seiner Feder ging, auch auf die Gefahr hin, daß es ihm Nachteil bringen könnte, mit seinem Namen gezeichnet. (Englisch, *Geschichte* 292)

Paul Englisch bezieht sich hier höchstwahrscheinlich auf das Antwortschreiben Schnitzlers vom 31.12.1911 an ihn, in dem dieser ihm mitteilt, daß er dieses Werk auch nicht einmal zu Gesicht bekommen habe. Schnitzler endet sein Schreiben mit dem Bekenntnis: "Was ich geschrieben habe und schreiben werde, kann ich jederzeit, auch wenn zu befürchten steht, daß es bei Sittlichkeitsaposteln oder -heuchlern Anstoß erregen könnte,—ich habe es bewiesen—mit meinem vollen Namen vertreten" (Schnitzler, *Briefe 1875-1912*: 689). Anderer Ansicht sind die Herausgeber des oben zitierten Briefbandes, Therese Nickl und Heinrich Schnitzler, die Salten als den Autor dieses Erotikums anführen (Anmerkung 4: 979).

Außer heterosexuell ausgerichteter Literatur wurden auch Werke veröffentlicht, in denen es ganz unverblümt um lesbische Liebe geht. So erschienen zum Beispiel im Jahre 1903 drei diesbezügliche Titel: In Maria Eichhorns *Fräulein Don Juan* ergibt sich die Protagonistin zunächst der lesbischen Liebe, geht später dann aber auch heterosexuelle Beziehungen ein. Die Protagonistin von Maria Janitscheks "Neue Erziehung und Alte Moral" in *Die Neue Eva* wird vor Männern gewarnt und dergestalt einer Freundin in die Arme getrieben, und Aimée Duc beschreibt in ihrem Roman *Sind es Frauen?* die Affären lesbisch veranlagter Frauen in einer deutschen Universitätsstadt.[3]

Die Flut erotischer Bücher trug zur kritischen Rezeption des *Reigen* bei, zumal die konservativen und rechtsorientierten Organisationen behaupteten, daß ein Teil dieser dem Sinneskitzel dienenden Produkte von Juden verfaßt und auch von jüdischen Verlagen publiziert würde. Diese Beschuldigung wurde z.B. am 14. Juni 1903 von der *Österreichischen Volks-Presse* vorgebracht:

> Nun sollte man glauben, die ganze gebildete Welt, in erster Linie diejenigen, welche die Bildung gepachtet haben, sollten sich wie ein Mann erheben, gegen die hier bezeichnete Volksverblödung Stellung zu nehmen und darauf hinzuweisen, welch enormer Schaden in den Köpfen der Jugend damit angerichtet wird! Doch nein! Ueber allen Wipfeln ist Ruh'. Im Gegenteil, einer von jenen *Schweinemetzgern*—der Jude Arthur Schnitzler—erhielt bekanntlich den *Bauernfeldpreis* und schrieb darauf die "Sauerei": *Reigen! Die gesamte jüdische Presse* und alle diejenigen Kreise, welche vor Bildung und Gelehrsamkeit triefen—sie schweigen sich gründlich aus—. *Wehe dem christlich=antisemitischen Volksvertreter, dem ein unbedachtes Wort* über das Gehege seiner Zähne kommt. . . . (2)

b) *Die Lex Heinze*

Camill Hoffmann lobte Schnitzlers meisterhafte Art, ein heikles Thema in derart elegantem Stil zu behandeln:

> Wahrhaftig, das ist nicht bloss so das Leben, das ist auch eine Kunst; die Kunst, das Verschwiegenste und das Gewagteste im Dialog, dieser schwierigsten Form, zu geben . . . [Schnitzlers] Worte sind so fein und klar, so raffinirt [sic] naiv, dass man kaum merkt, wie sie hart an der Grenze des Erlaubten vorbeibalanciren. Welche Eleganz und Gewandtheit! . . . *Reigen* ist ein Dokument für das Liebesleben in den modernen Hauptstädten; leider sind unsere jungen Leute doch wohl weniger sinnlich, als sie der Autor haben möchte. Eine lex Heinze schiesst nicht nur so auf . . . (52)

Die Erwähnung der *Lex Heinze* ist von Bedeutung, weil dieses Gesetz einen Großteil der Kontroversen über Pornographie und Zensur verständlich macht, die um die Jahrhundertwende ausgetragen wurden. Als der deutsche Reichstag über dieses Gesetz debattierte, wurden folgende Punkte erörtert:

> Strafverschärfungen gegen die Unzüchtigkeit der Dirnen, Zuhälter, bildenden Künstler, Schriftsteller, Schauspieler und Buchhändler. Auf Abbildungen, Schriften und Schaustellungen, "die ohne unzüchtig zu sein, das Schamgefühl gröblich verletzen", sollen schwere und entehrende Strafen stehen. Massgebend für den Richter ist, nach Staatssekretär Nieberding, "das Schamgefühl des Normalmenschen". (Adelt 18)

Der genaue Wortlaut des zur Verabschiedung vorgelegten Gesetzesparagraphen, der eine weit um sich greifende, hitzige Diskussion hervorrief, war folgender:

> Mit Gefängnis bis zu sechs Monaten oder mit Geldstrafe bis zu 600 Mark wird bestraft, wer Schriften, Abbildungen oder Darstellungen, welche, ohne unzüchtig zu sein, das Schamgefühl gröblich verletzen, einer Person unter 18 Jahren gegen Entgelt überlässt oder anbietet oder zu geschäftlichen Zwecken oder in der Absicht, das Schamgefühl zu verletzen, an öffentlichen Strassen, Plätzen oder an anderen Orten, die dem öffentlichen Verkehr dienen, in ärgerniserregender Weise ausstellt oder anschlägt.[4]

Zu den hartnäckigen Gegnern dieses Gesetzes zählte auch der Rechtsanwalt Wolfgang Heine, der auch als Abgeordneter im Reichstag saß. Seine kritischen Bemerkungen sind wegen der Rolle, die er später im *Reigen*-Prozeß spielte, besonders bedeutsam. Seiner Ansicht nach will

> die lex Heinze . . . den Richtern das Verurteilen erleichtern, indem sie ihnen ersparen will, ernste Meisterwerke als 'unzüchtig' zu bezeichnen und sich damit selbst zu blamieren; deshalb will sie das ominöse Wort 'unzüchtig' beseitigen und Werke und Handlungen, die '*ohne unzüchtig zu sein*, das Scham- und Sittlichkeitsgefühl verletzen'. Damit würde der einzige Damm zerstört werden, der heut noch die Kunst vor der Flut des Banausentums schützt, und deshalb ist die lex Heinze so zu verurteilen. (Falckenberg 29)

Heine empfahl, nicht nur die *Lex Heinze*, sondern auch die Geisteshaltung, der dieses Gesetz entsprang, zu bekämpfen:

> Dieser Kampf muss sich bewegen in der Richtung des von den Heinzemännern niedergestimmten sozialdemokratischen Antrages,

> durch Gesetz zu bestimmen, dass nicht nur die neuen Paragraphen der lex Heinze, sondern auch der bestehende Par. 184 des Strafgesetzbuches *keine Anwendung finden auf Darstellungen und Erzeugnisse, bei denen ein höheres Interesse der Kunst oder Wissenschaft obwaltet.* (Falckenberg 29)

Dieser Kampf war nicht einfach, und Heine mußte über zwei Jahrzehnte warten, nämlich bis zum November 1921, ehe er ihn im aufsehenerregenden *Reigen*-Prozeß fortführen konnte.

Die Reaktion des englischen Malers und Illustrators Walter Crane spiegelt die Haltung vieler Künstler und Intellektueller jener Zeit wider:

> . . . Es ist von größter Wichtigkeit, daß in Kunst und Literatur weiterhin die Ideen eines Volkes frei ausgedrückt werden können, und jedem Versuch seitens der Gesetzgeber, diese Freiheit des künstlerischen Ausdrucks zu beschneiden, muß aufs entschiedenste entgegengetreten werden. Zu entscheiden, was in Kunst oder Literatur gut und was schlecht ist, muß dem moralischen Empfinden der Allgemeinheit und dem Urteil der Zeit überlassen bleiben. Jeder Versuch, die freie und spontane Äußerung des Schriftstellers oder Künstlers zu beeinträchtigen, ist sowohl gefährlich als auch unklug, und die Bestrebungen von Regierungsbeamten, angeblich Schädliches zu unterdrücken, würden wahrscheinlich zur Unterdrückung aller originellen Ideen und fortschrittlichen Gedanken führen, während eine engstirnige Suche nach vermeintlicher Unsittlichkeit in der Kunst und der Literatur der Welt vermutlich darauf hinauslaufen würde, die größten und genialsten Werke zu verdammen. (Falckenberg 82)[5]

Im Laufe der hitzigen Auseinandersetzung über die *Lex Heinze* schrieb Peter Hamecher die prophetischen Worte: "Unser Volk versteht nichts von Kunst und kümmert sich nicht um die Kunst. Soll die Kunst aber für die Verständnislosigkeit und Gesinnungsroheit eines solchen Pöbels die Prügel bekommen?!" (67).

c) *Das verlorene und wiedererlangte Paradies: Die Vera-Schriften*

Es steht zu vermuten, daß das puritanische Klima der *Lex Heinze*-Zeit der Veröffentlichung von *Bekenntnisschriften* mit entschieden moralistischer Ideologie Vorschub leistete. Um die Jahrhundertwende kam eine

Reihe von acht Romanen auf den Markt, die fast alle das niedrige moralische Niveau der Männer kritisierten und sich mit deren bevorrechtigtem sexuellen Status in der Gesellschaft auseinandersetzten. Der erste Band dieser Reihe, die bei Hermann Seemann Nachfolger in Leipzig erschien, trug den Titel *Eine für Viele. Aus dem Tagebuche eines Mädchens* und war von einer gewissen Vera geschrieben. Die "Heldin" dieses Werks entdeckt, daß ihr Bräutigam früher mit verschiedenen anderen Frauen intime Beziehungen gehabt hat. Sie weist das Versprechen ihres Verlobten, fortan treu zu sein, zurück und begeht vermutlich Selbstmord. Eine entgegengesetzte Sichtweise findet sich in dem Roman *Eine Mutter für Viele*, dessen Autorin Christine Thaler zukünftige Ehemänner dazu ermuntert, sich *vor* dem Ehegelöbnis so viel wie möglich zu amüsieren, um *danach* treu bleiben zu können. Die dritte Veröffentlichung, *Eine für sich selbst*, geschrieben von "Auch Jemand," vertritt den gleichen Standpunkt wie Christine Thaler. Doch der anonyme Verfasser der vierten Publikation, *Einer für Viele*, ermahnt alle jungen Männer, sich ihre Keuschheit bis zur Ehe zu bewahren. Daß Keuschheit keine Garantie für die Ehe ist, bildet das Thema der fünften Nummer, ebenfalls betitelt *Einer für Viele*, geschrieben von Verus. Im folgenden Band, *Meine Bekehrung zur Reinheit. Aus dem Leben eines Junggesellen*, beschreibt Felix Ebner, der ein ausschweifendes Leben geführt hat, seine Beziehung zu einer reinen Frau. Eine solche Beziehung stellt auch Gerda Schmidt-Hansen in *Eine für Vera. Aus dem Tagebuche einer jungen Frau* dar und läßt sie tragisch enden. In *Kranke Seelen*, dem abschließenden Band der Reihe, stellt der Autor, ein Arzt, die Behauptung auf, daß für Männer und Frauen unterschiedliche Maßstäbe gälten und manche Männer einen stärkeren Geschlechtstrieb hätten als andere. Die Popularität dieser Reihe war so stark, daß ein zusätzliches *Verabuch* veröffentlicht wurde, das "in kurzgefaßter Form über alle Themata der so viel durchdebattierten Verafrage [unterrichtet]." In derselben Anzeigenbeilage lobte Dr. O. Henna am Rhyn diese Reihe und folgerte: "Die Veralitteratur hat bereits eine so starke Verbreitung gefunden, daß eine Empfehlung dieser durchweg gut, flüssig und spannend geschriebenen Bändchen überflüssig erscheinen dürfte."

Diese Werke wurden zwischen 1900 und 1904 derart viel gelesen, daß Neuauflagen gedruckt wurden. Das folgende undatierte Briefchen an Schnitzler berechtigt zu der Annahme, daß diese Reihe zu seiner Zeit auch in Wien bekannt war: "Wenn Du *kein* Frauen-Verächter bist, komme morgen auf die Redoute. [sign.] Eine für Viele" (Zeller 326). Da einige Themen und Motive aus dieser obigen Reihe auch im *Reigen* vorkommen—zum Beispiel das *süße Mädel*, Untreue zwischen Ehepartnern, die Rechtfertigung eines Seitensprungs, das Duell und sexuelle Heuchelei, wird im folgenden näher auf den Inhalt von zweien dieser Romane eingegangen, um die unterschiedliche Behandlung sexueller Permissivität zu veranschaulichen.

In *Meine Bekehrung zur Reinheit. Aus dem Leben eines Junggesellen* schildert Felix Ebner in der Ich-Form einen jungen Mann, der ein promiskuitives Leben führt: "Nackte Sinnlichkeit war das einzige Motiv, das mich bewegte, im besten Fall keine Antipathie oder ein wenig Sympathie. Von Liebe war nie die Rede. Eine jede bekam ich sehr bald satt. Meine Hauptsorge war es dann, einen Ersatz zu finden. Und die Grossstadt bietet ja unerschöpfliches Material!" (20-21). Nicht nur er führt ein solches ausschweifendes Leben, "denn unter den vielen Bekannten, die ich habe, waren nur wenige, die moralischer lebten. Ja, es ist sogar nicht übertrieben, wenn man angiebt, dass wohl 99 Perzent aller Männer von unreiner, käuflicher Liebe beschmutzt in die Ehe treten, daß kaum einer von Hundert der elementarsten Forderung der Sittlichkeit entsprochen hat" (23). Die Frauen, mit denen die Männer Affären hatten, waren Prostituierte, Halbweltdamen oder verheiratete Frauen, denen ihre Ehemänner nur noch wenig Aufmerksamkeit schenkten und die sich infolgedessen langweilten, sowie ein Typ, den Arthur Schnitzler als *süßes Mädel* bezeichnet hat und den Ebner wie folgt beschreibt:

> Noch eine Abart des gewöhnlich betriebenen Geschlechtsverkehrs giebt es, das kleine Vorstadtmädchen, deren Liebe man mit ein paar zärtlichen—natürlich nie aufrichtig gemeinten—Worten und ein wenig ihr fremd dünkendem Luxus erwirbt. Es ist natürlich keine Kunst, ein solch armes Ding, das den ganzen Tag schuftet und das nie ein freundliches Wort hört, zu bethören. Diese Mädchen stehen natürlich sittlich viel höher, als die früher erwähnten, und meistens auch viel höher als ihre Liebhaber. Für diese handelt es sich nur um eine angenehme Abwechslung, und wenn man dieser Mädchen müde ist, so stösst man sie von sich, wie man eine ausgepresste Citrone wegwirft. (29)

Der Erzähler beschließt, diese Lebensweise aufzugeben. In diesem Bestreben wird er von einer Frau unterstützt, deren Schönheit ebenso bemerkenswert ist wie ihre Tugend: "An ihrer Reinheit konnte ich mich aufrichten, wenn ich zu ermüden drohte, sie war mir ein unerschöpflicher Born der Sittlichkeit" (75-76). Als er ihr seine sündige Vergangenheit in Form einer Beichte berichtet, verliert er sie beinahe, doch am Schluß darf der Leser hoffen, daß die beiden für den Rest ihres Lebens zusammenbleiben.

Die Perspektive der Frau wird von Gerda Schmidt-Hansen dargestellt, die in *Eine für Viele. Aus dem Tagebuche einer jungen Frau* gegen die unterschiedlichen moralischen Maßstäbe zu Felde zieht, die die Gesellschaft an das Sexualverhalten von Männern und Frauen anlegt. Voller Betroffenheit schildert sie,

> wie ein vom Schmutze des Lebens noch unberührtes Geschöpf in die Ehe trat. Es liebte den Mann, dem es sich hingab, mit der ganzen göttlichen unverbrauchten Fähigkeit zur Liebe, wie sie dem keuschen Weibe quasi als Belohnung für sein edles Vorleben gewährt wird, hingebend, markerschütternd; mit der ganzen, heissen Leidenschaft seiner jungen, feurigen Seele klammerte es sich an den Geliebten. (11)

Doch ihr Ehemann vermag sein früheres promiskuitives Leben nicht aufgeben, und als sie herausfindet, daß er ihr wiederholt untreu gewesen ist, weist er sie darauf hin, daß das bei Männern so üblich sei: "das thun alle Männer, alle!" (26). Er huldigt der gleichen Lebensanschauung wie auch der Ehemann im *Reigen*; für Männer wie ihn sind Frauen entweder sexuell permissiv und aufregend oder aber Heilige:

> Ach, Gerda, wenn du wüsstest, wie oft das vorkommt, dass so ein Mann nicht gleich seinem Junggesellenleben entsagt! Das kann er ja gar nicht, das ist ja unmöglich! Denke doch, wie es vor seiner Ehe war. Heute die, morgen die, sittenfrei und ungebunden. Da kann man dann nicht gleich mit einer Frau allein auskommen, man kann es nicht! Gerda, weine nicht, du weisst gar nicht, wie es einem über den Kopf wächst, das Freie; du darfst doch nicht von euch Frauen auf die Männer schliessen. Ihr unterdrückt, sobald es erwacht, das Begehren. Und wir hegen's, pflegen's, nähren's und ziehen's gross. Und wenn uns dann die Flut der Sünde bis an den Mund steigt, dann klammern wir uns an euch Frauen, Ihr sollt uns halten, sollt uns vergeben! (27)

Er schwört, sein Leben zu ändern, da er unter der geltenden sexuellen Freiheit leidet: "Jetzt, wo ich dich besitze, möchte ich keusch sein, möchte unberührt sein von dem Schmutze unserer Sittenfreiheit" (31).

Gerda verspricht, ihm dabei zu helfen:

> Ja, ihr leidet unter eurer Freiheit. Eure Tugend besteht viel härtere Proben wie unsere. Wie viel besser wäre es, auch ihr würdet, gleich wie wir Frauen, durch die Gesetze der Sitten und Ehre zur Keuschheit gezwungen. Wir Menschen sind ja so schwach. Und der Zwang der Sitten soll Gottes Stimme sein auf Erden. Wie segensreich würde für das männliche Geschlecht dieser Zwang wirken. (33-34)

Gerdas Versuch, ihren Mann von seiner alten, herkömmlichen Lebensweise abzubringen, erweist sich als erfolglos. Als sie entdeckt, daß er ihr erneut untreu gewesen ist, wird sie die Geliebte seines Freundes; ihr Ehemann findet dies heraus und wird von ihrem Liebhaber im Duell tödlich verwundet. Gerda wirft sich über die Leiche ihres Mannes und stirbt ebenfalls: "Der friedenbringende, herrliche, erlösende Tod hatte sie vereint. Sie waren zwei von den Millionen Opfern, welche die kranke, moderne Unmoral mit gieriger Grausamkeit fordert" (90). Hier wird eine überschauliche Schwarz-Weißwelt geschildert, die, wie bei Hedwig Courths-Mahler, noch innerhalb der festgelegten Kategorien von Gut und Böse abläuft. Die Moral dieses melodramatischen Werkes wird auf der letzten Seite dieses Kurzromans formuliert: "Wahrlich, es ist eine heilige Pflicht, die wir übernommen haben: für die moralische Rehabilitation der Männer zu fechten" (91). Die Umkehrung dieser Perspektive, nämlich daß die Männer die heilige Pflicht haben, für die moralische Rehabilition der Frauen zu kämpfen, wird in dem folgendem Abschnitt gezeigt.

d) *Unsere Zeit: nicht nur die jüdischeste, sondern auch die weibischeste aller Zeiten*

Dieser Kampf für die moralische Rehabilitation der Männer steht in krassem Gegensatz zu Otto Weiningers Überzeugungen, die er in seiner Abhandlung *Geschlecht und Charakter* niedergelegt hat. Zuerst 1903 in Wien und Leipzig erschienen, erlebte dieses Werk insgesamt bis 1918 siebzehn Auflagen (Yates, *Austrian Theatre* 123), ein Beweis für die Popularität seiner Ansichten. Weiningers Feststellung: "*W ist nichts als Sexualität, M ist sexuell und noch etwas darüber*" (113) zeigt deutlich, wo er die Frau angesiedelt hat: im Sexuellen. Zusätzlich ist sie irrational und amoralisch: "Das vollkommene weibliche Wesen kennt weder den logischen noch den moralischen Imperativ, und das Wort Gesetz, das

Wort Pflicht, Pflicht gegen sich selbst, ist das Wort, das ihm am fremdesten klingt" (239). Schärfer ausgedrückt erscheint dieser Gedanke später als: "Ich behaupte also nicht, daß die Frau böse, antimoralisch ist; ich behaupte, *daß sie vielmehr böse gar nie sein kann;* sie ist nur amoralisch, *gemein*" (254). Ein Genie kann die Frau niemals werden: "*Es gibt wohl Weiber mit genialen Zügen, aber es gibt kein weibliches Genie, hat nie ein solches gegeben und kann nie ein solches geben*" (242). Eine Frau ist nur durch ihre Sexualität bestimmt, "weil sie nur durch seine [des Mannes] Sexualität Existenz gewinnt" (447). Deshalb ist das Wollen der Frau auf Sexualität gerichtet und nicht auf Liebe. Das führt Weininger dann zu der Feststellung: "*Im Koitus liegt die tiefste Heruntersetzung, in der Liebe die höchste Erhebung des Weibes. Daß das Weib den Koitus verlangt, und nicht die Liebe, bedeutet, daß es heruntergesetzt, und nicht erhöht werden will.* ***Die letzte Gegnerin der Frauen-Emanzipation ist die Frau***" (447).

Die Emanzipation der Frau setzt Weininger mit der der Juden und Neger gleich: "Es ist mit der Emanzipation der Frauen wie mit der Emanzipation der Juden und Neger. Sicherlich liegt dafür, daß diese Völker als Sklaven behandelt und immer niedrig eingeschätzt wurden, an ihrer knechtischen Veranlagung die Hauptschuld" (449). Die Gleichsetzung der Frauen mit den Juden wird weiterhin in dem Kapitel "Das Judentum" ausgeführt: beide sind materialistisch (410); beiden fehlt die Persönlichkeit (411-412); beiden geht die Würde ab (412), wie auch die Vorstellung von Größe im Moralischen und Antimoralischen (414). Die größte Übereinstimmung zeigt sich in ihrem Hang zur Kuppelei: "*und damit ist der Punkt der stärksten Übereinstimmung zwischen Weiblichkeit und Judentum erreicht.* Der Jude ist stets lüsterner, geiler, wenn auch merkwürdigerweise . . . sexuell weniger potent als der arische Mann" (417).

Hier scheint sich Weininger höchstwahrscheinlich auf den zu seiner Zeit in den Zeitungen und auch in der Literatur propagierten Stereotyp des körperlich-degenerierten Juden zu beziehen, der im Gegensatz zu den sportlich durchtrainierten Körpern der Nicht-Juden steht. Der sogenannte "Kaffeehausjude," der erst um Mitternacht nervengeschädigt nach Hause kommt, ist, wie Max Nordau (=Max Südfeld) beschreibt, nicht nur körperlich schwach, sondern auch charakterlich und willentlich. Seine Aufgabe ist es, gegen diese "jüdische Leibfeindlichkeit (Troller 43) anzukämpfen und seinen Körper durch Gymnastik im Sinne von *mens sana in corpore* zu stählen, also so zum "Muskeljuden" zu werden (s. Mosse, *Confronting the Nation* 99, 161-175).

Dieser Hinweis scheint eine wichtige Komponente in Weiningers Gleichsetzung der Juden mit den Frauen zu sein. Ein wesentlicher Unterschied existiere aber ihm zufolge dennoch: der Jude glaubt an nichts, auch nicht an sich selbst. Die Frau aber "glaubt an *den anderen*, an den Mann, an das Kind, an >>die Liebe<<; sie hat einen Schwerpunkt, nur liegt er außerhalb ihrer. *Der Jude aber glaubt nichts, weder in sich noch außer sich*" (431). Und gerade weil er an nichts glaubt, kann er alles werden, er weist eine "unendliche Verwandlungsfähigkeit" auf. Ausdruck hierfür ist "das große Talent der Juden für den Journalismus, die >Beweglichkeit< des jüdischen Geistes, der Mangel an einer wurzelhaften und ursprünglichen *Gesinnung. . .*" (429).

Weininger verschränkt in diesem Werk Antifeminismus und Antisemitismus, die er beide gleich stark kritisiert. Er sieht in seiner Zeit die Vorherrschaft der Juden und der Frauen, die beide zur Auflösung der Gesellschaftsordnung führen: "*Jüdisch ist der Geist der Modernität*, wo man ihn betrachte. Die Sexualität wird bejaht, und die heutige Gattungsethik singt zum Koitus den Hymenaios" (441). Die Koitalfreudigkeit wird etwas später wieder betont: "Unsere Zeit, die nicht nur die jüdischeste, sondern auch die weibischeste aller Zeiten ist; die Zeit, die an die Stelle des Ideals der Jungfräulichkeit den Kultus der Demi-Vierge gesetzt hat: *diese Zeit hat auch den Ruhm, die erste zu sein, welche den Koitus bejaht und angebetet hat*" (441). Die alten Werte und besonders das Christentum setzen sich jedoch gegen diese innere Zersetzung zur Wehr:

> Aber dem neuen Judentum entgegen drängt ein neues Christentum zum Lichte; die Menschheit harrt des neuen Religionsstifters, und der Kampf drängt zur Entscheidung wie im Jahre eins. Zwischen Judentum und Christentum, zwischen Geschäft und Kultur, zwischen Weib und Mann, zwischen Gattung und Persönlichkeit, zwischen Unwert und Wert, zwischen irdischem und höherem Leben, zwischen dem Nichts und der Gottheit hat abermals die Menschheit die Wahl. Das sind die beiden Pole: es gibt kein drittes Reich. (441)

Das "dritte Reich," hier noch in der Bedeutung von "Kompromiß" verwendet, wurde erst dreißig Jahre später offiziell das *Dritte Reich*; seine Ideologie wurde allerdings schon in Weiningers Werk vorweggenommen. Besonders seine antisemitischen Äußerungen fielen in Wien auf fruchtbaren Boden.

e) *Antisemitismus in Wien*

Die Verfassung vom 21. Dezember 1867 garantierte den Juden in der Donaumonarchie Gleichberechtigung (s. auch Simon 38 ff), und von dieser Zeit an stieg die jüdische Bevölkerung in Wien erheblich an. Hans Tietze zufolge vermehrte sich in Wien zwischen 1860 und 1910 die Zahl der amtlich erfaßten Juden von 6 200 auf 175 000 (Tietze 203; Aspetsberger, *Historimus* 14), wobei der prozentuale Anteil der jüdischen Bevölkerung Wiens in dem Jahre 1869 6.6% und im Jahre 1910 8.6% betrug (Beller, *Vienna* 44). Die gesellschaftliche Auswirkung war jedoch weitaus größer, als diese statistischen Angaben erkennen lassen. Zwischen 1861 und 1891 bestand die Studentenschaft der Wiener Universität zu einem Drittel aus Juden—ein Umstand, der von großer Bedeutung für die Wiener Gesellschaft war, da der Staat seine Beamten aus Universitätsabsolventen rekrutierte (Beller, *Vienna* 34). Der gleiche hohe Anteil läßt sich beim Lehrkörper der Wiener Universität feststellen. Etwa die Hälfte der Dozenten der medizinischen Fakultät bestand aus Juden; das Lehrpersonal der juristischen Fakultät setzte sich zu einem Drittel und das der philosophischen Fakultät zu einem Fünftel aus Juden zusammen.[6] Jakob Wassermann, ein deutsch-jüdischer Schriftsteller, der 1898 von München nach Wien gezogen war, erlebte einen Kulturschock, weil er feststellte, "daß die ganze Öffentlichkeit von Juden beherrscht wurde. Die Banken, die Presse, das Theater, die Literatur, die gesellschaftlichen Veranstaltungen, alles war in den Händen von Juden. . . . meine Verwunderung [war] groß über die Menge von jüdischen Ärzten, Advokaten, Klubmitgliedern, Snobs, Dandys, Proletariern, Schauspielern, Zeitungsleuten und Dichtern" (102).

Die Veröffentlichungen zur Frage der "jüdischen Vorherrschaft" zerfallen in solche, die den hohen Prozentsatz von Juden in der Wiener Fin de siècle-Kultur hervorheben, und solche, die aufzeigen, daß die meisten Juden nur Teil der durchschnittlichen bürgerlichen Gesellschaft waren. Eine jüdische Vorherrschaft wird von jenen ausgemacht, die auf Sigmund Freud und seinen psychoanalytischen Kreis verweisen; auf Karl Popper and Ludwig Wittgenstein in der Philosophie; auf Gustav Mahler, Arnold Schönberg und seinen Schwager, Alexander Zemlinsky, in der Musik; auf Gustav Klimt, Oskar Kokoschka und Egon Schiele in der Malerei; auf Adolf Loos und Otto Wagner in der Architektur und auf Richard Beer-Hofmann, Hermann Broch, Egon Friedell, Hugo von Hofmannsthal, Karl Kraus, Joseph Roth, Arthur Schnitzler, Jakob Wassermann und Stefan Zweig im Bereich von Literatur und Feuilleton. Steven

Beller führt Schönbergs berühmte Schüler Berg und Webern an und fügt hinzu, daß sie keine Juden waren. Daraus zieht er folgenden Schluß:

> Dies soll uns noch einmal daran erinnern, daß nicht alles in der Hochkultur Wiens von Juden geschaffen wurde. In den Bereichen der Kunst und der Architektur zeigte sich dies noch deutlicher. Es gab da sehr wenige Juden unter den Künstlern und Architekten, obwohl da einige von größerer Bedeutung waren, wie Richard Gerstl, Schönbergs Mallehrer, und der Architekt Oskar Strand. (*Soziale Schicht* 65-66).

Abschließend sagt Beller, sehr vorsichtig formulierend:

> Mit anderen Worten, es gab tatsächlich an den entscheidenden Stellen des Wiener Modernismus eine sehr starke jüdische Präsenz . . . . Natürlich war die jüdische Beteiligung in einigen Bereichen stärker als in anderen, aber im allgemeinen doch so stark, daß man im großen und ganzen vielleicht von einem jüdischen Übergewicht und in gewissen Bereichen von einer jüdischen Vorherrschaft sprechen könnte. Die Frage jedoch, woher diese starke Vertretung herrühren konnte, wenn die Juden nur 10% der Gesamtbevölkerung der Stadt ausmachten, bleibt offen. (Soziale Schicht 66)

Ivar Oxaal zufolge war die jüdische Vorherrschaft am deutlichsten in der Mittelschicht ausgeprägt: "Die Juden im Wien des jungen Hitler waren im großen und ganzen eine vorwiegend bürgerliche, kleinbürgerliche und als Privatangestellte beschäftigte Minderheit—innerhalb oder neben der Mittelschicht der Wiener Gesellschaft—in einer vorwiegend handwerklich und zunehmlich proletarisch geprägten Stadt" (60). Daß der Antisemitismus starke Wurzeln im Mittelstand hatte, wird auch von Leon Botstein hervorgehoben:

> Der triumphale Erfolg, den um 1900 ein radikaler sozialer und politischer Antisemitismus besonders in der Mittelschicht Wiens hatte (ungeachtet des offenen Widerstands, den Kaiser Franz Joseph ihm entgegensetzte), spiegelte neue ökonomische und soziale Belastungen wider, die durch Industrialisierung und heftige Nationalitätenkonflikte innerhalb des Kaiserreichs noch verstärkt wurden. Der Antisemitismus manifestierte sich als virulentes Rassenvorurteil, das durch eine politische Ideologie gerechtfertigt wurde, deren Ziel

> es war, das Übel des Kapitalismus, des Liberalismus und der Moderne auszurotten. Indem man im politischen Leben Wiens die Juden mit diesen angeblichen Ursachen aller sozialen, moralischen und politischen Mißstände gleichsetzte, schuf man eine explosive politische Formel, die später den Nazis als Vorbild dienen sollte. (14)[7]

Die konservative Presse attackierte insbesondere die liberale Kulturpolitik der Sozialisten. Da ein hoher Prozentsatz der sozialistischen Parteiführung Juden waren—man denke an August Bebel, Moses Hess, Ferdinand Lassalle, Karl Liebknecht, Rosa Luxemburg und Karl Marx —, bot sich hier ein leicht zu treffendes Ziel. Zur sozialistischen Parteiführung in Österreich gehörten unter anderen die Juden Friedrich, Max und Victor Adler, Otto Bauer, Julius Braunthal, Hugo Breitner, Julius Deutsch, Karl Kautzky und Karl Seitz, der später dann Bürgermeister von Wien wurde (1923-1934). Dies veranlaßte, wie Karl Paumgartten sagt, manche Leute zu glauben, "daß die Sozialdemokratie, trotz ihres antikapitalistischen Programms, letztendlich nur ein Versuch der Juden sei, mit Hilfe der Arbeiterbewegung das Christentum auszuschalten und auf sozial-revolutionärem Wege die jüdische Weltherrschaft zu errichten" (Paumgartten 33; Broer 534). Wie Fuchs feststellt wurde den Juden immer wieder vorgeworfen, daß ihre Politik einzig von ihren persönlichen Interessen bestimmt sei und daß "der jüdische Politiker käuflich sei, daß er der bezahlte politische Agent jüdischer Finanzgruppen sei, daß er seine Wahl nur dem Wohlwollen gewisser jüdischer Gruppen verdanke, und daß er dieses Wohlwollen durch eine Politik in deren Interesse abverdienen müsse" (254).

Der rassische Antisemitismus wurde von Georg Ritter von Schönerer (1842-1921) und Karl Lueger (1844-1910) gefördert. Bereits 1879 gehörte eine Kampfansage an die "semitische . . . Herrschaft des Geldes und der Phrase" zum Parteiprogramm Schönerers. Einige Jahre später forderte er im Linzer Programm "die Beseitigung des jüdischen Einflusses auf allen Gebieten des öffentlichen Lebens," und 1887 bezeichnete er den Antisemitismus "als einen Grundpfeiler des nationalen Gedankens, . . . als größte Errungenschaft dieses Jahrhunderts" (Moser 261). Karl Lueger, Bürgermeister von Wien (1897-1910) und Führer der Christlichsozialen Partei, trug ebenfalls zum antisemitischen Sentiment dieser Zeit bei, obwohl seine Haltung nicht ganz eindeutig war. Ein Grund für diese Widersprüchlichkeit war, daß die Definition, wer oder was ein Jude sei, nicht klar festgelegt war; wenn die Religion der entscheidende Faktor war, konnten dann die Juden, die zum Katholizismus konvertiert waren, noch als Juden betrachtet werden? Sollten diese konvertierte Juden genauso behandelt werden wie die Christen und die gleichen Vorrechte genießen wie diese, oder sollten sie Vereinigungen und Organisationen wie der Christlichsozialen Partei nur als zweitklassige Mitglieder angehören dürfen? Dieser Mangel an Kriterien kam in dem Ausspruch Luegers "Wer ein Jud' ist, bestime ich" zum Ausdruck, der ihm die Möglichkeit verschaffte, sich je nach Bedarf antisemitisch zu verhalten oder nicht. Beller hält Lueger für einen Heuchler, der aus seiner zweideutigen Haltung politischen Nutzen zog: "Jedermann wußte, daß die Sachlage in Wirklichkeit genau umgekehrt war; es war einfach so, daß sich Lueger die Vagheit des Wiener Antisemitismus zunutze machte, wo er nur konnte" (*Vienna* 195).[8]

Simon Wiesenthal wies auf den von Schönerer und Lueger vertretenen Antisemitismus hin, als er in einem Interview die Frage beantwortete, ob beide versucht hätten, ihre eigenen Angelegenheiten zu fördern, indem sie gegen den Zustrom von Ostjuden zu Felde zogen:

> Ursprünglich wurden die Juden in die Ghettos gesperrt, weil die Kirche nicht wahrhaben wollte, daß die Wurzeln des Christentums jüdisch sind—ohne Judentum kein Christentum. Die Antijudaisten waren schuld, da in den Ghettos ganze Generationen jüdischer Denker heranwuchsen. Als diese im vergangenen Jahrhundert aus den Ghettos herauskamen, waren sie dank ihrer Bildung vielen anderen weit überlegen. Da setzte der Neid ein—die Abwehr gegen Assimilierung: Die Juden sollten nicht Teil der Gesellschaft werden dürfen. So wurde der Antijudaismus zum Antisemitismus. Man kann ihn mit einem Satz gar nicht beschreiben, so viele Gesichter hat er: das ökonomische, politische, soziale und meinetwegen auch das rassische. (139)

Der Grundgedanke, der in Wiesenthals Äußerungen enthalten ist, läßt sich ebenfalls in Martin Doerrys Bemerkungen zum Fremdenhaß wiederfinden, die im Mai 1994 im *Spiegel* veröffentlicht wurden: Antisemitismus braucht nicht auf der Verschiedenheit, dem Anderssein zu basieren, sondern auf der Ähnlichkeit der Hassenden und der Gehaßten, denn

> Haß auf das Fremde [entsteht] immer dann, wenn es dem Eigenen ähnlich zu werden droht. Auch der Antisemitismus verstieg sich zum Massenmord, als die Assimilation der europäischen Juden weit

> fortgeschritten war. . . . Bekämpft wird nicht der Unterschied, sondern die Anpassung, die Verwischung zwischen dem Fremden und Vertrauten. (195)

Ergänzend kann man hier noch den sexuellen Antisemitismus anführen. Die männliche Bevölkerung glaubte neidvoll an die sexuelle Zügellosigkeit der männlichen Juden, die auch vor Vergewaltigungen nicht halt mache. Dies erinnert an Hugo Bettauers später erschienenen Roman *Die Stadt ohne Juden* (1922), aus dem Frank Hirschbach folgende Stelle zitiert:

> Wenn die süßen Mädeln aber ganz unter sich und sehr miteinander befreundet waren, wenn sie ihre erotischen Erlebnisse und Erfahrungen austauschten, dann erzählten sie von der Sinnlichkeit der Juden und der Vielfältigkeit ihrer erotischen Neigungen im Gegensatz zu ihren gut christlichen, sehr braven, aber weitaus weniger amüsanten arischen Freunden. . . (63-64)

Hirschbachs Kommentar dazu: "Kein Wunder, wenn Bettauer andeutet, daß sexueller Konkurrenzneid zu den Wurzeln des männlichen Antisemitismus gehört" (64).

Doch Antisemitismus gab es nicht nur bei Nichtjuden, sondern auch unter den Juden selbst. Josef Redlich, der 1903 zum Katholizismus konvertierte, ist dafür ein typisches Beispiel. Leser, der Josef Redlichs Schriften analysiert hat, in denen sich mannigfache Vorurteile gegenüber den Ostjuden finden, bemerkt dazu: "Mit dieser abwehrenden Haltung gegenüber den Ostjuden stand Redlich in der Wiener Judenschaft nicht allein, die assimilierten und arrivierten Wiener Juden betrachteten ihre osteuropäischen Glaubensbrüder nicht als Schicksalsgenossen und Verbündete, sondern als Eindringlinge und Bedrohung der eigenen, mühsam erkämpften Identität" (12). Leser sieht darin einen Umstand, der dem österreichischen Antisemitismus zumindest die Schärfe nimmt:

> Diese und ähnliche Äußerungen Redlichs demonstrieren die weitverbreitete Abneigung, die in den Kreisen der Wiener Juden gegenüber den osteuropäischen Juden, die die Kreise der Wiener störten, bestand. Ohne damit den Wiener oder österreichischen Antisemitismus rechtfertigen zu wollen, muß doch zur Relativierung der Vorwürfe an die Adresse des österreichischen Antisemitismus gesagt bzw. gefragt werden: Wenn eine Persönlichkeit wie Redlich und ge-

bildete Wiener Juden nicht imstande waren, Regungen des Unbehagens gegenüber einer als fremd empfundenen Gruppe zu unterdrükken, kann man es dann den weniger gebildeten und mondialen Wienern verargen, wenn sie ähnliche Gefühle gegenüber einer in vielen Berufen überrepräsentierten Gruppe, die ihnen auch sozial Konkurrenz machte, entwickelten? (13)

Es sei schon hier darauf hingewiesen, daß Schnitzler eine solche Einstellung nicht teilte. In seinen erst 1992 veröffentlichten Aufzeichnungen kann man lesen: "Jede Nachsicht gegenüber dem, was wir Antisemitismus nennen, ist mindestens gedankenlos, häufiger ein Vergehen, wird sie aber von den Juden selbst geübt, wie es häufig genug geschieht, ein Verbrechen" (Friend 58).

Urteilt man von einer pessimistischen Perspektive, so könnte man zu dem Schluß kommen, daß der Antisemitismus u.a. Ausdruck eines im menschlichen Wesen verankerten Haß- und Aggressionstriebes ist, so daß, wie wir es im nächsten Abschnitt bei Schnitzler finden, der Haß ein menschliches Bedürfnis ist, wobei die Juden als eine ins Auge fallende Minoritätsgruppe ein leichtes und willkommenes Ziel boten. Die Juden wurden jahrhundertelang als Sündenböcke für alle Fehlplanungen und Mißstände der Gesellschaft verantwortlich gemacht, weil man einen oder mehrere Schuldige brauchte. Die Kurzformel dafür ist: "Der Jud ist schuld" (Pfoser, Die Wiener Aufführung 97).

Ein Problem war das der jüdischen Identität. Viele Juden empfanden sich nicht als Juden, selbst wenn sie nicht konvertierten. Der Idee einer jüdischen Nation, wie sie von den Zionisten vertreten wurde, standen viele, Schnitzler miteingeschlossen, ablehnend gegenüber.

f) *Schnitzlers Einstellung zum Judentum und zum Antisemitismus*[9]

Schnitzler war sich seines Judentums wohl bewußt, und die Presse tat ihr möglichstes, ihn immer wieder daran zu erinnern. In seiner Tagebucheintragung vom 29. Januar 1919 sagte er dazu: "Mißverstanden werden natürlich alle Künstler von Rang;—der Grad,—die Betonung—und Lauheit der 'Verstehenden' ist eben doch zum allergrößten Theil nur aus meinem Judenthum zu erklären" (*Tagebuch 1917-1919*: 225). In seiner Autobiographie geht Schnitzler verschiedentlich auf die antisemitischen Tendenzen in seiner Umgebung ein und führt den *Waidhofener Beschluß* als Beispiel für den zunehmenden Antisemitismus unter der Studentenschaft an:

> Jeder Sohn einer jüdischen Mutter, jeder Mensch, in dessen Adern jüdisches Blut rollt, ist von Geburt aus ehrlos, jeder feineren Regung bar. Er ist ein ethisch tiefstehendes Subjekt. Der Verkehr mit einem Juden ist daher entehrend; man muß jede Gemeinschaft mit Juden vermeiden. Einen Juden kann man nicht beleidigen, ein Jude kann daher keine Genugtuung für erlittene Beleidigungen verlangen.[10]

Zu diesem Beschluß äußert sich Schnitzler folgendermaßen: "Dieser sozusagen offizielle Beschluß wurde allerdings erst einige Jahre später verkündigt; die Geistesverfassung, aus der er entstand, die Gesinnung, die er zum Ausdruck bringt, bestanden schon zu der Zeit, von der hier die Rede ist, Anfang der achtziger Jahre, wie auch die praktischen Folgerungen von beiden Seiten daraus gezogen wurden" (*Jugend in Wien* 156).

Schnitzlers Haltung gegenüber dem Judentum kommt in seinem Roman *Der Weg ins Freie* zum Ausdruck, einem weitgehend autobiographischen Werk, in dem die jüdische Frage und der Antisemitismus einen zentralen Stellenwert haben. Heinrich Bermann, eine der Romanfiguren, sagt über das jüdische Vaterland und den Begriff 'Heimat': "Vaterland . . . das war ja überhaupt eine Fiktion, ein Begriff der Politik, schwebend, veränderlich, nicht zu fassen. Etwas Reales bedeutete nur die Heimat, nicht das Vaterland . . . und so war Heimatsgefühl auch Heimatsrecht" (721).[11] Im weiteren Verlauf stellt Bermann dann Leo Golowski die rhetorische Frage: "Was ist Ihnen Ihr 'Heimatland' Palästina? Ein geographischer Begriff. Was bedeutet Ihnen 'der Glaube Ihrer Väter'? Eine Sammlung von Gebräuchen, die Sie längst nicht mehr halten und von denen Ihnen die meisten gerade so lächerlich und abgeschmackt vorkommen als mir" (722). Bermann, der später gesteht, daß er kein Verlangen hat, unter Juden in einem jüdischen Staat zu leben, und der es vorzieht, in Wien zu bleiben, sinnt dann über die Assimilation der Juden in der österreichischen Gesellschaft nach, die vielleicht beweist, "daß wir, die Juden, mein ich, gewissermaßen ein Menschheitsferment gewesen sind" (833).

Auch Schnitzler fühlte sich nicht als Glaubensjude. Harry Zohn bezeichnet ihn als "agnostischen europäischen Juden":

> Arthur Schnitzler, dem alles Dogmatische widerwärtig war und der wenig innere Beziehung zum Glauben seiner Väter hatte, betrachtete sich als agnostischen europäischen Juden deutscher Zunge und Kul-

> tur. Dem jüdischen Brauchtum weitgehend entfremdet, verstand er sein Judentum im Sinne einer Stammeszugehörigkeit. Der wachsende Antisemitismus seiner Zeit und die von ihm in seinen Tagebüchern und seiner Autobiographie verzeichneteten antijüdischen Umtriebe besonders in studentischen Kreisen nötigten ihm eine Art von "Trotzjudentum" ab. . . . Erst später scheint Schnitzler das Bedürfnis empfunden zu haben, sich über jüdische Themen auszudrücken und das jüdische Problem, das zur Zeit Georg von Schönerers und Karl Luegers brennend geworden war, dichterisch abzuhandeln. (ich bin ein Sohn 30)

Schnitzlers kritische Einstellung gegenüber Juden wird auch von Bruce Thompson erwähnt: "Das ganze Drum und Dran der jüdischen Religion spielte keine Rolle im Haushalt Johann Schnitzlers, und sein Sohn Arthur betrat die Synagoge nur, um an Hochzeiten und Begräbnissen teilzunehmen" (8).[12] Dr. Henriette Lichtenstein-Rappaport meint, Schnitzler habe jede Verbindung zum Zionismus abgelehnt, weil sein Judentum nicht ausgeprägt genug war und "weil er zu wenig instinktsicher war, um eine Entscheidung zu fällen."[13] Doch der Hauptgrund für diese Ablehnung ist wohl eher der, daß Schnitzler gegen jede Form von Dogmatismus war, worunter auch der Zionismus fiel.

Schnitzler war viel zu kritisch, um im Zionismus die eine Antwort auf die vielen Probleme zu sehen, mit denen die Juden zu seiner Zeit konfrontiert wurden. Er war auch viel zu sehr ein Individualist, dem jede Art von Verallgemeinerung abhold war, und besonders in dieser Ansicht stimmt er mit Nietzsche überein, dem die Überzeugungen gefährlichere Feinde der Wahrheit sein können als die Lügen (Colli, *Menschliches-Allzumenschliches* 329), und der im fünften Buch seiner *Fröhlichen Wissenschaft* sein Mißtrauen gegen starke Überzeugungen folgendermaßen bekundet: "Wir sind vorsichtig, wir modernen Menschen, gegen letzte Ueberzeugungen; unser Misstrauen liegt auf der Lauer gegen die Bezauberungen und Gewissens-Ueberlistungen, welche in jedem starken Glauben, jedem unbedingten Ja und Nein liegen . . ." (Colli 309). Auch Schnitzler lehnt starre Überzeugungen ab, wie in dem folgenden Zitat, in dem er sich zu seinem Judentum bekennt, das er jedoch im Sinne einer Stifterschen 'Geschlechterkette' versteht:

> Kein bewußter Jude zu sein, ist schlimmer als Feigheit, ist Dummheit. Es heißt leugnen, daß man von Vater und Mutter abstammt, daß diese wieder Väter und Mütter gehabt haben, heißt leugnen, daß

> man überhaupt ein Geschöpf, ein ganz bestimmtes Wesen, ein Individuum unter anderen ist. Aber daß man überzeugter Assimilant oder ein überzeugter Zionist sein könnte, ist beides gleich unbegreiflich. Das hieße ja die Zukunft vorher sehen können. Man kann nur (Vermutungen) Ansichten haben, welche Lösung die vorteilhaftere sein könnte für einen selber, für seine Angehörigen, für ein Volk, dem man angehört, ob mit oder ohne Liebe, mit Liebe oder mit Scham. (Friend 60)

Dies schließt dann ein, daß man verschiedene, ja sogar scheinbare Gegensätze vereinen kann, wie es Schnitzler an vielen Stellen in seinem Werk betont hat und wie es auch in dem folgenden Zitat zum Ausdruck kommt: "Es ist nicht Feigheit Assimilant und es ist nicht Mut Zionist zu sein. Man kann bewußter Jude sein und doch Assimilant" (Friend 60). Schnitzler war ein Individualist, der seine Freunde nach ihren individuellen Leistungen beurteilte, ungeachtet ihrer Rasse oder Religion: "Ich bin nicht stolz auf jemanden, weil er der gleichen Rasse angehört" (Friend 55). Er verlangte, daß man den gleichen Maßstab an ihn und seine Werke anlegte. Darauf weist auch Ellen Butzko hin:

> Nicht auf Glauben und Rasse, sondern auf das einzelne Individuum kommt es ihm an. Schnitzler erweist sich nicht nur in dieser Hinsicht als der liberale, völlig assimilierte Jude, der sich so fest in der deutschen Kultur verankert sieht, daß er den Zionismus von vornherein ablehnen muß. Das Verhältnis von deutscher und jüdischer Kultur sieht er in erster Linie als Symbiose, in vollem Bewußtsein darüber, daß die Juden dem deutschen Volke geradeso viel zu verdanken hätten wie umgekehrt. Als Ungerechtigkeit sieht er es daher an, daß er immer nur als Jude rezensiert und vor allem auch kritisiert wird, daß seine Identität nur deshalb zu einem Problem für ihn selber wird, da er von anderen ständig daran erinnert und dafür zur Rechenschaft gezogen wird. So verbindet er mit seinem Judentum immer eine Art "Verfolgswahn", der ihn für jegliche Kritik äußerst empfindlich macht. (18)

In den 1992 veröffentlichten Aufzeichnungen, in denen Schnitzler u.a. auch seine Ansichten über das Judentum niederlegte, tritt eine unverhüllte Verachtung aller Antisemiten zutage. Für ihn bedeutet Österreich Heimat, und er unterscheidet scharf zwischen Heimatgefühl und Patriotismus: "Ich habe Heimatgefühl, aber keinen Patriotismus" (Friend 55).

Juden können für Schnitzler sehr wohl das erstere haben, und sie können es in viel stärkerem Maße besitzen als die Antisemiten, die den Juden dieses Heimatgefühl absprechen wollen. In der folgenden Passage tritt ein nicht zu überhörender Stolz zutage, gerade dieser Rasse anzugehören, die von den Antisemiten geächtet wird:

> Sie [=die Antisemiten] rechnen uns [=die Juden] nicht zu ihresgleichen. Ich möchte es mir auch verbeten haben. Sie finden, ich sei kein Österreicher wie sie. Vor allem bin ich *ich*, was mir für das erstere genügt, und daß ich in Österreich auf die Welt gekommen bin, kann mir niemand abstreiten. Wenn Millionen Cretins finden, daß ich nicht hierher gehöre, so weiß ich's besser als diese, daß ich hier heimischer bin als sie alle. Es ist eine Tatsache, daß das Wesen Österreichs und Wiens von den Juden heute stärker empfunden und ausgedrückt wird als von den Antisemiten. Und wenn die Million findet, daß ich hier nicht zuhause bin, so erwidere ich, daß für mich nichts anderes maßgebend ist als mein (persönliches) Gefühl. Sie empfinden mich als Fremden—schön. Aber können sie mich denn überhaupt als etwas empfinden? Gewiß ist's, daß ich alles, was den Zauber und die Traurigkeit meines Vaterlandes ausmacht (ich spreche das Wort 'Vaterland' ohne jede Rührung und ohne Loyalität, einfach als Tatsache aus), tausendmal besser fühle als diejenigen, die mich hinausjagen möchten! Was immer sie reden oder tun mögen, ich werde mich niemals von ihnen beschimpft fühlen und weise ausdrücklich die Gemeinschaft mit allen denjenigen zurück, die an dieser Empfindung leiden. (Friend 59)

Und wie kommt es zu diesem Antisemitismus? Was sind die schlechten Eigenschaften der Juden, die zu dieser Einstellung motivieren? Schnitzler zählt zu den schlechten jüdischen Eigenschaften besonders die Kriecherei, oder wie er 1915 schrieb: "Der Jude bringt es manchmal bis zur Kriecherei, aber niemals bis zur Demut" (Friend 60). Dies erinnert an die Bemerkung von Egon Schwarz, daß Schnitzler folgende drei "jüdischen" Verhaltensweisen ablehne:

> Renegatentum, Kriecherei und Snobismus. Freud hat alles in allem eine ähnliche Einstellung gehabt wie Schnitzler, aber doch wiederholt betont, was er dem Judentum verdankt. Im Gegensatz dazu hat sich Schnitzler relativ selten über die guten Seiten ausgesprochen, die dem Judentum allenfalls abzugewinnen wären. Und obwohl es

> über jeden Zweifel klar ist, daß ihm die Zugehörigkeit zum Judentum weder im religiösen noch im nationalen Sinne etwas bedeutete, hat er doch jedem übelgenommen, der dem angeborenen Judentum durch irgendein Manöver zu entfliehen suchte. (*Hiob* 75)[14]

Schnitzler sieht aber auch, indem er die Perspektiven auswechselt, den Grund für den Antisemitismus in den guten Eigenschaften der Juden, so daß Moral- oder Charakterbegriffe wie 'Gut und Böse' oder 'Gut und Schlecht' wie bei Nietzsche ihren absoluten Gegensatzcharakter verlieren. Letztendlich ist, wie Schnitzler glaubt, dem Antisemiten jeder Grund recht, ihn in seinem Haß zu bestärken:

> Gehaßt werden die Juden wegen ihrer guten Eigenschaften. Aber selbst angenommen, daß auch die spezifischen schlechten Eigenschaften (auf deren Entstehung wir hier nicht eingehen wollen) an dem Judenhaß schuld sind, der ungeheure Erfolg des Antisemitismus liegt (sozusagen) vor allem in seiner Handlichkeit. Dem Bedürfnis der Menschen, andere Leute herabzusetzen, sich größer zu fühlen als andere, sie zu schädigen, Konkurrenzen aus dem Wege zu räumen, kommt ein Prinzip natürlich sehr entgegen, das jede Mühe, jede geistige Unterscheidungsarbeit von vornherein überflüssig macht. (Friend 60-61)

Unterscheidungsarbeit war auch nicht nötig, denn die Bezeichnung *Jude* sei ja schon genau so diskrimierend, wie es vor Jahren (vor dem Toleranzpatent Josef II. 1781)[15] der 'gelbe Fleck' gewesen sei, der die Juden von den Nicht-Juden absonderte:

> Daß irgend jemand ein Jude ist, läßt sich ohne weiteres konstatieren, daher war es ein politisch kluger, mit anderen Worten tückisch-feiger Gedanke, die Juden womöglich schon durch den Namen von den übrigen Menschen zu unterscheiden. Der gelbe Fleck hat das auf das Naivste zum Ausdruck gebracht, und es ist ganz begreiflich bei der Schamlosigkeit und dem geistigen Tiefstand besonders der österreichischen Antisemiten, daß hier vor Jahren tatsächlich die Anregung gegeben wurde, eine solche äußere Unterscheidung der Juden von den Christen wieder in Kraft treten zu lassen. (Friend 58)

Wichtig ist in dem obigen Zitat die Feststellung, daß die Hauptwurzel des Antisemitismus im "Bedürfnis der Menschen" zu sehen sei, sich über andere Menschen zu erheben. Das Primäre ist hier das im Menschen verankerte Bedürfnis; der Antisemitismus ist dann nur eine Form, die zur Triebbefriedigung dient. Die Juden sind ein durch Jahrhunderte hindurch erklärtes Haßobjekt, deren Nützlichkeit darin zu bestehen scheint, den Nicht-Juden zur Entlastung dieser Triebgewalt zu dienen. Der Antisemitismus ist demnach im jetzigen Wesen des Menschen verwurzelt; äußere Umstände spielen nur insofern eine Rolle, als sie diesen latenten Trieb aktivieren können und ihn auch, wie es die Geschichte zeigt, aktiviert haben. Schnitzler ist skeptisch, daß es bald zu einer Änderung kommen könnte; im Gegenteil, er sieht prophetisch das Schicksal vieler Juden voraus, wie es das folgende Zitat zeigt. Nicht zu überhören aber ist in demselben Zitat der Stolz, den die Antisemiten ihm nie nehmen können, und seine Ehre, die nie unter dem Gebahren der Antisemiten Schaden erleiden kann:

> Keinem Menschen auf der Welt kann es jemals gelingen, mich zu beschimpfen. Man kann mich anschreien, mich verhöhnen, mich—wenn es mehrere sind, und die Antisemiten sind immer mehrere—durchprügeln, mich verleumden, mich kreuzigen, mich verbrennen . . . kurz, alles auf der Welt, aber gerade beschimpfen kann man mich nie . . . . beleidigt kann der Schuldlose niemals werden. So kann durch den Antisemitismus der Jude geärgert, geschädigt und vernichtet werden—aber beschimpft niemals. (Friend 59)[16]

g) *Die Juden und die Wiener Presse*

Von besonderer Bedeutung ist die Frage, ob Juden einen beherrschenden Einfluß auf die liberale Wiener Presse hatten, ein Vorwurf, der immer wieder in konservativen Kreisen erhoben wurde. Die Zahl der Juden im Zeitungswesen—darunter Redakteure und Journalisten wie Eduard Bacher, Mori(t)z Benedikt, Max Friedländer, Theodor Hertzka, Alexander Scharf und Moritz Szeps—war relativ hoch. Wegen des großen Prozentsatzes von Juden im Zeitungswesen spricht Hellmut Andics von der "Verjudung der Presse,"

> in dem Sinn, daß es mit Ausnahme des *Vaterlands* und später der *Reichspost* kein Blatt von politischer und kultureller Relevanz gab, das nicht von jüdischen Herausgebern und Redakteuren dominiert wurde. . . . Die *Presse*, und noch prägnanter, die *Neue Freie Presse*, waren die Kämpferinnen für die Emanzipation des Bürgertums und

> damit für die jüdische Emanzipation. Sie waren die tagtägliche Lektüre der liberalen deutschen Bürger, und damit der liberalen deutschen Juden, der Spiegel ihres Lebens und ihrer Lebensinteressen. Liberalismus und Judentum ließen sich jahrzehntelang nicht voneinander trennen, und beides nicht von der *Neuen Freien Presse*. Von der jüdischen Wiener Presse überhaupt. (311)

Antisemitisch eingestellt waren das *Deutsche Volksblatt*, die *Deutsche Zeitung*, die *Ostdeutsche Rundschau* und der *Kikeriki*, ein ursprünglich liberales Blatt, das 1894 ins antisemitische Lager übergewechselt war. Um die Jahrhundertwende übten diese Zeitungen keinen allzu großen Einfluß auf ihre Leserschaft aus. Nach 1918 änderte sich das, und die antisemitische Presse manipulierte die öffentliche Meinung in sehr hohem Maße. Beller gibt einen Überblick über die wichtigsten liberalen Zeitungen, deren Besitzer oder deren Herausgeber jüdischer Abstammung waren:

> Da waren Bacher und Benedikt von der *Neuen Freien Presse*, die vielen als die *Times* Mitteleuropas galt. Diese Zeitung konkurrierte in der Auflagenhöhe mit dem *Neuen Wiener Tagblatt*, dessen Gründer und Chefredakteur Moriz Szeps war. Als Szeps 1886 nach einem Streit mit dem Aufsichtsrat aus der Redaktion ausschied, um das konkurrierende *Wiener Tagblatt* ins Leben zu rufen, wurde das *Neue Wiener Tagblatt* von den Brüdern Singer übernommen. Dann gab es die *Wiener Allgemeine Zeitung*, die von Theodor Hertzka und später von Szeps' Sohn Julius herausgegeben wurde. Die sozialistische *Arbeiter Zeitung* wurde von Friedrich Austerlitz herausgegeben. All diese Personen, die in der Geschichte der liberalen Presse eine zentrale Rolle spielten, waren jüdischer Abstammung. . . . Besondere Beachtung verdient der Umstand, daß die drei wichtigsten Kulturzeitschriften der Jahrhundertwende vornehmlich von Juden geleitet wurden: *Die Zeit* von Heinrich Kanner und Isidor Singer, zusammen mit Hermann Bahr (kein Jude), *Die Wage* von Rudolf Lothar und *Die Fackel* von Karl Kraus. Der überwiegende Teil der Redakteure liberaler Zeitungen war jüdischer Herkunft. . . . Zu einer Zeit, da die Presse das einzige Massenmedium darstellte—auf kulturellem wie auf sonstigem Gebiet—, war die liberale Presse im wesentlichen eine jüdische Presse. (*Vienna* 38-40)[17]

Das bedeutet indes nicht, daß in diesen Publikationen die jüdische

Perspektive vorherrschte, wie Heinz Gstrein bemerkt:

> Bei der fast gesamten führenden Wiener Tagespresse waren jüdische Journalisten die Gründer oder wichtigsten Mitarbeiter, ohne daß man deswegen von einer "jüdischen Presse"sprechen konnte. Ihre lange Reihe eröffnete am 3. Juli 1848 die *Presse*, die ab 1864 von der *Neuen Freien Presse* überflügelt und später völlig ersetzt wurde. Dasselbe gilt für das *Fremdenblatt*, die *Morgenpost*, das *Neue Wiener Tagblatt*, die *Wiener Allgemeine Zeitung*, das *Illustrierte Wiener Extrablatt*, das *Neue Wiener Journal* und auch für die *Arbeiter-Zeitung*. (66)

Es war den Redakteuren und Journalisten nicht gestattet, in der Presse uneingeschränkt ihre eigenen Ideen vorzubringen. Als typisches Beispiel kann hier Theodor Herzl angeführt werden, der Kulturredakteur der *Neuen Freie Presse* war, ein Blatt, das von Karl Kraus zutiefst verachtet wurde (Wistrich 510 ff.; Endler 160-172). Es war Herzl nicht erlaubt, in dieser Zeitung für den Zionismus zu plädieren. In der Tat

> befand er sich in einer unerträglichen Lage als "Lohnsklave" der *Neuen Freien Presse*, Wiens führender Zeitung, die damals das wohl bedeutendste liberale Blatt Europas war. Die Besitzer waren Juden, aber sozusagen "Berufsösterreicher", wie die große Mehrheit ihrer Glaubensgenosen. Da ihnen an einer immer weiter fortschreitenden Assimilation gelegen war, sorgten Moriz Benedikt und Eduard Bacher dafür, daß der Zionismus und die weitreichenden politischen Aktivitäten ihres Kulturredakteurs Theodor Herzl auf den Seiten der *Neuen Freien Presse* mit keinem Wort erwähnt wurden. (Zohn, Fin-de-Siècle Vienna 140-141)[18]

Eine Ausnahme war das Todesjahr Herzls (1904), "als Herzls im letzten Satz des Nachrufs [in der *Neuen Freien Presse*] als Gründer und Leiter der zionistischen Bewegung gedacht wurde" (Willi 120).

3. *Reaktionen auf den Privatdruck des* Reigen *um 1900 und auf seine Erstveröffentlichung 1903*

Die ersten Reaktionen auf den *Reigen* erfolgten um 1900. Schnitzler, der Exemplare des *Reigen* an seine Freunde verschickt hatte, wurde wegen seines Auswahlverfahrens getadelt, da er das Werk hauptsächlich seinen männlichen Freunden und Bekannten hatte zukommen lassen. In der Morgenausgabe des Wiener *Fremden-Blatts* vom 22. April 1900 beklagt das in der Rubrik "Aus der Theaterwelt" ein anonymer Rezensent:

> [Die interessante Novität Schnitzlers] nennt sich *Reigen* und schildert—wie sagt man nur, was?—die verschiedenartigsten Gestalten, welche die Liebe einnimmt, wenn sie in der ärmsten Volksschichte oder bei armen Leuten, beim Kleinbürger oder beim wohlhabenden Bourgeois bis hinauf in die vornehmsten Gesellschaftskreisen erscheint. Damen, welche das Buch kaufen wollen, würden aber vergeblich vor dem Buchhandlungsgehilfen erröthen. Denn der Verfasser hat das Buch nur in zweihundert Exemplaren als Manuskript drucken lassen, um diese an einen ausgewählten Kreis von Herren zu versenden. (10)

Die gleiche Meldung brachte der *St. Petersburger Herold* am 26. April 1900, in kürzerer Fassung dann die Abendausgabe des *Hannoverscher Couriers* vom 28. April 1900:

> Ein neues Buch von Arthur Schnitzler ist erschienen, aber—unter Ausschluß der Oeffentlichkeit. Der geistreiche Verfasser hat sein jüngstes Werk in 200 Exemplaren als Manuskript drucken lassen und diese 200 an einen ausgewählten Kreis bekannter Männer vertheilt. Das Buch führt den Titel *Reigen* und schildert die Liebe in ihren verschiedenartigen Gestalten. (2)

Um ein Exemplar des Buches zu bekommen, sollte man laut Michael Georg Conrad am besten folgendes tun: "So mache man sich denn Herrn Arthur Schnitzler zum Freund und lasse sich ein numeriertes Exemplar seines *Reigen* dedizieren" (Schnitzler 251).

Eine der ersten Reaktionen kam von Rudolf Lothar, dem Schnitzler ein *Reigen*-Exemplar hatte zugehen lassen; in seinem um 1900 verfaßten Dankschreiben teilte er dem Autor mit, er habe dieses Werk "mit innigstem Behagen an all seinen intimen Reizen" gelesen, und er fügte hinzu: "Wie schade, daß man darüber nicht schreiben kann! Alle Erotiker des XVIII. Jahrhunderts . . . schöbe ich in den Schatten Dir zu Ehren! Wenn ich kann, werde ich mir das Buch in zarter Frauenhaut binden lassen. Diese Ehre verdient es!" (B. Zeller 333). Für Alfred Kerr war es besonders der Humor, der dieses Stück von Schnitzlers vorhergehenden Werken unterschied:

> Ein wundervolles Buch. Sein Wert liegt in den Lebensaspekten und der komischen Gestaltung. Die komische Kraft ist ein neuer Zug an Schnitzler. Er hat eine Schauspielerin auf zwei, nicht immer geschlossene Beine gestellt, deren Wesen in dunklen Situationen erschütternd wirkt. Er giebt einen kostbaren Poeten, der sich pseudonym Biebitz nennt und das süße Mädel als Unterlage für Betrachtungen ansieht. Man schreit beim Lesen. Es ist ein kleiner Dekameron unserer Tage. Die Vergänglichgkeit, auch des unterirdischen Lebens, klingt durch das Ganze. . . . Das Buch ist im Handel nicht erschienen. Unsre Besten haben kein Vertrauen zu dieser Gegenwart. (666)

Dieser Mangel an Vertrauen zur Gegenwart spiegelt sich auch in Michael Georg Conrads Rezension wider, die mehr die soziale Aussage als den Humor hervorhebt:

> Die öffentliche Drucklegung ist zur Zeit und wohl noch auf Jahrzehnte hinaus durch die öffentliche Dummheit und die geheime Sittenreinheit der Normalmenschen verhindert. Die Pointe jeder dieser Schnitzlerschen Scenen ist ein—Aktus. Wie die Pointe herbeigeführt, motiviert und in Beleuchtung gerückt ist, das ist eine echt Schnitzlersche Originalleistung. Eine Serie erschütternder Blicke ins Kaleidoskop der Alltags=Liebe. Und daß sich das als Reigen vollzieht, über die ganze soziale Rangabstufung hinweg, giebt diesen mit unerhört raffinierter naturalistischer Technik ausgearbeiteten Scenen ihren höllischen Humor. (Schnitzler 251)

Positiv war auch die Wertung in der Februarausgabe der *Stimmen der Gegenwart* (1901):

> Das Buch ist nur seinen Freunden zugedacht und entzieht sich misstrauisch der Oeffentlichkeit . . . [10 Dialoge,] jeder von einer Reihe Gedankenstriche; die Muse lässt die Rouleaux herab. . . . Wahrhaftig, das ist nicht bloss das Leben, das ist auch eine Kunst; die Kunst, das Verschwiegenste und das Gewagteste im Dialog, dieser schwierigsten Form zu geben. . . . Seine [Schnitzlers] Worte sind so fein und klar, so raffiniert naiv, dass man kaum merkt, wie sie hart an der Grenze des Erlaubten vorbeibalanciren. Welche Eleganz und Gewandtheit. (anon., [Buchbesprechung] 52)

Diese anfänglichen positiven Reaktionen bewogen Schnitzler, sich anders zu besinnen und den *Reigen* 1903 auf dem öffentlichen Buchmarkt erscheinen zu lassen. Im Januar bot er das Werk erneut S. Fischer an, der ihm am 13. Februar 1903 folgenden Brief schrieb:

> Lieber Herr Doctor! Ich habe den *Reigen* noch einmal gelesen, aber ich bin auch jetzt zu der Überzeugung gekommen, daß an eine Veröffentlichung in Deutschland nicht zu denken ist. Ich glaube auch nicht, ob dieses Werk unbeanstandet in Österreich erscheinen könnte. Aber das müssen die Wiener Verlage besser wissen. Diesen *Reigen*, der künstlerisch gewiß zu rechtfertigen ist, sollten Sie nach meiner Meinung einem größeren Publikum überhaupt nicht zugängig machen. Ich könnte mir vorstellen, daß dieses Werk in einer sehr exquisiten und teuren Ausgabe für reife und verständnisvolle Leser sehr am Platze wäre. Bevor Sie aber dieses Buch der breiteren Öffentlichkeit übergeben, wo es möglicherweise als pornographische Literatur empfunden und beurteilt werden könnte, sollten Sie sich mit Ihren Freunden gründlich beraten. (Mendelssohn 24)

Schnitzler zog jedoch in dieser Angelegenheit seine Freunde nicht zu Rate, höchstwahrscheinlich wegen der frivolen Haltung, die sie an den Tag legten. Hugo von Hofmannsthal, der Schnitzler in einem Brief vom 15. Februar 1903 mit "Lieber Pornograph" anredete, hielt den *Reigen* für "Ihr bestes Buch, Sie Schmutzfink," und Richard Beer-Hofmann fügte hinzu, daß er die Dialoge als "Ihr erectiefstes Werk" betrachtete (Nickl 167).

Schnitzler beschloß, die erste reguläre Ausgabe des *Reigen* vom Wiener Verlag veröffentlichen zu lassen. Am 2. April 1903 erschien *Reigen* mit folgenden Angaben im Titelblatt: "*Reigen. 10 Dialoge*. Geschrieben Winter 1896/97. Buchschmuck von Berthold Löffler." Der Werbeaufwand für dieses Werk war enorm, wie es der Werbetext im *Börsenblatt für den Deutschen Buchhandel* anzeigt:

> Es versäume keine Firma, wenigstens zwei Exemplare zur Probe mit 40% zu bestellen. Das Buch steht einzig in seiner Art da und macht beispielloses Aufsehen. Einige Firmen haben bereits dreihundert Exemplare dieses Buches verkauft. Buchhandlungen in Sommerfrischen und Badeorten können spielend 100 und mehr Exemplare absetzen. Auffallende Schleifen, welche die oben angeführten Besprechungen enthalten, stehen für die Auslage zur Verfügung. (Nr. 120,

vom 27. Mai 1903 4244; Hall, *Reigen*-Verleger 139; Hall, *Verlagsgeschichte I* 89)

Verkauft wurden in den ersten zwei Wochen 4 000 Exemplare; das fünfte Tausend wurde Anfang Mai auf den Markt gebracht, und das sechste Tausend erschien am 2. Juni 1903 (Hall, *Reigen*-Verleger 139). In den ersten sechs Wochen wurden 6 000 Exemplare verkauft und bis Ende 1903 erhöhte sich diese Zahl auf 11 000.[19] Die nächste Auflage (11.-14. Tausend) war schon Ende Februar 1904 nicht mehr erhältlich, so daß das 15.-20. Tsd. für März 1904 geplant wurde. "Doch im März 1904 erfolgte in Berlin die Beschlagnahme, so daß die Lieferungen in Leipzig nicht mehr erfolgen konnten. Weitere Auflagen erschienen aber trotzdem. Die Gesamtauflage des *Reigen* beim Wiener Verlag betrug 35.000 Exemplare" (Hall, *Reigen*-Verleger 140; Hall, *Verlagsgeschichte I* 90).

Anmerkungen

1. Heine 213. Interessanterweise veröffentlichte damals Ferdinand Max Kurth auch sein Buch *Reigen der Totentänze* (Berlin-Neurahnsdorf: Ad. Brand's Verlag 1900), das von Alfred Möller in *Stimmen der Gegenwart* 8 (1900) besprochen wurde. Möller weist in seiner Rezension darauf hin, daß "der Verfasser . . . sich besonders nachzuweisen [bemüht], dass auch in unserer Zeit das Thema nicht veraltet ist und dass auch wir im gewaltigen Getriebe des modernen Lebens noch oft genug die Empfindung haben, dass der Meister Tod bei allen menschlichen Festen und Freuden den Reigen vortanzt" (159). Schnitzlers *Reigen* wurde später von verschiedenen Kritikern mit einem Totentanzreigen verglichen.

2. Arthur Schnitzler, *Reigen: Zehn Dialoge*, geschrieben im Winter 1896/97 (Privatdruck 1900). Diese Ausgabe war auf 200 Exemplare limitiert. Das Zitat wurde Exemplar Nr. 136 entnommen, das sich im Besitz des Verfassers der vorliegenden Studie befindet. Dieses Exemplar, datiert vom 9. Januar 1900, ist von Arthur Schnitzler signiert und Emil Weber gewidmet.

3. Eine Inhaltsangabe dieser Werke bei Jeannette H. Foster 220-221.

4. Falckenberg 78. Diese Publikation enthält Aufsätze von Künstlern, Schriftstellern und Rechtsanwälten, die diesem Gesetz ablehnend gegenüberstanden. Zu den Beiträgern dieses Bandes gehören Maximilian Harden, Arno Holz, Cesare Lombroso, Maurice Maeterlinck, Camille Pissarro, Auguste Rodin, Max Slevogt, sowie andere Künstler und Schriftsteller aus Deutschland und dem Ausland. In diesem Kulturdokument findet sich auch ein nicht ernst gemeinter Essay Kurt Arams, "Die Lex Heinze und die Kirchenschriftsteller" (14-26), worin der Autor zu dem ironischen Schluß gelangt, daß "die alten Sprachen . . . die schlimmsten Verführer und Verderber der Jugend [sind]" (15), und daß Luthers Schriften von "sittlicher Verkommenheit" (21) erfüllt sind.

5. Das Originalzitat hat folgenden Wortlaut: "It is most important that art and literature should remain the means of the free expression of the ideas of a people and every effort on the part of legislators to contest this freedom of expression should be resisted to the utmost. What is good and what is bad in art or literature must be left to the moral sense of the community and the verdict of time. Any attempt to interfer [sic] with the free and spontaneous expression of the writer or artist is both dangerous and impolitic and the endeavours on the part of government officials to suppress supposed evils would probably lead to the suppression of all original ideas and advanced thoughts of any kind, whilst a narrow-minded search for supposed immorality in the art and literature of the world would probably end in condemning the greatest works of genius existing."

6. Angaben anhand der *Öffentlichen Vorlesungen an der k.k. Universität Wien*, Sommer 1910, zitiert bei Beller, *Historismus* 36.

7. Der englische Originaltext ist folgender: " . . . by 1900 the triumph of radical social and political anti-Semitism (despite the overt resistance of the Emperor Franz Joseph), particularly among the middle classes in Vienna, reflected new economic and social pressures exacerbated by industrialization and the strident conflict of nationalities within the empire. Anti-Semitism emerged as a virulent racist prejudice, justified by a political ideology directed at eradicating the ills of capitalism, liberalism and modernity. The successful identification, in Viennese politics, of the Jews with these presumed sources of all social, moral and political evil provided an explosive political formula that would serve later as a model for the Nazis."

8. Diese Stelle heißt im englischen Originaltext folgendermaßen: "Everyone knew that the real situation was the reverse; it was just that Lueger was milking the ambiguities of Viennese anti-Semitism for all they were worth."

9. Dieser Abschnitt bezieht sich nicht nur auf die Zeit bis 1903, sondern soll Schnitzlers allgemeine Grundhaltung zum Antisemitismus aufzeigen.

10. Arthur Schnitzler, *Jugend in Wien* 156. Der endgültige Wortlaut dieses Beschlusses, der am 11. März 1896 vom "Waidhofener Verband der Wehrhaften Vereine Deutscher Studenten in der Ostmark" verabschiedet wurde, findet sich in den Anmerkungen zu *Jugend in Wien* auf den Seiten 360-361, also nicht in Schnitzlers Text.

11. Siehe auch Felicitas Heimann-Jelinek, "*Der Weg ins Freie*. Das jüdische Identitätsproblem im Spiegel der Literatur": 71-75.

12. Der englische Originaltext lautet: "The trappings of the Jewish religion played no role in Johann Schnitzler's household, and his son Arthur set foot in the synagogue only for weddings and funerals."

13. Henriette Lichtenstein-Rappaport in einem in Wien geschriebenen Brief vom 29. X. 1931 (Schnitzler der Jude 76).

14. Eine Darstellung des Antisemitismus in Wien findet sich bei Andrea Willi, besonders im 2. Kapitel, Abschnitt 4: "Zur Entstehung und zum Problem des Antisemitismus im letzten Drittel des 19. Jahrhunderts" (76-81) und Abschnitt 5: "Der Antisemitismus als Alltagserscheinung" (81-92), der auch die direkten Angriffe auf Schnitzler aufzeigt.

15. Informativ ist hier das Buch von Paul Hofmann, besonders sein Kapitel "Jewish Vienna" 36-42.

16. Es scheint, daß Schnitzler sich hier auf die Brandrede des Nationalrats Dr. Seipel bezieht, der in der Volkshalle 1921 den *Reigen* als ein unsittliches Werk angriff (vgl. S. 154). Diese Rede ist in der *Reichspost* vom 14. Februar 1921 abgedruckt. Seipel sagte u.a.: "Das sittliche Empfinden unseres bodenständigen christlichen Volkes wird fortgesetzt aufs schwerste verletzt aus der Feder eines jüdischen Autors." Die sich

dagegen zur Wehr setzen, "werden angegriffen, begeifert und in den Kot gezerrt, aber sie werden sich das alles ruhig gefallen lassen können, wenn sie auf der anderen Seite sehen, das das *wirkliche österreichische und Wiener Volk auf ihrer Seite steht.* Wir können beschimpft werden, aber nicht die Ehre des Beschimpften leidet darunter, sondern es büßen diejenigen die Ehre ein, die in diesem Fall als Beschimpfer auftreten."

17. Diese Stelle lautet im englischen Originaltext: "There were Bacher and Benedikt at the *Neue Freie Presse*, regarded by many as *The Times* of central Europe. This paper had a circulation rival in the *Neues Wiener Tagblatt*, whose founder and chief editor was Moriz Szeps. When Szeps left to start the rival *Wiener Tagblatt* in 1886, after a dispute with the board, the Singer brothers took it over. Then there was the *Wiener Allgemeine Zeitung*, edited by Theodor Hertzka, and later by Szeps' son, Julius. The socialist newspaper, the *Arbeiter Zeitung*, was edited by Friedrich Austerlitz. All these figures, the central actors in the history of the Viennese liberal press, were of Jewish descent. . . . Especially noteworthy is the fact that the three main cultural journals of the turn of the century were run primarily by Jews: *Die Zeit* by Heinrich Kanner and Isidor Singer, along with Hermann Bahr (not of Jewish descent), *Die Wage*, edited by Rudolf Lothar, and *Die Fackel*, by Karl Kraus. At the editorial level of the liberal press the Jewish presence was dominant. . . . in an age when the press was the only mass medium, cultural or otherwise, the liberal press was largely a Jewish press."

18. Der englische Originaltext lautet: "He found himself in an untenable position as a 'wage slave' of the *Neue Freie Presse*, Vienna's foremost newspaper and probably the greatest liberal journal of Europe at the time. Its proprietors were Jews but, like the great majority of their coreligionists, professional Austrians, as it were. Looking forward to ever more complete assimilation, Moriz Benedikt and Eduard Bacher saw to it that not one word about Zionism and the wide-ranging political activities of their cultural editor, Theodor Herzl, ever appeared in the pages of the *Neue Freie Presse*."

19. Der *Reigen* stand zwischen Herbst 1902 und Herbst 1903 auf der von den wichtigsten Leihbüchereien und Buchgemeinschaften zusammengestellten Liste der meistgelesenen Bücher. Vgl. "Die meistgelesenen Bücher," *Das Literarische Echo* 6.vii (1904): Sp. 513-514.

Kapitel III

Die Zeit 1903-1917

> Nichts gestehen sich die Leute weniger gern zu, als woraus ihr Hass gegen Einen fließt. (Schnitzler, *Tagebuch 1903-1908*: 37)

1. *Rezensionen 1903-1904*

a) *Positive Kritiken*

Als im Jahre 1903 der *Reigen* veröffentlicht wurde, hatte sich Schnitzler als Schriftsteller bereits einen Namen gemacht, und der *Reigen* ließ sich infolgedessen nicht einfach als pornographisches Werk abtun. Auch außerhalb Wiens war Schnitzler damals schon ein berühmter Autor, so daß Eugen Schick im *Tagesboten aus Mähren* vom 25. April 1903 unter der Überschrift "Wiener Bücher" feststellen konnte: "Hätte Art[h]ur Schnitzler das Buch vor sechs Jahren in die Hände des deutschen Lesepublikums gelegt, er wäre unausbleiblich als ein gar schamloser Pornograph ausgeschrien worden. Heute, nach *Frau Berta Garlan* und dem *Schleier der Beatrice*, wird man das Buch hoffentlich schon mit anderen Augen ansehen."

Eine der ersten Besprechungen des *Reigen* stammt aus der Feder von Philipp Frey. In seiner Rezension, die am 18. April 1903 in der Wiener *Wage* erschien, stellt er dieses Werk in die Reihe der französischen Kleinkunst von Musset bis Lavedan; besonders lobt er dabei Schnitzlers Mut, gesellschaftliche Tabuthemen zur Sprache zu bringen:

> Herr Schnitzler geht in jeder Szene resolut auf eine Zeile Gedankenstriche los, die jeweilig den Stand der Unterhaltung andeuten, in dem sie vom Gedanklichen am weitesten entfernt ist. Den leitenden Einfall, das erotische Treiben von Großstadttypen in sozialer Skala zu verfolgen und die leicht Entbrannten und rasch Gestillten in doppeltem *tour de main* auftreten zu lassen, hat er graziös und witzig durchgeführt. (533)

L. Berndl zufolge ist der *Reigen* nicht nur für Jungen, sondern auch für Mädchen eine geeignete Lektüre. In seinem Essay "Literatur: Arthur Schnitzlers *Reigen*," veröffentlicht am 23. Mai 1903 in der *Floridsdorfer Zeitung*, schreibt er, Schnitzler habe in diesem Buch sozusagen alles, was die gebildeten Schriftsteller und Dichter des Mittelalters und der Neuzeit zwischen die einzelnen Kapitel ihrer Romane oder in ihrem [sic] Stücken hinter den zimperlichen Vorhang verlegten, mit fröhlicher Beherztheit auf einmal ausgesprochen, und es ist auf diese Weise in der Tat ein Monstrum antiker Schamlosigkeit daraus geworden. . . . Ja, dieses Buch ist wunderbar fein, tief und witzig; es ist unterhaltend und lehrreich; ich betrachte es als ein literarisches Ereignis, welches vielleicht eine neue Epoche unverkünstelter Naturbetrachtung einleitet, und das ist allen Leuten, den Prüden und den Feigen, den Scheinheiligen und den Sittlichkeitsfexen, ja sogar den kleinen Mädchen und den kleinen Bübchen bestens zu empfehlen, da das wohltätige Gift dieses Buches sie möglicherweise gegen unsere größte Zeitlüge immunisiert. . .

Besonders Schnitzlers sprachliche Meisterschaft wurde immer wieder hervorgehoben, so zum Beispiel auch von Hans Landsberg:

Es ist die realistische Ergänzung des *Anatol*, der Liebesakt, wie er ist nach der Liebe, wie man sie sich vorstellt aus Träumen, Wünschen, Hoffnungen. Im *Reigen* muß man immer wieder den Takt bewundern, mit dem es dem Dichter gelingt, auch das Letzte ohne jede Spur Lascivität zu sagen. Wieder liegt der Reiz im Dialog, der jedes Empfindungsmoment mit dem feinsten Stifte nachzieht. Gleichwohl muß gesagt werden, daß das eigentliche erotische Problem hier wiederum nur auf die Situation "avant et après" reduziert ist" (*Schnitzler* 20).

Eine ähnliche Äußerung, in der auch ein gewisser Nationalstolz anklingt, findet sich auch in Kurt Arams Rezension:

Die Sprache ist das künstlerisch Wertvollste an dem Werk. . . . Man sagte bisher gerne der deutschen Sprache nach, sie sei zu keusch, um über geschlechtliche Dinge anders als brutal und ungeschlacht sich äußern zu können. Zum Vergleich zog man gerne das Französische heran, wo sich auch bei den unanständigsten Dingen im Wort durchaus der Anstand wahren läßt. Nun, Schnitzler hat dasselbe in deutscher Sprache vermocht. Er kann in ihr das Unanständigste anständig sagen. . . . es [freut] mich ganz besonders, daß ein Poet von Geschmack sich seiner Muttersprache annimmt, sie vornehm hand-

> habt und zugleich noch um Ausdrucksmittel bereichert. (Sp. 512-513)

In seinem Fazit versucht Aram sich selbst in der von ihm gepriesenen stilistischen Eleganz: "Im Reigen haben wir ein wichtiges Kulturdokument unserer Epoche, weil es unverfälscht die besondere Art eines ihrer fortgeschrittensten Glieder zeigt" (Sp. 513).

Interessant ist die Veröffentlichung von Rudolf Strauß "Der Pornograph Schnitzler," die im Juniheft der *Wage* erschien. Strauß weist hier auf die Gefahren hin, die im außerehelichen Geschlechtsverkehr liegen, Gefahren, auf die Schnitzler nicht ausdrücklich hingewiesen habe, aber die zweifellos von wichtiger sekundärer Bedeutung sei:

> Er [Schnitzler] wollte darauf hinweisen, daß es eine Gefährlichkeit des Ehebruchs und der Ausschweifung gibt, abgesehen von der Überraschung durch den Mann oder durch die Frau und abgesehen von der Verachtung durch die Gesellschaft—eine Gefährlichkeit, die sich darauf gründet, daß die irreguläre Geschlechtsbeziehung die Schuldigen nicht isoliert läßt, sondern mit den unreinsten Persönlichkeiten in nahe Verbindung bringt, daß der Weg zum Ehebruch von der Dirne kommt und von ihm fort zur Dirne führt, daß A und O, Anfang und Ende der irregulären Geschlechtsbeziehung die Dirne und wieder nur die Dirne ist. Die Dirne ist gesund—dann geht alles gut! Aber stellen Sie sich vor, daß sie krank ist, daß ein gefährlicher Keim in ihr ruht, der sich "in Liebe" weiterpflanzt—dann wird der ganze, scheinbar so freudige Reigen zu einem drohenden Todestanz, gemimt von gräulichen Skeletten, zu einer grinsenden Gespensterreihe, die künftigen Generationen noch Aussatz und Stumpfsinn bringt. Das ist die Idee, die das Werk suggeriert, die starke, sittliche Idee, und wenn es die Idee eines Arztes ist (der Arthur Schnitzler bekanntlich war), so hat die Hand eines Dichters, eines ausgezeichneten Dichters, sie gestaltet. (813)

Felix Salten veröffentlichte am 7. November 1903 in der Morgenausgabe der Wiener Wochenschrift *Die Zeit* seine Besprechung mit dem Titel "Arthur Schnitzler und sein *Reigen*." Salten sah in *Reigen* den bisherigen Höhepunkt in Schnitzlers "Entwicklungsgang," den er von dem losen "Nebeneinander" kleiner Szenen in *Anatol* bis zu der "geschlossenen Einheit" des *Reigen* verfolgt:

> Von einer lautlosen, unmerklichen, man müßte sagen von einer liebenswürdigen Grausamkeit ist der Reigen. Und nur ein lächelnder Mann konnte ihn schreiben, in der üppigen und gefährlichen Laune des Reif- und Sattwerdens. . . . Und weil so viel lebensstarker Humor darinnen ist, darf man den *Reigen* für ein Kunstwerk nehmen. Mir erscheint die freie Heiterkeit seines Geistes liebenswürdig, seine verwegene Bravour ergötzlich und seine frech-gesunde Anmut an manchen Stellen hinreißend. . . . Schnitzler hat oft die gefährliche Neigung verraten, Spielereien wichtig zu nehmen. Jetzt übt er das bessere Können: Wichtigkeiten spielend zu behandeln. Darin liegt vieles: unter anderem innere Ruhe, Gleichgewicht, Weltanschauung, Verve—kurz: Reife. (1)[1]

Diese hauptsächlich positiven Kommentare kamen hauptsächlich von Schnitzlers Freunden oder Bekannten; die Mehrzahl der Rezensionen zeigt jedoch, daß der *Reigen* eine empfindliche Stelle in der Wiener Fin de Siècle-Kultur getroffen hatte.

b) *Negative Kritiken*

Andere Besprechungen waren weitaus kritischer (wobei hier solche mit stark antisemitischer Tendenz erst später angeführt werden). Nach Ansicht des Anonymus, der den *Reigen* am 24. April 1903 in der *Breslauer Zeitung* rezensierte, war es unklug von Schnitzler, diese Dialoge der Masse zugänglich zu machen, die mehr an sinnlichem Kitzel als am künstlerischen Wert dieses Werks interessiert ist:

> Arthur Schnitzler war schlecht beraten, als er sich entschloß, diese Bekenntnisse stiller Stunden mitten in das kalte lärmende Getriebe des offenen Marktes zu werfen. . . . die große Verehrerschar Schnitzlers fühlt sich dadurch peinlich berührt, daß schlaue Buchhändler-Berechnung ein Werk ihres Lieblingsdichters in eine Reihe mit jenen zweifelhaften Literaturprodukten hängte, die wir aus diversen Budapester Verlagsanstalten zur Erbauung älterer und jüngerer Lebens= und Liebeskünstler beziehen.

Der anonyme Rezensent, der am 2. Mai 1903 seine "Bilder der Wirklichkeit" im *Hamburger Fremdenblatt* veröffentlicht hatte, sagt aber im weiteren:

> der sarkastische, häufig spöttische Ton der Wiedergabe grenzt nahe an Frivolität. Wir sehen nicht ein, was der Autor damit bezweckt. Der Schaden, den solche 'vorurteilslose' Schilderung bei jugendlichen Lesern hervorruft . . . wiegt doch wohl schwerer, als die künstlerische Befriedigung des Autors. In unserm Zeitalter der sozialen Fürsorge hätte ein Schriftsteller wie Schnitzler besser getan, seine Studien ruhig im Pulte liegen zu lassen, anstatt die große Bibliothek der 'pikanten Lektüre' noch zu vermehren. (Literatur- und Unterhaltungs=Blatt, Beilage des *Hamburger Fremdenblattes:* [1]).

Laut *Norddeutscher Allgemeiner Zeitung* vom 24. Mai 1903 wird im *Reigen* weder die Wiener noch die österreichische Gesellschaft beleuchtet, sondern lediglich der sinnliche oder erotische Erlebnisbereich:

> Der Verfasser von *Liebelei* und von *Freiwild*, des *Grünen Kakadu* und der *Lebendigen Stunden* leistet bisweilen auch in pornographischer Literatur Kräftiges. Diese zehn Dialoge sollen zwar—so vermuten wir—gewisse moderne soziale Erscheinungen charakterisieren, tun dies aber keineswegs, da sie für alle Zeiten und alle Völker gleichmäßig passen. Der Hauptzweck derartiger Bücher ist und bleibt das erotische Moment. . . . wer *einen* dieser Dialoge kennt, kann sich die Lektüre der anderen ersparen: sie sind alle nach Schema F. gearbeitet, nur daß ein Wechsel der Personen eintritt. [2]

Als Strafe für die sinnliche *Reigen*-Publikation schlug Max Waldstein im *Ischler Wochenblatt* (Bad Ischl) vom 5. Juli 1903 folgendes vor:

Sommerlieder 1903
An Arthur Schnitzler
den Verfasser des *Reigen* (München)

Warum willst du uns im *Reigen*
All' den Unflat kecklich zeigen,
Den die Sinnlichkeit erzeugt?
Hülle lieber Dich in Trauer,
Ach vor Scham und ecklem [sic] Schauer,
Ist selbst Venus tief gebeugt.

Wenn auch nicht auf dieser Erden,
(Mag es hier nicht besser werden)
Im Olymp, im Himmelssaal,
Wer den Reiz der Liebe schildert
Nur priapisch und verwildert,
Hat kein Recht zum Göttermahl!

Dort wo uns're hehren Geister,
Schiller, Goethe, alle Meister
Schlürfen süßen Göttermeth,
Schleifen zürnend wie Medusen
einst Dich fort zum Fels die Musen,
Wo auch Tantalus vergeht.

Enttäuschung darüber, daß Schnitzler sein dichterisches Talent mißbraucht hatte, um eine derart minderwertige Reihe von Dialogen zu schreiben, kommt auch in der Rezension des *Reigen* zum Ausdruck, die am 21. Juni 1903 in der Morgenausgabe der *Belletristischen-Beilage* der *Hamburger Nachrichten* erschien:

> Der *Reigen* enthält ausnahmslos dialogisierte Anekdoten, für die der Ausdruck "pikant" keineswegs erschöpfend ist; man merkt es den frivolen Kleinigkeiten, die der Grazie fast ganz entbehren, deutlich an, daß es ihrem Autor Vergnügen machte, sie abzufassen, und das ist das Bedauerlichste an ihnen, denn der Dichter Schnitzler sollte sich zu hoch schätzen, um so gepfefferte Bagatellen, die sich als Erzählung am Biertische vielleicht ganz nett und witzig ausnehmen, als Produkt seiner dichterischen Schöpferkraft gedruckt erscheinen zu lassen. [2]

Gut ist die gekonnte sprachliche Formgebung. Dies wurde von dem anonymen Verfasser des für die Morgenausgabe (1. Blatt) der *Koenigsberger Hartungschen Zeitung* vom 18. Juli 1903 geschriebenen Artikels "Neue Belletristik III" festgestellt, wenn er schreibt, Schnitzler

> [scheint] *Reigen* ausdrü-klich für die literarischen Lüstlinge der raffiniertesten Sommert -er instrumentiert zu haben . . . . Die Gedankenstriche (bald weniger bald mehr) sind die eigentliche Handlung und zugleich die Katastrophen in diesen Dramoletchen. . . . Die Beobachtung des—sagen wir Dichters—ist von einer beneidenswerten

> Tiefe und Lückenlosigkeit, die Kunst, all diese Pärchen im süßen Wiener Deutsch der "Situationen" und ihrer Individualität gemäß mit einander plauschen oder konversieren zu lassen, schlechthin bewundernswert und auch ein Stückchen moderner Kultur. . . . Die Daseinsberechtigung der Schnitzlerschen Dialoge liegt in ihrem Dialog. Sonst würden sie sich am Ende doch besser zu einem Separatdruck für persönliche Freunde geeignet haben. [7]

Alle diese Kommentare lassen ahnen, daß dem *Reigen* Ärger bevorstand. Dieses Werk rückte nicht nur das Sexualverhalten der Wiener ins Rampenlicht, sondern sein Autor war auch Jude. Die folgenden Zitate führen deutlich die antisemitische Haltung jener Zeit vor Augen.

c) *Antisemitismus in den* Reigen-*Kritiken*

Die nachstehenden Bemerkungen Törnsees, die in den *Neuen Bahnen* (1903) erschienen, sind unverkennbar antisemitisch geprägt und insbesondere jener um 1903 weit verbreiteten Spielart des Antisemitismus verpflichtet, die die Juden als Pornographen denunzierte:

> *Reigen* ist nämlich nichts als eine Schweinerei oder, ist das zu deutsch, eine Cochonnerie, die bloß der Esprit eines Parisers oder die Satire eines Künstlers, der moralisch hoch genug steht, um das Lüsterne des Tema's [sic] sachlich verurteilend zu behandeln, aus der Reihe des Pornographischen in das Gebiet der Kunst hätte emporheben können. Über das Buch eingehend zu schreiben, ja es nur inhaltlich zu streifen—hieße ihm Reklame machen. (Törnsee, Bücherschau 245).[2]

Die Verwendung des Konjunktivs gibt zu verstehen, daß Törnsee Schnitzler nicht für geeignet hielt, dieses Thema auf künstlerischem Niveau zu behandeln. Die der Besprechung hinzugefügte Bemerkung der Schriftleitung bestätigt dies: "Mit diesem Buche hat sich Schnitzler außerhalb des Schrifttums gestellt und darf sich nicht beklagen, wenn man ihn von nun ab unter die Sudler des Grimm'schen Verlages in Budapest zählt" (Törnsee, Bücherschau 245).

Einen der Gründe für diese angebliche Unfähigkeit lieferte Törnsees Kollege Ottokar Stauf von der March (d.i. Otto Chalupka), in dessen unter der Überschrift "Reigen" veröffentlichtem Artikel (Morgenausgabe der *Ostdeutschen Rundschau* (Wien) vom 17. Mai 1903) es heißt:

Nicht nur ein ordinäres, sondern auch ein nichtssagendes und plattes Buch, mit dem sich der Verfasser außerhalb des Schrifttums stellt in die Reihen der gewissenlosen Sudler, deren mephitische Erzeugnisse die Spalten der sogenannten Wiener "Witz"-Blätter *ad majorem Veneris vulgivagae gloriam* füllen. Schnitzler hat freilich schon von allem Anfang an starke Neigung zu diesem sauberen Handwerk besessen, für ihn existierte beinahe nichts als das Geschlechtliche, und zwar in seiner grobsinnlichen Erscheinungsform. . . . allenthalben [ist] der bekannte *foetor judaicus* zu spüren . . ., wie bei der "Décadence" überhaupt . . . Dabei ist es [*Reigen*] mit so hündischer Geschlechtsgier geschrieben, daß es einem ekelt. Ein Jüngel, das den Pubertätskitzel spürt, schreibt nicht viel anders. Es heißt, daß Schnitzler das Zeug vor etwa sechs Jahren zu Papier gebracht habe, ja, warum läßt er es nun erst erscheinen?. . . Der "Buchschmuck" ist genau so geschmacklos und platt, wie der Inhalt des Buches. Der "Wiener Verlag" macht Herrn Grimm in Ofen-Pest starke Konkurrenz!" (15)

Dieser Hinweis auf die Produktion pornographischer Werke in Budapest läßt sich u.a. im *Neuen Wiener Journal* vom 2. Juli 1903 unter der Überschrift "Schnitzlers *Reigen*" finden, einem Artikel, der ebenfalls eine versteckte antisemitische Aussage enthält:

> Es ist Schnitzlers gutes Recht, die Liebe aufzufassen, wie er will. Aber es ist auch unser gutes Recht, diese Auffassung als unkünstlerisch, als kulturfeindlich, als vom Standpunkt jeder Sittlichkeit als unsittlich aus zu empfinden. . . . die sittliche Gesundheit und Kraft einer Nation [sind] denn doch bedeutend gewichtiger als die Veröffentlichung einer noch so virtuos gemachten Alkovenstudie. Wir können uns kaum mehr retten vor all dem Schmutz, der von Paris und Berlin, Wien und Pest her in Deutschland zusammenströmt . . . . Man mag Katholik oder Protestant, Christ oder Atheist, radikal oder konservativ sein: Reinheit des Familienlebens, Keuschheit der Frau, Treue des Mannes, Reinhaltung der Jugend, Gesundheit der Geschlechter stehen auf dem Spiele! Und da geht einer von den ersten und geachtesten deutschen Schriftstellern hin und überläßt der Oeffentlichkeit ein solches Buch. (9-10)[3]

Laut Morgenausgabe der *Vossischen Zeitung* vom 13. August 1903 hat der *Reigen* weder Tiefe noch Seele—ein nach Ansicht des Rezensenten ganz selbstverständlicher Mangel, da einem Juden diese Dinge von Natur aus abgehen. Der *Reigen* sei "kein Kunstwerk, weder in der Form noch in der Sache, es sind aneinandergereihte Studienblätter, die sich nur mit brutalen Instinkten beschäftigen und jede seelische Wirkung beiseite lassen. . . . Wir wollen uns bemühen, diesen häßlichen Erfolg Schnitzlers zu vergessen" (1. Beilage zur *Vossischen Zeitung*, "Zeitschriften und Bücherschau": [8]).

2. *Die Kontroverse zwischen den Zeitschriften* Freistatt *und* Neue Bahnen *im Jahre 1903*

Zu dieser Zeit wurde in den Zeitschriften *Neue Bahnen* (Wien) und *Freistatt* (München) eine Kontroverse ausgetragen, die sich immer mehr zuspitzte. Ausgelöst wurde sie wahrscheinlich durch einen Artikel, den ein gewisser 'Igelmeier' am 1. Mai 1903 in den von Ottokar Stauf von der March herausgegebenen *Neuen Bahnen* veröffentlichte. In diesem ironischen "Ureigenen Bericht," der den Titel "Aus Senekls letzten Stunden trägt," beschreibt Igelmeier, wie der Raubmörder Senekl die letzten Stunden seines Lebens verbringt, bevor er für seine Untaten gehenkt wird. Nach einer reichhaltigen Henkersmahlzeit bittet er um irgendeine pornographische Lektüre, mit der der Wärter jedoch nicht dienen kann, da es derartiges im Gefängnis nicht gibt:

> Um aber das Bedürfnis nach geistiger Nahrung zu befriedigen und ihm so die letzten Stunden zu verschönern, gab man ihm das jüngste Werk des ersten österreichischen Dichters nach Grillparzer: *Arthur Schnitzlers Reigen*, das er mit offenbarer *Erbauung* las. . . . Umgaukelt von schönen Bildern des Schnitzler'schen Esprits gieng Senekl alsdann schlafen und schlief bis an den Morgen, seinen letzten Morgen auf *dieser* Welt!" (Igelmeier 248)

Nach dem Frühstück setzt Senekl die Lektüre des *Reigen* fort und tritt dann dem Henker mit Gelächter entgegen.

Kurze Zeit später, am 1. Juni 1903, veröffentlichte Friedrich Törnsee einen direkten Angriff gegen *Reigen*, und zwar in Form eines offenen Briefes, der unter der Überschrift "Sehr geehrter Herr Staatsanwalt"[4] erschien. In diesem Brief kritisiert Törnsee die Entscheidung des Staatsanwalts, August Weissls Buch *Gräfin Julie, ein Kapitel Liebeswahnsinn* zu zensieren, das nach seinem, d.h. Törnsees, Dafürhalten im Vergleich zu Schnitzlers *Reigen* literarischen Wert habe. Schnitzlers Behandlung des gleichen Themas sei dagegen,

> von welcher Seite man es auch betrachten mag, weder physio- noch psychologisch von künstlerischem Interesse, ist vielmehr eine ganz platte Schilderung eines alltäglichen Vorganges, der weder mit der Liebe in edlem Sinne noch mit der Leidenschaft in machtvoller Bedeutung etwas gemein hat, sondern lediglich das seelenfremde, rein tierische Paarungsverlangen und Genusselement unschön behandelt. Eine eines Künstlers gänzlich unwürdige, ekelhaft gemeine Stoffwahl, die nichts Neues, nichts in die Tiefe Dringendes und nichts in die Höhe Führendes bietet. (Sehr geehrter Herr Staatsanwalt 288).

Zu einer personalisierten Form der Anrede übergehend, verweist Törnsee auf die literarischen Qualitäten, die Weissls Buch im Vergleich zu Schnitzlers angeblich pornographischen Text habe: "Weissl's Buch verrät einen von seinem Thema durchdrungenen und von seiner Bedeutung überzeugten und durchglühten Autor, der mit künstlerischen Mitteln schaffen wollte und schuf, während aus *Reigen* nichts als die frivole Lust am Schmutze spricht, u. zw. in gedanklich ärmster und formal wertlosester Weise" (289). Abschließend warnt Törnsee vor den Konsequenzen, die sich ergeben könnten, wenn der betreffende Staatsanwalt in dieser Angelegenheit *nichts* unternehme:

> Vielleicht denken Sie, verehrter Herr, ein wenig über meine Worte nach und verschieben den bureaukratischen Gesichtskreis zu Gunsten des litterarischen Beurteilungsvermögens. Es wäre für uns alle—Sie nicht ausgenommen—von Vorteil.—Indem ich Ihnen eine baldige und ausgiebige Rangserhöhung wünsche, zu der Sie alle Aussicht haben, wenn Sie so fortfahren, zeichne ich submissest Fr. Törnsee. (289)

Auf diesen offenen Brief reagierte A[dolf] D[annegger], einer der Herausgeber der Wochenschrift *Freistatt* am 6. Juni 1903 unverzüglich mit folgender Entgegnung:

> Die Aufnahme eines derartigen Artikels bedeutet eine arge Entgleisung der Redaktion der *Neuen Bahnen*, denn mag das Werk Arthur Schnitzlers, der vorläufig für viele Leute von Geschmack ein Künstler ist und in seinen schlimmsten Büchern noch immer einen

> besseren Stil schreibt als Herr Törnsee, auch den oder jenen *lex* Heinze=Enthusiasten ärgern, eine literarische Zeitung hat auf alle Fälle keine Veranlassung, den Staatsanwalt auf Literaturerzeugnisse zu hetzen, denn damit schießt sie einen Pfeil ab, der über kurz oder lang auf sie selber zurückprallt. . . . Uebrigens was sagt der Gründer der *Gesellschaft*, Michael Georg Conrad, dazu? (Rundschau *Neue Bahnen* [1] 457-458)

Die *Neuen Bahnen* brachten daraufhin am 1. Juli 1903 folgende redaktionelle Mitteilung:

> Daß die Veröffentlichung des Artikels von Törnsee keine *Entgleisung* gewesen ist, wird jeder wissen, der unser Blatt kennt. Wir waren von jeher gegen "Litteratur"=Erzeugnisse von der Art des Schnitzler'schen *Reigen* und werden es auch—ob Herr A.D. es erlaubt oder nicht: egal—stets sein. Wir haben Schnitzler mehr als einmal anerkannt, sein letztes Buch gehört jedoch nicht mehr zur Litteratur und wir halten es für eine Pflicht jedes *anständigen* Blattes, das es mit der *Litteratur* Ernst meint, gegen solch eine, mit Verlaub: Verschweinung des Schrifttums energisch Stellung zu nehmen, selbst auf die Gefahr hin, daß diese Stellungnahme von dieser oder jener Seite als "Denunzation" aufgefaßt wird. Zumal dann, wenn es sich herausstellt, daß ein Werk, das den erotischen Stoff ernst behandelt, wegen "Unsittlichkeit" konfisziert wird, indeß ein Buch, dem die Erotik sichtlich Selbstzweck ist, und das ebendeshalb bedeutenden Schaden stiften kann, ganz ungeschoren bleibt. (anon., 'Sehr geehrter Herr Staatsanwalt!' 374)

In derselben Ausgabe der *Neuen Bahnen* wurde auch die für den 25. Juni 1903 angekündigte Premiere des *Reigens* durch den akademisch=dramatischen Verein in München in der *Zeit* von einem gewissen Volker kommentiert, der u.a. schrieb:

> Als ich diese Notiz las, wußte ich . . . nicht, ob ich wache oder träume. Schließlich nahm ich an, die *Zeit* sei—leichtgläubig, wie sie schon nachweisbar ist—dupiert worden, denn für so geschmacklos und zugleich schamlos kann ich den "Akademisch=dramatischen Verein" im Isar=Athen denn doch nicht halten . . . . Jedenfalls wird man sehr wohl daran tun, sich gegenüber dieser Nachricht, die einem Wink mit dem Zaunpfahl verdammt ähnlich sieht, mißtrauisch

> zu verhalten. Die Aufführung des *Reigens* ist wohl nur eine Mißgeburt der *Zeit* und gehört mit Fug und Recht ins Narrenhaus. (Schnitzlers *Reigen* 373)

Zehn Tage später, am 20. Juni 1903, veröffentlichte die *Freistatt* eine Entgegnung von M. G. Conrad, der die *Neuen Bahnen* und Törnsee wegen des offenen Briefes an den Staatsanwalt scharf tadelte: "Denn es ist unerhört, daß eine moderne Zeitschrift, die im Dienste deutscher Kultur stehen will, irgend einen Staatsanwalt auf irgend ein Literaturwerk hetzen läßt" (493). Conrad läßt keinen Zweifel am literarischen Wert des *Reigen* und an seiner Einschätzung dieses Werks:

> *Reigen* ist ein so starkes Buch, daß es auch ohne feste Zensur leben kann. Ich kann mir vornehme Köpfe denken, die hier überhaupt mit ihrer Meinung zurückhalten. Als durchaus unreif und unvornehm muß aber die Hast empfunden werden, mit welcher in der Weise des Herrn Törnsee in den *Neuen Bahnen* in alle Gassen hinein und über alle Häuser hinweggeschrien wird: "Aus diesem elenden Machwerk spricht nichts als die Lust am Schmutz!" Und dann die Denunziation an die Adresse des Herrn Staatsanwalts! Ich habe *Reigen* schon vor Jahren im ersten Manuskriptdruck zu lesen die Ehre gehabt und damals meinen Eindruck in der *Gesellschaft* niedergelegt. Ich konnte jetzt mit Sicherheit meinen damaligen Eindruck überprüfen und ich bleibe dabei: *Reigen* ist technisch eine der verblüffendsten Leistungen, die sich mit ähnlichen Virtuosenstücken in den fremden Literaturen messen kann, während Schnitzler in der wundervoll kühlen, jede Spur von schmutziger Lust oder Lüsternheit ausschließenden Behandlungsart dieses menschlich=allzumenschlichen Themas meines Wissens keinen Rivalen hat. (Conrad, Der Herr Staatsanwalt 493)

Schon am 23. Juni 1903 reagierten die *Neuen Bahnen* mit einem "Offenen Brief an Dr. M. G. Conrad," der am 1. Juli 1903 veröffentlicht wurde. Der Verfasser dieses Briefes, Ottokar Stauf von der March, bestreitet mit aller Entschiedenheit, daß sich die *Neuen Bahnen* der "Anhetzung [sic] des Staatsanwalts gegen Schnitzlers *Reigen*" (367) schuldig gemacht haben. Sein Blatt habe lediglich die Inkonsequenz der staatlichen Zensur veranschaulichen wollen, die ein seriöses Werk wegen seines angeblich erotischen Inhalts verbietet, während ein anderes Werk, das eindeutig weniger künstlerischen Wert besitzt, ungeschoren bleibt—ein Werk, dem es entschieden an Stil und gutem Geschmack gebricht:

> Wie gesagt: ich kann dem Schnitzlerschen *Reigen* keinen Geschmack abgewinnen und halte ihn für einen ganz ordinären Cancan, wie er zu sehr vorgerückter Stunde in einer wüsten Kneipe exekutiert werden mag, wenn Freudenmädchen und Freudenknaben "innerhalb der ästhetischen Kultur" stehen, die "unendlich mehr ist als vage modische Schöngeister sich träumen lassen". Ich gehöre eben nicht zu den "vornehmen Köpfen", vielmehr zu den "armen Schächern", die die "höhere Menschlichkeit" nicht verstehen . . . (368)

Stauf von der March zitiert dann Passagen aus Conrads Buch *Deutsche Weckrufe*, die er mit folgenden Satz einleitet: "Und ich freue mich dessen recht aus der Seele (*so* polizeifromm bin ich, Gott sei gepriesen!), da ich nur so im Stande bin, die schönen Worte aus [diesem] Buche . . . voll zu würdigen" (368-369). Im Anschluß daran erinnert er Conrad an die dedizierten patriotischen und nationalen Überzeugungen, die dieser vor etwa einem Jahrzehnt kundgetan hat:

> Wir wollen[,] soweit unsere Kräfte reichen, *deutsches Wesen und deutsche Art* zu Ehren und Ansehen bringen, sie schützen und schirmen helfen, sie als ein Herrliches und Selbstständiges und Notwendiges im Kulturhaushalte der Gegenwart nachweisen. . . . Man darf nur einen Blick auf die Spielverzeichnisse der deutschen Schaubühnen und einen Blick auf die Auslagefenster der deutschen Buch= und Kunsthändler, auf die periodischen Kunstausstellungen, auf die Theater=, Kunst= und Litteraturberichte in den größten deutschen Tageszeitungen werfen, und man wird sich überzeugen, daß die geistige und künstlerische *Entdeutschung Deutschlands mit Hochdruck, die Verparisierung unseres Volkes zum geschäftlichen Prinzip* erhoben wird . . . . Wir stehen da, begeistert für unser altes *Volkstum*, uns früh und spät mühend am Werktisch—und wir sind machtlos, *der grauenhaften Verwüstung* zu wehren, machtlos den *Schändern und Verderbern unserer vaterländischen Kultur* das erbärmliche Handwerk zu legen. Wann wird unserem Volke ein Heiland erstehen, der sich an die Spitze des Heerzuges vaterländischer Geister schwingt und der schmachvollen Fremdherrschaft Krieg auf Tod und Leben bringt, die welschen Schaubuden im Lande nie-

derreißt und *Deutschlands Geist zum Herrscher* ausruft auf Gassen und Plätzen, in Hütten und Palästen? (369)

Am Schluß seiner Polemik weist Ottokar Stauf von der March darauf hin, daß er ja genau das tue, wozu Conrad alle couragierten Deutschen aufgerufen habe: "Sie haben mich geweckt und müssen sich wohl oder übel damit abfinden, daß ich nun wach bin und den 'Dienst deutscher Kultur' so verstehe, wie Sie ihn vorgeschrieben" (369).

Conrad zog daraufhin in einer kurzen Entgegnung einen Schlußstrich unter diese Fehde. Datiert war seine Antwort am 4. Juli 1903, und sie wurde am 1. August 1903 in den *Neuen Bahnen* veröffentlicht: "Wir denken nach wie vor verschieden über die fragliche Sache. Ich habe Sie nicht zu meiner Auffassung und Sie haben mich nicht zu Ihrer Auffassung bekehrt" (Antwort 417). Das veranlaßte Stauf von der March zu folgendem Kommentar: "Zu Vorstehendem habe ich bloß zu bemerken, daß Herr Kollege Conrad *den Kern der Sache ganz und gar nicht berührt* und nur Nebensächliches heranzieht. Somit ist die Polemik zu Ende, die Frage aber: *ob* wir 'denunziert' haben und wenn, *warum* dies gescheh'n, bleibt trotz alledem *offen*" (Antwort 417).

Die Polemik war jedoch noch nicht zu Ende, denn jetzt schalteten sich die Blätter *Don Quixote* und *Die Wage* mit ein.[5] Die Auseinandersetzung verließ immer mehr den Boden des Sachlichen und nahm höchst persönliche Formen an. So beschuldigte z.B. Dannegger Stauf von der March, daß kein Mensch seine Bücher gelesen, bzw. gekauft habe, und daß er ein "alldeutscher Ideologe" sei, der Wollhemden trage und 'Heil' brülle, "wenn ihm ein Bruder in Wuotan begegnet" (Dannegger, Literatur und Theater 634). Ottokar Stauf von der March entgegnete daufhin: "Ob ich Heil brülle oder nicht, das hängt ganz von der augenblicklichen Stimmung ab, manchmal rufe ich der Abwechslung halber meinen Brüdern in Wuotan und Walhall (ich spreche nämlich auch im gewöhnlichen Leben in Stabreimen!) ein 'Heilô' und 'Heilân' zu" (In eigener Sache 466). Diese Diskussion—oder vielmehr Attacke—hatte zur Folge, daß dem *Reigen* und seinem Autor eine um so größere Publizität zuteil wurde. Unglücklicherweise geschah dies zu einer Zeit, da man aufgrund der heftigen Angriffe, denen die erste Teilaufführung des Stückes in der Münchner Presse ausgesetzt war, dieser Publizität nicht bedurfte. *Freistatt* schaltete sich auch hier ein. Die Schriftleitung veröffentlichte unter der Überschrift "Akademisch=Dramatischer Verein" am 4. Juli folgende Notiz: "*Reigen* von A. Schnitzler. Uraufführung. Leider müssen wir den Bericht über diese Aufführung, der sich namentlich auch mit der z.T. recht sonderbaren Kritik beschäftigt, die Schnitzlers Werk in der Presse gefunden hat, wegen Raummangel bis zur nächsten Nummer zurückstellen" (anon., Uraufführung 534).

3. *Der* Reigen *auf der Münchner Bühne 1903*

Szenen vier bis sechs des *Reigen* wurden am 25. Juni in einer geschlossenen Veranstaltung uraufgeführt, zu einer Zeit also, da die Kontroverse zwischen den *Neuen Bahnen* und der *Freistatt* noch in vollem Gange war. Inszeniert wurde das Stück von dem 1892 gegründeten Akademisch-Dramatischen Verein, und die Aufführung fand im Münchner Kaim-Saal (Tonhalle) statt. Zusammen mit *Reigen* wurde Karl Goldmanns *Die Tragödie des Triumphes* gespielt, ein Künstlerdrama, das wenig Beifall erntete. Die Abendausgabe der *Neuen Freien Presse* vom 26.Juni 1903 berichtete: "Die Aufnahme war eine geteilte" (9). Das kommt auch in Leo Greiners Uraufführungskritik zum Ausdruck:

> Drei Dialoge aus Arthur Schnitzlers *Reigen* machten den Abschluß des übel begonnenen Abends. Man kann nicht sagen, daß der Verein der Litteratur, dem Autor, dem Publikum oder sich selbst irgend einen nennenswerten Dienst damit geleistet hätte. Der Grundgedanke des *Reigens*, daß im letzten Dialog gewissermaßen das Leben selbst in geistreich=frecher Weise den ersten parodiert, indem es reigenartig zu seinem Ausgangspunkt zurückkehrt, wurde überhaupt getilgt, da nur drei von elf Dialogen zur Aufführung gelangten. (Sp. 1433)

Nach Meinung Leopold Webers sollte der *Reigen*, mit seiner Entlarvung der "vielen Lügen, Verstellungskünste, Phrasen . . ., mit denen das Geschlechtsleben sein eigentliches Wesen zu verhüllen liebt" (381), gelesen, nicht aber aufgeführt werden:

> Unter keinen Umständen aber eignen sich . . . diese Dialoge dazu, mit dem vielen "Unbeschreiblichen", das die Buchausgabe unter Gedankenstrichen begräbt, auf der Bühne ins Leben gerufen zu werden. Bedenkt man ferner, daß von den zehn Dialogen nur drei aufgeführt wurden, die unmöglich . . . die geistige Tendenz des Autors in voller Schärfe hervortreten lassen konnten, so erscheint einem das Vorgehen des Akademisch= dramatischen Vereins vom ästhetischen Standpunkt aus vollends unbegreiflich. (381)

Dieser Ansicht ist auch der Rezensent des *Dresdner Anzeigers* vom 28. Juni 1903, der außerdem bemerkt, Schnitzler habe diese Dialoge "für 'Herrengesellschaften' [geschrieben] und dort mag man sie aufführen. Einen höheren Wert haben die parfümierten Cochonnerien kaum." Und auch der Theaterkritiker der Sonntagsausgabe des *Berliner Tageblatts* vom 28. Juni 1903 sagt in seinem Artikel "Schnitzlers *Reigen* auf der Bühne": "Der Beifall nach dem letzten Stückchen war nur flau. Der Abend ergab, was die Kenner des Buches schon vorher wußten: daß keine Notwendigkeit besteht, Schnitzlers *Reigen* auf die Bühne zu bringen" (2. Beiblatt: [2]). Dieser Kritik wurde folgende redaktionelle Nachbemerkung angehängt: "Wir möchten diesem Bericht unseres Korrespondenten hinzufügen, daß die Aufführung einiger dieser Dialoge aus Schnitzlers *Reigen* auch in literarischer Beziehung ein ganz wertloses Experiment bedeutet" (2. Beiblatt: [2]).

Adolf Dannegger von der *Freistatt* vertritt eine ähnliche Ansicht. In seiner umfangreichen Besprechung des *Reigens* und dieser Aufführung, veröffentlicht unter dem Titel "Arthur Schnitzlers *Reigen* und die Kritik," bemerkt er:

> Es handelt sich nun darum, ob es Schnitzler gelungen ist, den heiklen und verfänglichen Stoff zum Kunstwerk zu erheben. Die Antwort ist ja und nein. Ja: in formeller Beziehung. Der Dialog ist witzig, geschmeidig, voller Feinheiten. Er ist ein "Kunststück". Die Psychologie weiter ist, wenn auch nicht gerade raffiniert, so doch ohne Fehler. . . . [Aber] Schnitzler hat das Problem der geschlechtlichen Vereinigung zu leicht genommen. Er hat die Tatsache unberücksichtigt gelassen, daß Sexualität und Erotik verschiedene Dinge bedeuten. Denn ohne Zweifel ist die Annahme verfehlt, daß Geschlechtstrieb und Liebe im Grunde ein und dasselbe sind, die zweite eine Verbrämung, Verfeinerung, "Sublimation" der ersten, obwohl hierauf alle Mediziner schwören, und selbst Geister wie Schopenhauer nichts anderes geglaubt haben. Und eben weil A. Schnitzler Arzt ist, konnte ihm das Malheur passieren, das dem Dichter nicht verziehen werden kann, daß er die Leidenschaft, die Liebe ins grelle Licht der Satire rücken, daß er beweisen wollte: alles ist nur Amüsement, in Wirklichkeit aber nur den Geschlechtstrieb in zehn fein ausgetüfelten Gespräche projizierte. . . . Die Schnitzlerschen Dialoge auf die Bühne zu bringen, war eine unerhörte Geschmacklosigkeit. Die "Darstellung" unterschlug selbstverständlich alle Pointen, so daß das Publikum nur blöde und zum Teil

widersinnige Hin= und Herredereien zu hören bekam. (550)

Das Stück sei demnach gefährlich, da hier Sex ohne die Allmacht und Bindekraft der Liebe gezeigt werde, ein Vorwurf, der auch in Armin Kausens Artikel "Akademisch-dramatische Sauspiele" gemacht wird: "Man mag Katholik oder Protestant, Christ oder Atheist, radikal oder konservativ sein: Reinhaltung des Familienlebens, Keuschheit der Frau, Treue des Mannes, Reinhaltung der Jugend, Gesundheit der Geschlechter stehen auf dem Spiele!" (332).[6]

Einer beträchtlichen Anzahl von Kritiken läßt sich jedoch entnehmen, daß das Stück vom Publikum gut aufgenommen wurde:

> Die Dialoge erzielten trotz starker *Censurretouche* und einer nur mäßigen Darstellung für den Wiener Dichter einen stürmischen Erfolg. Vorher wurde eine unreife Dilettantenarbeit *Die Tragödie des Triumphes* von Karl Goldmann ausgezischt. (*Die Zeit*, 26. Juni 1903: 3)

*

> Diese redenden Bilder, wenn auch nur in Auswahl, auf die Bühne zu bringen, war ein Wagnis. Sie gehörten ihrer Kunstgattung nach nicht dahin, können also leicht in ihrer Wirkung versagen, zumal wenn die Schauspieler vergessen, daß sie nur Dialoge vor sich haben. . . . Daß sich der hiesige Akademisch=Dramatische Verein trotzdem nicht abschrecken ließ, war erfreulich und wurde gestern auch reichlich belohnt durch den starken Beifall der Zuschauer, die ihre Freude hatten an den köstlichen Dialogen . . . (Kurt Aram, Abendausgabe der *Frankfurter Zeitung und Handelsblatt*, 26. Juni 1903: 1)

> [Wie mitgeteilt], wurde das Goldmann'sche Stück abgelehnt, während die drei Schnitzler Dialoge viel belacht und lebhaft applaudirt wurden, wenn auch wohl vorwiegend ihres Gegenstands halber. (*Berliner Börsencourier*, 30. Juni 1903, Morgenausgabe, 1. Beilage "Vor den Coulissen": [4])

*

Die Studenten, die an dieser Aufführung mitgewirkt hatten, bekamen jedoch Schwierigkeiten; unter der Überschrift "Schnitzlers *Reigen*" berichtete die Morgenausgabe der *Zeit* vom 24. November 1903 folgendes:

> Aus München, 23. d., wird uns telegraphiert: Ein hiesiger Studentenverein veranstaltete hier vor wenigen Tagen in einer geschlossenen Vereinsversammlung eine Vorlesung von Schnitzlers *Reigen*. Der Kultusminister hat nun das Rektorat der Universität beauftragt, sofort die Arrangeure dieser Veranstaltung zu ermitteln und gegen sie die Untersuchung einzuleiten, da das Werk durch eine Verfügung der *Wiener* Polizei, die die Vorlesung untersagte, als "notorisch unsittlich" gekennzeichnet sei. (3)

Eine ähnliche Notiz wurde in der *Berliner Morgenpost* vom 24. November 1903 veröffentlicht: "Der bayerische Kultusminister hat . . . das Rektorat der Münchener Universität angewiesen, sofort gegen jene Studenten eine strenge Untersuchung einzuleiten, die im akademischen Verein in unöffentlicher Aufführung [von] Arthur Schnitzlers Stück *Reigen*, das als 'notorisch unsittlich gebrandmarkt sei, mitgewirkt haben'." Nicht ohne Mitgefühl äußerte sich die Morgenausgabe der *Berliner Zeitung* vom 24. November 1903 in ihrem Beitrag "Die unmoralischen Akademiker": "Das kommt davon, wenn man gar zu tolle Reigen aufführt. Für kühne literarische Taten (Schnitzlers *Reigen* bedeutet allerdings das Gewagteste des Gewagten) hat anscheinend auch ein bayerisches Ministerium kein Verständnis. Arme Akademiker—armer Schnitzler "([5]).

Der *Reigen* sei als "unsittlich gebrandmarkt" (10), behauptete am 24. November 1903 die Morgenausgabe des *Illustrirten Wiener Extrablatts* in einem Artikel, der die Überschrift "Schnitzlers *Reigen* in München. Eine Untersuchung gegen Studenten" trägt. Die Abendausgabe der *Neuen Freien Presse* berichtete am 25. November 1903 auf der Titelseite unter der Rubrik "Kleine Chronik":

> Schnitzlers *Reigen* ist dem Akademisch=dramatischen Verein in München gefährlich geworden. Wie aus der Isarstadt gemeldet wird, wurden die sonst bei Beginn des Semesters üblichen Anschläge des genannten Vereins . . . in diesem Semester auf Grund einer Entschließung des *Ministeriums des Innern* wieder entfernt. Zur Begründung wurde angegeben, daß der Verein durch die Aufführung von Szenen aus dem Schnitzlerschen *Reigen* die Kritik zu sehr herausgefordert habe. (1)

Ähnliche Notizen erschienen am 24. November 1903 im *Prager Tag-*

blatt und in der *Pfälzischen Presse*, am 25. November 1903 in der *Breslauer Zeitung*, im *Kleinen Journal*, in den *Leipziger neuesten Nachrichten* und im *Berliner Tageblatt*, wobei letzteres noch folgende Erklärung hinzufügte:

> Zur Begründung wurde angegeben, daß der Verein durch Aufführung von Szenen aus dem Schnitzlerschen *Reigen* die Kritik zu sehr herausgefordert habe. Wir sind nicht ängstlich und schätzen den Literaturwert des Schnitzlerschen Dialogbuches höher ein als viele seiner rabiaten Gegner, aber wir können in diesem Falle dem Ministerium nicht völlig Unrecht geben. Die Aufführung einiger Szenen aus diesem nur zur *Lektüre* für reife Menschen bestimmten Buche war, gelinde gesagt, eine derbe Geschmacklosigkeit. (Freilich wäre es ungerecht, wegen dieser einen mißglückten Unternehmung dem Verein, der viel Anregung geboten hat, für alle Zeiten die Lebensader zu unterbinden.) D. Red. [2]

Eine Meldung gleichen Inhalts brachte auch—in der Spalte "Kleine Chronik"—die Vierte Beilage des *Hamburger Fremdenblatts* vom 26. November 1903: [2].

Der Akademische Senat der Münchner Universität beschloß, die betreffenden Studenten zu relegieren, und der Verein wurde aufgelöst. Die Abendausgabe der *Berliner Zeitung* vom 30. November 1903 kommentierte diese Entscheidung mit folgenden Worten:

> Der Senat der Universität hat den Akademisch-dramatischen Verein *aufgelöst*. Es geschah das wegen der vom Kultusminister jüngst mit Berufung auf die Ausstellungen der Zentrumspartei verurteilten Aufführung von Schnitzlers *Reigen*. Der Reigen des Wiener Poeten ward den Münchenern Studenten zum Totentanz. Und, wie wir bereits urteilten, durchaus nicht ohne eigenes Verschulden. [1]

Ähnliche Meldungen erschienen am 30. November 1903 in der *Pfälzer Zeitung* und in der Münchener *Allgemeinen Zeitung*; in letzterer heißt es: "Wie man hört, ist indes die überwiegende Mehrheit des Senates der Ansicht gewesen, daß nur durch Auflösung des Vereins für die Zukunft eine Garantie gegen eine Wiederholung der die Universität kompromittierenden Entgleisung des Vereins geschaffen werden könne" (1). Auch der *Hannoversche Courier* vom 2. Dezember 1903 setzte seine Leser von diesen Dingen in Kenntnis (3). Die Morgenausgabe der

Berliner Zeitung vom 2. Dezember 1903 machte überdies auf folgende restriktive Anordnung aufmerksam: "Wegen der Aufführung von Schnitzlers *Reigen* wurde jetzt amtlich vom Universitätssenat die *Auflösung* des akademisch=dramatischen Vereins verfügt. Weiter soll durch strenge Verfügungen die direkte und indirekte Mitwirkung der Studenten bei Aufführungen sogenannter realistischer Werke künftig hintangehalten werden" [3]. Über diese zusätzliche Zensurmaßnahme berichteten außerdem der *Tag* vom 4. Dezember 1903 und die Zweite Beilage des *Hamburger Echos* vom 5. Dezember 1903, das letztere Blatt mit folgendem Wortlaut: "Der Münchner akademisch=dramatische Verein ist, weil er Schnitzlers *Reigen* aufführte, von dem Senat der Universität aufgelöst, und es ist allen Studenten jede direkte oder indirekte Mitwirkung bei Vorführung realistischer Werke verboten worden. ("Literatur, Kunst und Wisenschaft": [2])

Die *Berliner neuesten Nachrichten* vom 1. Dezember 1903 heizten die feindliche Stimmung noch weiter an, indem sie zu verstehen gaben, das Stück sei aus finanziellen Gründen auf die Bühne gebracht worden. Unter Berufung auf die Münchner *Allgemeine Zeitung* vom 1. Dezember 1903 (Drittes Abendblatt) berichtete das *Berliner Journal*, "der Verein habe durch die lasziven Schnitzlerschen Zötchen einen Kassenerfolg erzielen wollen, um ein von früher bestehendes Defizit zu decken" (57). Vor allem jedoch kritisierte das Blatt, daß der Beschluß, den *Verein* aufzulösen, vom Staate und nicht von Vertretern der Universität gekommen war:

> Das besondere Interesse weiterer Kreise erregt bei der Auflösung des akademisch-dramatischen Vereins der Umstand, daß das Einschreiten der akademischen Behörden nicht eigener Initiative entsprang, sondern auf eine Verfügung des Kultusministeriums hin erfolgte. . . . es bedeutet ein *désaveu* dieser [Universitäts-] Behörden und eine nicht geringe Verkümmerung dieser minimalen Reste der früheren akademischen Freiheit, wenn diese Jurisdiktion durch ministerielle Reskripte beeinflußt und gelenkt wird, wenn sie auch formal nicht zu beanstanden ist. (57)

Die Maßnahme des Akademischen Senats führte zu einer Diskussion über Kunst und Moral, genauer gesagt darüber, ob der *Reigen* noch als Kunst gelten könne. Für den mit "C.K." zeichnenden Kritiker, der sich zu dieser Frage in einem Artikel "Abermals Kunst *und Sittlichkeit" äußerte (Hannoverscher Courier*, 1. Dezember 1903), steht es außer allem

Zweifel, daß der *Reigen* ein hervorragendes Kunstwerk ist:

> Man schreibt uns: *Die Maßregelung des Akademisch=dramatischen Vereins in München*—auf Anordnung des Rektors der Universität sind die üblichen Semesteranschläge des Vereins vom Schwarzen Brett entfernt worden—ist dort immer noch Gegenstand erregter Diskussion. . . . Aber die Darstellung, die Schnitzler dem Gedanken von der Erniedrigung des Menschen in den trüben Tiefen der Sinnlichkeit gibt, ist eine so eminent künstlerische, die Szenen, die er schildert, sind mit vollendeter Herrschaft über den Stoff, mit frappierender Wahrheit und so souveräner Sicherheit des Blickes für den wesentlichen Inhalt der geschilderten Situationen gezeichnet, daß, rein als Kunstwerk genommen und mit künstlerischen Augen betrachtet, Schnitzlers Studie zu den ersten ihrer Gattung zu rechnen ist. (5)

Doch von größerer Wichtigkeit war die praktische Frage, ebenfalls aufgeworfen vom *Hannoverschen Courier*, ob es klug gewesen sei, dieses Werk dem allgemeinen Publikum zugänglich zu machen, das nicht die nötige Reife besaß, um die 'wahre' Bedeutung des *Reigen* zu verstehen:

> Und hier stehen wir nicht an, zu bekennen, daß uns Schnitzlers Büchlein lieber war, als es noch, als Manuskript für Freunde gedruckt, peinlich gehütet von Hand zu Hand ging und vor Unberufenen auf des Dichters eigenes Ersuchen sorgfältig gewahrt wurde . . . . es war ein Fehlgriff des Wiener Autors, diese [Skizzen] schließlich doch der breiten Öffentlichkeit zu übergeben, die für seine künstlerische Absicht . . . kein Verständnis haben kann, und diese pretiöse Arbeit für Feinschmecker wie den Dekameron und andere Kunstwerke der Weltliteratur mit den Erzeugnissen einer widerlichen Pornographie zusammenwirft. (5)

Ein anderer wichtiger Punkt neben der Frage des künstlerischen Wertes dieses umstrittenen Stücks war das politische Problem der Zensur. Zwei Tage später, am 8. Dezember verwahrte sich die *Vossische Zeitung* in ihrer Abendausgabe gegen die getroffenen Maßnahmen:

> Die Aufführung war jedenfalls eine Geschmacksverirrung und ein Fehltritt im akademischen Sinne, und hätte sich der akademische

Senat damit begnügt, diesen Schritt vom Wege ernst zu rügen, so wäre die väterliche Mahnung der akademischen Lehrer wohl allseitig anerkannt werden [sic]. Aber das sofortige "Verbot" des Vereins und seiner Wirksamkeit in Bausch und Bogen schmeckt stark nach *Lex* Heinze, zumal es sich doch um das minderwertige Werk eines Dichters handelt. [4]

Die *Freistatt*, die im Juni 1903 in ihrer Fehde mit Ottokar Stauf von der March das Buch gelobt hatte, teilte diese Beurteilung der Inszenierung, betont in der Münchner *Allgemeinen Zeitung* vom 1. Dezember 1903:

Bei dieser Gelegenheit sei bemerkt, daß in der Zuschrift aus akademischen Kreisen, die wir in der Freitag=Abendnummer veröffentlichten ["Falsche Catonen," Morgenausgabe der *Allgemeinen Zeitung* vom 27 November 1903: 1-2] ein Irrtum enthalten war, insofern die *Freistatt* als das einzige Münchener Organ bezeichnet wurde, die jene Aufführung des *Reigen* nicht verurteilt habe. Die *Freistatt* hat, wie sie uns mitteilt, damals ebenfalls die Aufführung des Schnitzlerschen Dialogs als eine "unerhörte Geschmackslosigkeit" bezeichnet. (Drittes Abendblatt: 1)

Wie aus dem Brief Schnitzlers vom 13.9.1912 an Ernst Friedmann[7] vom Berliner Lessing Theater hervorgeht, wußte der Autor des *Reigen* von dieser Aufführung und der Auflösung der studentischen Theatergruppe: "Vor etwa 6-7 Jahren hat der Akademisch-Dramatische Verein in München drei Szenen daraus [aus *Reigen*], trotz meines Abratens (zu einem Verbot lag kein Grund vor) aufgeführt und wurde daraufhin aufgelöst. Von einem Erfolg der Veranstaltung ist mir nichts bekannt geworden" (Schnitzler, *Briefe 1875-1912*: 699). Schnitzler, der am 28.6. 1903 in seinem Tagebuch notiert hatte: "Am 25. einige Reigenscenen in München aufgeführt. 8 Auflagen bis jetzt" (*Tagebuch 1903-1908*: 33) irrt sich im Brief in der Datierung der Aufführung also um zwei bis drei Jahre.

4. *Die soziale Schicht und der* Reigen

In Wien indes wurde Schnitzler nicht nur von christlichsozialer Seite, sondern auch von den Sozialdemokraten angegriffen, die ihm vorwarfen, in dem hier vorgeführten, oberflächlichen Partnertausch nicht die innewohnenden Gefahren aufzuzeigen, eine Unterlassung, die vor allem der Unterschicht zum Schaden gereiche. Besonders der Abgeordnete Bauchinger tat sich hierbei hervor, der in der Verbreitung des *Reigen* eine moralische Gefahr für die soziale Unterschicht sah und insbesondere eine Zumutung für den Steuerzahler, der für die Unterstützung eben dieser Schicht aufzukommen hatte. Wie die Morgenausgabe der *Neuen Freien Presse* vom 6. November 1903 berichtete, rügte Bauchinger die sittliche Verkommenheit der Armen, die zumindest zum Teil auf die laxe Haltung der Regierung gegenüber moralisch anstößiger Literatur zurückzuführen sei:

> Die Regierung habe diesen Leichtsinn großgezogen durch *Gestattung gewisser Auswüchse in der Literatur.* Es sei eine Schande, was man alles in den *Schaufenstern der Ansichtskartenhandlungen* und in den Katalogen, in welchen gewisse Pikanterien angepriesen sind, finde. *Die Auslagen mancher Buch- und Kunsthandlungen in Wien gleichen Fleischhauerläden.* Da sehe man *Menschenfleisch, mager und fett, vorderes und hinteres, aber meistens junges.* Die Regierung tue alles halb; man habe die Vorlesung von *Schnitzlers 'Reigen'* durch Hermann *Bahr* verboten; das Buch selbst aber darf überall verkauft werden, und das Verbot der Vorlesung wirkt nur als Reklame. So gehen die jüngsten Bürscherln und Maderln an den Schaufenstern vorüber, begaffen die Bilder und werden durch die ewigen Reizungen ihrer noch unentwickelten Phantasie auf den Weg des Leichtsinns und des Lasters geführt. Sie werden durch die Duldung der Regierung an Leib und Seele verdorben, und das Ende ist, daß sie oder ihre eventuelle Nachkommenschaft der Armenpflege anheimfallen. (3)

Für die Arbeiterpartei war der *Reigen* auch ein willkommener Anlaß, die trostlosen Lebensbedingungen der Arbeiterklasse zu kritisieren. In der Morgenausgabe der *Arbeiter Zeitung* vom 10. September 1903 warf man Schnitzler vor, es mangle ihm an Einblick in die Lebensbedingungen einer sozialen Schicht, der er selbst nicht angehörte:

> Allzuviel Witz steckte in dem Gruppenbilde [*Reigen*] nicht und im Grunde war auch die "Kühnheit" des Werkes weder von besonderer psychologischer noch moralischer Tiefe. Wenn trotzdem große Leserkreise sich an diesem Reigen neugierig zusammenschlossen, so geschah's hauptsächlich aus dem unerbittlichen Behagen an der Pi-

kanterie, das dem Bourgeois nun einmal zu eigen ist. Wie viel Schrecknisse, wie viel Bitternis in diesem unheimlichen Reigen der Paare, das hatte der mehr zur glatten Liebeswürdigkeit neigende Dichter nicht einmal anzudeuten gewußt. (6)

Zu den Schrecknissen und der Bitternis, von denen dieser Artikel spricht, gehört, daß in einer Gruppe von dreizehn- und vierzehnjährigen Jugendlichen, die in einem Asyl leben, einige bereits an Geschlechtskrankheiten leiden. Dieses Asyl beschreibt die Zeitung wie folgt:

> eine Wohnung von einem Zimmer, einem Kabinett und Küche, die als Nachtasyl für Kinder dient! Da schlafen drei Kinder in einem Bette, zwei Mädchen und ein Knabe, daneben auf dem Ofen schläft ein vierzehnjähriger Junge und auf dem Boden vor dem Ofen hat sich noch ein fünftes Kind hingestreckt. Entlaufene, obdachlose, verdorbene Kinder liegen da beisammen. Einem der Mädchen hat der Knabe seine Krankheit zu verdanken. (6)

Dieses "verlotterte dreizehnjährige Mädchen" wiederum hat sich bei einem Offizier angesteckt, mit dem es ein Verhältnis gehabt hat. Das Blatt nimmt dies zum Anlaß, das Militär und die moralische Verderbtheit der Offiziere zu attackieren: "Ach, was die Stillung des Geschlechtsdurstes anlangt, so trinken gerade die Leute in den glänzendsten Uniformen gern aus den trübsten Quellen! Da führen zuweilen von den adeligsten Kasinos zu den fürchterlichsten Massenquartieren direkte Wege!" (6).

Die Morgenausgabe der *Deutschen Zeitung* vom 11. September 1903 beeilte sich in der mit "Merkwürdig" betitelten Kolumne darauf hinzuweisen, daß die Inhaber des Asyls eine Frau Feuerstein und ein gewisser Isidor Beer seien, besagte moralische Verkommenheit folglich nicht einem Offizier der k.u.k.-Armee, sondern Juden zur Last zu legen sei. Das konservative Blatt kommt zu folgendem Schluß:

> Wäre diese Art, über den wunden Judenpunkt hinwegzukommen, nicht so herzlich dumm, man wär' versucht, sie ganz verdammt gescheit zu nennen. Was heißt es aber, wenn die *A=Z* und ihresgleichen nur von "Pfaffen" und "Burschoas" als "Kinderschänder" und "Schon wieder einer" berichtet, stillschweigend aber hinwegsieht über die Beer und Feuerstein! Bloß weil das Juden sind! Merkwürdig, höchst merkwürdig! (5).

Insgesamt lassen diese Kommentare nicht nur die antisemitische Tendenz einiger Zeitungen erkennen, sondern sie machen Schnitzler auch zum Vorwurf, das Elend der Unterschicht nicht angemessen dargestellt zu haben. Schnitzler war in beiden Punkten verwundbar—er war Jude, und er war auch bemittelter Arzt, der anscheinend keine Ahnung hatte, wie die Unterschicht lebte.

5. *Lesungen des* Reigen:

a) *Hermann Bahr 1903*

Um Schnitzler zu unterstützen, plante Hermann Bahr am 19. Juli 1903 (Schnitzler, *Tagebuch 1903-1908*: 36) eine öffentliche Lesung des *Reigen*, die am 8. November 1903 im Wiener Bösendorfersaal stattfinden sollte. Wie die Morgenausgabe des *Illustrirten Wiener Extrablatts* vom 5. November 1903 in dem Artikel "Hermann Bahr beim Ministerpräsidenten. Zum Verbote der Vorlesung von Arthur Schnitzlers *Reigen*" berichtete, erhielt er jedoch für dieses gewagte Unterfangen keine offizielle Genehmigung: "Wie bekannt, erhielt Hermann Bahr vor mehreren Tagen die polizeiliche Verständigung, daß ihm die beabsichtigte Vorlesung von Arthur Schnitzler's *Reigen* im Bösendorfer Saale *nicht* gestattet werden könne. Gegen diese Entscheidung ergriff Bahr den Rekurs an die Statthalterei. Gestern sprach Bahr in dieser Angelegenheit beim Ministerpräsidenten Dr. [Ernest] von Koerber vor" (8). Das Ergebnis dieser Unterredung war, wie die Abendausgabe der *Bohemia* am 6. November 1903 meldete, folgendes:

> Hermann Bahr wurde vorgestern vom Ministerpräsidenten in der Angelegenheit der verbotenen Vorlesung von Schnitzlers *Reigen* empfangen. Er berief sich darauf, daß das Stück in München ungehindert zur Aufführung gelangt sei und eine dramatische Darstellung doch immer viel stärker als eine bloße Vorlesung wirke. Ferner führte er an, der *Reigen* sei in 10.000 Exemplaren verbreitet und es sei unwahrscheinlich, daß irgend jemand der Vorlesung beiwohnen würde, der das Werk nicht ohnehin schon aus der Lektüre kenne. Endlich sprach er seine Verwunderung darüber aus, daß die Zensur unliterarischen Werken gegenüber sehr nachsichtig sei, gegen Werke von ausgesprochen literarischem Charakter jedoch sogleich sehr streng werde. Der Ministerpräsident äußerte sich über die literarische Tätigkeit Schnitzlers sehr anerkennend, bemerkte,

> daß Verschiedenheiten in der Beurteilung desselben Werkes an verschiedenen Orten unvermeidlich seien; berief sich darauf, daß ja auch umgekehrt Werke, die bei uns erlaubt seien, in Deutschland verboten sind, und erklärte zum Schlusse Herrn Bahr, daß er ihm nur wenig Hoffnung auf die Freigebung des Werkes für eine öffentliche Vorlesung machen könne.—Herr Bahr hat bereits gegen das Verbot den Rekurs an die Statthalterei ergriffen. (Beilage: 1)

Eine Notiz gleichen Inhalts erschien zwei Tage später, am 8. November 1903, in der Vierten Beilage der Sonntagsausgabe des *Hamburger Fremdenblatts*:

> Arthur Schnitzlers *Reigen* sollte, wie jüngst berichtet wurde, in *Wien* von Hermann *Bahr* vorgelesen werden. Bahr hat gegen das Verbot bei der Statthalterei rekurriert und außerdem beim Ministerpräsidenten Dr. v. *Körber* vorgesprochen. Bahr wies, wie die *Zeit* berichtet, darauf hin, daß der *Reigen* in München dramatisch aufgeführt worden sei, während in *Wien* nur eine Vorlesung geplant worden sei. Das Buch sei bereits in 10 000 Exemplaren verbreitet, so daß man kaum annehmen könne, es ginge jemand in die Vorlesung, der über das, was seiner dort harre, noch nicht unterrichtet wäre. ([2])

Wie zu erwarten war, wurde Hermann Bahr die Erlaubnis, dieses umstrittene Werk vorzulesen, nicht erteilt. In den Diskussionen, die unter Schnitzlers Freunden über diese Angelegenheit stattfanden, wurde auch, wie Schnitzler am 1. November 1903 in seinem Tagebuch notierte, die Frage aufgeworfen, "ob ein Journalist, der den *Reigen* vorlese, nicht die Staatsehre verletze" (*Tagebuch 1903-1908*: 47). Höchstwahrscheinlich waren es weniger ethische Bedenken als vielmehr die Furcht vor antisemitischen Ausschreitungen, die die Regierung bewog, eine öffentliche Lesung des *Reigen* zu untersagen.

Karl Kraus nahm diese Zensurmaßnahme zum Anlaß, um gegen Bahr wieder zu polemisieren, indem er in der *Fackel* ausführlich aus einem Artikel zitierte, den Dr. Robert Hirschfeld am 22. November 1903 in der *Frankfurter Zeitung* veröffentlicht hatte. Hirschfeld hatte in seinem Feuilletonbeitrag "Wien" darauf hingewiesen, daß die Polizei dieses "Vorlesegeschäft" nicht gestattet habe:

> Jetzt ist's erreicht: Hermann Bahr ist Märtyrer der Polizei ge-

> worden. Der *Reigen* ist nicht verboten, aber Hermann Bahr ist verboten. Mehr kann er sich nicht wünschen. Er läuft zum Ministerpräsidenten, 'frozzelt' ihn gleich nach der Audienz in rasch arrangierten Interviews, die Reklamesucht treibt ihn bis zum höchsten Gerichtshof, um den Reigen—Autor, Verleger, Vorleser, Verleger, Autor—zu verteidigen. (Kraus, Antworten 24; *Frankfurter Zeitung*, Sonntagsausgabe, Erstes Morgenblatt, 22. November 1903: [1])

Dieser Auffassung stimmte Kraus zu, wie dem folgendem Zitat zu entnehmen ist: "Was Hirschfeld über Schnitzler's *Reigen* und Herrn Bahr's Versuch, an der *Reigen*-Reklame zu schmarotzen, sagt, deckt sich so ziemlich mit meiner eigenen Meinung . . . "(Kraus, Antworten 23).

Diese ganze Publicity erregte die Neugier der Leserschaft nur noch mehr, und die Nachfrage nach dem *Reigen* war äußerst groß. Wie die *Neue Freie Presse* am 6. November 1903 berichtete, sagte der Abgeordnete Bauchinger im österreichischen Reichsrat, daß die Lesung durch Bahr zwar verboten worden sei, nicht aber der Verkauf des Buches, "und das Verbot der Vorlesung wirkt nur als Reklame" (3).

b) *Marcell Salzer 1903*

Die nächste und eigentlich erste öffentliche Lesung fand, veranstaltet von Marcell Salzer, am 21. November 1903 in Breslau statt, vor der "Freitags=Vereinigung," einer privaten literarischen Gesellschaft. Die *Breslauer Morgen-Zeitung* vom 22. November 1903 berichtete über dieses Ereignis und hob den Charme und die Subtilität des Stückes hervor. Überdies konstatiert der anonyme Kritiker in der Rubrik "Allerlei Neues" freilich folgendes:

> Aber es muß doch gesagt werden, daß Schnitzler auf der einen Seite die Tiefen des einmal gewählten Motivs nicht annähernd erschöpft, auf der anderen sich mancher Uebertreibungen schuldig gemacht hat und zwar gerade dort, wo sie ihm am wenigsten unterlaufen durften: in der Szene des "Dichters" mit dem "süßen Mädel". . . . Der *Reigen* gehört, von seinem Thema ganz abgesehen, nicht zu den besten Schöpfungen Schnitzlers.

Irgendein fragwürdiger Geschäftsmann muß jedoch aus einer von Schnitzlers Schöpfungen, dem *Süßen Mädel*, großen finanziellen Nutzen gezogen haben. Am 1. September 1903 brachte die *Wiener Allgemeine Zeitung* (6 Uhr Blatt) im Annonceteil folgende Ankündigung:

Etablissement "Zum Süßen Mädel"
I. Kärtnerstr. Nr. 8
Eröffnung Dienstag den 1. September [1903] 10 Uhr Abends (1)

Da diese Anzeige bis zum Jahresende fast täglich in der Zeitung erschien, muß sich das Etablissement regen Zuspruchs erfreut haben.

6. *Das Verbot erotischer Literatur und des* Reigen *im Jahre 1904*

Die Attacken gegen die Flut erotischer Literatur wurden im Jahr 1904 fortgesetzt. Im Februar 1904 zogen die *Deutsche Zeitung* und der *Tag* mit einer Anzahl von Artikeln gegen die sogenannte "Schmutzliteratur" zu Felde. Um die Flut von erotischer und Schundliteratur einzudämmen, wurde unter anderem ein Kongreß veranstaltet, dessen Ziel im Verbot unmoralischer Literatur bestand; außerdem kam es zur Gründung von Bürgeraktionen oder Bürgerinitiativen. In seinem 1904-1905 im *Kunstwart* erschienenen Artikel "Unsittliche Literatur. Einige Gedanken zu dem Kongresse in Köln," beklagte Ferdinand Avenarius, daß man die Sozialisten nicht zu dieser Veranstaltung eingeladen hatte. Das sei ein gravierender Fehler gewesen, denn die "[Sozialdemokratie] ist unsere natürliche Verbündete gegen den Schundroman" ([Avenarius] 58). Er warnt davor, in die Fehler der Lex Heinze-Bewegung zurückzufallen, denn "es ist nicht alles unsittlich *gewollt*, was unsittlich *wirkt*" (60). Die gleiche Nummer des *Kunstwarts* meldete ebenfalls die Gründung des "Leixnerschen Volksbundes, der gegen den Schmutz in Wort und Bild war" (576).

Am 7. Januar 1904 brachte das *Leipziger Tageblatt* folgende Nachricht: "Beschlagnahmt wurde auf Antrag der Münchener Staatsanwaltschaft im Leipziger Magazin-Verlag Jacques Hegner, Leipzig-Reudnitz, der Lemmoniersche Roman *Die Liebe im Menschen*. Von dem genannten Verlag ist hiergegen an zuständiger Stelle bereits Einspruch erhoben worden." Der Autor des konfiszierten Buches war Camille Lemonnier, ein Belgier, dessen *L'homme en amour* Dr. Paul Adler ins Deutsche übersetzt hatte; das Vorwort stammte von Stefan Zweig. Lemonnier wurde in Brügge vor Gericht gestellt, der ihm zur Last gelegten Verbrechen jedoch für nicht schuldig befunden. Als die Übersetzung seines Romans in Deutschland erschien, wurde Lemonnier sogleich erneut strafrechtlich verfolgt, diesmal durch den Staatsanwalt in München.

Unter Künstlern und Schriftstellern reagierte man auf diesen Vorgang ebenso heftig wie auf die Lex Heinze. Das *Magazin für Literatur* veröffentlichte in seiner ersten Februarnummer des Jahres 1904 eine Sammlung von Aufsätzen, die alle gegen die staatliche Zensur opponierten. Einer dieser Beiträger war Otto Stoeßl, der in seinem Artikel "Verbotene Litteratur" den Staat beschuldigte, anscheinend kein Rechtsstaat zu sein:

> . . . wie traurig steht es um die Mittel eines Rechtsstaates, der ein Buch kalt machen, alle Macht seiner Autorität gegen ein paar Seiten gedruckten Papiers anwenden muß, der Geist nicht mit Geist bekämpft, der nicht die ritterlichen Gesetze des normalen Kampfes einhält, sondern ein geistiges Produkt bloß mit der Schwere seines niedertretenden Fußes erdrückt. Wir sind heute im Grunde nicht viel weiter gekommen, als das vielgeschmähte Mittelalter, das Ketzer verbrannte. Das ist allerdings die bequemste Art der Argumentation, die, was der Geist nicht faßt, mit dem Feuer vernichtet. (82)

In seiner zweiten Februarnummer veröffentlichte besagtes *Magazin* das lyrische Drama *Freundinnen* von Ernst Stadler, das Hugo von Hofmannsthal gewidmet ist. In hochemotionaler Diktion und erotischer Bildersprache wird hier die sexuelle Begegnung zwischen der fünfzehnjährigen Silvia und der achtzehnjährigen Bianca dargestellt. 1904 wurde auch Frank Wedekinds *Frühlings Erwachen* uraufgeführt, inszeniert von Max Reinhardt—ein Stück, das sofort verboten und erst 1912 wieder freigegeben wurde. Überdies war 1904 das Jahr, in dem die zweite Auflage der *Duo-Szenen im Dampfbad. Ringel-Reigen-Rosenkranz nach berühmtem Muster*, eine Parodie auf Schnitzlers *Reigen*, im Magazin-Verlag erschien. Diese Parodie, geschrieben von einer "Wienerin," enthält ebenfalls zehn Szenen mit unterschiedlichem sprachlichem Niveau, Szenen, die aber jeweils zwischen zwei Frauen spielen.

Im Zuge des Verbots aller erotischen Literatur geriet damals auch der *Reigen* unter Beschuß. Am 16. März 1904 erließ das Büro des Staatsanwalts in Berlin die Verfügung, alle Exemplare des *Reigen* zu konfiszieren. Die *Leipziger Volkszeitung* vom 17. März 1904 kommentiert dies wie folgt: "Wenn sich die Nachricht bestätigt, ist für das Werk die beste Reklame gemacht worden, denn eine Konfiskation wird sich nicht aufrechterhalten lassen." Die *Münchner Nachrichten* vom 18. März 1904 bestätigten, daß diese von Berlin ausgehende Verfügung erlassen worden sei. In der Sparte "Literatur und Wissenschaft" teilt diese Zeitung mit (Vorabend=Blatt, 18. März 1904): "Schnitzlers *Reigen* ist, wie aus Leipzig berichtet wird, dort auf Veranlassung der Berliner für ganz Deutschland *konfisziert* worden.—Der *Reigen* ist schon vor etwa 1 ½ Jahren im Buchhandel erschienen. Deshalb wird ihm die Maßregelung nicht mehr sehr weh tun" (3). Diese Konfiskation wurde exemplarisch in Leipzig durchgeführt, wo man zwei Brüder, die Engrosbuchhändler Ludwig und Otto Cyriacus unter Anklage stellte, weil sie den *Reigen* verkauft hatten, ein Werk, das "sich mit unzüchtigen Schilderungen des Liebeslebens befasse und gegen die gute Sitte verstoße" ("Arthur Schnitzlers *Reigen*," Abendausgabe der *Zeit* (Wien) am 1. Oktober 1904: 7). Beide Brüder wurden zwar freigesprochen, doch "die Weiterverbreitung von *Reigen für ganz Deutschland verboten*." Fritz Freund, der Besitzer des Wiener Verlags, legte gegen dieses Urteil Revision ein; das Reichsgericht in Leipzig beschloß jedoch, das Verbot aufrechtzuerhalten (Schinnerer 844). Die konservative Wiener Presse reagierte auf dieses Urteil grundsätzlich zustimmend.

Der offene Kampf gegen die erotische Literatur lief parallel mit einem Anwachsen des öffentlich gezeigten Antisemitismus. Am 14. Mai 1904 veröffentlichte die Morgenausgabe der *Deutschen Zeitung* in Wien einen Leserbrief, der zu dem am 13. Mai 1904 in der Morgenausgabe der *Deutschen Zeitung* erschienenen Jekelins-Feuilleton "Arische Literatur" (1) Stellung nahm. Der Unterzeichnete, "Ein arischer Schriftsteller," droht mit ironischen Worten, den "pornographischen" *Reigen* der Öffentlichkeit—einschließlich der Bibliotheken—zugänglich zu machen, weil die Theater in der Provinz gewöhnlich alles auf die Bühne brächten, was in Berlin und Wien Billigung gefunden hat:

> Die arische Presse hat die Pflicht, die traurigen Ausgeburten der Spekulation zu charakterisieren und vor ihnen zu warnen. Das lateinische Sprichwort: Wer schweigt, scheint zuzustimmen, gilt auch hier. Und vor allem wäre zu wünschen, daß jeder, der sich Selbstgefühl gewahrt hat, nur arische Kritik brächte und sich sein gesundes Urteil nicht von nicht-arischen Stimmen trüben lasse. (4)

Daß nicht nur die Produzenten von Literatur, sondern auch diejenigen, die sich professionell mit literarischen Werken befassen, arischer Herkunft sein sollten, war Gegenstand eines 1903 stattfindenden Sondertreffens von Studenten des Germanistischen Seminars der Wiener Universität. Die Morgenausgabe der Wiener *Deutschen Zeitung* vom 1.

Dezember 1903 berichtete darüber unter der Überschrift "Die Verjudung des Germanistenseminars an der Universität [Wien]":

> Heute fand eine Versammlung arisch=deutscher Germanisten im Hotel Grundstein statt, welche die Ergreifung von Maßnahmen gegen die Verjudung des germanistischen Seminars an der hiesigen Universität zum Gegenstande hatte. Am 26. d. war nämlich eine Zeitungsnotiz über die unerhörten Zustände im deutschen Seminar erschienen, in dem fast ausschließlich Juden die Herrschaft führen. Ein Germanist protestierte vom Katheder aus gegen diese Zustände; er nannte das deutsche Seminar eine jüdische Elementarschule und führte die Hauptschäden an, an denen das Institut leidet . . . . [Eingabe gemacht z. Besetzung der Bibliothekarsstelle] . . . , die bis jetzt ein Jude bekleidet, obwohl der Hauptteil der Hörer arischer Abstammung ist. (6)

7. *Die Rezeption des* Reigen *in Frankreich 1903*

Im Gegensatz zu den tendenziösen Kommentaren der Wiener und Berliner Presse nahmen die Franzosen Schnitzlers Werk wesentlich günstiger auf. Einer der ersten französischen Kritiker, der den Wert des *Reigen* erkannte, war Jean Chantavoine. In seiner Rezension "Un Nouveau Livre D'Arthur Schnitzler: *En Ronde*," erschienen am 24. Mai 1903 im *Journal des Débats* (Paris), berichtet er, daß es ihm einige Schwierigkeiten bereitet habe, Schnitzlers Humor zu charakterisieren, der "weder dem Unsinn oder der Gemeinheit der Pariser ähnlich sei, auch nicht dem lächerlichen Unsinn der Engländer oder dem plumpen Schabernack der Berliner; man findet darin Ironie, Mitleid, Grausamkeit, Nachsicht, Liebe und Verachtung, mit ein wenig Nachlässigkeit, in der sich der Verfall Wiens gefällt" (3).[8] Ferner weist Chantavoine darauf hin, daß dieser Wiener Autor einen Hang zur Reflexion habe, die sich jedoch erst im Nachherein einstelle; die Moral seiner Handlungen sei "still; sie drängt sich nicht während des Lesens oder während der Vorstellung auf. Sie ist suggestiv für diejenigen, die es lieben, später über ihre Vergnügen zu reflektieren. So wie Feuerwerkskörper, die halbausgebrannt zur Erde zurückkehren, ihre schönsten Formen hervorbringen" (3).[9] Das Ende von Goethes *Faust*: "Das Ewigweibliche zieht uns hinan," heiße für den *Reigen*-Leser statt dessen: "Das Ewigweibliche zieht uns *herum*."

8. *Lesungen des* Reigen:

a) *In Wien 1905*

Am 23. Februar 1905 fand in Wien eine öffentliche Lesung des *Reigen* statt, oder genauer gesagt: sollte stattfinden. Am 24. Februar erschien in der *Arbeiter-Zeitung* ein Artikel, betitelt "Eine unterbrochene Rezitation," dessen Verfasser es für einen Fehlgriff hält, gerade dieses Werk auf einer Wahlveranstaltung der Partei zum Vortrag zu bringen:

> Durch eine bedauerliche Unvorsichtigkeit der berufenen Funktionäre war für den letzten Vortragsabend des Sozialdemokratischen Wahlvereins Josefstadt die Rezitation von Schnitzlers *Reigen* angekündigt worden. Man mag nun über den Wert dieses Werkes denken, wie man will, zur Rezitation in einem sozialdemokratischen Verein ist die Sache nicht geeignet.

Die Vorlesung wurde auf Antrag eines Mitgliedes abgebrochen." Dieser Vorfall fand die Zustimmung der Konservativen, wie die Wiener Ausgabe der *Deutschen Zeitung* am 26. Februar in ihrer Abendausgabe berichtete: "Im sozialdemokratischen Wahlverein des 8. Bezirks wollte dieser Tage ein Herr, [sic] Schnitzlers *Reigen* vorlesen. Das ging selbst den Genossen über die Hutschnur, und ein Genosse stellte den Antrag, daß der Vortrag abgebrochen werden möge, was auch geschah. Dieser Vorfall beweist, daß selbst die Sozialdemokraten mehr Schamgefühl besitzen, als unsere 'Intellektuellen'."

Die Kampagne gegen eine Aufführung dieses umstrittenen Stückes wurde im Sommer 1905 fortgeführt, sowohl in Wien als auch in Deutschland. In einem der diesbezüglichen Kommentare heißt es in der Münchner *Allgemeinen Rundschau* vom 14. Mai 1905: "In den letzten Jahren haben drei land- oder rassenfremde Schriftsteller dem deutschen Volke drei Danaergeschenke geboten. Schnitzlers *Reigen* war selbst für unsre realistischen Bühnen zu schmutzig" (Kemmer 229).[10]

b) *Joseph Giampietro 1905*

Als nächster wagte sich der bekannte Schauspieler und Komiker Joseph Giampietro an eine öffentliche Lesung des *Reigen*, die aber ein totaler Mißerfolg wurde. Organisiert wurde diese Veranstaltung, die am 22. November 1905 im Berliner Prinz Albrecht Hotel stattfand, von der

Gesellschaft "Stille Bühne." Der Darbietung wurde jedoch vorgeworfen, dem Publikum nicht den Pessimismus, die Melancholie und das Leid hinter der glänzenden Oberfläche erkennbar gemacht zu haben. In der Kolumne "Theater und Musik" der *Vossischen Zeitung* (Abendausgabe vom 23. November 1905) heißt es dazu:

> Wer, unbeirrt von der gleißenden Pikanterie der Oberfläche, auf den satirischen Grund blickt, der kann vielleicht auch in diesen Gesprächen den pessimistischen Weltschmerz erkennen, der durch Schnitzlers medizinisch angehauchten Novellen hindurchgeht. Dennoch ist das Ganze keineswegs ein genießbares Kunstwerk, ist es sogar für den Leser [und auch Hörer] nicht . . . [3]

Ein anderer anonymer Verfasser nannte diese Veranstaltung "unverdaulich," weil Giampietro für Komik sorgte, indem er an den Stellen, die Schnitzler durch Gedankenstriche kennzeichnet, vielsagende Blicke ins Publikum warf. Wie die *Berliner Zeitung* vom 23. November 1905 meldete, hatte das zur Folge, daß "ein Teil des Publikums vor Vergnügen förmlich wieherte. Ein anderer Teil des Publikums hingegen verließ bereits nach dem vierten Reigen='Dialog' den Saal." Daß ein Teil des Publikums die Veranstaltung vor Ende verließ, hielt das Wiener *Fremdenblatt* für derart aufsehenerregend, daß es seine Leser im Kursivdruck darauf aufmerksam machte (Morgenausgabe vom 24. November 1905): "Das Buch machte, besonders weil sich der Vorleser bemühte, die heiklen Stellen zu unterstreichen, auch auf das starke Kost erwartende Publikum einen so *peinlichen Eindruck*, daß viele Gäste den Saal *noch vor Schluß verließen*" (10). Diese 'sensationelle' Meldung wurde von der in Prag erscheinenden *Bohemia* übernommen und am 25. November 1905 unter der Überschrift "Die schamhaften Berliner" abgedruckt. Der gleiche Artikel erschien auch im *Salzburger Volksblatt* vom 25. November 1905 (7), das ihm die Angabe "Aus Berlin wird berichtet" voranstellte, und in der *Reichspost* vom 25. November 1905 unter der Überschrift "Berlin und Wien," wo der anonyme Kritiker noch eine antisemitische Bemerkung anfügte:

> In Wien ist das Buch nicht verboten worden und die bekannte Literaturclique hat dem Verfasser desselben zugejubelt und ihm die Pforten des Burgtheaters geöffnet. Das Berliner Publikum war nach dem Urteil des Wiener judenliberalen Blattes gewiß nicht prüde, verließ aber doch errötend den Saal. Und das Wiener Publikum soll

sich Schnitzlers "Werke" schweigend servieren lassen. Wer in Wien rot wird, ist prüde. (3-4)

Gescholten wurden auch die Münchner, die dieses skandalöse Werk sogar zur Aufführung gebracht hatten. Die *Allgemeine Zeitung* vom 26. November 1905 fügte ihrem Bericht über die Berliner Lesung folgendes hinzu: "In *München* ist der *Reigen* sogar aufgeführt worden. Die allerdings nicht öffentliche Aufführung dieses skandalösen Stückes hat bekanntlich zur Auflösung des Akademisch=dramatischen Vereins geführt" (2).

Wie der namentlich nicht genannte Kritiker in der Morgenausgabe des *Berliner Tageblatts* vom 24. November 1905 bemerkt, war der Umstand, daß die Berliner Lesung am 23. November, einen Tag vor Bußtag stattfand, ein weiterer Grund für den Mißerfolg dieses Unternehmens:

> Der schillernde Geist und die lapidare Gestaltungskraft, die Schnitzler im *Reigen* offenbart, kann nur vom einsamen Leser genossen werden, und richtig gewürdigt auch nur von dem, dessen Gefühl ein Kunstwerk über ein heikles Thema wohl von einer Zote zu unterscheiden vermag. Am Abend des Bußtages 1905 konnte man dem Dichter Schnitzler beinahe zürnen, daß er dieses künstlerisch so bedeutende Werkchen geschaffen, aber daran war nicht der Dichter schuld, sondern der Verein, der ihn so falsch plaziert hatte. Giampietro tat bei seiner Vorlesung nichts, um die deutlichen Effekte des Buches weniger deutlich zu machen. (1. Beiblatt: [7])

c) *In Berlin 1909*

Im Rahmen der in Berlin, Kurfürstendamm 220 veranstalteten "Kammerkunstabende der Buch- und Kunsthandlung Reusz und Pollak" fand am 23. April 1909 eine weitere Lesung statt, gehalten von Margarethe Christians vom Deutschen Theater. Da keine Störungen gemeldet wurden, darf man annehmen, daß diese Rezitation vor einer ausgewählten Gruppe von Kennern gute Aufnahme fand (s. Schinnerer 845).

9. *Schnitzlers Ablehnung des* Reigen *als Pantomime*

Im Februar 1907 wurde Schnitzler von dem Schauspieler Karl [=Carl] Friese in Wien um die Erlaubnis angegangen, den *Reigen* als Pantomime aufzuführen. Schnitzler notierte dies in seinem Tagebuch vom

11.2.1907: "Hr. Karl Friese und Frl. Paula Stocker da, wollen Reigen als Pantomime aufführen. Ich verschob meine Antwort" (*Tagebuch 1903 -1908*: 254). Diese Antwort kam am 13. Februar 1907:

> Sehr geehrter Herr,
>
> Ihrer Absicht, den Reigen als Pantomime aufzuführen, kann ich nach reiflicher Überlegung meine Zustimmung nicht erteilen. Ich habe mir das Buch auf Ihre Idee hin wieder angesehen und bin nun zu der ganz bestimmten Überzeugung gelangt, daß für das Publikum wenigstens, wenn der Dialog wegfällt, nichts anderes übrig bleibt, als eine Reihe piquanter Scenen. Daran wird die beste Darstellung nichts ändern können, ja, je besser diese Darstellung sein würde, umso stärker akzentuiert müßte sich dieser Eindruck herausstellen, der nun einmal mir, als Verfasser der Dialoge, keineswegs erwünscht sein kann. (Schnitzler, *Briefe 1875-1912*: 551)

Auf eine nochmalige Anfrage schrieb ihm Schnitzler am 20. Februar 1907 erneut:

> Sehr geehrter Herr,
>
> So leid es mir tut, ich kann meinen Entschluß nicht rückgängig machen und bin nicht in der Lage, meine Zustimmung zur Aufführung des Reigen als Pantomime zu erteilen. Die Gründe habe ich Ihnen ja bereits in meinem ersten Schreiben dargelegt und Ihr freundlicher Brief vom 18. Feber bringt natürlich nichts bei, was meinen prinzipiellen Standpunkt erschüttert hätte. (Schnitzler, *Briefe 1875-1912*: 552)

10. *Aufführung in Budapest 1912*

Aufgrund der liberalen Zensur in Ungarn konnte 1904 eine ungarische Übersetzung des *Reigen* in Budapest erscheinen. Dem Plan, den *Reigen* 1908 durch the Thalia-Gesellschaft in Budapest auf die Bühne zu bringen, verweigerte der Autor jedoch seine Zustimmung. In einem Brief an Dr. Ladislaus Bánóczi schreibt Schnitzler am 29. September 1908:

> Sehr verehrter Herr Doktor,

> Ich danke Ihnen für Ihren freundlichen Vorschlag, doch kann ich Ihnen die gewünschte Erlaubnis zur Aufführung des *Reigen* nicht erteilen, da er ja so wie er geschrieben, unspielbar ist und durch jede Veränderung seinen eigentlichen Sinn verliert. (Schnitzler, *Briefe 1875-1912*: 582)

Erst 1912 wurde dieses Stück in Ungarn aufgeführt. Die erste diesbezügliche Pressemeldung erschien am 6. Oktober 1912 in der Sonntagsausgabe des *Pester Lloyd* (Abendausgabe): "Die *Neue Bühne* gibt am nächsten Samstag eine von Albert Kövessey herrührende Bühnenbearbeitung von Schnitzlers *Reigen*, das in der Uebertragung von Alexander Bródy den Titel *Körbe-Körbe* erhielt. Auf dem Theater erscheint das Werk des Dichters jetzt zum ersten Mal" (12). Die Morgenausgabe des *Pester Lloyd* vom 9. Oktober 1912 brachte dann folgende ergänzende Notiz:

> Die *Neue Bühne* Albert Kövessys hat ihren Namen jetzt auf *Kövessy-Bühne* geändert. Ihre nächste Novität [ist] die Theaterbearbeitung von Arthur Schnitzlers *Reigen*, die mit den Damen Sáros, Hußár, Király, Zádor und Fraknói, den Herren Bodonyi, Varsa, Forgács und Gillért am Samstag zum ersten Male in Szene geht. Die öffentliche Generalprobe findet Freitag abends statt. (12)

Eine ähnliche Mitteilung erschien am 9. Oktober 1912 in der Prager Ausgabe der *Bohemia*: "Schnitzlers *Reigen* auf der Bühne. Aus Budapest wird gemeldet: Schnitzlers *Reigen* gelangt in der ungarischen Uebersetzung Alexander Brodys und in der Bearbeitung von Albert Kövessy demnächst als Bühnenstück auf der Neuen Bühne Budapest zur Aufführung" (12).

Die von István Bródy inszenierte Aufführung, die am 13. Oktober 1912 auf der Uj Szinbad, einer relativ unbekannten Bühne, Premiere hatte, war ein Mißerfolg. Die Morgenausgabe des *Pester Lloyd* vom 13. Oktober 1912 bezeichnet in ihrer Kolumne "Theater und Kunst" die Inszenierung als "Attentat auf den Autor" und fährt dann folgendermaßen fort: "*Reigen*—als Buch die reizendste Lektüre und eigentlich ein großer Wurf—wurde auf die Bühne gezerrt, wohin es niemals bestimmt gewesen war. *Reigen* ist bühnenunmöglich—einfach aus dramatischen Gründen" (13). Dieser Ansicht ist auch der Kritiker des Budapester Wochenblatts *Világ* (16. Oktober 1912):

> Dieses Buch müßte eher gelesen werden; ja, es ist ausdrücklich zum Lesen bestimmt. . . . Denn dieses intime und reizvoll geschriebene Prachtstück wirkt mit Worten statt mit Handlungen. . . . Am *Kövessy-Theater* wurde aber die Sexualität mit besonderer Drastik auf die Bühne gebracht. Zwei der Szenen wurden sogar im Bett inszeniert, mit wirkungsvollen Pausen. . . . Das Publikum spendete Beifall. Studenten sind in besonders großer Zahl zur Vorstellung erschienen; sie haben sich nahezu in organisierten Gruppen eingefunden. (Gombocz 400-401)

Weitere Aufführungen des Stückes wurden untersagt—wie das *Budapester Abendblatt* vom 15. Oktober 1912 erklärt, nicht wegen des Inhalts, sondern wegen der Art der Inszenierung: "Die Polizei hat die weitere Aufführung von Arthur Schnitzlers *Reigen* auf der Uj Szinpad verboten. Das Verbot richtet sich nicht gegen das Werk selbst, sondern gegen die Inszenierung der genannten Bühne." Die Abendausgabe des *Pester Lloyd* vom 15. Oktober 1912 hatte bereits darauf hingewiesen, daß die Inszenierung "an Deutlichkeit nichts, an Kunst so ziemlich alles zu wünschen übrig[gelassen habe]" (4); der Grund dafür sei, so fährt das Blatt fort, finanzieller Natur: "Die Aufführung des *Reigen* war als ein besonders kräftiges Mittel gedacht, Publikum in das ein wenig entlegene Theater zu ziehen" (4). Daß finanzielle Erwägungen bei der Inszenierung dieses Stücks ausschlaggebend waren, geht auch aus einer Notiz hervor, die am 16. Oktober 1912 im *Neuen Pester Journal* erschien: "Die Bühne, die zur rohen Tat schreiten mußte, wo der Dichter in seinem Buche es bloß bei leisen Andeutungen bewenden ließ, entkleidete denn auch das Werk seines literarischen Charakters und machte aus dem *Reigen* eine Flucht von gemeinen Tableaux, die das Unstatthafte bis an die äußerste Grenze übertrieb."

Wie Arpad in seiner in der *Zeit* vom 18. Oktober 1912 veröffentlichten Kritik "Schnitzlers *Reigen* auf der Bühne" sagt, war die Aufführung so schlecht, daß das Verbot des Stückes durch die Polizei sich eigentlich erübrigte; das Stück wäre auch ohne Einschreiten der Behörden abgesetzt worden, einfach deswegen, weil es den guten Geschmack verletze (1-2).

11. Reigen *als Marionettentheater 1914*

Gustav Meyrink ersuchte Schnitzler am 25. April 1914 um Erlaubnis an, den *Reigen* als Marionettentheater geben zu dürfen: "Es ist mir nach langem Mühen gelungen, einen Plan zu Ende zu führen, den ich seit Jahren hegte, nämlich die Gründung eines Marionettentheaters großen Stils, das dem [1905 gegründeten] Brann'schen [Marionettentheater Münchner Künstler] in künstlerischer Hinsicht nichts nachgeben wird, aber andere Ziele verfolgt" (Schnitzler, *Briefe 1913-1931*: 845; 1013). Schnitzler war mit diesem Vorschlag prinzipiell einverstanden, wie aus seinem Antwortschreiben vom 27. April 1914 deutlich hervorgeht. Dieses Schreiben zeigt ebenfalls, daß Arthur Schnitzler jede Einzelheit plante und sich nicht die Zügel aus der Hand nehmen ließ:

> Verehrter Herr Meyrink,
>
> Ihre Idee des Marionetten-Reigens ist mir sehr interessant. Und da Sie es sind, der diese Idee ausspricht, so steht ihre Ausführbarkeit wohl nach jeder Richtung hin außer Zweifel. So sehr ich prinzipiell geneigt bin[,] Ihr freundliches Anerbieten zu akzeptieren, so wäre doch vor einem endgiltigen Abschluß allerlei ins Klare zu bringen und ich würde Sie vor allem bitten[,] mir mitzuteilen, wie Sie sich das Zurechtlegen vorstellen, dessen Notwendigkeit Sie andeuten und mir ferner etwas über die Person Ihrer künstlerisch-technischen Mitarbeiter zu verraten, denen die bildnerische, dekorative, architektonische Ausführung übertragen werden soll. Auch über die Honorarbedingungen wird sich wohl erst sprechen lassen, wenn mir bekannt geworden ist, auf welcher finanziellen Basis das Unternehmen sich aufbauen soll. (Schnitzler, *Briefe 1913-1931*: 39)

Dieser Plan wurde jedoch nicht ausgeführt; es ist anzunehmen, daß der Ausbruch des ersten Weltkrieges seine Ausführung verhinderte.

12. *Die Zeit bis 1917*

Um 1917 erhielt Schnitzler einige Anfragen, den *Reigen* spielen zu lassen. Dazu gehörte auch die von Victor Barnowsky, dem Direktor des Berliner Lessing Theaters. Schnitzler antwortete ihm: "Trotz vielfacher Antraege, auch von Berliner Theatern, bin ich aus zahlreichen triftigen Gruenden entschlossen[,] Auffuehrung Reigen vorlaeufig nicht zu gestatten" (Schnitzler, M   pe:*Reigen*-Briefe; nicht datiert). Um diese Zeit erwog Schnitzler ebenfalls die Veröffentlichung einer Luxusausgabe des *Reigen*, wie aus seinem am 26. Februar 1917 verfaßten langen Antwortschreiben an Jacques Jolowicz, den Verlagsbuchhändler und Geschäftsführer des Berliner Verlags Josef Singer & Co.:

> Aus Ihrem freundlichen Schreiben vom 21. d. entnehme ich Ihre Befürchtung, daß man mir das Erscheinen einer Luxusausgabe des *Reigen* gerade in dieser Zeit übel nehmen könnte und entnehme ihm ferner zu einiger Verwunderung, daß Sie selbst einer solchen Auffassung nicht ganz ferne stehen. Es liegt mir aus allgemeineren Gründen daran die auffallenden Mißverständnisse, die als Voraussetzung für eine solche Auffassung in Frage kommen, in möglicher Kürze, aber erledigend abzutun.
> Der *Reigen* ist weder ein sittliches oder ein unsittliches Buch; ist er ein sittliches Buch, so wird er selbstverständlich nicht dadurch unsittlich, daß eine Ausgabe zu teuerem Preis erscheint und von einem Maler hohen Ranges illustriert wird. . . . Ist der *Reigen* aber ein unsittliches Buch[,] so ist er es ebenso selbstverständlich nicht minder, wenn er für 3 Mark in jeder Buchhandlung zu kaufen, als wenn er nur von Subscribenten für den Betrag von 100 oder meinetwegen 1000 Mark zu beziehen ist. . . . Aber muß ich wirklich erst betonen, daß der Wert eines Buches, weder sein ethischer noch sein künstlerischer, auch nur im Entferntesten durch die Individualität derjenigen Personen mitbestimmt wird, die es in ihren Besitz bringen, ja nicht einmal durch die Gründe, aus denen sie es tun. Und glauben Sie, Herr Jolowicz, daß etwa meine Dramen oder um gleich ein höheres Beispiel zu nehmen, daß Grillparzer'sche, Schiller'sche, Shakespeare'sche Stücke an künstlerischem und ethischem Wert etwas eingebüßt haben, weil das Publikum der teuern Plätze nun eine etwas andere Zusammensetzung zeigt, als vor drei Jahren? (Schnitzler, *Briefe 1913-1931*: 125-126)

Die geplante Herausgabe dieser Ausgabe zerschlug sich, und die Luxusausgabe erschien dann erst 1922 im Verlag Wilhartitz mit Radierungen von Stefan Eggeler (Schnitzler, *Briefe 1913-1931*: 879).

Anmerkungen

1. Schnitzler reagierte auf diese Besprechung negativ, wie er Salten in seinem am 7. November 1903 geschriebenen Brief mitteilt. Besonders regte ihn auf, daß seine "bisherige Production von Ihnen [=Salten] als Goldschmiedearbeit u. Kleinkunst abgethan . . . " wurde. Siehe Schnitzler, *Briefe 1875-1912*: 468-471, und auch seine diesbezügliche Tage-

bucheintragung desselben Datums: "In der *Zeit* Feuill. von Salten 'A.S. und der *Reigen*', das mich, wegen wie mir schien nicht ganz unperfiden Bemerkungen über *süßes Mädel* und *Kleinkunst* trotz hohen Lobes erregte und zu einem heftigen-höflichen Brief an S. veranlasste" (*Tagebuch 1903-1908*: 48). In einer späteren Tagebucheintragung vom 2. 8. 1904 bezichtigt Schnitzler Salten der "Perfidie," weil dieser wußte, daß sein Artikel Schnitzler treffen würde: "In dem 'bekannten' Reigenfeuilleton sprach sich nun endlich seine [Saltens] langgehegte Gereiztheit oeffentlich—und doch für die anderen unmerklich aus. *Er* wußte, wo ich am verletztlichsten bin—besser vielleicht als die meisten andern" (*Tagebuch 1903-1908*: 81).

2. Auch zitiert bei Otto P. Schinnerer: 841. Das korrekte Datum dieser Publikation ist nicht der 1. Mai 1930, wie veröffentlicht, sondern der 1. Mai 1903.

3. Derselbe Artikel erschien ebenfalls auf Seiten 1-2 unter der Überschrift "Falsche Catonen" in Münchens *Allgemeiner Zeitung* (Morgenblatt) vom 27. November 1903.

4. Die *Neuen Bahnen* wurden von 1901-1905 veröffentlicht. Die Angaben sind Band III (1903) entnommen, von dem anscheinend nur noch ein Exemplar vorhanden ist, und zwar in der Berliner Staatsbibliothek, Preußischer Staatsbesitz (Potsdamer Platz). In der Wiener Nationalbibliothek ist dieser Band verstellt.

5. Es handelt sich hier wahrscheinlich um den in dieser Arbeit schon zitierten Artikel von Rudolf Strauß, "Der Pornograph Schnitzler." In diesem Beitrag betont Strauß, daß der *Reigen* pornographisch sei, wenn Schnitzler nichts anderes gewollt hätte als Ausschnitte aus dem Geschlechtsleben zu bringen. Schnitzler hat jedoch anscheinend eine ethische Komponente hinzugefügt, die das Werk aus dem Pornographischen heraushebt. Siehe auch "Wir und die *Freistatt*," *Neue Bahnen* III.xv-xvi (1. August 1903): 418-419. In diesem Anfang Juli datierten Beitrag kommentiert die Schriftleitung der *Neuen Bahnen* Auszüge aus der *Wage* und *Don Quixote*.

6. Derselbe Passus erschien auch in dem *Neuen Wiener Journal* vom 2.7.1903, dem Hamburger *Deutschen Blatt* vom 18.7.1903 ("Herr Schnitzler ein Schmutzler," und in der Morgenausgabe der Münchner

Allgemeinen Zeitung vom 27.11.1903 ("Falsche Catonen").

7. Nicht zu verwechseln mit Paul Friedmann, dem Bühnenbildner der Wiener Aufführung Februar 1921.

8. Der französische Originaltext lautet: "ne ressemble ni à la blague ou à la rosserie parisienne, ni à la cocasserie anglo-saxonne, ni à la grosse farce berlinoise; on y trouve de l'ironie, de la pitié, de la cruauté, de l'indulgence, de l'amour et du mépris, avec un peu de cette nonchalance élégante où se complaît le déclin de Vienne."

9. Der französische Originaltext lautet: "silencieuse: elle ne s'impose pas au cours de la lecture ou du spectacle. Elle se propose seulement, plus tard, à ceux aiment à revenir en pensée sur leurs amusements. Ainsi les fusées d'une fête, en retombant à demi-éteintes, improvisent leurs plus beaux dessins."

10. Die beiden anderen Werke waren *Monna Vanna* (1902) von Maurice Maeterlinck, der 1911 den Nobelpreis für Literatur erhielt, und Oscar Wildes *Salome* (1894; deutsche Übersetzung 1903), vertont 1905 von Richard Strauss.

Kapitel IV

Von 1918 bis zur Wiener Premiere 1921

> Vielleicht sollten Sie sich gegen die Aufführung des *Reigen* nicht mehr so spröde verhalten. In unserer entfesselten Zeit wiegen Zweifel und Bedenken nicht mehr so schwer wie sonst und da Sie den *Reigen* ja geschrieben haben, werden Sie sich ja auch zu ihm auf der Bühne bekennen. (Aus dem Brief S. Fischers an A. Schnitzler am 8. April 1919; Mendelssohn 28-29)

1. *Aufführungen in Rußland*

Der *Reigen* wurde zu dieser Zeit ohne Zustimmung des Verfassers in Petersburg und Moskau aufgeführt, wo, laut Elisabeth Heresch, Angehörige des Adels und des Bürgertums sowie jüdische Intellektuelle die geistige Elite bildeten—ganz ähnlich also wie in Österreich. Im Gegensatz zu Österreich allerdings war die russische Bevölkerung nicht antisemitisch, trotz der Pogrome, die zum großen Teil von der Regierung instigiert wurden. Eine weitere Parallele stellt, wie Elisabeth Heresch in ihrer Untersuchung *Schnitzler und Rußland* aufzeigt, die staatliche Zensur dar. Allerdings gab es hier einen wesentlichen Unterschied. Die russische Zensur wachte nicht über die Sittlichkeit der Kunst, wie die österreichische Zensur es tat; Hauptanliegen der russischen Zensur war es, den Staat vor kritischen Ausfällen gegen den Zaren und das zaristische Regime zu schützen (1-2).

Schnitzler war in Rußland bekannt. Um 1910 erreichte sein Ruhm im Zarenreich seinen Höhepunkt, und Werke wie *Leutnant Gustl*, *Freiwild* und *Liebelei*, deren gesellschaftlicher Kontext dem in Rußland ähnelte, erfreuten sich großer Beliebtheit beim Lesepublikum. Schnitzler wußte davon, wie aus seinem Schreiben an Maxim Gorki vom 18. April 1921 ersichtlich ist. Der in diesem Schreiben erwähnte Leonid ist, wie aus dem Anhang des zitierten Briefwechsels hervorgeht (913), der Schauspieler und Regisseur Leonid Mironowitsch [=Wolfenson]:

> Herr Leonidow teilte mir, freilich nicht als besondere Neuigkeit, mit, welcher Verbreitung sich meine Werke in Rußland erfreuen und insbesondere auch, daß in den letzten Jahren zahlreiche Aufführungen einzelner meiner Stücke, vor allem Anatol, Reigen, Liebelei, Grüner Kakadu stattgefunden hätten. Ich weiß, wie viel ich auch schon vor dem Krieg in Rußland gespielt worden bin und

wie viele meiner Bücher in russischer Sprache erschienen sind. (Schnitzler, *Briefe 1913-1931*: 249)

Bisweilen erschienen dort paradoxerweise auch Werke, bevor sie auf deutsch erhältlich waren:

> Während das breitgefächerte Zeitschriftenwesen die entscheidende Vermittlerrolle zum Bekanntwerden des Autors erfüllte, waren es nach 1900 immer wieder bestimmte Persönlichkeiten, die als Übersetzer, Kritiker, Herausgeber, Regisseure oder Schauspieler den Anstoß oder Beitrag zur Verbreitung des jeweiligen Werkes in Rußland gaben. Manche davon kannten Wien oder Schnitzler selbst oder wenigstens gemeinsame Kontaktpersonen. Wie sonst wäre es zu erklären, daß manche Werke auch ohne Wissen des Autors vor ihren deutschen Veröffentlichungen bereits auf einer russischen Bühne oder im Buchhandel erschienen? Dies war beispielsweise bei *Anatol* als Gesamtzyklus, *Das weite Land*, *Reigen*, *Der Ruf des Lebens* u.a. der Fall. . . . Daß viele Übersetzungen und Aufführungen zu einem Werk mitunter sogar gleichzeitig in Umlauf sein konnten, war unter anderem durch die Tatsache möglich, daß sich Rußland damals an keine autoren- oder urheberrechtlichen Abkommen gebunden fühlte; bekanntlich trat die Sowjetunion erst 1973 der internationalen Urheberrechtskonvention bei. Mit diesem Mißstand waren auch ungeklärte Tantiemefragen verbunden, von denen Briefe Schnitzlers nach Rußland zeugen. Andererseits aber war unzweifelhaft eben dadurch die unbeschränkte Verbreitung der Werke Schnitzlers in Rußland erst möglich. . . (Heresch 4)

Die erste öffentliche Aufführung des *Reigen* in Rußland fand 1917 statt, und zwar, wie Manfred Nöbel berichtet, im Moskauer *Nowi teatr Kochmanskogo* und im St. Petersburger *Teatr kryvoje zerkalo* (226), also drei Jahre bevor dieses Stück in Berlin auf die Bühne kam. Im Gegensatz zu der Berliner Aufführung und der Wiener Inszenierung von 1921 gab es in Rußland keinen Skandal:

> Skandale bleiben . . . im Gegensatz zu Österreich in Rußland aus, und auch die Zensur verhängt keinerlei Aufführungsverbote: das russische Publikum jener Zeit ist keineswegs prüde und betrachtet das Werk von einem anderen Gesichtspunkt her, nämlich dem äs-

> thetischen, oder dem psychologischen. Die russische Zensur hingegen hat eher die Aufgabe, für staatsloyale Ideen statt für moralische Unbedenklichkeit zu sorgen. (Heresch 91)

In einem Rundfunkbeitrag aus dem Jahre sagt György Sebestyén über diese Premiere: "Einigermaßen verblüfft müssen wir auch zur Kenntnis nehmen, dass *Der Reigen* auf einer russischen Bühne seine Uraufführung erlebt hat, noch vor der Premiere in Berlin—denn die Zensur vor dem Ersten Weltkrieg schützte zwar das Regime des Zaren politisch, war aber auch in moralischer Hinsicht liberal. . ." ([1-2]).

Obwohl 1922 in Berlin eine russische Version des *Reigen* erschien,[1] ließ in den zwanziger Jahren das Interesse an diesem Werk nach, und nur *Liebelei* und *Anatol* wurden noch in Rußland aufgeführt. 1931 erschien sein letztes Werk, *Flucht in die Finsternis*: "Damit erlischt vorläufig auch die Rezeptionsgeschichte Schnitzlers in Rußland, über den—wie über viele seiner Schriftstellerkollegen im nunmehr sowjetischen Rußland—der Bann einer über dreißig Jahre währenden Schweigeperiode verhängt wird" (Heresch 138-139). *Reigen* wurde erst nach dem Zusammenbruch des Kommunismus wieder aufgeführt, wobei die Inszenierung in St. Petersburg besonders eindrucksvoll gewesen sein soll.[2]

2. *Die neue Rolle der Frau in den 20er Jahren und Schnitzlers Einstellung zum 'süßen Mädel'*

Nach dem Ersten Weltkrieg hatte sich die Sexualmoral grundlegend geändert, doch trotz der liberaleren Einstellung hatte der Krieg auch ein neues Hindernis für ein Verständnis des 'süßen Mädels' mit sich gebracht: die Emanzipation der Frau. Stefan Grossmann, der zwischen 1920-1933 die in Berlin erscheinende Wochenschrift *Das Tagebuch* herausgab, bezieht sich in seinem Beitrag "Schnitzler und sein *Reigen*," veröffentlicht im Programmheft des Kleinen Schauspielhauses, auf das Bürgermädchen nach 1914:

> [Es] ist in Lazaretten tätig gewesen, hat Verwundete entkleidet, Operierte gewaschen, an Betten Rekonvaleszenter nächtelang gesessen. Wie wollt ihr mit Menschen von ganz anderem Erlebnisgehalt die alten bürgerlichen Schicksalsbegriffe aufrechterhalten? Solchen geänderten Schicksalsbegriffen entspricht es, daß Schnitzler 1920 zur Aufführung des *Reigen* seine Zustimmung gab, die er um 1910 noch verweigert hätte. (4)

Die Männer hatten Schwierigkeiten, mit diesem veränderten Status der Frau zurechtzukommen. Was bisher ein ihr von der Gesellschaft zugestandenes sanktioniertes Recht war, wurde jetzt in Frage gestellt; "Ja, wenn die Männer kurzfristigen Kuschelbedürfnissen nachgehen wollen," bemerkt Pfoser, "werden sie von den Frauen glatt zurechtgewiesen" (Pfoser, *Verstörte Männer* 207). Die Ablehnung solch kurzlebiger Beziehungen konnte ihren Grund ferner darin haben, daß man die Hast und Geschwindigkeit, mit der die Menschen ihre Angelegenheiten—einschließlich der erotischen—erledigten, verwarf. Pfoser führt in diesem Zusammenhang als Beispiel Egmont Colerus' Buch *Die neue Rasse* (1928) an und sagt dazu:

> Daß mit dem Ersten Weltkrieg die schlanke, jungenhafte Frau (der 'Garçonne') dann die üppige Puppenweiblichkeit verdrängt, ist Ausdruck der tiefgreifenden soziologischen Veränderungen. Frauen-, Arbeiter- und Jugendbewegung, auch die Popularisierung der Psychoanalyse und der Sport verändern die Beziehung zwischen Mann und Frau. Gemütshafte Passivität wird durch Aktivität ersetzt. Als Berufstätige, als Sportlerin, als Politikerin, als Wissenschaftlerin oder als Künstlerin greift die Frau in das Gegenwartsgeschehen ein und beweist damit augenscheinlich ihre Selbständigkeit und Unabhängigkeit. Die Kriegswirtschaft schickte die Frauen in die Fabriken; . . . Von den 30.000 Angestellten in Wien sind die Mehrheit Frauen. . . . Gesteigerte Ansprüche an das Leben, Verlangen nach Teilnahme an Vergnügen und Luxus, die Forderung persönlicher Anerkennung zwingen den Mann in die Defensive. (Pfoser, *Verstörte Männer* 208-209)

Diese neue Unabhängigkeit der Frau und ihre neue Rolle in der Gesellschaft wurden von einigen Männern und Frauen akzeptiert, von anderen jedoch abgelehnt. Die letztere Gruppe wollte die "gute alte Zeit" vor dem Ausbruch des ersten Weltkrieges zurückbringen, eine Periode, die für viele Stabilität und Sicherheit bedeutete. Das Leben verlief dann in Bahnen, die gewohnter und vertrauter waren als die Jetztzeit mit ihrer Umwertung aller Werte. Dies schloß nicht nur die Vorherrschaft des Mannes über die Frau ein, sondern betraf ebenfalls

> die geistigen, seelischen, moralischen, religiösen, politischen und weltanschaulichen Erschütterungen, die das Ereignis des Krieges auslöste. Die neue demokratische Ordnung und das Aufhören bis-

> her allgemein gültiger Normen und Formen in jedem Bereich lieferte den Einzelnen der Möglichkeit aus, sein Leben aus eigener Einsicht und Verantwortung zu gestalten. Zugleich damit wurde aber auch die ungeheure Bürde spürbar, die der Durchschnittsmensch aufgeladen bekam. Ungläubigkeit und Zweifel, typisch für die Nachkriegssituation, vermehrten die Ratlosigkeit. (Broer 531-532)

Die Spannung zwischen den Konservativen, die sich die Vergangenheit zurückwünschten, und den Liberalen, die jetzt die Möglichkeit eines neuen Wertebildens sahen, ist nicht nur für das Nachkriegsdeutschland bezeichnend, sondern auch für Österreich nach 1918. Die Geschichte lehrt uns, welche der beiden Kräfte dominierte. Der Sieg der Konservativen über die liberalen Kräfte beeinflußte auch die Bestrebungen der Frauen in ihrem Emanzipierungsversuchen. Robert Musil beschreibt in seinem Aufsatz "Die Frau von gestern und morgen" (1929) den Wandel, der sich im Selbstverständnis und im Status der Frau vollzog: sie war nicht mehr die Frau im althergebrachten Sinne, aber auch noch nicht die, die sie sein wollte:

> Die Frau ist es müde geworden, das Ideal des Mannes zu sein, der zur Idealisierung nicht mehr die rechte Kraft hat, und hat es übernommen, sich als ihr eigenes Wunschbild auszudenken. Die Schwüle älterer Männer kommt ihr selbst komisch vor, und darin liegt eine große Reinigung der Atmosphäre. Sie will überhaupt kein Ideal mehr sein, sondern Ideale machen, zu ihrer Bildung beitragen, wie die Männer es tun; wenn auch vorläufig noch ohne besonderen Erfolg. (645)

Musils Essay ist in einem Sammelband von Huebner enthalten, betitelt *Die Frau vom Morgen wie wir sie wünschen*. Ein anderer Essay in diesem Band, der der Neuen Frau gewidmet ist, ist der von Max Brod, "Die Frau und die neue Sachlichkeit." Brod lobt darin die sachliche Perspektive der Schriftsteller und Schriftstellerinnen, keine Illusionen zu propagieren, denn "durch Illusionen wurden wir in den Krieg hineingezerrt" (Brod 42; Abdruck Kaes 350), aber er warnt auch gleichzeitig davor, das Kind mit dem Bade auszuschütten, und alle menschlichen Grundwerte zu negieren:

> Wenn aber mit "Sachlichkeit": Amerikanisierung, Ausschaltung

des Herzens, des Problems, der Liebe gemeint ist, dann ist ja nicht Protest gegen den Krieg, sondern seine Folge und Fortsetzung und letzten Endes sogar seine Gutheißung. Die Frau von morgen wird instinktvoll und klug die guten von den bösen Komponenten der "neuen Sachlichkeit" zu scheiden haben. Darin sehe ich ihre Bedeutung nicht bloß für den Mann und den männlichen Geist, der sich momentan mit seiner "männlichen Dichtung" in eine Sackgasse verrannt hat, sondern für die gesamte soziale Entwicklung zu einer wirklichen, nicht auf Ausbeutung beruhenden Gesellschaft und Staatengemeinschaft. (Brod 48; Abdruck Kaes 350)

Schnitzlers Einstellung gegenüber dieser "neuen Frau," die sich vom "süßen Mädel" so erheblich unterschied, geht später aus seiner Korrespondenz mit dem in Paris lebenden Publizisten und Verleger Edward W. Titus hervor, der 1927 mit dem Plan an ihn herantrat, eine englische Neuübersetzung des *Reigen* zu publizieren, die von der Weißrussin Pauline (=Polja) Chentow illustriert werden sollte. Schnitzler billigte dieses Vorhaben und teilte das am 20. April 1927 Titus mit, doch die das *süße Mädel* darstellende Illustration mißfiel ihm: "Was die freundlichst übersandten Zeichnungen des Frl. Chentoff anbelangt, finde ich sie insbesondere in der Bewegung außerordentlich gelungen; hingegen kann ich mich mit einzelnen der Typen gar nicht befreunden, insbesondere das süße Mädel entspricht in keiner Weise der Gestalt, die ich vor mir gesehen habe" (Schnitzler, *Briefe 1913-1931*: 476). Ferner sagt Schnitzler in seinem Brief vom 2. Mai 1927: "Ich glaube, der ganze Zyklus wuerde sich anders praesentieren, wenn Fräulein Chentow diese wichtige Figur eigentlich die charakteristischeste [sic] des ganzen Buches als etwas liebenswuerdigere Erscheinung skizzieren wollte" (Schnitzler, Mappe: *Reigen*-Briefe). Chentow legte neue Illustrationen für den Zyklus vor, die Schnitzler alle akzeptabel fand—bis auf die das *süße Mädel* darstellende, wie er am 12. Mai 1927 an Titus schrieb:

Ich muß nicht erst betonen, daß ich für *künstlerische Freiheit* im allerweitesten Sinn bin und es ist ganz natürlich, daß in den Illustrationen vor allem die künstlerische Individualität des Illustrators zur Geltung zu kommen hat. . . . Ich sehe die meisten Gestalten ein wenig anders, als Frl. Ch. sie gesehen hat, aber man kann auch mit den Gestalten des Frl. Ch. einverstanden sein, ohne sich für sie begeistern. Nur eben bei dem süßen Mädel ist das keineswegs der Fall, das in der Zeichnung des Frl. Ch. den Typus, an dessen

> künstlerischer Formung ich ja nicht ganz unbeteiligt bin [das 'süße Mädel' erschien zuerst in den "Weihnachtseinkäufen" 1891], auch den leisesten Hauch ihres wahren Wesens verloren hat und einer halbidiotischen Dirne ähnlich sieht. . . . Wenn das süße Mädel heute wirklich nicht mehr das gleiche wäre, wie vor zwanzig Jahren, dürfte man daraus das Recht ableiten[,] diesen Typus darzustellen, wie es einem eben beliebt? Wird der ganze *Reigen* nicht gewissermaßen zum Unsinn, wenn man das süße Mädel als ein widerwärtigeres und ordinäreres Frauenexemplar darstellt als die Straßendirne? Wenn überhaupt im Laufe der letzten zwanzig Jahre eine Veränderung menschlicher Typen vor sich gegangen sein sollte (worüber zu diskutieren wäre), so hat sich diese Veränderung doch innerhalb gewisser Grenzen vollzogen. . . . [Frl. Chentow hat ein Geschöpf gezeichnet], das mit dem Typus des süßen Mädels so weit, so international, so durch alle Zeiten gehend man es überhaupt auffassen will, so wenig etwas zu tun hat, wie die Abscheulichkeit mit dem Liebreiz. (Schnitzler, *Briefe 1913-1931*: 478-481)

Der Plan einer Neuauflage wurde dann nicht weiter verfolgt, und Schnitzlers letzter Brief vom 17.11.1927 an Titus blieb unbeantwortet: "Seit Ihrem w. Schreiben vom 2. Juli d. J., in dem Sie mir schrieben, dass Ihre *Reigen*-Uebersetzung mit den Zeichnungen des Fräulein Chentoff naechstens erscheinen sollte, habe ich nichts mehr von Ihnen gehoert. Darf ich um gelegentliche Mitteilung bitten, wie die Angelegenheit steht?" (Schnitzler, Mappe: *Reigen*-Briefe).

Schnitzler wußte nicht davon, daß die geplante englische Ausgabe schon im selben Jahr, 1927, erschien. Erst zwei Jahre später, wird dies in seinem Brief vom 24.10.1929 an den Kritiker Louis Gillet erwähnt:

> Ich lege die Dialogreihe *Reigen* bei. Dies ist das Werk, das Sie unter dem Titel *Couples*[3] in englischer Sprache in die Hand bekommen haben. Durch Ihr freundliches Schreiben habe ich erst erfahren, daß die Ausgabe, über die ich seinerzeit mit dem Verleger, Herrn Titus, korrespondiert habe, tatsächlich erschienen ist und erst [jetzt] habe ich auf meine Anfrage einige Exemplare von Herrn Titus zugesandt erhalten. Das Buch sieht ja tatsächlich recht hübsch aus, von den Illustrationen—trotz zweifellosen Talentes der Zeichnerin—sind einzelne unmöglich; insbesondere das *süße Mädel* ist ein wahrer Angsttraum. (Schnitzler, *Briefe 1913-1931*: 625)

3. *Die* Reigen-*Premiere in Berlins Kleinem Schauspielhaus 1920*

a) *Vorbereitungen für eine* Reigen-*Aufführung 1920*

Schnitzler, der sich bis 1917 gegen eine öffentliche Aufführung des *Reigen* gesperrt hatte, ließ, als Max Reinhardt ihn bat, eine Inszenierung des Stückes an den Berliner Kammerspielen zu genehmigen, im November 1918 durchblicken, daß er sich anders besonnen hatte. Bestätigt wurde er in seinem Sinneswandel auch durch S. Fischer, der ihm in seinem Brief vom 8. April 1919 folgendes riet:

> Vielleicht sollten Sie sich gegen die Aufführung des *Reigen* nicht mehr spröde verhalten. In unserer entfesselten Zeit wiegen Zweifel und Bedenken nicht mehr so schwer wie sonst und da Sie den *Reigen* geschrieben haben, werden Sie sich ja auch zu ihm auf der Bühne bekennen. Ich bin aber dann in erster Linie für Reinhardt . . . (Mendelssohn 28-29).

Schnitzler sicherte daraufhin Reinhardt die Option auf eine Inszenierung des Stückes zu, doch wegen der nicht autorisierten Aufführungen im Ausland—besonders in Rußland—fürchtete er, dies könne auch in den deutschsprachigen Ländern passieren. Im Frühjahr 1919 setzte er sich deshalb abermals mit Max Reinhardt in Verbindung und fragte ihn nach seiner Meinung über eine Inszenierung des *Reigen* in Deutschland. Max Reinhardts Antwort ist in Schnitzlers am 30. Januar 1921 veröffentlichten Brief an Maximilian Harden enthalten:

> Er [Max Reinhardt] antwortete mir am 19. April 1919: "Ich halte die Aufführung Ihres Werkes künstlerisch nicht nur für opportun, sondern für unbedingt wünschenswert. Dabei ist allerdings Voraussetzung, daß bei den Gefahren, die in der Gegenständlichkeit des Stoffes liegen, das Werk in nicht künstlerische [nichtkünstlerische?] und undelikate Hände kommt, die es der Sensationslust eines allzu bereiten Publikums ausliefern könnten. Ich nehme aber bestimmt an, daß sich die Bedenken durch eine völlig sensationsfreie, reine künstlerische und diskrete Inszenierung überwinden lassen". Und weiterhin: "Je weniger Sie mich zeitlich festlegen, je mehr wächst für mich die Möglichkeit unser beider Wünsche nach meiner Regie zu erfüllen. Sie dürfen jedoch in jedem Fall versichert sein, daß ich aus den schon wiederholten Gründen mein

volles künstlerisches Interesse Ihrem Werk widmen werde und unbedingt dafür Sorge trage, daß es auf dem höchsten künstlerischen Niveau herauskomme". Auf diese Zusicherungen hin schloß ich mit Max Reinhardt einen Vertrag, nach welchem der *Reigen* bis spätestens 31. Januar 1920 an einer seiner Bühnen zur Aufführung kommen sollte. Der Termin wurde, wie das im Theaterleben zuweilen vorkommt, versäumt, eine kurze Zeit hindurch schienen die politischen Verhältnisse für eine Aufführung des *Reigen*, worüber ich mit Reinhardt eines Sinnes war, nicht sehr günstig zu liegen . . . (Berichtigung 6)

Da Reinhardt im Sommer 1920 die Direktion seiner Berliner Bühnen aufgab, plante sein Nachfolger Felix Holländer, der mit Schnitzlers Zusicherung sein neues Stück *Die Schwestern* in den Kammerspielen herausbrachte, die Inszenierung des *Reigen* als "Ensemblegastspiel des Deutschen Theaters" im Kleinen Schauspielhaus, das zur Hochschule für Musik gehörte. Dieser Umstand war von großer Bedeutung, da das Theater dem preußischen Kultusministerium unterstand, das intervenieren konnte, falls es der Ansicht war, daß die Aufführung nicht dem festgelegten moralischen festgelegten Maßstab entsprach. Dieses Sachverhalts waren sich die Leiterin des Deutschen Theaters Gertrud Eysoldt und der Direktor Maximilian Sladek durchaus bewußt, und sie erörterten deshalb mit Schnitzler bis ins Kleinste jeden Aspekt der Inszenierung; dabei nahmen sie, wie Schinnerer berichtet (847), nicht weniger als einundvierzig Textänderungen vor und ließen alles weg, was Anstoß hätte erregen können.

Das Interesse, welches das Publikum an der Theateraufführung des *Reigen* nahm, steigerte sich noch durch den Film *Der Reigen*, der mit Asta Nielsen, Conrad Veidt und Theodor Loos in den Hauptrollen zu dieser Zeit gezeigt wurde. Das Berliner Theaterpublikum mußte nicht allzulange auf die "besondere theatralische Delikatesse" warten, die die *Wiener Mittags Zeitung* am 4. November 1920 in ihrer Rubrik "Die nächste Berliner Theatersaison" angekündigt hatte (5). Daß dieser Film außer dem Titel nichts mit Schnitzlers umstrittenen Werk zu tun hat, wird später im Kapitel XIII ausgeführt.

b) Reigen-*Premiere in Berlin am 23. Dezember 1920*

Unter der Regie von Hubert Reusch hatte der *Reigen* am 23. Dezember 1920 im Kleinen Schauspielhaus Berlins Premiere; von den Mitwirkenden werden hauptsächlich Poldi Müller als das süße Mädel, Blanche Dergan als die Schauspielerin, Curt Götz als der junge Herr, der Wiener Karl (Louis) Etlinger als der Dichter und Robert Forster-Larrinaga als der Graf erwähnt. Die Premiere fand statt, obwohl die Hochschule für Musik zwei Stunden vor Beginn noch eine einstweilige Verfügung gegen die Aufführung erwirkt hatte. Diese Ungewißheit der Premiere findet ihren Niederschlag in dem Beitrag "Die angefochtene *Reigen*-Aufführung," publiziert im *Berliner Börsen-Courier* (Abendausgabe) vom 23.12.1920:

> Heute abend sollte (und vermutlich *wird* auch) Arthur Schnitzlers erotische Szenenreihe *Reigen* im Kleinen Schauspielhaus gegeben werden. Dieses interessante, durch langjährige Vorurteile der Zensur hinausgeschobene Ereignis wird sich unter besonderen, den Teilnehmern allerdings unerwünschten Sensationen abspielen. Wie die *B.Z.* mitteilt, soll die *Hochschule für Musik* durch R=A Dr. Alsberg eine *einstweilige Verfügung* des Landgerichts III erwirkt haben, wonach es der Direktion *Eysoldt* und *Sladek* bei einer Haftstrafe untersagt wird, Schnitzlers *Reigen* im Kleinen Schauspielhaus aufzuführen. . . . Also warten wir ab! [7]

Die Direktion setzte sich über diese gerichtliche Verfügung hinweg, und nachdem Gertrud Eysoldt vor den Vorhang getreten war, um das Publikum von dem gerichtlichen Verbot in Kenntnis zu setzen, fand die Aufführung statt. Diese Entscheidung veranlaßte Kurt Aram in der Abendausgabe der *Täglichen Rundschau* vom 24. Dezember 1920 unter der Überschrift "Schnitzlers *Reigen* und das Kleine Schauspielhaus" zu folgendem Kommentar:

> Die Hochschule für Musik in der Hardenbergstraße hatte als Hauseigentümer gegen den Mieter, nämlich das Kleine Schauspielhaus der Frau Eysoldt und des Herrn Sladek, eine einstweilige Verfügung erwirkt, daß Schnitzlers *Reigen* nicht aufgeführt werden dürfe, weil das gegen den Mietsvertrag verstoße, der ausdrücklich Stücke verbiete, die in sittlicher oder politischer Richtung Anstoß erregen können. Schnitzlers *Reigen* sei aber bereits vom Landgericht I im objektiven Verfahren als unzüchtig erklärt worden. Damit war . . . die Aufführung unmöglich gemacht. . . . Die Aufführung fand trotzdem statt . . . . [und] das zwingt uns, prinzipiell zu dem Fall Stellung zu nehmen, zumal er so klar und einfach liegt

> wie nur selten. . . . Hier ist durchaus nichts zu verteidigen und zu beschönigen. Es ist nur zu registrieren als ein trauriges Zeichen dieser Zeit, das [sic] selbst ein Mann wie Schnitzler, aus Gründen, die mit Kunst nichts zu tun haben können, sich selbst durch die öffentliche Preisgabe eines solchen Werkes prostituiert, und daß ein Theater aus Gründen, die nichts mit Kunst zu tun haben, eine dialogisierte Novelle auf die Bretter bringt, weil es sich einen, ach so nahe liegenden Kassenerfolg davon verspricht. Alles andere ist verlegenes Drumherumgerede oder heißt der Oeffentlichkeit Sand in die Augen streuen. [3]

Einer der beiden Anlässe für Arams Stellungnahme, nämlich die von der Hochschule erwirkte einstweilige Verfügung, wurde in einem zweiseitenlangen Artikel in der *B.Z. am Mittag* vom 24. 12. 1920 von Justizrat Jul. Lubszynski besprochen. In seinem Beitrag, "Das Verbot des *Reigen*," betont der Verfasser, daß trotz Abschaffung der Zensur in Deutschland, die Polizei dennoch einschreiten könne, wenn die Sicherheit des Publikums gefährdet sei. Das sei hier, nach der ohne Zwischenfälle verlaufenen Premiere, nicht der Fall. Die Hochschule für Musik unterstehe jedoch dem Kultusministerium, und

> in dem Mietsvertrag ist der Direktion die Verpflichtung auferlegt, keine Stücke zu spielen, die sittliches Aergernis erregen. Diese Verpflichtung hat das Ministerium durch die Aufführung des Reigens verletzt gesehen und dagegen das Gericht angerufen. Das Gesetz sieht für die Erzwingung eines Verbots Geldbuße oder im äußerstem Fall Haft vor. Das Kultusministerium hat den Fall als so gewichtig angesehen, daß es die *strengste Strafe, die das Gesetz kennt*, nämlich *bis 6 Wochen Haft* gegen die beiden Leiter des Theaters beantragt. Das Gericht hat dem Antrag stattgegeben. [1]

Derselbe Artikel meldet jedoch die Annullierung des Gerichtsbeschlusses. In "Zurückziehung des Verbots" werden die Leser informiert, daß die Premiere einen so guten Eindruck hinterlassen habe, was ein Verbot des *Reigen* unnötig mache. In demselben Artikel versuchte die Hochschule, den Verdacht, aus eigennützigen Gründen gehandelt zu haben, zu zerstreuen:

> Rechtsanwalt Dr. Alsberg, der Vertreter der Hochschule für Musik, erklärte einem unserer Mitarbeiter, daß durch die Art der

> Aufführung im Kleinen Schauspielhause der Charakter von Schnitzlers *Reigen* völlig verändert sei. Das gebe seiner Mandantin Anlaß, ihren Standpunkt einer Revision zu unterziehen. Es sei nicht richtig, daß der eigentliche Beweggrund für das Einschreiten gegen die Direktion des Kleinen Schauspielhauses der Wunsch gewesen sei, das Theater aus den Räumen der Hochschule für Musik zu verdrängen. Diese Absicht habe völlig ferngelegen. [2]

Der zweite Punkt in Arams Stellungnahme—daß nämlich der *Reigen* eine "dialogisierte Novelle" sei und deshalb nicht zur Aufführung geeignet—wurde auch in der Morgenausgabe der *Vossischen Zeitung* vom 24. Dezember 1920 von Monty Jacobs vorgebracht, der dort in seinem Artikel "*Reigen* mit Hindernissen" sagt: "Zudem bestätigte es sich auf der Bühne, daß diese Dialoge nicht etwa für das Theater gedacht sind. Was beim Lesen der *Reigen*-Novelle auf der Zunge vergeht, versagt auf der Szene und das saftige Wort zur saftigen Situation werden jene Kunstfreunde schmerzlich vermissen, die Arthur Schnitzler von nun an als einen konfiszierten Autor hochschätzen" [2].

c) *Presseberichte zur Berliner Aufführung*

J. L. greift in seinem am 25. 12. 1920 veröffentlichten Beitrag "Der verbotene *Reigen*" die Aufführung hauptsächlich aus moralischen Gründen an. Seiner Meinung nach wäre es besser gewesen, sie zu unterlassen und den *Reigen* nur als Leselektüre zu genießen. In der *Deutschen Warte*, der Tageszeitung für Lebens-, Wirtschafts- und Bodenreform, bezieht er sich dabei indirekt auf Schiller:

> Das Kleine *Schauspielhaus* hat um *Arthur Schnitzler* willen eine Widerspenstigkeit gegen die Staatsgewalt gewagt. Es hat der Kritik und einem fast ganz gefüllten Parkett den *Reigen* vorgeführt, den die Gerichtsverfügung als unzüchtig verbot . . . Ist es ein unsittliches Stück? Kaum . . . . Die Frage ist nur—gehören so freie erotische Dinge auf die Schaubühne? Frau Eysoldt mein[t]: "Ja!" Schnitzler selbst hielt sein Stück ein Vierteljahrhundert von jedem Theater fern. Wer Gesundung und ethische Säuberung will, wird erklären: Fort mit all diesen Kitzlichkeiten, mit den sexuellen Modestoffen, die im Scheinwerfer der Rampen wirklich nichts anderes bewirken als Schönheitstänze in Animierkneipen . . . . Den Zensor rufen wir nicht. Auch von sittlichem Niedergang braucht

man nicht gleich zu sprechen. Etwas mehr Reinlichkeit aber ist dringend vonnöten in unseren "moralischen Anstalten". Mit den erotischen Reigentänzen mag endlich Schluß gemacht werden. (1. Beilage: [7])[4]

Diese Ansicht steht im Mittelpunkt eines weiteren, "Der Tanz um den *Reigen*" betitelten Artikels von Kurt Aram, den dieser am 5. Januar 1921 in der Abendausgabe der *Täglichen Rundschau* publizierte:

> Zehn Pärchen tanzen mit viel Gesurr und Gebrumm um das Geschlechtliche wie die Eintagsfliegen um das Licht der Sonne. Man mag solche Auffassung empörend, erniedrigend finden, aber sie ist hier nun einmal da; und die erste Frage ist für mich die, ob diese Auffassung eine künstlerische Darstellung gefunden hat, da es sich ja um eine Arbeit handelt, die sich als Kunstwerk gibt. Diese Frage bejahe ich; und daß jedes Pärchen mit den folgenden noch in einer äußeren Beziehung steht, gibt der Novelle auch eine äußere starke Geschlossenheit, sie rundet sich zum Kreis, was kein Bühnenwerk vermag. Schnitzler hat nun aus guten künstlerischen Gründen aus seinen Dialogen kein Theaterstück gemacht, was er doch wirklich gekonnt hätte, wenn es seine Absicht gewesen wäre, sondern eine Novelle. . . . Es kann [nun] keinen kunstverständigen Menschen geben, der diese echt novellistische Zuspitzung theatralisch für darstellbar hält; und wenn die Gedankenstriche im Buch auch durch noch so rosige Gazeschleier auf der Bühne ersetzt werden. Auf der Bühne müssen diese Dialoge in ihrer Zuspitzung einfach unanständig wirken, weil sie in solcher Form nicht dahin gehören und nicht für die Bühne gedacht sind. (Unterhaltungsbeilage: 9)

Aram kommt zu dem Schluß, daß der *Reigen* aus ästhetischen Gründen von der Bühne entfernt werden müsse: "Wenn die Vergewaltigung dieser erotischen Novelle durch das Theater geduldet, ja verteidigt wird, so gibt es dafür keine Gründe der Aesthetik. Eine solche Aufführung ist eine Schande und eine Schmach, die der Kunst angetan wird" (9).

Die meisten anderen Theaterkritiker beurteilten die *Reigen*-Aufführung indes günstig. "Alles in Allem: Eine künstlerische, unantastbare Leistung," heißt es in Nr. 1409 des Berliner *Theater Couriers*, und Herbert Ihering zufolge, dessen Premierenkritik am 24. Dezember 1920 in der Morgenausgabe des *Börsen-Kuriers* erschien, ist die Musik die erotischste aller Künste, und *Reigen* gehöre mit zu den "reizendsten"

> Dichtungen Schnitzlers, weil seine Dialoge aus diesem erotischen Nervengefühl geboren sind. Das nur noch um einen Grad sublimiert zu werden brauchte, um Klang, um Ton zu werden. *Reigen* ist auch eine der reinlichsten Dichtungen Schnitzlers, weil seine sinnlichen Schwebungen, seine erotischen Frivolitäten und Melancholien nicht feuilletonistisch umschmust, nicht mit Tiefsinn drapiert, nicht unter Anspielungen versteckt werden, weil sie sich darbieten als das, was sie sind: graziöse Liebesspiele ohne geistige Verfälschung. Die Nachdenklichkeit ist das erotische Erlebnis selbst. Seine Ausstrahlungen, seine Schwingungen, seine Spannungen, seine Ermattungen. . . . Viele Dramen von Schnitzler sind veraltet, weil sie Probleme stellten und die Probleme entweder zu leicht waren oder von der Zeit zerfressen wurden. *Reigen* ist unproblematisch und wird in der deutschen erotischen Literatur, die arm ist, bleiben. (Beilage, 24. Dezember 1920: [5]. Abdruck Ihering 77-78; Rühle, *Theater* 280-281)

Alfred Kerrs Urteil fiel gleichermaßen positiv aus (Morgenausgabe des *Berliner Tageblatts*: "Arthur Schnitzlers *Reigen*"), doch auch er ahnte nicht, welche Unannehmlichkeiten es noch geben würde:

> Der Erfolg war gut; die Hörerschaft wurde nicht schlechter davon. Und die Welt ist, zum Donnerwetter, kein Kindergarten. . . . Schnitzler ist mehr launig als faunig. Er gibt mit nachdenklichem Lächeln den irdischen Humor der unterirdischen Welt. Nicht Schmutzereien: sondern Lebensaspekte. Auch das Vergängliche des Taumels; das komisch-trübe Schwinden des Trugs. Alles umhaucht von leisem, witzigem Reiz. ([2]; Abdruck Rühle, *Theater* 279-280)

Wie Kerr macht auch der Theaterkritiker der *Berliner Börsen=Zeitung* (Morgenausgabe vom 24. Dezember 1920) auf die nachdenkliche Stimmung des Stücks aufmerksam. In seinem "Premiere mit Vorrede" betitelten Artikel stellt er fest, daß diese Liebeleien

> mit zarten Schnitzlerstrichen gezeichnet [sind]. Liebenswürdig, leicht, ohne Brutalität. Daher gibt es wirklich keine Ursache, sich zu entrüsten. Das flattert behende vorüber, von Bild zu Bild, die-

> ses sexuelle Treiben. Erotik in ihren entgegengesetzten Polen: Bemühen des Mannes um die Frau und . . . seine Ernüchterung nach dem Liebesrausch. (1. Beilage: [3-4])

Ebenfalls zustimmend äußert sich Ludwig Sterneaux, dessen verbknappe Besprechung "Kleines Schauspielhaus: *Reigen*" am 24. Dezember 1920 in der Morgenausgabe des *Berliner Lokal Anzeigers* erschien:

> Prolog und Epilog, improvisiert, wie es die seltsamen Umstände erheischten, von Gertrud Eysoldt, die für ihre Klage bereites Echo fand. Keinerlei Skandal, wie mancher wohl erhofft. Nicht einmal ein einziger Zischlaut. Nur einmütiger Beifall. Ein hübscher Ausklang des hübschen Abends, der ja auch nicht für halbwüchsige Jugend bestimmt war. Die allerdings hat hier auch nichts zu suchen. [2]

Nach Ansicht des Kritikers der *Berliner Morgenpost* (25. Dezember 1920) Max Osborn war die Aufführung des Stückes moralischer als dessen Lektüre: "Kein Mensch von gesunden Sinnen kann durch diese Vorstellung sein Schamgefühl verletzt finden. Zweitens aber, daß überhaupt auf der Bühne, entgegen mancher Erwartung, vieles, was die Phantasie des Buchlesens sich höchst schwül und gepfeffert ausmalen mag, an pikanter Nebenwirkung merkwürdig verliert" [7]. Den gleichen Tenor hat Arthur Eloessers Premierenkritik:

> Was ist denn anstößig, verführerisch, unsittlich, gefährlich? Gefährlich wird das Buch sein, das sich Knabe und Mädchen heimlich mit ins Bett nehmen. In nächtlicher Einsamkeit mag die erotische Phantasie die Gedankenstriche ausfüllen, die Arthur Schnitzler jedesmal gesetzt hat, wenn es in einem Dialog zum "Allerschlimmsten" kommt—. An diesem Abend lasen sie nicht weiter—oder sie unterbrachen wenigstens je nach Bedarf auf fünf bis zehn Minuten. (445-446)

Einen kritischeren Ton schlug Joseph Roth in "*Reigen*-Premiere und Affäre" an, einem Feuilleton, das am 31. Dezember 1920 in der *Wiener Mittags Zeitung* erschien. Roth zufolge ließ Gertrud Eysoldt aus zwei Gründen die Aufführung trotz der einstweiligen Verfügung stattfinden: "Im Namen der Kunst und des Geschäftes. Das erstere gestand sie in einer Ansprache an das Publikum vor Aufgehen des Vorhanges, das letztere verschwieg sie. Und das war der Dreh der Eysoldt" (3). Roth zieht einen Vergleich zwischen Schnitzler und Wedekind, in dessen *Büchse der Pandorra* es ebenfalls um triebhaftes Geschlechtsverhalten geht, hebt aber folgende Unterschiede zwischen diesen beiden Autoren hervor:

> Die Erotik in den Werken Wedekinds ist so vital, so Grundbestandteil des Wesens des Wedekindschen Lebenswerkes, daß der Dichter niemals anstößig wirken kann, weil der sittlich pathetische Ernst die Erotik fast wissenschaftlich fundamentiert. Bei Schnitzler ist die Erotik eine menschliche Lächerlichkeit. Bei Wedekind eine tragische Menschlichkeit. Wedekind zergrübelt das Problem. Schnitzler lächelt im besten Falle bitter darüber. Bei Wedekind ist die Erotik ein Problem, bei Schnitzler eine Frage. Daher schrieb Wedekind *Die Büchse der Pandora*, Schnitzler den *Reigen*. Kein Zweifel, daß sich die Direktion des Kleinen Schauspielhauses über das gute Geschäft, das mit dem *Reigen* zu machen war, im klaren ist. Daß die Leute in die Vorstellung gehen würden, weil sie sexuelle Intimitäten, das heißt die Gedankenstriche, die sie in Schnitzlers Buch gelesen hatten, hinter einem Vorhang würden ahnen können, stand fest. Nicht, daß sie hingehen würden, um erotische Probleme behandelt zu sehen. Zu Wedekind gingen sie, weil sie ihn nicht verstanden. Zu Schnitzler gehen sie, weil sie ihn verstehen. (3)

Ähnliche Argumente hatte bereits Julius Bab in der Berliner *Welt am Montag* vom 27. Dezember 1920 vorgebracht. Unter dem von Weininger übernommenen Titel "Geschlecht und Charakter" lobt er zwar den "stilistischen Reiz" des Stücks und räumt ein, daß der *Reigen* für jemand, der sich mit der dekadenten erotischen Kultur der damaligen Zeit beschäftigt, von historischem Interesse sein könne, fährt dann aber folgendermaßen fort:

> Auf der Bühne hingegen—ich bin gewiß bereit, von der Fähigkeit der Theaterleute, nichts zu begreifen, was ihnen unbequem ist, die größte Meinung zu hegen; dennoch vermag ich nicht, ihnen zu glauben, daß sie glauben: die hunderttausend Besucher, die bisher die *Büchse der Pandora* gefüllt haben, und nun ebenso oft in *Reigen* gehen sollen, seien gekommen, um den dämonischen Verwirrungen des Wedekindschen Geistes nachzuspüren, würden kom-

men, um Schnitzlers stilistische Reize zu suchen.—Diese völlig undramatische Szenenreihe soll ein Geschäft werden, weil zehnmal bei verdunkelter Bühne ein Geschlechtsakt vollzogen wird. Und jeder lügt, der behauptet, daß die geschäftliche Grundrechnung anders sei! Aus diesem Grunde bringe ich keinerlei protestierende Begeisterung auf, obwohl die Inszenierung mit den Bildern von Ernst Stern wirklich geschmackvoll und diskret ist und einzelne Glieder der ineinandergehakten Liebespaare auch schauspielerisch sehr amüsant waren.—Die geistig distanzierende Kraft in diesem lau=witzigen Sexualstudien ist doch allzu unsicher und leise, um in dem vergröberten Licht der Bühne das rein Stoffliche des Gegenstandes überwinden zu können. Und ich meine, daß in der Kunst jede Art von Sinnlichkeit ein schrankenloses Daseinsrecht hat, solange sich an ihr die Form gebenden Kräfte der Seele und des Geistes gestalten; erscheint das Sinnliche aber um seiner selbst willen, so füttert man das Chaos, und das Geschlecht verdirbt den künstlerischen Charakter. [2]

In der *Neuen Badischen Landeszeitung* vom 28. Dezember 1920 wiederholt Julius Bab seine Vorbehalte gegenüber einer Inszenierung des *Reigen*, "[denn] als Unternehmen bleibt das eine trübe Spekulation mit niedersten Masseninstinkten," und sagt überdies: "Artistische Studien über entfesselte Sexualität mögen ihre technische Qualität und kulturgeschichtliches Interesse haben—als Massennahrung auf dem Theater dargeboten wirken solche Proben zersetzter Kultur weiter zersetzend und sind zweifellos eine Kulturgefahr."

Ebenfalls ablehnend äußert sich der ehemalige Vorkämpfer des Naturalismus Julius Hart im Berliner *Tag* vom 28. Dezember 1920. Er weist darauf hin, daß sich seit 1896, nach fast einem Vierteljahrhundert, die Ansichten und Einstellungen geändert haben. Was im *Reigen* fehlte, war nicht so sehr eine realistische Darstellung der Wirklichkeit, eine Schilderung dessen, "was sich [...] millionenfach alltäglich, allnächtlich abspielt," sondern neue Ideale:

Nun, mit dem, was die Dichter Liebe nennen und als Liebe verherrlicht haben, hat der Eros Schnitzlers nichts zu schaffen. Ein Produkt aus der naturwissenschaftlichen Poetenschule der neunziger Jahre, das wir allerdings jetzt leichtesten Herzens entbehren können. Im Sumpf und Kot dieser Zeit ist uns nicht eine Wissenschaft, nur eine Kunst notwendig, die etwas mehr und noch etwas

> Besseres sein kann und will als nur Natur, Wirklichkeit, Alltäglichkeit, die uns Illusionen, Ideale, neue Seelen beschert und Geschlechtsakte wieder zu Liebesseligkeiten zu steigern und zu erhöhen vermag. [2]

Damit ist der *Reigen* als eine 'Unzeitgemäße Betrachtung' abgetan, und wie Richard Rosenheim darlegt, enthält dieses Werk ebenfalls den an Schopenhauer-Nietzsche erinnernden pessimistischen Gedanken einer Wiederkehr des Gleichen, denn die Botschaft Schnitzlers an uns alle lautet:

> Auch alle sinnliche Liebe ist platonische Sehnsucht nach Vollendung im Anderen. Und noch der flüchtigste Rausch und Sinnesgenuß trägt schon den Keim der faustischen Enttäuschung unentrinnbar in sich. Dieser Erbfluch des Ewig-Unvermeidlichen, dieses Verurteiltsein zu immer wiederkehrender Ernüchterung, diese schmerzliche Scham darüber, *was die Menschen aus der Liebe gemacht haben, und was die Liebe aus den Menschen macht*—das ist es, worauf es Schnitzler, den Dichter ankommt. (5)

Obwohl Einmütigkeit darüber herrschte, daß die Buchfassung des *Reigen* von künstlerischem Wert sei, war es eine immer wiederkehrende strittige Frage, ob der *Reigen* auch als Stück auf die Bühne gebracht werden sollte. Die oben zitierten Kritiker waren sich darin einig, daß dieses Werk eher gelesen als aufgeführt werden sollte, denn eine 'sinnliche' Darbietung sei für die Jugend moralisch gefährdend. Diese Meinung wird auch von dem Rezensenten der *Dresdener Nachrichten* (28. Dezember 1920) vertreten:

> Schnitzlers *Reigen* ist eine Dialogfolge, in der die Verkettung von Menschen verschiedenster Stände durch die Liebesbeziehung mit dichterischer Grazie durchgeführt ist. Schnitzler war sich gleichwohl der heiklen Art seines Werkchens bewußt, das vor Aufhebung der Zensur nur als Privatdruck herumging. Er hat nach fast 25 Jahren die Erlaubnis zur Aufführung erteilt, wie man hört, mitbestimmt durch wirtschaftliche Notlage. Das alles kann aber die Tatsache nicht ändern, daß einem literarisch wertvollen, nicht für die Bühne gedachten Werke durch öffentliche Vorführung jener Charakter erotischer Reizung verliehen wird, den zu beabsichtigen die Unternehmer zwar immer in Abrede stellen, der aber doch

stets die Hauptwirkung für das breite Publikum ist. Deshalb sind solche Aufführungen verwerflich.

Einen ähnlichen Einwand bringt der Richter und spätere freie Schriftsteller Oskar Jellinek vor, der sich in seinem Artikel "Epilog vor der Aufführung des *Reigen*" nicht nur gegen eine Inszenierung des *Reigen* ausspricht, sondern auch gegen den Plan des Deutschen Volkstheaters, eine Bühnenfasssung des *Leutnant Gustl* zu produzieren:

> Beides [der Monolog und die Dialoge] ist unaufführbar. Man kann natürlich auf der Bühne ein Paar auftreten lassen, das irgendein Gespräch führt. Man kann ferner dort dieses Gespräch von anderen Paaren wiederholen lassen. Mit dem Drama oder auch nur dem Theater hat jedoch eine derartige Darbietung nicht das Geringste zu tun. Sie bedeutet vielmehr eine vollkommene Mißachtung der dramatischen Form, einen Mißbrauch mit dem Emporium der Bühne und ist daher, auch jenseits vom Inhalt der Dialoge, ein Unfug. (67)

Daß—wie Joseph Roth feststellte—finanzielle Erwägungen hier mitspielten, läßt sich der folgenden Kritik in der Abendausgabe der *Deutschen Allgemeinen Zeitung* vom 24. Dezember 1920 entnehmen:

> Schnitzler selbst hatte ein ganz richtiges Empfinden dafür, als er öffentliche Aufführungen untersagte. Wenn er dies Verbot jetzt zurückgezogen hat, so ist das menschlich begreiflich aus der drükkenden Lage heraus, in der die Wiener Schriftsteller heute leben. Er wird damit entlastet, nicht aber das Theater. Denn es gibt viele andere und bessere Stücke, die man aufführen konnte, wenn man ihm helfen wollte. (1)

Unter der Überschrift "*Reigen* von Arthur Schnitzler: Erstaufführung im Kleinen Schauspielhaus" lobt die 2. Auflage des *Reichsboten* vom 24. Dezember 1920 Schnitzlers Absicht, Vertreter aller sozialen Schichten entlarvend vorzuführen, die "zu oft nur das Wort Liebe mißbrauchen," um ihr sexuelles Verlangen zu stillen. Die eigentliche Aussage des Stücks freilich, nämlich "daß Schnitzler hinter diesen geschilderten Empfindungen eine mitleidsvolle Tragik durchblicken läßt, dürfte unseren Theaterbesuchern kaum zum Bewußtsein kommen." Der Rezensent gelangt deshalb zu folgendem Schluß:

> Das mag vom Dichter nicht beabsichtigt sein, aber er kann sich ja sein Publikum nicht aussuchen . . . . Ein Theater aber, das einer ernsthaften, läuternden und erhebenden Kunstrichtung folgt, wird keine Ehre darin finden, vor solchem Publikum zu spielen und deshalb diese Skizzen, unbekümmert um ihren literarischen Wert, anderen überlassen. [3]

4. *Freispruch im ersten* Reigen-*Prozeß*

Die eigentliche Verhandlung gegen den *Reigen* fand am 3. Januar 1921 vor der 6. Zivilkammer des Landgerichts III statt, und am 6. Januar wurde die einstweilige Verfügung aufgehoben. Der Grund für diesen Entscheid wurde den Lesern in der Morgenausgabe des *Neuen Wiener Journals* vom 2. Februar 1921 unter der Überschrift "Die Aufführung von Schnitzlers *Reigen*—eine sittliche Tat" zur Kenntnis gebracht:

> Die Wirkung der Aufführung soll nach der erklärten Absicht der Antragsgegner gipfeln in der Erziehung eines sittlichen Ekels vor dem Tiefstand der Haltung weitester Bevölkerungsschichten auf dem Gebiete des Geschlechtslebens. Auf diesen Erfolg ist jede Einzelheit berechnet. Dieser Erfolg wird bei jedem reifen, gebildeten Zuschauer auch erzielt. (5)

Der erste *Reigen*-Prozeß endete so mit dem Sieg des umstrittenen Werkes.

a) *Die Bedenken Tilla Durieux's und Schnitzlers Haltung*

Dem Landgericht III hatte einige Gutachten zum *Reigen* angefordert, von denen eins von Tilla Durieux [=Ottilie Godefroy] angefertigt worden war. Die *Illustrierte Wiener Zeitung* vom 7. Januar 1921 berichtete darüber wie folgt: "Dem Berliner Landgericht . . . lag ein Gutachten der Frau Tilla Durieux vor, in welchem sie aussprach, daß die Aufführung von Schnitzlers *Reigen* die schlimmsten Instinkte des Publikums in einer vom künstlerischen Standpunkte nicht zu verantwortenden Weise fördere."

In einem Interview, das am 7. Januar 1921 in der *Berliner Zeitung am Mittag* erschien, legte Tilla Durieux die Gründe für ihre negative und vorsichtige Stellungnahme dar. Sich auf die lesbische Rolle, die sie in Sudermanns Stück *Freundin* gespielt hatte, beziehend, erklärte sie:

"Man wirft mir vor, daß ich gegen die Aufführung des *Reigens* gewesen bin, nachdem ich vor Kriegsgewinnlern die *Freundin* spielte. Gestatten Sie mir, zuerst zu bemerken, daß ich nicht glaube, daß sich ausschließlich verarmte geistig hochstehende Beamten- und Professorentöchter Plätze für 200 M. zum *Reigen* kaufen werden. Also wird wohl die Zusammensetzung des Publikums die gleiche wie in den Vorstellungen der *Freundin* sein, wo ich manchen ernsthaften und bedeutenden Menschen unter den Zuhörern wußte.— Aber eben vor diesem anderen Publikum soll und kann man derartige Stücke nicht spielen. . . . vor einem Publikum, das sich jeden Abend von den verschiedensten Wünschen getrieben im Theater wahllos zusammenfindet. Der literarische Wert der Stücke kommt nicht in Betracht; denn das reizende Schnitzlersche Büchlein aufgeführt vor einer unverständigen Menge kann unerträglich wirken". [3]

Schnitzlers Reaktion war die einer vornehmen Zurückhaltung; nur seine Tagebucheintragung vom 9. Januar 1921 könnte sich auch auf das obige Gutachten beziehen: "Moissis und Durieux's schäbige Aussagen" (*Tagebuch 1920-1922*: 129). Sonst ließ er sich seine Verstimmung nicht anmerken, obwohl in seinem Antwortschreiben an Tilla Durieux vom 21. Februar 1921 eine jedoch nicht zu überlesende Ironie mitschwingt:

Sehr verehrte gnädige Frau.

Entschuldigen Sie[,] daß ich Ihr liebenswürdiges Schreiben vom 7. Februar erst heute beantworte. . . . ich zürne Ihnen natürlich nicht im Geringsten und habe Ihnen gar nicht gezürnt. . . . Wir sind wohl darüber einig, daß die ganze Frage der *Reigen* Aufführung eine ausschließlich dramaturgisch-ästhetische ist. Wie diese in Berlin gelöst wurde, kann ich von hier aus nicht beurteilen. Sie, verehrte gnädige Frau, scheinen ja mit der Aufführung wenig zufrieden zu sein. . . . Auch darin dürften wir wohl eines Sinnes sein, daß der Autor nicht verantwortlich gemacht werden darf für Leute, die sein Werk mißverstehen oder mißverstehen wollen oder tun, als wenn sie es mißverständen. Diese Mißverständnisse, von denen kein Werk, auch kein musikalisches und keines der bildenden Kunst gefeit ist, sind in theatralibus und insbesondere in eroticis nur eben augenfälliger als auf anderen Gebieten, finden größere Resonanz und können gegen den Autor besser ausgenützt werden. . . . [Seit

> dem Skandal] weiß ich, daß der *Reigen* auch heißen könnte *Der einsame Weg* Tragikomödie in zehn Dialogen[,] und daß ich damals vor 25 Jahren ein sehr sonderbares und amüsantes Theaterstück geschrieben habe, ohne es zu wissen. In 25 Jahren, wenn . . . Maximilians Werke möglicherweise schon ins Deutsche übersetzt sein werden, dürften es auch die Andern wissen. . . . Ich hoffe, verehrte gnädige Frau, wir sehen Sie bald in Wien in einer großen schönen Rolle und Sie werden sich hoffentlich auch dann nicht weigern zu spielen, wenn die Sitzpreise so hoch sind, daß nur die berühmten Schieber in den vorderen Reihen sitzen können. Ja, das wäre schön, meine verehrte gnädige Frau, wenn wir die Billets nur an Leute verschenken dürften, die wir im Theater drin haben wollen. Aber ob wir dann von jedem richtig verstanden würden, dem wir den Einlaß gestattet haben? (Schnitzler, *Briefe 1913-1931*: 235-237)

Die in diesem Brief erwähnte Bemerkung auf Maximilian Harden bezieht sich aller Wahrscheinlichkeit nach auf die folgende Kontroverse.

b) *Die Kontroverse zwischen Maximilian Harden und Arthur Schnitzler 1921*

Der 1861 in Berlin geborene Maximilian Harden (=Maximilian Felix Ernst Witkowski) spielte nicht nur in der Kulturszene, sondern auch im politischen Bereich eine wichtige Rolle. Bekannt war er vor allem als einer der Mitbegründer der Freien Bühne und seit 1892 als Herausgeber der kulturpolitischen Wochenschrift *Die Zukunft*, in der er unter dem Pseudonym Apostata politische Aufsätze veröffentlichte. Er setzte sich vor allem für die Demokratie ein und übte scharfe Kritik an Wilhelm II.; nach 1918 unterstützte er die Russische Revolution und setzte sich für einen Verständigungsfrieden ein. Nach dem Mord an Rathenau am 24.6.1922 wurde er aufgrund seiner radikalen politischen Haltung neun Tage danach durch Mitglieder derselben antisemitisch-rechtsradikalen Organisation Consul vor seinem Haus im Grunewald mit einer Eisenstange niedergeschlagen. Harden überlebte diesen Überfall, erholte sich jedoch nicht mehr, so daß er die Herausgabe der *Zukunft* am 30. September 1922 einstellen mußte (Harenberg 344). Auch wirtschaftliche Gründe hatten ihn zu dieser Einstellung bewogen, denn 1922 hatte die *Zukunft* nur noch 343 Abonnenten, was für Harden für jedes veröffentlichte Heft einen Zuschuß von 20 000 Mark bedeutete (Weller 254).

1921 verfaßte Maximilian Harden auf Bitte des Berliner Landgerichts III ein Gutachten über den sittlichen Wert des *Reigen*. Dieses wurde von Harden in seiner Wochenschrift *Die Zukunft* auf S. 51-57 veröffentlicht. Dieser Essay wurde fast vollständig in der Morgenausgabe des *Neuen Wiener Journals* vom 11. Januar 1921 unter der Überschrift "Maximilian Harden gegen Art[h]ur Schnitzler" auf Seiten 3-4 nachgedruckt. Hardens Gutachten stand folgende qualifizierende Bemerkung der Redaktion voran: "Wenn wir uns auch durchaus nicht mit der scharfen Abweisung identifizieren können, welche Harden dem Schnitzlerschen Werk zuteil werden läßt, so glauben wir doch mit Rücksicht auf die literarische Stellung Hardens und den Ernst seiner Kritik das überaus scharfe Urteil unserem Leserkreise nicht vorenthalten zu dürfen" (3). Im folgenden sind die Änderungen, die vom Redakteur des *Neuen Wiener Journals* am Hardenschen Text aus der *Zukunft* vorgenommenen wurden, in Klammern { } gesetzt.

Harden gibt zunächst seiner Enttäuschung über die künstlerische Entwicklung des Dichters Ausdruck: "Aus der Knospe dieser Hoffnung ist nicht vollreife Frucht geworden. Der Dämon, der Genius, war ausgeblieben (Harden: 52; 3)." Das könne man am *Reigen* deutlich sehen, denn in diesem Stücke ist nichts,

> soll gar nichts Anderes {anderes} sein als spielerische Darstellung des Reizes, der auf die vasomotorischen Nerven wirkt. Hier soll nur gezeigt, mit Zuckflämmchen illuminirt {illuminiert} werden, wie Erektion wird und wieder abschwillt. . . . Weshalb werden die Begattungsakte {Umarmungsakte} selbst, in deren Verlauf oft die echtesten mensch=thierisch {-tierisch} tiefsten Laute aus Mannheit und Weibheit aufheulen, aufkeuchen, nicht vorgeführt, sondern durch kitschige {kritische} Fetzen von Musik ersetzt, der hier . . . das Amt des Stimmung machenden Klavierspielers im Bordell {in einem verrufenen Hause} zugewiesen ist? Weil dem Gewerbe öffentlicher Kunstausstellung eben doch eine Grenze gezogen ist. Wo läuft sie? Auf der Linie, die leidenschaftliche Wallung von Prostitution scheidet. Und Prostitution, scheint mir, ist da, wo die Geberde {Gebärde} sexualer Begierde von dem Zweck des Gelderwerbes bestimmt ist. Das Weib, das seinen Schoß dem Stundenmiether {Stundenmieter} öffnet und ihm eine der Höhe des Pachtzinses angemessene Erregtheit oder Paarungslust vortäuscht, gilt, obwohl es nur über sein Eigenstes verfügt und auf seine Art durchaus "reell" handelt, als prostituirt {prostituiert} und geschändet. Und ein

Serienspiel, das dieselben Grimassen allabendlich ein paar Hundert Wohlhabenden, zum selben Zweck des Gelderwerbes, vorführt, soll ich als ein Gebild reiner Kunst in Ehrfurcht anstaunen? (Harden 55-56; *Neues Wiener Journal*: 3-4)

Es ist in keiner Weise überraschend, daß Hardens Antwort auf diese rhetorische Frage entschieden negativ ausfällt; erstaunlich ist indes der scharfe aggressive Ton, in dem dieser Artikel gehalten ist, und der allgemeine Schluß, zu dem Harden gelangt:

Und wir, Alle {alle}, denen Kunst ein Heiligthum {Heiligtum} und Sinnlichkeit ein unersetzlicher Hort starken Menschenthumes {Menschentums} ist, die jauchzen, wenn im Tanze sich eines Weibes edler Leib völlig blößt, doch speien, wenn daraus ein Härchengeschäft wird, wir müssen uns gegen die von Tag zu Tag dreister werdenden Versuche sträuben, durch Nackttänze, Aufklärungsfilms, Sexualtheatralik die Freude an edler, freier, froh über alle Ränder von Sitte und Brauch aufschäumender Sinnenregung zu erwürgen. Denn diese Freude lebt von dem Geheimniß {Geheimnis} des höchsten Geschlechtsvorganges, das Jeder {jeder} selbst entschleiern, in seliger Nacktheit anstaunen und, als wärs zuvor nie Einem {einem} offenbar geworden, genießen muß. (Harden 57; *Neues Wiener Journal*: 4)

Es waren jedoch nicht diese persönlichen Angriffe, die Schnitzler zu einer Entgegnung veranlaßten, sondern Hardens Anschuldigung, Schnitzler habe sein Stück Reinhardt aufgedrängt, der sich geweigert habe, es zu inszenieren. In seiner "Berichtigung," die in der Morgenausgabe des *Neuen Wiener Journals* vom 30. Januar 1921 erschien, nimmt Schnitzler auf folgenden Passus in Hardens Anschuldigung Bezug:

"Der mit der Verantwortlichkeit für ein großes Heer Angestellter Bebürdete, von der Sorge für den über alles Erwarten hinaus verteuerten Riesenbau des Großen Schauspielhauses bedrückte Künstler Max Reinhardt war überredet worden, sich das Aufführungsrecht für seine Kammerspielbühne zu sichern. . . . [Er] stimmte mir [Harden] aber sofort zu, als ich seiner Frage, ob die Aufführung mir ratsam scheine, antwortete: 'Durch die Ausstellung von Akten, die den Beischlaf vorbereiten, Geld zu verdienen, kann und muß Reinhardt anderen überlassen.' Er hat, trotz mancher Schwierigkeit in der Spielplangestaltung, aus seinem Recht nicht Zins gezogen, die Koitusgespräche nicht auf seine Bühne gebracht. Und er wäre vielleicht der einzige gewesen, dessen Theatergenie ihnen ein szenisches Phantasiegewand von eigenem Kunstwert zu wirken vermochte." (6)

Schnitzlers Ausführungen machen deutlich, daß Harden nicht von allen Umständen Kenntnis hatte und daß seine Anschuldigung unbegründet war:

> Ich bedauere—vielleicht noch aufrichtiger als es Maximilian Harden tut—, daß es zu dieser Regieleistung Max Reinhardts nicht gekommen ist, bedauere es um so mehr, als es mir kürzlich vergönnt war, einen Blick in das Regiebuch zu tun, das zu entwerfen er begonnen hatte. . . . Den Widerspruch aufzuklären zwischen dem, was in den Briefen Reinhardts an mich zu lesen steht und dem, was Maximilian Harden aus Reinhardts Worten oder aus seinem Schweigen zu entnehmen geglaubt hat, ist nicht meine Sache. . . . Wogegen ich mich aber mit aller Entschiedenheit verwahre, das ist der Versuch, gerade Max Reinhardt, der als Erster meine eigene Meinung von der Nichtaufführbarkeit des *Reigen* ins Wanken gebracht, meinen eigenen Bedenken gegenüber die Aufführung des *Reigen* nicht nur für "künstlerisch opportun", sondern für "unbedingt wünschenswert" erklärt hat, als Eideshelfer gegen die künstlerische und moralische Zulässigkeit eines Experiments anzurufen, als dessen geistiger Initiator er in jedem Fall gelten muß—mögen auch äußere Umstände ihn verhindert haben . . . das Experiment, so wie er ursprünglich gesonnen war, persönlich und als erster zu wagen. (Berichtigung 6)

Hardens Entgegnung, die das *Neue Wiener Journal* (Morgenausgabe vom 5. Februar 1921) unter der Überschrift "Hardens Erwiderung gegen Schnitzler—Verlegene Ausflüchte" abdruckte, war mit folgender redaktioneller Vorbemerkung versehen: "Auf diese 'Berichtigung' Schnitzlers, die aus dem *N.W.J.* in die auswärtige Presse übergegangen ist, hat nun Herr Maximilian Harden dem *Berl. Tageblatt* eine Erwiderung gesendet, die nicht nur eine leere Ausflucht bedeutet, sondern den Versuch macht, den Tatbestand zu verdrehen" (4). In seiner Erwiderung distanziert sich Harden von den Behauptungen, die er in seinem Artikel aufgestellt hatte:

> Niemals und nirgends habe ich behauptet oder angedeutet, Herr Dr. Schnitzler habe Herrn Max Reinhardt zur Aufführung des *Reigen* "überredet". Mir ist von Gespräch oder Verhandlung der zwei Künstler über diesen Gegenstand nie irgend etwas bekannt geworden. Ebensowenig habe ich den Professor Reinhardt je "als Eideshelfer" für oder gegen etwas "angerufen". . . (4)

Diese Erklärung steht im Widerspruch zu Hardens ursprünglichen Unterstellungen, die Schnitzler zu seiner "Berichtigung" veranlaßt hatten.

5. *Generalprobe in Wien 1921*

Voreilig hatte die *Wiener Mittagspost* am 1. April 1919 die Aufführung des umstrittenen Werkes unter der Überschrift "Schnitzlers *Reigen* im Volkstheater" angekündigt: "Art[h]ur Schnitzlers Reigen wird in der kommenden Saison im Deutschen Volkstheater zur Aufführung gelangen. Die Direktion wird damit ein ebenso kühnes wie literarisches Wagnis in Angriff nehmen. Ob an diesem Tage ein Vermerk im Theaterzettel stehen wird, nur für Erwachsene, ist noch nicht ganz bestimmt" (5). Diese Ankündigung wurde am 27. April 1919 vom *Neuen Wiener Journal* durch folgende Notiz korrigiert: "Arthur Schnitzler hat von einem bekannten Wiener Theater den Antrag erhalten, seine erotische Szenenreihe *Reigen* in Wien demnächst aufführen zu lassen, zumal jetzt alle Zensurbedenken überwunden seien. Der Dichter hat dieses Anerbieten jedoch abgelehnt" (15). Den Grund für diesen Sinneswandel vermerkte Schnitzler am 19. April 1919 in seinem Tagebuch:

> Über 'Reigen'aufführung. Bedenken und Gegengründe. Im Volksth[eater]. Wies Bernau [Direktor des Deutschen Volkstheaters] auf die Schwierigkeiten hin; und besonders auf die voraussichtlich schlechte Haltung der Presse. Schimpferei der Antisemiten—und Lauheit der andern. Skandäle, die schädigen können, ja ev[entuell] selbst Censurverbot nach der Aufführung. (*Tagebuch 1917-1919*: 246)

Um Schnitzlers Befürchtung, es könne möglicherweise zu antisemitischen Angriffen gegen das Stück und ihn kommen, voll und ganz zu verstehen, muß man sich in Erinnerung rufen, daß zu jener Zeit die antisemitische Bewegung an Stärke gewonnen hatte. Neu war das *Salzburger Programm* der *Großdeutschen Volkspartei*, die sich auf dem vom

5. bis zum 7. September 1920 in Salzburg abgehaltenen Parteikongreß aus mehreren nationalen Parteien konstituierte. Das Parteiprogramm redet der "Volksgemeinschaft" das Wort und spricht sich gegen den liberalen Individualismus aus, eine Haltung, die man vor allem mit Juden assoziiert. In dem Abschnitt "Unsere Stellung zur Judenfrage" werden Liberalismus und Judentum gleichgesetzt:

> Hand in Hand damit geht die Zersetzung des inneren Zusammenhaltens des Volkes. Der Jude betont, seiner Rassenveranlagung entsprechend, stets das Gegensätzliche, er findet überall das Trennende heraus, nicht das Verbindende. . . . So konnte es kommen, daß der jüdische Geschäftsgeist bereits unser ganzes Wirtschaftsleben ergriffen hat. Treue und Glauben verschwinden immer mehr aus dem Verkehr, der Eigennutz tritt in voller Schamlosigkeit zutage, Bestechlichkeit, Vertrauensmißbrauch, unlauterer Wettbewerb sind nicht mehr Ausnahmefälle, sondern fast alltägliche Erscheinungen; der biedere, rechtschaffene Geschäftsmann wird immer seltener. Und dieses Gift greift weiter. Infolge der Gesinnung, die vom Judentum in die akademischen Berufe hineingetragen wird, tritt auch hier immer mehr der äußere Erfolg an die Stelle der Befriedigung über ehrliches Schaffen; Reklamesucht und Großtuerei machen sich breit; Bescheidenheit, Würde, Vertrauenswürdigkeit werden immer seltener. Auch im deutschen Kunstleben hat sich jüdischer Geschäftsgeist breitgemacht. Nach dieser Auffassung ist die künstlerische Leistung nicht Selbstzweck, sondern Mittel zum Geldverdienen. Das Kunstwerk wird Marktgegenstand, der im Saisongeschäft verhandelt wird. Daher die Spekulation auf Tagesstimmungen, mitunter auf die niedrigsten Instinkte, die Originalitätshascherei, die künstlerische Eigenart vortäuschen will, und der alles übertäubende Lärm der Reklametrommel. (Berchtold, Salzburger Programm 480-481)

Das ist weit radikaler als Punkt 12 des *Linzer Programms der Deutschnationalen* (1882), dem nach 1885 erst noch hinzugefügt wurde: "Zur Durchführung der angestrebten Reformen ist die Beseitigung des jüdischen Einflusses auf allen Gebieten des öffentlichen Lebens unerläßlich" (Berchtold, Linzer Programm 203).

Für die Zeit nach dem ersten Weltkrieg hat Georg Stefan Troller dies in seiner *Selbstbeschreibung* folgendermaßen formuliert, indem er auch darauf hinweist, wie der Heterostereotyp der Antisemiten von den Juden letztendlich als Autostereotyp angenommen wurde:

> Wir standen nunmehr, auf eine unerfindliche Art, für die Durchhalteparolen der verblichenen Monarchie, aber gleichzeitig auch für die *Novemberverbrecher* von 1918 und den *Dolchstoß im Rücken.* Wir standen für die Tschechen und Ungarn, die das Nachkriegswien verhungern ließen, für die Slawen, die halb Kärnten beanspruchten, und die Italiener, die sich Südtirol untern Nagel rissen. Wir repräsentierten sowohl die Kriegsgewinnler und Kapitalisten wie auch die ihnen spinnenfeinden Anarchisten und Roten. . . . Die reichen Juden waren angeklagt als Blutsauger und Schädlinge, die armen als Binkeljuden, die beim *Wirtsvolk* schmarotzten. Wenn wir unseren Traditionen nachgingen, so galten wir als Orientalen, Fellachen oder Tschandalen, und wenn wir unsere Bräuche aufgaben, als Einschleicher und falsche Fünfziger. Man begann seine Karriere als Judenbub, mit langen Hosen stieg man zum Saujuden auf, das weibliche Gegenstück lautete Judensau. Lärmte man in der Klasse, so ging es zu wie in einer Judenschul, lief man herum, so zeigte man jüdische Hast, hielt man sich abseits, so dünkten sich die Juden was Besseres. War man schwach im Turnen, aber stark im deutschen Aufsatz, dann hatte man jüdische Leibfeindlichkeit durch kalten jüdischen Verstand kompensiert, unter Beihilfe von jüdischer Zudringlichkeit, wenn nicht gar von jüdischem Dreh. Der Jud ist an allem schuld . . . zuletzt glaubten wir selber daran, denn dauernde Mißbilligung wird verinnerlicht. (42-43)

Derselbe Hang zur Verallgemeinerung und damit zur Vereinfachung der heterogenen Sachbestände spricht auch aus dem folgenden Pfoser-Zitat:

> "Der Jud ist schuld!" Reden, Anzeigen, Zeitungsberichte, Plakate gaben davon ein vielfaches Echo. Der verlorene Krieg, der triste Friedensvertrag, die schlechte Lebensmittelversorgung, die Wohnungsnot, die Spekulation, die soziale Deklassierung der Mittelschichten, das Ausblieben der Kredite, die zunehmende Verunsicherung, die Sozialdemokratie, die ungarische und bayrische Räterepublik, die russische Revolution, die Schulreform—wie konnte dieses Amalgam einer verhaßten Gegenwart schlüssig, auf einen Nenner gebracht werden: "Der Jud ist schuld." (Pfoser, Die Wiener Aufführung 96-97)

Schnitzler war sich dieses antijüdischen Sentiments durchaus bewußt, und sein diesbezüglicher Pessimismus geht deutlich aus seiner Korrespondenz mit Dora Speyer hervor, der Tochter des Wiener Hofrats Albert Speyer. Schnitzler hatte Dora Speyer um 1895 kennengelernt und blieb mit ihr in Briefkontakt, nachdem sie 1902 den Berliner Patentanwalt Karl Michaelis geheiratet hatte. Von besonderem Interesse ist Schnitzlers am 11. November 1920 an Dora Speyer gerichteter Brief, in dem er sich über die geplanten *Reigen*-Aufführungen äußert und von den Gesprächen berichtet, die er mit Felix Holländer, Max Reinhardts Nachfolger an den Berliner Bühnen, Eugen Robert, dem Direktor der Berliner *Tribüne*, und Alfred Bernau, dem Direktor des Deutschen Volkstheaters in Wien, geführt hat; die Abweichungen bei R. Urbach sind in { } gesetzt:

> Auch hier soll der *Reigen* bald aufgeführt werden. Bernau und Robert wollen es haben,—in diesen Tagen muß ich mich entscheiden. Glänzende Anträge, die Leute riechen Geld—Holländer, Robert wollen damit reisen;—keiner hält es für möglich, daß die ganze Angelegenheit schief gehn könnte. Ich stehe all dem mit erheblicher Gleichgiltigkeit gegenüber; darüber dss {daß} ich einen eventuellen materiellen Erfolg den künstlerischen Qualitäten des Reigens nur zum geringsten {geringern} Theil zu danken haben würde, bin ich mir klar. (Schnitzler, *Briefe 1913-1931*: 218; {Schnitzler, Briefe zum *Reigen:* 37})

Elf Tage später, am 22. November 1920, spricht er in einem weiteren Brief an Dora Speyer von seinen Vorahnungen:

> Daß der Abend möglicherweise übel ausfallen könnte, gebe ich zu (obzwar ich es nicht für sehr wahrscheinlich halte)[,] daß ein Theil der Kritik, der größere, den Reigen und bei dieser Gelegenheit mich als Gesammterscheinung {Gesamterscheinung} schlecht behandeln wird—ist zweifellos;—ja ich bestreite nicht, dss {daß} einer oder der andre von diesen Herren es aus Überzeugung thun, oder sich zum mindesten einbilden wird {werden}, daß seine künstlerische oder sittliche Entrüstung echt sei—; . . . Natürlich könnten die Scenen ins rohe, unerträgliche, gemeine gespielt werden und gewiß wird diese Gefahr nicht auf jeder Bühne zu vermeiden sein;—aber rein materiell gesehn, ist schon schlimmeres auf dem Theater versucht worden—;—und zählen Sie doch einmal

> nach,—über wie vielen Gedankenstrichen,—selbst in >>classischen<< {classischen} Stücken der Vorhang schon gefallen ist!.. Allerdings, daß er dann gleich wieder aufgeht, ist das vertrackte im *Reigen*;—aber das ist ja eben das Stück;—und wenn ich im allgemeinen auch nicht dafür wäre, daß dergleichen Kühnheiten öfters versucht würden—es wird sich (vielleicht) heraus stellen, dss {daß} es einmal,—diesmal, daß es mir, gerade in diesem einzigen Falle erlaubt war. Wenn nicht—nun dann muß ich es eben tragen. Der Reigen existirt [sic] nun einmal, seit einem viertel Jahrhundert zeichne ich als sein Autor— (Schnitzler, *Briefe 1913-1931*: 220-221; {Schnitzler, Briefe zum *Reigen:* 38})

Das Zensurproblem, das 1920 *de jure* als verfassungsungültig erklärt worden war, bestand jedoch *de facto* weiterhin, oder wie Schnitzler später (am 9. Februar 1922) ironisch in seinem Tagebuch notierte: "Die Behörden erlauben was,—aber weh dem, der von der Erlaubnis Gebrauch zu machen suchte! Verlogenheit und Feigheit, auch böser Wille. Dabei wissen sie sich von den liberalen—wie immer—wohl gestützt—" (*Tagebuch 1920-1922*: 267). So bemühten sich etliche Gruppen intensiv, die Aufführung dieses Stücks zu unterbinden. Mit Bezug auf diese Bemühungen berichtete die Morgenausgabe des *Neuen Wiener Journals* am 3. Dezember 1920:

> Daß diese Szenenreihe in ihrer künstlerischen Freiheit keine Pornographie darstellt, scheint nur der Zensor nicht zu wissen. Aber es ist ganz ausgeschlossen, daß dieses Verbot aufrecht bleibt. Die Instanz, die das letzte Wort zu sprechen hat, dürfte wohl die Blamage nicht auf sich nehmen, gegen Art[h]ur Schnitzler zu entscheiden. In Berlin ist der *Reigen* bereits zur Aufführung in kürzester Frist bestimmt. (8)

Vermutlich wegen der geplanten Aufführung in Berlin wollten die Wiener nicht engstirnig erscheinen, und das Verbot des *Reigen* wurde aufgehoben, wie die Abendausgabe des *Illustrierten Wiener Extrablatts* am 9. Januar 1921 unter der Überschrift "Schnitzlers *Reigen* freigegeben" berichtete; ferner heißt es in dem Blatt, daß die Proben bereits begonnen hätten und die Premiere auf den 20. Januar angesetzt sei (7). Das Datum der Premiere wurde später um eine Woche verschoben; wie die *Wiener Mittagspost* am 14. Januar 1921 meldete, nahm Schnitzler "an den eifrigen Proben regen Anteil [und] spielt[e] einige Stellen selbst vor." Ergänzend bemerkt das Blatt, daß die Wiener Aufführung sich von der in Berlin unterscheide, denn

> während des ganzen Abends [wird] der Vorhang nur nach der Szene herabgelassen, auf der die Pause folgt. Zwischen den einzelnen Dialogen wird die Bühne ganz verdunkelt, an der Rampe leuchten rote, gegen die Bühne zu abgeblendete Lampen auf und in kaum einer Minute ist der nächste Dialog gestellt. Eine Verbindung wird auch durch musikalische Untermalung, die in den einzelnen Dialogen eine gewisse Rolle spielt, geschaffen . . . (4)

An demselben Tag, am 14. Januar 1921, schrieb Schnitzler auch einen Brief an Jakob Reumann, aus dem sein Optimismus über die geplante Aufführung hervorgeht:

> Sehr verehrter Herr Bürgermeister.
>
> Auf Ihre freundliche Anfrage erlaube ich mir zu erwidern, daß ich gegen die Absicht der Deutschen Volkstheaterdirektion den *Reigen* zur Aufführung zu bringen nichts einzuwenden habe, wie ja denn eine solche Aufführung ohne meine ausdrückliche Zustimmung überhaupt nicht hätte angesetzt werden können. Indeß ist, wie Ihnen, sehr verehrter Herr Bürgermeister, nicht unbekannt sein dürfte, die Szenenreihe in Berlin am kleinen Schauspielhaus mit ausgesprochenem Erfolg zur Aufführung gelangt und nach anfänglichem Verbot von den Behörden bedingungslos freigegeben worden. Soweit ich es beurteilen kann[,] wird auch die Darstellung an den Wiener Kammerspielen zu irgend welchen Bedenken keinerlei Anlaß geben. (Schnitzler, *Briefe 1913-1931*: 230-231)

Die Generalprobe des *Reigen* wurde für den 30. Januar festgesetzt, was die *Wiener Mittagspost* vom 15. Januar 1921 unter der Überschrift "Der 1000 Kronen-Reigen" meldete. Gleichzeitig beschuldigte die Zeitung die Direktion der Kammerspiele, finanziellen Erwägungen den Vorrang vor künstlerischem Wert gegeben zu haben. Es werde nicht nur ein enormer Billettpreis für die Generalprobe verlangt, sondern die Direktion plane auch zusätzliche Nachtvorstellungen:

> Es wird nicht nur eine öffentliche Generalprobe mit einem einheitlichen 1000=Kronen=Einheitspreis, nicht bloß die Premiere zu

> exorbitanten Premieren [sic. Preisen?] veranstaltet, später soll der *Reigen* sowohl *allabendlich* als normale Vorstellung als auch als tägliche *Nachtvorstellung* gespielt werden. Natürlich auch zu "besseren" Preisen. Es ist geradezu grotesk, daß außer der Kritik nur noch Schieber bei Generalprobe und Premiere anwesend sein sollen und durch zweimal tägliche Aufführung das Geschäft in bisher noch nicht dagewesener Weise über alle anderen Forderungen triumphiert. Was sagt Art[h]ur Schnitzler dazu?

Die Antwort auf diese Frage kam nicht vom Autor, sondern von dem Direktor Bernau. Sie erschien an ebendem Tag, da gegen die Direktion der Vorwurf der Geldgier erhoben wurde, das heißt am 15. Januar 1921, und wurde ebenfalls in der *Wiener Mittagspost* veröffentlicht:

> Die Hälfte der Einnahme der Generalprobe fließt der vom Bundesminister Doktor Resch geleiteten Kinderhilfsaktion zu. Es ist außerdem nicht richtig, daß *Der Reigen* [sic] als tägliche Nachtvorstellung gegeben werden soll. Solche Absicht hat niemals bestanden. Ebensowenig besteht der Plan, das Stück täglich zweimal, als Abend- und Nachtvorstellung, zu spielen. Die Preise für die ersten Aufführungen des *Reigen* bewegen sich zwischen 80 und 1000 Kronen.

Eine Woche später, am 22. Januar 1921, brachte die Morgenausgabe des *Neuen Wiener Journals* folgende Meldung:

> Die Proben des *Reigen*, an denen Direktor Bernau gemeinsam mit Schnitzler arbeitet, werden mit ungemeiner Sorgfalt geführt. Schnitzler weiß, daß der *Reigen* auf der Bühne Schwierigkeiten bietet wie kein anderes seiner Werke. Es handelt sich ihm vor allem darum, daß der *Reigen*, der als frivol verschrien, auf der Bühne von rein künstlerischem Gesichtspunkt betrachtet werde. Er spricht auf den Proben die Dialoge selbst, gibt den Tonfall der einzelnen Worte, ihr Tempo und ist um die geringste Nuance bemüht, die der Atmosphäre des Ganzen dienlich sein könnte. (8)

Am 29. Januar 1921 zollte das gleiche Blatt Schnitzler abermals Lob, weil er soviel Zeit und Energie in diese Aufführung investierte; in der Rubrik "Hinter den Kulissen" heißt es:

> Art[h]ur Schnitzler bei den Proben in den Kammerspielen. Für die Schlußprobe war es ein großes Vergnügen. Nicht jeder Autor hat als helfender Regisseur diese liebenswürdig=menschliche Note. Die Arbeit mit Schnitzler macht die mühsamen Proben zur anregenden Unterhaltung, die Schauspieler fühlen sich wohl, denn kein Berufenerer als der Dichter selber konnte ihnen sagen, wie er sich alles gedacht hat und wie er es wiedergegeben haben möchte. (8)

Doch in die Zustimmung mischte sich auch Kritik. Die Wiener *Volkszeitung* vom 30. Januar 1921 gab folgende Einschätzung in der Besprechung "*Reigen* in den Kammerspielen—Die gestrige Generalprobe":

> In der gezähmten Gestaltung der Bühne treten die Brutalitäten mehr zurück. Die Menschen selbst treten vor und werden mit einer Erbarmungslosigkeit durchleuchtet, die nur ein großer Kenner trifft. Nur diese Kunst . . . kann den *Reigen* vor dem Verdammungsurteil schützen, ein pornographisches Werk zu sein. Womit aber nicht gesagt werden soll, daß es ein Bühnenwerk ist. Im Gegenteil! Es fehlt ihm jede dramatische Seele. Es ist eine Szenenreihe *gegen* die Bühne . . . Jawohl, der *Reigen* hätte im Buch bleiben sollen. (7)

Vom finanziellen Gesichtspunkt war die Generalprobe eine bittere Enttäuschung. Wie die *Sonn- und Montagszeitung* vom 31. Januar 1921 unter der Überschrift "Das Goldene Wiener Herz" tadelnd berichtete, waren nur dreißig Billetts verkauft worden:

> Wenn auch berücksichtigt werden muß, daß Samstag abends zwei große Ballveranstaltungen abgehalten wurden und der Beginn der Generalprobe für ½ 11 Uhr vormittags angesetzt war, so wirft es doch ein eigenartiges Licht auf das "goldene Wiener Herz", daß eine Veranstaltung zugunsten der Aermsten der Armen, unserer Kleinen einen derartigen Mißerfolg aufweisen konnte!! Garnicht davon zu reden, daß die reizende Aufführung des *Reigen* in den Kammerspielen die Mühe reichlich gelohnt hätte! (3)

Die *Wiener Mittags=Zeitung* vom 31. Januar 1921 mutmaßte, daß die frühe Stunde höchstwahrscheinlich der Grund dieses schwachen Besuches war. Unter der Überschrift "Die verschlafenen Reichen" berichtete das Blatt:

> Eine ebenso *merkwürdige* wie *unerfreuliche* Tatsache konnte man anläßlich der gestrigen öffentlichen Generalprobe des *Reigen* in den Kammerspielen konstatieren. Die Veranstaltung galt wohltätigem Zweck. Aber trotz dieser Tatsache und trotz des sensationellen Charakters des Ereignisses, war der Besuch der Vorstellung *ein sehr schwacher. Die neuen Reichen* fanden offenbar die Stunde der Aufführung (halb 11 Uhr vormittags) *zu unbequem* . . . (3)

Den *Reigen* zugunsten der Kinderhilfsaktion aufzuführen, war eine moralische und politische Fehlentscheidung, da ja der Inhalt des Stükkes, gemäß den Medien, eine derart ernste Gefahr für Kinder darstellte, daß diese davor geschützt werden mußten. Es ist paradox, daß die Presse Menschen, die nicht zu der Aufführung gingen—einige davon zweifellos aus ebendiesem Grund—, tadelte, weil sie es ablehnten, sich das Stück anzusehen. Eine der diesbezüglichen Rügen erschien am 31. Januar 1921 in der Morgenausgabe des *Illustrierten Wiener Extrablatts*, wo es unter der Überschrift "Die leere Generalprobe des *Reigen*" heißt: "So sind sie, die neuen Reichen! Es ist schade, daß diese Veranstaltung so kläglich besucht war, denn sie fand zugunsten der Kinderhilfsaktion des Bundesministers Dr. Resch statt" (5). Es dauerte eine Woche, bis die paradoxe Verknüpfung des *Reigen* und der Kinderhilfsaktion in der Presse angesprochen wurde. Am 7. Februar 1921 veröffentlichte das *Neue Montagsblatt* einen Artikel mit dem Titel "Kohnnationales Reigenspiel," der die Benefizaufführung als jüdischen Trick hinstellte:

> Der nicht alltägliche Skandal, daß man es gewagt hat, die bisher verpönt gewesene Vorführung der dramatisierten, unter dem Namen *Reigen* an die Oeffentlichkeit gebrachten Bordellprologe des Juden Schnitzler durch Anlehnung an eine allgemeine Fürsorgeaktion für die darbenden Kinder zu ermöglichen . . . war von einem Reigen nicht ganz wertloser Selbstentlarvungen und Enthüllungen begleitet. . . . typische[r] jüdische[r] Schiebereinfall, sogar mit der Wohltätigkeit unsaubere Geschäfte zu versuchen und hungernden Kindern Brosamen vom Tische der Geilheit zu offerieren, um dadurch desto eher die Duldung für die Vorführung zu erlangen . . . von alldem sei nicht weiter die Rede, denn wer, um jüdischen Geschäftsgeist, Judenkunst und Judenpresse zu durchschauen, erst auf die allerdings unmöglich mißzuverstehenden Offenbarungen dieser *Reigen*-Tage hat warten müssen, der wird wohl auch weiterhin unbelehrt bleiben. (3)

Die Morgenausgabe der *Neuen Freien Presse* vom 17. Februar 1921 gab Aufklärung, wie es zu dieser unglücklichen Kombination hatte kommen können:

> Direktor Bernau als Vorsitzender des Theaterdirektorenverbandes hat sich bereit erklärt, aus den Erträgen der öffentlichen Generalproben das Kinderhilfswerk zu bedenken. Dies galt allgemein für Generalproben überhaupt. Das Anerbieten wurde entgegengenommen und die erste Generalprobe war zufällig die des *Reigen*, hätte naturgemäß auch irgendein anderes Stück sein können. Irgendwelche Einflußnahme auf die Art der Stücke, deren Generalprobenerträgnisse der Wohlfahrtsaktion zugute kommen sollen, kann billigerweise von der Leitung des Kinderhilfswerkes nicht gefordert werden. (6)

6. *Presseberichte vom 30. Januar 1921 bis zum 7. Februar 1921*

Ein wesentlicher Punkt in den Aufführungskritiken war die Frage, ob der *Reigen* auf die Bühne gebracht werden sollte oder nicht. Die *Volkszeitung* vom 30. Januar 1921 lobte zwar diese spezielle Inszenierung, sprach sich aber dennoch gegen eine öffentliche Darbietung aus:

> Man hat Schnitzlers *Reigen* vielfach als ein seiner unwürdiges, schamloses Machwerk verschrieen. In der gezähmten Gestaltung der Bühne treten die Brutalitäten mehr zurück. Die Menschen selbst treten vor und werden mit einer Erbarmungslosigkeit durchleuchtet, die nur ein großer Kenner trifft. Nur diese Kunst, die genial=schmissige Zeichnung der Figuren—jeder Mann und jede Frau ein vollendeter Typus eines ganzen Geschlechtes—kann den *Reigen* vor dem Verdammungsurteil schützen, ein pornographisches Werk zu sein. Womit aber nicht gesagt werden soll, daß es ein Bühnenwerk ist. Im Gegenteil! Es fehlt ihm jede dramatische Seele. Es ist eine Szenenreihe *gegen* die Bühne, was schon daraus sich ergibt, daß die Höhepunkte regelmäßig nur völlig wort= und lichtlos möglich sind. Jawohl, der *Reigen* hätte im Buch bleiben sollen. Aber er wird trotzdem viele Aufführungen erleben, denn die Leute werden ihm 'wegen der Pikanterie' zuströmen. (7)

Eine ähnliche Auffassung wird von F[elix] D[örmann], dem Rezensenten der *Montags Zeitung* (31. Januar 1921) vertreten:

> Die Regie [Dr. Schulbaurs] versagte teilweise, mußte die Höhepunkte der Szenen naturnotwendig der Bühne versagen und damit den Beweis liefern, daß der Reigen in Buchform gedacht, gewollt, geformt wurde und seine Bühnenwirksamkeit die Buchwirksamkeit noch lange nicht erreicht. Trotzdem wird der Szenenreihe der äußere Erfolg nicht fehlen.

H. Leoster, dessen Kommentar "Die Moral der Gedankenstriche" am 31. Januar 1921 in der Wiener Zeitung *Der Morgen am Montag* erschien, tritt dagegen entschieden für eine derartige Aufführung ein, denn man solle sich nicht nach dem begrenzten Vorstellungshorizont des Publikums richten:

> Ich glaube also, daß man den *Reigen* nicht nur aufführen kann, sondern sogar aufführen soll. Natürlich kann er lüsternheitserregend, also im gemeinen[5] Sinne, unsittlich wirken, wenn er von Menschen empfangen wird, die nichts anderes in ihm suchen, die für alles andere in ihm taub und blind sind. Aber man kann die Theater natürlich nicht ausschließlich mit Rücksicht auf jene Schweine führen, die immer in Entrüstung geraten, wenn sie zwei Menschen verschiedenen Geschlechtes allein beieinander sehen, weil sie sich eben dabei nichts anderes vorstellen können, als eine Schweinerei. (3)

Die kurze Parodie "Die junge Frau und der Moralist. Ein kritischer Epilog," die am 31. Januar 1921 in der Morgenausgabe des *Illustrierten Wiener Extrablatts* erschien, plädiert indirekt für eine gemäßigte, differenzierte Haltung. Im folgenden einige Auszüge aus dem Gespräch, das *Er* und *Sie* führen:

> Er: Schnitzlers *Reigen* bleibt sublim moralisch im letzten und erhabendsten Sinn, weil er so unerschrocken wahr ist.
>
> Sie: Eben das bestreite ich. Solche *Männer* gibt es vielleicht. Solche *Frauen* und *Mädchen* sicher nicht. Die kann und darf es nicht geben. Vielleicht vor dem Krieg.
>
> Er: Diese Szenen sind an sich schon an die zwanzig Jahre alt.
>
> Sie: Aber aufs Theater gehört so was keinesfalls. . .
>
> Er: Man amüsiert sich auf geistreichste Art. Für die unreife-

> re, noch mit Idealen beschwerte Jugend ist derlei natürlich nichts, aber kundigen Thebanern und Thebanerinnen mag der Dichter getrost seine moussierende Weisheit kredenzen! (5)

Eine solche 'moussierende Weisheit' wurde ungefähr zwei Wochen später von Julius Bauer im *Neuen Wiener Journal* (16. 2. 21) veröffentlicht:"Das Unbeschreibliche/ Schreibt der Poet./ Das Ewig-Leibliche/ Hundertmal geht./ Prüde und Bängliche, / Verdammt nur die Kritzler!/ Alles Verfängliche/ Sublimiert Schnitzler./"[6]

Die *Reigen*-Premiere fand am 1. Februar 1921 statt. Regie führte Heinz Schulbaur, und zu den Schauspielern zählten: Elisabeth Markus (Dirne), Nelly Hochwald, Traute Carlsen, Hedwig Keller, Marietta Olly (Schauspielerin), Franz Kammauf (Soldat), Hans Wengraf, Leopold Iwald, Hans Ziegler und Hans Lackner (Graf). Schnitzler notierte:

> Première Reigen. . . . Theure Preise 100-1000 Kr.per Sitz; unangenehmes Publikum. Kaum Bekannte. Anfangs Schweigen, gegen Schluss Beifall immer lebhafter. Die Mitspielenden ziehen im Reigen vorüber. Das Rufen nach mir so stark, dass ich mich hinunter begebe;—indess aber hatte Bernau schon in meinem Namen gedankt.—Die Preise für die nächste Vorstellung schon herabgesetzt, da sich Bernau's Spekulation als falsch erwies. (*Tagebuch 1920-1922*: 137)

Die folgenden Besprechungen können in drei Gruppen eingeteilt werden: solche, die die Aufführung befürworten, gemischte Kritiken und solche, die strikt dagegen sind.

a) *Positive Kritiken*

Die Kritik Dr. Moriz Scheyers, dessen *Reigen*-Feuilleton das *Neue Wiener Tagblatt* vom 1. Februar 1921 brachte, gilt mehr dem Publikum als dem Autor. Er hält den *Reigen* für "eine prachtvolle Studie," deren Hauptanliegen es sei, die Desillusionierung der absoluten Liebe zu zeigen; der *Reigen* sei nur "ein fahler, gespenstischer Totentanz, dürr raschelnd im welken Laub des Gewesenen." Totentanz deshalb: "Das alte und ewig neue Spiel des Fleisches führt sie zusammen; nach kurzer Zeit, mitten noch in ihren festen Umarmungen, lassen sie sich wieder, und jedes bleibt allein; fremd, gleichgültig und fast feindlich" (3). Doch nicht aus diesem Grund haben die Leute sich das Stück angesehen, meint Scheyer: "Nach dem Tanz tagsüber um das goldene Kalb für die, die darin ein Schwein gehabt, abends der Tanz um letzteres Tier. Wie seinerzeit bei Homer der schönen Circe, so gelingt es auch dem weniger anziehenden, dafür mehr zahlungsfähigen Publikum von heute, selbst einen Dichter wie Schnitzler in ein Schwein zu verwandeln" (3).

Die Gefahr bei einer *Reigen*-Aufführung bestand darin, daß das Publikum möglicherweise etwas anderes erhoffte—kein hervorragendes Stück, sondern Sex auf der Bühne. Alles andere ließ man als störendes Beiwerk über sich ergehen und wartete nur darauf, daß das Stück endlich zur 'Sache' kam; sehr treffend bemerkt in diesem Zusammenhang die *Wiener Zeitung* vom 1. Februar 1921: "Es werden sich wohl viele zum *Reigen* drängen, darunter wird es manche Enttäuschte geben. Sie werden Sensationen suchen und 'nur'—Kunst finden" [5].[7] Und M[oriz] S[cheyer], dessen Besprechung im *Morgen am Montag* vom 7. Februar erschien, betont daß der *Reigen* zwar durchaus poetische Qualitäten besitze, das Publikum aber leider einen gänzlich anderen Erwartungshorizont habe:

> [Ich weiß], daß Männlein und Weiblein nicht wegen der doch vorhandenen dichterischen Schönheiten der Arbeit und nicht wegen des grundlegenden Gedankens, der dem *Reigen* innewohnt, sondern nur deshalb ins Theater laufen werden, weil sie manches sehen, einiges hören und noch vielmehr erraten können—wenn's finster wird—darum bin ich gegen die Aufführung des *Reigen*, der dem Dichter vielleicht großen materiellen Gewinn, aber keineswegs . . . Ruhm eintragen wird . . .

Daß Schnitzler sich von finanziellen Erwägungen habe leiten lassen, wird ihm auch von Felix Dörmann in der *Montags Zeitung* vom 31. Januar 1921 vorgeworfen. Mit Bedauern stellt er fest:

> Es tut nur ein bißchen weh, daß auch Schnitzler diesen Weg geht. Vielleicht gehen muß. Wer weiß es! Um unsereinen ist ja nicht so viel schade. Da kommt es auf einen Fehltritt mehr oder weniger nicht an. Aber Schnitzler auch, der sich sein ganzes Leben lang so rein und hoch gehalten hat—halten konnte. Daß auch er! Der laute Erfolg sei ihm gegönnt, aber daß er ihn auf diesem Wege suchen muß, ist bitter. Mit einem Werk, das keine innerliche Beziehung zum Theater hat und leider nur aus höchst durchsichtigen Motiven

aufs Theater geschleppt wird. Es ist kein leerer Wahn, daß die Kammerspiele daran dachten, den *Reigen* als Nachtvorstellung zu geben.

Andere hingegen verstanden die tiefere Bedeutung des Stückes, wie aus dem Artikel "Die Erstaufführung des *Reigen*. Ein unbestrittener Erfolg" in der Morgenausgabe des *Neuen Wiener Journals* vom 2. Februar 1921 hervorgeht: "Der Verlauf der interessanten Premiere war ein vollkommen glatter. Es stellte sich ein unbestrittener Erfolg ein. . . . Der erotische Humor nahm gefangen, die Wirkungen steigerten sich immer mehr und mehr, und das Publikum würdigte sichtlich auch den tieferen Sinn der Dialoge" (9). Dieser "tiefere Sinn" des Stücks ist nach dem Urteil der Sechsten Zivilkammer des Berliner Landgerichts III die aufklärerische und pädagogische Tendenz des Stücks. Das *Neue Wiener Journal* vom 2. Februar 1921 glaubt, daß eine solche Wirkung bei der Vorstellung auch erreicht worden sei. Unter der Überschrift "Die Aufführung von Schnitzlers *Reigen*—eine sittliche Tat" kann man lesen: "Die Wirkung der Aufführung soll nach der erklärten Absicht der Antragsgegner gipfeln in der Erziehung eines sittlichen Ekels vor dem Tiefstand der Haltung weitester Bevölkerungsschichten auf dem Gebiete des Geschlechtslebens. Auf diesen Erfolg ist jede Einzelheit berechnet. Dieser Erfolg wird bei jedem reifen, gebildeten Zuschauer auch erzielt" (5). Selbst Felix Dörmann gab zu, daß der *Reigen* ein großer Erfolg war. In seinem Feuilleton "Der *Reigen* in den Kammerspielen," das am 3. Februar 1921 in der *Wiener Mittagspost* erschien, heißt es, daß die ersten drei Bilder

> durch die phrasenlose Brutalität der Typen etwas beklemmend [wirkten]; später als—na sagen wir es rund heraus—der charmante Schmus einsetzte, der bei den "Bessersituierten" die innere Armseligkeit zu verkleiden pflegt, fing das Publikum an mitzugehen und warm zu werden; man fühlte sich bei sich zu Hause und gab sich zu erkennen, spottete seiner selbst und wußte nicht wie und spürte den Teufel nicht, der sie am Kragen hatte. Das letzte Bild flaute wieder etwas ab, aber dazwischen lag ein lauter Erfolg, den der Dichter Arthur Schnitzler vermutlich mit einem heiteren und keinem nassen Auge und jenem leisen Lächeln zur Kenntnis nehmen dürfte, das sich der Tragikomik der Schicksale bewußt ist, die Bücher, Stücke und Menschen haben können. (4)

Positiv war auch die Besprechung in der *Wiener Mittags=Zeitung* vom 3. Februar 1921: "Die Tausend Kronen=Sitz=Insassen erwärmten sich erst allmählich. Vielleicht ein Beweis für die 'unpikante' Würde des Gebotenen. Am Schluß aber entbot man eine Huldigung, für deren herzliche Beharrlichkeit Direktor Bernau an Stelle des abwesenden Dichters dankte" (2).

b) *Gemischte Kritiken*

Schnitzler, so schreibt der Rezensent der *Neuen Freien Presse* (Morgenausgabe vom 2. Februar 1921) in seinem Feuilleton "Schnitzlers *Reigen* auf der Bühne," hätte besser daran getan, seine Ansichten über das wahre Wesen des Menschen nur in gedruckter Form vorzutragen: "Viele Verehrer des Dichters [werden] sein geistreiches Werk dorthin zurückwünschen, woher es stammt und wohin es gehört: Ins Buch" (3). Nach Auffassung des Kritikers der *Arbeiter-Zeitung* (Morgenausgabe vom 3. Februar 1921) bestätigt der *Reigen*, daß *au fond* alle Menschen gleich sind. Das Stück zeige,

> wie auch im Triebleben der Sexualität kein Unterschied ist im Menschenwert der verschiedenen Gesellschaftsschichten. Mag auch der äußere Anstrich feiner oder gröber, gefälliger oder rauher sein oder ganz fehlen: sie [=die Menschen] sind allzumal brutale Geschlechtstierchen und mangeln des Ruhms, den sie sich in verlogenem Moralgeschwätz zulegen. (Rubrik "Kunst und Wissen":6)

Am Schluß seiner Besprechung bedient er sich einer Metapher aus dem Tierreich, die vor ihm auch schon andere Kritiker herangezogen hatten: "Das zum großen Teil weibliche Publikum, während des Spiels unangenehm störend durch allerlei Aeußerungen deplaciertester Verständnisinnigkeit, rief zuletzt gesättigt grunzend nach dem Dichter. Der tat ihm aber selbstverständlich keine Geschmacklosigkeit zu Gefallen" (7).

Der Vergleich mit Schweinen findet sich auch in der von O.M.F. für den *Merker* verfaßten Rezension:

> Die Heiterkeit der Schnitzlerschen Reigendialoge ist die Watteaus oder Fragonards: ein wenig zynisch, sehr ironisch, mit Maß melancholisch, mit Anmut augenblicklich und sich ganz in der Maske des sexuell Blasierten gefallend. Von Rousseau und Voltaire sind jene so weit wie der Wiener Zeitgenosse von Strindberg und Wei-

> ninger. Er wie jene sind Rokoko, sind Zeugen einer satten, dem Genuß und dem Bewußtsein des Genusses raffiniert hingegebenen Kultur. Diese Feinschmecker und Künstler haben trotz ihrer Grenzen und Engen ein unverdientes Schicksal: Beute der schnuppernd Lüsternen, mißverstehend Gierigen zu werden, in Schweine verwandelt zu werden von der goldenen Göttin Circe. (139)

Besonderes Interesse verdient in dieser Besprechung die Bemerkung, daß alle Figuren des Stückes eigentlich von nur zwei Darstellern—einem Schauspieler und einer Schauspielerin—gespielt werden könnten, was bei einigen späteren Aufführungen tatsächlich der Fall war: "Freilich könnte ich mir denken, daß zwei schauspielerische Genies oder auch nur Talente alle Rollen spielen könnten, damit die Variationen ihrer gestaltenden Kraft und die Einzigkeit des Triebes zeigen können, was den Reigenszenen auf dem Theater schauspielerisch und dramaturgisch erst einen Sinn gäbe" (139).

In seinem Artikel "Arthur Schnitzlers *Reigen*," veröffentlicht im *Salzburger Volksblatt* vom 4. Februar 1921, weist R. Holzer darauf hin, daß Schnitzler in seinem Stück die soziale Schicht, der er angehörte, und das Wien seiner Zeit porträtiert habe:

> Der *Reigen* ist nicht bloß für das Lebenswerk Schnitzlers von höchster Bedeutung: er drückte zuerst und in origineller Form, [sic] die Empfindungswelt und Geistigkeit einer Gesellschaftsschichte [sic] und Generation Wiens aus. . . . Nicht ohne Interesse war die Haltung des Publikums: es war gefesselt, traute sich aber nicht, seine wahre Meinung irgendwie kundzugeben. (4)

c) *Antisemitische Kritiken*

Nachdem Schnitzler der am 1. Februar 1921 in den Kammerspielen des Deutschen Volkstheaters stattfindenden Premiere beigewohnt hatte, drückte er in einem an Dora Speyer gerichteten Brief vom 5. Februar 1921 seine Erleichterung darüber aus, daß die Aufführung ohne Störungen vonstatten gegangen war:

> . . . es ist eine gute, in einzelnen Rollen außerordentliche Vorstellung geworden; und die Sache ist ohne jede Störung vorübergegangen, obzwar die Reichspost ziemlich unverblümt einen Skandal androhte. Der Erfolg scheint sehr stark werden zu wollen;

> von allem was befürchtet wurde ist nichts eingetroffen. Mir selbst ist es seltsam mit dem Stück ergangen;—ich habe,—wie manche andre,—die Melancholie darin viel stärker empfunden als die Lustigkeit. Die Arbeit liegt so weit hinter mir, daß ich es wohl sagen darf; es gab Scenen, die mich bei den Proben immer wieder ergriffen haben—vor allem die (scheinbar) lustigste zwischen Gatten u {und} süßem Mädl. . . . man spürte so schmerzlich tief die Notwendigkeit dieses Schicksals: die ungeheure Fremdheit zwischen Mann und Weib wurde fühlbar—und ein Untertitel für den Reigen fiel mir ein—"Der Einsame Weg." (Schnitzler, *Briefe 1913-1931*: 231; {Schnitzler, Briefe zum Reigen: 39})

Der Artikel in der *Reichspost*, auf den Schnitzler anspielt, wurde von [Hans]B[recka][8] verfaßt und erschien am 1. Februar 1921 unter dem Titel "Reigen," der folgende Passagen enthielt:

> Mit dem *Reigen* hat Schnitzler das Theater, das uns ein Haus edler Freuden sein sollte, zu einem Freudenhause, zum Schauplatze von Vorgängen und Gesprächen gemacht, wie sie sich schamloser in keiner Dirnenhöhle abwickeln können. Man erwarte von uns keine "literarische Wertung" dieser Dichtung! . . . Diesen 1. Februar 1921, diesen Tag, an dem es eine Wiener Bühne ungestraft wagen durfte, sich zum Schauplatze geilster pornographischer Literatur zu machen, den müssen wir uns gut merken. An diesen Tag werden wir die Behörden erinnern, wenn sie über den fortschreitenden Sittenverfall klagen. . . . Wir verlangen von den Behörden, die uns ja auch vor dem Umsichgreifen einer Pest zu behüten die Pflicht haben, daß sie dieser volksvergiftenden Schmach sofort ein Ende bereiten. . . . Bei höchsten Preisen, wie sie bloß den Verhältnissen übelster Verdiener angepaßt sind, soll jetzt eine lange Serie von *Reigen*-Aufführungen beginnen. Schnaufende Dickwänste mit ihrem weiblichen Anhange, der den Namen der deutschen Frau schändet, sollen sich jetzt dort allabendlich ihre im wüsten Sinnentaumel erschlafften Nerven aufkitzeln lassen. Allein wir gedenken den Herrschaften das Vergnügen bald zu verleiden. . . . Schluß mit den Reigen-Aufführungen. (4)

Die enorme Aggressivität dieses Feuilletons war, wie Ulrich Weinzierl feststellt, möglicherweise darauf zurückzuführen, daß Wien "hinter dem leuchtenden Beispiel der Metropole des Reichs nicht zurückbleiben [durfte], es ging dabei um die Ehre der Stadt" (Weinzierl 328)—und um die Ehre der Wiener Frau.

Die *Wiener Mittags=Zeitung* (1. Februar 1921) nahm Anstoß an diesem Hetzartikel der *Reichspost*. Unter der Überschrift "Eine Aktion der Christlich-Sozialen gegen den *Reigen*?" warf das Blatt der *Reichspost* vor, in ihrer Attacke gegen den *Reigen* zu vehement gewesen zu sein:

> Die *Reichspost* bringt heute einen *mit ungewöhnlicher Heftigkeit* geschriebenen Artikel über Schnitzlers *Reigen* und dessen Aufführung. . . . Es ist äußerst befremdend, daß *nach* der Urteilsfällung seitens der kompetenten Zensurstelle, eine solche publizistische Attacke unternommen wird. Und kaum glaublich, daß sie *ohne Rückhalt* unternommen wurde. Es wird sich nun zeigen, *ob Wien die Berliner Blamage der 'Reigen'-Hetze mitmachen wird.* Jedenfalls muß man entschieden dagegen *protestieren*, daß aus *politisch-moralistischen* Gründen künstlerische Ereignisse—und ein solches *ist* die *Reigen*-Aufführung zumindest *implicite gestört* werden. (2)

Die *Arbeiter-Zeitung* (Morgenausgabe vom 2. Februar 1921, Rubrik "Tagesneuigkeiten") glaubte, daß die geplanten Störungen politisch motiviert seien und die Katholiken dahintersteckten. Unter "Wer wird 'verleiden'" konnte man lesen:

> Die *Reichspost* fällt über die Aufführung des *Reigen* von Schnitzler mit jener Roheit her, über die das christlichsoziale Organ in allen Lebenslagen verfügt. . . . [Wenn die Drohungen bedeuten], daß die *Reichspost Störungen der Vorstellung* zu inszenieren beabsichtigt, so wird ihr nachdrücklich bedeutet, daß man sich ein christlichsoziales Kommando in Wien auch auf diesem Punkte nicht gefallen lassen würde. Denn wenn die Christlichsozialen berechtigt wären, Vorführungen, die ihnen nicht gefallen, den Besuchern zu "verleiden", dann wären alle diejenigen, denen klerikale Veranstaltungen welcher Art immer mißfallen, zu derselben Störung berechtigt. (4)

Daß das Publikum einen Störversuch der klerikalen Rechten erwartete, geht aus der am 2. Februar 1921 in der Morgenausgabe des *Neuen Wiener Journals* veröffentlichten Premierenkritik hervor, wo es unter der Überschrift "Theater und Kunst—Die Erstaufführung des *Reigen*" heißt: "Die christlichsoziale Presse brachte . . . Ankündigungen, daß man sich die Aufführung nicht gefallen lassen werde. Man befürchtete infolgedessen Störungen—diese Befürchtungen erwiesen sich als ungerechtfertigt" (9).

Tags zuvor, am 31. Januar 1921 hatte bereits ein gewisser Hofbieder im *Neuen Montagsblatt* Drohungen gegen die für die Inszenierung des Stücks Verantwortlichen ausgestoßen: "Die Behörden hätten uns vor dieser Seuche schützen sollen. Wir legen heute schon gegen die weiteren Aufführungen dieses erbärmlichen Schandstückes Verwahrung ein und behalten uns eine gründliche Abrechnung mit den Verübern dieses Streiches vor" (4).

Es liegt auf der Hand, daß die Berichte, die Wiener Zeitungen über die Vorgänge in München und Berlin brachten, die ohnehin schon überhitzte emotionale Situation noch weiter anheizten. Wenn die Wiener von den Reaktionen der "deutschen Frauen" auf dieses Stück lasen, fühlten sie sich zweifellos in ihrem nationalen Stolz verletzt und empfanden es als moralische Verpflichtung, ihre "Wiener Frauen" vor dieser angeblichen Pornographie zu schützen. Die rechtsgerichteten Wiener Blätter brauchten ihre Attacken nur fortzusetzen, und über kurz oder lang würde die Aggressivität, die bisher nur in gedruckter Form auf den Straßen und in den Kaffeehäusern verbreitet worden war, ins Theater selbst getragen werden, um von dort wieder auf die Straßen und schließlich ins Parlament zu gelangen—eine Situation, die an die Struktur von Schnitzlers Stück *Der grüne Kakadu* erinnert: Die Scheinwelt des Theaters mischt sich hier mit der realen Welt und dem Bereich der Politik, und es kommt zu einer gegenseitigen Anheizung der Sphären, bis am Ende ein Punkt erreicht wird, von dem es kein Zurück mehr gibt.

Anmerkungen

1. Artur Snicler, *Chovorod* [*Reigen*]. 10 dialogov 1896-97. Avtorperevod s ném. Berlin: 'Mysl' 1922.

2. In einem an mich gerichteten Schreiben vom 14. Juni 1992 berichtete mir mein Kollege Dr. Alexandr W. Belobratow, daß die St. Petersburger 'Uraufführung' 1992 unter dem Titel "Das Karussell nach Herrn Freud" an der Bühne 'Das offene Theater' stattgefunden habe. Regisseurin war die junge Tatjana Kasakowa. Die folgenden angeführten Hinweise auf die Rezensionen stammen ebenfalls von Dr. Belobratow: P. Leontjew, "Das Karussell nach Herrn Freud," *Wetschernij Petersburg* [Petersburger Abendzeitung] 7. Februar 1992: 1; W. Zarkow, "Auf dem Karussell von

Herrn Freud," *Smena* [Nachwuchs] 3. März 1992: 4; T. Sabozlajewa, "Die Liebe, die die Welt bewegt," *Wetschernij Petersburg* [Petersburger Abendzeitung] 15. April 1992: 3 (mit einem Szenenphoto).

3. *Couples*. Ten Dialogues Rendered from the German by Lily Wolfe and E. W. Titus. Including a Translation of the Opinion of the State Court at Berlin in Vindication of the Fitness of the Play for Performance in Public. Ten Engravings by Polia Chentoff. Paris: Edward W. Titus, 1927.

4. Siehe auch "Das *Reigen*-Verbot" in der *Deutschen Warte* vom 29. 12. 1920: [3].

5. Die Lesart 'gewissen Sinne' (s. Pfoser, *Schnitzlers Reigen*, Band I: 286) ist nicht richtig; sie rührt daher, daß der Zeitungsartikel, der Teil des Archivs in Exeter ist, an dieser Stelle undeutlich kopiert wurde.

6. Zitiert in Staatstheater Darmstadt 1982, "*Reigen*: Chronologie eines Skandals," 1. Februar 1921.

7. Dieser Passus wird auch bei Renate Wagner und Brigitte Vacha zitiert (117). Auf den Seiten 114 bis 121 geben die Autorinnen außerdem einen detaillierten Bericht über die *Reigen*-Aufführungen während des *Reigen*-Skandals.

8. Diesen Hinweis verdanke ich Pfosers Recherchen (*Schnitzlers Reigen*, Band I, "Die Wiener Aufführung": 293).

Kapitel V

Der Wiener Skandal von 1921

> Zeitungen:—die liberalen, *Tagbl[att]*, und *N[eue] Fr[eie] Pr[esse]* vorbildlich in ihrer feigen *Objectivität*...Eigentlich finden sie...ja das Gesindel habe wohl Unrecht aber...ich... immerhin, habe den *Reigen* aufführen lassen...u.s.w. (Schnitzler, *Tagebuch 1920-1922*: 145; Eintragung vom 17. Februar 1921)

1. *Vorbereitungen: 7. bis 10. Februar*

Das antisemitische Sentiment nahm sehr schnell an Heftigkeit zu und wurde vor allem von der Presse geschürt, die über die Reaktion des Publikums auf die *Reigen*-Inszenierungen in München und Berlin berichtete. Das zeigt zum Beispiel der schon im letzten Kapitel angeführte Artikel "Kohnnationales Reigenspiel," der am 7. Februar 1921 im *Neuen Montagsblatt* erschien. Dieser Artikel bezeichnet den *Reigen* als "die Bordellprologe des Juden Schnitzler" und verlangt, daß dieses Stück von der Bühne verbannt werde. Die Wiener werden aufgerufen, dem Beispiel der anständigen und respektablen Leute in den genannten deutschen Städten zu folgen:

> Wir für unseren Teil finden, daß diese Aufführung mit größter Erbitterung abgelehnt werden und daß von den Behörden immer aufs neue mit bestimmtester Entschiedenheit verlangt werden muß, diesem Skandal ein Ende zu machen. Als Skandal wurden in Berlin und München von den anständigen Kreisen . . . die dortigen *Reigen*-Aufführungen empfunden. Es ist Pflicht der Wiener Katholiken, die in ihrem Kampf gegen Schmutz und Schund wieder diesmal allein zu stehen scheinen, sich zu mächtigen Protestaktionen zusammenzutun, die von den Behörden nicht überhört werden können. (3)

Des weiteren macht das Blatt auf die Gefahr aufmerksam, die vom *Reigen* ausgeht:

> Das ist eine Gefahr für die öffentliche Sittlichkeit, denn was sich in diesen zehn Szenen begibt, ist wohl das Schmierigste, was auf dem Theater je dagewesen ist, Verführung, Laster, Ehebruch in allen möglichen Varianten. Daß dieses Theaterstück . . . auf jugend-

> liche Zuschauer einen geradezu verheerenden und verpestenden Einfluß üben und jeden einigermaßen auf Reinlichkeit haltenden Erwachsenen mit Ekel erfüllen muß, darüber kann kaum ein Zweifel walten, wenn gleich ein paar willfährige Zeitungen Literatur entdecken wollen, wo bloß geilste Pornographie vorhanden ist. (3)

Verschiedene radikale Vereinigungen—insbesondere die antisemitische deutsche Volkspartei (Orel=Partei)—gelangten zu dem Schluß, daß es jetzt an der Zeit sei zu handeln. Am Montag, dem 7. Februar 1921 kam es zur ersten gravierenden Störung einer Aufführung; Schnitzler notierte dazu in seinem Tagebuch (8. 2. 1921): "In den Kammerspielen, Sitze geholt; gestern versuchten antisemitische Lausbuben einen Skandal, 6 wurden verhaftet. (Offenbar bezahltes Gesindel. Sie riefen Pfui Juden...Schiebah...Das Publikum demonstrirte für den Reigen) (schon um die letzte Scene nicht zu versäumen).—(*Tagebuch 1920-1922*: 139). Über diesen Störungsversuch berichtete Schnitzler auch in seinem Brief vom 10. Februar 1921 an Gustaf Linden, der viele seiner Werke übersetzt und in Schweden inszeniert hatte:

> Der *Reigen*-Erfolg ist hier außerordentlich groß, aber die fortgesetzte Hetze der antisemitischen Partei läßt leider voraussehen, daß es in absehbarer Zeit zu einem Verbot wegen Gefährdung der öffentlichen Sicherheit (nicht Sittlichkeit) kommen wird. Vor wenigen Tagen gab es schon einen Skandal im Theater. Ein Dutzend junger Leute drang während des 9. Dialogs ins Theater, wurde wieder hinausgewiesen, einige verhaftet, die sämmtlich erklärten, daß sie das Stück weder gesehen noch gelesen hätten. (Schnitzler, *Briefe 1913-1931*: 234)

Dieser Vorfall wurde von der Presse sensationell verbreitet. Die *Illustrierte Kronen=Zeitung* vom 9. Februar 1921 berichtete darüber unter der Überschrift "Der *Reigen*-Skandal in den Kammerspielen":[1]

> Montag abends wurde versucht, die Aufführung von Schnitzlers *Reigen* in den Kammerspielen zu stören. Die Logen, in die die 15 bis 20 jungen Leute während des vorletzten Bildes eindrangen, waren *besetzt* und als die Demonstranten ihr "Pfui!" in den Saal riefen, wurden sie ihrerseits vom Publikum, das sich über die Störung entrüstete, mit Pfuirufen empfangen. Die Eindringlinge wurden schließlich aus dem Zuschauerraum gedrängt und die Vorstel-

> lung nahm ihren Fortgang. Sechs Personen wurden arretiert und zum Stadtkommissariat gebracht. (5)

Eine Meldung gleichen Inhalts brachten am 8.2.1921 die *Wiener Stimmen*[2] ("Gestörter Reigen"), die überdies einen Vergleich zwischen der Aufführung in München und der in Wien anstellten:

> In *München* hat sich bekanntlich das Publikum—freilich setzt sich das Theaterpublikum in München aus anderen Elementen zusammen als das Publikum gewisser Theater in Wien—kräftig dagegen gewehrt, daß man ihm Aeußerungen der Judenbrunst als deutsche Kunst vorzusetzen wagt, mit dem Erfolge, daß der Polizeipräsident die weitere Aufführung der Schnitzler-Dialoge *verboten* hat. Besonders die Münchner *Frauen* . . . wehrten sich gegen die Zumutung. Sie riefen während der Vorstellung: "Das ist eine Schweinerei! So was wagt man deutschen Frauen zuzumuten!" Rufe wie "Saustall! Gemeinheit! Unverschämtheit; Frechheit!" durchschwirrten den Raum; auf mitgebrachten Trillerpfeifen brach ein ohrenzerreißender Lärm los. Plötzlich wurden vom ersten Rang Stinkbomben auf die Bühne geschleudert. . . . In Wien spricht das Stück keineswegs dem Empfinden *des* Volkes Hohn, das sich solche Dialoge bieten läßt, ganz im Gegenteil, es wendet sich in sozusagen sittlicher Entrüstung gegen jene, die daran Anstoß nehmen. . . . Wien soll marschieren wie Berlin, zwar nicht im Stechschritt, sondern im Schweinstrab, aber sich vor dem Anschluß an das minder verjudete München hüten. (2-3)

Die *Wiener Allgemeine Zeitung* vom 8. Februar 1921 veröffentlichte in diesem Zusammenhang folgende aufschlußreiche Insider-Darstellung:

> Der Optiker Franz Hermann äußerte sich zu einem Mitarbeiter folgendermaßen: "*Ich kenne das Stück nicht*, ich habe *keine* Aufführung *gesehen* und habe auch das Buch *nicht gelesen*. Nur *eine Kritik* habe ich gelesen. Auch die *anderen fünf* Herren, die mit mir verhaftet worden sind und die gleich mir der Orel-Partei angehören, *kennen das Stück nicht.* Aber ein Kollege, der nicht mit verhaftet worden ist, hat uns *erzählt*, was drinnen vorgeht. In unserer Zeit, wo die Moral und alles ganz herunter ist, wollen wir, daß das Theater eine Bildungsstätte ist. Weil wir eine idealistische Auffassung vom Theater haben. Und deshalb *lassen wir den* Reigen

nicht spielen. Die gestrige Demonstration kam folgendermaßen zustande: Wir haben "Urania"-Abend gehabt und haben beschlossen, jetzt gehen wir hin und demonstrieren gegen den *Reigen*. Und so haben wir's auch getan. Die gestrige Kundgebung war noch *lange nicht die letzte. Wir werden weiter demonstrieren, auch andere Gruppen werden die Aufführung des Stückes stören*. Soviel ich weiß, wird auch die *Reichspost* etwas veranstalten—wir haben mit der *Reichspost* nichts zu tun, wir haben *selbständig* gearbeitet—und ich hab' auch gehört, daß eine *Massenversammlung* und eine *Massenkundgebung* gegen den *Reigen* geplant ist. Was sie in München durchgesetzt haben, werden wir in Wien auch treffen." (2)

Die *Arbeiter-Zeitung* (Morgenausgabe vom 8. Februar) nahm diesen Vorfall zum Anlaß, um erneut gegen die Opposition vom Leder zu ziehen. Unter der Überschrift "Eine gestörte Vorstellung des Reigen: Die Früchte der Reichspost-Hetze" schreibt das Blatt: "Man kann nur im Interesse der von der *Reichspost* verhetzten jungen Leute wünschen, daß es bei diesem ersten Versuch der Ausübung klerikalen Terrors in einer Theatervorstellung, die den schwarzen Muckern und Heuchlern nicht behagt, sein Bewenden hat. Denn ein zweiter Versuch könnte ihnen noch weit übler bekommen."[3] Die *Arbeiter-Zeitung* vom 9. Februar 1921 brachte eine erneute Attacke gegen die *Reichspost*, betitelt "Die Wut der Dunkelmänner":

> Unsere Klerikalen, die ja sonst nur darum besorgt sind, daß die Autorität der Kirche äußerlich respektiert werde, . . . scheinen es sich doch einmal in den Kopf gesetzt zu haben, daß mit dem Anbruch der Fastenzeit der Reigen sein Ende nehmen müsse. Und nicht nur in den Ballsälen, sondern sogar auch im Theater. In ihrem Uebereifer haben sie schon Montag abend—wo es doch noch jedem braven Katholiken erlaubt war, sich an Faschingsfreuden zu ergötzen, mit dem Versuch begonnen, Schnitzlers *Reigen* in den Kammerspielen das Bühnenlebenslicht auszublasen. Freilich ist es den fünfzehn bis zwanzig katholischen *Jungmannen*, die, als eben das vorletzte Bild gespielt wurde, mit großem Geschrei in den Zuschauerraum eindrangen, recht schlecht ergangen. Sie wurden rascher hinausbefördert, als sie gekommen waren, und sechs der bußfertigen Jünglinge wurden zur Polizei gebracht, wo ihre Namen festgestellt wurden, damit sie darüber belehrt werden können, daß es bessere Methoden gibt, Buße zu predigen, als

> durch Störung einer Theater Vorstellung. Allerdings wäre diese Belehrung bei denjenigen angebrachter, die diese Bürschchen zu ihrer Büberei angestiftet haben. Denn daß es diesen Dunkelmännern nicht um die Rettung der Moral zu tun ist, wenn sie tagtäglich durch die *Reichspost* gegen Schnitzlers *Reigen* hetzen, das ist doch sonnenklar. Was aus diesen Herrschaften spricht, das ist doch nur die Wut darüber, daß einmal Dinge offen statt versteckt gesagt werden . . . (3)

Eine positive Kritik verfaßte dagegen der Wiener Korrespondent der *Berliner Börsen=Zeitung* (Morgenausgabe vom 8. Februar 1921), der in der Kolumne "Wiener Theater" folgendes berichtete:

> Hier [in Wien] war der Eindruck—beim Publikum wie bei der Kritik—ein ziemlich einheitlicher. Die ersten Szenen gingen eindruckslos vorüber. Aber der Dialog zwischen der "jungen Frau" und dem "eleganten jungen Herrn" erwärmte rasch das Interesse. Und nun stieg die Teilnahme—die durchaus künstlerische Teilnahme—an dem Werk von Szene zu Szene. Das Gefühl witzig gesteigerter Wirklichkeit, die Freude an der geistigen Belebung der Szene—also ästhetisch-technisch ausgedrückt: das Formgefühl—war bald so stark, daß man das Bedenkliche, das Schlüpfrige, Stoffliche kaum mehr empfand. (1. Beilage: [3])

Andere Berichte fielen negativer aus und heizten die Emotionen an, indem sie von den Mißfallenskundgebungen und Störungen in Deutschland—besonders in München—Mitteilung machten. Ein zweiseitiger Artikel im *Neuigkeits Welt=Blatt* (Provinz-Ausgabe) vom 9. Februar 1921 berichtet so folgendermaßen:

> Auch in München entfesselte Sonntag die Aufführung des Schnitzlerschen Stückes einen großen Theaterskandal im Schauspielhaus. Eine Besucherin rief vom ersten Rang im dritten Bilde nach Verdunkelung der Szene in den Saal: "*Das ist eine Schweinerei! So 'was wagt man deutschen Frauen zuzumuten!*" Nunmehr tönte es von allen Seiten: "Saustall! Gemeinheit! Unverschämtheit! Frechheit!" und dabei wurde gezischt und gepfiffen. (4)[4]

Am gleichen Tage gab Karl Paumgartten, der als Verfasser von mehreren antisemitischen Schriften bekannt war, seine Meinung kund, die er bereits 1903 privatim zum Ausdruck gebracht hatte. In seinem Feuilleton "Zum Reigen-Rummel," das am 9. Februar 1921 in der Nachtausgabe der *Wiener Stimmen* erschien, wirft er Schnitzler vor, "daß es ihm um eine lukrative—sagen wir: Cochonnerie plumpster Sorte zu tun war. Mit der Aufführung hat sich Schnitzler freiwillig und schamlos von der Kunst weg zur Zotenreißerei bekannt. . . . Ich habe damals im *Reigen* trotz aller Angst vor ungerechtem Urteil die *beabsichtigte* Pornographie gewittert—und sie ist wirklich beabsichtigt" (4). Besagte Nachtausgabe der *Wiener Stimmen* widmete dem *Reigen*-Skandal die ersten beiden Seiten. Voreilig verkündeten die Schlagzeilen des Blatts: "Einstellung des Reigen-Skandals. Die weitere Aufführung der Schnitzler-Dialoge verboten" (1-2), und in der Rubrik "Hoblspäne" war folgendes Verspaar zu lesen:

Der *Kuhreigen* ist überwunden schon!
Der *Sau-Reigen* zählt heut' zum guten Ton! (3)

Der nächste Schritt war eine Attacke gegen den Staat, der diese 'diffamierende' Aufführung duldete. Radikale Gruppen versuchten—zunächst ohne Erfolg—, Bernau dazu zu bringen, den *Reigen* aus dem Repertoire der Kammerspiele zu streichen. Das war kein leichtes Unterfangen, denn die *Reigen*-Vorstellungen waren fast immer ausverkauft. In der *Illustrierten Kronen=Zeitung* vom 10. Februar 1921 heißt es in diesem Zusammenhang:

> (Verbot der *Reigen*-Aufführungen?) Wie die *Wiener Stimmen* melden, hat die Bundesregierung Dienstag beschlosen, die *Reigen*-Aufführungen nicht mehr zu gestatten. . . . Bis zum nächsten Mittwoch sind alle *Reigen*-Aufführungen in den Kammerspielen total ausverkauft, trotzdem alle Kartenpreise mehrfach erhöht wurden. Vielfach haben es auch "wilde Agioteure" verstanden, sich Karten in größeren Mengen zu beschaffen, die am Abend vor Beginn der Vorstellung in der Rotenturmstraße um weit höhere Preise an Theaterbesucher verkauft werden. (5)

Schnitzler notierte diesbezüglich in seinem Tagebuch:

> Reigen sei vom Ministerium des Innern aus Gründen der oeffentl. Sicherheit verboten. Zehn Minuten später: Das Ministerium habe das Polizeipraesidium ersucht, Reigen zu verbieten; Schober aber

erklärt, dazu sei nur die Landesregierung competent, Bürgermeister Reumann, der sich noch nicht hatte vernehmen lassen.—" (*Tagebuch 1920-1922*: 140)

Schließlich lief es darauf hinaus, daß der *Reigen* weiterhin aufgeführt wurde. Wie in dem Artikel "Der Kampf um Schnitzlers *Reigen*," der am 10. Februar 1921 in der Morgenausgabe des *Illustrierten Wiener Extrablatts* erschien, gemeldet wurde, lehnte der Wiener Polizeipräsident Johannes Schober es ab, das Verbot zu erlassen, obwohl er persönlich gegen die Aufführung des *Reigen* war:

> Gestern wurde mit vieler Bestimmtheit erzählt, der Bundesminister für Inneres habe dem Polizeipräsidenten Schober *nahegelegt*, die weiteren Aufführungen von Schnitzlers *Reigen* in den Kammerspielen "*aus Gründen der Ruhe, Ordnung und Sittlichkeit" zu verbieten*. Der *Polizeipräsident* nehme jedoch den Standpunkt ein, daß er zu einem Verbote im Augenblicke keine Veranlassung habe und daß er seine weiteren Schritte von der ferneren Entwicklung der Angelegenheit abhängig zu machen gedenke. Dermalen bestehe kein Grund zu einem Verbot. (6)

Besonderes Interesse verdient in diesem Artikel der erneute Vergleich, der zwischen den Aufführungen in Berlin, München und Wien gezogen wird:

> In *Berlin* gab es wegen des *Reigen* ebenfalls Auseinandersetzungen und Parteiungen. Doch auch in der deutschen Reichshauptstadt haben die Gerichte erkannt, daß Schnitzlers *Reigen* das sittliche Empfinden der Zuschauer zu verletzen nicht geeignet erscheint. In Berlin wird das Stück anstandslos weiter gegeben. Man hat bisher von Störungen nichts gehört. Anders in *München*, wo es, wie unsere Leser bereits erfahren haben, zu Exzessen gekommen ist. In München erfolgte ein Verbot und das Münchener Beispiel scheint nun dem österreichischen Bundesminister vorgeschwebt zu haben. (6)

Die Gefahr, die dem *Reigen* durch ein Zensurverbot drohte, verringerte sich am 10. Februar, so daß die *Allgemeine Wiener Zeitung* am gleichen Tag berichten konnte: "Ein nachträgliches *Zensurverbot* ist wohl ausgeschlossen, denn der Landeshauptmann hat, nachdem die Polizeizensur für ein Verbot war, den *Reigen freigegeben*. Bis zur Stunde ist, wie wir erfahren, behördlicherseits *keine Sistierung* der *Reigen*-Aufführung erfolgt" (5).

Schnitzlers Reaktion auf diese und ähnliche Zeitungsmeldungen geht aus seinem Tagebucheintrag vom 10. Februar 1921 hervor: "Die Zeitungen erfüllt vom 'Reigen.' Welches Spiel der Verlogenheiten. Politicum. Unaufrichtig Feind wie Freund.—Allein, allein, allein.—" (*Tagebuch 1920-1922*: 141)

2. *Tageschronik*

a) *Freitag, der 11. Februar 1921*

Am 11. Februar notierte Schnitzler in seinem Tagebuch: "Die Reigen Affaire. Competenzstreit zwischen Min. des Innern und Landesregierung, Polizeipraesid. dazwischen. Artikel in Arbeiterztg. und Reichspost...Verbot angeblich noch nicht erfolgt;—Die Mittag Ztg. bringt dann Mittheilung, daß schon Verbot.—" (*Tagebuch 1920-1922*: 141). Die Meldungen, die sich mit der Frage befaßten, ob der *Reigen* nun verboten würde oder nicht und von wem, überschlugen sich.[5] Das Problem dabei war, daß laut Verfassung nur der sozialdemokratische Landeshauptmann von Wien, der gleichzeitig das Amt des Bürgermeisters innehatte, die entsprechende Anordnung zur Unterbindung der Aufführung erlassen konnte. Der Bundesminister für Inneres, der christlichsoziale Dr. Egon Glanz, der gegen die Darbietung des *Reigen* opponierte, war anscheinend dazu nicht befugt, jedoch hatte das neue Bundesverfassungsgesetz von 1920, das den Zuständigkeitsbereich von Bund und Ländern festlegte, noch viele juristische Interpretationsmöglichkeiten. Folglich war nicht ganz klar, wer die Befugnis hatte, die Aufführung eines Stücks zu untersagen. Die Auslegung der Gesetze ging zu jener Zeit recht subjektiv vonstatten und hing vom Programm der jeweiligen Partei oder den Ansichten und Überzeugungen der Protagonisten ab.

Die Morgenausgabe der *Arbeiter-Zeitung* vom 11. Februar erörterte in ihrem Leitartikel, der den Titel "Der Reigen des Herrn Glanz" trägt, die juristische Zuständigkeit des Bundesministers für Inneres und des Landeshauptmanns:

> [Der Bundesminister für Inneres, Dr. Glanz, kann das Stück nicht verbieten. Es ist so,] daß die Entscheidung über die Zulassung der Aufführung eines Theaterstückes *ausschließlich* der politischen

> Landesbehörde zusteht; der Minister des Innern kann nur gegen ein *Verbot* der Landesbehörde angerufen werden. . . . Es entscheidet . . . in letzter Hinsicht der Wiener Bürgermeister als Landeshauptmann von Wien als Bundesland. (1)

Doch es schien, als habe der Bürgermeister Jakob Reumann diese Entscheidung bereits getroffen, denn am gleichen Tag berichtete die Morgenausgabe des *Deutschen Volksblatts* unter der Überschrift "Der *Reigen* verboten": "Die Aufführungen des *Reigen*, die der Wiener Bürgermeister Reumann gegen das ursprüngliche Verbot gestattet hatte, sind von der Regierung verboten worden. Endlich, könnte man sagen. Man hätte sie nie erlauben sollen, denn mit wahrer Kunst hat diese "Dichtung" des Herrn Schnitzler nichts zu tun" (6). Am gleichen Tag, dem 11. Februar 1921, wurde in der Morgenausgabe des *Berliner Börsen=Couriers* auch berichtet, daß die Buchedition des *Reigen* konfisziert worden sei, der *Reigen* aber immer noch in Wien aufgeführt werde: "Inzwischen ist, wie man uns aus *Wien* drahtet, dort—entgegen den von der Bundesregierung der Landesregierung und Wiener Polizeidirektion nahegelegten Weisungen—bisher von diesen zuständigen Instanzen *kein* Aufführungsverbot für *Reigen* erlassen worden" (1. Beilage: 6). Die Abendausgabe (6 Uhr Blatt) der *Wiener Allgemeinen Zeitung* vom 11. Februar 1921 machte diese höchst chaotische Situation noch verworrener, indem sie folgende Schlagzeilen im Kursivdruck brachte: "Das Regierungsverbot des *Reigen*. Konflikt zwischen Regierung und Rathaus.—Sturmszenen im Parlament.— Abgeordneter Sever mißhandelt.—Der *Reigen* wird weiter gespielt.—Die Zensurbehörde gegen das Verbot" (1). Dieser ins Auge fallenden journalistischen Aufmachung, die es fast unnötig macht, den gesamten Artikel zu lesen, bedienten sich auch andere Zeitungen, so zum Beispiel das *Neue Wiener Abendblatt,* die Abendausgabe des *Neuen Wiener Tagblatts*. Auf der Titelseite der Ausgabe vom 11. Februar 1921 heißt es: "Verbot der Aufführung des *Reigen*.—Durch die Bundesregierung.—Widerspruch des Landeshauptmannes Reumann.—Drohender Verfassungskonflikt." Die gleiche Ausgabe brachte außerdem folgende Notiz: "Bis Montag waren *alle Vorstellungen ausverkauft*. Gegenwärtig wird der *Reigen* in *Berlin* aufgeführt. Die Vorstellungen in *München* wurden, wie erinnerlich, Anfang dieser Woche von der Polizei verboten" (1).

Die Haltung der Presse richtete sich ganz nach den Parteien, denen sie als Sprachrohr dienten. Schnitzler notierte am 11. Februar 1921 in diesem Zusammenhange richtig: "Die Zeitungen benehmen sich nach

Parteipolitischen Grundsätzen.—" (*Tagebuch 1920-1922*: 142) . . .

b) *Sonnabend, der 12. Februar 1921*

und setzte dann am 12. Februar fort: "Die Zeitungen behandeln die Reigenaffaire als großes Politicum und sind auf allen Seiten gleich zuwider" (*Tagebuch 1920-1922*: 142). Es sei hier nur kurz angedeutet, daß Arthur Schnitzler gerade zu dieser Zeit eine der schwersten Krisen seines Lebens mit seiner Frau Olga durchlebte, eine Krise, die am 26. Juni 1921 mit einer Scheidung endete. In dieser hier geschilderten Zeit wurde Schnitzler so nicht nur nicht nur mit den Attacken gegen *Reigen* konfrontiert, sondern auch mit diesem persönlichen Problem, das ihn sehr schwer mitnahm, wie es viele seiner Tagebucheintragungen anzeigen. So z.B. die am 28. Januar 1921: "Thränen auf beiden Seiten. . . Das unsagbar schmerzliche dieser Gespräche läßt sich nie und nimmer wiedergeben...Steig ich je wieder aus der furchtbaren Atmosphäre dieser Lebensperiode empor—ich werde kaum fassen, daß ich sie überstanden—" (*Tagebuch 1920-1922*: 136). In diesem Zusammenhange gehört auch folgende Eintragung vom 20. Februar 1921: "Die unleidliche 'Beileidsstimme' mancher Leute:—die nicht recht wissen, warum sie mich mehr beklagen sollen; um des Reigenskandals (er hat sich so ziemlich zum größten der Theatergeschichte entwickelt)—oder um der Lebenskatastrophe, die offenbar geworden" (*Tagebuch 1920-1922*: 147).

Das Problem bei einem Aufführungsverbot des *Reigen* war, daß Unklarheit darüber herrschte, ob der Minister die Befugnis hatte, ein Stück zu verbieten. In dem Artikel "Klage gegen Bürgermeister beim Verfassungsgerichtshof?," der in der Abendausgabe des *Illustrierten Wiener Extrablatts* vom 12. Februar 1921 erschien, unternimmt der Verfasser den Versuch, die Kompetenzfrage zu klären:

> Heute wird folgendes behauptet: "Die Artikel 10 bis 13 und 15 des Bundesverfassungsgesetzes, welche für später die Kompetenzen regeln, stehen noch nicht in Kraft, so daß nach Paragraph 42 des Uebergangsgesetzes die bisherige Kompetenzaufteilung inzwischen aufrecht bleibt und die Angelegenheiten der Theaterpolizei und damit auch der Theaterzensur Bundessache sind; sie werden derzeit von den Landeshauptmännern als mittelbare Bundesverwaltung durchgeführt. Nach dem *Bundesverfassungsgesetze* (Art. 104) ist auf diesem Gebiete der Landeshauptmann an die Weisungen der Bundesregierung, sowie der Bundesministerien gebunden. Be-

> folgt er eine solche Anordnung nicht, so kann er von der Bundesregierung *beim Verfassungsgerichtshofe* belangt werden. *Die Regierung hat in diesem Falle keinen anderen rechtmäßigen Weg".* Also bis der Verfassungsgerichtshof sein Urteil gefällt haben wird, hängt das ministerielle Verbot in der Luft und die *Vorstellungen des 'Reigen' können bis dahin fortgeführt werden.* (1)

Die bisherige Kompetenzaufteilung war durch die "Verordnung des Ministeriums des Innern vom 25. November 1850" festgelegt. Dieser Verfügung zufolge hatte der Minister keine Zensurgewalt; diese Befugnis hatte nur der Statthalter. Der genaue Wortlaut dieses Paragraphen wurde in der Morgenausgabe der *Arbeiter-Zeitung* vom 12. Februar 1921 wiedergegeben, in einem auf der Titelseite erschienenen Artikel, der die Überschrift "Der Gesetzbruch des Glanz" trägt: "In manchen Fällen stellt auch erst die Darstellung eine früher nicht vorausgesehene Wirkung auf das Publikum heraus. Es ist deshalb *dem Statthalter durch das Gesetz das Recht gewahrt*, die erteilte Aufführungsbewilligung zu jeder Zeit ganz oder teilweise zu widerrufen" (1). Daraus zieht die *Arbeiter-Zeitung* folgenden Schluß: "Das ist die Rechtslage, und daraus geht hervor, daß der Minister des Innern eine Gesetzverletzung begangen hat, die einem bewußten Bruch der Bundesverfassung gleichkommt. Die Sozialdemokraten sind aber fest entschlossen, die Rechte der Stadt Wien nicht antasten zu lassen" (2).

Eine ausführlichere Analyse der das *Reigen*-Verbot betreffenden rechtlichen Lage unternimmt Dr. Julius Ofner in seinem Artikel "Die Rechtslage beim Verbot des *Reigen*," der am 12. Februar 1921 in der Morgenausgabe der *Neuen Freien Presse* veröffentlicht wurde. Abermals werden Vergleiche zwischen Wien und Berlin respektive München angestellt: "Schnitzlers *Reigen* sollte in Berlin von der Verwaltungsbehörde verboten werden, wurde aber vom Verwaltungsgerichte freigegeben. In München ist er verboten; in Wien wurde er vom Landeshauptmann erlaubt, von dem Minister des Innern verboten" (6). Nach Ofners Dafürhalten ist es Sache des Landeshauptmanns—und nicht des Ministers—, ein derartiges Verbot auszusprechen oder nicht:

> Nach der Theaterordnung vom 25. November 1850, R. G. Bl. Nr. 434, ist zweifellos (Paragraph 3) der Statthalter, respektive derzeit der Landeshauptmann befugt, die Genehmigung zu erteilen; und wenn nach Paragraph 5 die erteilte Aufführungsbewilligung aus Beweggründen der öffentlichen Ordung jederzeit zurückgenommen

> werden kann, so geht schon daraus, daß keine andere Kompetenz im Paragraphen 5 bestimmt ist, hervor, daß für die Zurücknahme die gleiche Behörde maßgebend ist. (6)

In dieser ministeriellen Einmischung kommt, wie Ofner meint, "der in der Erinnerung der höheren Bureaukratie noch lebendige Gedanke der autokratischen Gewalt" zum Ausdruck. Dieser überholten traditionellen Weltanschauung zufolge war der Wille des Kaisers oberstes Gesetz, dem sich alle Behörden zu beugen hatten:

> Die Behörden sind seine Organe und haben ihm zu gehorchen. Was sie getan haben, kann er ungeschehen machen. Diese unter dem Namen der Kabinettsjustiz bekannte Gewalt ist in der Verwaltung weit länger geblieben als im ordentlichen Gerichtsverfahren, in Oesterreich bis zur Verfassung. In der nicht publizierten allerhöchsten Entschließung vom 12. April 1852 ist der allgemeine Wirkungskreis der Zentralstellen festgesetzt und dort heißt es im Paragraphen 1a, daß in diesem Wirkungskreis gelegen ist die Vollziehung der allerhöchsten Beschlüsse und Befehle. (6)

Spätere Änderungen, vor allem das am 19. Mai 1868 verabschiedete Gesetz, schränkten den Wirkungskreis der Zentralstellen jedoch ein, so daß die Schlüsselfrage jetzt die war, "ob wir verfassungsmäßig leben wollen, ob wir darauf rechnen dürfen, daß sich die Behörden an ihren Wirkungskreis halten, und daß insbesondere die obersten Behörden nicht Autokraten spielen" (6).

Eine Reaktion auf Ofners Artikel erfolgte schon am gleichen Tage, und zwar in der Abendausgabe der *Arbeiter-Zeitung*, wo unter der Überschrift "Das übergeschnappte Schieberblatt" zu lesen war:

> In der *Neuen Freien Presse* veröffentlicht Dr. Ofner einen Artikel über die Rechtslage beim Verbot des *Reigen*. Selbstverständlich kommt der angesehene Jurist zu dem Ergebnis, daß das Eingreifen des Ministers dem Gesetz widerspricht und ein *Akt der Kabinettsjustiz ist*, der sogar der Verfassung der Monarchie widersprochen hat—wie erst der neuen Verfassung. . . . Was soll man nun dazu sagen, daß das Schieberblatt einen flammenden Leitartikel bringt, worin es die Sozialdemokraten beschimpft und ihnen vorwirft, daß sie "die Verfassungsfrage vorgeschützt" hätten. . . . Und warum diese Aufregung? Die Sozialdemokraten haben die Vermögensab-

gabe durchgesetzt und haben den Schiebern einen noch größeren Teil ihres Vermögens wegbesteuern wollen, als leider durchzusetzen war. Weil es ihnen das nicht verzeiht, darum haßt das edle Blatt die Sozialdemokraten und beschimpft sie in ihrem Kampfe gegen klerikale Willkür und es kommt der klerikalen Regierung zu Hilfe, weil es von ihr Nachsicht bei der Bemessung der Steuer erwartet. Daß auch die *Deutsche Tageszeitung* hinter dem Börsenblatt nicht zurückbleibt, hat natürlich ähnliche Gründe. Auch Herr Stinnes haßt die Sozialdemokraten und die deutsche Schwerindustrie fühlt sich mit dem österreichischen Kapital solidarisch, das in den Großdeutschen seine gehorsame Knechte findet. (2)

Die beiden Standpunkte in dieser strittigen Frage wurden aufs prägnanteste von zwei bestimmten Zeitungen dargelegt. Zum einen heißt es in der Morgenausgabe des *Neuen Wiener Journals* vom 12. Februar 1921 ("Der *Reigen*-Kompetenzanarchie"):

> Jetzt kommt nicht mehr in Betracht, ob der *Reigen* für eine Aufführung geeignet ist oder verletzend wirkt, sondern ob ein Minister, der das Gesetz hüten soll, durch irgendwelche Argumente sich dazu verleiten lassen darf, eben dieses Gesetz zu übergehen. Und da muß man sagen, daß die Gesetzesverletzung des Bundesministers des Innern ohne weiteres deutlich ist. (1)

Die entgegengesetzte Meinung konnte man dann am gleichen Tag in der in Wien publizierten *Deutschen Volksstimme* lesen:

> Daß dieser Standpunkt gänzlich unhaltbar ist, geht daraus hervor, daß nach dem Bundesverfassungsgesetz gerade in solchen Angelegenheiten das Bundesministerium instanzenmäßig das letzte Wort zu sprechen hat. Das Bundesministerium ist zweifellos den Landesverwaltungen übergeordnet und ebenso zweifellos mit einem Einspruchsrechte gegen deren Verfügungen ausgestattet. Wäre letzteres nicht der Fall, so hätte das Ueberordnen des Bundesministeriums über die einzelnen Landesverwaltungen keinen Sinn.

Am nämlichen Tag wurde die Erörterung der Frage, ob der Minister berechtigt sei, ein Stück zu verbieten, im Nationalrat auf die Tagesordnung gesetzt; in der diesbezüglichen Diskussion äußerte sich, wie die Morgenausgabe der *Arbeiter-Zeitung* vom 12. Februar 1921 unter der

Überschrift "Die Debatte im Nationalrat" berichtet, der sozialdemokratische Abgeordnete Karl Leuthner wie folgt:

> Die Bundesregierung hat die Aufführung des bekannten Theaterstückes *Reigen* in Wien verboten. Dieses Verbot stellt einen *verfassungswidrigen Eingriff der Bundesregierung in die Rechte des Landes Wien dar*, da zur Ausübung der Theaterzensur in Wien ausschließlich der Landeshauptmann von Wien befugt ist. Das Verbot beweist, daß der Regierung das Diktat der Klerikalen höher steht als die Bestimmungen der Verfassung. Es wird die Frage gestellt, ob der Minister für Inneres den verfassungswidrigen Erlaß über das Verbot der Aufführung des *Reigen* sofort zurückziehen wolle. (2)

Die verbale Auseinandersetzung zwischen den Sozialdemokraten und den Christlichsozialen artete in Tätlichkeiten aus, nachdem die Christlichsozialen die Sozialdemokraten unter anderem als "Juden, Saujuden, Judenbagage" beschimpft hatten. Von prophetischer Bedeutung ist der Hinweis auf Deutschland und den "Anschluß," zu dem sich—wie die *Kleine Volks-Zeitung* vom 12. Februar 1921 referiert—der Abgeordnete Leopold Kunschak veranlaßt sah: "Wenn schon der Friedensvertrag den Anschluß Oesterreichs an das Deutsche Reich untersage, so sei doch nicht verboten, daß sich Oesterreich *in sittlicher und kultureller Beziehung an das Deutsche Reich anschließe*" (3). Diesen Punkt führt auch die Morgenausgabe der *Reichspost* vom 12. Februar 1921 an, in der es unter der Überschrift "Der Reigen-Skandal im Wiener Landtag" heißt:

> GR. Kunschak weist darauf hin, daß es bezeichnend sei, daß die Aufführung eines Schaustückes, das *Saustück* genannt werden könne, zu Weiterungen zwischen den Parteien Anlaß geben kann. Nicht nur die Bevölkerung Wiens, sondern die Bevölkerung anderer Städte und auch die Bevölkerung des *Deutschen Reiches* habe die Aufführung des *Reigen* abgelehnt. Wenn schon der Friedensvertrag den Anschluß Oesterreichs an das Deutsche Reich untersage, so sei doch nicht verboten, daß sich Oesterreich in sittlicher und kultureller Beziehung an das Deutsche Reich anschließe. (3)

An gleicher Stelle geht das Blatt auch auf die Rede der Abgeordneten Dr. Alma Seitz-Motzko ein:

> Dr. Seitz-Motzko erklärt, daß der *Landeshauptmann* von Wien sich *schwer gegen das Volk von Wien versündigt* habe. Es ist geradezu unglaublich, daß dieses Stück, das nichts anderes ist, als eine Konzession auf die Geilheit eines auswärtigen Schiebertums, in Wien aufgeführt werden dürfe, und daß entgegen allen Einsprachen der *Bürgermeister von Wien* als Landeshauptmann *ein derartiges Stück schützt.* Wir erheben flammenden Protest gegen dieses Vorgehen, das die Würde und die Ehre deutscher Frauen auf das tiefste verletzt. Wir Frauen von Wien begrüßen es von ganzem Herzen, daß die Regierung den Mut gehabt hat, diesem Skandal Einhalt zu bieten, und wir verlangen von dem Landeshauptmann, daß er sich *rechtfertige*, wie er dazu gekommen ist, dem ganzen Volke von Wien Trotz zu bieten. (Mit erhobener Stimme:) Hüten Sie sich und spielen Sie nicht mit dem Aeußersten. Es gibt eine Gewalt, die sich stärker erweisen wird, als Sie. Ich verlange im Namen meiner Parteigenossen, daß der Herr Bürgermeister uns über sein Verhalten *Rechenschaft* gibt und ob er gewillt ist, das Verbot über dieses Stück auszusprechen. (Stürmischer Beifall bei den Christlichsozialen.) (3)

Die Auseinandersetzungen eskalierten noch mehr, nachdem Glanz sein Eingreifen mit den Worten gerechtfertigt hatte: "*Ich glaube, daß mein Erlaß die Meinung aller anständigen Leute verkörpert.*" Wie die Morgenausgabe des *Neuen Wiener Journals* vom 12. Februar 1921 berichtet, spielten sich daraufhin folgende Szenen ab:

> Diese letzteren Worte *haben einen Sturm im Hause verursacht*, wie man ihn seit den Obstruktionssitzungen unseligen Angedenkens im Parlament nicht erlebt hat. Die sozialdemokratischen Abgeordneten drängten gegen die Ministerbank, einzelne hatten sie bereits erreicht und schlugen mit den Fäusten auf den Tisch. Die Christlichsozialen, die ihren Minister in Gefahr sahen, versuchten die Sozialdemokraten von dem Ministertisch abzudrängen. All dies geschah unter ohrenbetäubendem Lärm, unter lauten Zurufen und gegenseitigen Beschimpfungen. [Albert] *Sever*, der in der Nähe der Ministerbank stand und selbst beschwichtigend auf die Abgeordneten einzuwirken suchte, erhielt plötzlich von einem christlichsozialen Bauernführer *einen Schlag ins Gesicht*. Darauf ging der Krawall . . . von neuem los. (3)

Die *Volks-Zeitung* vom 12. Februar 1921 berichtete über diesen Vorfall unter der saloppen Überschrift "Keilereien zwischen Sozialdemokraten und Christlichsozialen":

> Ein Teil der christlichsozialen Abgeordneten drängten sich gegen die Sozialdemokraten, die vor der Ministerbank stehen, vor unter den fortgesetzten Rufen: *Juden, Saujuden, Judenbagage*! . . . Es kommt zu *wüsten Szenen*, in deren Verlauf schließlich der Abgeordnete *Sever* mit dem Ellenbogen des Herrn *Pischitz* in *sehr unsanfte Berührung* gerät. (2)

In der Version der Wiener Ausgabe der *Roten Fahne* vom 12. Februar 1921 heißt es unter der Überschrift "Das Theater im Parlament," daß

> Glanz . . . wieder den alten, aus der *Reichspost* wohlbekannten Vers von dem sittlichen Empfinden der Wiener Bevölkerung [betete], das durch die Aufführung des *Reigen* schwer verletzt werde . . . Er erklärte, daß nach den geltenden Kompetenzbestimmungen . . . es sein Recht und seine Pflicht sei, die weitere Aufführung zu untersagen. Bei den Worten: "*Ich glaube, das Urteil über mein Wirken getrost jedem anständig denkenden Menschen zu überlassen*", geht ein *großer Tumult* los. Die Sozialdemokraten drängen zur Ministerbank. *Sever erhält einen Schlag ins Gesicht!*. Man muß ihn mit Gewalt davor zurückhalten, sich auf den Abgeordneten Pischitz zu stürzen. Dann hält *Volker* eine lange Rede über die gefährdete Sittlichkeit, von der das meiste in dem Lärm verloren geht. (3)

Gleiche oder ähnliche Berichte erschienen am nämlichen Tag auch in anderen Wiener Blättern. Die Schlagzeile der *Wiener Mittags=Zeitung* lautete: "Der *Reigen* vor dem Verfassungsgerichtshof. Die Regierung bringt beim Verfassungsgerichtshof die Klage gegen Reumann ein. Fortdauer der Vorstellungen. Keine Zurückziehung des *Reigen* durch Schnitzler" (1). Die Morgenausgabe des *Neuen Wiener Journals* verkündete: "Wüste Lärmszenen im Wiener Landtag. Bürgermeister Reumann gegen den Minister des Innern" (4). "Skandale im Wiener Landtag" (3), hieß es in der Morgenausgabe des *Illustriertes Wiener Extrablatts*. Und die *Volks-Zeitung* veröffentlichte folgende Schlagzeile: "Lärmszenen im Wiener Landtag—Ein sozialdemokratischer Antrag zur Wahrung der Autonomie" (2). Die Auseinandersetzung wurde, wie die Morgenausgabe der *Arbeiter-Zeitung* vom 12. Februar 1921 referiert, noch hitziger, als im Laufe dieser "Debatte im Nationalrat" die Reaktion auf den *Reigen* in Deutschland zum Vergleich herangezogen wurde:

> [Otto] Volker (Chr.-soz.): . . . Wir stehen auf dem Standpunkt, daß die Regierung ihre Pflicht getan hat und wir verteidigen das. Man hat den *Reigen* in München und in Berlin verboten und wir Deutsche an der Donau wollen in unserem sittlichen Reinlichkeitsgefühl nicht hinter dem übrigen deutschen Volk zurückbleiben. (Lebhafter Beifall bei den Christlichsozialen; andauernde Zwischenrufe bei den Sozialdemokraten.) (2)

Insonders zwei Zeitungen stachen durch den aggressiven und antisemitischen Ton ihrer Berichte hervor: die *Reichspost* und das *Grazer Volksblatt*. Die Morgenausgabe der *Reichspost* vom 12. Februar 1921 brachte auf der ersten Seite einen ganzseitigen Artikel mit dem Titel "Der Reigen um die Latrine," in dem das Blatt sich über die "Schamlosigkeit, . . . mit der das schwerste und dunkelste Geheimnis alles Menschlichen auf offener Bühne prostituiert wird" (1), empört. Abschließend heißt es:

> Die bodenständige christliche Bevölkerung wird es ihnen [Reumann und Bernau] nie vergessen, daß sie eines politischen Machtkitzels willen hohe geistige Güter der frechen Willkür fremdrassiger Theatermacher preisgeben, daß Bernau, Schnitzler und ihr Publikum sich gegenüber der Volksregierung, gegenüber dem Willen des wirklichen Volkes als Herren aufzuspielen wagen dürfen, daß angebliche Volksvertreter offenkundigen Schmutz, der den Titel der Kunst usurpirt, mit politischen Advokatenkniffen drapieren. (1)

Der Artikel "Ein Konflikt zwischen Bürgermeister Reumann und dem Minister Dr. Glanz," der am 12. Februar 1921 auf der ersten Seite der Morgenausgabe des *Grazer Volksblatts* erschien, fährt in seinem Angriff gegen den *Reigen* und Schnitzler noch gröberes Geschütz auf. Voller Gehässigkeit werden hier die Juden, der Bürgermeister und die sozialdemokratische Partei attackiert:

> In der gestrigen Sitzung des Nationalrates kam es zu heftigen Zusammenstößen zwischen den Sozialdemokraten und den Christlich-

> sozialen, die nicht geeignet sind, das Ansehen dieser Körperschaft in weiten Kreisen zu heben. Die Sozialdemokraten wissen ganz gut, daß das Theaterstück *Der Reigen* vom Juden Schnitzler eine künstlerische Schweinerei ist und daß es eigentlich nicht auf die Bühne gehört. . . . Bürgermeister Reumann, der zugleich Landeshauptmann von Wien ist, hat aber die Aufführung dieses Schandstückes, das eigentlich in ein Bordell gehört, erlaubt, und die gestrigen Lärmszenen hatten nur den einen Zweck, ihrem Parteigenossen beizuspringen. (1)

Unter dem Titel "Schnitzlers *Reigen* im Wiener Gemeinderat als Landtag. Skandalszenen" brachte die Abendausgabe des *Grazer Volksblatts* einen weiteren Artikel, der die Entscheidung des Bürgermeisters, die *Reigen*-Aufführung nicht zu untersagen, aufs schärfste kritisiert:

> Es ist geradezu unglaublich, daß das Stück *Der Reigen*, das nichts anderes ist als eine Konzession an die Geilheit eines auswärtigen Schiebertums in Wien, aufgeführt werden dürfe, und daß entgegen allen Einsprachen der Bürgermeister von Wien als Landeshauptmann ein derartiges Stück schützt. Wir erheben flammenden Protest gegen dieses Vorgehen, das die Würde und die Ehre deutscher Frauen auf das tiefste verletzt. (1)

Ein fast identischer Beitrag wurde in dem *Illustrirten Wiener Extrablatt* am 12. Februar veröffentlicht, in dem der Abgeordnete Seitz den Bürgermeister beschuldigte, die Würde und Ehre der deutschen Frauen verteidigte und den Regierungsbeschluß billigte, den *Reigen*-Vorstellungen Einhalt zu gebieten:

> Frau Dr. Seitz sagt, der Bürgermeister habe sich schwer gegen das Volk versündigtder *Reigen* ist nichts anderes, als eine Konzession an die Geilheit eines auswärtigen Schiebertums.—Wir erheben flammenden Protest gegen dieses Vorgehen, das die Würde und Ehre deutscher Frauen auf das Tiefste verletzt . . . . Wir begrüßen freudig den Mut der Regierung, diesem Skandal Einhalt zu tun. (3)

Die gleiche Zeitung veröffentlichte ebenfalls einen scharfen Wortwechsel zwischen der sozialdemokratischen Abgeordneten Frl. Marie Kramer und einigen christlichsozialen Abgeordneten, in dem die Sozialdemokratin mit folgenden Worten abgeurteilt wurde: "Pfui Teufel. Das will eine

Lehrerin sein. Schämen Sie sich, den Schmutz für das Dirnentum zu verteidigen!" (3)

Die *Neue Freie Presse* vom 12. Februar 1921 widmete dem *Reigen* einen Großteil ihrer Seiten—unter Überschriften wie den folgenden:

> Das Verbot des *Reigen* (6).—Der Rechtsstandpunkt der Regierung (6).—Die heutige Rede des Ministers Dr. Glanz im Nationalrate (6).—Die heutige Aufführung des *Reigen* (6).—Äußerungen Direktor Bernaus (6-7).—Die Sturmszenen im Nationalrat (7).—Das Verbot der *Reigen*-Aufführungen (7).—Eine *Reigen*-Debatte im Wiener Landtage (7-8).—Erklärung des Landeshauptmanns Reumann (8).

Der Leitartikel diese Zeitung befaßte sich mit der Debatte über die Zuständigkeit des Ministers und des Bürgermeisters, obschon mit dem Zusatz, daß es wichtigere Dinge gab als eine Debatte über ein Theaterstück. In der Sektion "Die Abgeordneten und der *Reigen*" konnte man lesen:

> In einem Lande, das derart niedergeschmettert wurde, wo die Ausgaben so sehr die Fähigkeiten übersteigen, da ist es schließlich nicht zu verwundern, daß die Menschen, besonders unbedeutende Menschen, ihre Erregungen dorthin schleudern, wo Instinkt und Zufall sie hinleiten. . . . Der heutige Tag war ein schwarzer Tag des Parlaments und kein Entschuldigungsgrund vermag den Mangel an Staatsgefühl zu rechtfertigen und die Gleichgültigkeit in den Zeiten der schwersten Not. Am besten wäre es, diese Sitzung aus den Protokollen des Parlaments auszulöschen, damit wir nicht vor unseren Kindern und Enkeln in Schande stehen und damit wir nicht erröten müssen, wenn sie uns fragen, wie wir das Leiden dieses Friedens getragen haben. Das Defizit kann nicht totgeschwiegen werden und die Groteske einer Kampfdebatte über den *Reigen* nach der Rede des Finanzministers ist unerträglich. Es war das Satyrspiel nach der Tragödie. (1)

Das *Illustrirte Wiener Extrablatt* vom 12. Februar 1921 vertrat dieselbe Meinung. In dem Artikel "Der Reigen und die Politik" heißt es:

> Arthur Schnitzlers geistreich=frivole Dialoge von der sinnlichen Liebe. . . sind bei uns in Oesterreich, in diesem ärmsten Lande der

> Welt—man solls nicht glauben—zum Gegenstande des politischen Kampfes geworden. Im Nationalrat und im Wiener Landtag kam es gestern zu erregten Szenen, zu heftigen Reden und Gegenreden, zu Beschimpfungen und Drohungen; die Leidenschaften erhitzten sich, als gäbe es nicht ernstere und wichtigere Dinge, als lebten wir auf einer glücklichen Insel, deren Bewohner sich den Luxus erlauben, literarische und künstlerische Parteiungen zu Staatsangelegenheiten aufzubauschen. Oesterreich ist wieder einmal das Land der krassesten Unwahrscheinlichkeiten. (1)

Schuld hatte hier, wie das *Neue Wiener Tagblatt* vom 12. Februar 1921 berichtete, die Entfremdung der Regierung und der Abgeordneten von dem Volk. In "Vorhang nieder!" verdammte dieses Blatt die, die dafür verantwortlich waren:

> Zum erstenmal seit dem Umsturz ist es zu wüsten Tumulten und tätlichen Zusammenstößen im Nationalrat gekommen. All das Unglück, das uns in diesen zweieinhalb Jahren heimgesucht hat, all die leidenschaftlichen Gegensätze, die die öffentliche Meinung aufwühlten, haben die Gemüter im Parlament nicht so sehr entflammt wie die Angelegenheit des *Reigen*. Der elende Friede, die Hungersnot, die Feindseligkeiten zwischen Land und Wien, der Machtkampf zwischen Bürgerlichen und Sozialisten, die Drohungen eines kommunistischen Umsturzes, die Zerschlagung der Koalition, die Oktoberwahlen mit ihrer Umwälzung der parlamentarischen Machtverhältnisse—alles ist vorbeigezogen, ohne die Volksvertretung aus dem seelischen Gleichgewichte zu bringen. Aber die Aufführung einer Szenenreihe, die neunundneunzig Hundertstel unsrer Bevölkerung gleichgültig läßt, schon weil sie durch die Höhe der Einheitspreise auch von diesem fragwürdigen Glück ausgeschlossen sind, hat den Sturm im Wasserglase heraufbeschworen. Das ist eine grundschlechte parlamentarische Regie, die die Meinung befestigt, daß das Parlament fern von den Nöten der Zeit sich in eine Kulissenpolitik einspinnt und ein Eigenleben führt, durch das es sich dem Volksempfinden entfremdet. (1)

In demselben Artikel wurde auch betont, daß der *Reigen* imgrunde nicht die Ursache der Unruhen sei, sondern nur die Veranlassung. Der wahre Grund dafür sei der Machtkampf zwischen der Zentralregierung und den Machtbefugnissen der einzelnen Länder:

> Aus dem *Reigen* ist eine Verfassungs= und Machtfrage geworden. Der Unsegen der föderalistischen Zerschlagung des Staatswesens trat gestern sichtbar zutage. An dieser Stelle wurde, solange das Verfassungswerk im Werden und die Kritik noch nicht gegenstandslos war, immer wieder ausgesprochen, daß es ein Mißgriff ist, einen so winzigen und überdies durchaus einheitlichen Staat in acht zwergenhafte Sonderstaaten zu zerschlagen. Die Warnungen blieben fruchtlos, die föderalistische Bundesverfassung wurde geschaffen, eine achtfache Souveränität aufgerichtet. Das dicke Ende kommt jetzt nach. (1)

Die *Volks-Zeitung* vom 12. Februar brachte auf der Titelseite die Schlagzeile "Der Kampf um den *Reigen.*" Unter der Überschrift "Parlamentarischer Reigen" erinnert das Blatt seine Leser daran, daß das Haushaltsdefizit der Regierung über 42 Milliarden betrage und daß man sich mit anderen, dringlicheren Problemen zu befassen habe. Ein solches aber sei Schnitzlers *Reigen* mitnichten—schon allein deshalb, weil er nicht auf die Bühne gehöre:

> [Auch] Goethe hat sein *Tagebuch* gedichtet, eine heikle, aber zugleich tiefe Sache. Goethe hätte niemals darein gewilligt, daß sein Poem der großen Oeffentlichkeit unterbreitet werde. Bis vor wenigen Jahren noch haben selbst die großen Goethe=Ausgaben das *Tagebuch* nicht enthalten. Andere für die Allgemeinheit nicht bestimmte Dichtungen Goethes sind jahrzehntelang noch nach des Dichters Tode unter strengem Verschluß geblieben. Den *Reigen* durfte ein Künstler wie Schnitzler dichten. Ihn aufführen lassen, niemals. Hier trifft den Dichter schwere Schuld. (1)

Diese Argumentation erinnert an Karl Kraus' Epigramm "Weimar in Wien," das ebenfalls den Schnitzlerschen *Reigen* und das Goethische *Tagebuch* zueinander in Beziehung setzt und dessen letzte Zeilen lauten: "(Eine entfernte Verwandtschaft mag sich immerhin zeigen: Iste [hier das männliche Glied] schrieb das Tagebuch, ille den Reigen") (Kraus 420). Nach Ansicht von Kraus hätte, wie Christian Wagenknecht ausführt, Schnitzler es unterlassen sollen, dieses Werk zu veröffentlichen: "Er [Karl Kraus] verdenkt es dem Dichter nicht, dass er ein Werk geschrieben hat, dem das Publikum 'vorläufig' nicht mit Verständnis zu begegnen weiss. . . . Eben darum macht der den Dichter aber haftbar für den Entschluss, sein Werk auch zu publizieren" (161).

Als der 12. Februar 1921 zu Ende ging, herrschte immer noch Unklarheit darüber, ob der *Reigen* nun weiter aufgeführt werden dürfe oder nicht. In dem Artikel "Der *Reigen*—von der Regierung verboten" berichtete die *Illustrierte Kronen=Zeitung* vom 12. Februar 1921:

> Arthur Schnitzlers Theaterstück *Der Reigen*, von manchen Feinschmeckern gelobt, von der Wiener Kritik zumeist aber abgelehnt, ist plötzlich in den Mittelpunkt der hohen Politik gestellt worden und Ursache eines leidenschaftlich geführten Krieges zwischen der *christlichsozialen Regierung* und der *sozialdemokratischen Landesregierung*, hinter der auch sämtliche *sozialdemokratische* Nationalräte stehen. (3)

Unter der Überschrift "Der *Reigen*—doch aufgeführt" meldete das gleiche Blatt indes auch: "Gestern abends ist der *Reigen* trotz des Verbotes der Regierung in den Kammerspielen *doch aufgeführt* worden. Der Theaterdirektor hatte nämlich *amtlich keine Verständigung* des Verbotes erhalten, da Landeshauptmann Reumann es ja abgelehnt hatte, das Verbot zur Kenntnis zu nehmen und weiter zu leiten" (4).

Die "Theater"-Rubrik der *Wiener Mittags=Zeitung* vom 12. Februar 1921 wußte von einem weiteren Schritt in Richtung Zensurverbot zu berichten: "Das Buch des *Reigen* in Berlin beschlagnahmt. Wie aus Berlin gemeldet wird, hat die dortige Staatsanwaltschaft bei einer Reihe von Buchhandlungen Buchexemplare von Schnitzlers *Reigen* beschlagnahmt" (2).

Schnitzlers Einschätzung dessen, was sich anläßlich der *Reigen*-Aufführungen zutrug, geht deutlich aus einem Interview hervor, das am 12. Februar 1921 in der Abendausgabe des *Illustrierten Wiener Extrablatts* erschien und den Titel "Eine Begegnung mit Dr. Arthur Schnitzler" trägt:

> "Es gibt Leute, die in aller Ehrlichkeit *Reigen* für unerlaubt halten, die *aus innerer Ueberzeugung heraus* mein Werk ablehnen. Ich achte diese Ueberzeugung, wie ich jede Ueberzeugung respektiere. Aber ich glaube nicht, daß die Leute zu den aufrichtigen Menschen gehören, *die aus einer aesthetisch-dramaturgischen Frage ein—Politikum machen.*" (1)

Auf die Frage, ob er sich zu Änderungen verstehen oder das Stück zurückziehen würde, antwortete Schnitzler: "Nachdem ich mich einmal zur Aufführung entschlossen habe, wird *nichts gestrichen. Keine Szene wird weggelassen und von einer Zurückziehung ist keine Rede.* Gegen Regieänderungen habe ich indes nichts einzuwenden" (1).

c) *Sonntag, der 13. Februar 1921*

Die ohnehin schon gereizte Stimmung wurde von der Presse noch weiter angeheizt. "Die *Reigen*-Aufführung von vornherein nicht *zuzulassen*, wäre das einzig Richtige gewesen" (1), verkündeten am 13. Februar 1921 die Schlagzeilen des *Neuigkeits=Welt=Blatts*, der *Tageszeitung für den Mittelstand*, und die *Reichspost* vom 13. Februar meldete im "Tagesbericht": "Im Namen der Zentralorganisation der katholischen Frauen haben Frau Dr. Motzko-Seitz und Frau Bundesrat Dr. [Bertha] Pichl beim Bundeskanzler und beim Polizeipräsidenten vorgesprochen, um gegen die Aufführung des *Reigen* nachdrücklichsten Einspruch zu erheben" (4).

Wegen des Drucks, den die konservativen Parteien ausübten, und aufgrund der gespannten Lage im Nationalrat setzte der Verfassungsgerichtshof für die darauffolgende Woche die Auslegung des die Zensur betreffenden Verfassungsparagraphen auf seine Tagesordnung. Die Morgenausgabe der *Neuen Freien Presse* vom 13. Februar widmete dieser Kontroverse die Seiten 6 bis 8. Unter der Überschrift "Das Verbot des *Reigen*" informierte das Blatt seine Leser wie folgt: "Dem Vernehmen nach wird sich *der Verfassungsgerichtshof* bereits im Laufe der *nächsten Woche* mit dem Verfassungskonflikt beschäftigen, der zwischen der Bundesregierung und dem Landeshauptmann von Wien entstanden ist" (8). Die *Neue Freie Presse* berichtete ebenfalls, daß die ausverkauften Vorstellungen des *Reigen* aufgeführt werden würden wie geplant: "Die heutigen Vorstellungen des *Reigen*, der in den Kammerspielen zweimal, um 7 Uhr abends und um 10 Uhr nachts, aufgeführt wurde, verliefen ohne jeden Zwischenfall" (8).

Das *Neuigkeits=Welt=Blatt* vom 13. Februar schlug folgende Lösung des Problems vor ("Politischer Reigen"): "Wenn der Dichter Schnitzler (dem es doch nicht lieb sein kann, daß sein bereits vergilbtes Jugendwerk plötzlich im Mittelpunkt eines öffentlichen Streites steht) etwas *Geschmack* besitzt, dann muß er jetzt *hingehen und selbst die weiteren Aufführungen untersagen!*" (1-2).

Ein weiterer Lösungsvorschlag kam von Bernau selbst, der sich bereit erklärte, einige Änderungen vorzunehmen, so daß der Minister sich nicht genötigt sehen würde, aus moralischen Gründen einzugreifen, und der Verfassungsgerichtshof sich mit diesem strittigen Fall nicht zu beschäftigen brauchte. Dazu heißt es in der Mittagsausgabe des *Neuen Wiener Journals* vom 13. Februar:

> Er [Direktor Bernau] hat nämlich dem Ministerium des Innern den Vorschlag gemacht, gewisse Aenderungen in der Inszenierung des *Reigen* vorzunehmen, um dadurch die Bedenken bezüglich der Wirkung der Dialoge zu beseitigen. Das Ministerium des Innern hat auch bereits das Anerbieten Bernaus angenommen und sich in Verhandlungen wegen gewisser Regieänderungen eingelassen. Es ist also möglich, daß die *Reigen*-Angelegenheit ohne den Verfassungsgerichtshof geschlichtet und das Stück mit den in Rede stehenden Aenderungen sodann ohne jede weitere Einwendung aufgeführt wird. (12)

Von Bernaus Kompromißangebot hatte die *Neue Freie Presse* ihre Leser bereits am 12. Februar 1921 in Kenntnis gesetzt ("Aeußerungen Direktor Bernaus"):

> Direktor Bernau wirft ferner die Frage auf, ob die Behörden, beziehungsweise die Bundesregierung es nicht bei Aenderungen in der Inszenierung bewenden lassen können. Er schlägt statt der Verdunklung der Bühne das jedesmalige Fallenlassen des Vorhanges vor und will auf Plakaten und Programmen des *Reigen* fernerhin einen Vermerk aufnehmen, der Jugendliche ausdrücklich von dem Besuche der Vorstellung ausschließt. (7)

Doch Bernau war sich offenbar nicht im klaren darüber, daß es schon längst nicht mehr allein um die *Reigen*-Aufführung ging, sondern daß das Ganze zu einem Kompetenzkampf zwischen Land und Bund und somit zu einer politischen Angelegenheit geworden war. Überdies boten die Auseinandersetzungen den Parteien eine willkommene Gelegenheit, um ihre Grundsätze zu verkünden, ihr Programm in der Presse zu propagieren und zu versuchen, den Zusammenhalt der Partei zu stärken. So bezichtigte der *Arbeiterwille* (Kärnten) vom 13. Februar 1921 in einem auf der Titelseite abgedruckten Artikel die Regierung des Verfassungsbruchs und forderte dazu auf, den "Kampf der Sozialdemokraten zu unterstützen." Die kommunistische Partei wiederum nutzte die Gelegenheit, um die Sozialdemokraten zu attackieren. Dieser Angriff erfolgte auf der Titelseite der *Roten Fahne*, wo man—unter der Überschrift

"Und wilder und wilder der *Reigen* sich schlingt"—die Sozialdemokraten und die Christlichsozialen beschuldigte, eine geheime Koalition gebildet zu haben:

> In einer geheimen Koalition muß es, wenn sie geheim bleiben soll, von Zeit zu Zeit eine kleine Katzbalgerei geben. Aber sie darf natürlich nicht ausarten. Nun, der Streit um den *Reigen* wird nicht ausarten. Die Wüteriche auf beiden Seiten wissen, daß sie mit Maß und Vernunft rasen müssen, wenn die Koalition nicht gefährdet werden soll. Und die Koalition ist ihnen doch das höchste, besonders den Sozialdemokraten. (1)

Am gleichen Tag—dem 13. Februar 1921—kam in der Volkshalle des neuen Rathauses der "Katholische Volksbund für Österreich" zur 14. Hauptversammlung des Volksbundes der Katholiken Oesterreichs zusammen und lauschte den antisemitischen Tiraden, die der Theologe und Nationalrat und spätere österreichische Bundeskanzler (1926-1929) Professor Dr. [Ignaz] S. Seipel von sich gab. Im Anschluß daran begab man sich dann geschlossen zu den Kammerspielen, doch die Polizei löste die Ansammlung auf. Am Abend desselben Tages besuchte Schnitzler die *Reigen*-Aufführung; was er dabei erlebte, hat er in seinem Tagebuch festgehalten (Eintrag vom 13. Februar 1921):

> Sie [die Unruhen] waren schon vorbei, als ich hinkam. Über 300, von einer Katholikenversammlung kommend, wo ich (von Seipel u.a.) beschimpft wurde, insultiren die Theaterbesucher, die eben kommen, johlen: "Man schändet unsere Weiber! Nieder Reigen! Nieder mit den Sozialdemokraten" u.s.w. Polizei vertreibt sie. Viel Polizei an den Eingängen. (*Tagebuch 1920-1922*: 144)

d) *Montag, der 14. Februar 1921*

Die Intoleranz der öffentlichen Meinung nahm am folgenden Tag zu, und die Presse schürte die gereizte Stimmung, indem sie auf tendenziöse Weise darüber berichtete, daß in Berlin die Buchausgabe des *Reigen* verboten worden sei. Die Voreingenommenheit der Wiener Presse wird deutlich, wenn man zum Beispiel den Artikel, der in der Morgenausgabe des *Berliner Börsen-Couriers* vom 11. Februar 1921 erschien, und die Adaption dieser Notiz in der *Wiener Mittags=Zeitung* vom 12. Februar 1921 miteinander vergleicht. Das Berliner Blatt berichtete seinen Lesern die Neuigkeit der Beschlagnahme des *Reigen* mit folgenden Worten:

> Beschlagnahme der Buchausgabe von Schnitzlers *Reigen*. Vor einigen Tagen wurde auf Veranlassung der Staatsanwaltschaft beim Landgericht III bei einer Reihe von Buchhandlungen Buchexemplare von Schnitzlers *Reigen* beschlagnahmt, bei einem Buchhändler im Zentrum allein 150 Stück. Diese Beschlagnahme hat einen etwas eigenartigen Hintergrund. Am 4. März 1920 hatte sich vor der 4. Strafkammer des Landgerichts III ein Buchhändler Hartwig wegen Verbreitung unzüchtiger Schriften zu verantworten. Es war s.Z. bei ihm eine ganze Reihe zweifellos pornographischer Bücher beschlagnahmt worden, aber auch ein Exemplar von Schnitzlers *Reigen* war unter die Beschlagnahme geraten, die vom Gericht im allgemeinen bestätigt worden ist. Auf Grund dieses rechtskräftig gewordenen Urteils ordnete die Staatsanwaltschaft die erneute Beschlagnahme an . . . (1. Beilage des *Berliner Börsen-Courier*: 6)

Diese Information wurde auch in der *Wiener Mittags=Zeitung* vom 12. Februar 1921 gebracht, und zwar unter der Überschrift: "Das Buch des *Reigen* in Berlin beschlagnahmt." Der einleitende Abschnitt in der Wiener Publikation hatte folgenden Wortlaut: "Wie aus *Berlin* heute gemeldet wird, hat die dortige Staatsanwaltschaft bei einer *Reihe von Buchhandlungen Buchexemplare von Schnitzlers* Reigen *beschlagnahmt*!" (2). Die *Wiener Mittags=Zeitung* unterschlug jedoch die modifizierende Feststellung, mit der der *Berliner Börsen-Courier* seinen Bericht fortsetzt:

> [So] ordnete die Staatsanwaltschaft die erneute Beschlagnahme an, ohne Rücksicht darauf, daß inzwischen die öffentliche Aufführung im Kleinen Schauspielhaus als nicht unzüchtig freigegeben worden ist. Im Auftrag des Schutzverbandes Deutscher Schriftsteller soll nun durch R.=A. Dr. Gronemann versucht werden, gegen den Beschlagnahmebeschluß anzukämpfen unter Hinweis auf die inzwischen erfolgte unbeanstandete Aufführung des Werkes und die Tatsache, daß s.Z. doch nur ein sehr summarisches gerichtliches Verfahren stattgefunden habe und eine genaue Nachprüfung der Einzelheiten des Schnitzlerschen Werkes nicht erfolgt sei. (6)

Wenn man die Flut von Artikeln über den *Reigen* liest, wird einem klar, daß die Presse durch selektive Berichterstattung und emotional gefärbte Darstellungen die Bevölkerung noch mehr in Rage versetzte. Es gab kaum eine Zeitung, die nicht einen Artikel über die Störung vom vorhergehenden Abend brachte. Unter der Überschrift "Demonstration gegen den *Reigen*" berichtete die *Wiener Sonn= und Montags=Zeitung* vom 14. Februar 1921, wie etwa 300 Demonstranten—großenteils junge Männer und alles Mitglieder der katholischen Volkspartei—versucht hatten, das Theater zu stürmen, während sie laut *"Pfui der Reigen,"* *Pfui Kammerspiele,"* *"Nieder mit den Sozialdemokraten"* riefen. Die Aufführung ging jedoch wie vorgesehen vonstatten, da die Sicherheitspolizei alle Ein- und Ausgänge bewachte. In dem Artikel "Rund um den *Reigen*" drückte die *Montagszeitung* vom 14. Februar 1921 ihr Verständnis für die Störversuche der katholischen Jugendgruppe aus: "Unsympathisch ist das nicht" (2). Die *Wiener Morgenzeitung* vom 14. Februar 1921 berichtete unter der Überschrift "Tagesbericht: Christlichsoziale Kundgebungen gegen den *Reigen*," daß man den Kammerspielen mit weiteren Aktionen gedroht habe, falls die *Reigen*-Aufführungen fortgesetzt werden sollten:

> Der Direktion der Kammerspiele des Deutschen Volkstheaters wurde, wie wir erfahren, von christlich=sozialer Seite durch einen Funktionär der Parteileitung nahegelegt, die *Reigen*-Aufführungen abzubrechen, da *andernfalls* noch weitere *große Demonstrationen* gegen die Aufführungen veranstaltet würden, nicht nur außerhalb des Theaters, sondern auch im Theater selbst. (2)

Wenn es Bernaus Absicht war, mit dem *Reigen* ein gutes Geschäft zu machen, so hätte er sich keine bessere Reklame wünschen können als die ausführliche Berichterstattung, die diesem Stück in der Presse zuteil wurde. In der Kolumne "Eine Straßendemonstration gegen den *Reigen*" meldete die *Neue Freie Presse*, der Verkauf der Billetts sei so "lebhaft, daß Polizeiorgane den Verkehr in der Passage zum Theater regeln mußten" (4); eine detailliertere Darstellung gibt das *Neue Wiener Tagblatt* vom 14. Februar ("Der Tagesbericht: Der Reigen"):

> Für heute, 9 Uhr früh, war der Beginn des Vorverkaufes für die Vorstellungen des *Reigen* für morgen Dienstag und für die folgenden Tage angekündigt. Schon vor *fünf Uhr* hatten sich in der Dämmerung, troz der Kälte, bis in die Rotenturmstraße hinaus viele Personen angestellt, die geduldig auf die Oeffnung des Kas-

senschalters im Theater warteten. Den ganzen Vormittag dauerte der Andrang fort. . . . es mußte *Wachassistenz* herbeigerufen werden, um den Einlaß zu regeln. (2)

Immer wieder wurde von der konservativen Presse die jüdische Herkunft des Autors hervorgehoben. So sagt zum Beispiel Karl Paumgartten am Schluß seines zweiseitigen Artikels "Hinter den Kulissen der *Reigen*-Schützer," der am 14. Februar 1921 auf der Titelseite der *Reichspost* erschien:

> Und noch etwas: Schnitzler ist Jude, Bernau ist Jude—die Sozialdemokratie ist also . . . wieder als Schützer und Schirmer des Judentums aufgetreten. Auch das Publikum der Residenzbühne ist fast ausschließlich aus jüdischen Schiebern und Schleichhändlern zusammengesetzt. Die Sozialdemokratie steht wieder, ihrer Sendung gemäß, hinter jenem Judentum, das unser Volk moralisch und wirtschaftlich zu vernichten bestrebt ist. Das wird man sich gut merken müssen! (2)

Das gleiche Blatt veröffentlichte auch einen Bericht mit dem Titel "Massenversammlung der Wiener Katholiken in der Volkshalle" und gab darin Teile der Rede wieder, die der Abgeordnete Professor Dr. Seipel vor etwa 800 Menschen in der Volkshalle des Rathauses gehalten hatte:

> Das sittliche Empfinden unseres bodenständigen christlichen Volkes wird fortgesetzt aufs schwerste verletzt durch die Aufführung eines Schmutzstückes aus der Feder eines jüdischen Autors. . . . [Er gehört zu] denjenigen, die sich anmaßen, an der Spitze des deutschen Volkes zu stehen und von deutscher Kunst zu reden, ohne zu wissen, welch hohe Würde der deutschen Kunst zukommt und daß sie sich offenbaren muß nicht so sehr in der Technik als in der Wahl der Stoffe für die Kunstwerke. (2; auch *Neue Freie Presse*: 4)

Der gleiche antisemitische Blickwinkel findet sich in dem Gedicht "Naturlaute," das am 14. Februar 1921 in dem in Wien publizierten *Neuen Montagblatt* erschien und von einem gewissen "Ego" verfaßt wurde:

"Die Vögel singen in den Zweigen,
Den Fröschen ist das Quaken eigen."
Dem Borstenvieh ist Grunzen eigen!
Was Juden Kunst, bezeugt der *Reigen*.

Und die da auf den Rücken steigen,
Dem ausgeraubten Volk, sie zeigen.
Dem Anstand wiehernd freche Feigen,
"Schweig', Christenvolk, du hast zu schweigen!"

Tief, denen das Enteignen eigen,
Vor den Enteignern sich verneigen.
Ein Herz sind beide und—ein Reigen.
"Jetzt gilt es, sich als Schwein zu zeigen."

Gemach, die ihr bei jedem Reigen
Zu spielen meint die ersten Geigen!
Das Volk wird euch zum *Reigen* geigen
Und euch—den off'nen Saustall zeigen. (5)

Dasselbe Sentiment findet sich auch in der *Eggenburg-Volkspost*:

> Der Jude Schnitzler hat ein Theaterstück geschrieben, *Reigen* ist es betitelt, das selbst in Berlin und besonders in München abgewiesen wurde, weil man seine Aufführung dort als Kulturschande empfunden hat. Ist der Reigen doch ein Schandstück niederster Sorte, das das Sittlichkeitsgefühl jedes halbwegs anständigen Menschen auf das tiefste verletzten muß, ein Stück, das die niedersten Triebe des Menschen verherrlicht und die deutsche Frau, das deutsche Weib zur gemeinen Dirne erniedrigt. . . . Hört, ihr Arbeiter! Jene Männer, die sich eure Führer und Vertreter nennen, treten dafür ein, daß sich die Schieber= und Dirnenwelt auf Kosten deutscher Sitte und deutscher Frauenehre begeilen und unterhalten kann!. . . . . Für wen treten also eure Führer ein? Für euch Arbeiter? Nein, für Schieber und Dirnen, die sich gleich Schweinen mit wohlbehaglichem Grunzen im Moraste wälzen, für Judengeldsäcke, die sich bereichern wollen!

So wie die Wiener Presse oft über die Mißfallenskundgebungen anläßlich der Aufführungen in Berlin und München berichtete, zitierte die

Presse in Deutschland—besonders in Berlin—häufig aus Wiener Zeitungen. So brachte die *Tägliche Rundschau* vom 14. 2.1921 eine Reaktion auf die *Reigen*-Aufführungen in Wien, Leipzig und Berlin ("Aus dem Kunstleben. Der Kampf um den Reigen"):

> Aus *Wien* wird uns gemeldet: Da der *sozialistische* Wiener Bürgermeister *Reumann* in seiner Eigenschaft als Landeshauptmann das *Reigen*-Verbot des Innenministers nicht durchführt, so daß die *Reigen*-Vorführungen in den Kammerspielen ungestörten Fortgang nehmen, hat die Regierung beschlossen, bei dem Verfassungsgerichtshof *Klage gegen Reumann* einzubringen. *Disziplinarisch* gegen die Insubordination des Wiener Landeshauptmannes einzuschreiten, fehlt der Regierung der *Mut*.
> Aus *Leipzig* wird uns geschrieben: Die von der *Protestversammlung* gegen Schnitzlers *Reigen* angenommene *Resolution* lautet in der Hauptsache: Die versammelten deutschen Männer und Frauen verurteilen jeden Versuch, unter dem Deckmantel der Literatur Dramen auf die Bühne zu schmuggeln, die an sich schon aus undeutschem Geist heraus die Spuren der Entartung zeigen, durch die Aufführung aber das Schamgefühl unseres Volkes verletzen. . . . Sie erwarten, daß dies anrüchige Stück sofort von der Schaubühne verschwindet und daß die sogenannte Schauspielhausgemeinde fortan ähnliche Schamlosigkeiten verhindert.
> Aus *Berlin* schreibt man uns zu derselben Angelegenheit:
> Die tägliche Aufführung des Stückes *Der Reigen* von Schnitzler in den Räumen der Staatlichen Hochschule für Musik in Charlottenburg erregt in weiten Kreisen *großes Aergernis*. Sie stellt eine Prostituierung der Frau dar in unerhörter Dreistigkeit gegen die einfachsten Gebote von Anstand und guter Sitte. Es ist an der Zeit, daß die *deutschen Frauen*, die noch auf Ehrbarkeit halten und das heranwachsende Geschlecht in Reinheit erzogen wissen wollen, mit allem Nachdruck Einspruch erheben gegen diese Schmach und Schande unserer Tage. (Unterhaltungsbeilage: 122)

Die Abendausgabe der *Vossischen Zeitung* vom 14. Februar berichtet über die Störungen in Wien wesentlich objektiver und beschließt ihren Artikel "Der Kampf um den *Reigen*. Arthur Schnitzler über sein Werk" mit folgendem Satz: "Als Arthur Schnitzler seine 10 Dialoge schrieb, ahnte er wohl nicht, zu welchen staatsrechtlichen Verwicklungen sein Werk führen würde" [3].

Am 14. Februar 1921 wurde auch der Kompetenzkampf wieder aufgenommen. Die juristischen Schwierigkeiten, die die Frage eines Aufführungsverbots bereitete, wurden in einer Satire verulkt, die unter dem Titel "Ringel=Ringel=Reigen" in der *Wiener Allgemeinen Zeitung* vom 14. Februar 1921 erschien. In der kurzen Szene, in der sich ein junger Mann und eine junge Frau unterhalten, bittet der Mann die Frau, doch wenigstens ihren Hut abzunehmen, worauf sie 'politisch korrekt' entgegnet:

> Was fällt Ihnen ein, Alfred? Ich werde mich schön hüten, etwas dergleichen zu tun, solange nicht ein rechtsgültiges Urteil des Verfassungsgerichtshofes darüber vorliegt, ob diese ganze Angelegenheit in die Kompetenz des Bundesministeriums für Inneres oder des Wiener Landeshauptmannes fällt! (4)

In der gleichen Satire "philosophiert" ein Graf über das Pornographie-Problem und schlägt folgende Lösung vor:

> Der Bundesminister des Innern findet alle zehn Dialoge unanständig—dabei interessiert sich das Publikum, was tausend Kronen für einen Sitz zahlt, nicht im mindesten für alle zehn Dialoge, nur für das, was in den Kammerspielen *nicht* gespielt wird, für die zehn Reihen Gedankenstrich'... Na alsdann! Soll man halt *nur* die Gedankenstrich' aufführen! Statt in jeder Szene einmal die Bühne zu verfinstern, laßt man sie gleich *ganz* finster und verlangt meinethalben zweitausend Kronen für einen Sitz. (4)

Zwei Artikel versuchten, die *Reigen*-Frage unter einem allgemeineren Aspekt zu betrachten. In seinem Essay "Die Herren 'Oberlehrer'. Bemerkungen zur Reigen-Affäre," der am 14. Februar 1921 in der *Wiener Sonn=und Montags=Zeitung* erschien, vergleicht Karl Tschuppik das alte und das neue politische System miteinander und kommt zu folgendem Befund:

> Im alten Staat war die Bevormundung der Bürger durch den Staat ein Stück jenes großen Systems von Sicherungen, welche zur Erhaltung der Macht erfunden und planmäßig ausgebaut worden waren. Es lag im Wesen dieses Systems, nicht nur das Tun, sondern auch das Denken zu überwachen. . . . Nun leben wir, sagt man, in der Freiheit. Wir könnten zumindest frei leben, weil der Zwang,

> ein kompliziertes Herrschaftssystem aufrechtzuerhalten, wegfällt . . . Woher kommt es nun, daß er [der Staat] dennoch rückfällig, daß er Mentor und Vormund, Einbrecher in die Privatsphäre des Bürgers wird? Dies liegt nicht an irgendeiner mysteriösen Funktion des abstrakten Ungeheuers "Staat", sondern an dem widerwärtigsten Menschentypus, an den sogenannten Oberlehrer-Seelen, die von der absonderlichen Idee besessen sind, sich um Dinge zu kümmern, die sie gar nichts angehen, dabei aber den Vorwand gebrauchen, es handle sich bei dieser Einmischung in die Privatsphäre der Mitmenschen um das "allgemeine Wohl", um das "sittliche Heil" und dergleichen mehr. (2)

Ebendiese "Oberlehrer-Mentalität" aber manifestiert sich in den zu dieser Zeit geführten Auseinandersetzungen um den *Reigen*. Die Entscheidung, sich die Aufführung anzusehen oder nicht, sollte, wie Tschuppik postuliert, dem einzelnen überlassen bleiben, denn "die wahre Sittlichkeit fängt damit an, die Freiheit des Nebenmenschen, die private Sphäre seines Wollens zu respektieren." Sollte das nicht der Fall sein, dann ist, wie Berta Zuckerkandl in der *Wiener Allgemeinen Zeitung* vom 14. Februar prophezeite, der Boden für eine totalitäre Regierungsform vorbereitet:

> Sie alle [die Menschen] fühlen nicht oder wollen nicht fühlen, daß es sich im letzten gar nicht um den *Reigen* handelt. Sondern um das Heranschleichen jener dunklen Gefahr, die niemals ganz zu bannen ist. Dort, wo der Menschen elendste Erfindung, der "Staat", funktioniert. Der Staat, der dem Lügenbegriff der "Staatsraison" sein Leben dankt. Der Staat, der für die "Ordnung", als welche er seine Machtorgane ansieht, das Individuum umzubringen sucht. Im Namen der Staatsraison wagen die Regierenden stets jene frechen Eingriffe, die vor dem Recht des geistigen Lebens, Erlebens und Auslebens nicht Halt machen. Daß aber solche beflissene Einmengung, solche Gängelung und heuchlerische Bevormundung der Staatsbürger immer nur einen zagen Anfang darstellen; daß allmählich aus solcher Moralriecherei eine allumfassende Unterjochung jeder Wahrheit sich kristallisiert, dies hat die Weltgeschichte in ihr ehernes Erinnern eingezeichnet. Darin liegt die Bedeutung der Auseinandersetzung, welche in der Nationalversammlung so dramatische Formen annahm. (4)

e) *Dienstag, der 15. Februar 1921*

"Was ist der Schnitzler?"—"Nervenkitzler"
(*Wiener Stimmen*, Nachtausgabe vom 15. Februar 1921: 4)

Die Störungen rissen nicht ab, ebensowenig freilich der Strom derer, die sich dieses umstrittene Stück ansehen wollten. Unter der Überschrift "Wachsender Andrang zu den Vorstellungen" meldete das *Neuigkeits=Welt=Blatt* vom 15. Februar 1921:

> Heute vormittags waren bei der Kassa der Kammerspiele in der Rotenturmstraße *die Leute in langen Reihen angestellt*, um Karten für die *Reigen*-Aufführungen in dieser Woche zu erhalten. Die heutige Vorstellung ist bereits *ausverkauft* und auch für die nächsten Tage ist eine große Nachfrage. Man sieht Angestellte, Dienstmänner, die sich dort eingefunden haben, um Karten zu beschaffen. Direktor *Bernau* lacht sich ins Fäustchen, denn die Skandalszenen im Parlament und die fortdauernde Erörterung in der Oeffentlichkeit haben die *wirksamste Reklame* gemacht. (3)

Das gleiche Blatt berichtete auch, daß vor den Kammerspielen eine weitere Demonstration stattgefunden hatte, an der etwa 1000 Menschen beteiligt waren ("Neuerliche Demonstrationen vor dem Theater"):

> Polizei versuchte des öfteren, die Rotenturmstraße zu räumen, was ihr jedoch trotz Verstärkung nicht gelang. Der Lärm wurde immer größer, da unterdessen zahlreiche Theaterbesucher, die mit "Pfui" und "Abzug"-Rufen empfangen wurden, fast durchwegs in Automobilen einlangten [sic]. Zu den Demonstranten gesellten sich tausende Passanten, die sich auf die Seite der ersteren stellten und es der Polizei verübelten, daß sie die zum Vergnügen eilenden "Schieber" beschütze. (3)

Ferner gab es an diesem Tag noch zweierlei Bemerkenswertes. Die Morgenausgabe der *Reichspost* vom 15. Februar 1921 veröffentlichte einen Artikel mit dem Titel "Arbeiter über die *Reigen*-Schande," der den Bürgermeister aufforderte, das Stück, "das im Weibe nur mehr eine Dirne sieht," schleunigst zu verbieten. Der Brief gipfelt in einer unverhohlenen Drohung:

> Wir richten . . . die Aufforderung an Sie: *Verbieten* Sie den *Reigen* oder lassen Sie wenigstens der Entscheidung des Bundesministeriums freien Lauf! Wenn nicht, dann glauben Sie wenigstens uns, wenn Sie schon an ewige Gerechtigkeit nicht glauben wollen: Sie werden mit Ihrem Vorgehen *neue unzufriedene Massen* schaffen, die eines Tages Sie samt Ihrem Anhang aus dem öffentlichen Leben hinwegfegen werden. (5)

Der zweite bemerkenswerte Artikel ist der Premiere des *Reigen* gewidmet, die unter der Regie von Fritz Viehweg in Leipzigs *Kleinem Theater* stattgefunden hatte. Diese "Ueber Schnitzlers *Reigen*" betitelte Aufführungskritik stammte von Dr. Johannes Volkelt, Professor für Philosophie an der Universität Leipzig, und erschien am 15. Februar 1921 auf den ersten beiden Seiten des *Vorarlberger Tagblatts* (Bregenz). Der Verfasser macht darin der Direktion des Kleinen Theaters zum Vorwurf, "sich am Tage seiner Eröffnung durch Schnitzlers pornographische Skizzen die Weihe zu geben" (2). Abschließend sagt er: "Das auf gut Deutsch als Schweinerei zu bezeichnende Stück hat natürlich einen Juden zum Verfasser. Es ist ein trauriges Zeichen der Zeit, daß sich das deutsche Volk so etwas bieten läßt" (2).

f) *Mittwoch, der 16. Februar 1921*

Auch in kleineren Regionalblättern wurde der *Reigen* kontrovers diskutiert, wobei die günstigen Äußerungen in der Minderzahl waren. Ein solch zustimmender Kommentar erschien am 16. Februar 1921 auf der Titelseite des *Steyrer Tagblatts*, mit der Überschrift "Der *Reigen* und die Muckerwelt": "Die Szenenreihe *Reigen* von Arthur Schnitzler ist eine Satire auf die elend lügenhafte Moral der bürgerlichen Gesellschaft, die glauben machen will, daß es 'höhere Stände' gibt, die den Sünden und Verfehlungen nicht unterliegen, über sie erhaben sind" (1).

Gegenteiliger Ansicht ist das *Obersteirerblatt* vom 16. Februar, das sich—ebenfalls auf der Titelseite—zu Schnitzlers *Reigen* unter der Überschrift "Deutsch-Oesterreichischer Reigen" ausläßt, vermutlich in Anspielung auf die Inszenierungen in anderen deutschen Städten:

> Da Wien bekanntlich rot ist und der "gottbegnadete Dichter" Schnitzler ein Jude, darf das Stück Tag für Tag gespielt werden. Die Sozialdemokraten (oder vielmehr ihre beschnittenen und unbeschnittenen Führer) nehmen aus Rassengründen die Unsittlichkeit

> als Vergnügen reicher Schieber und Prasser in behördlichen Schutz. (1)

Die Klagenfurter Ausgabe des *Kärntner Tagblatts* geht unmittelbar auf die *Reigen*-Aufführungen in München und Wien ein und sagt in dem ihre ersten beiden Seiten einnehmenden Artikel "Reigenseuche":

> "Der *Reigen*". In München kam es bei der 10. Aufführung von Schnitzlers *Reigen* zu einem Skandal erster Klasse. . . . Wie unendlich tief müssen doch weite Teile des deutschen Volkes gesunken sein, daß solche Stücke aufgeführt werden und daß das Theater bis zum letzten Platze bei höchsten Preisen ausverkauft ist. So traurig und schandvoll die Angelegenheit ist, wir dürfen nicht stillschweigend darüber hinweggehen. Es handelt sich hier um die *Bordellisierung unseres Volkes*. (1)

Am gleichen Tag—dem 16. Februar 1921—kam es zur bislang gravierendsten Ausschreitung gegen den *Reigen*, als während der fünften Szene eine Meute von etwa 600 Menschen in das Theater eindrang. Schnitzler, der bei dieser Vorstellung ebenfalls zugegen war, schildert den Vorfall in seinem Tagebucheintrag vom 16. Februar 1921:

> Lärm,—Garderobiere stürzt herein, weinend—[Schauspielerin] Carlsen von der Bühne fluchtartig, Geschrei, Toben, Brüllen;—Leute aus dem Zuschauerraum, ein paar hundert sind eingedrungen,—attakiren die Besucher; Publikum flieht, wird insultirt;—ich auf die Bühne, ungeheure Erregung, eiserner Vorhang vor, Spritzen in Thätigkeit, Publikum flieht auf die Bühne, Requisitenkammer,—das Gesindel tobt, schmeißt Sachen an den Vorhang, will die Thüren einbrechen;—Wasser fließt in die Garderoben . . . wir [A.S. und Heinrich Schnitzler] gehen in den Zuschauerraum;—Bänke und Sessel aus den Logen heruntergeworfen . . . um ½ 10 kommt wer von der Polizei, verbietet die 10 Uhr Vorstellung. . . . Der ganze Abend ein Unicum in der Theatergeschichte. (*Tagebuch 1920-1922*: 145).

g) *Donnerstag, der 17. Februar 1921*

Die Morgenausgabe des *Neuen Wiener Journals* meldete auf der ersten Seite:

> Gesprengte *Reigen*-Vorstellung. Ein wüster Krawall in den Kammerspielen.—Der Kampf gegen die Aufführung von Schnitzlers *Reigen* hat gestern abend zu *beispiellosen Skandalszenen* und zur *gewaltsamen Sprengung* der Vorstellung in den Kammerspielen geführt. *Stinkbomben* und *Teereier*, die während der Vorstellung geworfen wurden, gaben das Signal zu *einem wilden Tumult* und zu der *Erstürmung des Zuschauerraumes durch mehrere hundert Demonstranten*, die von der Straße aus in das Theater eingedrungen waren und zum Teil auch *auf das Publikum herfielen*, wobei auf Frauen keine Rücksicht genommen wurde. Zahlreiche Theaterbesucher wurden mit Gewalt aus dem Saal gestoßen, *Sessel aus den Logen auf das Parkett geschleudert* und es herrschte ein *unbeschreibliches Chaos*. . . (1)

Die Morgenausgabe der *Arbeiter Zeitung* vom 17. Februar berichtete unter der Überschrift "Gewaltsame Störung einer Theatervorstellung" über den Krawall:

> Es enstand natürlich Panik und die Theaterbesucher liefen aus dem Hause, ihre Ueberkleider in der Garderobe zurücklassend. Viele flüchteten in die benachbarten Häuser, denn auf der Straße wurden die aus dem Theater Gekommenen erst recht brutalisiert. Wer ohne Kleider aus dem Theater kam, wurde nämlich von den Gewalttätern *blutig geschlagen*; den Frauen wurden *die Kleider herabgerissen*. Die Polizei war nicht stark genug, die Terroristen abzuwehren. (5)

Das *Neue Wiener Tagblatt* vom 17. Februar beschrieb die Ereignisse unter den Schlagzeilen "Große Skandale bei der *Reigen*-Aufführung. Die Vorstellung abgebrochen.—Verwüstungen im Theater.—Tumultszenen auf der Straße," und fuhr fort:

> Der Ueberfall muß organisiert gewesen sein, da von allen Seiten plötzlich die Demonstranten sich des Theatersaales förmlich bemächtigt hatten. Von den Logen aus warfen sie zusammengeballte Papiere, die mit *Teer* getränkt waren, in den Zuschauerraum, und auch *Eierschalen*, deren Inneres ebenfalls mit Teer ausgefüllt war. Auch *Stühle* wurden von den Logen aus in den Zuschauerraum wie auch auf die Bühne geschleudert. . . . Es spielten sich hier kaum zu schildernde Szenen ab. Männer, die ihre Frauen beschüt-

> zen wollten, wurden verprügelt. Die Demonstranten rissen Zuschauer von ihren Plätzen, hieben mit Stöcken und Fäusten darein, viele wurden *blutig geschlagen.* (5)

Die *Volks-Zeitung* vom 17. Februar 1921 präsentierte ihren Lesern folgende Schlagzeilen: "Eine gesprengte *Reigen*-Vorstellung.—Große Tumultszenen in den Kammerspielen.—Verwüstungen im Theater.—Demonstrationen auf der Straße.—Zusammenstöße mit der Wache.—Die weiteren Vorstellungen in Frage gestellt" (5). Die Morgenausgabe des *Deutschen Volksblatts* vom 17. Februar 1921 meldet auf der ersten Seite die "Sprengung der *Reigen*-Vorstellung" und schildert unter der Überschrift "Selbsthilfe. Die *Reigen*-Vorstellung gesprengt.—Die Folgen der Provokationen" den dabei entstandenen Sachschaden:

> Der Zuschauerraum bildet derzeit ein trauriges Bild. Während im Foyer eine Anzahl von Spiegelscheiben zerschlagen ist, wurde hier an den Sesseln einiges ruiniert. Auch ließen die Wasserstrahlen deutlich merkbare Spuren im ganzen Raume zurück. Die Sesseln [sic] aus den Logen wurden fast sämtlich in den Zuschauerraum geschleudert. Der Sachschaden ist, wenn auch nicht beträchtlich, so doch immerhin nennenswert. (4)

Eine knappe, informative Zusammenfassung des Skandals gibt die Morgenausgabe der *Neuen Freien Presse* vom 17. Februar 1921. Auf der Titelseite meldet das Blatt die "Gewaltsame Verhinderung der heutigen *Reigen*-Aufführung" und setzt seinen Bericht dann unter folgenden fettgedruckten Überschriften fort:

> Die Frauen bei den Demonstranten.—Der Sturm gegen die Kammerspiele.—Stinkbomben im Theater.—Wilde Demonstrationen auf der Straße.—Der Sturmangriff gegen die Theaterbesucher.—Die Panik im Publikum.—Mißhandlung weiblicher Theaterbesucher.—Das Eingreifen der Sicherheitswache.—Sieben Arretierungen.—Lärmszenen nach der Saalräumung.—Die Verwüstung in den Kammerspielen.—Verbot der Nachtvorstellung.—Die Frage weiterer *Reigen*-Aufführungen.—Mitteilungen der Schauspieler. (6-8)

Die Mittagsausgabe der *Wiener Mittags=Zeitung* vom 17. Februar 1921 verkündete auf der Titelseite in fetten Lettern:

"Die *Reigen*-Schlacht"
Wahrscheinliches Verbot der *Reigen*-Aufführungen.
Die angerichteten Verwüstungen.
Die Entstehungsgeschichte der Demonstration.
Arbeiterschutz für die *Reigen*-Vorstellungen.
Keine Absetzung des *Reigen* durch die Direktion. (1)

Wegen dieser Störungen wurden, wie die Morgenausgabe der *Neuen Freien Presse* vom 17. Februar in dem Artikel "Das Ende der Aufführungen des *Reigen*" berichtete, weitere Vorstellungen des Stückes untersagt:

> Die Polizeibehörde hat aus den gestrigen Sturmszenen in den Kammerspielen, aus jenen brutalen Gewalttätigkeiten, die den Zuschauerraum eines hauptstädtischen Theaters in die von wüstem Lärm durchtobte Stube eines Dorfwirtshauses verwandelt haben, die Konsequenzen gezogen und die weiteren Aufführungen von Schnitzlers *Reigen* untersagt. Die Sicherheit von Publikum und Darstellern war gefährdet, darum hat man sich über juristische Bedenken und über Verfassungsschwierigkeiten, über den Kompetenzkonflikt zwischen Bundesregierung und Landeshauptmann kurzerhand hinweggesetzt. (2)

Unter der Überschrift "Polizeiliche Sistierung weiterer Aufführungen des *Reigen*" gab die Abendausgabe der *Neuen Freien Presse* vom 17. Februar 1921 dann bekannt, welches Stück als Ersatz gespielt würde: "Die Polizeibehörde hat heute aus Sicherheitsgründen die weitere Aufführung von Schnitzlers *Reigen* in den Kammerspielen sistiert. Bereits heute abend wird in diesem Theater statt des *Reigen Menagerie* gegeben" (1).

Die Morgenausgabe des *Neuen Wiener Journals* vom 17. Februar widmete der Schilderung der Störung einen beträchtlichen Teil ihrer Seiten. "Gesprengte *Reigen*-Vorstellung: Ein wüster Krawall in den Kammerspielen" meldeten die fettgedruckten Schlagzeilen des Blatts, das eine ausführliche Darstellung dieses Vorfalls gibt:

> Im Zuschauerraum wurden außer *Stinkbomben auch Teereier ins Publikum geschleudert*, so daß vielen Besuchern die Kleider gänzlich beschmutzt wurden. Es entstand eine wüste Keilerei, da sich viele gegen die Ruhestörer *zur Wehr setzten, um sich den Ausgang zu erkämpfen*. Ihnen wurden *die Kleider herabgerissen*, so auch

> ihren begleitenden *Damen*, von denen *viele Ohnmachtsanfälle* erlitten. Einige Zuschauer suchten sich von den Logen *auf die Bühne zu retten*, während bereits der eiserne Vorhang emporstieg. . . . Einige von den Theaterbesuchern wurden gröblich insultiert und erhielten *Ohrfeigen und Püffe. So wurde Graf* Salm, *der im Foyer stand und auf den Zuruf "Juden hinaus!" reagierte, von den Exzedenten* geschlagen. *In dem furchtbaren Gedränge bei den Glastüren ging eine große Glasscheibe in Trümmer.* (3)

Äußerst anschaulich wird der Tumult in der *Volkszeitung* beschrieben ("Eine gesprengte *Reigen*-Vorstellung"):

> Im Saale wurde eine *förmliche Jagd* auf die Flüchtenden veranstaltet. Männer, die ihre *bedrohten Frauen* beschützen wollten, wurden *geprügelt*, viele von ihnen durch *Hiebe* mit *Stöcken* und mit *Schlagringen verletzt*. Weibliche Theaterbesucher wurden *bei den Haaren zu Boden gerissen* und geschleift. Während der Panik stürzten einzelne Personen zu Boden und wurden durch *Fußtritte* mißhandelt. (5)

Wie das Blatt ferner berichtet, kamen die Bühnenarbeiter den Zuschauern zu Hilfe, indem sie die Randalierer mit Wasser aus den Hydranten bespritzten. Daß die Leute auch in anderer Hinsicht eine kalte Dusche abbekamen, wurde sarkastisch von der Abendausgabe des *Deutschen Volksblatts* angemerkt ("Der *Reigen*-Skandal"):

> Die Namen der Frauenzimmer, die so schamlos waren, dorthin zu gehen, sollten öffentlich bekanntgegeben werden. Gestern sind diese Leute einmal nicht auf ihre Rechnung gekommen, und durch die Unvorsichtigkeit übereifriger Organe, die die Hydranten gegen die Demonstranten in Anwendung brachten, kamen sie auch noch, da die Demonstranten, über deren vergebliches Bemühen die Judenpresse in den letzten Tagen in der frechsten Weise spottet, sich als die stärkeren erwiesen, zu einem unerfreulichen Bade. Triefend von der nassen Flut schlichen sie, in ihren erotischen Gefühlen gründlich abgekühlt, wie die begossenen Pudel nach Hause und über dieses Bild lacht heute ganz Wien. Die Stammesgenossen Schnitzlers natürlich ausgenommen . . . . Er blieb glücklicherweise davon verschont; seine "Gemeinde" atmet wieder auf. Trockenen Fußes, wie seine Vorfahren beim Marsche

> durch das Rote Meer, konnte er das Theater verlassen, das dieser Schweinerei Obdach bot, bis es nun von der gerechten Empörung des bodenständigen Wien und einem orkanartigen Volkssturm mit begreiflicher Entrüstung etwas unsanft daran gemahnt wurde, daß es in Wien auch noch andere Leute gibt wie die Juden, auf die die Direktion des Volkstheaters, wie es scheint, allein glaubte, Rücksicht nehmen zu müssen, weil ja die Mehrzahl der Stammgäste des Volkstheaters und der Kammerspiele Juden sind . . . [die] im Schleichhandel bis zu 1000 K. [für die Karten zahlen]. (2)

Der Artikel "Ein Sturmangriff der Christlichsozialen Orel=Garde auf die Kammerspiele," der am 17. Februar in der *Wiener Morgenzeitung* erschien, verurteilt die Randalierer aufs schärfste und weist außerdem darauf hin, daß der eingedrungene Pöbelhaufen auch nicht vor Plünderungen zurückgeschreckt sei:

> Die Rowdies leisteten sich den Witz, auf das flüchtende Publikum mit Stöcken loszuschlagen, wobei zahlreiche Theaterbesucher blutiggeschlagen wurden. Das Publikum flüchtete aus dem Theatergebäude, um in den angrenzenden Häusern Schutz zu suchen. Hiebei wurden von den sittlich empörten Rowdies die Garderoben geplündert und zahlreiche Pelze und Winterröcke gestohlen. . . . Die Orel=Garde zog, nachdem sie ihrer sittlichen Entrüstung genügend Betätigung geschafft hatte, siegreich ab. (3)

Das wurde jedoch von der *Reichspost* (17. Februar) in Abrede gestellt: "*Eigentumsdelikte* sind, wie das Personal des Theaters einstimmig zugab, *nicht zu verzeichnen* gewesen" (5). Dem wiederum widersprach die Abendausgabe der *Arbeiter-Zeitung*, die in ihrem Artikel "Der christliche Terror in der Theateraufführung" schreibt: "Die Panik, die entstand, benützen die Gewalttäter auch zu ausgiebigen *Plünderungen*. Entgegen der beschönigenden Meldung in der *Reichspost* wurden *den Theaterbesuchern die Garderobe gestohlen und die Kleider aus den Händen gerissen*." Unter der Überschrift "Sturm gegen die *Reigen*-Aufführungen" berichtete die Morgenausgabe der *Reichspost* vom 17. Februar auch, daß der Vizebürgermeister von Wien die Vorstellung besucht habe und ebenfalls tätlich angegriffen worden sei:

> *Einige Judenjünglinge*, die erbittert darüber waren, in ihrem Vergnügen gestört worden zu sein, *provozierten* in herausfordernder

> Weise. Die Antwort blieb nicht lange aus und daß dabei auch einige unschuldige Leute zu Schaden kamen, ist erklärlich. Unter den Verprügelten befand sich . . . Vizebürgermeister [Georg] *Emmerling*, der, obwohl Proletariervertreter, sich unter den in und ausländischen Schiebern recht wohl gefühlt zu haben scheint. (5)

Es steht außer Zweifel, daß sich die Bezeichnung "ausländische Schieber" auf die Juden bezieht, die, wie der Berichterstatter der *Reichspost* behauptet, einen Teil der gegen sie gerichteten Aggressionen selbst provozierten:

> In der Umgebung der Kammerspiele und in der ganzen "Inneren Stadt" war das Ereignis der *Reigen*-Sprengung bald allgemeiner Gesprächsstoff. Von ganz wenigen Ausnahmen abgesehen, wurde das Vorgefallene mit lebhaftester Befriedigung zur Kenntnis genommen. Ueberall war man sich darüber einig, daß die Aufführung des *Reigen* eine Schande für Wien und daß die Verhinderung der Aufführung dieses Stückes die Erfüllung einer allgemeinen Forderung des Volkswillens entspreche. Das Schieberpack, das die *Reigen*-Vorstellungen bevölkerte, war der Gegenstand nicht gerade zärtlicher Bemerkungen und die Betroffenen drückten sich eiligst vor den Gruppen, die in lebhaftem Gespräche ihren Meinungen freien Lauf ließen. Einige der Ausländer, die in Wien ihre dunklen Geschäfte machen und die aus der Vorstellung verjagt wurden und darüber sehr entrüstet taten, wurden, als sie sich äußerten, daß Oesterreich diesen Vorfall bitter werde büßen müssen, von der empörten Menge entsprechend zurechtgewiesen. (5)

Der Ausdruck "empörte Menge" könnte einen zu der Annahme verleiten, es habe sich bei dem Skandal um eine spontane Aktion gehandelt. Das war indes nicht der Fall, wie aus dem Artikel "Sprengung der heutigen Vorstellung des *Reigen*" hervorgeht, der am 17. Februar auf den Seiten 6 bis 8 der *Neuen Freien Presse* (Morgenausgabe) erschien:

> Was man heute mit mathematischer Gewißheit veraussehen [sic] konnte, ist heute abend wirklich eingetreten. Die Vorstellung des *Reigen* in den Kammerspielen ist gesprengt worden. . . . Was sich heute abend vor und in den Kammerspielen zugetragen hat, ist allerdings unwienerisch im höchsten Grade. Die heimische Theater-

geschichte verzeichnet Bühnenskandale und Theaterdemonstrationen in großer Anzahl. Neuartig ist jedoch die kühle, wohlerwogene Planmäßigkeit, mit der diesmal die Angelegenheit in Szene gesetzt wurde. . . (6)

Ob künftig Aufführungen stattfinden würden, war am 17. Februar noch ungewiß. Unter der Überschrift "Unerhörte Skandale beim *Reigen*" berichtete das *Illustrierte Wiener Extrablatt* (Morgenausgabe), daß Schnitzler am 15. d. M. Direktor Bernau aufgesucht habe:

> Wie wir erfahren, hat sich vorgestern [15. Februar] eine interessante Szene in der Direktion des *Deutschen Volkstheaters* zugetragen. Arthur Schnitzler war bei Direktor Bernau erschienen und verlangte die *Absetzung des* Reigen *vom Spielplane der Kammerspiele*. Er fühle sich angewidert von den Treibereien und wünsche, daß er und sein Werk dem häßlichen Kampfe entrückt werden. Direktor Bernau ließ die Einwendungen des Dichters nicht gelten und erklärte sich keinerlei Terror von der Straße beugen zu wollen. Das Stück sei sein Eigentum; er habe es zur Aufführung erworben und er werde es weiterspielen. (6)

In einem Interview, das am 17. Februar in der *Volkszeitung* veröffentlicht wurde, äußerte sich Schnitzler wie folgt ("Schnitzler über die Demonstration"): "Weder den Schauspielern noch mir ist irgend etwas geschehen, aber ich *kann kaum genügend scharfe Worte finden*, um das *Vorgehen dieser Horde* zu geißeln. . . . Die Leute haben im Theater gehaust wie Vandalen und Verbrecher und nicht wie zivilisierte Menschen" (6).

Am 17. Februar 1921 verkündeten die Schlagzeilen der Nachtausgabe der *Wiener Stimmen*: "Die Einstellung der *Reigen*-Aufführungen.— Ein polizeiliches Verbot bis auf weiteres," und auf Seite 2 des Blatts heißt es: "Die *Reigen*-Aufführungen eingestellt. Ein Erfolg der christlichen Jugend" (2).

h) *Freitag, der 18. Februar 1921*

Die Morgenausgabe der *Reichspost* vom 18. Februar 1921 berichtete, daß "die weitere Aufführung . . . aus *Rücksichten der öffentlichen Ruhe und Ordnung* eingestellt [wurde]" (5). Die meisten Zeitungen waren der Ansicht, daß der Skandal von antisemitischen Elementen inszeniert worden sei. In diesem Zusammenhang äußerte die *Wiener Morgenzeitung* vom 18. Februar einen Gedanken, den die historische Entwicklung einige Jahre später bestätigen sollte ("Der *Reigen*-Krawall"):

> Aber die Vorgänge von vorgestern wollen nicht leichtsinnig gewertet werden. Es ist natürlich kein Protest gegen die Aufführung des *Reigen* und es handelt sich nicht um eine literarisch-künstlerische Frage, die durch einen Theaterkrawall gelöst werden soll. Es ist ein Rekognoszierungsgefecht der antisemitisch-reaktionären Elemente, die sich überzeugen wollen, ob die Morgenröte schon da ist. (3)

Auch an der Polizei wurde Kritik geübt, die die Demonstranten mit unverdienter Milde behandelt hatte. Dieser Umstand wurde in der *Wiener Morgen-Zeitung* vom 18. Februar 1921 hervorgehoben: "Die heutige *Arbeiter-Zeitung* wendet sich *in sehr starker Weise* gegen das *Vorgehen des Polizeipräsidenten* in der *Reigen*-Affäre. Das Blatt stellt zunächst fest, daß der vorgestern abends durchgeführte Ueberfall auf die Kammerspiele *planmäßig vorbereitet* war . . . [und] daß die Polizei den Exzedenten *eine auffallende Schonung entgegenbringe*" (2).

Man spürte, daß eine bestimmte Gefahr drohte, obwohl niemand genau zu sagen wußte, inwiefern diese anscheinend organisierte Störung und die Pressereaktionen für die Zukunft symptomatisch waren. Von dieser Gefahr spricht auch ein Artikel, der auf der ersten Seite des *Neuen Wiener Journals* vom 18. Februar 1921 (Morgenausgabe) erschien und den Titel "Der Reigen der Demonstrationen" trägt:

> Man wird sich von den Leuten, die, ihrer Verantwortung wohl bewußt, im Dunkel bleiben, nicht die Richtungen vorschreiben lassen, in denen sich das Dichten und Denken zu bewegen hat. Jetzt hat diese ganze Angelegenheit mit dem Schnitzlerschen *Reigen* gar nichts mehr zu tun. Mag er züchtig oder unzüchtig, Kindern oder Erwachsenen gefährlich sein, man mag ihn spielen oder nicht, das ist herzlich gleichgültig. Im Grunde denkt keiner an den *Reigen* mit seinen zehn Liebesepisoden, wenn er in diesem Kampf um ihn Stellung nimmt. Es gilt Höheres. Der Kampf um den *Reigen* ist jetzt besonders nach den Szenen von Mittwoch symptomatisch geworden. Es ist ein Kampf zwischen Stinkbomben und Geistigkeiten, zwischen der Freiheit der Idee und ihrer Beherrschung durch Leute, die nicht hervortreten wollen. (2)

Unter der Überschrift "Theaterkrawall und Beamtenelend" versuchte das *Neuigkeits-Welt-Blatt* vom 18. Februar 1921, den Skandal und das Verhalten der Demonstranten auf folgende Weise zu erklären:

> Aber selbst wenn der Vorfall vom gestrigen Abend [17. Februar 1921] *den "Reigen"-Aufführungen wirklich ein Ende gesetzt* hat, so wird man seiner *nicht recht froh* werden können, denn dieser Theaterkrawall war mit all seinen Begleiterscheinungen so unwienerisch wie möglich, nur erklärlich aus jener *bedauerlichen Veränderung der Psyche*, die der Krieg und die Nachkriegspolitik in den Köpfen der Menschen herbeigeführt habe. *Gewalt und Terror* sind in jeder Form häßlich und gefährlich und der Kampf um Anstand und gute Sitte darf nicht mit Stinkbomben und Schlagringen geführt werden und eine Taktik, die dem Urteil eines Gerichts vorgreift, darf sich in einem Rechtsstaat nicht einbürgern. Hoffen wir aber, daß der Krawall von gestern abend dem *Reigen*-Skandal *wirklich ein Ende* gemacht hat. (1)

Die antisemitische Tendenz, die zu diesem Krawall führte, offenbart sich aufs deutlichste in den *Xenien*, die ein gewisser "Nithart Stricker" in der Nachtausgabe der *Wiener Stimmen* vom 18. Februar 1921 veröffentlichte:

Xenien

Schnitzler, du flehtest zur Muse
um Kränze unsterblichen Lorbeers—
Ach, und ein einziges Blatt steckt sie dir sacht in den Mund.

*

Bernau, der jüdischen Kunst magst gern in der *Heimat* du frönen,
Aber vergiß nicht, daß du—in der *Diaspora* bist!

*

Emmerling, sag' mir:
Wer zahlte dir neulich das Schieber-Vergnügen?
Emmerling, sag' mir doch: Sind—*Arbeiterkreuzer* dabei?

*

Reumann, ich preise dich glücklich:
Ich muß immer denken und denken.
Und das Denken tut weh! Du aber fühlst keinen Schmerz. (4)

Unter der Überschrift "Nachträgliches zum Reigen-Skandal. Bundesrat Dr. Kienböck und Dr. Seipel über das Verhalten der Marxisten.—Die Austerlitz-Lippowitz-Presse unterm *Reigen*-Banner" schlägt das gleiche Blatt einen außergewöhnlich aggressiven Ton an:

> Die *Arbeiter=Zeitung* beschimpfte in ihrer gestrigen Nachmittagsausgabe die Demonstration gegen den *Reigen* als "bezahlte Apachen", als "wahre Plattenbrüder", als Diebe und Plünderer und im Bilde als Kasseneinbrecher. Das ist halt so der Austerlitzjargon, der Ton des Organes der gewesenen Staatsekretäre Bauer, Renner, Ellenbogen, Deutsch usw. Auch das heutige Morgenblatt der *A.-Z.* . . . droht am Schluße [sic] seiner Sammlung von verbalem Unflat *mit der Sprengung nicht sozialdemokratischer Versammlungen und Störungen von Predigten in der Kirche.* Die *A.-Z.*=Juden werden damit, das kann ihnen jetzt schon gesagt werden, nicht viel Glück haben. Für die perverse Gleichstellung der Judenschweinerei des *Reigen* mit politischen Versammlungen oder gar mit kirchlichen Veranstaltungen werden die Hetzer der *A.-Z.* in der Bevölkerung wenig Verständnis finden und auch der marxistische Teil der Arbeiterschaft dürfte die ihm zugedachte Rolle, Schutz= und Rachegarde der Schieberwelt zu sein, entschieden ablehnen. (3)

Der Sieg der konservativen Kräfte zeigt sich ebenfalls in dem Beitrag "Eine Kundgebung gegen Sexualspiele," die die *Deutsche Volkszeitung* am 18. Februar 1921 brachte:

> Um zur Entwürdigung des Theaters durch öffentliche Aufführungen von Stücken wie *Flamme* und *Reigen* Stellung zu nehmen, versammelten sich am 14. d. in den Räumen des *Deutschen Klub* Vertreter von deutscharischen Vereinigungen Oesterreichs, die zum Großteil auch Kulturbelange der in den Ländern wohnenden Stammesdeutschen zu hüten verpflichtet sind. In dieser Versammlung wurde beschlossen, ein Schreiben an den Verein "Deutsches Volkstheater" zu richten, darin dieser gebeten wird, seiner im Gründungsjahre festgelegten idealen Aufgaben eingedenk zu sein und auf Entfernung der beiden genannten Werke aus dem Spielplan zu dringen. Das Schreiben ist durch das mittlerweise erfolgte Aufführungsverbot des *Reigen* zum Teil zwar überholt, aber beachtenswert bleibt aus der Begründung doch folgenden Stelle: "Die

immer weitergreifende, auf Verfasser wie Direktor in gleichem Maße bezügliche Entrüstung über die genannten Aufführungen stellt keineswegs bloß die Aufmachung einer einseitig parteipolitischen ("bürgerlichen") Hetze oder Kraftprobe dar; sie will vielmehr im Sinne des bodenständigen Wien sowie des Kulturzusammenhanges mit Deutschland und dem Norden beurteilt werden, wo Oesterreichs Not und Wiens Schande geschiedene Erkenntnisse sind". (7)

Schnitzler selbst glaubte, daß diese 'zeitgemäßen' Äußerungen mit der Zeit 'unzeitgemäß' werden würden. In einem Brief an Stefan Grossmann, in dem Schnitzler diesem für seine kurze *Reigen*-Parodie dankt, schreibt er:

> Ich habe ja schon einige ähnliche Sachen erlebt, wenn auch in bescheideneren Dimensionen. Erinnern Sie sich nur an den *Leutnant Gustl* und den *Professor Bernhardi*. Nach einigen Jahren bleibt von all dem Lärm nichts weiter übrig als die Bücher, die ich geschrieben, und eine dunkle Erinnerung an die Blamage meiner Gegner. In diesem Fall wird es nicht anders sein. (Grossmann 253; Schnitzler, *Briefe 1913-1931*: 235)

3. *Epilog*

Die lokale Berichterstattung, welche die den *Reigen* betreffenden Ereignisse in Berlin, Leipzig oder München mit denen in Wien verglich, trug nicht nur vor und während dem Skandal zur Erhitzung der Gemüter bei, sondern auch danach. Unter der Überschrift "Theater: Die *Reigen*-Affäre dauert fort" berichtete die Wiener *Mittags-Zeitung* vom 19. Februar 1921:

> Es ist interessant—um die im *Ausland* herrschende Stimmung kennen zu lernen—zu lesen, was das *Berliner Tageblatt* über das *Reigen*-Verbot schreibt. Es heißt dort nach heftigen Auslassungen gegen die *Reigen*-Demonstranten, deren Kundgebung ein Jahnhagel-Spaß genannt wird: "Die Wiener Polizei, statt den Lümmeln einen kalten Wasserstrahl zu geben und weitere Aufführungen des Stükkes vor Stinkbomben zu schützen, verbietet es. Eine ebenso bequeme wie freche Art, in künstlerische Dinge einzugreifen". (2)

Daß das Aufführungsdesaster auch eine finanzielle Katastrophe war, wurde voller Schadenfreude im konservativen *Volkssturm* enthüllt. In "*Reigens* Ende—und Glück?" teilt dieses Blatt am 10. März 1921 mit:

> Die jüdische *Wiener Mittags-Zeitung* vom 5. März 1921 bringt folgende Nachricht: Die *Schauspieler des Deutschen Volkstheaters* haben Direktor Bernau ein *Ultimatum* überreicht, demzufolge bereits für heute der *Streik* der Bühnenmitglieder der beiden Bernau=Bühnen angedroht war. Dieses Verhalten der Schauspieler geht darauf zurück, daß Direktor Bernau sich bis heute *geweigert* hat, das kürzlich zwischen Direktorenverband und Bühnenverein getroffene Abkommen auf *50prozentige Erhöhung* sämtlicher Bezüge, rückwirkend ab 1. Februar zu *erfüllen*, indem er sich dazu infolge des *schlechten Geschäftsganges seiner Bühnen* für außerstande erklärte. (*Der Volkssturm*: 30; *Wiener Mittags=Zeitung*: 2)

Diese Meldung kommentiert der *Volkssturm* wie folgt:

> Hocherfreulich ist, daß unser glänzend durchgeführter *Reigen*-Sturm so großen Erfolg hatte, daß das Bernau-Geschäft dadurch *so schwer betroffen* wurde. Es ist hochinteressant, daß sich die jüdischen Proletarierführer mit solcher "Begeisterung" für den Bernau und sein Geschäft einsetzen, in dem *Tarifverträge* den Bediensteten gegenüber *nicht eingehalten* werden. Es sei schon heute mit allem Ernst darauf hingewiesen, daß das deutsche Christenvolk von Wien eine Fortsetzung des *Reigen*-Skandals *in welcher Form immer nicht dulden wird.* Es handelt sich um eine Ehren- und Machtfrage des Christenvolkes. Die Wiedergestattung der Aufführungen wäre ein *casus belli* in aller Form. (30)

Einige Teile des *Reigen* schienen jedoch als Attraktion bei fragwürdigen Nachtclubdarbietungen zu dienen. Im März und im April 1921 brachte die *Wiener Mittags=Zeitung* folgende Anzeige:

> *Femina*
> Allabendlich um 1/2 8 Uhr der Sensationserfolg
> *RINGEL-REIGEN*
> ....
> III. Bild: "*Der Reigen*" (in den Grenzen des Erlaubten)
> (*Wiener Mittags=Zeitung*, 16. April 1921: 6)

In der Zwischenzeit wurde Schnitzlers *Reigen* von dem Odium, ein pornographisches Werk zu sein, befreit. Herausgestellt wurden beonders die künstlerische Qualität dieses Werkes wie auch die psychologische Kenntnis des Verfassers, der das 'Geschlechtliche' hinter der Alltagsfassade enthüllt. Die Morgenausgabe der *Arbeiter-Zeitung* vom 24. April 1921 veröffentlichte "Die Zensurgutachten über den *Reigen*," darunter auch das von Vizepräsident Ludwig Tils, dem ehemaligen Vizepräsidenten der österreichischen Landeshauptmänner, in dem es heißt: "Alles in allem genommen kann nicht daran gezweifelt werden, daß man den *Reigen* als ein *Werk von nicht gewöhnlicher künstlerischer Bedeutung gelten lassen muß*" (5). Der Schriftsteller Karl Glossy, dessen Gutachten ebenfalls abgedruckt wurde, stellt übereinstimmend fest: "Schnitzlers Dialoge, künstlerisch gestaltet, zeigen einen *tiefen psychologischen Einblick in das Geschlechtsleben*, sind durchaus nicht trivial und lassen nicht verkennen, daß sie ein *wirklicher Dichter* verfaßt hat" (5).

Am 26. April befaßte sich der österreichische Verfassungsgerichtshof mit dem Fall des Bürgermeisters Jakob Reumann, der die Aufführung des *Reigen* genehmigt hatte. Nach Ansicht der *Wiener Allgemeinen Zeitung* vom 26. April 1921 war Reumann schuldig. Unter der Überschrift "Der *Reigen* vor dem Verfassungsgerichtshof" wurden die Leser wie folgt informiert:

> Gemäß Art. 103 des Bundesverfassungsgesetzes ist der *Landeshauptmann* in den Angelegenheiten der mittelbaren Landesverwaltung, also so weit er Organ der Bundesvollziehung ist, *an die Weisungen der Bundesregierung und der einzelnen Bundesministerien gebunden.* Da das Bundesministerium für Inneres und Unterricht als *Oberstes Bundesorgan in Theaterangelegenheiten* anzusehen ist, ist die Nichtbefolgung einer auf diesem Gebiete ergangenen Anordnung des genannten Ministeriums *gleichbedeutend mit der Nichtbefolgung einer Anordnung des Bundes.* (7)

Diesem Paragraphen zufolge war der Bürgermeister schuldig, weil er die Weisungen, die er am 7. und am 10. Februar von Dr. Glanz, dem Bundesminister des Inneren, erhalten hatte, nicht befolgte. Wie die *Wiener Allgemeine Zeitung* am 29. April 1921 meldete, wurde Reumann jedoch freigesprochen: "Der Verfassungsgerichtshof als Staatsgerichtshof hat den Bundeshauptmann Reumann *von der Anklage wegen Verletzung der Bundesverfassung freigesprochen*" (2). Auch die Morgenausgabe der *Arbeiter-Zeitung* vom 30. April 1921 berichtete über das Urteil:

> Reumann von der "Anklage" freigesprochen.
> Der Verfassungsgerichtshof hat den Bürgermeister von Wien von der Anklage der "schuldhaften Rechtsverletzung", die die Bundesregierung gegen ihn erhoben hatte, *freigesprochen.* (1)

Der Grund für diesen Freispruch war, daß die Briefe, die der Minister ihm gesandt hatte, nicht eine Anordnung enthielten, die befolgt werden mußte, sondern nur Weisungen, die für den Bürgermeister nicht bindend waren. In dem Artikel "Reumann freigesprochen" informierte die *Wiener Allgemeine Zeitung* vom 29. April 1921 ihre Leser über diesen Sachverhalt wie folgt:

> In dem Schreiben vom 7. Februar wurde dem Bürgermeister vom Bundesminister des Inneren lediglich nahegelegt, die erteilte Bewilligung zur Aufführung des *Reigen* aus Gründen der öffentlichen Sittlichkeit einer Ueberprüfung zu unterziehen. Es bedarf wohl keiner Beweisführung, daß *eine solche Weisung nicht als Verordnung oder sonstige Anordnung aufgefaßt werden kann* und wurde diese Weisung auch vom Bezirkshauptmann, wie sein Antwortschreiben beweist, nicht als eine Anordnung aufgefaßt. (2)

Da der Glanzsche Brief vom 10. Februar weder die Unterschrift des Ministers noch irgendeine andere trug, wurde das Verbot vom Gericht für nicht amtlich erklärt: "[Der Brief] weist einen formalen Mangel *auf, der schwerer Natur ist.* Auch im gewöhnlichen schriftlichen Verkehr muß ein Schriftstück die Unterschrift des Absenders tragen; umsomehr muß man dies bei einem Schriftstück verlangen, welches ein Minister mit einem Landeshauptmann wechselt" (2).

Das Deutsche Volkstheater reichte daraufhin beim Gericht ein Gesuch ein, in dem man darum bat, das Verbot des Stücks aufzuheben. Diesem Gesuch wurde im Januar 1922 stattgegeben. Wie ein Brief Schnitzlers an Bernau zeigt, wußte der Autor nichts von Bernaus Entschluß, den *Reigen* wieder auf die Bühne zu bringen. Unter der Überschrift "Die Wiederaufnahme der *Reigen*-Aufführungen. Ein Protest des Dichters" erschien dieser Brief am 8. Februar 1922 im *Neuen Wiener Journal*:

> Verehrtester Herr Direktor! Zu meiner Verwunderung lese ich in der Zeitung eine Notiz des Inhalts, daß ich nach anfänglicher Weigerung meine Einwilligung zur Wiederaufführung des *Reigen* erteilt hätte. Diese Auffassung beruht auf einem schwer erklär-

lichen Mißverständnis . . . . Ich werde die Wiederaufnahme der *Reigen*-Vorstellungen an den Kammerspielen oder an irgendeiner anderen Wiener Bühne *nur dann gestatten*, wenn die hier in Betracht kommenden Behörden, die selbstverständlich nach reiflicher Ueberlegung das Verbot erlassen und es nun, selbstverständlich nach ebenso reiflicher Ueberlegung, aufgehoben haben, sich geneigt erklären, die Darsteller und das Publikum sowohl vor Ausbrüchen *mehr oder minder sittlicher Entrüstung* als auch vor *angezettelten Pöbeleien zu schützen* . . . (8)

Aus einer Notiz im *Neuen Wiener Journal* vom 4. März 1922 ("Hinter den Kulissen") geht hervor, daß die Polizei sich noch nicht bereit erklärt hatte, die Sicherheitsmaßnahmen zu treffen, die Schnitzler gefordert hatte:

> Wird der *Reigen* nun wieder aufgeführt oder nicht? Eine Meldung aus dem Deutschen Volkstheater kündigt die neuerliche Premiere für Dienstag an. Aber schon wettert es in der konservativen Presse und es scheint, als sollte es auch diesmal nicht glatt abgehen. Art[h]ur Schnitzler, dessen menschlicher und künstlerischer Noblesse alles Spekulative ferne ist, hat schon unlängst in einem Schreiben an Direktor Bernau erklärt, daß er die Wiederaufführung des *Reigen* nicht gestatte, solange nicht gewährleistet ist, daß die Vorstellungen ohne Skandal vorübergehen. Direktor Bernau hat diese Zusicherung gegeben. Es ist nun an der Polizei, zu erklären, ob sie die Verpflichtung übernimmt, daß die Vorstellungen des *Reigen* ungestört verlaufen und ob sie die Sicherung übernehmen kann. (8)

Dieses Versprechen gab die Polizei, und am 7. März 1922 wurde der *Reigen* in Wien wieder aufgeführt. Außer den Kriminalbeamten in Zivil, die sich unter das Publikum gemischt hatten, befanden sich sechzig Polizisten im Theater. Jeder Inhaber eines Billetts mußte seine Karte sechs- oder siebenmal vorzeigen, bevor er zu seinem Platz gelangte. Aufgrund dieser Vorsichtsmaßregeln verlief die Vorstellung ohne Störungen. Wegen des finanziellen Erfolgs ließ Bernau das Stück bisweilen zweimal am Tag aufführen. Das mißfiel Schnitzler, und in seinem Brief an Alfred Bernau vom 27. März 1922 spricht er sich entschieden gegen diese Praxis aus:

> Sehr verehrter Herr Direktor.
>
> Herr Marfeld dürfte Ihnen wohl von meinem gestrigen Gespräch mit ihm Mitteilung gemacht haben, in dem ich meinem Mißvergnügen Ausdruck gab, daß durchaus gegen meine Intention und gegen Ihre mir gegebene Zusage der *Reigen* doch wieder zweimal an einem Abend auf dem Repertoire erschienen ist. Es ist meine Überzeugung, daß diese Forcierung des Stückes, wenn sie auch augenblicklich einen Gewinn bringen mag, weder Ihnen noch mir, noch den Kammerspielen zum Vorteil gereichen und daß ganz plötzlich die Stimmung wieder umschlagen, und der ganzen Serienspielerei ein unangenehmes Ende bereiten könnte. Es scheint mir zum mindesten unpolitisch[,] das Stück in jeder Weise zu exploitieren und ich erlaube mir in Ihrem und in meinem Interesse, verehrtester Herr Direktor, Sie zu erinnern, dass ich die Vermeidung einer solchen Forcierung des *Reigens* zu einer der Bedingungen machte, unter denen ich mich für eine Wiederaufnahme der Vorstellungen einverstanden erklärte. . . . ich bitte Sie[,] meinem sicheren Gefühl zu vertrauen und meine Mahnung nicht in den Wind zu schlagen. (Schnitzler, *Briefe 1913-1931*: 273)

Die antisemitischen Gruppen gaben jedoch ihren Kampf nicht auf, und wie die *Chicago Tribune* (Paris) am 25. April 1922 aus Wien berichtete, war es vor allem der "Deutschvölkische Schutz- und Trutzbund für Österreich," der die Kampagne führte:

> Moralreformer haben eine Massendemonstration unter freiem Himmel organisiert, um gegen Arthur Schnitzlers Stück *Reigen* zu protestieren, das schon in Berlin und München Anlaß gelegentlicher Unruhen gewesen ist. Das Stück ist täglich in Wien unter Polizeischutz aufgeführt worden. Es heißt, die Demonstration gegen die "Unsittlichkeit" des Stücks sei Teil der alldeutschen und antisemitischen Agitation, die vom "Deutschvölkischen Schutz- und Trutzbund für Österreich" betrieben wird.[6]

Wie der am 26. Mai 1922 verfaßte Brief Schnitzlers an Dr. David Josef Bach, den Redakteur, Journalisten und Musikkritiker der *Arbeiter-Zeitung*, zeigt, fanden weiterhin nicht autorisierte Aufführungen des *Reigen* statt:

Sehr geehrter Herr Redakteur.

Wie ich vernehme sind im Lauf der letzten Zeit durch einen mir unbekannten Herrn Sonnenthal in den äußeren Bezirken Wiens wiederholt Vorstellungen des *Reigen* im Rahmen von Arbeiterorganisationen veranstaltet worden. Weder das Deutsche Volkstheater, dem für Wien das alleinige Aufführungsrecht zusteht, noch ich sind um ihre Zustimmung ersucht worden, die selbstverständlich in keinem Fall erteilt worden wäre. Ich verbiete Ihnen hiemit ausdrücklich weitere Aufführungen des *Reigen* im Rahmen der oben genannten Veranstaltungen und bestimme, daß die bisher erzielten Tantièmen durch den Herrn Direktor Sonnenthal dem Arbeiterverein "Kinderfreunde" . . . überwiesen werden. (Schnitzler, *Briefe 1913-1931*: 279)

Um einen weiteren Skandal zu vermeiden, zog Schnitzler kurze Zeit später seine Aufführungserlaubnis zurück, so daß das Stück in Österreich und Deutschland nicht mehr aufgeführt werden konnte. Der Grund hierfür war, wie Pfoser erklärte, daß Schnitzler,

> der zuerst durchaus kämpferisch auf eine Rehabilitierung des *Reigen* drängte, . . . inzwischen des Kesseltreibens gegen ihn, der offenen Drohungen, müde geworden [war]. Er mußte nun bei jeder Lesung, bei jedem Auftritt in der Öffentlichkeit auf Störungen und Demonstrationen, und nicht nur auf dies, gefaßt sein. Der *Reigen* hatte ihm eine seltsame Berühmtheit bei den Antisemiten aller Städte und Dörfer eingebracht. Wie ein unangenehmer Schatten folgte ihm nun dieses Schnitzler-Bild, das sein Werk gefährdete. Voller Argwohn registrierte er den steigenden Einfluß der antidemokratischen Kräfte und wollte für diese keinen billigen Anlaß für einen Skandal geben. (Pfoser, Wer hat Angst . . .: v)

Die—bis 1982—letzte Wiener Theateraufführung des *Reigen* fand am 30. Juni 1922 statt; nur als Hörspiel wurde das Stück im Februar 1933 noch einmal produziert. Zum letzten Mal wurde in Wien 1936 auf einer Privatbühne etwas von Schnitzler aufgeführt, und zwar eine Dramatisierung von *Fräulein Else,* so daß, wie Horst Jarka sagt, "Schnitzler schon drei Jahre vor dem *Anschluß* aus dem Spielplan des Burgtheaters [verschwand]" (Jarka 504). Wie Ulrich Weinzierl bemerkt, war eine neue Zeit angebrochen, die im Zeichen des "Moralterrorismus" stand, eine Zeit, die nicht nur für Österreich und Deutschland schreckliche Folgen hatte: "Wogegen man in 1921 eine Wasser- und Stinkbombenschlacht entfesselte, das wurde 1933 in Deutschland, 1938 in Österreich verbrannt. Anfangs sozusagen in effigie: die Bücher auf den Scheiterhaufen, in den folgenden Jahren in persona: Menschen in den Krematorien des KZs" (Weinzierl 330).

Anmerkungen

1. Der Wiener Zeitungsausschnittsdienst datierte diesen Artikel irrtümlicherweise auf den 5. Februar 1921.

2. Der Wiener Zeitungsausschnittdienst datierte diesen Artikel fälschlicherweise auf den 6. Februar 1921. Die *Wiener Stimmen* erschienen am 1. Januar 1919 zum ersten Mal und hatten den Untertitel "Spätabendblatt der Nichtjuden." Nachdem sie von August 1922 bis Oktober 1923 ihr Erscheinen eingestellt hatten, kamen sie als "Nachmittagsblatt" der *Reichspost* wieder auf den Markt. Kurt Paupié charakterisiert diese Zeitung wie folgt: "Die *Wiener Stimmen* standen auf einem viel niedrigeren Niveau als die *Reichspost.* Die politische Note trat stark hervor und sie verfolgten eine streng antimarxistische Linie, die der Christlichsozialen Partei gleichkam" (186-187).

3. Diese Angabe konnte in dieser Ausgabe nicht verifiziert werden.

4. Siehe auch die Zitate im Kapitel VII, Sektion 2: Aufführung in München am 27. Januar 1921.

5. Vgl. auch den Artikel von Dre. F. Sch., "Demonstrationen gegen ein Schmutzstück. Zusammenstöße zwischen Hakenkreuzlern und Marxisten," *Reichspost* vom 11. Februar 1921.

6. Der englische Originaltext lautet: "Moral reformers have called a huge open-air demonstration to protest against Arthur Schnitzler's play *Reigen*, which has occasioned disorders here in Berlin, and in Munich. The play has been given daily in Vienna under strong police guard. The demonstration against the 'immorality' of the play is said to be a part of the pan-German and anti-Semitic agitation being conducted by the 'German-Austrian Offensive and Defensive Alliance'" ("Schnitzler's Play Called Immoral").

Kapitel VI

Die Zeit 1921-1926

Vom zweiten *Reigen*-Prozeß bis zum 'Schund- und Schmutz'-Gesetz

> Ich habe an der Aufführung des *Reigen* schweres sittliches Aergernis genommen, nicht nur als Deutscher, sondern vor allem als Berliner. Ich habe mir gesagt, wenn das kunstfrohe München, das lebensfrohe Wien, das schöne Dresden diese Gemeinheit nicht dulden, dann brauchen wir Berliner sie uns auch nicht gefallen lassen. (Zeugenaussage im Berliner Prozeß. Anon., Moabiter Reigen 263)

Die Aufführung des *Reigen* im Dezember 1920 in Berlin stand nicht unter günstigen Vorzeichen. Die Prostitution und das Veröffentlichen der erotischen bzw. pornographischen Literatur, letztere verstanden als nicht komplizierte, hauptsächlich mit dem Ziel der sexuellen An- und Erregung geschriebenen Texte und Darstellungen,[1] griffen immer weiter um sich, und die Bevölkerung der Großstädte, besonders die Berlins, fürchtete in dieser Auflockerung eine Gefahr für die sittliche Gesundheit der Jugend. Verbreitet waren auch die sogenannten Schönheitsballette, in denen die Tänzerinnen mit wenig Bekleidung oder völlig nackt unter dem Vorwand der Schönheitskultur und Kunst in einigen Varietés auftraten. Paul Englisch beschreibt einer der Aufführungen mit den folgenden Worten:

> [Es kam darauf an], durch die Darstellung der weiblichen Nacktheit sinnlichen Kitzel bei den Zuschauern zu erregen. . . . Man brauchte nicht prüde zu sein, um feststellen zu müssen, daß die Darbietungen mit Kunst wenig zu tun hatten. Das Hüpfen der allerdings sehr formvollendeten Brüste, das Verschieben der Schleier, mit denen die geheimsten Teile verdeckt werden sollten und die doch gerade wegen ihrer Durchsichtigkeit das Auge auf die dunkleren Partien hinlenkten, erregten eine sinnliche Atmosphäre, die sich auch der Gewappneste nicht entziehen konnte. (*Geschichte* 276)

Da weite Kreise gegen diese sexuelle Auflockerung protestierten, griff manchmal die Staatsanwaltschaft ein. Dies geschah z.B. in dem Falle der 'Kunst'-Tänzerinnen Lola Bach und Celly de Rheydt. Lola Bach wurde zu einer erheblichen Freiheitsstrafe von einem Monat Gefängnis verurteilt, ihr Manager sogar zu drei Monaten Gefängnis (Englisch, *Geschichte* 276). Celly de Rheydt, die vor dem ersten Weltkriege mit ihrem Ballett ihre Nackttänze in Holland dargeboten hatte, und die dann ihre Schönheitstänzerinnen in Kabaretts auftreten ließ, wurde mit ihrem Mann nur zu einer Geldstrafe verurteilt. Stapel bezieht sich in seinem Hetzartikel gegen den *Reigen* auf Celly de Rheydt, und er zitiert die im *Vorwärts* gedruckten Verse:

Die Celly hat Qualitäten,
Intimitäten, Extremitäten.
Die hat sie—wie sagt man—sozialisiert.
Huch nein! Wie mich sowas geniert.
"Der Staatsanwalt!" schreit die Ottilie,
"Wo bleibt dann der Reiz der Familie!"
Ich fordere, daß man verpönt
ein Weib, das die Männer verwöhnt.
Wie war meinem Mann bei mir wohl—
jetzt kommt er mir nur noch frivol."

Stapel kommentiert diese Verse mit: "So repräsentieren literarische Jüden die Meinung der deutschen Arbeiterschaft, und die deutschen Arbeiter arbeiten und kämpfen für Literaten, die derlei, obendrein zum Erbarmen kitschig gemachte, Zoten fabrizieren und in Zeitungen verbreiten" (Geschäft 148).

Die antisemitischen Hetztiraden fielen auf fruchtbaren Boden. Diese neue antisemitische Welle von rechts, die Juden und Sozialdemokraten (vor allem jüdische Sozialdemokraten) für die Niederlage von 1918 verantwortlich machte, bediente sich dann auch der Angst fast aller Bevölkerungskreise vor der sittlichen Gefährdung der Jugend und schürte damit den Haß auf die Juden. In den folgenden zwei Abschnitten werden diese Aspekte, die den *Reigen*-Skandal vom Februar 1921 etwas verständlicher machen sollen, kurz skizziert.

1. *Die Prostitution, erotische und pornographische Literatur um 1920*

Die Zustände, die vor 1914 in puncto Sexualität herrschten, wurden eingehend von dem Zeitgenossen Stefan Zweig in seinen Erinnerungen

Die Welt von gestern in dem Kapitel *Eros Matutinus* beschrieben:

> Von der ungeheuren Ausdehnung der Prostitution in Europa bis zum Weltkriege hat die gegenwärtige Generation kaum mehr eine Vorstellung. Während heute [1942] auf den Großstadtstraßen Prostituierte so selten anzutreffen sind wie Pferdewagen auf der Fahrbahn, waren damals die Gehsteige derart durchgesprenkelt mit käuflichen Frauen, daß es schwerer hielt, ihnen auszuweichen als sie zu finden. Dazu kamen noch die zahlreichen "geschlossenen Häuser", die Nachtlokale, die Kabaretts, die Tanzdielen mit ihren Tänzerinnen, die Bars mit ihren Animiermädchen. In jeder Preislage und zu jeder Stunde war damals weibliche Ware offen ausgeboten, und es kostete einen Mann eigentlich ebensowenig Zeit und Mühe, sich eine Frau für eine Viertelstunde, oder Stunde oder Nacht zu kaufen wie ein Paket Zigaretten oder eine Zeitung. (105)

Nach 1918 hatte sich die Situation nicht verbessert, ja sie wurde sogar noch schlimmer. Verlorene Kriege sind Nährböden für die Prostitution, und Berlin machte in dieser Hinsicht keine Ausnahme. Die Inflation, die schon im Kriege begonnen hatte, griff nach dem Krieg immer mehr um sich, so daß die Kaufkraft der Mark bei Kriegsende schon auf die Hälfte ihres Wertes gesunken war (Conze 634). Das Ergebnis war, daß die Ersparnisse der Mittelschicht dahinschmolzen, während Sachwertbesitzer und vor allem Schieber und andere fragwürdige Existenzen entweder ihren Reichtum behielten oder ihn schnell vermehrten. Viele Angehörige der Bourgeoisie sahen durch die Prostitution eine Möglichkeit, schnell zu Geld zu kommen, was sie in die Lage versetzte, ihren Lebensstil gewohnheitsgemäß fortzusetzen. Paul Englisch bemerkt in seiner *Sittengeschichte Europas* dazu:

> Es versteht sich von selbst, daß bei der durch den Währungsverfall hervorgerufenen immer drückender werdenden Not die *Prostitution* Zuzug aus allen Bevölkerungskreisen erhalten mußte, gleichgültig ob man nun dabei die Straßen- oder geheime Prostitution im Auge hat, denn die vielen neuerstandenen Bordelle, die Berlin zu dieser Zeit aufweisen kann, verbrauchen andauernd neue Ware. Offiziell existieren sie nicht. Doch wenn man sich bereits in Friedenszeiten mit ein klein wenig Vorsicht über das Verbot hinweggesetzt hatte, so spielte man in der Inflation vollends Schindluder mit ihm. Nach außen hin freilich muß der Schein der Anständigkeit gewahrt blei-

> ben. . . . Es gibt einfach keine Pervertierung, deren restlose Befriedigung sich nicht ermöglichen ließ. (215-216)

Diese Prostitution wurde von den Ehemännern und auch Vätern toleriert oder begünstigt:

> Viele bequeme Männer und Väter, viele auch durch Leiden und Entbehrungen zermürbt, drückten beide Augen zu, um nicht Einhalt gebieten zu müssen, in der heimlichen Befürchtung, des letzten Restes mühsam aufrecht erhaltener Autorität durch ein ohnmächtiges Auftrumpfen verlustig zu gehen. Sie waren es schon zufrieden, wenn die gelegentlichen oder auch dauernden Seitensprünge ihres weiblichen Anhangs ohne Folgen blieben. (220)

Diese Folgenlosigkeit wurde durch die Einnahme von Antikonzeptionsmitteln erleichtert, was Englisch zu der moralisierenden Feststellung führt, daß "der alltägliche Gebrauch von Mitteln zur Verhinderung der Befruchtung . . . meistens zur Entsittlichung der Frau führen [muß]" (221).

Parallel zu dieser "Entsittlichung der Frau" durch die Prostitution läuft das Angebot der erotischen bzw. der pornographischen Literatur zu dieser Zeit. "Deutschland—Die erotische Literatur der Gegenwart," enthalten in Paul Englischs *Geschichte der erotischen Literatur*, zählt diese Art der Literatur auf, wobei er an erster Stelle Schnitzlers *Reigen* anführt. Für Englisch liegt das Fatale dieses Werkes darin, daß es erotisch andeutet, also die erotische Phantasie aktiviert. Dies geschieht mehr im Lese- als im Bühnenakt, denn der Leser läßt seine Gefühle durch die "diabolischen Kunstgriffe" des Dichters, wie das Setzen der Striche, "mit den übelduftenden Blüten seiner schwülen Phantasie" erhitzen (268). Englischs folgende Bemerkungen beziehen sich so nicht nur auf die Theaterskandale von und nach 1921, sondern auch auf die Buchveröffentlichung des *Reigen*:

> Schnitzlers *Reigen*, der zurzeit durch die zahlreichen Theaterskandale eine Berühmtheit erlangt hat, die ihm weit über sein Verdienst geworden ist, dürfte nunmehr den meisten Literaturfreunden wohl auch in Buchform vorgelegen haben. Schnitzler schildert hier die Verführung von zehn Pärchen bis zum Liebesakt, der sich eine Darstellung von andeutenden Strichen gefallen lassen muß, und dann das post coitum triste. Höchstens, daß uns der Dich-

> ter an den beginnenden Seufzern der Ahs und Ohs in bescheidener Rationierung teilnehmen läßt. "Denkt euch jetzt bitte, was ihr wollt!" sagt der Dichter. "Wir wollen fortfahren!" Also wir denken uns, und die Möglichkeit besteht, daß der Leser, durch das Denken in Hitze geraten wenn gerade ein geeignetes Objekt bei der Hand ist—, auf die weitere Lektüre ein Viertelstündchen verzichtet. (268-269)

Zu der erotischen Lektüre rechnet Englisch auch die Märchen, von denen er sagt: "Es bedarf oft nur der Entfernung des dekorativen Rankenwerks, das um das Motiv gewoben ist, der Bloßlegung des Grundgedankens und der Fortspinnung des Motivs, um zur erotischen Wurzel der einzelnen Märchen zu gelangen" (271). Zu dieser Erkenntnis waren allerdings auch andere gelangt, die schon vor dem ersten Weltkrieg die "erotische Wurzel" der Märchen herausschälten. Eine solche Veröffentlichung trug den Titel "*Erotische Märchen.* Mit 27 Bildern im Dreifarbenätzung. Band I. Nicht im Handel. Privatdruck der Gesellschaft Österreichischer Bibliophilen. Wien: C. W. Stern, 1909. 830 Exemplare." Die meisten Veröffentlichungen der erotischen Literatur enthielten Zeichnungen oder Lithographien, wie z.B. E. Jouys "*Sappho oder die Lesbierinnen.* Mit Zeichnungen von Otto Schoff (Reihe Venuswagen; Berlin: Fritz Gurlitt Verlag, 1920)."

Es waren aber nicht nur Märchen, die unter dem Vorwand der literarischen Qualität Erotik und Pornographie einer zahlungskräftigen Interessengruppe anboten, sondern auch andere Genres. Es würde den Rahmen dieser Arbeit übersteigen, die vielen Titel dieser Art der Literatur anzuführen, und deshalb seien nur einige angeführt, wie z.B. *Tagebuch einer Verlorenen* und *Tagebuch einer anderen Verlorenen*, *Fräulein Sünde* und *Schamlose Seelen*, wobei Margarete Böhmers *Tagebuch einer Verlorenen* über hundert Auflagen erlebte (Englisch, *Geschichte* 273). Manchmal waren es ganze Serien, die angeboten wurden, wie z.B. "Bücher der Aphrodite," "Die Bücher der Venus" oder "Die galante Bibliothek," wobei die "sprechenden" Titel schon auf den Inhalt hinwiesen. Dazu kamen die erotischen Privatdrucke, die zwar in kleinen Auflagen herauskamen, aber bei Zahlungskräftigen sehr begehrt waren. Zu diesen Verlagen, die diese Art der Literatur und auch "erotische Kunstsammlungen" vertrieben, gehörten u.a. C.W. Stern (Wien) und der "Wiener Verlag," in dem der *Reigen* 1903 das erste Mal veröffentlicht wurde.

Das Angebot pornographischer Veröffentlichungen schloß ebenfalls die mit detailliertem Bildmaterial versehenen pseudosexualwissenschaftlichen Schriften mit ein, die unter dem Vorwand, aufklärerisch wirken zu wollen, alle möglichen Abarten des Geschlechtsverkehrs schilderten. Englisch bezeichnet diese Art der Literatur "Afterwissenschaft" und weist auf die Schäden hin, die durch das Lesen enstehen können: "Die Gefahren, die durch solche Piraten der Aufklärungsliteratur entstehen, sind tausendmal schlimmer als die Wirkungen des zotigsten Erotikums" (306). Zusätzlich zu der sogenannten sexuellen Aufklärungsliteratur gab es auch legale sexuelle Aufklärungsfilme, die jedoch manchmal das Aufklären nur als Vorwand nahmen, um "Verführungsfilme" zu bieten. Das neue Medium des Films gab einigen Entrepeneurs die Gelegenheit, schnell zu Geld zu kommen, denn, wie Englisch feststellt, wurden auch "direkt pornographische Filme für eingeweihte Kreise gekurbelt, und nur der Aufmerksamkeit der Polizei ist es zu verdanken, daß mehr als eine dieser Zotenserien der Beschlagnahme verfiel" (279).

2. *Der Antisemitismus zu Beginn der Weimarer Republik*

Der schwanke Grund, auf dem die Weimarer Republik entstand, war fruchtbarer Boden für den Antisemitismus. Obwohl es zur Weimarer Zeit in Deutschland nur 600 000 Juden gab—was bei der damaligen Einwohnerzahl von 65 Millionen etwa 0.9 % der Gesamtbevölkerung bedeutet—, hatten sie im Handel und Gewerbe, im Bankwesen und besonders in den medizinischen und juristischen Berufen ungefähr 3.5 % aller Positionen inne (Niewyk 13). Am Ende der Republik, im Jahre 1933, verfügten die Berliner Kaufhäuser, die im Besitz von Juden waren—wie zum Beispiel das *Kaufhaus des Westens*, *Hertie* und *Wertheim*—, über 79 % des Geschäftsvolumens in diesem Bereich, und zwei der großen Ketten von Schuhgeschäften—*Leiser* und *Salamander*—gehörten ebenfalls Juden (Niewyk 13). Obwohl die Juden eine Minderheit waren, "stellten sie [also] eine konkrete Zielscheibe dar, auf die mit großer Leichtigkeit die Frustrationen und der Haß einer in der Krise befindlichen Gesellschaft gelenkt werden konnten" (Grunberger 99). Der Terminus "Juden," den die Publikationen, die sich mit dieser Zeit befassen, verwenden, schloß alle Schichten ein und deckte ein Spektrum ab, das von der wohlhabenden, hochkultivierten Intelligenzija über finanziell erfolgreiche Akademiker und Freiberufler wie Rechtsanwälte, Ärzte und Journalisten bis zum kleinen Geschäftsmann und zum jüdischen Hausierer reichte, der mit Gebrauchtwaren handelte. Die Wohlhabenheit dieser Gruppen variierte, doch vor allem durch die reichen Geschäftsleute und die erfolgreichen Akademiker und Freiberufler war das durchschnittliche Einkommen der deutschen Juden zur Weimarer Zeit 3.2mal so hoch wie das der Gesamtbevölkerung (Niewyk 16). Auch der Lebensstandard dieser Gruppen war wesentlich höher als der des durchschnittlichen deutschen Mittelständlers, und diese materielle Disparität rief beträchtliche Neidgefühle hervor, die sich in antisemitischen Sentiments äußerten.

Außer dem materiellen Faktor gab es zu Beginn und während der Weimarer Republik noch eine weitere Wurzel des Antisemitismus, nämlich die Frustration angesichts des verlorenen Krieges. Die Demoralisierung, die aus der nationalen Niederlage, welche für viele auch eine persönliche Niederlage war, resultierte, verschärfte sich noch durch die *Dolchstoßlegende*; viele Menschen glaubten, daß man den Krieg hätte gewinnen können, wenn die Verräter an der Heimatfront es nicht verhindert hätten. Und der innere Feind war in der Vorstellung vieler der Jude—oder Gruppen, die unter dem Einfluß von Juden standen. An die Stelle der Aggression auf dem Schlachtfeld traten jetzt in zunehmendem Maße offene Aggression und Feindseligkeit gegenüber den Juden; George Mosse sagt in diesem Zusammenhang: "Drohende Äußerungen gegenüber den Juden, verbunden mit Gewalttätigkeiten, kamen in der Weimarer Republik immer häufiger vor" (*Crisis* 137).[2]

Diese Feindseligkeit verstärkte sich noch durch die Vison *eines deutschen* Volkes, in dem alle Deutschen sich zu einem organischen "Wesen" vereinigen sollten, das sich von allen anderen völkischen Gebilden unterschied. Zu den Theoretikern dieses Volksgedankens gehörte auch Wilhelm Stapel, der diese Idee in seiner Zeitschrift *Deutsches Volkstum* propapagierte, eine Zeitschrift, in der er ebenfalls 1922 seine Hetzartikel gegen den *Reigen* schrieb. Sontheimer gemäß ist bei Stapel das Volk "eine unaufhebbare natürliche Gemeinschaft, ihrem Wesen nach grundsätzlich von jeder Gesellschaft unterschieden. . . . Das Volk ist die Grundeinheit des geschichtlichen Lebens; alles geschichtliche Leben vollzieht sich in und in Auseinandersetzung mit Völkern" (246-247). Eine solche Überzeugung schließt alles Fremde aus, besonders das "andersgeartete" jüdische Blut. Die Verbindung der Volksidee und dem Rassismus wird von Sontheimer herausgestellt, wenn er *Deutsches Wesen und deutsche Weltanschauung* von Hermann Schwarz folgendermaßen kommentiert: "Aus der Verpflichtung gegenüber dem Wesen deutschen Volkstums erwächst so der Kampf gegen die Überfremdung, nach einer Reinerhaltung der völkischen Substanz. Hier ist der Punkt, wo die Volksideologie sich mit der Rassentheorie verbindet, wo der Mythos vom Volk in den Mythos des Blutes und der Rasse übergeht" (249).

Ein weiterer wichtiger Faktor, der den Antisemitismus jener Zeit verstärkte, war die schon erwähnte ernsthafte Sorge, daß die Juden zu den zahlreichen erotischen Publikationen beitrügen, die damals auf den Markt gebracht wurden. Man befürchtete, daß es besonders in großen Städten zum Verfall der Moral kommen werde, wenn Minderjährige Zugang zu "wertlosen und obszönen Werken" hätten:

> In den größeren Städten, vor allem in Berlin und München, war ein Anwachsen von Phänomenen wie Glücksspiel, erotischen Skandalen und Homosexualität, Nudismus, Jazz-Manie und verschiedenen Formen von okkultistischer Astrologie und magischem Hokuspokus zu beobachten. Es entstand eine gesellschaftliche Schicht, die ihren Lebensunterhalt damit verdiente, solche Erlebnisse zu vermitteln, und eine andere Schicht, deren größtes Vergnügen darin bestand, derlei zu genießen. (Pinson 457)[3]

Das Problem dabei war, genau festzulegen, was "wertlose und obszöne Werke" waren. Erich Eyck weist darauf hin, daß allein schon die Formulierung an die Lex Heinze des Jahres 1899 erinnert:

> Die Kontroverse, die über dieses Gesetz stattgefunden hatte, schien erneut ausbrechen zu wollen, als sich zahlreiche Vertreter der literarischen und künstlerischen Welt aufs schärfste gegen die Maßnahme verwahrten, in der sie eine Bedrohung der Freiheit des künstlerischen und literarischen Ausdrucks sahen. Viele andere Menschen hingegen—vor allem solche, die mit der Erziehung von Kindern zu tun hatten—verwiesen auf die Unmengen von Schund, dem jeder künstlerische oder literarische Wert fehlte und der auf den Markt gebracht wurde, um an die Jugend verkauft zu werden—ein Geschäft, das ebenso einträglich wie verderblich war. (92-93)[4]

3. *Die Juden und die Presse der Weimarer Republik*

Um die Aufnahme, die dem *Reigen* in der Berliner Presse zuteil wurde, besser zu verstehen, ist es von Wichtigkeit zu wissen, wer die Eigentümer der einzelnen Zeitungen waren. Es war allgemein bekannt, daß sich die führenden liberalen Blätter großenteils im Besitz von Juden befanden, und immer wieder wurde behauptet, die liberale Presse sei vom "jüdischen Geist" durchseucht. Da Berufsbeschränkungen für Juden üblich waren, waren viele von ihnen "gezwungen, Ärzte, Rechtsanwälte und Journalisten zu werden, während die meisten christlichen Universitätsabsolventen Stellungen als Pfarrer, Lehrer und Richter fanden" (Richarz 14); 1933 waren 5 % der Redakteure und Schriftsteller Juden (Richarz 15). Antijüdische Vereinigungen verwendeten in diesem Zusammenhang das Wort "Verjudung," einen Terminus,

> der eine Furcht widerspiegelte, die nicht nur in dezidiert antisemitischen Kreisen existierte. Die unproportionale jüdische Machtstellung fiel zweifellos nicht allein radikalen und Randgruppen auf. Besonders verbreitet war die Sorge, die öffentliche Meinung werde von der "jüdischen Presse" kontrolliert. Für diejenigen, die sich über die "Verjudung" Deutschlands ausließen, war das von größter Wichtigkeit, denn in einer Zeit zunehmend unpersönlicher Massenkommunikation galt die Presse als das wesentlichste Mittel ideologischer Indoktrination, als Vehikel, mittels dessen der "jüdische Geist" in die deutsche Seele drang. (Aschheim 231)[5]

Die sogenannte "jüdische Presse" war, wie Hugo Valentin bemerkt, nur "in dem Maße jüdisch, als sie nicht antisemitisch war. Doch in der Regel zeigte sie sich an zeitgenössischen jüdischen Fragen gänzlich uninteressiert, was auch beim *Berliner Tageblatt* und bei der *Frankfurter Zeitung* in auffallender Weise der Fall war" (202).[6] Eduard Fuchs zufolge überwiegen die Juden in der Presse zweifellos, wie er in seiner 1921 erschienenen Publikation vermerkte:

> die leitenden Stellungen dieser [wirtschaftlich und politisch international maßgebenden] Zeitungen sind in den meisten Fällen in den Händen von jüdischen Schriftstellern. Es kommt weiter darauf an, daß die wirklich maßgebenden Wochenschriften, die auf die Selbstständigkeit des Urteils ihres Leiters gestellt sind, sogar fast ausschließlich jüdische Gründungen sind. . . . Und es kommt drittens darauf an, daß die moderne Literatursprache, der moderne Zeitungsstil, die ganze Zeitungstechnik ihr ganz spezielles Gepräge durch die Juden bekommen haben. Dafür lassen sich ebenfalls unwiderlegliche Beweise in Hülle und Fülle anführen. . . . Der gesamte moderne Zeitungstyp wurde ebenfalls hauptsächlich von Juden geschaffen. (257-258)

Erika Martens stellt in diesem Zusammenhang folgendes fest:

> Von den Zeitungen der—wie die Propaganda sie nannte—"jüdisch-liberalen" Pressehäuser hatten z.B. folgende eine prononzierte politische Linie: *Frankfurter Zeitung* des Hauses Sonnemann . . . *Berliner Tageblatt* von Rudolf Mosse . . . *Vossische Zeitung* des Ullstein-Verlags . . . . Alle diese Zeitungen waren aufgrund ihrer Qualität und Exklusivität von ihrer Auflage nicht lebensfähig. Sie mußten durch publikumswirksame Zeitungen im selben Verlag oder durch industrielle Unterstützung getragen werden. (16-17)

Zu den zusätzlichen Zeitungen, die erklärtermaßen Organe einer bestimmten Partei waren, gehörten der *Vorwärts*, das Sprachrohr der Sozialdemokraten, und die *Rote Fahne*, die wichtigste Zeitung der kommunistischen Partei. Die meisten anderen Zeitungen—wie zum Beispiel die *Berliner Volkszeitung*, das *8-Uhr Abendblatt*, die *BZ am Mittag*, die *Berliner Allgemeine Zeitung*, die *Berliner Morgenpost* und die *Berliner Montagspost*—bekannten sich jedoch zu keiner bestimmten politischen Partei.

Die beherrschende Stellung in der Weimarer Presselandschaft nahm Alfred Hugenberg ein, ein ehemaliger Manager des Krupp-Konzerns, der sein enormes Vermögen im Medienbereich anlegte. Ihm gehörte die Ufa-Filmgesellschaft, und überdies hatte er eine eigene Zeitung, den *Generalanzeiger*, gegründet und die August-Scherl-Verlagsgesellschaft erworben, die den *Berliner Lokalanzeiger* und den *Montag* herausbrachte. Artikel, die in diesen beiden repräsentativen Blättern des Hugenberg-Konzerns erschienen, gelangten über die Telegraphen-Union in mehrere hundert Provinzzeitungen, die ebenfalls im Besitz von Hugenberg waren. Diese Zeitungen übten einen starken Einfluß auf die Ansichten ihrer Leser aus:

> Seit der Zeit unmittelbar nach dem Versailler Vertrag kontrollierte der Hugenberg-Konzern—direkt oder indirekt—mehr als die Hälfte aller Zeitungen in Deutschland. Bei der Meinungsbildung kam ihm eine wesentlich größere Bedeutung zu als Ullstein oder Mosse. Und dennoch war Deutschland (ebenso wie Österreich) ein Land, wo die Juden in der Presse eine führende Rolle spielten. (Valentin 204)[7]

Zu den konservativen Blättern zählten außerdem die *Deutsche Allgemeine Zeitung* und die *Tägliche Rundschau*, die beide Hugo Stinnes gehörten (die letztere Zeitung seit 1922) und der *Völkische Beobachter*.

Die obigen Ausführungen mögen dazu beitragen, die Aufnahme, die dem *Reigen* im Jahre 1921 zuteil wurde, besser zu verstehen. Es war dies eine Zeit, da die "Rasse" der Autoren bisweilen eine größere Rolle spielte als die künstlerische Qualität ihrer Werke—ein Umstand, der sich im Falle Schnitzlers und seines *Reigen* besonders geltend machte.

4. *Der* Reigen-*Skandal im Februar 1921*

Häufig wurde behauptet, der *Reigen* sei ein spezifisch wienerisches, kein deutsches Literaturprodukt. Mitunter wurden Wien bestimmte Eigenschaften zugesprochen, die an Venedig erinnern, wie zum Beispiel im folgendem Passus: "*Reigen* ist Wien, ist der betäubende, lockende verführerische Schimmer dieser herrlichen, fauligen, sinkenden, versunkenen Stadt" (Ihering 78; Rühle, *Theater* 281). Die Figuren im *Reigen* waren somit keine Deutschen, sondern dekadente Wiener: "Die Gestalten für den *Reigen* hat der recht enge Kreis von Wiener Großstadtmenschen geliefert, die einen wesentlichen Teil ihres Lebens auf der Straße verbringen, und wie man sie etwa vom Fenster des Kaffeehauses aus beobachtet" (Kleibömer 156).

Es dauerte nicht lange, bis Regierungsrat Professor Dr. Karl Brunner—nach Ansicht Alfred Kerrs ein "fanatischer Dilettant und ein durchaus gutgläubiger Schädling"[8]—, dieses "dekadente Wiener Werk" aufs heftigste anprangerte. Brunner, der für die Regierung als Sachverständiger tätig und als solcher der "Zentralstelle zur Bekämpfung unzüchtiger Darstellungen und Schriften" zugeteilt war, gelang es, patriotische, nationalistische und antisemitische Gruppen zu koordinieren. Seine Agitation führte am 22. Februar 1921 zu dem berühmten—oder eher berüchtigten—Theaterskandal, der sich am *Reigen* entzündete.

Die Störung begann während der vierten Szene, nachdem jemand laut "Schweinerei" gerufen hatte. Die Aufführung konnte jedoch fortgesetzt werden, da die Polizei schon vorher von der Möglichkeit eines Krawalls in Kenntnis gesetzt worden war und entsprechende Vorbereitungen getroffen hatte. Wegen der anhaltenden Verleumdungskampagne gegen den *Reigen* sah sich der Staatsanwalt schließlich genötigt, in Aktion zu treten. Er berief sich dabei auf Paragraph 183,

> [weil] in jedem der zehn Bilder Vorgänge zwischen je einem Mann und einer Frau zur Darstellung gebracht [werden], die der, bis auf einen Fall, außerehelichen Beischlafsvollziehung vorangehen und

> derselben folgen. . . . Alle Umstände, die auf die Beischlafsvollziehung hindeuten, werden in straffester Deutlichkeit vor Augen geführt. Die Szenen werden unmittelbar bis zum Geschlechtsakt und an letzterem sich direkt anschließend fortgeführt. Wenn letzterer selbst auch durch Niederlassen des Zwischenvorhanges ausgeschaltet wird, so wird er doch durch die Pause als vorsichgehend dem Zuschauer hinreichend angedeutet, zumal die Pause durch eine anstößige Musik ausgefüllt wird, deren Rhythmus in unverkennbarer Klarheit die Bewegungen des Beischlafaktes andeutet. (Heine 11)

Den Schauspielern wurde unmoralisches Verhalten zur Last gelegt, eine Anklage, die die 6. Strafkammer des Landgerichts III am 11. Juni jedoch fallenließ. Wie Schinnerer feststellte, "war es unmöglich, ihnen eine subjektive Schuld nachzuweisen. Im gleichen Entscheid wurde indes die Aufführung selbst als objektiv unmoralisch gekennzeichnet. Das ebnete den Weg für ein neues Gerichtsverfahren. . . " (849-850).[9] Dieses neue Gerichtsverfahren war der zweite Reigen-Prozeß, der vom 5. bis zum 18. November 1921 dauerte.

Noch vor dem Prozeß brachte *Der Tag* vom 17. Juli 1921 einen interessanten Artikel mit dem Titel "Literatur und Publikum," in dem der Verfasser, Kurt Walter Goldschmidt, den künstlerischen Wert des *Reigen* rühmt. Den Erfolg dieses Stückes könne man, so Goldschmidt, daraus ersehen, daß es trotz des hohen Billettpreises für ein volles Haus sorge. Des weiteren heißt es:

> Gerade dieser Fall ist lehrreich: denn der *Reigen* ist bei aller Gewagtheit des Themas doch gute, lebenskennerische, in Komposition und Stil wertvolle Dichterarbeit, und man brauchte gewiß nicht das geringste Bedenken zu haben, ihn vor ein wahrhaft reifes, kultiviertes und sittlich=künstlerisch hochstehendes Publikum zu bringen—was aber zu diesen Aufführungen kommt und schmunzelnd gewisse Instinkte in sich aufkitzelt, ist bei aller bürgerlichen Gravität und Alterswürde so ziemlich das Gegenteil davon. [1]

Goldschmidt zufolge ist nicht das Stück unmoralisch, sondern das Publikum, welches dahingehend erzogen werden müsse, daß es Sinn für höhere, geistige Werte entwickele. Und es würde noch schlimmer kommen, denn für den geistigen Menschen seien wieder einmal Notzeiten angebrochen,

> vor allem für den wahrhaft im Geiste Lebenden und Wirkenden, für den ein ungeistiges, unschöpferisches Leben schlechthin nicht mehr Leben ist. Ihm dämmern vielleicht noch bösere Tage herauf: denn die Amerikanisierung, die Barbarei, der Materialismus, der wirtschaftliche Daseinskampf erweitern und verschärfen sich rasend. Literatur und Kunst, wie sie heute freilich massenhaft aus dem Geist und Ungeist dieser Zeit geboren werden, spiegeln ihr Wesen und Unwesen und sind ihrer würdig. [1]

Dieses "Unwesen" der Zeit ist auch Gegenstand eines Berichts im *Berliner Börsen-Courier* vom 17. September 1921; darin beschuldigt das Blatt die Direktion des Kleinen Schauspielhauses, zu einem Reklametrick gegriffen zu haben, weil das Interesse des Publikums am *Reigen* nachgelassen hatte:

> Nachdem Schnitzlers Werk jetzt dort neun Monate hintereinander gespielt worden ist, schickt man sich in denselben Kreisen, die schon damals im Grunde nur die Geschäfte der Direktion besorgten, an, durch einen neuen Prozeß dem durch die Länge der Zeit wohl etwas gesunkenen Interesse an dem Stück frische Nahrung zu geben. Die Redaktion des Kleinen Schauspielhauses schreibt uns darüber: "Die Sache kann lustig werden. Welchem vernünftigen Zweck freilich eine derartige Anklage dienen, in welcher Weise sie namentlich den Respekt vor richterlichen Entscheidungen fördern soll, und wie sie verträglich sein soll mit der künstlerischen Freiheit, die die Republik uns versprochen hat, ist eine andere Frage, deren Behandlung in erster Reihe der politischen und künstlerischen Presse obliegt". (7)

Fast alle Aufführungen waren ausverkauft, und die Publicity, die ihm durch die Berichterstattung in der Presse und den bevorstehenden Prozeß zuteil wurde, trug dazu bei, daß diese Inszenierung ein finanzieller Erfolg wurde. Wie sah jedoch das Publikum aus? Einer der vernichtendsten Berichte über die Sorte Publikum, die sich den *Reigen* ansehen kam, findet sich in der *Weltbühne:*

> [Sladeks] Wintergeschäft umrauschte der Pleitegeier in engen und täglich engern Kreisen. Schönherr war durchgefallen, Bahr hatte kläglich versagt: half der dritte Oesterreicher nicht, so wurden die Stühle versteigert. Aber die Probe ist leider nicht angestellt worden.

Die Behörde lieh ihre Unterstützung mit einem Erfolg, daß ihr die dickste Provision gebührte. Nie hat sich eine Behörde dümmer und ungeschickter erwiesen. Sie wollte das Kleine Schauspielhaus aus der Hochschule für Musik hinausschikanieren: und hat ihm eine Reklame gemacht, daß es bis zum Ablauf des Vertrages jeden Abend ausverkauft sein wird. Als ich zur siebenhundertsten Aufführung strömte, waren Hardenberg- und Fasanen-Straße wegen Lebensgefährlichkeit reif für die Absperrung. An der Kasse wogte der Abschaum der berlinischen Menschheit, dem mit Netzen die blauen Lappen entschöpft wurden. Gesichter, wie ich noch keine sah: Geistlosigkeiten ausgespien aus der Hölle: Kostüme, die ihren Trägerinnen ermöglicht hätten, in dem einen entscheidenden Moment jeder Szene ohne Gage und ohne sonderliche Veränderung an der Toilette mitzuspielen. (Jacobsohn 74)

5. *Der zweite* Reigen-*Prozeß im November 1921*

a) *Überblick*

Der Verlauf des *Reigen*-Prozesses kann in Kurzform an den Überschriften und Schlagzeilen der Presse dargestellt werden, wie z.B. in dem Blatt *Berliner Tageblatt und Handelszeitung*:

"Der *Reigen* vor Gericht" (Abendausgabe, 5.11.1921: [3])

*

"Die Zeugenaussagen im *Reigen*-Prozeß: Was die Frauen sagten" (Morgenblatt, 9.11.1921: [6])

*

"Die Sachverständigen im *Reigen*-Prozeß" (Morgenblatt, 11.11. 1921. 1. Beiblatt: [1])

*

"Zeugenaussagen im *Reigen*-Prozeß" (Abendausgabe, 12.11.1921: [3])

*

"Sachverständige und Zeugen im *Reigen*-Prozeß" (Morgenblatt, 13.11.1921. 1. Beiblatt: [1])

*

"Die Anträge des Staatsanwalts im *Reigen*-Prozeß: Gefängnisstrafe für Frau Eysoldt und Direktor Sladek" (Morgenblatt, 16.11.1921: [6])

*

"Freisprechung im *Reigen*-Prozeß" (Abendausgabe, 18.11.1921: [3])

*

"Ein Ruf nach der Zensur: *Reigen* und die *Germania*" [=Berliner Zentrumsorgan, das Reichszensur für das Theater verlangte] (Morgenblatt, 19.11.1921: [3])

Danach war das Interesse der Öffentlichkeit am *Reigen* zwar noch vorhanden, aber im verringerten Maße. Außerdem wurde ein anderes Stück von Schnitzler, seine Tragikomödie Das weite Land, im Berliner Residenztheater erfolgreich aufgeführt, und in der Besprechung von Alfred Kerr in der Abendausgabe des *Berliner Tageblatts und Handelszeitung* vom 18.11.1921 wurde die Meisterschaft Schnitzlers aufs neue betont. Diese Besprechung erschien auf derselben Seite, auf der die Freisprechung im *Reigen*-Prozeß verkündet wurde [3].

b) *Der Prozeß*

Von Bradtke, der zuständige Staatsanwalt, verlangte, daß vor Beginn des Prozesses eine Sondervorstellung des *Reigen* stattfand, damit sich die Mitglieder des Gerichts über dieses Stück ein eigenes Urteil bilden konnten. Wie die Abendausgabe des *Berliner Lokal-Anzeigers* vom 5. November 1921 unter der Überschrift "Der Kampf um Schnitzlers *Reigen*" mitteilte, war die Realisierung dieses Vorhabens jedoch nicht ganz einfach:

> Zwischen den Verteidigern und den Angeklagten einerseits und dem Gericht bezw. dem Staatsanwalt andererseits entstehen nun längere Verhandlungen über den Termin der Vorstellung. Als das Gericht dazu neigt, die Separatvorstellung am Sonntag vormittag um 9 ½ Uhr stattfinden zu lassen, erklärt eine von der Staatsanwaltschaft als Zeugin geladene ältere Dame, daß sie dagegen protestieren müsse, daß der *Reigen* am Sonntag während des Gottesdienstes in den Kirchen stattfinde. Hierdurch werde das religiöse Gefühl eines jeden Deutschen auf das tiefste verletzt. . . . Nach weiteren Debatten einigte man sich dahin und erhob zum Gerichtsbeschluß, *morgen (Sonntag), mittags 12 Uhr, eine Sondervorstellung des 'Reigens' im Kleinen Schauspielhause stattfinden* zu lassen. [3]

Der Berichterstattung über den Prozeß gebrach es bisweilen an Ernsthaftigkeit, und einige Reporter verliehen ihren Artikeln durch bestimmte Zutaten mehr Würze; so heißt es zum Beispiel in der Abendausgabe des sozialdemokratischen *Vorwärts* vom 9. November 1921 unter der Überschrift "Groß-Berlin.—Der *Reigen*-Prozeß":

> Die Zeugin *Lehrerin Frl. Teusch*, Mitglied des Reichstags und Angehörige der Christlichen Volkspartei, erklärte, sie halte das Stück für unzüchtig, weil das Spiel auf der Bühne den *Geschlechtsverkehr als Folge des sinnlichen Triebes* zu deutlich vorführe. Leider unterließ der Vorsitzende, die Zeugin zu fragen, durch welche Motive ihrer Meinung nach ein Geschlechtsverkehr veranlaßt werden dürfe. Wir möchten das Versäumte nachholen, indem wir die Frage im Sinne des Frl. Teusch beantworten. Der Geschlechtsverkehr—so wird sie als Pädagogin sagen—kann eine Folge *guter Erziehung* sein und er wird sich in diesem Falle stets zwanglos in den Formen bewegen, die in der besseren Gesellschaft üblich sind. Er kann aber auch—und hier spricht die Zentrumsabgeordnete—ein Ausfluß gefestigter *religiöser Ueberzeugung* sein. In beiden Fällen fehlt dem Geschlechtsverkehr das Kriterium des Anstößigen und Unzüchtigen, denn es kommt bei der ethischen Bewertung einer Handlung nicht auf den Erfolg, sondern auf die Absicht an. [3]

Laut *Deutscher Zeitung* vom 11. November 1921 (Beilage) manifestierten sich während des Prozesses zwei unvereinbare Einstellungen:

> Die jüdisch beeinflußte Presse nimmt von vornherein zum großen Teil ganz einseitig Stellung, die *Rote Fahne* nennt den Prozeß eine "Justizkomödie" und der *Film=Kurier* spricht von einem "organisierten Aergernis, das den deutschvölkischen Kreisen, denen die Folge Zeugen beiderlei Geschlechts angehören, diktiert worden ist". . . . Auf der einen Seite stehen die jüdischen Kreise, die einen anderen Begriff haben von dem, "was sich ziemt", als die andere deutschgesinnte Seite, die verzweifelt dagegen ankämpft, daß unser deutsches Volk noch weiter von Schmutz und Schund überflutet wird. Ein deutlicher Fingerzeig ist die Stellungnahme deutscher Frauen zu dem Stück . . . . Es werden zehn Frauen, verheiratete und unverheiratete, gezeigt, die sich auf das schamloseste prostituieren und sich Männern hingeben, die sie nicht einmal dem Namen nach kennen. Nach jedem Akt wendet sich der Mann mit einer zynischen Brutalität von dem Weibe, das sich ihm hingegeben hat, ab, und

stößt es von sich. . . . Die Jugend muß durch dieses Stück schweren moralischen Schaden erleiden . . .

Auch Karl Brunner sprach in einem Leserbrief, der in der Abendausgabe des *Berliner Lokal-Anzeigers* vom 17. November 1921 veröffentlicht wurde ("Eine Erklärung Prof. Brunners"), von zwei "Weltanschauungen":

> Im *'Reigen'=Prozeß* haben zwei Weltanschauungen vor den Schranken des Gerichts miteinander gerungen. Meine Person ist ohne mein Zutun durch eine planmäßige Taktik der Angeklagten-Partei samt ihrer Presse in lärmender Weise in den Vordergrund gezogen worden. Als Zeuge und Sachverständiger geladen, habe ich lediglich meiner staatsbürgerlichen Pflicht genügt. Meine amtliche Stellung kommt dabei nicht in Frage. Ich habe schlechterdings nicht anders handeln können. . . . Wenn man sich schon im Gerichtssaal gegen einen solchen Versuch zur Vergewaltigung der Gewissensfreiheit, wie er nur in den Zeiten der Folterqualen erhört war, nicht wehren kann, so soll doch dieser Aufschrei der breitesten Oeffentlichkeit zum Bewußtsein bringen, wohin wir treiben. [2]

Am 18. November 1921 griff die *B.Z. am Mittag* Karl Brunners These von den zwei "unvereinbaren Weltanschauungen" auf und schrieb dazu unter der Überschrift "Das Urteil im Reigen-Prozeß—Auf Kosten der Steuerzahler":

> Herr Prof. Brunner hat gestern in einer "Erklärung" gesagt, vor Gericht hätten sich "entgegengesetzte Weltanschauungen" gegenübergestanden. In Wahrheit handelt es sich hier weniger um eine Sittlichkeits—als um eine Schicklichkeitsfrage, die nur von der gesellschaftlichen Konvention selber geregelt, aber nicht vor ein Gericht geschleppt werden kann. [1]

Als die Angeklagten am 18. November 1921 freigesprochen wurden, kommentierte das John Schikowski in seinem Artikel "Das Urteil im *Reigen*-Prozeß," der in der Abendausgabe des Berliner *Vorwärts* vom 18. November 1921 erschien, mit folgenden Worten: "nicht zwei Parteien, sondern zwei *welthistorische Epochen* standen sich in Moabit gegenüber. Das 20. Jahrhundert rang mit verwesenden Ueberresten des Mittelalters" [2].[10] Unter der Überschrift "Freispruch im *Reigen*- Prozeß" brachte das gleiche Blatt auch Auszüge aus dem Endurteil:

> "Wenn ein Stück, das einen ethischen Zweck verfolgt, *so gespielt wird, wie es hier gespielt worden ist*, . . . dann ist es *keine unzüchtige Darstellung*, dann ist auch die Aufführung nicht geeignet, das allgemein normale Scham- und Sittlichkeitsgefühl, wie es im Volksbewußtsein in positiver Entwicklung aufgefaßt wird, zu verletzen. Es liegt also *keine unzüchtige Handlung vor*". [3]

c) *Zeugenaussagen*

Das Protokoll des sechstägigen Prozesses, das von Wolfgang Heine veröffentlicht wurde, ist ein wertvolles historisches Dokument und gibt Aufschluß über die dezidierten Meinungen und Ansichten, die zu jener Zeit im Schwange waren.[11] Viele Zeugen machten auf die negative Auswirkung aufmerksam, die dieses Stück auf junge Menschen haben könne; so erklärte zum Beispiel der Geheime Regierungsrat Professor Martin Fassbender in seiner Aussage:

> Ich habe den Eindruck gehabt, daß durch ein derartiges Stück die laxen Auffassungen außerehelicher Beziehungen und der Prostitution nur Nahrung finden. Besonders bin ich in dieser Auffassung durch die Beobachtung gestärkt worden, daß die meisten der Zuschauer junge Leute waren. Ich gewann den Eindruck, daß das Stück geeignet sei, junge Leute der Prostitution zuzuführen. (36)

Nach Ansicht des Zeugen Regierungsrat und Baurat Biermann war es die im *Reigen* zum Ausdruck kommende Weltanschauung, die dieses Werk so gefährlich machte:

> Ich bin der Ansicht, daß eine solche Weltanschauung und eine solche Laxheit der Ethik, speziell gegenüber sittlichen Dingen, wie im besondern Punkte der Ehe, auch wenn sie in künstlerisch verfeinerter Form der breiten Masse des Volkes vorgeführt wird, in höchstem Grade geeignet ist, Aergernis zu geben und auch das sittliche Niveau, das wir noch haben, zu untergraben. Namentlich glaube ich, besonderen Anstoß daran nehmen zu müssen, daß ein derartiges Stück gerade in der Zeit, in der wir leben, und unter den besonderen Verhältnissen, in denen unser Volk steht, aufgeführt wird. Wir leben in einer Zeit einer ungeheuren Krisis in sittlicher Be-

ziehung in Berlin. Ich bin der Ansicht, wenn es nicht gelingt, in der allernächsten Zeit die sittliche Grundlage unseres Volkes wieder zu festigen, daß dann ein Aufbau in dieser Beziehung mindestens erschwert, wahrscheinlich unmöglich gemacht wird. (77)

Daß dieses Stück die moralische Kraft des "Volkes" schwächen könne, räumt auch Wolfgang Heine in seiner zusammenfassenden Darstellung ein:

> Es besteht zwar die Gefahr, daß der *Reigen* auf unreife oder unzureichend gebildete oder schlecht erzogene oder sittlich verdorbene Menschen einen Einfluß dahin ausübt, daß sie sich auf die hier gegeißelte Auffassung von der Bedeutung des Geschlechtslebens einstellen. Doch kann jedes Kunstwerk, welches eine Andeutung des Geschlechtlichen auch nur zuläßt, auf diese mißbräuchliche Weise aufgenommen werden. Ferner wird die Meinung vertreten, die Erörterung solcher Dinge auf der Bühne sei an sich in sittlicher Beziehung anstößig. Diese Meinung ist unzutreffend. Vielmehr kann es für die Aufhaltung des sittlichen Verfalles nur förderlich sein, diese Dinge so zurückhaltend und sachlich und zugleich so deutlich und rücksichtslos aufzudecken und zur Erörterung zu stellen, wie es hier geschieht. (8)

Für die Zeugin Ottilie von Braunschweig, Vorsitzende der kirchlich-sozialen Frauengruppe für Hebung der Sittlichkeit, stand die moralische Anstößigkeit des *Reigen* außer Frage. Obwohl sie das Stück nicht gesehen hatte, empörte sie sich über einige Szenen, die "derartig [waren], durch die ganze Aufmachung des Stückes, daß das sittliche und erotische Empfinden verletzt wird. Jedenfalls haben Mitglieder aller Frauenvereine ganz demonstrativ Anstoß genommen" (43). Weitere moralische Einwände brachte Dr. Johannes Steinweg vor, der Direktor des Zentralausschusses für innere Mission der deutschen evangelischen Kirche:

> Ich bin überzeugt, daß diese intimen und für viele Menschen doch heiligen Dinge, in dieser Weise behandelt, das sittliche Empfinden und Schamgefühl weiter Kreise aufs tiefste verletzen müssen, daß sie auch auf weite Schichten einfach verführerisch und anreizend wirken müssen, und daß besonders die ethisch vollkommen indifferente Behandlung dieser intimen und eigentlich doch nur ethisch zu

wertenden Dinge Anstoß und Aergernis erregen muß. Es ist ja im allgemeinen zugegeben . . . , daß unser Volk sich in einem Zustand sittlicher Verrohung befindet. Ich habe den Eindruck gehabt, daß diese ganze sittlich dekadente und degenerierte Atmosphäre, in der wir leben, durch dieses Stück noch mehr vergiftet wird . . . (44)

Eine solche Atmosphäre könne, wie die Redakteursgattin Elise Gerken, meinte, jungen Menschen großen Schaden zufügen, denn

Menschen, die im Werden sind, Menschen, die noch nicht innerlich gefestigt sind, können eine solche Menge von Vorgängen, die sich immer wieder auf der Bühne wiederholen und mit leichten Farben und Grazie dargestellt sind, gar nicht ansehen, ohne anzunehmen, daß das wirklich das Leben ist, ohne anzunehmen, daß es auch für sie möglich ist, sich hinzuwerfen, ihre Ehre in den Staub zu treten, ohne daß man irgendwie dafür verantwortlich ist. Sie müssen die Verantwortlichkeit gegen ihr eigenes Gewissen, gegen die kommende Generation vollkommen verlieren. (149)

Ein Beispiel für diesen Verlust der moralischen Verantwortlichkeit führte die Zeugin Theodora Reineck an, Generalsekretärin der deutschen Bahnhofs-Mission, die das Sexualverhalten der fünf Frauenfiguren im *Reigen* wie folgt beurteilte:

Ich kann nur sagen, daß in diesem Stück mein sittliches Empfinden von Anfang an bis zu Ende tief gekränkt worden ist. Denn es wurden uns in zehn verschiedenen Bildern fünf Frauen vorgeführt, die ihre Würde vergaßen, und in Situationen, die einen anständigen Menschen nur zu Entrüstung und Schamgefühl zwingen können. Es wurden in drei oder vier Szenen Frauen im Bett vorgeführt, vor und nach dem Begehen unsittlicher Handlungen, in den meisten der Szenen. In den meisten dieser Bilder wurde auch mit frivoler Miene gespielt, und es wurde in dem ganzen Stück zum Ausgleich auch nicht eine einzige Frau vorgeführt, die sich selbst beherrscht und ihrer Ehre bewußt ist. Und das hat mich als Frau tief gekränkt und meine Frauenehre beleidigt, und wie ich empfanden auch andere, die da waren. (51)

Ebenso entrüstet wie Theodora Reineck zeigte sich die Zeugin Frau Christ, Rektorin einer Berliner Schule:

> Auch bin ich der Meinung, daß die Stellung der Frau, wie sie in diesem Stück gekennzeichnet wird, eine solche Erniedrigung des weiblichen Geschlechts bedeutet, daß ich es für äußerst bedenklich halte, jungen Menschen derartiges zu zeigen. Ich glaube, daß junge Leute, die dies Stück sehen, für ihr ganzes Leben in ihrer Anschauung von der Frau ruiniert sein können. Als Frau muß ich also ebenfalls dagegen protestieren, daß das Stück weiter aufgeführt wird. Was das Künstlerische anbetrifft, so finde ich, daß es dadurch hinfällig gemacht wird, daß derselbe Inhalt immer wiederkehrt, nur einfach mit anderen Personen und einer anderen Szenerie. (71)

Nicht nur Frauen bekundeten ihr Mißfallen, sondern auch Männer, die der Ansicht waren, sie müßten *ihre* Ehre verteidigen. Ein typisches Beispiel ist die Aussage des Theologen Dr. M. Schreiber, dem Direktor der deutsch-evangelischen Missions-Hilfe und Vorsitzenden des Ausschusses der Vereinigten Berliner Vereine für Fragen der Volks-Sittlichkeit sowie des Vereins für Anstand und gute Sitte: "Es ist vielfach gesagt worden, daß das ganze Stück eine Beleidigung der Frauen sei. Aber auch Männer, die auf ihre Ehre halten, die geschlechtliche Dinge vor und nach der Ehe als unsittlich betrachten, werden in ihrer Ehre ebenso getroffen" (81). Diese verletzte "Ehre" bezog sich nicht ausschließlich auf das Sexuelle, sondern konnte auch eine patriotische Konnotation haben, wie aus folgenden Worten eines gekränkten Berliners hervorgeht: "Ich habe an der Vorstellung Aergernis genommen, und zwar als Berliner. Das kunstsinnige München, das lebensfrohe Wien und das schöne Dresden kannten keine Aufführung des *Reigen* mehr. . . . Zweitens habe ich an dieser Aufführung als Preuße und Deutscher Anstoß genommen" (80-81). In der Presse erschien diese Aussage in folgender Fassung:

> Ich habe an der Aufführung des *Reigen* schweres sittliches Aergernis genommen, nicht nur als Deutscher, sondern vor allem als Berliner. Ich habe mir gesagt, wenn das kunstfrohe München, das lebensfrohe Wien, das schöne Dresden diese Gemeinheit nicht dulden, dann brauchen wir Berliner sie uns auch nicht gefallen lassen. (Anon. Moabiter *Reigen* 263)

Einige Zeugen verstanden unter der Ehre "deutsche" Ehre, wobei "deutsch" das Gegenteil von "jüdisch" bedeutete. Antisemitisch gefärbt ist z.B. die Aussage der 46 Jahre alten Hauptmannsfrau Klara Müller, die vom individuellen *ich* zum verallgemeinernden *unser* übergeht und schließlich *das ganze deutsche Volk* einbezieht:

> Hauptsächlich konzentrierte sich mein ganzes Empfinden und meine Gedanken darauf, zu beobachten, in welcher Weise das Familienleben, das Eheleben, unser religiöses Leben, unsere christliche Religion, der Stand der Offiziere, schließlich auch der Stand der Schauspieler so restlos durch diese Akte der Unzucht in den Schmutz gezogen sind. Da sagte ich mir: ja, was ist denn das eigentlich hier? Soll das als Kunstwerk angesprochen werden? Wenn ja, so kann ich nicht glauben, daß man das als deutsche Kunst ansprechen wird, es muß etwas anderes sein, und zwar das, womit man das ganze deutsche Volk nach der Revolution und namentlich unsere Jugend mit aller Macht demoralisiert. (93)

Wer für das obenerwähnte "andere," das angeblich die deutsche Jugend demoralisierte, verantwortlich war, wird später von ihr erläutert: "Das verdanken wir diesem Judenpack! Das wäre noch schöner, wenn wir uns das gefallen ließen, wenn wir auf diese Weise das deutsche Volk vergiften ließen" (95). Diese Schmähungen kamen nicht nur von organisierten Nazi-Gruppen wie den *Hakenkreuzlern*, sondern auch von anderen rechtsgerichteten Vereinigungen, denen der Prozeß eine willkommene Gelegenheit bot, um ihre antisemitischen Tiraden vom Stapel zu lassen. Wieder und wieder waren Äußerungen wie die folgenden zu hören: "Mit diesen Juden muß Schluß gemacht werden! Wir sind doch schließlich Deutsche!. . . diese Saujuden . . . diese Bande . . . dieser jüdische Direktor . . . die Juden muß man alle ausräuchern . . . dieses Gesindel . . . die Juden sollen nach Palästina gehen . . ." (161-165). Es waren wohl Bemerkungen dieser Art, die die Verteidigung zu folgender Erklärung veranlaßten: "Für die Verteidigung kommt es darauf an, festzustellen, daß es sich gar nicht um einen Kampf gegen den *Reigen* handelt, sondern um einen Kampf gegen die Juden, daß man den *Reigen* nur benutzt hat, um in dieser Form eine antisemitische Aktion ins Werk zu setzen . . ." (164).

Der ganze Prozeß war somit unnötig, weil es darin nicht um ein literarisches Werk, sondern um eine bestimmte "Rasse" ging; in diesem Zusammenhang heißt es bei Ludwig Marcuse: "Es marschierte auf die große Theater-Kritik jener Tage: gebildet bis dort hinaus, Experten, die niemand hier brauchte, weil das Literarische und Theatralische gar nicht im Ernst zur Diskussion stand" (215). Zu dem gleichen Schluß gelangte der Sachverständige Dr. Ludwig Fulda, der darauf hinwies, daß es bei der Aufführung von Wedekinds *Frühlings Erwachen* im *Deutschen Theater* zu keinem Aufruhr gekommen sei:

> [Die Agitation] ist wohl darauf zurückzuführen, daß infolge unserer politischen Zustände überhaupt eine große Aufpeitschung aller Parteileidenschaften stattgefunden hat, und daß die allgemeine Erregung des Volksgeistes am *Reigen* ein Objekt zu finden glaubt, während eine solche Erregung bei der Aufführung von *Frühlingserwachen* nicht vorhanden war. (Heine 205)

Als der Verteidiger Fulda fragte, ob der eigentliche Grund für den Skandal Schnitzlers Judentum sei, antwortete Fulda: "Das halte ich für möglich."

d) *Das Ende des Prozesses*

Wie Paul Schlesinger in der Abendausgabe der *Vossischen Zeitung* vom 18. November 1921 berichtete, endete der *Reigen*-Prozeß mit dem Freispruch der Angeklagten, die Kosten des Verfahrens mußte der Staat tragen: "*Das Urteil in dem 'Reigen'-Prozeß wurde heute verkündet. Es lautete auf Freispruch der sämtlichen Angeklagten unter Uebernahme der Kosten auf die Staatskasse*" [1]. Die einen nahmen diesen Ausgang mit Genugtuung zur Kenntnis, die anderen verdroß er. Friedrich Hussong, Redakteur der *Täglichen Rundschau*, gab in seinem Leitartikel "Die Unbefangenen," der am 18. November 1921 in der Abendausgabe für Berlin erschien, ironisch seiner "Freude" Ausdruck:

> Welch schöne, rührende Familienszene! "Teilweise unter Tränen" vernehmen die Angeklagten im *Reigen*-Prozeß das freisprechene [sic] Urteil. Gott sei Dank, es gibt noch Richter in Preußen und Sachverständige, die mit aufrechtem Mannesmut unbefangen durch Muckerei und Sittenschnüffelei für freie Kulturentwicklung sich einsetzen. Unbefangen, ganz unbefangen. . . . Es kam ein Sachverständiger von Leipzig her, Universitätsprofessor, Literaturhistoriker, Mann mit Namen, der teilte die Menschheit in zwei Gattungen: in "entfesselte Freie" und in fesselbeschwerte "Traditionelle". Zu den Freien gehören der Sachverständige, Herr Sladek, Herr Heine und Frau Eysoldt; sie besitzen das Mysterium der Kunst und Kultur und wissen, was Gut und Böse sei. Die Traditionellen aber haben nichts zu sagen; wenigstens gilt das nichts, was sie sagen; sie sind arme

Spießer; man darf von ihnen erwarten, daß sie sich in beschämtes Schweigen hüllen, wo die Wissenden sagen, was Kultur sei. Die entfesselten Freien, das sind die Unbefangenen; die Traditionellen, das sind die Befangenen. Eines jeden Sterblichen Kulturziel muß es sein, zu den Unbefangenen zu gehören . . . [1]

Einen versöhnlichen Ton schlägt Erich Vogeler in seinem Artikel "Herrn Brunners verlorene Schlacht" an (*Berliner Tageblatt und Handels-Zeitung*, Abendausgabe vom 18. November 1921):

Alle diese Leute [Zeugen] glauben ganz ehrlich, die Unzucht zu bekämpfen, und wissen nicht, daß es die Kunst ist, die sie bekämpfen, daß es die Kunst ist, die sie aufreizt, die sie nicht verstehen. Sie glauben ehrlich, die Sittlichkeit zu schützen und sind nur der Schutz- und Trutzbund des Konventionalismus. . . . Es sind alles ehrliche Leute, Herr Brunner und seine Zeugen. Sie können nichts für die Fiktionen, denen sie unterworfen sind. Man soll sie nicht lächerlich machen, man soll sie ernst nehmen. . . . Aber es muß damit aufhören, daß sie in der Kunst mitzureden haben, es muß dieses die letzte Anklage gewesen sein, die sich auf ihr Urteil stützt, es muß das letzte Mal gewesen sein, daß auf das Gutachten einzig und allein eines Nichtsachverständigen, auf das Gutachten eines Brunner, eines amtlichen Sachverständigen für die reifere und unreifere Jugend, Anklage gegen ein Kunstwerk erhoben wird. [2]

Friedrich Th. Vischer veröffentlichte seinen ironischen Kommentar unter der Überschrift "'Auch Einer' zum *Reigen*-Prozeß" in der Unterhaltungsbeilage der *Täglichen Rundschau* am 18. November 1921. Dieses 'Auch Einer' bringt die Erinnerung an die moralisierende Botschaft der *Vera*-Literatur zu Beginn des 20. Jahrhunderts zurück:

Gesuche um Theaterkonzessionen. Abgeschlagen! Weiß, was die Schufte wollen: etwas, wie die jetzigen Wiener Vorstadttheater. Wollen die Jugend vergiften. Das könnten wir in unserer Zeit noch brauchen, daß das Lebensalter, dem es not tut, die Seele mit dem Hohen und Reinen und mit giftfreiem Humor zu nähren, sich gewöhnt, schamlose Weiber anzusehen und anzuhören, und zwar mit vielen zugleich, wobei jeder den Nachbar im Zustande der Begierde, in der Hundsbrunst weiß. Für die Deutschen gehört: *sera juvenum Venus*. Dem Deutschen soll das Weib bis ins reife Alter My-

> sterium bleiben, sonst verkommt sein Seelenleben, verlottert, verfault im Kern, wird gemein. [1]

Dieser Prozeß läßt bereits die Geschehnisse der dreißiger Jahre ahnen, was Ludwig Marcuse in folgendem Bild ausdrückt: "Das aufhetzende Anstoßnehmen 1921 war eine erste Probe vor der großen Premiere 1933" (214). Aus unserer heutigen, rückblickenden Perspektive können wir erkennen, daß die Veröffentlichung des Prozeßprotokolls jene Kräfte ins Rampenlicht rückte, die dann zwischen 1933 und 1945 Deutschland beherrschten. Einige der zeitgenössischen Reaktionen auf die Veröffentlichung des Prozeßprotokolls muten den heutigen Leser geradezu paradox an. Für Wilhelm Stapel zum Beispiel war dies

> . . . immerhin ein unterhaltsames Zeitgemälde, freilich in anderm Sinn, als der Herausgeber meint. Man nimmt mit Kopfschütteln die seltsame 'Sachverständigen'wirtschaft wahr, man goutiert den Kerr, der in ganzer Glorie erscheint, man hat tout Berlin vor sich, das heißt: jenes Berlin, das damals entstanden ist, als auch die Wanzen in die Stadt einzogen.—(Schlußwort 369)

In seiner gut geschriebenen Analyse des Berliner Prozesses (und auch des Wiener Skandals) kommt Manfred Schmitz zu dem logisch-zwingenden Schluß:

> Es [sic; ist] nicht der *Reigen* selbst, der bei den Skandalen auf die Bühne gebracht wird. Er dient nur als Staffage. Die *Reigen*-Bühne ist längst zur politischen Bühne geworden, auf der der Machtkampf um die Republik ausgetragen wird: Unduldsamkeit, Intoleranz, Verleumdung, Hetze, Diskriminierung und Krawall sind die Regieanweisungen der Feinde der Demokratie. Personen und Probleme interessieren bei diesem politischen Trauerspiel nur am Rande; sie sind ohnehin austauschbar, eignen sich allenfalls dazu, ein politisches Exempel zu statuieren. Nicht der Skandal interessiert, sondern der politische Effekt. (287)

In ihrer Analyse des *Reigen* schreibt Annette Delius, daß dieses Werk sowohl von den Kritikern, die es befürworteten, als auch vom Publikum, das es ablehnte, mißverstanden worden sei. Die Kritiker, zu denen Literaturexperten wie Alfred Kerr, Herbert Ihering, Arthur Eloesser, Ludwig Fulda und Felix Holländer zählten, verteidigten den *Reigen* als ästhetisches Meisterwerk. Das war jedoch nicht der springende Punkt; der Prozeß drehte sich im wesentlichen um die Frage, ob der *Reigen* moralisch oder unmoralisch aufs Publikum wirke. Die Zeugen hingegen argumentierten von einem Standpunkt, der außerhalb des ästhetischen Erfahrungsbereichs lag; Annette Delius charakterisiert den politischen Background der Zeugen wie folgt:

> Die politisch-historische Relevanz des Prozesses liegt darin, daß er überzeugend die feindselige Haltung derjenigen gegenüber der Weimarer Republik dokumentiert, die das Ende der Monarchie, den Versailler Frieden und die sozialen Veränderungen nicht hinnehmen, sondern ihre alten Machtpositionen zurückerobern wollten. Die für die Anklage geladenen Zeugen gehörten fast alle antisemitischen, nationalen oder solchen Verbänden an, die für "Anstand und Sitte" kämpften. Es waren z.B. vertreten: der deutsch-völkische Schutz- und Trutzbund, der deutsche Offiziersbund, der deutsch-völkische Geselligkeitsverein, der Bund der Wandervögel, die deutsch-christliche Vereinigung, der Verein Berliner Lehrerinnen. Für viele Vertreter dieser Verbände war Schnitzlers *Reigen* nur Anlaß, chauvinistische, reaktionäre und frömmelnde Gesinnungen gegen eine, wie sie meinten, zu große und ihre eigenen alten Machtpositionen untergrabende Liberalität zu verteidigen. (101)

Beide Gruppen, Kritiker wie Laien, mißverstanden also Schnitzlers Werk, weil sie ihre Argumente "auf die sexuelle Thematik des Stückes [konzentrierten] . . . weniger wurde der Zeitbezug des *Reigen* dort gesehen, wo wir ihn heute eher zu entdecken glauben: in Schnitzlers Darstellung des Problems des Identitätsverlustes und des Rollenverhaltens" (113).

Schnitzler bekam von Sladek ein Exemplar des Prozeßprotokolls; in seinem Dankschreiben vom 7. Juli 1922 an Maximilan Sladek bemerkt er: "Aber das Wesentliche, das, wodurch sich dieses Buch wirklich zum Kulturdokument erhöht, bleiben doch die Ärgernisnehmer, die dadurch, daß ihre Aussagen und Antworten mit stenographischer Treue wiedergegeben sind, so lebendig wirken, als hätte ein bedeutender Satyriker mit realistischer Kunst sie gestaltet" (Schnitzler, *Briefe 1913-1931*: 281).

6. *Nachwirkungen des* Reigen-*Prozesses in der Presse*

Es nimmt nicht wunder, daß einige Zeitungen und Zeitschriften den

Reigen-Prozeß entsprechend ihrer ideologischen Tendenz ausschlachteten. So behauptet zum Beispiel Kleibömer, Schnitzler könne nicht als Dichter gelten, sondern er sei lediglich ein Literat; ihm fehle die höhere poetische Einbildungskraft, "[da] diese Männlein und Weiblein . . . nicht aus dem Gesichtspunkt des Ewigen heraus gesehen und gestaltet [sind]" (156). Dieses Stück habe das Zeug zu einem hervorragenden Kunstwerk, in dem "der welterhaltende und welterneuernde gewaltige Urtrieb in dieser Form groß und eindringlich [hätte] dargestellt werden [können]," doch um das zustande zu bringen, gebreche es Schnitzler an Genie. In seinem *Reigen* fehlten die gesunden und robusten Bauernburschen, bei denen der Geschlechtstrieb eine unmittelbare Lebensäußerung sei, überdies fehlten die Verhaltensweisen, "die sich für den verheirateten Menschen aus dem Gefühl der geschworenen Treue ergeben" (156). Der *Reigen* zeige nur den blinden Geschlechtstrieb, so daß "alle Liebe, alles seelische Hinziehen von Mann zu Weib, kurz alles, wodurch das Animalische des allmächtiges Triebes veredelt wird . . . unbeachtet [bleibt]. Das nackte Austoben des Geschlechtstriebes ist geblieben" (156). Erotisch besonders provozierend sei die "dunkle Minute," die in der Aufführung die Gedankenstriche ersetzte. Bei der Lektüre könne man über die Gedankenstriche ohne weiteres hinweglesen, aber im Theater müsse man volle sechzig Sekunden lang entsetzlich leiden. Diese Minute tiefer Stille sei

> das Gemeinste bei der ganzen Aufführung. Es wird mir ja wohl jeder ehrliche Mensch zugeben, daß schon das Lesen des Buches sinnlich sehr stark anregt. Schließlich liest man aber über die Gedankenstriche in einer Sekunde hinweg und ist wieder irgendwie beschäftigt im Geist. Im Theater aber hat jeder die verhältnismäßig lange Minute im Dunkeln voll auszuhalten. Entsprechend der stärkeren Wirkung, die von der Bühne ausgeht, spinnt die Phantasie das auf der Bühne Gesehene folgerecht weiter. (157-158)

Um der Verführung, die von diesem Stück ausgeht, nicht zu erliegen, ist es, wie Tögel weiter ausführt, erforderlich, sittliche Kraft zu haben, so daß man diesen moralischen Gefahren bei der durchaus nicht interesselosen Anschauung nicht unterliege:

> Ein sicherer Schutz vor sittlicher Gefährdung durch die Reigendialoge ist allein eine schöne menschliche Eigensittlichkeit, die mit Verständnis und Teilnahme auf solche Züge im Antlitz des Lebens

> schaut, ohne sich hochmütig auf die Stelzen ungesunder Prüderie zu stellen oder schwächlich und darum mit eigener Schuld den Gefahren der Verführung zu erliegen. (5)

Des weiteren zeige Schnitzler nicht die wahre Liebe:

> Echte Liebe kann ohne Wahrheit nicht existieren, weil nur Wahrheit allein die Seele speist, die sich mit einer anderen zu vermählen begehrt. Lügenbrücken tragen die schwere Fracht wirklichen Liebeserlebens nicht. Die junge Frau, das süße Mädel, mehr oder minder alle Personen des *Reigens* lügen und erfinden einander etwas vor, daß man ihre erprobte Geschicklichkeit darin fast anstaunen möchte, wenn sie nicht so unsagbar verachtenswert wäre. (6)

Reigen bringe seinen Pessimismus deutlich zum Ausdruck, ein Charakteristikum seiner Zeit und der dekadenten Wiener Gesellschaft:

> Unausgesprochen bekennt Schnitzler sich und seine Zeit als zermürbt, zukunftslos, bankerott. Jedem starken und gesunden Geschlechte sind *Religion* und *Liebe* die Urgefühle, die alles Leben wie auf massivem Untergrunde tragen. Die Liebe als ein seelisch-körperliches Urgefühl, das in seiner großartigen Macht das gesamte Erleben erhöht und adelt, ist in Schnitzlers *Reigen* zum Gespenst verdünnt und verblaßt, das in fieberhaften Zuckungen durch Muskeln, Drüsen, Nerven und Gehirne hastet, aber alle Echtheit, Größe, Hoheit und Schöpferkraft verloren hat. Schnitzlers Wahrheitsbekenntnis wird zum Kennzeichen einer untergehenden erlöschenden Epoche, der im besonderen wienerischen und im allgemeinen europäischen Dekadenz. *Auch der deutschen*? Das müssen wir entscheiden, die im Spiegel dieser Dichtung ihr eigenes Bild prüfend betrachten. (7-8)

Die obige rhetorische Frage wurde von Wilhelm Stapel beantwortet, der der Wiener Sinnlichkeit den deutschen "Kulturwillen" entgegensetzt. Stapel glaubt, daß es einem echten Deutschen große Schwierigkeiten bereiten würde, den *Reigen* zu verstehen: "Es handelt sich bei Schnitzlers Reigen, bei den Nackttänzen, bei dem Venuswagen um Dinge, die den deutschen *Arbeiter* am allerwenigsten berühren; denn es sind Angelegenheiten einer. . . verrotteten Gesellschaft: Angelegenheiten der Schieberjünglinge und Lebegreise . . . Der *Arbeiter* lebt in einer *andern*

Welt" (Geschäft 148). Nach Ansicht Stapels lebte der typische deutsche Arbeiter nicht in der zeitgenössischen "Kultur"-Welt, die vom jüdischen Kapital beherrscht wurde und in der die Juden versuchten, alle anderen unter ihre Botmäßigkeit zu bringen. Für Stapel bestand die deutsche Misere darin, daß der Kultursektor wie auch die Presse unter dem Einfluß von Juden standen, die bestrebt waren, "deutsches Volkstum [zu] zerstören und gegen die Sittlichkeit [zu] kämpfen" (s. auch Schmitz 286). Stapels Bezeichnung für diese dem deutschen Geist gefährlichen Juden war *Jüden*, oder wie er im *Deutschen Volkstum* schreibt, "wesentliche Teile des Geschäfts mit Kulturgütern und *zugleich* ein wesentlicher Teil der Herstellung des öffentlichen Urteils über eben diese Güter (welches für das Geschäft ausschlaggebend ist) sind in den Händen ganz bestimmter Kreise, deren Eigenart wir durch die Prägung des Begriffes *Jüden* zu bezeichnen suchten" (147). Laut Stapel hatte der *Reigen*-Prozeß den Kampf zwischen den "literarische[n] Jüden," die ihre Sexualien verkauften, und dem deutschen Volk evident gemacht. Hier stand die Zukunft der deutschen Jugend auf dem Spiel, weil diese von der Vermarktung der jüdischen Sinnlichkeit besonders betroffen war:

> Daheim und in den Schulen erziehen wir die Kinder mit dem ausgesuchtesten Kulturgut, das unsere Väter uns hinterlassen haben. Früh beginnen wir mit Grimms Märchen, Richters und Speckters Bildern, Brentanos Märchen. Wir führen sie sacht zu Goethe, Rembrandt, Beethoven empor. Aber sobald unsere Kinder auf die Straße treten, drängen sich Schigolch und Blütenzweig unausweichlich als Miterzieher heran. Unsere Kinder *müssen* ihre Gemeinheiten und Ekelhaftigkeiten sehen. Auf den Bahnhöfen, in den Schaufenstern, an den Reklamesäulen wimmelt es von den Darstellungen perverser Liederlichkeiten der Firma Schigolch und Blütenzweig. Sollen unsre Straßen, unsre Schaufenster, unsre Bahnhöfe, unsre Kunstausstellungen, unsre Theater so aussehen, wie *wir* es wünschen, oder so, wie es die [jüdische] Firma . . . im Interesse ihres Geschäfts für zweckmäßig hält? Soll unsre Volkssittlichkeit, soll unser deutsches Empfinden für Anständigkeit, Ehrbarkeit, Redlichkeit, Güte in der Welt erhalten bleiben als Mutterboden einer reinen, keuschen Kunst und Kultur, oder sollen wir das alles dem Hexensabbat der "innerlich ungehemmten Lustbarkeit" preisgeben? (152)

Da die Regierung nichts gegen das pornographische Gewerbe unternehme, müsse das deutsche Volk zur Selbsthilfe schreiten. Diese sollte darin bestehen, daß man Sexdarbietungen boykottierte und keine Publikationen kaufte, in denen es um sexuelle Dinge ging:

> Geht nicht mehr in die Theater, die Sexualien darbieten. Pleite sollen sie gehn, wie sie es verdienen. Die Angst vor der Pleite ist schließlich das einzige "moralische Gefühl", das auch die geldgeilsten Theaterunternehmer zur Anständigkeit zwingt. Kauft nichts, gar nichts mehr in Bahnhöfen, Zeitungsbuden, Papiergeschäften, Buch- und Kunstläden, die Sexualien aushängen. Sie mögen ausprobieren, ob sie auf die Dauer von *dem* Publikum leben können, das durch Sexualien gelockt wird. (154)

Der Boykott von Sexdarbietungen schloß auch den *Reigen* ein. Die folgende Äußerung Theodor Kappsteins spiegelt die Ansicht vieler anderer Kritiker wider: "Diese erotische Novelle in dramatisierter Fassung *gehört nicht auf die Bühne*" (99). Man sollte nicht der Versuchung erliegen, dieses Stück in gewinnsüchtiger Absicht auf die Bühne zu bringen, sondern moralische Zurückhaltung üben: "Die ungeschützte Bühnenaufführung mit ihrer unverhüllten Geschäftsausnützung einer 'Sensation' bleibt für den Kunstfreund doppelt zu bedauern, der jede Zensur seitens einer unmittelbaren oder mittelbarer Theaterpolizei rundweg ablehnt. *Der freie Kunstadel verpflichtet*" (100).

Der Hamburger Fritz Dehnow hingegen monierte, daß man den *Reigen* für die Aufführung verwässert hatte, um die "sittlichen Ärgernisnehmer" zu besänftigen:

> Die *Berliner* Aufführung trug weitgehend den sittlichen Ärgernisnehmern Rechnung. Sie verminderte den Wirklichkeitscharakter des Stückes, indem sie "stilisierte"; einige Textstellen wurden gestrichen; man befleißigte sich möglichster Dezenz. Man wird in späteren Jahrzehnten den *Reigen* sicherlich lebenstreuer und lebensvoller zu spielen wagen. (251)

Diese Voraussage basiert auf der Prämisse, daß künftige Generationen eine liberalere Einstellung gegenüber der Sexualität entwickelt haben würden, die dann zu einer neuen sexualethischen Ära führen könnte. Die Zeit um 1920 und die ihr unmittelbar vorhergehende

> vermochte ja gerade in sexualethischer Hinsicht gar nicht zu befriedigen. Eine sexuelle Misere bestand in weitem Umfange. Se-

xuelle Heuchelei feierte ihre Triumphe. Die Schäden dieser Zeit waren es, die allenthalben den Ruf nach Sexual- und Ehereform weckten. Demgegenüber sind gerade neuerdings wertvollste Keime zu einer sexual-ethischen Höherentwicklung gelegt worden. . . . Man tritt den Tatsachen des Sexuallebens natürlicher und aufrichtiger gegenüber. "Die alte Zeit", so bemerkte im *Reigen*-Prozeß ein Zeuge, "war äußerlich vielleicht korrekter, aber wir waren unwahrer".—Wenn die allgemeine Kulturlage es ermöglichen wird, daß diese Keime durchbrechen, so wird eine sexual-ethische Höherentwicklung, wie nie seither, einsetzen. (256)

Nach dem Prozeß flaute der Kampf um den *Reigen* ab, und es erschienen nur noch wenige diesbezügliche Artikel, darunter einer von Erich Schlaikjer, der unter der Überschrift "Philister" am 12. Dezember 1921 in der Abendausgabe der *Täglichen Rundschau* veröffentlicht wurde. Darin gesteht Schlaikjer Künstlern das Recht zu, unkonventionell zu sein, da sie auch für Mörder, Ehebrecher und Landstreicher Verständnis haben müssen. Diese künstlerische Freiheit könne jedoch nicht für Schnitzler und seinen *Reigen* gelten:

Wir lehnen den *Reigen* ab, weil er ohne jede Hingabe an die Kunst zusammengeschludert ist und seine Wirkung lediglich in einer stumpfsinnigen Häufung geschlechtlicher Vorgänge sucht. Wir lehnen ihn nicht ab um der Kunst willen, mit der er nichts zu tun hat, sondern um der Brunst willen, von der er ausschließlich und allein angefüllt ist. Wir lehnen ihn ab, weil wir nicht wollen, daß unsere Bühne in einen Harem verwandelt werde . . . weil er durch seine Sinnlichkeit die dunklen Tage von Versailles schändet und den Schmerz der weinenden Mütter verletzt. (Unterhaltungsbeilage: [943])

Die Weihnachtszeit gab Schlaikjer Gelegenheit, um noch von anderer Warte aus gegen den *Reigen* zu wettern. Am 20. Dezember 1921 veröffentlichte er einen weitschweifigen Artikel mit dem Titel "Die Madonna auf dem Nachttisch" in der *Täglichen Rundschau* und sagt darin folgendes über die achte Episode des Stücks ("Der Dichter und die Schauspielerin"):

Was Sie [Arthur Schnitzler] brauchten, um die Lebegreise im Parkett zu stacheln, war die als echt unterstellte Weihe des Gebetes,

> damit die Betende zur Freude des grinsenden Publikums erotisch angefaßt werden konnte. In diesem Ineinander von Gebet und Brunst lag die Pikanterie, und um zu dieser Pikanterie zu gelangen, brachen Sie skrupellos alle Gesetze der Seele. Sie schändeten ohne Erbarmen zunächst die Kunst, um dann die Religion zu schänden, und das Motiv war in dem einen wie in dem anderen Fall die erstrebte Paprizierung der erotischen Wirkung. (Unterhaltungsbeilage: [965])

Besonders augenfällig sei diese Mischung aus Religion und Sex in der Szene, in der die Schauspielerin das Bild der Madonna auf den Nachttisch stellt. Diesen Vorgang hält Schlaikjer für höchst unrealistisch, da das Madonnenbild der Talisman der Schauspielerin ist, der durch das, was diese zu tun beabsichtigt, entweiht würde. Auch sei es äußerst unwahrscheinlich, daß die Schauspielerin das Madonnenbild in ihrer Handtasche mit sich tragen würde, wo es jeder Dieb stehlen könnte: "Nicht die Schauspielerin also stellt die Mutter Gottes auf den Nachttisch, sondern Herr Schnitzler tut's" [966].

Die Berliner *Reigen*-Aufführungen fanden ein Ende, weil die Staatliche Hochschule für Musik, in deren Gebäude sich die Bühne des Kleinen Schauspielhauses befand, den Pachtvertrag nicht erneuerte. Als Grund wurde angegeben, daß die Hochschule wegen der erhöhten Studentenzahl mehr Platz brauche. Die *Deutsche Tageszeitung*, ein Berliner Blatt, berichtete darüber in ihrer Abendausgabe vom 6. Juni 1922 unter der Überschrift "Verklungener Reigen":

> Herr Maximilian Sladek, der mit dem *Reigen* Schnitzlers ein so außerordentlich gutes Geschäft gemacht hat, beschwert sich bitter darüber, daß ihm die Räume des Kleinen Schauspielhauses nicht mehr zur Verfügung stehen. . . . Wir sehen die Firma Sladek=Eysoldt ohne Kummer ziehen. Abgesehen davon, daß sie mit dem *Reigen*= Skandal Berlin wochenlang aufregte und tausende von betrogenen Narren in ihr Haus lockte, hat sie nichts Belangreiches geleistet. [6]

Letzteres trifft nicht zu, da diese spezielle Inszenierung eine Flut von Publikationen hervorgerufen hatte, die sich mit sexuellen und politischen Fragen befaßten, so daß diese an die Öffentlichkeit gebracht wurden.

Eine weitere Folge des Prozesses war, daß Brunner seines Amtes enthoben wurde. Im September 1922 forderte Ignaz Wrobel (d.i. Kurt Tucholsky) Brunners Entlassung:

> Nach einer solchen Niederlage, nach einer solchen Blamage, nach einer solchen Niederbügelung aller pathetisch verkündeten Grundsätze bleibt dieser Brunner im Amt! Das darf also weitermachen, darf weiterhin "Gutachten" ausarbeiten . . . welch ein Kamillentee-August! . . . Er darf es nicht. Wenn Ihr euch den noch gefallen laßt . . . dann verdient Ihrs nicht besser. (Wrobel 267)

Kurze Zeit später schied Brunner aus dem Amt. Der *Vorwärts* vom 8. November 1922 brachte folgende Meldung:

> Wie die *Telegraphen=Union* erfährt, ist der literarische Sachverständige im Berliner Polizeipräsidium Prof. Karl Brunner vom Amte suspendiert worden. Als Grund wird angegeben, daß nach dem Muster der Berliner Polizei auch andere Polizeiämter eine sogenannte schwarze Liste von Büchern angelegt haben und daß an der Spitze der Frankfurter Liste ein Buch von Brunner steht. Prof. Brunner ist bereits nach Bayern abgereist, wo er künftig seinen Wohnsitz nehmen will.

Es ließ sich nicht feststellen, ob Brunners Suspension mit der im *Popunbi*-Katalog zitierten Schrift im Zusammenhang steht. Dieser Katalog führt auf S. 113 folgenden auf Grund des § 184 des Reichstrafgesetzbuches einzuziehenden und unbrauchbar zu machenden Titel an:

> *Reigen.* Liebesspiel in 8 Akten nach Ideen von Prof. Brunner, Sittlichkeitsapostel. Berlin-München. [o.J.] Selbstverlag des Verfassers [Leipzig].

7. *Der dritte Prozeß 1925*

Der *Reigen*-Prozeß hatte ein Nachspiel, das von Wilhelm Stapel, dem Herausgeber des *Deutschen Volkstums*, ausgelöst wurde. Wie die Herausgeber der *Briefe 1913-1931* im Anhang erklären, sei Sladek in einer *Reigen*-Aufführung vor den Vorhang getreten und habe den "Deutschvölkischen Schutz- und Trutzbund" und den "Verband nationalgesinnter Soldaten" für den Skandal veranwortlich gemacht; daraufhin habe Stapel Sladek wegen Beleidigung verklagt (973). Im März 1922 veröffentlichte Stapel dann einen Aufsatz, in dem er behauptete, das Thema des Berliner Prozesses hätte "Kunst und Geschäft," nicht "Kunst und Sittlichkeit" lauten müssen. Maximilian Sladek und Gertrud Eysoldt fühlten sich ihrerseits angegriffen, obwohl in dem Artikel ihre Namen nicht genannt wurden, und sie verklagten Stapel wegen Verleumdung. Stapel wußte, daß seine Sache schlecht stand, zumal nachdem der *Reigen* und seine Regisseure vom Vorwurf der Geschäftspornographie und Unsittlichkeit freigesprochen worden waren, und er brachte es zuwege, den Prozeß drei Jahre lang aufzuschieben. Sitzungen wurden angesetzt und wieder vertagt, wie z.B. die am 13. Dezember 1924. Daß Schnitzler von all dem informiert war und von der Terminänderung wußte, bezeugt sein Schreiben vom 8.12.1924 an Maximilian Sladek, in dem es u.a. heißt:

> . . . ich lese in der gleichen Nummer des *Deutschen Volkstum* [Heft 11: 1924], daß am 13. Dezember Ihr Prozeß vor dem Amtsgericht Altmoabit zum endgültigen Austrag kommt und da man ja nie wissen kann, was ein Angeklagter in einem Prozeß zu seiner Entlastung vorzubringen gedenkt, und man am Ende gar eine angeblich von mir geänderte Stellungnahme hinsichtlich der Aufführbarkeit des *Reigens* gegen Sie, verehrter Herr Sladek, und Frau Eysoldt (Sie Beide sind doch wohl die Kläger) auszunützen auf den Einfall kommen könnte, so habe ich auf den beiliegenden Blättern ein paar wesentliche Stellen aus Briefen resp. Telegrammen an den Verlag Fischer und an den Theaterdirektor Barnay ausziehen lassen . . . . Sollte Ihnen, verehrter Herr Sladek, also dieser Brief im Laufe der Verhandlung als Behelf dienen können, so machen Sie davon jeden Ihnen beliebigen Gebrauch; doch steht er zu diesem Zweck auch dem Gericht selbstverständlich nur in seiner Gänze zur Verfügung, da Stellen aus dem Zusammenhang bekanntlich immer mißverstanden werden können. . . (Schnitzler, *Briefe 1913-1931*: 375-377)

Aber auch dieser Termin wurde wiederum nicht eingehalten, und eine neue Verhandlung wurde für den 14. Mai angesetzt:

> Ein neuer *Reigen*-Prozeß
>
> Am 14. Mai kommt eine Klage zur Hauptverhandlung, die von Maximilian Sladek und Gertrud Eysoldt gegen Dr. Wilhelm Stapel, den Herausgeber des *Deutschen Volkstums* erhoben worden ist und bereits seit drei Jahren "läuft"! Dr. Stapel hatte im März 1922 einen Aufsatz veröffentlicht, in dem er behauptete, im Reigenprozeß sei das Thema verschoben worden. Man hätte nicht über das Thema "Kunst und Sittlichkeit", sondern über das Thema "Kunst und

> Geschäft" verhandeln müssen. (*Berliner Tageblatt und Handels-Zeitung*, Abendausgabe vom 13. Mai 1925: 2)

Doch dieser auf den 14. Mai 1925 angesetzte Prozeß vor dem Schöffengericht in Berlin-Mitte fand nie statt, da Stapel sich bei den Beiden entschuldigte. Dazu folgende Zeitungsmeldung vom 14. Mai 1925 (*Berliner Tageblatt und Handels-Zeitung,* Abendausgabe):

> Der Privatbeklagte, Dr. Wilhelm Stapel, Herausgeber der völkischen Zeitschrift *Deutsches Volkstum*, erklärt, "die in den Artikeln in den März-, April- und Maiheften des Jahres 1922 enthaltenen Beleidigungen der Privatkläger Direktor-Sladek und Gertrud Eysoldt nehme ich mit dem Ausdruck der Entschuldigung zurück". [2]

Daß Schnitzler auch hiervon informiert war, davon zeugt sein Schreiben vom 11.12.1924 an seinen Sohn Heinrich, wo es u. a. heißt:

> Am 13.[sic] findet irgend ein *Reigenprozeß* statt; Sladek und Eysolt [sic] gegen irgend einen deutschvölkischen *Stapel* (ich wurde hier schon vor Monaten als Zeuge vernommen); wenn ein Bericht über den Prozess in der Zeitung stehen sollte, bitte schick ihn mir.— (Schnitzler, *Briefe 1913-1931*: 378)

Damit stand *Reigen* wieder im Blickpunkt der Öffentlichkeit, und die Münchner Ausgabe des *Völkischen Beobachters* vom 1. September 1925 warnte die Studenten der Universität Münster vor den moralischen Gefahren, denen sich ein Leser des *Reigen* und auch Wedekinds aussetzte:

> Wir glauben nicht, daß es für den sittlichen Hochstand der Studentenschaft gut ist, wenn die Philologenschaft jungen Studenten (künftigen Jugendbildern!) Reigenliteratur zum Kaufe usw empfiehlt. . . . Wir verwahren uns dagegen, daß die Reigenliteratur Schnitzlers u.a. Juden als deutsche Dramatik deutschen Studenten vorgesetzt wird! . . . Wir glauben, daß die Reigenliteratur *nicht nur* unseren Anschauungen, sondern auch denen jedes deutsch und christlich denkenden Menschen widerspricht! (2)

Der Artikel schließt mit der Forderung, daß deutsche Universitäten von Deutschen geschriebene Dramen auf den Lehrplan setzen sollten, und keine von Juden verfaßten erotischen Sensationsstücke.

8. *Das Schmutz- und Schundgesetz im Jahre 1926*

Etwa ein Jahr später, im Dezember 1926, wurde das "Gesetz zur Bewahrung der Jugend von Schund- und Schmutzschriften" vom Reichstag nach fünfjähriger Laufzeit verabschiedet. Dies löste eine ähnliche Reaktion innerhalb der Intellektuellen aus wie die Lex Heinze; zu den Unterzeichnern des Aufrufs gegen das Gesetz gehörten viele der angesehensten Persönlichkeiten des kulturellen, bzw. des literarischen Lebens. *Die Rote Fahne* vom 22. Oktober 1926 veröffentlichte u.a. folgende Namen: Hans Baluschek, Victor Barnowsky, Joh. R. Becher, Dr. Siegfried Bernfeld, Georg Bernhard, Julian Borchardt, Bertolt Brecht, Alfred Döblin, Hermann Duncker, Gertrud Eysoldt, Emil Faktor, George Groß, Maximilian Harden, Wilhelm Herzog, Arthur Holitscher, Herbert Ihering, Heinrich Eduard Jacob, Siegfried Jacoby, Georg Kaiser, Alfred Kerr, Egon Erwin Kisch, Georg Kolbe, Hans Land, Rudolf Leonhard, Heinrich und Thomas Mann, Carl von Ossietzky, Alfons Paquet, Erwin Piscator, Gerhard Pohl, Herwarth Walden, Ignaz Wrobel, Heinrich Zille. Zusätzlich unterzeichnete z.B. Hermann Bahr, Albert Einstein, Gerhart Hauptmann, Ricarda Huch, Käthe Kollwitz, Gustav Meyrink und Jakob Wassermann. Heinrich Mann publizierte am 6. November 1926 im *Berliner Tageblatt* seine "Letzte Warnung":

> Das beabsichtigte Gesetz nützt nichts. Es ist untauglich zur Besserung einer armen Jugend, die in Massenquartieren haust und über alle Laster vom Elend mehr belehrt wird, als die schlechtesten Bücher es könnten. Baut ihr doch Wohnungen! Versittlicht doch das Leben selbst! Aus Büchern erwirbt jeder nur das, worauf seine Lebensbedingungen ihn vorbereiten. Dem einen gibt auch das reinste Buch nur Schmutz. Der andere liest selbst das unwürdigste ohne Schaden. . . . Es ist nie gut, nie nützlich, Geisteswerte in Frage zu stellen. Man sollte sie nicht denen ausliefern, die ohnehin im Verdacht stehen, gerade dort nach Schund und Schmutz zu suchen, wo andere Wahrheit und Sittlichkeit erblicken. Die deutsche Republik will doch wohl sittlich und wahr sein. Sie steht aber in Gefahr, sich geistig letzten Endes denen zu unterwerfen, die auch sie selbst im Grunde für Schnund und Schmutz halten. (Abdruck in Kaes 139-141)

In einer Umfrage, die im *Kulturwillen* veröffentlicht wurde, schrieb Klabund [=Alfred Henschke] prophetisch:

> Das geplante Gesetz gegen Schmutz- und Schundliteratur stellt weiter nichts dar als den großangelegten Versuch der Reaktion, die politische und kulturelle Linke in Deutschland völlig mundtot zu machen. Der Geist der Freiheit und die Freiheit des Geistes: sie sollen abgewürgt werden unter der heuchlerischen Maske des *Jugendschutzes*. Wird das Gesetz rechtskräftig, so sind der völligen Verblödung und Verödung des deutschen Schrifttums keine Grenzen mehr gesetzt . . . ([Umfrage] Gegen das Schmutz- und Schundgesetz; Abdruck in Kaes 144).

Da dieses Gesetz keine Definition von Schmutz und Schund anführte, konnte die Zensur jedes Werk verbieten. Aber gerade über *Reigen* herrschte Unklarheit, ja selbst Schnitzler wußte nicht, ob es noch auf der Liste der sittlich gefährdenden Bücher stand oder nicht. Daß er das letzte annahm, davon zeugen einige seiner Briefe. So schrieb er am 7.11.1927 an Konrad Maril, dem Leiter der Theater-Abteilung des S. Fischer Verlags:

> Daß ein rechtsgiltiges Verbot des *Reigen* noch besteht, glaube ich nicht. Jedenfalls scheint mir eine Konfiskation des Buches unter den heutigen Umständen so gut wie ausgeschlossen. Mit Harz sprach ich dieser Tage. Er wäre jederzeit bereit die noch vorhandenen Exemplare zu einem recht billigen Preise herzugeben. (Schnitzler, *Briefe 1913-1931*: 507; Anm. 12: 985)

Genaues wußte Schnitzler allerdings nicht, auch nicht im folgenden Jahr, wie auch seinem Schreiben vom 14.7.1928 an Fritz Engel, den Theaterkritiker und Feuilletonredakteur des *Berliner Tageblatts* hervorgeht:

> Wären Sie, verehrter Herr Engel, als Mitglied der Prüfungskommission des Schund- und Schmutzgesetzes in der Lage ohne Mühe festzustellen, ob ein Verbot des *Reigen* aus der Zeit vor dem Gesetze noch besteht. Mir persönlich ist es sonderbarerweise auch durch Mithilfe eines Rechtsanwalts niemals gelungen, das einwandfrei zu erfahren. Sie würden mich sehr verbinden, wenn Sie mir vielleicht mitteilen könnten, wie die Rechtslage heute beschaffen, d.h. ob der *Reigen* beschlagnahmt, verboten oder frei ist. (Schnitzler, *Briefe 1913-1931*: 557; Anm. 1: 1049)

Allem Anschein nach war das letztere der Fall, obwohl in dem Antwortschreiben Fritz Engels keine legale Versicherungen gegeben werden, was auch durch den Konjunktiv *würden* zum Ausdruck kommt:

> Nach meinen Informationen bin ich aber der festen Überzeugung, daß sowohl der von den Behörden heranzuziehende Kunstausschuß, wie auch die Frage kommenden Strafverfolgungsbehörden und auch das Gericht keinesfalls mehr dieses Buch als unzüchtig ansehen würden. (Schnitzler, *Briefe 1913-1931*; Anmerkung 2 zum Brief vom 18.7.1928: 1086)

Dies schließt jedoch nach dem geltenden Gesetz eine Beschlagnahme des *Reigen* nicht aus, sollte es bei der Staatsanwaltschaft denunziert werden.

Diese unsicheren legalen Verhältnisse bewogen wahrscheinlich auch Samuel Fischer, bei der geplanten Ausgabe des Schnitzlerschen Gesamtwerkes mit der Übernahme des *Reigen* zu zögern; Schnitzler allerdings betrachtete die Gefahr einer Konfiszierung als recht unwahrscheinlich. In seinem ausführlichen Brief vom 5.4.1930 an Samuel Fischer schreibt er diesbezüglich:

> Höchst unwahrscheinlich also sage ich, daß gerade jetzt im Augenblick, da der Verlag Fischer von der 101. Auflage an ein Buch übernähme, das im Laufe der Zeit seinen freilich bescheidenen Platz in der Weltliteratur einzunehmen verstanden hat, und heute doch wirklich nur mehr bei Heuchlern und Dummköpfen als unsittliches oder gar pornographisches Werk gelten kann,—daß jetzt ein Verbot erfolgen sollte; unwahrscheinlich, aber wie jede Dummheit und wie jede Büberei, besonders dem *Reigen* gegenüber, selbstverständlich nicht ganz ausgeschlossen. (Schnitzler, *Briefe 1913-1931*: 675)

Was Schnitzler sehr nahe ging, war Fischers Versagen als Freund, denn er hatte ja mit ihm über fünfunddreißig Jahre zusammengearbeitet. Schnitzler führt diesen Punkt in dem obigen Brief weiter aus:

> Hier wäre eine Gelegenheit gewesen sich im rechten Moment zu einem meiner gewiß nicht bedeutendsten, aber jedesfalls umstrittensten Werke zu bekennen. Sie haben die Gelegenheit nach langem Zögern und Schwanken endlich doch versäumt und ich muß leider vermuten, daß ich dieses Versäumnis—kein geschäftliches,

kein literarisches—nein, meinem Empfinden nach vor allem ein menschliches, im Grunde meines Herzens lebhafter bedauere als Sie, lieber Freund, es wohl tun dürften.

Denn, lassen Sie es mich frei heraus sagen,—schon das Bewußtsein, daß ich persönlich ob nun mit Recht oder mit Unrecht einen besonderen Wert darauf zu legen schien, den *Reigen*, gerade den *Reigen* endlich an der Seite meiner anderen Werke seinen ihm gebührenden Platz in meinem angestammten Verlage einnehmen zu sehen,—dieses Bewußtsein allein hätte Ihnen genügen dürfen, sollen, müssen eine Angelegenheit, die mir so offenkundig am Herzen lag, folgerichtiger zu betreiben und unbeirrter zu Ende zu führen, als es leider der Fall gewesen ist, und es hätte Sie zur Erfüllung meines Wunsches (ich habe Sie wohl nicht allzu oft mit billigen oder gar unbilligen belästigt) veranlassen müssen, selbst dann, wenn die Gewährung meines Wunsches eine kostspieligere, umständlichere oder gefährlichere Aufgabe für Sie und Ihren Verlag zu bedeuten gehabt hätte, als sie im Ernstfalle gewesen wäre. (677)

Es zeugt von Schnitzlers menschlicher Größe, daß er trotz dieser für ihn gewiß nicht unbedeutenden Meinungsverschiedenheit Samuel Fischer weiterhin freundschaftlich verbunden bleibt.

Anmerkungen

1. Siehe Susan Sontags Essay "The Pornographic Imagination," veröffentlicht in *A Susan Sontag Reader*," mit einer Einführung von Elizabeth Hardwick (New York: Vintage Books, 1983) 205-233. Die diesbezügliche Stelle bei Susan Sontag lautet: "It is more plausible to emphasize that pornography still possesses only one 'intention' [that of sexual excitement], while any genuinely valuable work of art has many" (208).

2. Der englische Originaltext lautet: "Expressions of violence coupled with the actual use of force against the Jews became more common under the Weimar Republic."

3. Der englische Originaltext lautet: "The larger cities, especially Berlin and Munich, showed an increased development of gambling, erotic scandals and homosexuality, nudism, jazz mania, and various forms of

occult astrology and magical hocus-pocus. A class of society came into being that made its living by providing for these experiences, and another class that found its highest satisfaction in their enjoyment."

4. Diese Stelle lautet im Original: "The controversy which had centered about this law seemed about to break out again when many literary and artistic figures rose in passionate protest against the measure which they regarded as a threat to their freedom of artistic and literary expression. On the other side many people—especially those concerned with the education of children—pointed to the heaps of trash, devoid of any artistic or literary merit, which were flung upon the market to be sold to the young in a trade which was as lucrative as it was injurious" (92-93). Eine ausführlichere Erörterung der Einstellungen gegenüber Sex und Liebe bei Jost Hermand/Frank Trommler, *Die Kultur der Weimarer Republik,* vor allem in dem Kapitel "Kulturelle und ideologische Strömungen" 35-107.

5. Die Stelle lautet im Original: "This term summed up a fear that went beyond explicitly anti-Semitic circles. The perception of disproportionate Jewish power was certainly not limited to radical and fringe groups. The concern that public opinion was being controlled by the 'Jewish press' was especially prevalent. For those who elaborated on the 'Judaization' of Germany, this was particularly important, for in an age of increasing-ly impersonal mass communications the press was regarded as the major agent of ideological infiltration, the vehicle through which the 'Jewish spirit' entered the German psyche."

6. Die Originalstelle hat folgenden Wortlaut: "This so-called Jew Press was in practice Jewish to the extent that it was not anti-Semitic. But as a rule it was entirely uninterested in contemporary Jewish questions, which was notable the case with the *Berliner Tageblatt* and the *Frankfurter Zeitung*."

7. Die Orginalstelle lautet: "Ever since the period immediately succeeding the Versailles treaty the Hugenberg syndicate controlled directly or indirectly more than half the papers in Germany. In the moulding of opinion it was far more important than either Ullstein or Mosse. And yet Germany (and Austria) was the country where the Jews were most prominent in the Press." Näheres über die erwähnten Zeitungen auch bei Kurt Koszyk 250-345.

8. Vgl. Anon., "Moabiter Reigen," *Das Blaue Heft* 3.ix (26. November 1921) 263, sowie Friedbert Aspetsberger, "Literatur vor Gericht: Der Prozeß" 227) Ignaz Wrobel betrachtete es als "eine Schmäh und Schande, daß sich das Berliner Polizeipräsidium einen so ahnungslosen, einen so ungebildeten, einen so völlig unfähigen Sachverständigen hält wie diesen Herrn Brunner" (266-267), und in den Augen Ludwig Marcuses war Brunner eine Symbolfigur der kommenden Katastrophe: "Brunner! das war das Dritte Reich, als es erst Zweivierfünftel war und noch recht bourgeois" (240).

9. Diese Stelle lautet im Original: "it was impossible to prove their subjective guilt. In the same decision, however, the performance itself was characterized as objectively immoral. This paved the way for a new action . . . ".

10. Vgl. auch "Herr Brunner, der Dichter," *Berliner Tageblatt und Handels-Zeitung*, Morgenausgabe vom 13. November 1921: [2]; Dr. Ernst Emil Schweitzer, "Dilettantische Sachverständige. Bemerkungen zum *Reigen*-Prozeß," *Berliner Tageblatt und Handels-Zeitung*, Morgenausgabe vom 15. November 1921: [1].

11. Einen detaillierten Bericht über den Prozeß gibt auch Curt Riess im Rahmen seiner Serie "Verbotene Bücher," die in der *Welt am Sonntag* vom 8. Januar 1967 auf S. 6 erschien. Die ausführlichste Darstellung findet sich bei A. Pfoser/K. Pfoser-Schewig/G. Renner, *Schnitzlers >Reigen<, Analyse und Dokumente*, Band I: *Der Skandal*. Band II: *Die Prozesse* (Frankfurt am Main: Fischer, 1993).

Kapitel VII

Aufführungen und Lesungen des *Reigen* in anderen europäischen Städten 1920-1931

> Für die Übersendung Ihres schönen Feuilletons und Ihren so freundlichen Brief danke ich Ihnen aufs Allerherzlichste. Solche Worte tun einem wirklich wohl. Ich glaube übrigens, daß niemals in irgend einem Wiener Blatt mit Beziehung auf den *Reigen* solche freie, klare und in edelm Sinn selbstverständliche Worte ausgesprochen worden sind, wie sie diesmal im *Pester Lloyd* zu lesen waren. (Aus dem Brief Schnitzlers vom 17.6.1931 an Julian Weiß; Schnitzler, *Briefe 1913-1931*: 793)

1. *Aufführung in Hamburg 31. Dezember 1920 und Gastspiel in Kiel 6. Januar 1921*

Eine der frühesten Aufführungen fand am 31. Dezember 1920 als geschlossene Veranstaltung unter der Regie von Paul Marx, der auch den Gatten spielte, in den Hamburger Kammerspielen statt; die öffentliche Premiere war acht Tage später. In der Kritik von Carl Müller-Rastatt, die unter dem Titel "Totentanz. Zur Uraufführung von Schnitzlers *Reigen* in den Hamburger Kammerspielen" am 8. Januar 1921 im *Hamburger Correspondent* erschien, heißt es dazu:

> Aber die zehn Gespräche, die ohne einen anderen Zusammenhang sind, als daß in jedem mit mathematischer Pünktlichkeit derselbe Akt vollzogen wird, gehören ganz gewiß nicht auf die Bühne. Das war bis jetzt so sehr Schnitzlers eigene Meinung, daß er zwanzig Jahre lang jede Aufführung energisch untersagt hat. Er wußte, warum. Wer sich für den *Reigen* als Kunstwerk interessierte, der konnte ihn lesen, denn dafür war er ja geschrieben. Wer diese Dialoge im Rampenlicht von lebendigen Menschen gesprochen haben will, der tut dem Dichter keinen Gefallen und lenkt die Aufmerksamkeit vom Geistigen des Werks auf das grob Stoffliche, grob Sinnliche über. Die Not, die auf Oesterreich lastet, soll Schnitzler jetzt veranlaßt haben, in die Aufführung dieser Dialoge trotz allem einzuwilligen. Die Not, in der sich unsere Theaterkassen befinden, veranlaßt die Theaterleiter, von dieser Einwilligung

Gebrauch zu machen. . . . Im Dienst der sittlichen Erneuerung sind die *Reigen*=Aufführungen jedenfalls nicht.

Nach Ansicht von Otto Schabbel, der die Inszenierung in den *Hamburger Nachrichten* (Abendausgabe) vom 10. Januar 1921 besprach, neutralisierte die ständige Wiederholung des Geschlechtsakts die sinnliche Wirkung des Stückes, und beim Zuschauer stellte sich Langeweile ein:

> Im allgemeinen schien sich leichtes Enttäuschtsein auszubreiten, der erhoffte Kitzel blieb aus, und weder unmoralisch angestachelt noch moralisch entrüstet ging die Mehrzahl nach Haus: nur gelangweilt. Ob auch alles für eine kleine *Reigen*-Sensation geschehen ist—als da sind: Berliner Gerichtsverhandlungen, Haftandrohung gegen die Berliner Direktion, in Hamburg die Einführung mittels einer aus geheimnisvollen Gründen "geschlossenen Vorstellung", die, ein erhebendes Zeugnis für die Moral der Direktion Ziegel, nur Jugendlichen über zwanzig Jahren den Zutritt gestattet, all das, fürchte ich, ist vergeblich gewesen. Auch die zum Teil sehr gelungene Aufführung, die unter Paul Marx die delikate Aufgabe mit künstlerischer Noblesse zu lösen suchte, konnte nicht den peinlichen Eindruck verwischen, daß geschäftliche Spekulation sich hier am falschen Objekt vergriffen hat. [2]

Anläßlich dieser Aufführung veröffentlichte der Kunstkritiker, Graphiker und Schriftsteller Hans Leip[1] einen Artikel im *Freihafen*, den Blättern der Hamburger Kammerspiele. Dieser Artikel ist besonders interessant, da er viele expressionistische Stil-Komponenten enthält. Besonderes Interesse verdienen Leips Farbmetaphern, die an die um jene Zeit herum aufgeführte *Gas*-Trilogie von Georg Kaiser erinnern, sowie Leips Verwendung des Karussell-Bildes, dessen sich dann später auch Max Ophüls bediente:

> Das sind die Schatten dunkler Treppenflure, wenn der Brustwarzenkontakt der Etagen plötzlich in den Schlafsack rutscht, Türen von Lichtspalten impressionistisch gezeichnet werden, es von eingepökelten Stimmen und Klavieren in den Keller tropft, um die hohle Röhre des Geländers die Welten wie Käfige hängen. Da kreiselt jählings der Reigen. Auch schmächtigen Handlungsgehilfen, das Gehirn senkrecht liniert, alle Organe in Debit und Kredit

gehälftet, haben manchmal, morgens, beim Aufstieg aus den Untergrundbahnschächten eilige Visionen, gegründet auf Handbreiten [sic] Mädchenstrumpf und =Wade. . . . Da kreiselt der Reigen, der Totentanz der Liebe, der amüsante Querschnitt durch die durchschnittliche Erotik Europas. Das Karussell voll bürgerlichen Schauers, worin, der Rotation gut verschraubt, die gescheckten Ponys, Stuten . . . und lackierten Hengste tummeln. Der Reigen aus Seidenband und Spiegelglas, mit Sinnsprüchen geschmückt. Paar um Paar ist aneinandergefügt, Männchen und Weibchen. Zweimal strahlt die Beziehung, doppelt surrt jede Rolle, einmal rechts einmal links. Und nackt geht der ewig kühle Messerschnitt durch die heißen Mitten, der den Mann anatomisch—und was ist Anatomie anders als die Geographie der Seele—schmerzhafter und erledigter spaltet als das Weib. So brandet zur einen Hälfte ewig die rote oder blaue Glut, zur andern die grüne oder safrangelbe Ernüchterung. Der Reigen der Flure, Fauteuils und Schreibtischsessel, die liebende Spieluhr der Kulturbeteiligten[,] kennt nicht Weiß gegen Schwarz. (70-71)

Für Leip war Sex das klassenverbindende Element: "Das Soziale spangt zwischen Rekrut und Leutenant [sic], zwischen Dirne und Dame, der vorrevolutionäre Ausgleich ist bei sänftlichem Charakter überall ohne Schießgewehr ermöglicht. Und wäre er es nicht überall? So stubenwarm?" (71-71). Leider komme das bei Schnitzlers elitärem Stück nicht klar zum Ausdruck, denn "Schnitzler trägt einen gepflegten Bart. Die Liebe ist eine Angelegenheit der Parfüms und der Schneider" (71).

Sie ist auch eine rein menschliche Angelegenheit, die manchmal jenseits von Gut und Böse steht, wie Hans Harbeck es in seinem Sonett *Reigen* humorvoll gestaltet:

Ach, kein bambino hat so süße Beine
wie dieses Mädel und wie diese Frau—
Freund Adam nimmt es folglich nicht genau
und wirft auf Eva keine Kieselsteine.

Denn die Moral zerrinnt beim Kerzenscheine,
und bei der Nacht sind alle Katzen grau,
und in der Himmelbetten stolzem Bau
entwickelt sich galant das Ungemeine.

Der gute Mensch hat seine bösen Schliche.
Er mimt heut' sozusagen einen Gott
und ist ein Gauner morgen und Fallot—

der Dichter, liebend kleine Nadelstiche,
exekutiert mit feierlichem Spott
die Kanonade der Gedankenstriche. (Harbeck 72)

Als das Hamburger Ensemble in der Sylvesternacht 1921-22 in Kiels Operettentheater am Sophienblatt ein Gastspiel gab, warfen die Kieler *Neuesten Nachrichten* vom 6. Januar 1922 der Bühne vor, es sei ihr in erster Linie ums Geldverdienen gegangen:

> Ein ausverkauftes Haus und am Ende eine ziemlich allgemeine Enttäuschung. Zwischen den zehn Bildern: Zwischenaktsmusik: Klavier und Geige, wie einst im Vorstadttheater. Sie spielte—sinngemäß—Wiener Weisen, so schön, wie einst im Vorstadttheater. Eins war allerdings vergessen: das so herrlich passende Lied: "Sehn Sie, das ist ein Geschäft, das bringt doch noch etwas ein; ein jeder freilich kann das wirklich nicht, denn das muß verstanden sein!"

Der Ausdruck "sinngemäß" hebt bereits den Gegensatz zwischen dem dekadenten Wien und dem weniger dekadenten Deutschland hervor. Der *Reigen* ist also etwas spezifisch Wienerisches und führe, Schnitzler zufolge, die in dieser Stadt herrschenden Zustände vor. Der Verfasser dieser Rezension läßt keinen Zweifel daran, daß das moralische Niveau in Deutschland höher sei als in Schnitzlers Geburtsstadt:

> Den Wiener Frauen stellt Schnitzler ohne Ausnahme das Zeugnis aus, daß für sie alle Hemmungen altes Gerümpel bedeuten, wenn es gilt, eine Liebesnacht zu erleben. Wiener Liebesnächte wäre daher wohl die richtigere Bezeichnung für den *Reigen* gewesen. Es fragt sich nur, was die Wienerinnen dazu gesagt hätten. In Deutschland wird man in der Vorführung dieser Liebesnächte nichts anderes erblicken als eine Herabwürdigung der deutschen Frau und die Aufführung deswegen ablehnen.

Auch das Argument, daß der *Reigen* gelesen und nicht auf der Bühne gezeigt werden sollte, wurde wieder vorgebracht, und zwar im *Hambur-*

ger Abendblatt vom 20. Januar 1921:

> Armer Dichter, der du deines Wiener Daseins Notdurft nicht anders stillen zu können glaubtest, als daß du diese zarten Kinder deines Geistes aus dem Salon, für den sie geboren, auf die Straße schicktest, und durch ihre Prostituierung auf ein paar deutsche Mark rechnest, die vielleicht viele Kronen und—wenig Brot bedeuten. Kein Erbarmen aber verdienen jene Direktoren, die, des Dichters Not ausnützend und derart den Namen eines wirklichen Künstlers für eine unwissende Menge in den übelriechenden Dreck zu den Pornographen schleifend, auf die niedrigsten Instinkte eines stets lüsternen Publikums ihre schäbige Spekulation aufbauen.

Obwohl die Hamburger Öffentlichkeit dem Stück nicht sonderlich günstig gesinnt war, kam es erst Mitte Februar 1921 zu einer Störung. Der Theaterdirektor hatte von dem geplanten Krawall Wind bekommen und war entsprechend vorbereitet. Der Tumult brach während der vierten Episode los, der Szene zwischen der verheirateten Frau und ihrem Liebhaber. Der Direktor erklärte, daß er bereit sei, jedem, dem die Aufführung nicht gefalle, das Eintrittsgeld zurückzuerstatten, daß aber die Polizei die Namen der Störer notieren werde, falls das Pfeifkonzert andauere. Danach konnte die Vorstellung ohne weitere Zwischenfälle fortgesetzt werden.

2. *Aufführung in München 22. Januar 1921*

Die Münchner Premiere fand am 22. Januar 1921 im Schauspielhaus statt. Richard Braungart rezensierte die Aufführung am Montag, dem 24. Januar 1921, in der *Münchener Zeitung*, und das einzige, was er daran zu beanstanden hatte, war, daß entgegen allen Erwartungen ein Skandal ausgeblieben war. Das sei auf Hermine Körners professionelle Art der Inszenierung zurückzuführen: "Ihr Verdienst . . . ist, kurz gesagt: alles Erotische ist so behandelt, daß es, ohne Zeit zu haben, irgendwie erregend zu wirken, rasch vorübergeht. Es tut, im dramatischen Sinn, seine Schuldigkeit, weiter nichts" (2). Die Gedankenstriche wurden durch eine kurze Verdunkelung der Bühne angedeutet sowie durch das Herunterlassen eines Schleiers, "der immer nur dann sichtbar wird, wenn das Undarstellbare verdeckt werden soll." Braungart kommt zu dem Schluß, daß das Erotische in den einzelnen Szenen zwar von wichtiger, aber nicht von entscheidender Bedeutung ist:

> Das Erotische ist wohl Zentral- und Ausstrahlungspunkt jeder Szene, aber das Avant und das Après, die Psychologie der Liebestechnik ("Eroberung" und "Abbau"), ist das Wichtigere und Wesentliche. Und vor allem: es ist der Humor, der wärmende, entwaffnende Wiener Humor, der sich wie ein Mantel über alle Blößen legt und uns vergessen läßt, daß unter dieser Hülle Dinge kaum verborgen sind, die das helle Rampenlicht und die Blicke zahlreicher Zuschauer nicht ertragen. (Es läßt sich gar nicht ausdenken, wie dieser *Reigen* geworden wäre, wenn ihn ein Berliner geschrieben hätte!) (2)

Was jedermann erwartet hatte, geschah dann schließlich am 7. Februar 1921 und wurde noch am gleichen Tag in den *Münchner Neuesten Nachrichten* gemeldet:

> Ein Theaterskandal größeren Umfangs entwickelte sich im Schauspielhaus gelegentlich der Samstag-Vorstellung von Schnitzlers *Reigen*. Am Schluß des 3. Bildes . . . entfesselte eine Frauenstimme vom oberen Rang einen offenbar vorbereiteten Protest. . . . Ein Segen von faulen Eiern und Stinkbomben unterstützte die Offensive durch einen Ueberfall auf den Geruchsinn. Es gab dabei auch verdorbene Kleider. (2)

Unter der Überschrift "Verbot von Schnitzlers *Reigen* in München" brachte die Spätnachmittagsausgabe der *Neuen Freien Presse* vom 7. Februar 1921 die noch sensationellere Meldung, daß die Störung bereits zu Beginn der Vorstellung eingesetzt habe, was jedoch durch die Berichte anderer Zeitungen nicht bestätigt wird. Wie das Blatt ferner mitteilt, wurde bei dem Krawall auch die Schamhaftigkeit der deutschen Frauen ins Spiel gebracht: "Von Anfang an wurde von einem Teil des Publikums gelärmt, gepfiffen, Stinkbomben geworfen und durch Rufe an die Schamhaftigkeit der deutschen Frauen appelliert. Nach dem dritten Bilde mußte die Vorstellung abgebrochen werden. Die herbeigerufene Polizei räumte das Haus"(4). Eine emotional gefärbte Darstellung dieses Tumults gab das *Neue Wiener Tagblatt* vom 8. Februar 1921 ("Eine gestörte Vorstellung des *Reigen*. Skandal in München"):

> Aus München, 6. d., wird uns telegraphiert:
> Bei der heutigen Wiederholung von Schnitzlers *Reigen* im Schauspielhaus kam es zu einem *unerhörten Skandal*. Nach dem dritten

> Bilde rief bei Verdunklung der Bühne eine Dame im ersten Rang laut ins Publikum: "*Das ist eine Schweinerei. So was wagt man deutschen Frauen zuzumuten*". Skandal-Rufe wie: Saustall! Gemeinheit! Unverschämtheit! Frechheit! durchschwirrten den Raum; auf mitgebrachten Trillerpfeifen brach ein ohrenzerreißender Lärm los. . . . Der eiserne Vorhang mußte fallen und das Publikum verließ das Haus. (7)

Das Stück wurde verboten, da die Polizei sich außerstande sah, das Publikum hinlänglich zu schützen. In dem obenerwähnten Artikel des *Neuen Wiener Tagblatts* heißt es dazu:

> Die Polizeidirektion ist ohne Vernachlässigung wichtiger Aufgaben nicht in der Lage, der Leitung des Schauspielhauses dauernd ein so großes Polizeiaufgebot zur Verfügung zu stellen, um die ruhige Aufführung des Stückes zu gewährleisten, *das jedem gesunden Volksempfinden Hohn spricht* (!) und daher *mit Recht* in weiten Kreisen der Bevölkerung Anstoß erregt(!). Um größeres Unheil zu verhüten, mußten deshalb weitere Aufführungen auf Grund des Artikels 182 verboten werden. (7)

Daß die anwesende Polizei nicht sonderlich energisch eingriff, geht aus einem Bericht in der Morgenausgabe der *Vossischen Zeitung* vom 8. Februar 1921 hervor. Unter der Überschrift "Der abgebrochene *Reigen*" schreibt das Blatt: "An verschiedenen Stellen des Theaters kam es zum Handgemenge. Einzelne Schutzleute, die anwesend waren, hielten sich in respektvoller Entfernung von den Krakehlern und wahrten wohlwollende Neutralität. Obgleich die Zahl der Skandalmacher sehr gering war, erzwangen sie auf diese Weise den Schluß" [3]. Laut Morgenausgabe der *Münchner Neuesten Nachrichten* vom 8. Februar 1921 (2) wurde Schnitzlers *Reigen* am 8. Februar durch Ferenc [=Franz] Molnárs *Fasching* ersetzt.

Die Presse kam immer wieder auf den Skandal vom 7. Februar zurück. So stellte zum Beispiel die Böhmer *Warnsdorfer Volkszeitung* am 15. Februar 1921 einen Vergleich zwischen den sittlich höherentwickelten Münchnern und dem dekadenten Publikum in Berlin und Wien an:

> Während sich das Münchner Theaterpublikum kräftig dagegen wehrte, daß man ihm Äußerungen der Judenbrunst als deutsche Kunst vorzusetzen wagt, mit dem Erfolge, daß der Polizeipräsident

die weitere Aufführung der Schnitzler=Dialoge verboten hat, marschiert *Wien* ähnlich wie Berlin im Schweinstrab. Als dort am 7. Feber in den Kammerspielen Schnitzlers *Reigen* aufgeführt wurde, drangen etwas 20 junge Leute in den Zuschauerraum und wollten durch lebhafte Pfuirufe die Fortführung der Vorstellung unmöglich machen. Jedenfalls rechneten sie auch damit, daß sie im Publikum das Reinlichkeitsgefühl wachrufen werden. Das Publikum nahm jedoch "entrüstet" gegen die "Störenfriede" Stellung. Die Vorstellung wurde unterbrochen und sechs der Demonstranten arretiert. Kein Wunder, denn Wien ist nicht mehr Wien, sondern Wien ist Tarnopol.—Durch einen Erlaß der Österr. Regierung ist die Aufführung des *Reigen* jetzt verboten worden.

Ein mit "L.G.O." gezeichneter Kommentar, der am 26. Januar 1921 im *Frankfurter Nachrichten und Intelligenz=Blatt* erschienen war, machte darauf aufmerksam, daß der Versuch, den *Reigen* in München auf die Bühne zu bringen, von vornherein zum Scheitern verurteilt war, da diese Stadt ja bereits am 25. Juni 1903 der Inszenierung des Akademisch=Dramatischen Vereins im Kaim Saal eine Absage erteilt hatte. Nach Ansicht des Artikelschreibers muß der *Reigen* von der Bühne verbannt werden, weil er den sittlichen Wiederaufbau Deutschlands gefährdet: "Wir reden so viel von dem *sittlichen* Wiederaufbau unseres Volkes und lassen ihm Stücke bieten, die die kargen sittlichen Reste noch niederzureißen geeignet sind, zumal bei dem grünen Jungvolk beiderlei Geschlechts, das heute unsere Theater bevölkert" (3).

3. *Aufführung in Leipzig 22. Januar 1921*

Aufgrund der Publicity, die dem *Reigen* zuteil wurde, waren die meisten Vorstellungen ausverkauft. Das war auch in Leipzig der Fall, wo das Stück unter der Regie von Robert Pirk auf die Bühne gebracht wurde und am 22. Januar 1921 im Kleinen Theater Premiere hatte. Wie die Morgenausgabe des *Illustrierten Wiener Extrablatts* vom 21. Januar 1921 unter der Überschrift "Vorsichtsmaßregeln für Schnitzlers *Reigen*" mitteilte, mußte jeder, der ein Billett kaufte, folgende Erklärung unterschreiben:

> "Die Unterzeichneten erklären, daß sie freiwillig die Aufführung des *Reigen* besuchen, *gegen den Inhalt der Szenen keine Einwendung erheben*, und verpflichten sich, die von ihnen gelösten Kar-

> ten nur für sich zu verwenden oder nur an gleichgesinnte Personen, nicht unter achtzehn Jahren, weiterzugeben." Diese Idee ist sicherlich originell. (7)

Die Schauspieler waren (laut *Leipziger Tageblatt und Handels=Zeitung* vom 16. Januar 1921: [3]): Lina Carstens (Dirne), Käte Franck-Witt, Grete Doerpelkus, Claire Hark, Maria Koch (Schauspielerin), Karl Keßler (Soldat), Hans Merkel, G. Werther, Hans Steiner und Otto Stoeckl (Graf).

Die Kommentare in der Presse fielen im großen und ganzen positiv aus. Hans Georg Richter widmete einen beträchtlichen Teil seiner Kritik (*Leipziger Tageblatt und Handels=Zeitung* vom 25. Januar 1921) der Frage "Was fängt die Bühne nun mit den Gedankenstrichen an?" Er hält es für das beste, die Gedankenstriche mit Musik auszufüllen, aber nicht so, wie man es in Berlin gemacht hatte. Die musikalischen Intermezzi müssen sich in Intensität und Tonart ebenso voneinander unterscheiden, wie es die einzelnen Liebespaare in ihrer Wesensart tun:

> Der Spielleiter Robert Pirk hat dafür eine famose Lösung gewählt. Seine Musik wird sozusagen überhaupt nicht gemacht, sondern ist da. Aus der Welt jenseits der Dialoge klingt sie herüber. Da gibt es Schrammelmusik oder Klavierspiel im oberen Stockwerk, den Leierkasten auf der Straße oder ein Trompetensolo in der Ferne. Die Außenwelt kündigt so auf lustige Weise an, daß sie mit sich selber beschäftigt ist und daß niemand befugt sei, zwei Menschen zu beachten, die auch ihrerseits miteinander genug zu tun haben.

Daß—wie Richter sagt—"der Rhythmus eines Militärmarsches vom Publikum mit allzu betonter Heiterkeit aufgenommen [wurde]," zeigte freilich auch, daß die Realisierung dieser Idee gewisse Mängel hatte. Nach Ansicht von Hans Natonek, der für die *Leipziger Zeitung und Handelsblatt für Sachsen* (Leipziger Abendzeitung) vom 24. Januar 1921 eine Aufführungskritik schrieb, war dieser Marsch eine von zwei

> musikalische[n] Entgleisungen und Geschmacklosigkeiten. . . . Vor Zensur und Lex Heinze ist der *Reigen* in Schutz zu nehmen, andererseits aber auch Schnitzler vor dem *Reigen*, denn es ist ein Unrecht und Widersinn, daß nun mit einem Male über zahlreiche deutsche Bühnen dieses Frühwerk des Dichters geht, indes sein

reiferes dramatisches Schaffen fast unberücksichtigt bleibt. (2)

Ansonsten zeichne sich diese Inszenierung durch Takt und Zurückhaltung aus, so "daß jene Leute, die mehr erwartet haben, enttäuscht wurden" (2).

4. *Aufführung in Brünn 7. Februar 1921*

Die Dichotomie zwischen der Aussage des Stückes und seiner konkreten Inszenierung zeigte sich auch bei der Brünner Aufführung, bei der Dr. Beer Regie führte. Die *Brünner Morgenpost* vom 8. Februar 1921 beurteilte das Stück aus moralischer Perspektive und schätzte es nicht sehr hoch ein. Als Kunstwerk betrachtet, kam der *Reigen* weit besser weg:

> Wenn man nun auch nicht gerade behaupten wird, daß die Bühnenwiedergabe des *Reigens* ein sittliches Bedürfnis befriedige, so wird man aber auch nicht sagen können, daß reife Menschen—und nur solche kommen als Besucher in Betracht—an ihrer Moral Schaden nehmen werden. . . . Straffe Bühnenwirkung erzielten bloß das vierte, sechste und achte Bild, die anderen wirken beim Lesen stärker.

Das Blatt lobt die Idee, die Gedankenstriche mit Musik auszufüllen, was in Brünn so vor sich ging, daß man die Arie "Hab' ich nur deine Liebe, die Treue brauch' ich nicht" in verschiedenen Instrumentalvariationen spielte. Wie der Rezensent abschließend feststellt, war diese Aufführung ein, wenn auch kleiner, Erfolg: "Das ausverkaufte Haus verhielt sich zunächst ziemlich reserviert, erst am Schluß erscholl verschämter Beifall, für den die Mitwirkenden im sinnvollen Reigenverbande dankten."

5. *Aufführung in Breslau 5. Mai 1921*

Am 5. Mai 1921 führte eine Berliner Truppe den *Reigen* in der Schauburg am Breslauer Viktoria Theater auf; Regisseur war Hubert Reusch. Die Kritik äußerte sich beifällig; am 6. Mai 1921 schreibt Dr. R.C.M. in den *Breslauer Neuesten Nachrichten*:

> Der *Reigen* zählt zu Schnitzlers Bestem. Und es gehört schon ei-

nige Um= und Abwegigkeit dazu, hier "Anstoß" zu nehmen. Ein reizender Theaterabend von liebenswürdiger und nachdenklicher Heiterkeit. Besonders Gutes kam von den Frauen [Sybill Smolowa als junge Frau, Poldi Müller als süßes Mädel, Jutta Versen als Schauspielerin, Olga Fuchs als Dirne und Trude Norgard als Stubenmädchen]. . . . Die Begleitmusik des vielseitigen Forster-Larrinaga tut an stimmungsvoller Melancholie ein wenig des Guten zu viel, schafft aber eine sympathisch distanzierende Untermalung der Vorgänge. Das Publikum gab sich den mancherlei Reizen des Abends widerspruchslos hin.

Die Kirche war anderer Ansicht und gab am 9. Mai 1921 eine Protesterklärung ab, die die Breslauer Kreissynode am 12. Mai 1921 in der *Schlesischen Zeitung* veröffentlichte:

"Die Breslauer Kreissynode bedauert, daß man es auch in Breslau unternommen hat, den Schnitzlerschen *Reigen* zur Aufführung zu bringen. Sie sieht . . . in der Aufführung dieses Stückes eine Verhöhnung des gesunden sittlichen Empfindens weiter Kreise unserer Stadt, und eine schwere Gefährdung des für uns so dringend nötigen Wiederaufbaues eines reinen Familienlebens und einer gesunden Volkssittlichkeit. . . . [Das deutsche Volk] muß durch entschiedenen Widerspruch die Aufführung solcher Stücke verhindern, die die deutsche Frauenwürde in den Staub ziehen, das sittliche Empfinden verletzen und unsere Bühnen immer weiter ihrer hohen idealen Aufgabe entfremden, Bildnerin der Menschheit zu sein. Bei diesem Kampf müssen die Christen klar Stellung nehmen".

Der Breslauer Polizeipräsident Liebermann unterstützte diesen Protest und untersagte Anfang September weitere Aufführungen des Stückes; die Morgenausgabe des *Berliner Tageblatts* vom 1. September 1921 ("Schnitzlers *Reigen*") berichtete darüber wie folgt: "Jetzt ist der *Reigen* in Breslau durch den dortigen Polizeipräsidenten Liebermann verboten worden. Die Begründung stützt sich u.a. auf den Paragraphen 183 des Reichsstrafgesetzbuches und behauptet, daß die Darsteller unzüchtige Handlungen im Sinne dieses Paragraphen vornehmen" [2].

Vier Tage später, am 5. September, nahm der Schutzverband deutscher Schriftsteller zu diesem Verbot Stellung und veröffentlichte in der Breslauer *Volkswacht* folgende Erklärung:

> Mit dem vom Breslauer Polizeipräsidenten bewirkten Verbot einer Breslauer Aufführung von Schnitzlers Szenenfolge *Der Reigen* fügt sich der Kette unberechtigter behördlicher Eingriffe in Dinge künstlerischer Kultur ein neues Glied ein. Das Verbot muß umso befremdlicher wirken, als der *Reigen* in zahlreichen deutschen Städten unbehindert aufgeführt wurde . . .

Liebermann antwortete dem Verband in einem Artikel, der in verschiedenen Breslauer Blättern erschien, darunter die *Schlesische Zeitung* und die *Schlesische Volkszeitung* vom 18. September 1921:

> . . . Daß *Reigen* ein äußerst heikles Thema behandelt, gibt der Verband wohl zu. Glaubt er nun selbst wirklich, daß das Publikum, das, insbesondere heute, unsere Theater füllt, sich zum *Reigen* aus künstlerischem Interesse drängt, oder wegen der erhofften Pikanterie, deren Feinheit es größtenteils nicht einmal zu würdigen weiß, und daß die Direktionen, welche *Reigen* auf ihr Programm setzen, auf den Kunstsinn der Zuhörer rechnen und nicht vielmehr auf ganz andere Instinkte? Und wird er nicht zugeben müssen, daß der gesund empfindende Teil der Bevölkerung an solcher öffentlicher Befriedigung niederer Instinkte Anstoß nehmen muß und daß es Pflicht der Polizeibehörde ist, solchem Empfinden Rechnung zu tragen und moralischen Schaden zu verhüten?

Da der *Reigen* innerhalb der Stadtgrenzen von Breslau verboten war, beschloß der geschäftstüchtige Regisseur Fritz Kampers, das Stück im Vorort Krietern zu zeigen, der außerhalb der städtischen Gerichtsbarkeit lag. Wie die *Schlesische Zeitung* vom 20. Oktober 1921 berichtete, war die Aufführung ein Desaster, die Inszenierung "unsagbar kindisch":

> Die meisten darstellerischen Leistungen vollends würden selbst in Posemuckel Befremden erregen und reizten angesichts ihrer dilettantischen Unzulänglichkeit die Zuschauer gelegentlich zu ironischem Gelächter. Gleiches war der Fall bei einigen unvorhergesehenen Zwischenfällen, wie dem Zusammenkrachen eines Bettes. Beinahe hätte hier das Publikum angefangen, mitzuspielen.

Die *Breslauer Zeitung* gab ihren Lesern den gutgemeinten Rat, die Lektüre des Buches der Aufführung vorzuziehen.

6. *Aufführung in Gera 1. Juli 1921*[2]

Es wurde allgemein angenommen, daß die Aufführung im Geraer Residenztheater höchstwahrscheinlich zum Skandal führen würde, da bei der zweiten Sitzung des Stadtrates am 28. Juni 1921 der Lehrer G.M. Günther aus "erzieherischen Gründen" gegen die Aufführung Einspruch erhoben hatte. Der Stadtrat beschloß jedoch, die Darbietung zu erlauben, und am 1. Juli fand die Premiere statt. Der Bericht über diese ausverkaufte Vorstellung, der am 3. Juli 1921 im *Tageblatt Gera* erschien, ist insofern interessant, als er nur die literarischen Qualitäten des *Reigen* in Betracht zieht, um die Wirkung des Stücks zu beurteilen:

> Der *Reigen*, eine Reihe von Dialogen, ist als Bühnenwerk mehr als umstritten. Die gegensätzlichen Momente sind weniger literarischer als rassenpolitischer Art. Jeder Freund echter, wahrer Kunst wird stets zur Bekämpfung des Schmutzes in Wort und Bild bereit sein. Es darf aber nicht dahin führen, daß Prüderie und falsch verstandene Moral die Triebfeder sind, um mit Hilfe dieses Deckmantels rassenpolitische Gegensätze austoben zu lassen.

Der Reigen sollte deshalb, so fährt das Blatt fort, nur als literarisches Werk analysiert werden. Und wenn er auf der Bühne dargestellt wird, sollte das vor einem reifen Publikum geschehen: "Wehe, wenn bei seiner Wiedergabe die Sensation den Ausschlag gibt, dann ist eben—der Schritt zum Gemeinen vollzogen." Außerdem dürfe man nicht vergessen, daß man ja, wenn man das Stück sieht, einen Blick auf eine fremde Kultur wirft, da der *Reigen* nicht die Zustände in Deutschland widerspiegelt und nicht die Ansichten, Gefühle und Einstellungen deutscher Männer und Frauen schildert, sondern die der Wiener:

> Die gemütliche Leichtfertigkeit und die "Liebe" haben im Leben der Wiener und Wienerinnen, denen stets ein starker Schuß gesteigerter Sinnenfreude innewohnt, immer eine hervortretende Rolle gespielt. Und dieses Wiener Liebesleben, gleichviel ob illegitim oder legitim, hat Schnitzler mit einer geradezu hervorragenden Psychologie im *Reigen* gezeichnet.

Nach dem Dafürhalten des Rezensenten war die Aufführung nicht sonderlich erfolgreich:

> Insgesamt betrachtet, blieb die Erstaufführung des *Reigen* in Gera diese Forderung [den höchsten Grad schauspielerischer Kunst] vielfach schuldig. Einzelleistungen waren wohl als bühnenkünstlerisch wertvoll anzusehen, aber der Gesamteindruck ist doch dazu angetan, um festzustellen, daß der *Reigen* für die Wiedergabe auf der Bühne uns allgemein nicht als geeignet erscheint. Seine Aufführung ist höchstens zu rechtfertigen, wenn sie vor einem ausgesprochen literarisch interessierten und gebildeten Publikum erfolgt. Ob diese Bürgschaft bei der gestrigen Erstaufführung gegeben war, wollen wir nicht ohne weiteres unterschreiben.

Der *Reigen* erlebte nur wenige Vorstellungen und wurde von Hans Müllers Stück *Flamme* abgelöst, das man am 8. Juli 1921 als Gastspiel der Berliner Kammerspiele zeigte. *Flamme* schildert den Versuch einer Prostituierten, ein normales Leben zu führen; sie sehnt sich nach Liebe und einer monogamen Beziehung, doch ihr starker Geschlechtstrieb—eben die "Flamme"—behält schließlich die Oberhand, und sie nimmt ihr altes Leben wieder auf. Sie wird schwanger und begeht Selbstmord, indem sie aus dem Fenster springt. Dieses Stück kam in der Kritik besser weg als der *Reigen,* weil hier der Autor zumindest den Versuch machte, ein soziales Problem darzustellen und das Publikum "aufzuklären". Am Schluß der Besprechung, die am 9. Juli 1921 im *Tageblatt Gera* erschien, heißt es: "Die Aufführung durch die Berliner Kammerspiele verdient, was Geschlossenheit des Gesamtspieles anbelangt, im Gegensatz zu der mangelhaften *Reigen*-Aufführung volle Anerkennung." Das Urteil Schnitzlers zu diesem Stück ist in seiner Tagebucheintragung vom 8. Dezember 1920 enthalten: "Volksth. Generalprobe Müller's *Flamme*. Kitsch; unbedenklich, dürftig, theatralisch nicht ungeschickt, geschmacklos.—" (*Tagebuch 1920-1922*: 114).

7. *Aufführung in Frankfurt 4. Juli 1921*

Am 27. Juni 1921 kündigte die zweite Abendausgabe der *Rheinisch=Westfälischen Zeitung* in ihrer Sparte "Theater und Musik" die Premiere des *Reigen* im Frankfurter Neuen Theater an: "Schnitzlers *Reigen* wird vom Neuen Theater vom 4. Juli ab gegeben. Der Zutritt ist an die *unterschriftliche Erklärung* gebunden, sich jeder *Mißfallensäußerung* zu *enthalten*. Die Leitung des Neuen Theater hat damit das Zaubermittel gefunden, sich "Theatererfolge" im voraus zu garantieren" [2]. Das veranlaßte Reinhard Weer von der *Frankfurter Zeitung* zu folgender Anmerkung: "Dieser Stacheldraht wird niemand behindern. Der Konsument bezieht auf dringendes Verlangen die bestellte Ware: Praxis der Liebe" (Abendausgabe vom 5. Juli 1921: [1]). Weer betont mehrmals, daß der *Reigen* ein Lesestück und kein Bühnenstück sei:

> Bei der Zimmerlampe freundlich trautem Schein geben die Dialoge mit ihrer Grazie und Frechheit ihr Feinstes von Einleitung und Abgesang, vom Stolperigen und Raffinierten, vom leise Schwingenden und Klotzigen, das die menschlichste Angelegenheit begleitet und verbrämt, bei der Lampe tanzen die berühmten Gedankenstriche den ewigen Reigen. . . . Ich halte dennoch dafür, daß der *Reigen* nur im *Buche* getanzt werden sollte . . . [1]

Weer erinnert an das Urteil der 6. Zivilkammer des Landgerichts III in Berlin, in dem dieses Stück zur "sittliche[n] Tat" deklariert wurde, weil es den Zweck verfolge, "sittlichen Ekel" hervorzurufen, und bemerkt dazu:

> Aber glauben die Berliner Herren, daß dieser Ekel erzielt wird? Machen wir uns doch nichts vor! Zum mindesten fehlt dann *der* Dialog, der die körperliche Vereinigung durch seelische Gemeinschaft verklärt, der den Logos und die Sinne gattet. Für 99 Prozent der Konsumenten der nun auch in Frankfurt gelieferten Ware dreht sichs um einen hochpikanten Abend, nicht um die Forderung einer sittlichen Tat. [1]

J. M., der Rezensent des Frankfurter *Mittagsblatts* (5. Juli 1921), verzichtet darauf, viel über das Stück zu sagen, da er voraussetzt, "daß jeder Zeitungsleser nach dem gewaltigen Staub, den diese Szenen in Berlin, Wien, München und anderswo aufgewirbelt haben, mit ihrem Inhalt vertraut sei." Robin Robert, dem Regisseur, wird es hoch angerechnet, daß er seiner Inszenierung ein ironisches Gepräge verliehen hat:

> dadurch [wurde] manches erträglich gemacht, da man so die Absicht des Autors, nicht etwa im Schmutze herumzuwühlen, sondern zu persiflieren, deutlicher herausfühlte. Darüber hinaus konnte bei dem ständigen Kreisen um denselben Punkt, zu dem alle "Handlung" dieser Szenen hinführt, nicht ausbleiben, was einsichtige Beurteiler vorausgesagt hatten: das Ganze wirkte sehr bald eintönig, ja langweilig und zwar in noch bedeutend höherem

> Maße als es abstoßend oder ekelhaft erschien. . . . Alles in allem hat also derjenige, der die Aufführung dieses Stückes nicht besucht, in Wirklichkeit keinen Verlust zu beklagen.

Man meinte, daß die Vorsichtsmaßnahme, zur Aufführung nur Zuschauer zuzulassen, die die Erklärung unterschrieben hatten, die Vorstellung nicht zu stören, nicht ausreiche, um einen Krawall zu verhindern, und sorgte deshalb dafür, daß auch Polizisten anwesend waren, um die Sicherheit von Darstellern und Publikum zu gewährleisten. Diese Sicherheitsvorkehrung rief einige spöttische Kommentare hervor. So sagt zum Beispiel Max Geisenheyner in seiner Besprechung, die am 5. Juli 1921 im *Mittagsblatt* (Frankfurt) erschien:

> Da sowohl Mißfallenskundgebungen wie Beifall untersagt waren, entfernte sich das Publikum folgsam und sah triumphierend auf die Grünen, Blauen und zahlreichen Kriminalisten, die, da es so brav gewesen, umsonst gekommen waren. Die armen Polizisten! Wenn sie nun selber, die sie ja das Stück vorher nicht gekannt hatten, Lust bekommen hätten, zu demonstrieren?

Da der Leiter der Bühne vor der Aufführung bekanntgegeben hatte, daß Schutzleute im Theatersaal verteilt seien, und auch der Polizeipräsident persönlich anwesend war, kam es zu keinen Ruhestörungen. Der einzige Protest gegen diese Aufführung kam von seiten des Bühnen-Volksbunds, der, wie das *Westfälische Tageblatt* vom 9. Juli 1921 mitteilt, "gegen 10 000 Mitglieder hat. [Er] erhob in deutlichster Sprache gegen die Aufführung Einspruch und erklärte, mit einem derartigen Theaterleiter keine Gemeinschaft haben zu wollen."

8. *Aufführung in Köslin 31. August 1921*

Mitte August 1921 sollte der *Reigen* als "Gastspiel der Theaterleitung Walden" in Köslin gezeigt werden, doch aufgrund des Einspruchs, den vierzehn "Frauen- und Jugendvereinigungen" erhoben, wurde die Aufführung verschoben. Sie fand dann schließlich doch—vor ausverkauftem Hause—am 31. August statt, und wie der Besprechung in der *Zeitung Danzig* vom 1. September 1921 zu entnehmen ist, ging alles ohne Störungen vonstatten: "Die erste Aufführung verlief übrigens trotz der Erregung, die ihr voraufging, ohne Störung von außen. Eine Wiederholung der Aufführung ist bereits angekündigt."

9. *Aufführung in Hannover 4. September 1921*

Die Aufführung im Hannoverschen Residenztheater fand am 4. September 1921 statt. Die Kritik befaßte sich mehr mit den moralischen Auswirkungen als mit der künstlerischen Wiedergabe des Stückes. So schreibt zum Beispiel die Abendausgabe des *Hannoverschen Couriers* vom 16. September 1921 unter der Überschrift "Zur Aufführung von Schnitzlers *Reigen* im Residenztheater":

> Notwendig drängt sich auf der Bühne das Geschehen, das sich zehnfach wiederholt, vor, während es im Buche hinter dem Dialog zurücktritt. Zuschauen im Theater ist ein gesellschaftliches Unternehmen, Mensch sitzt neben Mensch, Erlebnis geschieht gemeinsam. Die Frau befindet sich in der Oeffentlichkeit. Daß eine Frau schamlos ist, die unter männlichen Blicken diesen Dialogen zuhört, zusieht, steht für uns fest. Daß ein Mann schamlos ist, dem die Gemeinsamkeit des Zuschauens nicht zuwider wird, ebenso. Ein Theater "für Herren" wollen wir nicht, brauchen wir nicht. Die unendlich zerstörende Herauszerrung alles Geheimen auf die Straße ist ein Leichtes, man lasse nur der Spekulation ganze Bewegungsfreiheit. Aber, was noch nicht verroht ist im heutigen deutschen Volk, wird es in Bälde dann auch sein. Kein großes Werk wird der Bühne gewonnen, kein verkannter Dichter gerettet—warum *muß* also aufgeführt werden?—Niemand gab Beifall in der Aufführung am Donnerstag, die wir sahen. Aus Verlegenheit offensichtlich.

Anfang Oktober protestierten verschiedene christliche Vereinigungen öffentlich gegen die Aufführung. Die Presse griff die Sache auf; in dem Artikel "Kundgebung gegen den *Reigen*," der am 4. Oktober 1921 in der Unterhaltungsbeilage der Abendausgabe der *Täglichen Rundschau* erschien, heißt es unter anderem:

> Eine Kundgebung gegen die weitere Aufführung von Schnitzlers *Reigen* im Residenztheater fand am Sonntag mittag vor dem städtischen Opern- und Schauspielhaus in Hannover statt. Die Versammlung war von dem evangelischen Arbeiterverband und dem Volksverein Niedersachsen einberufen worden. Es wurde eine Entschließung angenommen, in der die Polizeibehörde aufgefordert wird, die weitere Aufführung des *Reigen* zu verbieten. (771)

Besagte Entschließung wurde auch am 5. Oktober 1921 im *Dresdener Anzeiger* veröffentlicht:

> Pastor Hustedt hielt eine flammende Ansprache und verlas am Schluß eine Entschließung, in der es unter anderem heißt: "Die durch Tausende ehrliebender Männner und Frauen aller Stände vertretene anständige Bürgerschaft der Stadt Hannover fühlt sich durch die fortgesetzte Aufführung von Schnitzlers *Reigen* im Residenztheater von schamlosen Theaterspekulanten in der schwersten Weise beleidigt und herausgefordert. Sie ist nicht gewillt, dem unverantwortlichen Treiben der Rotter=Direktion länger zuzusehen und fordert, daß die Polizeibehörde unverzüglich von ihrem Rechte Gebrauch macht, im Interesse der öffentlichen Ruhe und Sicherheit die Aufführung unter allen Umständen zu verbieten."

Da die Aufführungen fortgesetzt wurden, veröffentlichte man einige Tage später eine weitere Protesterklärung, die nicht nur von der hannoverschen Presse, sondern auch von anderen regionalen und lokalen Blättern abgedruckt wurde. Unter der Überschrift "Der Kampf um den *Reigen*" schreibt die *Celle-Zeitung* vom 12. Oktober 1921:

> Der Kampf um den Schnitzlerschen *Reigen*, über den wir bereits berichteten, geht in schroffen Formen weiter. Wir möchten unseren Lesern das folgende Stück nicht vorenthalten, das höchst vielsagend für sich selber spricht. Fast alle stadthannoverschen Zeitungen brachten vor kurzem folgende großaufgemachte Anzeige: "*Wir klagen an!* . . . Alle Theaterbesucher aber, die gewissenlosen Geschäftemachern durch den Besuch der *Reigen*=Aufführung dazu helfen, unser Volk noch tiefer in den Sumpf zu stoßen, als es schon drin ist, bezeichnen wir als Verräter an der Volkswohlfahrt, die die Verachtung eines jeden verdienen, der sein Vaterland lieb hat. Die Evg. Arbeiter- und Arbeiterinnenvereine Hannover und Umgegend. Hustedt, Pastor. Gottfried Fischer. Frau Kleiß." Diesen tapferen Führern schlossen sich dann weitere 38 Vereine und Verbände an, die dann die Bewegung hervorriefen, über die unsere Leser unterrichtet sind.

10. *Lesung des* Reigen *in Aussig 27. November 1921*

Am 27. November 1921 wurde in Aussig [Usti nad Labem], der Bezirkshauptstadt des nördlichen Böhmens, eine Lesung des *Reigen* veranstaltet, für die der Schauspieler Alfred Huttig[3] verantwortlich zeichnete. Die einzige ausverkaufte Vorstellung fand an einem Sonntag im Aussiger Stadttheater statt; wie das *Aussiger Tagblatt* vom 28. November 1921 berichtete, war sie ein uneingeschränkter Erfolg: "Die Vorlesung selbst war von Direktor Huttig so geschickt arrangiert, daß die Zuhörer sich ebenso wie die Leser in die Gedankenwelt des Dichters versetzen konnten." Auch aus didaktischen Gründen könnte man die Lesung gutheißen, vorausgesetzt, daß die Jugendlichen eine gewisse Reife erreicht hätten. Dies wird jedoch stark bezweifelt, wie es der Konjunktiv erkennen läßt: "Wäre unsere Jugend reif genug . . . nur die Tragik der Dichtung zu erkennen, man müßte sie zu einer solchen Darbietung führen, um ihr die ganze Heuchelei, Falschheit und Verderbtheit unserer bestehenden Liebes= und Ehemoral vor Augen zu führen."

11. *Aufführung in Königsberg 5. Dezember 1921*

Die Unreife des Publikums wurde auch in der Aufführung vom 5.12. 1921 im Königsberger Neuen Schauspielhaus beklagt, wo *Reigen* unter der Regie von Walleck gezeigt wurde. Das Werk selbst wurde günstig beurteilt, während man das Publikum kritisierte. Die *Königsberger Volkszeitung* vom 6. Dezember 1921 (Beilage) preist vor allem die Subtilität, mit der Schnitzler die Paare bei ihrer Suche nach Liebe schildert:

> In jedem der zehn Bilder spricht ein Menschenpaar über die Liebe mit Worten, wie sie das Leben formt, aber vom Dichter zur subtilsten Feinheit abgeschliffen. Und die beiden "leben" die Liebe mit der Selbstverständlichkeit der Lebenden. Da ist nichts Gekünsteltes, aber es ist Kunst; denn man spürt hinter den lachenden Liebenden dräuend Elend, Not und Tod.

Diese Bedeutung wurde jedoch vom Publikum nicht erkannt, weil es ihm an Reife mangelte:

> Die Aufführung des *Reigen* freilich erscheint uns als ein Unternehmen, das besser unterblieben wäre. Wir kennen unser Theaterpublikum, wir haben sein rohes Lachen oft gehört, mit dem es bewies, daß es gar keine Auffassung für die seelische Atmosphäre besitzt, in die der Künstler das Gegenständliche seines Werkes stellt. Wir wissen, daß es nur die nackten Tatsachen versteht und

daß nur diese auf es wirken. (Beilage der *Ostpreußischen Zeitung* vom 6. Dezember 1921)

Nichtsdestoweniger wurde der *Reigen* aufgeführt, wobei finanzielle Gründe mitspielten. Hans Wyneken stellt in seiner Besprechung, die am 6. Dezember 1921 in der Abendausgabe der *Königsberger Allgemeinen Zeitung* erschien ("Neues Schauspielhaus: *Reigen*"), zunächst fest, daß dieses Werk nicht für die Bühne geschrieben worden sei, und fährt dann fort:

> Wie dem auch sei, die Tatsache der öffentlichen Aufführung auch in Königsberg liegt einmal vor und wir haben uns mit ihr abzufinden. Ob Direktor Rosenheim sich lediglich aus künstlerischen Gründen dazu entschlossen hat, interessiert uns dabei nicht. Begreiflich wär's in dieser schweren Zeit, wenn auch geschäftliche Motive dabei mitsprechen sollten. (2)

Wie das *Königsberger Tageblatt-Volksblatt für Ostpreußen* vom 7. Dezember 1921 unter der Überschrift "Die *Reigen*-Aufführung im Neuen Schauspielhaus" mitteilte, war die Reaktion des Publikums "neutral," und zwar aus folgendem Grund: "Gehorsam der Weisung des Theaterzettels verließ das Publikum die Vorstellung ohne Aeußern eines Beifalls oder Mißfallens" (2).

12. *Aufführung in Eisenach 4. Januar 1922*

Das Gastspiel der Hamburger Kammerspiele, das unter der Regie von Rolf Ziegler in Eisenach stattfand, wurde von der *Eisenacher Tagespost* (5. Januar 1922) als künstlerische Meisterleistung gepriesen; gleichzeitig verwahrte sich das Blatt gegen bestimmte Tendenzen:

> Man fühlte, es war gearbeitet worden in Szene und Spiel. Die Bühnenbilder trugen die Intimität der Schnitzlerschen Gespräche, Banales fein gedämpft, Pikanterien im Ausmaß vom Gazevorhang abgeschnitten. Es gibt also auch Geschmack mit einfachen Mitteln. . . . Daß man in Publikumskreisen ruhig blieb, führe ich nicht auf das starke Polizeiaufgebot, *sondern auf den künstlerischen Erfolg des Theaters zurück*. . . . Wir jubeln diesem Reigen nicht zu. Aber wir wenden uns gegen die von gewisser Seite angestrebte Sittlichkeitszensur, die das Sexualproblem, das ans Licht gehört,

> zur Kellerpflanze mit dem Mantel eingebildeter Sittlichkeit zu ersticken sucht.

13. *Lesung des* Reigen *in Salzburg 10. März 1922*

Der Widerstand gegen die öffentliche Lesung des *Reigen* in Salzburg kam in erster Linie von den antisemitischen und klerikalen Gruppen, die schon in Berlin und Wien aktiv gewesen waren. Dazu ein Bericht der *Wiener Morgenzeitung* vom 10. März 1922:

> Heute abends fand im Kurhaussaal eine vom Schauspieler Pragau veranstaltete *Reigen*-Vorlesung statt, die von deutsch-nationalen und klerikalen jugendlichen Elementen gesprengt wurde. Die Demonstranten zertrümmerten im Saal einige Fensterscheiben, worauf der Regierungsvertreter die Fortsetzung der Vorlesung untersagte. (4)

Die Morgenausgabe des *Berliner Börsen=Couriers* vom 11. März 1922 (Beilage) kommentierte diese "Reigen-Demonstration in Salzburg" wie folgt: "Nun hat die Sittlichkeit sich auch in Salzburg durchgesetzt, sogar auf Kosten einiger harmloser Fensterscheiben" (5).

14. *Aufführung in Dresden 28. Juli 1922*

Vom 28. Juli 1922 ab führte das Ensemble des Kleinen Schauspielhauses in Berlin einen Monat lang im Dresdener Residenztheater den *Reigen* auf; Regie führte Hubert Reusch. Fast alle Vorstellungen waren ausverkauft. Auch in Dresden traf man bestimmte Vorsichtsmaßnahmen: Nur Personen über zwanzig durften die Aufführung sehen, und wie der *Dresdener Anzeiger* vom 29. Juli 1922 berichtete, erhielten alle einen Zettel, auf dem stand, "daß jedem Theaterbesucher die Äußerung von Beifall oder Mißfallen während und nach der Aufführung ausdrücklich als Vergehen gegen die Hausordnung untersagt war. So ging dann das Ereignis, da der Versuch einer Meinungsäußerung rasch unterdrückt wurde, still vorüber." Das gleiche Blatt tadelte Schnitzler aufs schärfste, weil er die Erlaubnis zur Aufführung dieses Werks gegeben hatte, das, wie er früher selbst gesagt hatte, nur gelesen werden sollte:

> Aber Schnitzler, der Dichter, hätte die Erlaubnis zur öffentlichen Aufführung nicht geben sollen, auch wenn zehnmal die Revolution

> die Zensur beseitigt hatte und wenn zehnmal ein großer materieller Erfolg mit der ganzen Macht der Valuta winkte. Indem er aber dies "Kind seiner Laune" auf die Bühne stellte, Geld machte mit seiner Artistenkeckheit, Tagesreklame gewann mit einer bloßen Übung seiner Feder, hat er ein ethisch-künstlerisches Unrecht begangen. Die öffentliche Aufführung des Reigens ist Preisgabe eines zierlichen Kunstwerks, vom Dichter selbst begangen.

Schnitzler hätte niemals in die Aufführung dieses Stückes einwilligen dürfen, weil es so schwierig zu inszenieren ist und nur wenige Regisseure den Schwierigkeiten gewachsen sind:

> Die Aufführung wird, wenigstens für Menschen mit einigermaßen reinlichen Empfindungen, statt zu einem Genuß zu einer bitteren, häßlichen Schalheit. Aber Enttäuschung kommt auch in künstlerischer Beziehung. Wie, das sollte das Stück sein, um das man in Berlin solange vor Gericht gestritten hat . . . das Stück, wie wir es hier auf der Bühne des Herrn Dr. Schreiber mit seinen Berliner Gästen sahen, ist nicht das Stück Schnitzlers. Es ist ein Schmetterling, dem aller Blütenstaub von den Schwingen gewischt ist, dem die zierlichen Flügel und Beine ausgerissen sind. Es ist eine häßliche Made, vor der man sich ekelt. Der Grund dieser völligen Entstellung ist künstlerisch-ethischer Art.

Der Rezensent der *Dresdner Neuesten Nachrichten* (29. Juli 1922) vergleicht Schnitzler mit Schopenhauer: beide haben erkannt, daß der Geschlechtstrieb der stärkste menschliche Trieb ist und daß nach der sexuellen Betätigung immer eine Ernüchterung eintritt: "Ja, der Forscher Schopenhauer verzeichnet hier, daß das eherne Naturgesetz gewissen Arten von Lebewesen den Tod ganz nahe hinter die höchste Bejahung des Willens zum Dasein, dicht hinter die Triebentladung gelegt hat." Diese Nähe von Leben und Tod findet sich auch bei Schnitzler:

> Der Reichtum der Gestalten, der Rhythmus, in dem sie sich anziehen und abstoßen, die seltene Grazie des Dialogs, die Sehnsucht aller nach dem tieferen Erlebnis, das tragische Versinken aus dem roten Rausch in graue Banalität, und wie leiser Humor sich über die Elegie breitet—alles das macht den Reigen zu einer in ihrer Art vollendeten Dichtung.

Der Rezensent äußert sich zwar beifällig über die Aufführung, indes:

> nicht zu leugnen ist: auch in der durchaus decenten Aufführung im Residenztheater vergröbert sich unvermeidlich manches, was, in der Dichtung von empfindlichster Feinheit, schon durch die Verkörperung auf der Bühne irgendwie dem Realismus ausgesetzt ist. Die Gefahr für die Dichtung, die Gefahr der beflissenen Verharmlosung ist nicht gering. Was ein Reigen ist, kann nur zu leicht eine Anekdotenreihe werden im Rampenlicht.

15. *Uraufführung in Holland 8. August 1922*

Im August 1922 machten die Hamburger Kammerspiele eine Tournee durch Holland und gaben Schnitzlers *Zwischenspiel* und den *Reigen*, beide unter der Regie von Erich Ziegel. Am 7. August 1922 meldete die Abendausgabe der *Kölnischen Zeitung*: "Die Hamburger Kammerspiele unter der Leitung von Erich Ziegel hatten die Absicht, von Sonntag an in der Königlichen Schauburg im Haag *Reigen* aufzuführen. Der Bürgermeister vom Haag hat am Samstag die für Sonntag vormittag geplante erste Aufführung *verboten*" [2]. *Reigen* wurde dann aber doch aufgeführt, genau so wie *Zwischenspiel*, und am 11. August 1922 teilte das *Hamburger Echo* (Morgenausgabe) mit: "Beide Aufführungen hatten beim Publikum und Presse unwidersprochen starken Erfolg" [2]. Wie die *Vossische Zeitung* vom 16. August 1921 schrieb, hatten die Bürgermeistereien das Recht der Aufführung nur unter der Bedingung von bestimmten Textstreichungen gestattet. Weiterhin wird berichtet, daß trotz des mit großem Takt zur Aufführung gebrachten *Reigens* die Theater leer blieben, "so daß man fast von einem unbewußt sich auswirkenden Boykott des Stückes sprechen kann."

16. *Ein unterbrochener Lese-Abend in Teplitz 3. November 1922*

"Wie uns aus Prag gedrahtet wird," so schreibt die Sonntags-Ausgabe der *Vossischen Zeitung* vom 5. November 1922, "kam es in Teplitz bei einer Vorlesung Arthur Schnitzlers zu großen Tumulten. . . . Als es schließlich zu Balgereien kam, gab es Schnitzler auf, seine Vorlesung fortzuführen." Das Publikum war auch anscheinend mit der Wahl der vorgetragenen Werke nicht zufrieden, denn ein Teil rief: "Herr Schnitzler, lesen Sie uns den *Reigen* vor" [7].

Schnitzler selbst hat dieses Ereignis zweimal dokumentiert: einmal in seinem *Tagebuch* am 3.11.1922 und ein anderes Mal in dem Brief an seine Frau vom 4.11.1922. Dort können wir folgende dramatische Schilderung lesen, die hier nur in Auszügen wiedergegeben werden soll:

> [Im Lindenhof in Tepliz] Überfüllter Saal. Werde lebhaft empfangen. Wie ich mich zum lesen [sic] hinsetze, ein Ruf von der Gallerie [sic]. Herr S., lesen Sie nur den Reigen. Todtenstille. Ich erwidre scharf: Nein, ich lese den Einakter Letzte Masken. Beginne, Unruhe Räuspern Scharren, ich merke die Absicht—endlich wird es so stark, dass ich einhalten muss . . . . Es wird für eine Weile ruhig . . . [dann] die Unruhe verstärkt sich. Man will die Ruhestörer (eine Bande von Hakenkreuzlern, im Saal vertheilt) hinaus weisen—ich beginne von neuem und bringe die letzten Masken zu Ende. . . . Dann [Weihnachtseinkäufe] . . . Höllenlärm...Polizei ist angerückt, fünf Mann, machtlos, die hinausgewiesenen Subjekte dringen neu herein—im Foyer Discussionen und Thätlichkeiten. Ich rufe..."Ich ersuche die Herren, die etwas gegen meine Vorlesung haben, ihre Beschwerden an geeigneter Stelle vorzubringen" . . . Ein [fast gelynchter] Herr aus dem Publikum flieht an mir vorbei und versteckt sich hinter einer Coulisse. . . . (*Tagebuch 1920-1922*: 374-375)

> . . . Der Beleuchter geleitet mich, den Gelynchten u den Arrangeur Herrn Wantoch (sehr netter Buchhändler—empört über Fischer Verlag,—wie alle), in den Kellerraum, wo mein Pelz aufbewahrt ist;—es sollen einige von den Lausbuben draußen postirt sein und es auf mich abgesehen haben. Ich blieb (wie die ganze Zeit über) vollkommen kühl; wir stiegen nach oben, mischten uns unter das Publikum, das eben auf die Straße strömte—einige verdächtige Burschen standen da, ob sie lauerten, kann ich nicht beurtheilen—einige Damen gewahrten mich, eine hing sich resolut ein. (Schnitzler, *Briefe 1913-1931*: 292)

Wie aus der obigen Zeitungsmeldung ersichtlich, konnte Schnitzler diese Vorlesung nicht zu Ende bringen. Auch später noch gingen Angriffe gegen Schnitzler durch die Presse, so daß dieser am 20. November 1922 in seinem *Tagebuch* notierte: "Preßpolemik wegen Teplitz geht weiter;—der Protest der dreißig antisemitischen Vereine gegen mich. (Ein Abgrund von Dummheit und Heuchelei.)" (*1920-1922*: 382).

17. *Verweigerung der Druck- und Aufführungserlaubnis*

Schnitzler hatte sich seit 1922 das Recht vorbehalten, Aufführungen des *Reigen* zu gestatten, aber er gab die Erlaubnis dazu nur ungern. Er lehnte es auch ab, den *Reigen* im Ausland drucken zu lassen, falls dort keine anderen Werke von ihm veröffentlicht worden waren. In diesem Sinne äußerte er sich auch in einem Brief an R. Kahan, den Inhaber der Irish Book Shop Ltd. in Dublin, der außerdem mit der Young Dublin-Gruppe in Verbindung stand. Schnitzler schreibt, daß er es vorzöge, "dass Ihre Revue oder irgend ein Verlag vorher irgend eines meiner anderen charakteristischen und dummer Missverstaendnisse weniger leicht ausgesetzten Arbeiten dem Publikum zugaenglich machte" (Schnitzler, *Reigen*-Briefe, Brief vom 29. Oktober 1923).

Im gleichen Jahr wandte sich Franz Beiderwieden, der Direktor des Stadttheaters Stralsund, an Schnitzler und bat ihn um die Erlaubnis zur Aufführung des *Reigen*. Schnitzler antwortete am 22.12.1923:

> Sehr geehrter Herr.
>
> Unter den gegenwärtigen Umständen erscheinen mir Aufführungen des >>Reigen<< insbesondere in kleineren deutschen Städten nicht opportun, und so finde ich keinen Anlaß, die Ihnen mitgeteilte Entscheidung meines Verlags abzuändern. (Schnitzler, *Reigen Briefe 1913-1931*: 338)

Im Juli 1924 schickte Schnitzler folgendes Telegramm an Paul Barnay, den Direktor des Breslauer Thalia Theaters: "Unter diesen Umständen Reigen Aufführung absolut nicht gestattet. Brief folgt" (Schnitzler, *Reigen Briefe 1913-1931*: 355). Am meisten regte Schnitzler auf, daß man von ihm finanzielle Großzügigkeit erwartete, während alle anderen gute Bezahlung verlangten. In dem Brief vom 21.7.1924 geht Schnitzler auf diese für ihn unannehmbaren Bedingungen näher ein:

> Sehr verehrter Herr Direktor.
>
> Mein Telegramm haben Sie wohl erhalten. Selbst wenn mir eine *Reigen*-Aufführung im gegenwärtigen Moment nicht an sich inopportun erschiene, müßte ich aus prinzipiellen Gründen auf meinem Standpunkt beharren. Sie schreiben selbst, daß Sie für Ausstattung, Voranzeigen, Neuengagements enorme Kosten gehabt [ha-

> ben]. Es ist einfach grotesk—und ist es heute mehr als je—daß für alle Beteiligten das Geld beschafft werden kann, daß nur immer wieder an den Autor die Forderung gerichtet wird, er möge seine Ansprüche zurückstellen. Ich habe meinem Verleger den strikten Auftrag erteilt, so lange die heutigen Verhältnisse länger andauern[,] ohne Vorschuß keinerlei Aufführungserlaubnis mehr zu erteilen. Ich bedauere sehr, verehrter Herr Direktor, aber es ist nicht meine Schuld, daß sich Ihre Bühne in Auslagen gestürzt hat, ohne daß sie vorher einen Vertrag über das Stück geschlossen hatte. Gerade in diesem Falle durch Statuierung einer Ausnahme ein bedenkliches Präjudiz zu schaffen sehe ich absolut keinen Anlaß. (Schnitzler, *Reigen Briefe 1913-1931*: 355)

18. *Uraufführung in Kopenhagen 9. Mai 1925*

Bereits 1922 hatte Betty Nansen den *Reigen* in ihrem Theater auf die Bühne bringen wollen, doch der dänische Zensor verweigerte seine Zustimmung. Die Voraussage, die damals die Abendausgabe des *Hamburger Fremdenblatts* vom 27. September 1922 in ihrer Rubrik "Theater, Kunst und Wissenschaft" gemacht hatte, hatte sich bewahrheitet: "Das hiesige Betty=Nansen=Theater beabsichtigt, Schnitzlers *Reigen* aufzuführen. Bisher hat aber der dänische Zensor, der kürzlich verschiedene deutsche Filme verbot, sein Votum noch nicht abgegeben, und es ist anzunehmen, daß er die Aufführung verhindern wird" (2).

1925 versuchte Betty Nansen es erneut, hatte aber offensichtlich, wie der *Rostocker Anzeiger* vom 7. April 1925 meldete, wieder keinen Erfolg: "Die Aufführung von Schnitzlers *Reigen*, für die im Betty=Nansen=Theater die Proben im Gange sind, ist vom Zensor wegen 'anstößigen Charakters' des Stückes verboten worden." In einem Interview, das am 15. April 1925 im *Leipziger Tageblatt* erschien, legte der Zensor noch einmal nachdrücklich seinen Standpunkt dar:

> Zensor Rosenberg antwortete jedoch, daß das Stück unter keinen Umständen in Dänemark aufgeführt werden dürfe und fügte wörtlich hinzu: "Daß in einem aufgewühlten Lande wie Deutschland eine derartige Schweinerei gezeigt wird, ist ja denkbar; solange ich jedoch als Zensor in Dänemark sitze, wird es hier nicht aufgeführt werden".

Dieses Interview wurde von der Münchner Ausgabe des *Völkischen Be-*

obachters aufgegriffen, die am 16. April 1925 folgende mit "Svineri" betitelte Invektive veröffentlichte:

> Wir lesen im *Berliner Tageblatt*: "Der Kopenhagener Zensor, sonst ein stiller, freundlicher Mann, hat Schnitzlers *Reigen* . . . als *Svineri* verboten". . . . Aus der Meldung erfahren wir weiter, daß der Zensor mit seiner Ansicht durchaus nicht allein steht. Wunderlich ist es, daß er trotz seiner moralischen "Rückständigkeit" in dem betreffenden *Judenblatt* so gut wegkommt. Offenbar deshalb, weil er Däne ist. Wenn man aber in Dänemark wirklich Art[h]ur Schnitzler für den größten lebenden *österreichischen* "Dichter" halten sollte, so würde dies nur wieder einmal beweisen, mit welch schamloser Verlogenheit das Ausland durch die deutsch geschriebene Judenpresse unterrichtet wird. (2)

Betty Nansen jedoch, vom sittlichen Wert dieses Stücks überzeugt, war entschlossen, den Zensor umzustimmen, und nachdem einige Textänderungen vorgenommen worden waren, wurde der *Reigen* schließlich am 9. Mai 1925 in ihrem Theater aufgeführt. Zu den Textänderungen kam noch eine andere Bedingung hinzu, wie das *Prager Tagblatt* vom 10. Mai 1925 mitteilte:

> [Der Theaterzensor] stellte die Bedingung, daß eine hervorragende literarische Persönlichkeit bei der Erstaufführung einen Vortrag halten sollte, in dem darauf aufmerksam gemacht werde, daß die Tendenz des Stückes moralisierend und sittlich sei. Anfangs dachte man an Schnitzler selbst, dann aber bestimmte man den Literaten Dr. Paul Levin. Bei den sehr wesentlichen Streichungen des Stückes hatte man den Dichter nicht zu Rate gezogen.

Diese Aufführung fand ohne Schnitzlers Genehmigung statt, der davon erst durch die Zeitung erfuhr. Unverzüglich schickte er Marc Kalckar am 9.5.1924 in Kopenhagen folgenden Bericht:

> Verehrter Herr Kalckar.
>
> Ich erhalte eben aus Kopenhagen vom *Extrabladet* folgendes Telegramm: "Zensur verlangte Bearbeitung vom "Reigen", Stück wird morgen aufgeführt mit moralischer Einleitung, gekürzt, verstümmelt, sind Sie einverstanden". . . . Es tut mir leid, daß Sie mich von

> diesem neuen Stadium der Angelegenheit nicht in Kenntnis gesetzt haben. So hätten wir wohl früher etwas unternehmen können. Ich bitte Sie nun, mir so bald als möglich mitzuteilen, was es mit dieser moralischen Einleitung für eine Bewandtnis hat, worin die vom Zensor verfügten Veränderungen bestehen. Ich bitte Sie ferner Frau Nansen zu fragen, warum sie in dieser Sache mit mir nicht in direkte Verbindung getreten ist, ferner wünschte ich zu wissen, in welcher Weise materiell für Sicherstellung meiner Ansprüche gesorgt ist. (Schnitzler, *Briefe 1913-1931*: 407)

Über diese Angelegenheit berichtete auch die Morgenausgabe der *Neuen Freien Presse* vom 10. Mai 1925. Das Blatt teilte unter der Überschrift "Schnitzlers *Reigen* in Kopenhagen" mit:

> Den Dichter hat man bei den sehr wesentlichen Streichungen nicht zu Rate gezogen. Man ist sogar nicht einmal um seine Einwilligung eingekommen. . . . [Befragt, antwortete Schnitzler,] er sei von der Direktion des Betty=Nansen=Theaters nicht verständigt worden und *protestiere auf das schärfste gegen jede von ihm nicht autorisierte Textänderung*. (16)

Die Aufführung selbst war jedoch ein Erfolg, und das Stück wurde vor ausverkauftem Haus gezeigt.

In der Abendausgabe der *Deutschen Tageszeitung* vom 11. Juni 1925 (Berlin) wartete Erich Schlaikjer in seinem Artikel "Der *Reigen* in Dänemark mit einer interessanten Erklärung dafür auf, warum die Zensur in Dänemark so streng war. Er bekundet zunächst Verständnis für die dänische "Deutschfeindlichkeit" und zeigt deren historische Wurzeln auf:

> Die Seele des dänischen Volks ist lyrisch reich begabt, aber von einer außerordentlichen Willensschwäche und ihre Niederlage im Jahre 1864 führte darum nicht zu einer Erweckung und Anspannung des militärischen Willens. Sie ließen umgekehrt nach der Art der Schwäche ihre Wehr immer mehr verfallen, sie wurden in der Welt der Wirklichkeit immer ohnmächtiger und hilfloser, in der Welt der Einbildung und der Phantasie aber rächten sie sich, indem sie eine nationale Lyrik deutschfeindlicher Stimmungen schufen. . . . Wenn diese Deutschfeindlichkeit in den Grenzen des politischen Streitfalls geblieben wäre, hätt's hingehen mögen. Nie-

> derlage ist nun einmal Niederlage und man kann nicht erwarten, daß die Unterlegenen mit freundlichen Gefühlen beseelt seien. Die lyrische Natur der dänischen Seele ließ aber eine derartige Begrenzung nicht zu. Sie verlor jede Herrschaft über sich selber und ging dazu über, den ewigen Rang der deutschen Kultur und den unverlierbaren Adel des deutschen Namens systematisch herabzusetzen. . . . Auf dem Hintergrund dieser Stimmung, die seit Versailles nicht *abnahm*, sondern nur noch dreister wurde, sollte also in Kopenhagen der Schnitzlersche *Reigen* gespielt werden. (Unterhaltungsbeilage, 3. Beiblatt: [14])

Dann sinnt Schlaikjer darüber nach, warum man sich gerade den *Reigen* für eine Aufführung ausgesucht habe, obwohl die deutsche Kultur doch viel bessere Werke zu bieten hat. Er führt finanzielle Motive an, kommt dann aber zu dem Schluß, der eigentliche Grund könne durchaus die Feindseligkeit des dänischen Volkes gegenüber allem Deutschen sein; es schüre das dänische Ressentiment, wenn man den *Reigen* als Beispiel kultureller Degeneration auf die Bühne bringe: "Es könnte aber auch sein (und das ist wahrscheinlicher [als finanzielle Motive]), daß die deutschfeindliche Agitation dahintersteckt, die den Skandal der Aufführung zuläßt, um ihrer Hetze gegen unser Volk einen sehr wirksamen Hintergrund zu geben" [14].

19. *Die italienische Premiere 9. März 1926. Abgesagte Aufführung in Budapest 27. März 1926. Möglichkeit einer Aufführung in Deutschland*

Die italienische Premiere des *Reigen* fand im unterirdischen Experimentiertheater der Futuristen am Barberiniplatz in Rom statt; Regie führte Anton Giulio Bragaglia. Die Aufführung verblüffte selbst jene, die schon gewagtere Stücke gesehen hatten; "vor diesem *Reigen* aber stand es" [d.h. das Publikum], heißt es in der Abendausgabe der *Vossischen Zeitung* vom 10. März 1926, "in den ersten Bildern vorerst fassungslos. Schnitzler und Bragaglia führten aber die Widerstrebenden zur Erkenntnis, daß auch diese Seite ernst zu nehmen sei" [3]. Nach einer Woche wurde das Stück verboten und trotz heftiger Proteste in italienischen Zeitungen—darunter auch *Mondo* und *Impero*—nicht wieder aufgeführt.

Kövesi [sic *Pester Lloyd*], der Direktor des ungarischen Innerstädtischen Theaters in Budapest, hatte der Presse mitgeteilt, daß der *Reigen* am 27. März 1926 auf seiner Bühne Premiere haben würde; dieses Ereignis fand jedoch nicht statt, da der Minister des Innern die Genehmigung verweigerte. Den Schauspielern wurde in der Morgenausgabe des *Pester Lloyd* vom 24. März folgender Rat erteilt:

> Die Schauspieler tun daher gut, wenn sie der Erledigung ihres Appellats gegen den Magistratsbeschluß, der die Aufführung des *Reigen* nicht gestattet, mit der *gebotenen Resignation* entgegenharren. . . . Aus den Mißhelligkeiten der Theater, die das Stück zur Aufführung brachten, hätten die Schauspieler die Erfahrung schöpfen können, daß die Budapester Vorstellung auch nicht glatt ablaufen dürfte. . . . In *Wien*, in *Berlin*, und in *Mannheim*, wo die Aufführungen der dialogisierten Novelle erzwungen werden konnten, begleiteten Theaterskandale den Bühnenweg des *Reigen* und selbst in *Italien* hat ein Aufführungsverbot der Bühnenkarriere des *Reigen* ein rasches Ende bereitet. . . . Und *kein* Reigen ist uns lieber, als ein *zensurierter* Reigen. (10)

Über diese Angelegenheit berichtete auch die Morgenausgabe des *Berliner Lokal Anzeigers* vom 24. März 1926 unter Überschrift "Ein *Reigen*-Verbot in Budapest":

> Aus Budapest wird gemeldet: Arthur Schnitzlers *Reigen*, der dieser Tage im *Budapester Innerstädtischen Theater* aufgeführt werden sollte, wurde *verboten*, da das Stück gegen die öffentliche Moral verstoße. Es ist schon wiederholt der Versuch unternommen worden, dieses Stück in Budapest auf die Bühne zu bringen, doch wurde die Aufführung stets untersagt. [2]

Die *Breslauer Neueste Nachrichten* vom Tag darauf brachten dieselbe Notiz und fügten hinzu, daß

> das Publikumsinteresse . . . für die Aufführung ungemein groß [war], da bekannt wurde, daß Arthur Schnitzler der Premiere anwohnen werde. Für die ersten drei Vorstellungen waren sämtliche Karten schon seit drei Tagen ausverkauft. Nunmehr hat der Budapester Magistrat die Leitung des Innerstädtischen Theaters davon verständigt, daß die Aufführung des *Reigen* zu unterbleiben habe.

Der folgende Brief zeigt, daß Schnitzler zu jener Zeit nicht grundsätzlich gegen eine Aufführung des *Reigen* in Deutschland war; er hätte seine Zustimmung gegeben, sofern das Theater vor dem *Reigen* einige seiner anderen Stücke inszeniert hätte. Wie in vielen seiner Briefe anklingt, wollte Schnitzler nicht, daß man ihn in erster Linie als den Autor dieses skandal-erzeugenden Stückes kannte oder in Erinnerung behielt. In diesem Sinne schrieb er am 22.7.1926 an Alfred Bernau nach Köln:

> A. Bernau, Dom Hotel-Köln
> Verehrter Herr Bernau.
>
> Prinzipiell wäre ich natürlich damit einverstanden, daß Sie mit einem von Ihnen zusammenzustellenden Ensemble in Deutschland einige Stücke von mir spielen. Keineswegs aber möchte ich, daß Sie an den >>Reigen<< denken, ehe Sie nicht mit mindestens zwei Abenden (mit Sachen von mir) Erfolg gehabt haben. Aber warum sollten Sie das nicht? An Ihre Regie und an Ihre schauspielerische Leistung im >>Bernhardi<< bewahre ich eine gute Erinnerung. Ich werde Sie bitten sich mit S. Fischer in dieser Angelegenheit in Verbindung zu setzen, den ich zugleich von Ihrer Absicht brieflich verständige. (Schnitzler, *Reigen Briefe 1913-1931*: 445)

20. *Verbot der Aufführung in Teplitz 4. August 1928*

Schnitzler selbst war nicht unbekannt in Teplitz, denn er hatte ja dort im November 1922 eine Lesung veranstaltet, die jedoch durch einen Skandal nicht zu Ende geführt werden konnte. Die Bühnenpremiere des *Reigen* sollte am 4. August 1928 im Stadttheater Teplitz stattfinden, doch aufgrund der Agitation, die die Deutschnationalen und insbesondere der Stadtverordnete Seff Watzlik betrieben, verweigerte die politische Bezirksverwaltung die Genehmigung. Um die Aufführung zu retten, druckte das Ensemble Flugblätter, auf denen folgendes stand:

> Es wird alles geschehen, um die Aufhebung dieses Verbotes zu veranlassen und die Aufführung an einem späteren Termin nachzuholen. Wir bitten unser Publikum, Geduld zu bewahren u. uns durch möglichst zahlreichen Besuch auch der anderen Stücke über die Zeit bis dahin hinweg zu helfen . . .

Über diese Auseinandersetzung berichtete auch die Abendausgabe des

Berliner Tagblatts vom 8. August 1928, wo es unter der Überschrift "Schnitzler-Verbot in Teplitz" heißt: "Jetzt hat aber auch die politische Bezirksverwaltung in den Streit eingegriffen und 'im Interesse der öffentlichen Ordnung' die Aufführung des Stückes 'amtlich' verboten" [3].

21. *Der Teplitzer Prozeß 30. November 1929*

Das Verbot dieses Stückes in Teplitz hatte ein Nachspiel in Form eines Prozesses, der am 30. November 1929 gegen den Schriftsteller Dr. Georg Mannheimer stattfand. Mannheimer hatte ein Gedicht veröffentlicht, in dem er Seff Watzlik angriff und für Arthur Schnitzler eintrat, der damals gerade um den Tod seiner Tochter trauerte. Dieses Gedicht, das der Verteidiger Dr. Ernst Steiner auch ins Tschechische übersetzt hatte, erschien mit Gyuri unterzeichnet im Prager *Montagsblatt* vom 6. August 1928 und wurde im Rahmen des Artikels "Schnitzlers *Reigen* und die Prager Schöffen" im *Prager Tagblatt* vom 1. Dezember 1929 wiederabgedruckt:

Der Tag verzittert im Zypressenhain.
Du stehst an Deines Kindes Grab allein.
Fernwo vergeigt die Welt die letzte Terz,
Du horchst in Dich und hörst nur Deinen Schmerz.
Dich nicht zu stören, hält der große Pan,
Der Herr des Lebens, selbst den Atem an.
Da kommt herangesprungen mit Gekläff
Ein Hündchen mit dem heitern Namen Seff.
Es bellt nach Dir, Hepp, Hepp, und hebt das Bein,
Dann trabt es wieder quietschvergnügt feldein.
Empört erwacht die Macht [sic], der Hain erbraust.
Der große Pan hebt zürnend seine Faust.
Du aber bleibst versenkt im inneren Hören,
Ein Hündchen kann besudeln Dich, nicht stören. (8)

Der Ausgang dieses Prozesses ist unklar, da noch ein anderes Ratsmitglied als Zeuge vernommen werden mußte. Der Prozeß wurde bis auf weiteres verschoben.

*

Am 13. Juni 1931 veröffentlichte der Schriftsteller und Feuilletonredakteur des *Pester Lloyd* Arpad [=Julian Weiß] sein Feuilleton "Die verflixte Liebe. Erotischer Reigen in der Weltliteratur" im *Pester Lloyd.* Darin lobt er Schnitzlers Humor und beendet seinen Brief mit:

> Er sieht, versteht, erklärt und verzeiht alle Irrungen und Verwirrungen, die Strohfeuer und die Täuschungen, die Flattersüchte und Falterflüge der verflixten Liebe und unter seinen geistreichen Scherzen birgt sich eine Kenntnis und Erkenntnis der Welt, wie sie wenige Dichter unserer Zeit besitzen. (3; Abdruck in Schnitzler, *Briefe 1913-1931*: 793; Angaben zu Weiß Anm. 1: 1117)

Schnitzler, der am 21. Oktober 1931 an den Folgen einer Gehirnblutung starb, dankte ihm in seinem Brief vom 19. Juni 1931, der auszugsweise diesem Kapitel vorangestellt ist.

Anmerkungen

1. Der am 22.9.1893 in Hamburg geborene Hans Leip schrieb Erzählungen und Romane, die vom Leben der Küstenbewohner handeln, wie z.B. auch über den Seeräuber Klaus Störtebeker. Bekannt ist er hauptsächlich durch *Lili Marleen*, vertont von Norbert Schultze.

2. Die Premiere fand nicht, wie bei Schinnerer angegeben (856) schon im Juni statt, denn das *Tageblatt Gera* vom 3.7.1921 weist in der Besprechung des *Reigen* auf die Abwehrreaktion des Gemeinderats hin und fährt fort: "Es war daher kein Wunder, daß das Residenztheater am Freitag abend ein ausverkauftes Haus sah. Die erwarteten und allem Anschein nach vorbereiteten Störungen blieben [aber] im großen und ganzen aus . . ." Der Freitag fiel jedoch auf den 1.7.

3. Die Herausgeber des Schnitzlerschen Briefwechsels berichten, daß Huttig schon im April 1913 *Professor Bernhardi* in Litoměrice hatte vorlesen wollen. Dieser Vorschlag wurde von dem Buchhändler Hugo Heller eingebracht, von den Behörden jedoch abgelehnt, u.a. mit der Begründung, daß "hierländische Zustände in einer so herabsetzenden Weise dar[gestellt werden], daß seine öffentliche Vorlesung wegen der zu wahrenden öffentlichen Intreressen nicht zugelasssen werden kann" (Schnitzler, *Briefe 1913-1931*; Anmerkung 2: 836). Siehe auch Yates "The Tendentious Reception" 111, wo in diesem Zusammenhang ebenfalls der *Reigen* erwähnt wird.

Kapitel VIII

Reigen-Ausgaben, Illustrationen, Übersetzungen und Aufführungen bis 1934

> Es ist beschämend für den Kulturzustand unserer Zeit, wenn ein Buch wie Schnitzlers *Reigen* konfisziert wird. Als ob ein Kunstwerk nicht jenseits von moralisch oder unmoralisch wäre. Das Traurigste aber: wenn die Polizei Sittenrichterin wird: die verbotenen Bücher sind die begehrtesten, praktisch also bewirkt das Polizeiverbot gerade das Gegenteil von dem, was es bewirken will. (Max Liebermann-Gutachten vom 12.4.1914; Schnitzler, *Briefe 1913-1931*: 850)

1. *Ausgaben*

Wenn Schnitzlers *Reigen* auch von der Bühne verbannt war, so konnte man doch das Buch kaufen und lesen. Im Jahre 1912 veröffentlichte der Fischer Verlag die *Gesammelten Werke* Schnitzlers, um diesen anläßlich seines fünfzigsten Geburtstages zu ehren. Der *Reigen* war in dieser Ausgabe nicht enthalten, da eine Klage gegen dieses Werk, das ja seit dem 16.3.1904 in Deutschland verboten war, den Verkauf der gesamten Edition gefährdet hätte. Deshalb wurde der *Reigen* als Einzelausgabe herausgebracht. Bereits 1914[1] ließ der Benjamin Harz-Verlag das 59. bis 68. Tausend in Druck gehen, dem 1921 weitere 9 000 Exemplare folgten; 1922 erhöhte sich diese Zahl auf 88 000 und 1924 auf 99 000. Weitere 1000 Exemplare wurden 1923 in Leipzig für den Harz-Verlag gedruckt und als numerierte Ausgabe auf den Markt gebracht. Erst im Herbst 1931, nachdem die rechtlichen Schwierigkeiten, die man mit dem Harz-Verlag hatte, behoben worden waren, veröffentlichte S. Fischer den *Reigen* (101. bis 104. Tausend), zusammen mit Schnitzlers letzter Novelle *Flucht in die Finsternis*.

2. *Die Illustrationen von Stefan Eggeler 1921-1922*

1921 wurde wieder versucht, erotische Freizügigkeiten in der Literatur einzudämmen. So berichtet die Abendausgabe der *Kölnischen Zeitung* vom 10.1.1921: "Wie verlautet, ist ein *Gesetzentwurf über die Bekämpfung von Schmutz und Schund* in *Literatur und Kunst* im Reichministerium des Innern in Ausarbeitung" (1). 1921 erschien auch im Wiener Frisch Verlag eine *Reigen*-Ausgabe[2] mit zehn Illustrationen von

Stefan Eggeler (1894-1969), der von Haus aus Jurist war und als Rechtsberater arbeitete. 1922 folgte dann eine *Reigen*-Edition, die Ernst Wilhartitz in Wien veröffentlichte und die zehn Originalradierungen von Stefan Eggeler enthielt.[3]

Von besonderem Interesse sind in diesem Zusammenhang Schnitzlers Äußerungen gegenüber Stefan Eggeler, die dieser maschinenschriftlich auf einem Blatt mit der Überschrift "Wie die *Reigen*-Mappe entstanden ist" festhielt.[4] Eggeler setzte sich wegen seines Plans, einige Radierungen zum *Reigen* anzufertigen, mit Schnitzler in Verbindung, und Schnitzler lud ihn zu sich ein, um dieses Projekt durchzusprechen:

> Schnitzler ersuchte mich dann bei der Besprechung der einzelnen Radierungen, die Dirne nicht so dirnenhaft darzustellen und wollte mit Ausnahme des einzigen Bildes vom süßen Mädel und dem Dichter die Darstellung nackter Frauen vermieden haben. Ich hatte einige Mühe, ihn zu überzeugen, daß die Darstellung des Nackten aus ästhetischen Gründen geboten sei. Schließlich schlossen wir sozusagen einen Vergleich, indem ich mich bereit erklärte, in dem einen Bild der Schauspielerin einen durchsichtigen Schlafrock zu geben, während er gestattete, die junge Frau nackt zu lassen[,] obwohl er sie lieber im Hemd gesehen hätte. Auf jeden Fall war ich sehr erstaunt, bei Schnitzler solche Bedenken gegen das Nackte zu finden. Ich glaube zwar nicht, daß sich [sic] jemand, der die Bilder betrachtet, in seinem Zartgefühl verletzt wird: sicher aber ist dann Schnitzler nicht schuld, der durchaus gegen alle Nuditäten war.

Ein Grund für Schnitzlers Bedenken war vermutlich der, daß Nacktheit eine Frau "neutralisieren" würde, so daß man nicht mehr erkennen könnte, welcher sozialen Schicht sie angehört. Für Schnitzler ist Kleidung—ebenso wie die verschiedenen Sprachebenen—ein Mittel, um die jeweilige Klassenzugehörigkeit zu kennzeichnen.

3. *Der* Reigen *in Frankreich*

a) *Vorbemerkungen zur Übertragung des* Reigen *in andere Sprachen*

Diesem Abschnitt seien einige Bemerkungen vorangestellt, die auf die Schwierigkeit hinweisen sollen, *Reigen* in andere Sprachen zu übersetzen. Schnitzler lag es nicht daran, den Liebesakt auf die Bühne zu bringen, sondern das Verhalten, "das zu ihm führt und auf ihn folgt, einem Verhalten von 10 Figuren, deren sozialer Rang vorerst jeweils über die Strategien der Triebbefriedigung entscheidet, um sie letztlich aber im wortlosen Augenblick und in allgemein menschlicher Gleichheit brutal zu entlarven" (Held 230). Dieses Verhalten wird durch die Sprache ausgedrückt. Wir haben in diesem Werk die Wiederkehr stereotyper Wendungen, der Dialoge, die imgrunde versteckte Monologe sind, Interjektionen, Floskeln, Abtönungspartikel und von anderen sprachlichen Figuren, die alle zu demselben Zweck der Triebbefriedigung hinführen sollen. Erna Neuse weist in diesem Zusammenhange darauf hin, daß der Reigenzuschauer mehr Hörer als Beobachter ist und daß man beim "Hören" des Stückes das Empfinden eines harmonischen Zusammenklangs habe, "wie das etwa beim Anhören eines Kanons geschieht" (358). Dies führt Gudrun Held zu der Bemerkung: "Register, Sprachstile, verschiedene Ausdrucksmöglichkeiten eines Inhalts einer Intention, spielen zu dieser kanonartigen Komposition mit und nützen die polymorphe Elastizität des deutsch-österreichischen Sprachsystems aus" (232). Held fährt dann fort:

> Eine mikroskopische Untersuchung aller dieser die Konversation in Gang haltenden Mittel könnte das von Schnitzler ad absurdum geführte Spiel der Worte offenlegen. Denn gerade sie unterstreichen durch ihre ständige Anrede-, Appell- und Rückkoppelungsfunktion die zunehmende Dialektik zwischen der auf Kommunikation programmierten Sprache und dem gesellschaftlich entfremdeten Individuum. In ihren feinen, impliziten Tönungen jedoch verweisen sie hinter der expliziten Äußerung auf das vielleicht Mitverstandene, Unausgesprochene und Unaussprechbare. (233)

Zu den Schwierigkeiten, bestimmte Sprach-Figuren in eine andere Sprache zu übertragen, gehören z.B. die häufig vorkommenden Ausdrücke *geh*, *na*, *ja* und *na ja*. Es würde zu weit führen, die Idiomatizität dieser Partikel genauer zu bestimmen, und es sei hier nur auf die scharfsinnige soziolinguistische Analyse von Gudrun Held verwiesen, die bei der Begriffsfeldbestimmung von *geh* u.a. zu folgenden Ergebnissen kommt:

> [Es kann ein] indirektes Aufforderungsmittel sein, ein Appellement des Schwächeren, Antworten und Handlungen zu provozieren. *Geh* hat . . . die Funktion des Herholens, des Rufens nach Unterstüt-

zung, die mit seiner ursprünglichen Bedeutung in kohärenter Verbindung stehen. Meist ist hier auch die Gestik des Herbeirufens, die winkende Handbewegung denkbar. In anderen Fällen spüren wir im Eröffnungsmittel *geh* jedoch eine unbewußte Abwehr, eine kommunikative Reaktion, die auf das Wegschicken, Weggehen zurückzuführen ist. (241)

Diese Übersetzungsschwierigkeiten der verschiedenen metasprachlichen Ebenen gelten nicht nur für das von Held untersuchte Französische und Italienische. Sie sind besonders wichtig für die Übertragung ins Englische, da diese Sprache mit dem *you* nicht zwischen formeller und informeller Anrede, oder dem *du* und *Sie* unterscheidet. Dadurch fehlt eine wichtige spannungsgeladene Unterscheidung in der Verführungskunst durch die Sprache, wie sie z.B. in der 'Stilspielerei' der Schauspielerin mit dem Grafen zum Ausdruck kommt, wo das *Sie* zum *Du* überwechselt, dann wieder zum *Sie*, um dann mit dem *Du* die von der Schauspielerin beabsichtigte Intimität zu erreichen.

b) *Übersetzungen 1912; 1931*

Damals wurden auch einige Versuche unternommen, den *Reigen* über Frankreich auf die Wiener Bühne zurückzuholen. Im Gegensatz zu den Deutschen und Österreichern hielten die Franzosen den *Reigen* nicht für unmoralisch, unzüchtig oder schockierend. Die Übersetzung von Maurice Rémon und Wilhelm Bauer, die 1912 unter dem Titel *La Ronde: Dix Scènes Dialogues* bei P.V. Stock in Paris erschien, wurde von der Kritik als "bemerkenswertes" Werk eines Autoren bezeichnet, der den Franzosen nicht unbekannt bleiben dürfe.[5]

Schnitzler wollte jedoch nicht, daß er in Frankreich hauptsächlich als Autor des *Reigen* bekannt wurde, und als er hörte, daß ebendies der Fall war, reagierte er heftig darauf. In dem Brief vom 10.2.1922 an Dr. Julius Bittner, den Vorsitzenden der Genossenschaft Dramatischer Schriftsteller in Wien, stellt er u.a. fest:

Sehr geehrter Herr Präsident.

Sie werden heute wahrscheinlich auch in der Zeitung gelesen haben, daß in Paris von der Compagnie d'Auditeurs dramatiques meine Szenenfolge *Reigen* unter dem Titel *La Ronde* aufgeführt wurde. Ich möchte schon heute konstatieren, daß ich um die Autorisation für

> diese Aufführung nie ersucht wurde, daß mir die Übersetzung von Herrn Sidersky unbekannt ist. . . . [Ich sprach mich öfters prinzipiell dagegen aus], daß der *Reigen* in Paris öffentlich aufgeführt werde, bevor dort andere Stücke von mir in allerweitesten Kreisen bekannt geworden wären . . . (Schnitzler, *Briefe 1913-1931*: 268; Anmerkung 1: 924)

Schnitzler ließ diese Angelegenheit jedoch auf sich beruhen, als er erfuhr, daß es sich bei der betreffenden Aufführung um eine einmalige, von einer Laienspielgruppe dargebotene Privatveranstaltung gehandelt hatte.[6]

Für Schnitzler war eine Bühnenaufführung des *Reigen* eng mit einer guten Übersetzung verbunden, und er glaubte nicht, daß die bei Stock erschienene Ausgabe einen Theatererfolg garantieren würde, so viele Vorzüge sie auch haben mochte. In seinem Brief vom 24.10.1929 an den Dramatiker Edouard Bourdet in Paris schlug Schnitzler deshalb folgendes vor:

> Sehr verehrter Herr:
>
> . . . Gerade der *Reigen*, Sie haben das ebenso gut empfunden wie ich, muß an einem besonderen vornehmen Theater und unter den günstigsten Bedingungen herauskommen, eben diese immer wieder, wenn auch meist in heuchlerischer oder alberner Weise mißverstandene Szenenreihe soll sich bei ihrem ersten Erscheinen in Paris in einer zweifellosen Darstellung und auf einer durchaus unproblematischen Bühne dem Publikum präsentieren. Ich glaube auch, daß an der einzigen jetzt existierenden Bearbeitung von Rémon bei allen ihren Vorzügen für eine Bühnenaufführung allerlei modifiziert, ja verändert werden sollte, woran man übrigens auch an eine neue Buchausgabe entschieden denken müßte und um so mehr denken darf, als die seinerseits bei Stock erschienene Ausgabe vollkommen vergriffen ist. Am willkommensten wäre es mir, wenn mir vor dem *Reigen* noch Gelegenheit gegeben wäre mit irgend einem anderen meiner Stücke auf einer Pariser Bühne zu erscheinen . . . wo wenigstens Angriffe einer gewissen Art von vornherein ausgeschlossen wären. (Schnitzler, *Briefe 1913-1931*: 622)

Die neue Ausgabe wurde schließlich 1931 veröffentlicht.[7] Zu der Zeit war Schnitzler den Franzosen nicht mehr unbekannt. Françoise Derré stellt in diesem Zusammenhang fest:

> Was Schnitzlers Beliebtheit in Frankreich betrifft, sind zweifellos die späten 20er und die frühen 30er Jahre, also die Zeit kurz vor und nach seinem Tod, am wichtigsten. Mehrere Übersetzer nahmen sich seiner Werke an: Maurice Rémon und Maurice Vaucaire, die sich seit der Jahrhundertwende hervorgetan haben, und Suzanne Clauser, Schnitzlers Lieblingsübersetzerin für Frankreich, die später unter dem Namen Dominique Auclères bekannt wurde. . . . Sie beteiligte sich 1931 an einer Bearbeitung von *La Ronde*, und andere Übersetzer ergänzten ihre Arbeit . . . (28)

Über die Qualität der Übersetzungen von Dominique Auclères äußert sich Elsbeth Dangel folgendermaßen:

> In Dominique Auclères' Übersetzungen gibt es keine Übersetzungsfehler im herkömmlichen Sinn: mißverstandene Satzkonstruktionen oder falsche Wortbedeutungen. Auch ist dem flüssigen Französisch die Mühe der Übersetzungsarbeit, die ja viele Übersetzungen so holprig und unleserlich macht, nicht mehr anzumerken. Diese Übersetzungen kranken an etwas anderem: an der Selbstherrlichkeit der Übersetzerin. Dominique Auclères erlaubt sich erstaunliche Freiheiten gegenüber ihrer Vorlage. . . . Großzügig wird über Details hinweggegangen, Satzkonstruktionen und Absätze werden verändert, ganz nach Belieben wird etwas weggelassen oder neu hinzugefügt. So entstehen freie, nur "sinngemäße" Übertragungen, die den bloßen Inhalt wiedererzählen. (50)

Diese obige Bemerkung bezieht sich hauptsächlich auf die übersetzten Romane Schnitzlers, wie z.B. *Therese*. Inwieweit diese Kritik auf die *Reigen*-Übersetzung zutrifft, und ob man nicht besser von einer "Übertragung" sprechen sollte, sei dahingestellt. Feststeht allerdings, daß die französische *Reigen*-Version ein Erfolg war, und daß die "Übertragung" dieses Werkes ins Französische mit zum Erfolg dieses Stückes beigetragen hat.

Derré weist darauf hin, daß Schnitzler, der in den späten 20ern in Vergessenheit geraten war, dann nach seinem Tode wieder aufgeführt wurde: "Kennzeichnend ist dabei die Wahl der inszenierten Stücke: *Anatol*, *Der Reigen* und *Liebelei*, gerade so, als hätte er sonst nichts für die Bühne geschrieben" (28).[8]

c) *Die Inszenierung von Pitoëff 1932*

Ende September 1932 wurde *La Ronde* unter der Regie von Gregor Pitoëff im Pariser *Théâtre de l'Avenue* aufgeführt. Alle weiblichen Rollen spielte Ludmilla Pitoëff, deren schauspielerisches Können zweifellos zum Erfolg der Aufführung beitrug.[9] Von den Wiener Blättern berichtete unter anderen die *Volkszeitung* über diese Aufführung. Am 2. Oktober 1932 teilte das Journal über die "Pariser Erstaufführung von Schnitzlers *Reigen*" mit: "Das Stück hat einen großen Erfolg errungen" (14). Nach Ansicht des Wiener *Tages* vom 21. Oktober 1932 fand in dieser Aufführung eine Erhöhung ins Symbolische statt. In der mit "Arthur Schnitzlers *Reigen* in Paris" betitelten Besprechung schreibt das Blatt:

> Sie [Die Inszenierung] bringt die zehn typischen Situationen in einem stilisierten Rahmen, der die einzelnen Dialoge gleichsam aus der realistischen Sphäre in eine symbolische hinaufhebt. In phantasievoller Weise versteht es Pitoeff, die Dialogstellen szenisch zu gestalten, die im Buch durch Gedankenstriche ausgedrückt sind. Hier liegt für jede Bühnendarstellung des *Reigen* naturgemäß die Hauptgefahr, die in der Pariser Aufführung allerdings als gar nicht vorhanden erscheint. Durch verschiedene Arrangements, man könnte fast sagen Tricks, gelingt es Pitoeff, das Liebespaar immer in dem heiklen Moment den Augen des Publikums zu entziehen. (9)

Wie die gleiche Zeitung berichtet, wurde das Stück außerordentlich gut aufgenommen:

> Die Pariser Kritik bereitete dem Werk des österreichischen Dichters die denkbar freundlichste Aufnahme. Die Verwandtschaft von Schnitzlers Geist mit französischem Esprit wurde rühmend hervorgehoben. Der feine Dialog, die köstlichen Situationen und der unerschöpfliche Humor fanden ebensoviel Verständnis wie die tiefe Melancholie, von der diese anscheinend so heitere und unbeschwerte Szenenreihe überschattet wird. (9)

"Spontane Beifallsspenden" seien dieser großartigen Inszenierung zuteil geworden, meldet A. Hartmann am 8. Oktober 1932 in der Morgenausgabe der *Neuen Freien Presse*. Ferner sagt er in seinem Artikel über "Schnitzlers *Reigen* in Paris":

> Bis in die kleinsten Details war die Vorstellung durchdacht und ausgefeilt, und dadurch, daß sämtliche Frauenrollen von Ludmilla Pitoeff gegeben wurden, erschienen die Bilder und Gestalten noch enger miteinander verkettet. "Nur so ist es möglich", meinte die Künstlerin, "zum Ausdruck zu bringen, daß diese fünf Frauen mit ihrer grundverschiedenen, einander in keiner Weise gleichenden Lebenseinstellung, die Klassenstolz und Vorurteil mit sich bringen, durch *einen* wesentlichen Zug, durch ihr Frauentum, verbunden sind und in zehn verschiedenen Lebenslagen immer das eine, gemeinsame, gleiche Frauenschicksal versinnbildlichen." Ein einzigartiges und lehrreiches Experiment, das sich nur ein so kongeniales Künstlerehepaar wie die Pitoeffs erlauben durfte. (9)

Eine der wenigen negativen Rezensionen erschien in der Pariser Ausgabe der *Chicago Daily Tribune* vom 4. Oktober 1932 und stammte von Irving Schwerke. Abschließend heißt es dort: "Ich bedaure, daß ich nicht mehr Begeisterung aufbringen kann für ein Werk, das damals, im Jahre 1918 brisant genug war, um sich den Zorn des Berliner Zensors zuzuziehen und in Wien *grosses Scandale* (Dresdner Dialekt) hervorzurufen"(4).[10]

Wie einzigartig diese Inszenierung war, läßt sich auch aus dem Interview ersehen, das der Pariser Korrespondent des *Neuen Wiener Journals* mit Gregor Pitoëff führte und das unter der Überschrift "Schnitzlers *Reigen* und ich" am 9. Oktober 1932 in der Sonntagsausgabe des Blatts erschien. In diesem Interview beschreibt Pitoëff einige der technischen Lösungen, die er für die sich aus Schnitzlers Bindestrichen ergebenden Probleme fand:

> Gewisse Momente durch die Verfinsterung der Bühne und mit bloßer Musik anzudeuten, schien mir unsagbar unkünstlerisch, ich mußte daher der Stimmung und dem Charakter der einzelnen Szenen entsprechend zehn verschiedene Varianten finden. Einfach war es in der ersten Szene, wo die Dirne den Matrosen [sic] hinter die Kulissen schleift, oder im zweiten Bild, wo der Soldat mit dem tanzenden Dienstmädchen im Keller des Nachtlokals verschwindet und die bedeutungsvolle Pause durch den im erleuchteten Lokal beginnenden Tanz ausgefüllt wird.—Das Idyll des jungen Herrn mit dem Stubenmädchen belebt ein Bühnenspaß: sowohl Küche wie Zimmer haben nur eine einzige Wand, welche von den Darstellern im heiklen Moment wie eine spanische Wand um ihre Achse ge-

dreht wird.—Die verheiratete Frau wird vom jungen Herrn auf der geteilten Bühne im kleinen Salon empfangen, als er sie aber ins Schlafgemach geleitet, bewegt sich die ganze Kulisse von links nach rechts: der kleine Salon erweitert sich und das Schlafgemach verschwindet. . . . (17)

d) *Ensembleaustausch zwischen Paris und Wien. Aufführung in London*

Wie die Abendausgabe der *Neuen Freien Presse* am 25. Oktober 1932 unter der Überschrift "Geplantes Austauschspiel zwischen Paris und Wien" berichtete, wollte das Deutsche Volkstheater in Wien die Pitoëffsche Inszenierung wegen des großen Erfolgs in Paris nach Wien holen:

> Direktor Rolf Jahn hat Verhandlungen eingeleitet, die darauf hinzielen, daß das *Ensemble* des Pariser *Theaters Pitoeff mit der französischen Aufführung von Schnitzlers "Reigen"* mit Ludmilla Pitoeff ein längeres *Gastspiel am Deutschen Volkstheater* absolviert. Gleichzeitig soll Hauptmanns *Vor Sonnenuntergang* mit Emil *Jannings* in Paris zur Aufführung gelangen. (3)

Dem "Londoner Theaterbrief," veröffentlicht in der Morgenausgabe der *Neuen Freien Presse* vom 26. Februar 1933 ist zu entnehmen, daß auch das Gastspiel, das das Pitoëff-Ensemble im Februar 1933 im Londoner Arts Theatre gab, äußerst erfolgreich war:

> Das glanzvolle Gastspiel der Pitoeffs im Arts Theatre erreichte seinen Höhepunkt mit der am 17.d.[Monats] stattgefundenen Aufführung von Schnitzlers *Reigen*. Die melancholische Grazie dieses Werkes kam in der französischen Übersetzung von Suzanne Clauser gut zur Geltung und wurde durch das herrliche Spiel Ludmilla Pitoeffs, welche die Rollen von der "Schauspielerin" bis zur "Dame" verkörperte, zu einem seltenen Genuß gesteigert. . . . Das Werk wurde mit starker Einfühlung aufgenommen und gewürdigt, nicht als literarisches Experiment, sondern als Kunstwerk. "Die Buntheit, die Schnitzler in diesen Episoden der Lust, des Besitzes und der Enttäuschung aufleuchten läßt, ist wahrhaft tief und original", schrieb ein Kritiker. (23)

4. *Der* Reigen *als Hörspiel in Wien 1933*

Diese erfolgreichen Aufführungen durch die Pitoëffs ließen in Wien das Interesse am *Reigen* wieder aufleben. Aufgrund der Restriktionen, die Arthur Schnitzler der Bühnenaufführung dieses Werks auferlegt hatte, konnten die Wiener es nicht als Theaterstück inszenieren. Es bestand freilich die Möglichkeit, diese Restriktionen zu umgehen, indem man den *Reigen* z.B. als Hörspiel brachte, und genau das tat eine Gruppe junger Schauspieler. Am 14. Dezember 1933 meldete die Wiener *Arbeiter-Zeitung* unter der Überschrift "Tagesneuigkeiten: Hörspiel im Konzertsaal": "Die Gruppe der Jungen eröffnet heute um 20.30 Uhr ihr Hörspielstudio im Kammerkonzertsaal (Singerstr. 15) mit einer *Mikrophonaufführung von Schnitzlers 'Reigen'* in eigener Bearbeitung und mit neuer Musik" (4).

Diese Aufführung stellt—ebenso wie die Pitoëffsche Inszenierung—einen der frühesten Versuche dar, mit diesem Stück zu experimentieren. Auf den experimentellen Charakter dieser Darbietung macht auch der Artikel "Schnitzlers *Reigen* als Hörspiel" aufmerksam, der am 16. Februar 1933 in der *Allgemeinen Zeitung* erschien:

> Die "Gruppe der Jungen" hat gestern Schnitzlers *Reigen* als Hörspiel aufgeführt. Im Kammerkonzertsaal in der Singerstraße wurde ein Mikrophon aufgestellt, hinten im Studio wurden die Dialoge gesprochen. Ein Experiment. Die Idee dazu war naheliegend, aber zu ihrer Verwirklichung gehört Mut. Ein wie großer Mut, das wußten die "Jungen" vielleicht gar nicht, als sie sich an die Arbeit machten. (6)

Fritz Hochwälder, der Regie führte, erzielte einen Erfolg. Das Stück hatte einen realistischen Effekt, weil die Gesten fehlten, um die Wirkung der Worte zu mildern. Nach Ansicht der Wiener *Allgemeinen Zeitung* war die Hörspielaufführung so direkter, unmittelbarer als die Bühnendarbietung:

> Zunächst deshalb, weil das Wort nicht gemildert werden kann, soll es verständlich sein. Aber auch noch aus einem anderen Grunde, aus einer Eigenschaft des Mikrophons. Dem Mikrophon eignet dieselbe reportageartige, dokumentarische Wahrhaftigkeit, dieselbe Glaubwürdigkeit der Realität wie der Photographie. Das Mikrophonwort wirkt immer irgendwie reportiert gleich der photogra-

> phierten Szene. Parallelen zwischen Theater und Film, Theater und Hörspiel werden sichtbar . . . Schnitzlers *Reigen* ist als Hörspiel viel realistischer als er auf der Bühne sein kann. Darum gehörte Mut zu diesem Experiment. (6)

Bevor dieses Experiment stattfand, erschien in der Sonntagsausgabe der *Deutsch-Oesterreichischen Tageszeitung* vom 12. Februar 1933 ein Artikel mit dem Titel "Rose Meller und 'ihre Welt'," in dem insbesondere vier von jüdischen Autoren verfaßte Werke attackiert wurden, weil sie angeblich die moralische Substanz der österreichischen Gesellschaft untergruben. Bei diesen Werken handelte es sich um *Eros im Zuchthaus* von Friedrich Lichtenecker, *Krach um Leutnant Blumenthal* von Alfred Herzog, *Die Weiber von Zoinsdorf* von Rose Meller und *Reigen* von Arthur Schnitzler. "Das Judentum," so fährt das Blatt fort, "macht die Bühne zu einem Schweinestall. Da wird Propaganda gemacht für alle geschlechtlichen Niederträchtigkeiten, die ein verderbtes Menschenhirn nur auszudenken vermag" (6).

5. *Die Lithographien von Georg Trapp 1933*

Zu der Zeit, d.h. im Jahre 1933, erschien auch eine Mappe mit Lithographien zum *Reigen*. Der Künstler war Georg H. Trapp, der in der Nähe von Teplitz wohnte, wo im August 1928 die Demonstrationen der Deutschnationalen zu einer Unterbrechung der *Reigen*-Aufführung geführt hatte. Der *Sozialdemokrat,* das in Prag herausgegebene "Zentralorgan der Deutschen Sozialdemokratischen Arbeiterpartei in der Tschechoslowakischen Republik," berichtete am 25. Oktober 1933 unter der Überschrift "Der *Reigen* in Zeichnungen":

> Arthur Schnitzlers bekannte zehn Dialoge über den *Reigen* im Eros haben Georg H. Trapp zu zwölf Zeichnungen angeregt, die jetzt in einfach schmucker Mappe als Lithographien in Rötel vorliegen. Als kühner Prolog ist den Illustrationen zu den zehn Gliedern des Reigens eine wahrhaftige Versinnbildlichung des kettenhaften Wechsels im Eros von Mann und Weib vorangestellt, den Abschluß bildet eine Art Hohes Lied der wahren geschlechtlichen Beglückung, wie sie nur das In- und Miteinander von Liebe und Lust den Menschen schenken kann. . . . In einem Begleitwort für die Mappe schreibt Emil Franzel, den Blick durchaus auf das Anti-Pornographische dieser Arbeiten gerichtet, treffend, daß die skizzenhafte

> Wirkung dieser Blätter mit geheimnisvoll künstlerischer Kraft zwischen Andeutung und Vollendung die Phantasie das Ihre leisten lasse und so ein Stück Natur gebären. (6)

Diese Mappe, die einzeln 60 Kronen und mit dem Stück 120 Kronen kostete, kam im Wiener E. Prager-Verlag heraus und wurde in der *Salzburger Wacht* vom 18. November 1933 besprochen. In dem Artikel "Der *Reigen* in Bildern" lobt letzteres Blatt die Fähigkeit des Künstlers, den zeitlosen Gehalt des Stücks zeichnerisch in Visionen umzusetzen:

> Aus jeder einzelnen Szene wurde der wesentliche Erlebnisinhalt herausgeschält und ganz neu geformt: nicht mehr das Wort umreißt die Erscheinung der Menschen, nicht mehr im Wort spiegelt sich ihr Verhältnis zur erotischen Situation, ihr Charakter ist zeichnerisch erfaßt, ein Detail, eine Geste, ein Blick sagen ebenso deutlich wie ein Satz oder eine Dialogstelle des Dichters, wie der Mensch beschaffen ist, der hier den ewigen Reigen um den Gott Eros tanzt. Es war eine gute Idee Georg Trapps, dieses [sic] wichtige Teil herauszuheben und neben das Gesamtbild zu stellen: man sieht zwei Gestalten auf den einzelnen Blättern, aber gewissermaßen in Großaufnahme, herausgehoben, betont, auch noch das Gesicht des Mannes, die Augen der Frau, eine Hand, aus der Gleichgültigkeit und Müdigkeit spricht, eine Faust, die sich in Raserei ballt. . . . [Die Bilder] sind Visionen, nicht Abbilder der Wirklichkeit, sondern Schaubilder aus der ewigen Welt triebhafter Leidenschaft. (7)

Positiv war auch die Besprechung im *Prager Tagblatt* vom 24. November 1933:

> *Zeichnungen zu Schnitzlers* ‘Reigen’, die in ihrer Kühnheit und Grazie an Klimts Lukian=Mappe erinnern, veröffentlicht Georg *Trapp*, ein junger sudetendeutscher Künstler proletarischer Herkunft, im Verlag E. Prager (Wien). Sein bedeutendes Können, die noble Charakteristik, die für die brutale Kraft des "Soldaten" ebenso adäquate Linienreize findet wie für die zarte Liebesgelöstheit des "süßen Mädels", hebt die 11 Szenen [sic], denen eine phantastische Vision des *Reigens* vorangeht, aus dem groben Bereich des Stofflichen in ebendenselben hohen künstlerischen Bezirk, in dem sie durch Schnitzlers adelig=einfache Wortkunst ihren Platz haben. (7)

Ein halbes Jahr später hatte sich die zum Teil positive Einstellung gegenüber dem *Reigen* verflüchtigt. Allem Anschein nach durch die politischen Ereignisse in Deutschland ermutigt, schrieb die *Wiener Zeitung* am 14. April 1934 in einem Artikel mit dem Titel "Brettl am Alsergrund": "Der zensurierte *Reigen* von Schnitzler und der Sketch *Baby weiß alles* sind so übergrotesk, daß sie schon an das Sinnlose grenzen" (10).

Anmerkungen

1. Vgl. hierzu den Brief Schnitzlers an Hermann Bahr, geschrieben am 12.6.1914, enthalten in Schnitzler, *Briefe 1913-1931*: 43. In den Anmerkungen zu diesem Brief veröffentlichen die Herausgeber die Gutachten von Franz von Liszt, Karl von Lilienthal, Albert Eulenburg, Georg Simmel, Max Liebermann, Ludwig Fulda und Max Eugen Burkhard (847-850).

2. Das Impressum lautet: "Dieses Buch wurde im Jahre 1921 vom Frisch & Co. Verlag in Wien herausgegeben und in der eigenen Anstalt des Verlages in einer einmaligen Ausgabe von 3000 numerierten Exemplaren hergestellt. Die ersten 150 Exemplare sind in Halbleder gebunden und vom Autor und vom Künstler signiert. Nr. 151 bis 3000 wurden in Ganzleinen ausgegeben. Dieses Exemplar trägt die Nummer..." (Allen, C 13.4: 54).

3. Das Impressum lautet: "Dieses Buch wurde im Jahr 1922 vom Verlag Ernst Wilhartitz in Wien herausgegeben und in der eigenen Anstalt des Verlags in einer einmaligen Auflage von 50 römisch numerierte [sic] Exemplaren hergestellt. Die Exemplare enthalten Original-Radierungen, sind in Ganzleder gebunden und vom Autor und vom Künstler signiert" (Allen, C 13.5: 54).

4. Dieses Blatt, das am unteren Rand mit Stefan Eggelers maschinengeschriebenem Namen versehen ist, befindet sich im Schnitzler-Archiv der Universität von Exeter.

5. Die französischen Originalstellen lauten: "Ces dix nouvelles sont, en raccourci, toute la comédie amère ou souriante de la vie, la ronde éternelle et sans cesse reformée des humains affolés d'amour. Cette oeuvre remarquable, d'un écrivain allemand, méritait, par son côté spécial, de

ne pas rester inconnue de nous" (Anon., "Schnitzler: *La Ronde*" 282); "*La Ronde* est un recueil de petits dialogues orduriers, que des gens bien empressés n'ont pu souffrir de voir rester dans leur allemand original. Dans une hounête annonce de cette littérature, ces messieurs ont soin de nous faire savoir que le livre a été interdit en Allemagne. La scène est à Vienne, l'auteur est M. Schnitzler. Cela est entièrement dénué d'esprit. Quant à la traduction, on en aura l'idée par cet échantillon. Un soldat et une fille se promènent au bord de l'eau. Cette eau est le Danube. 'Si nous glissons, dit la fille au soldat, nous roulons *dans le fleuve*.' A ce choix d'expression tout à fait naturel, les traducteurs en joignent d'autres comme *pognon, flies, etc.*" (Dimier 126).

6. Die Pariser Premiere fand im Februar 1922 statt, nicht 1923, wie bei Pfoser angegeben (s. Pfoser, *Schnitzlers Reigen*, Band 1: *Der Skandal* 181)

7. *La Ronde: Dix Dialogues* (Paris: Libraire Stock, Delamin et Boutelleau 1931). Übers. Maurice Rémon, Wilhelm Bauer & Suzanne Clauser. [Überarbeitung der 1912-Ausgabe (Schnitzler, *Briefe 1913-1931*, Anmerkung 3:1069)]

8. Ein sehr oberflächlicher Abriß der französischen Schnitzler-Rezeption zwischen 1911 und 1959 findet sich in Dayags Artikel auf S. 25-34.

9. Z.B. sagt François Porché: "L'optique des scènes, dans *la Ronde*, n'est nullement l'optique 'vériste', la reproduction photographique du réel; plutôt une transposition délicate de la réalité brute sur le plan d'une raillerie gracieuse et mélancolique" (212). Auch *L'Intransigeant* vom 25. September 1932 und *Le Matin* vom 29. September 1932 brachten Aufführungskritiken, letzteres Blatt eine von Jean Prudhomme. Unter der Überschrift "Répétition générale au théâtre de l'Avenue de *La Ronde*" schreibt dieser: "D'après Schnitzler, tout est hypocriste en amour physique" (3). Siehe außerdem folgende Besprechungen in der französischen und ausländischen Presse: "Une pièce d'une originalité rare chez Pitoëf," *Le Journal* vom 23. September 1932; "Five-Part Actress: Mme. Pitoëff in *La Ronde*," *Daily Mail* vom 30. September 1932. Zum Gastspiel im Londoner Arts Theatre am 12. Februar 1933 vgl. *Neue Freie Presse* vom 26. Februar 1933: 23. Das Gastspiel in der Schweiz wird von Gaston Bridel in der *Gazette de Lausanne* vom 16.

Januar 1933 besprochen, zusammen mit einer Aufführung von *La Dame aux Camélias*.

10. Der Text lautet im englischen Original: "I regret I cannot confess a more vivid reaction to a work which, back in 1918, was potent enough to win the ire of the Berlin censor and to create a *grosses Scandale* (Dresden dialect) in Vienna."

Kapitel IX

Die Zeit 1960-1982: Auf dem Wege zur Wiederaufführung des *Reigen*

> Nur ein Wunsch blieb an diesem schönen Sonntagvormittag in der Josefstadt offen: Schnitzlers Meisterwerk *Der Reigen* endlich auch auf der Bühne szenisch realisiert zu sehen. . . . [Dieses Werk] ist heute nicht mehr anstößig, nicht mehr mißverständlich, sondern nur noch zu bewundern. (Karin Kathrein in ihrer Besprechung der Leseaufführung des *Reigen* im Theater in der Josefstadt. *Die Presse* vom 2.6.1981: 5)

A. *Umgehung urheberrechtlicher Beschränkungen*

1. *Hans Rothes 'Reigen-Prozeß' 1960. Der 'Reigen' auf Schallplatte 1967*

Obwohl der *Reigen* nicht auf der Bühne gezeigt werden durfte,[1] wurden verschiedene Versuche unternommen, dieses Werk dem Publikum nahezubringen. Ein solcher Versuch war die von Hans Rothe zusammengestellte Rundfunkdarbietung des Berliner Reigen-Prozesses von 1921. Dieses Hörspiel, das den Titel *Der Reigen-Prozeß oder die Kunst, Anstoß zu nehmen* trug, war eine Koproduktion des Südwestfunks und Radio Bremens; Regie führte Fritz Schröder-Jahn. *Die Zeit* vom 4. November 1960 schreibt dazu unter der Überschrift "Der *Reigen*-Prozeß":

> Die Schleier der Vergangenheit waren weggewischt; man ward Zeuge, Beteiligter eines Prozesses, in dem auch schon unser aller Haut mit zu Markte getragen wurde. Natürlich entpuppte sich das alles zunächst als eine Komödie menschlicher Unzulänglichkeiten und Borniertheiten. Doch dann färbte sich plötzlich die Komödie düster. Die Stimme des Protestes entlarvte sich in der Proklamation eines "völkischen Gewissens," da löste sich ein anderer, ein geschichtlicher Reigen aus dem Staub gerichtlicher Akten, ein selbstbewußter Nagelschuhtritt, ein Anfang zum Totentanz von 1945. (28)

Im Dezember 1963 brachte der NDR den *Reigen* als Hörspiel und ließ ihm dann Hans Rothes Collage zum *Reigen-Prozeß* folgen, die die

Wiener Allgemeine Zeitung vom 6. Januar 1964 wie folgt beurteilte:

> Hans Rothe, um große Objektivität bemüht, bekam den dramatischen Stoff dieser theatergeschichtlichen Gerichtsverhandlung nicht mehr ganz in den Griff. Mehr Straffung wäre im Interesse des Hörers notwendig gewesen. Die Einblendung der Originalmusik war zwar dokumentarisch interessant, aber dramaturgisch nicht gerechtfertigt. Unterschiedlich die Sprecher: der Gerichtsvorsitzende beispielsweise sprach wie ein Kommentator, während Hanns Ernst Jäger den eifernden Sachverständigen mit der Diktion eines Kulturfunktionärs aus dem Dritten Reich gab.

Ein weiterer Versuch, den *Reigen* dem Publikum zugänglich zu machen, war die Produktion einer Stereo-Schallplatte (Preiserrecords SPR 3124/25), mit einleitenden Worten von Hans Weigel. Diese Schallplatte fand bei der Kritik enthusiastische Aufnahme. So heißt es zum Beispiel in der *Südost Tagespost* (Graz) vom 4. November 1967 unter der Überschrift "Ehrenrettung eines Moralisten":

> Die Darstellung—Hilde Sochor [Dirne], Elfriede Ott [Stubenmädchen], Eva Kerbler [junge Frau], Blanche Aubry [Schauspielerin], Christiane Hörbiger [süßes Mädel], Helmuth Qualtinger [Soldat], Peter Weck [junger Herr], Robert Lindner [Graf], Hans Jaray [Gatte] und Helmuth Lohner [Dichter]—ist exzellent. Die Wortregie Gustav Mankers von jener Noblesse und Feinfühligkeit, die allein den Intentionen des Dichters gerecht wird. . . . Wenn die Schallplatte ansonst Ersatz sein mag, bestenfalls Erinnerung an ein Bühnenerlebnis, hier ist sie unersetzbar. (vi)

2. *'Der Kampf um den Reigen' in der BRD 1969*

Am 19. Februar 1969 zeigte der SDR in seiner Reihe "Zeitgeschichte vor Gericht" den *Reigen-Prozeß* als Dokumentarspiel. Autor dieser "Der Kampf um den *Reigen*" betitelten Sendung war Gustav Strübel; Regie führte Theo Mezger und als Kommentator fungierte Kurt Hübner. K. H. Kramberg, der dieses Fernsehspiel in der *Süddeutschen Zeitung* vom 21. Februar 1969 rezensierte, gab folgendes Urteil ab ("Der Kampf um den *Reigen*"):

> Der Zuschauer sah sich dank der straffen und zügigen szenischen

> Aufbereitung der forensischen Prozedur durchaus ans Gerät gefesselt, doch wurde bei ihm andererseits die Vorstellung des Skizzenhaften, des Provisorischen und Rekonstruktiven planmäßig wachgehalten. Und eben deshalb durfte er Vertrauen in den Anspruch der Veranstalter setzen. . . (29)

Unter anderem hat dieses historische Dokumentarspiel, wie Kramberg feststellt, dem Zuschauer auch folgende Erkenntnis vermittelt:

> Das böse Beispiel Reigen-Skandal in Berlin ist übertragbar auf jene uns auch heute noch geläufige Form der moralpolitischen Agitation, die sich, ganz nach Bedarf, auf das einmal angeblich gesunde, dann wieder angeblich so labile und damit schutzbedürftige Empfinden eines ominösen Normalbürgers stützt. Es war und ist absurd, Angelegenheiten der Kunst, des Theaters und der Literatur durch die Autorität des Staates reglementieren zu wollen. Nur der einzelne, nie die Gesellschaft ist mündig in diesen Sachen. Summa: Das historische Dokumentarspiel *Kampf um den Reigen* zielt in die Gegenwart, wo es Vergangenes aufdeckt. Die Fragen, die es stellt, enthalten Antworten, die jetzt gesucht werden müssen. (29)

Diese Antworten wurden in der Sendung selbst nicht gegeben. In der Rubrik "Kritisch gesehen" schreibt der Rezensent der *Stuttgarter Zeitung* vom 21. Februar 1969:

> Man verzichtete auf jede Aktualisierung. Die bedrohliche Gegenwartsnähe der Vorgänge ist jedem bewußt geworden, der in den letzten Wochen und Monaten die Tagesereignisse—etwa den Prozeß Ziesel contra Grass—verfolgt hat. Und die während des Prozesses verlesenen Zitate aus der rechtsradikalen *Täglichen Rundschau* können fast wortgleich in heute und hier erscheinenden Blättern gleicher Richtung aufs neue gelesen werden. Nur daß man heute statt "jüdisch" "zionistisch" sagt und genau dasselbe meint. Ganz geht die Beispielrechnung allerdings nicht auf. Um die in den Aussagen der Anklagezeugen zutage tretende schockartige Verwirrung und Aggression gerecht zu würdigen, muß man sich den Zusammenbruch der Werte und Ordnungen von 1918, das Gefühl schutzlosen Ausgeliefertseins vergegenwärtigen, das die breitesten Schichten damals, mehr noch als 1945, beherrschte.

> Diesen Zeithintergrund hätte letzten Endes nur ein großer, aus Erlebnisfundus schöpfender Regisseur bildhaft machen können. (9; Lindken 301)

Auch die Kritik von Momos (d.i. Walter Jens), die in der *Zeit* vom 28. Februar 1969 unter der Überschrift "Aktion Saubere Bühne" erschien, zielt in diese Richtung: "die Konzeption ist viel zu punktuell, zeigt wiederum nur ein Ereignis, aber nicht, wie's dazu kam, demonstriert den Verlauf eines Prozesses—und rückt seine Wiederholbarkeit nicht in den Blick" (24). Sowohl die Ereignisse, die zum Prozeß führten, als auch die aktuelle Relevanz blieben in dieser Sendung ausgespart: "gibt's anno 69 keinen Volkswartbund? Aktion 'Saubere Leinwand', Aktion 'Geschichte der O'. . . ein kleiner Durchblick, der das Historische als Aktualität denunziert hätte: angedeutet, fragezeichenhaft, wäre am Platze gewesen" (24). Nur indem auch die Triebkräfte des politisch-kulturellen Prozesses aufgezeigt werden, kann der Zuschauer über die Entstehung des Nationalsozialismus und der antidemokratischen Ideologie aufgeklärt werden und dergestalt zu folgender Erkenntnis gelangen: "Was kam, kam nicht zufällig; was kam, kann sich eines Tages wiederholen" (24). Um sich über diese Periode besser zu informieren werden von Jens zwei Schriften empfohlen: Kurt Sontheimers *Antidemokratisches Denken in der Weimarer Republik* und Günther Rühles *Theater für die Republik.*

3. *Aufführung in Mailand 25. Juli 1969*

Der *Reigen* erschien wieder in der Presse. als über die Aufführung in Mailand berichtet wurde. Die Mailänder Aufführung, die unter der Regie von Beppo Menegatti im Piccolo Teatro stattfand, war von einer derartigen sexuellen Freizügigkeit (das Hauptrequisit war ein großes Ehebett auf der Bühne), daß der Fischer Verlag Einspruch erhob. Unter der Überschrift "Sex-Reigen" brachte die *Welt* vom 15. Juli 1969 dazu folgende Notiz:

> Schnitzlers deutscher Verlag S. Fischer, der—wie war das eigentlich möglich?—erst nachträglich von der Aufführung hörte, hat, getreu dem Schnitzler-Veto auf dem Totenbett, sein Veto für die Aufführung ausgesprochen. Dem Regisseur und den Schauspielern ist es zwar gelungen, von Schnitzlers Sohn die Erlaubnis zu zehn weiteren Aufführungen zu erlangen, aber sie dürfen nicht mit dem

> Stück auf Tournee gehen. Der Verlag hat Arthur Schnitzler damit einen Liebesdienst erwiesen. (23)

Auch die Wiener *Volksstimme* vom 25. Juli 1969 berichtete darüber: "Der Fischer-Verlag, bei dem Schnitzlers Werk erschien, hat ein Veto gegen weitere Aufführungen am Piccolo Teatro eingelegt. Arthur Schnitzlers Sohn schwächte auf Ersuchen von Regisseur und Darstellern das Verbot etwas ab, indem er noch zehn Mailänder Aufführungen autorisierte, aber jegliche Tournee untersagte" (7). Wie Hans Rothe in seinem am 26. Januar 1970 in der Mainzer *Allgemeinen Zeitung* veröffentlichten Artikel "Vom Banne gelöst. Arthur Schnitzlers *Reigen*" bemerkte, war ein Grund für diesen Mißerfolg der, daß das Stück "ohne Wiener Dialekt . . . viel von seiner Magie [verliert]" (13).

Ungleich wichtiger war indes die Ankündigung Rothes, daß das dem *Reigen* auferlegte Aufführungsverbot wohl bald aufgehoben werden würde:

> Der Sohn des Dichters, der die Erben vertritt, hat sich bisher gewissenhaft an die Wünsche des Vaters gehalten. Heute hält ihn nur eines davon ab, das Werk freizugeben: Er hat für sich selbst noch keinen Weg gefunden, der Öffentlichkeit seine Sinnesänderung zu erklären. Er möchte weder für pietätlos noch für einen Opportunisten gehalten werden, der die aktuelle Sexwelle ausnutzt. . . . Nach Lage der Dinge ist diese Mitwirkung [gemeint ist die Mitwirkung des *Reigens* an der sich ständig erneuernden Mentalität der Zeit], die hemmend oder beflügelnd sein kann, nur durch einen Gesinnungswechsel von Schnitzlers Erben zu erreichen. Die Erben sind nunmehr dazu bereit. Niemand wird sie verdächtigen oder tadeln dafür, daß sie ein Werk mit großer menschlicher Problematik freigeben. Das Problem scheint gelöst. Der *Reigen* kann wieder gespielt werden. Irrtum vorbehalten. (13)

4. *'Der Kampf um den Reigen' in Österreich 1970*

Die Ankündigung, daß der *Reigen* auf die Bühne zurückkehren würde, trug vermutlich zu dem Entschluß bei, den "Kampf um den *Reigen*" 1970 in Österreich auszustrahlen. Die Besprechungen fielen wesentlich kritischer aus als in Deutschland und bezichtigten Strübel der Schwarzweißmalerei. So schreibt zum Beispiel "Telemax" in der Morgenausgabe des *Express* vom 22. Mai 1970:

> Man will ja nichts sagen, wenn im deutschen Kinofilm die Charaktere schon weithin erkennbar sind. Wenn man etwa an den Hüten ersieht, wer sich über etwas Nacktes entrüsten wird. Dort, im Kinofilm, läßt man es durchgehen. Aber hier, in unserem Fall, die Figur der ersten Schnitzler-Gegner in eine solche Maske zu stekken und sie durch lächerlichste Gebärden zu kennzeichnen: das ist Kitsch im Dokumentarspiel . . . (9)

Einen noch schärferen Ton schlagen die in Linz erscheinenden *Oberösterreichischen Nachrichten* vom 22. Mai 1970 an. Dort heißt es in der Kolumne "Das meint . . .":

> Der TV-Autor Gustav Strübel hatte in seine bombastische Arbeit alle Fehler einer Fernsehverbreiterung [sic] hineingebracht: ungenaues Kolorit, Interpretation gewesener Vorgänge vom heutigen Standort aus, Übertreibung der Probleme und daher leere, rhetorische Auftritte. Die Freiheit der Meinung und der regielichen Einrichtungen sind seit dem Prozeß von 1921 erreicht worden. Davon hat auch Gustav Strübel profitiert. Ihm hätte man sonst (leichte) Verfälschung der Tatbestände vorwerfen müssen und die theatralischen Abänderungen der Protokolle wären mit poetischer Phantasie zu entschuldigen gewesen. (9)

In ähnlicher Weise äußert sich Dr. Othmar Herbrich in seinem Artikel "Wirklich nur Zeitgeschichte?," der am 23. Mai 1970 in der Klagenfurter *Volkszeitung (Tageszeitung für Kärnten und Osttiro*l) in der Wochenendausgabe folgendes schrieb:

> Ich kann trotz Respekt und Hochachtung vor dem Niveau der geistvollen Dialoge nicht umhin, eine gewisse Einseitigkeit und zu stark gefärbte Subjektivität in der Nachzeichnung des Geschehens und der einzelnen Charaktere anzukreiden. . . . Heute bemitleiden wir wahrscheinlich so viel antiquiertes Hinterwäldlertum noch weit mehr, als es vor einem halben Jahrhundert ein Großteil des Publikums tat, dem es, abgesehen von den judenhassenden Kreisen, bei der Ablehnung des *Reigens* in der Tat um ernste Gefährdungsmomente der Jugend ging. . . . Die Regie Theo *Mezgers* "porträtierte" offensichtlich zugunsten der Angeklagten. Auf sie fiel ein Maximum an Licht, auf die Gegenseite ein Maximum an Schatten. Das aber verminderte den Wert sowohl der objektiven Dokumenta-

tion als auch den der fairen Interpretation. (7)

Ein weiterer kritischer Kommentar findet sich in der *Wiener Kirchenzeitung* vom 7. Juni 1970 ("Der Kampf um den *Reigen*"):

> Obwohl es [*Der Kampf um den Reigen*] sich als Dokumentarspiel ausgab, waren Drehbuch und Regie nicht im mindesten objektiv. Denn daß auf der einen Seite nur überzeugende, sympathische Menschen stehen und auf der anderen nur haßerfüllte, gemeine, hinterhältige oder auch nur lächerliche Figuren—so einfach ist das Leben nun wieder nicht. Und Dokumentarspiele sollten sich doch an die Wirklichkeit halten. (9)

5. *Lesungen des* Reigen *in München 1980, Stuttgart 1980 und in Wien 1981*

Auch öffentliche Lesungen des *Reigen* stellten eine Möglichkeit dar, das von Arthur Schnitzler verhängte und von Heinrich Schnitzler aufrechterhaltene Aufführungsverbot zu umgehen. Meisel hatte bereits im Februar 1980 eine—von Heinrich Schnitzler autorisierte—szenische Lesung des *Reigen* veranstaltet, über die Diethmar N. Schmidt am 21. März 1980 in der *Frankfurter Rundschau* (Ausgabe 1) schrieb ("Schöne Wiederkehr des Gleichen"): "Szenisch an der Lesung ist dreierlei: die Drehung der Bühne, die jedes Paar herein- und hinausfährt, im Hintergrund die Projektion des Milieus, in der das Rendezvous stattfindet, und das Klavier an der Seite" (15).

Interessanterweise wurde zur gleichen Zeit auch eine Horváth-Collage auf die Bühne gebracht, die Roberto Ciulli und Helmut Schäfer aus den Stücken *Italienische Nacht, Geschichten aus dem Wiener Wald, Glaube Liebe Hoffnung* und *Kasimir und Karoline* zusammengestellt hatten. Ulrich Schreiber rezensierte diese Aufführung in der *Frankfurter Rundschau* (Ausgabe 1) vom 21. März 1980, und die Überschrift seiner Besprechung, "Liebesreigen und Totentanz," macht den Konnex zwischen Horváth und Schnitzler evident. Wie Schreiber sagt,

> verbindet sich [auf diese Weise] die von Horváth am jeweiligen Einzel- und Trivialschicksal thematisierte Aggression der frühen dreißiger Jahre (samt ihrem im Faschismus sich entladenden Aggressionspotential) mit einer Zustandsbeschreibung der heute ausflippenden . . . Jugend zu einem niederschmetternden Ensemble

> geschichtlicher und gesellschaftlicher Zusammenhänge. . . . Ein wegweisendes Experiment. (8)

Doch erst 1987 wurden Schnitzler und Horváth zusammen gezeigt, und zwar als das Theater in Magdeburg in einer Vorstellung sowohl den *Reigen* als auch *Glaube Liebe Hoffnung* aufführte.

Eine weitere Lesung fand im März 1980 im Stuttgarter Kammertheater statt und wurde am 4. März 1980 von Friedrich Weigend in der *Stuttgarter Zeitung* besprochen. Weigend fand diese Lesung wesentlich besser und unterhaltsamer als Schnitzlers *Komödie der Verführung*, die in der gleichen Saison gespielt wurde. In seiner "Lichter statt Stricherl" betitelten Rezension sagt er: ". . . [delikater Einfall], die gedruckten 'Stricherln', die Schnitzler immer dann in seinen Text setzt, wenn 'es' passiert, ins dreidimensional Optische umgesetzt zu haben: als Tischkerzen, die jeweils die vollendete Begegnung erleuchtend andeuten—manchmal auch dialoggerecht flackern oder gar zu früh verlöschen" (23).

Im Sommer 1981, während der zu Ehren Schnitzlers veranstalteten Festwochen, wurde *Reigen* wieder gelesen. Wie Eleonore Thun in ihrem in der *Wochenpresse* vom 3. Juni 1981 veröffentlichten Artikel "Großartige Absurdität. *Reigen*-Matinee in der Josefstadt" mitteilt, war das Auditorium maximum der Universität bis auf den letzten Platz besetzt, als Michael Heltau aus Schnitzlers Werken las:

> Er begann seine beinahe bedächtige Lesung, die wie ein Verweilen in Zeiten wirkte, als der Pferdewagen die eiligste Verbindung schuf, mit dem "Boxeraufstand" . . . und setzte dann mit einer Auswahl von Dialogen und Erzählungen fort, die wie die Illustrierung zum Vortrag von Professor Erwin Ringel beim Schnitzler-Symposium wirkten. (Kultur: 32-33)

Drei Tage später, am 31. Mai 1981, fand im Theater in der Josefstadt eine Lesung des *Reigen* statt, bei der Otto Schenk Regie führte. Am 15. Mai 1981 kündigte die *Arbeiter-Zeitung* diese auf einen Sonntagvormittag (10:30 h) angesetzte Veranstaltung an und führte auch die Star-Schauspieler dieser Darbietung auf (13): Heinz Marecek (Soldat), Krista Stadler (Dirne), Dolores Schmidinger (Stubenmädchen), Alexander Waechter (junger Herr), Marianne Nentwich (junge Frau), Karlheinz Böhm (Ehemann), Adelheid Picha (süßes Mädel), Helmuth Lohner (Dichter), Christiane Hörbiger (Schauspielerin) und Michael Heltau als

Graf—"die Idealbesetzung schlechthin," wie Rudolf U. Klaus in der *Wiener Zeitung* vom 2. Juni 1981 unter der Überschrift "Erotische Finessen am Vormittag" feststellte (4). Für Klaus ist der *Reigen* nicht nur ein Stück über Sexualität, das sein Thema im Rahmen verschiedener sozialer Schichten durchspielt; für ihn steht fest, "daß *Reigen* wahrscheinlich nur die Fassade von etwas ist, das kritisch in noch viel tiefere und weitergezogene Dimensionen reicht" (4). Nach Ansicht von Eleonore Thun (*Wochenpresse* vom 3. Juni 1981) ist Schnitzlers Sozialkritik heute genauso gültig, wie sie es zu seiner Zeit war:

> Selbst heute gibt es überzeugte Verfechter einer sogenannten naturgewollten Ordnung, die zweifaches Maß anlegen. Wie Schnitzler das in die Gesellschaft des Wiens seiner Zeit, der Jahrhundertwende, projizierte, wie er Egoismen, Gedankenlosigkeit, Lügen entlarvte und dabei menschliche Verhaltensweisen aufdeckte, die an keine Zeit, keinen Ort gebunden sind, wurde bei der Matinee vom vergangenen Sonntag im Theater in der Josefstadt vielleicht noch klarer, als dies bei einer szenischen Aufführung möglich wäre. Dazu gehörte, daß Otto Schenk, dem die künstlerische Leitung zu danken war, die Regieanweisungen las, solcherart Schnitzlers Absicht noch herausstreichend. (Kultur: 32-33)

Ebenso beifällig äußert sich Karin Kathrein in ihrem Artikel "Bühne frei für den *Reigen*," der am 2. Juni 1981 in dem Wiener Blatt *Die Presse* erschien:

> Unter der künstlerischen Leitung von Otto Schenk gestaltete ein exquisites Ensemble eine so hinreißende Leseaufführung, daß ein wenig Phantasie unschwer diese geistreiche Szenenfolge, die so kunstvoll natürlich, so graziös entlarvend wirkt, verlebendigte. Sie ist heute nicht mehr anstößig, nicht mehr mißverständlich, sondern nur noch zu bewundern. (5)

Daß das Stück nicht mehr als unmoralisch angesehen werden kann, konstatiert auch Hans Heinz Hahnl in der Wiener *Arbeiter-Zeitung* vom 2. Juni 1981 ("Über die Taktik in Liebesdingen"):

> Selbstverständlich ist das Stück nicht unsittlich, es wirkt eher frustrierend. Haben die Protestierer nur ihre eigene Unsittlichkeit hineinprojiziert? Ich glaube eher, daß die Bürger doch betroffen

hat, mit welcher Brutalität hier aufgedeckt worden ist, was hinter ihren Unschuldsbeteuerungen steckt. Nichts als Lust. Schnitzler hat ihnen ins Gesicht gesagt, daß es das, was sie für Liebe ausgeben, gar nicht gibt. (13)

6. *Aufführung von* Saustück *in Wien 2. Juni 1981*

Am 2. Juni 1981 brachte das Burgtheater anläßlich des Schnitzler-Jahres eine Collage auf die Bühne, die Klaus Höring, Reinhard Urbach und Stefan Makk anhand der Materialsammlung von Alfred Pfoser zusammengestellt hatten. Die Texte dieses *Saustück* betitelten Werkes, das den Wiener *Reigen*-Skandal von 1921 zum Gegenstand hat, sind allesamt zeitgenössischen Quellen entnommen. Das Stück wurde von fünf Schauspielern—Sigrid Marquardt, Fritz Grieb, Rudolf Melichar, Herbert Propst und Kurt Schossmann—dargeboten, die im Kostüm der zwanziger Jahre auftraten. Sie kommen in einem Kaffeehaus zusammen und lesen aus Zeitungen des Jahres 1921 vor; dann schlüpfen sie in die Rollen damaliger Politiker, deren Äußerungen das politische Klima jener Zeit evident machen. In der Besprechung von Hans Heinz Hahnl, die am 4. Juni 1981 in der *Arbeiter-Zeitung* erschien und den Titel "Im Antisemitismus innig vereint" trägt, heißt es über diese Collage:

> Einen notwendigen Beitrag zum Schnitzler-Jahr, damit die nostalgische Euphorie nicht überbrandet, bietet das Burgtheater im III. Raum am Schwarzenbergplatz mit einer Collage über den *Reigen*-Skandal in Wien 1921. Es geht dabei gar nicht um das Schnitzler-Stück, es geht auch nicht um die Frage Pornographie oder Kunst. Stück und Sittlichkeit waren nur Vorwände, Anlässe zu einer antisemitischen Hetzkampagne, zu der sich Christlichsoziale und Deutschnationale einträchtig vereinten. Unfaßbar die damalige Rede Seipels mit ihren Ausfällen im Goebbels Stil. . . . Es war richtig, daß Reinhard Urbach und der Regisseur Klaus Höring die Collage mit einer selbstentlarvenden Kampfansage einer NS-Organisation abschließen. Von den *Reichspost*-Attacken führt der Weg nach Auschwitz, wenn es der christliche Leitartikler auch anders gemeint haben sollte. (15)

Die Sozialdemokraten hingegen standen eindeutig auf der anderen Seite: "Unzweideutig die Haltung der Sozialdemokratie und der *Arbeiter-Zeitung*. Für Seitz und Reumann war es keine Frage, daß sie die Freiheit der Äußerung zu wahren hatten" (15).

Das wurde jedoch von Arthur West bestritten, dessen Artikel "Schnitzler als Antifa-Verpflichtung" am 4. Juni 1981 in der Wiener *Volksstimme* erschien. West macht darauf aufmerksam, daß die Sozialdemokraten genauso versagt hatten wie alle anderen Parteien:

> Die Sozialdemokratie von 1921 konnte damals, konnte in der Folge noch unvergleichlich Ärgeres nicht verhindern. . . . 1921 erklärte SP-Bürgermeister Reumann im Parlament nicht etwa, Österreichs "Sittlichkeit" werde nicht durch Schnitzler, sondern durch die Reaktionäre gefährdet, sondern daß Schnitzler die Moral der Arbeiter nicht bedrohe, weil die ohnehin nicht ins Theater gehen. (9)

Die damalige Aufführung stellte nicht nur "ein Vorspiel zu Österreichs Untergang" dar, sondern weist auch auf die Gefahren der Gegenwart hin:

> wie grausig vertraut uns das klingt, was 1921 formuliert—und womit es bemäntelt—wurde. Konnte es nicht nahezu sechzig Jahre später in Wien neuerlich dazu kommen, daß Autoren zum Gegenstand wüster Diffamierung gemacht wurden, unter dem nämlichen Vorwand wie weiland Arthur Schnitzler? Kennen wir heute die Anschuldigung "Sexual- und Anal-Literaten" etwa nicht? Ist's nur ein "Glücksfall", daß die heute Angegriffenen nur "undeutsche" Namen tragen, ansonsten aber durchaus "arisch" sind? (9)

Die aktuelle politische Bedeutung dieser achtzigminütigen Collage hebt auch Hans Haider in seinem Artikel "Erbe statt Gegenwart" hervor, der in der *Presse* vom 4. Juni 1981 erschien:

> Man wird das Gefühl nicht los, im Burgtheater "spielt" man die alten Skandale, beerbt damit alten Freisinn und alte Helden—um desto präziser um die Tabus, Skandale, Bewußtheitsmanipulationen unserer österreichischen Tage einen weiten Bogen zu machen. Garantiert würde heute aus vielen Ecken "Saustück" gebrüllt, ließe sich das Theater ein auf den Reigen der Nehmer und Geber, der Prostitution mit einem Posten als Schandlohn, auf alle schlamperten politischen Verhältnisse, in denen Vertretungsaufträge so lange im Kreis herumgeschoben werden, bis jeder wirklich nur

noch sich, und für sich, repräsentiert. (5)

Wie Rudolf U. Klaus in seinem am 4. Juni 1981 in der *Wiener Zeitung* veröffentlichten Artikel "*Reigen* als Ouvertüre zum Massenmord" feststellt, vermittelt die Aufführung dieses Zeitdokumentes die Erkenntnis,

> daß die spießig-moralinsaure "sittlich" entrüstete Reaktion auf die dann tatsächlich verbotene *Reigen*-Aufführung nur die Camouflage war für einen bereits tief eingerosteten, kruden, unverhohlenen, bedrohlich virulenten, ungeheuerlichen Antisemitismus. Wäre das alles 1921 ernster genommen worden, die Massenemigration hätte schon damals einsetzen müssen, denn der Holocaust warf unübersehbar seine furchtbaren Schatten weit voraus. . . . *Reigen* also wird "via acti" aus der Welt geschafft. Ein alarmierendes Symptom. Ein Sieg des Mobs. Aber diese gespenstige, Hitler bisweilen wortwörtlich vorwegnehmende, schauderhafte Demagogie, die widerlichste, den "Volkszorn" entflammende Hetze, die nackte, unverblümt offene Aufforderung zum Pogrom—bereits 1921!—läßt nur das Fazit zu, daß der 17 Jahre später einsetzende Genocid bis ins Detail "geistig" vorbereitet war, auch, und gerade, leider, in Österreich. *Reigen* als Ouvertüre und Vorwand zum absehbar kommenden Massenmord: Eine ebenso schreckliche wie—vielleicht und hoffentlich!—heilsame Erkenntnis! (4)

Die Ereignisse des Jahres 1921 haben somit für uns heute ihre Gültigkeit nicht verloren, was auch von Oliver vom Hove in seinem Artikel "Ein Reigen böswilliger Diffamierungen," der am 4. Juni 1981 in den *Salzburger Nachrichten* erschien, herausgestellt wurde

> Als weit über den Zeitwert hinaus gültiges Exempel zum gestörten Verhältnis von Kunst und Gesellschaft aber bestätigt die Tragweite der damaligen Ereignisse um so nachhaltiger die Gültigkeit von Schnitzlers dramatischer Analyse: einer Analyse, von der der Autor bereits unmittelbar nach ihrer Fertigstellung zu Recht entnahm, daß sie, "nach ein paar hundert Jahren ausgegraben, einen Theil unsrer Cultur eigentümlich beleuchten würde." Man sollte auf die Ausgrabung für die Bühne nicht noch ein paar halbe hundert Jahre warten müssen. (Kultur: 9)

Wegen des großen Erfolgs wurde das *Saustück* im Herbst erneut aufgeführt. Dazu folgende Presseagenturmeldung vom 9. Oktober 1981 (APA 173-KU):

> Wieder im Repertoire des Burgtheaters.
> Wien 9.10. (apa)—Die erfolgreiche Produktion *Saustück*, die im Juni im Dritten Raum des Burgtheaters am Schwarzenbergplatz Premiere hatte, wird nächste Woche wieder in den Spielplan aufgenommen. *Saustück* befaßt sich mit den Vorfällen um die *Reigen* -Aufführungen in Wien 1921. Es ist eine Collage aus Presse-Zitaten, Gutachten, Parlaments- und Prozeßberichten um diese Aufführungen. Es wirken mit: Sigrid Marquardt, Fritz Grieb, Rudolf Melichar, Herbert Propst und Kurt Schossmann. Der Abend wurde zusammengestellt von Reinhard Urbach, Stefan Makk und Klaus Höring, der auch Regie führte. Bei der Zusammenstellung wurde auch die Materialsammlung von Alfred Pfoser berücksichtigt. Die Vorstellungen finden am 13., 14. und 15. Oktober jeweils 20.00 Uhr, im Burgtheater—Dritter Raum—Schwarzenbergplatz 1, statt.

7. *Vorbereitungen für eine Aufführung des* Reigen

Die Lesungen des *Reigen*, die Collage im Burgtheater, die Aufführung von Schnitzlers nostalgischem Fragment *Zug der Schatten* im Theater in der Josefstadt (Regie: Michael Kehlmann)—all dies bewirkte, daß die Bestrebungen, den *Reigen* selbst auf die Bühne zu bringen, immer stärker wurden. Das Problem dabei war das Aufführungsverbot, das Schnitzler über den *Reigen* verhängt hatte, und da in Deutschland und Österreich der Urheberschutz erst siebzig Jahre nach dem Tod des Autors erlischt, hätte man in diesen beiden Ländern den *Reigen* frühestens im Jahre 2002 aufführen können. Doch da in der ehemaligen Deutschen Demokratischen Republik und in den meisten anderen europäischen Ländern die Urheberschutzfrist nur fünfzig Jahre betrug bzw. beträgt, entschloß sich Heinrich Schnitzler, den *Reigen* bereits am 1. Januar 1982 zur Aufführung freizugeben.[2] Wie die *Oberösterreichischen Nachrichten* vom 12. September 1981 in "*Reigen* ab nächstem Jahr" mitteilten, hob Heinrich Schnitzler das Aufführungsverbot aus zwei Gründen völlig auf:

> Einer davon, der Ablauf der Urheberschutzfrist in allen anderen

> europäischen Ländern, und zum zweiten die Fernsehinszenierungen, die in verschiedenen Staaten Europas nach der Aufhebung des Aufführungsverbots des *Reigens* geplant sind, und ohnehin in Deutschland und Österreich gesendet würden. Nach dem deutschen und österreichischen Recht wäre die Urheberschutzfrist für das literarische Werk des 1931 verstorbenen Schriftstellers erst im Jahre 2002 abgelaufen. (10)

Eine ähnliche Meldung brachte der *Tagesspiegel* vom 12. September 1981; unter der Überschrift "Schnitzlers *Reigen* wird zur Aufführung freigegeben" schreibt das Blatt: "Nach Mitteilung des S. Fischer Verlags wäre daher eine Aufrechterhaltung des *Reigen*-Verbotes in der Bundesrepublik und Österreich bis zum Ablauf der hier geltenden Urheberschutzfrist am 1. Januar 2002 praktisch einer Diskriminierung der bundesdeutschen und österreichischen Theater und Medien gleichgekommen. (4)

Horst Statkus, der von Heidelberg nach Basel gekommen war, um dort die Leitung des Stadttheaters zu übernehmen, wollte der erste sein, der den *Reigen* im deutschen Sprachraum wiederaufführte, denn die Schutzfrist für urheberrechtlich geschützte Werke läuft in der Schweiz schon 50 Jahre nach dem Tode des Autors ab. Statkus machte jedoch einen Fehler: er ging davon aus, daß die fünfzig Jahre am Todestag Arthur Schnitzlers abliefen, der am 21. Oktober 1931 in Wien gestorben war. Das war indes ein Irrtum; die Morgenausgabe des *Kuriers* vom 7. September 1981 teilte in diesem Zusammenhang unter der Überschrift "Basel: Rechtsstreit um den *Reigen*" mit: "Wie die Staatsanwaltschaft in einem Protestschreiben feststellte, erlöscht die Schutzfrist erst mit dem Ende des Kalenderjahres. Neuer Premierentermin daher: 1. Jänner 1982, 0,05 Uhr. Durch die Terminverlegung ergibt sich für das Theater ein Schaden von rund 100.000 Franken" (11). Auch der *Stern* vom 30. Dezember 1981 kündigte diese Aufführung sowie weitere Inszenierungen an; in Jutta Duhm-Heitzmanns Artikel "Das ‘schmutzigste Stück des Jahrhunderts’" heißt es dort:

> Im Run auf den *Reigen* liegen die Schweizer nur durch ihre Mitternachts-Premiere vorn. Schon am Abend des 1. Januar werden die erotischen "zehn Dialoge", so der Untertitel des Stückes, auch im Münchner Cuvilliés-Theater und von der Londoner Royal Shakespeare Company gespielt. Am 2. Januar folgt das Royal Exchange Theatre in Manchester. (105)

Da sich, wie der *Spiegel* ausführte, in den vergangenen sechzig Jahren die Moral und die Einstellung zur Sexualität grundlegend geändert hatten, könnte der *Reigen* wahrscheinlich skandalfrei gezeigt werden:

> Das *Reigen*-Verbot war ohnehin eher eine Marotte als eine sinnvolle Maßnahme des pietätvollen Nachlaßverwahrers. Angesichts einer gewandelten Moral, die weder vor Hard-core-Porno noch vor Peepshows zurückschreckt, ist das Stück vor Skandalen längst sicher. . . Nun ist die Bühne frei für Schnitzlers Meisterwerk, beim Fischer Verlag in Frankfurt häufen sich die Anfragen. Anheben wird der *Reigen*-Reigen in Basel, am 1. Januar 1982. (Anon., "Ende einer Selbstzensur" 266)

Die erste Aufführung in Deutschland—im Münchner Cuvilliés Theater—wurde ebenfalls auf den 1. Januar 1982 angesetzt; Regie führte Kurt Meisel. Die *Süddeutsche Zeitung* vom 31. Dezember 1981/1. Januar 1982 avisierte dieses Ereignis in "Delikates Rondo amouröser Beziehungen," verfaßt von Karl Ude:

> Einen ersten Anlauf zu seiner *Reigen*-Interpretation hat er [Meisel] vor anderthalb Jahren genommen, als er im gleichen Haus an einer Lesung aus der Szenenfolge beteiligt war. Und so weiß er sehr gut, daß es sich nicht eigentlich um ein Drama handelt, sondern um eine Reihe von Sketches, in deren Mittelpunkt immer das gleiche steht: der diskret übergangene Vollzug des Liebesaktes, den der Dichter stets zu Resignation und Melancholie führen läßt, womit die Gefahr gewisser Eintönigkeit gegeben ist. Der Regisseur hat deshalb versucht, jede Szene als völlig neue und andere Situation zu konzipieren. (21)

B. *Aufführungen in Basel, München, Manchester und London 1. Januar 1982. Weitere britische Inszenierungen des Jahres 1982*

1. *Aufführung in Basel*

Die erste Aufführung des *Reigen*, die nach Heinrich Schnitzlers Aufhebung des Verbots gezeigt wurde, fand am 1. Januar 1982 in der *Baseler Komödie* statt, fünfundzwanzig Minuten nach Mitternacht. Regie führte Wolfgang Quetes, die Schauspieler waren Gabriele Kloske (Dirne), Ilse Winkler, Gerhild Didusch, Babett Arens, Rosalinde Renn (Schauspielerin), Peter Lerchbaumer (Soldat), Andreas Wimberger, Werner Prinz, Heinz Trixner und Wilm Roil (Graf). In seiner unter der Überschrift "Verziert, verzärtelt und nostalgisch" in den *Stuttgarter Nachrichten* vom 4. Januar 1982 erschienenen Aufführungskritik lobt Hartmut Regitz die Idee, "der eigentlichen *Reigen*-Aufführung die szenische Prozeß-Dokumentation voranzustellen. Allem Widerstand war damit der Wind aus den Segeln genommen, und eine unterhaltsamere Einführung in Sinn und Form des zehnmaligen Dialogs ließ sich schwerlich denken" (20, Nummer 2). Die Inszenierung selbst freilich war wenig dazu angetan, die Ereignisse von 1921 verständlich zu machen:

> Der Basler *Reigen* hat etwas Gleichförmiges, Mechanisches. . . . Nur: Um den Waren-Charakter des Liebesaktes herauszuarbeiten, um den Kapitalismus der Gefühle bewußt zu machen, hätte der Regisseur den *Reigen* roher, hemmungsloser, ernüchternder ausspielen sollen. Er hätte die Konflikte und Katastrophen krasser werden lassen müssen. So wirkt die Aufführung, von Harfen- und Spieldosenmusik unterbrochen, fast zu verspielt, verzärtelt, nostalgisch—wie eine Wiener Maskerad und weiter nichts. Und das eben erklärt die ganze Aufregung von 1921 nicht, von der das Kapitel kuriosester Kulturgeschichte wenige Stunden vor der *Reigen*-Wiederaufführung weit amüsanter berichtet. (20)

Nach Ansicht von Peter Burri besteht die Aussage von Schnitzlers Stück darin, daß Frauen mehr haben wollen als rasche Triebbefriedigung. In seinem Artikel "Dezenter *Reigen*," der am 2. Januar 1982 in der *Basler Zeitung* erschien, schreibt er:

> Realitätsbezug, ja: Die Frauen haben in Schnitzlers Szenen weit mehr davon als die Männer, dafür kommen sie in der Liebe in der Regel zu kurz. Die Männer wollen oder müssen alle mal einfach (weil sich sonst das Blut verdickt. . .); die Frauen auch, aber sie denken weiter, sie möchten noch etwas Liebe dazu, möchten danach noch ein bisschen verweilen, den Liebhaber spüren, der meist schon in Kleidern herumsteht und in die "feindliche Welt" will—respektive muss, wie der Ehemann sagt. (26)

Burri empfiehlt, einen neuen *Reigen* zu schreiben, in dem auch die Frage gestellt wird, wie es nach den Abenteuern weiter gehen soll:

> Eigentlich müsste der nun freie *Reigen* Autoren von heute anstacheln, einen *Reigen* von heute zu schreiben. Das Spektrum würde breiter und böser, liefe aber wohl—als blosse Szenenreihung—ebenso wie bei Schnitzler Gefahr, dort stehenzubleiben, wo es eigentlich wichtig wird. Und das ist der Punkt, wo eine Figur (ein Mensch) mal ein, zwei, drei Abenteuer hinter sich hat und sich dann fragen muss, wie es nun mit ihm weitergehen soll. Schnitzler umgeht diese Frage im *Reigen*, indem er sein Personal austauschbar macht. . . . Das damals Querläufige, das dieses Verfahren hatte, hat es heute nicht mehr. Wir haben längst zuviel Austauschbares gesehen. (26)

Nach dem Dafürhalten von Gerhard Rohde läuft jede kommende *Reigen*-Aufführung ebenfalls Gefahr, das Burleske auf Kosten der Wortkunst in den Vordergrund zu rücken. In der Sonntagsausgabe der *Frankfurter Allgemeinen Zeitung* vom 2. Januar 1982 stellt er unter der Überschrift "Liebe, Lust und Traurigkeit" fest:

> In den zehn Dialogen steckt nicht nur dialogischer Witz und Gelegenheit für Liebe auf den ersten Griff. Schnitzlers Sprache öffnet in Tonfall und Wendungen aufregende Einblicke in die psychische Situation dieser Menschen. In den Jahren der Horváth- und Ibsen-Rezeption—bei diesen beiden Dramatikern vor allem— haben Regisseure gezeigt, wie man so etwas spielen lassen muß. . . . Die Inszenierung von Quetes deutet eine Gefahr an, die die jetzt wohl mit aller Gewalt über die Theater hereinbrechende *Reigen*-Welle ergeben könnte: Schnitzlers *Reigen*, diese raffinierten, in Theaterspiel übersetzten Psychogramme als Boulevard-Amüsement, dem planen Lachen preisgegeben. Dabei sind die Szenen eher zum Erschrecken. (21)

Günter Engelhards Einschätzung verrät sich bereits im Untertitel seiner "'Ihr bestes Buch, Sie Schmutzfink'" überschriebenen Kritik im *Rheinischen Merkur* vom 8. Januar 1982: "Arthur Schnitzlers *Reigen* der Reize wurde in der Neujahrsnacht verspielt". Nach Ansicht Engelhards beschränkte sich die Inszenierung auf die vordergründige Darbietung der Situationen, ohne die darin enthaltenen Feinheiten und Nuancen spürbar werden zu lassen:

> In der Basler Inszenierung von Wolfgang Quetes wurden die Be-

gegnungen wie Scherenschnitte scharadenhaft exekutiert: *Der Reigen* verlief da als Planspiel mit feststehender verbaler Strategie. Nichts war zu spüren von der unterschwelligen Erregung, die im scheinbar noch so harmlosen Wortgeplänkel mitschwingt, wenn beide Partner mit trickreicher Vorsicht die Verschiedenheit ihres sozialen Standes, ihrer Lebensführung und ihrer Mentalität beseitigen müssen, um möglichst rasch zu jener verbindenden Sache zu kommen, die sie traurigerweise anschließend so weit voneinander entfernt, daß die trügerische Erfüllung in den Armen der nächsten Bekanntschaft gesucht wird. (16)

Laut Engelhard kommen in Quetes' Aufführung die unbewußten Kräfte, die die Partner zueinander treiben, nicht im geringsten zum Ausdruck:

Es sind keine zeitgeschichtlichen Sittenbilder und keine erotischen Verhaltensstudien, es kommen weder Begehrlichkeit noch charmante Verlogenheit noch Koketterie der Körper zur Wirkung, wenn sich in Basel und anderswo die Vorhänge öffnen. Kein Schauspieler versteht sich darauf, der lockenden Obszönität eindeutiger Gefühlslügen schillernden Ausdruck zu verleihen. Wie wenig Vertrauen unsere jungen sachlichen Regisseure in die zeitlose Verführungskraft der Worte, der Blicke und der Berührungen setzen, geht allein schon aus der Kostüm-Dramaturgie hervor: Wolfgang Quetes läßt in Basel die Kleidung schichtenweise fallen, so daß jedes prickelnde Gefühl im Gelächter über so viel hinderliche Wäschelagen erstickt. (16)

Für Oliver vom Hove, dessen Artikel "Den *Reigen* überhastet wieder in Gang gesetzt" am 2. Januar 1982 in den *Stuttgarter Nachrichten* erschien, grenzt die Aufführung ans Groteske: "[Quetes] Karusell der nachgestellten Lieb- und Leidenschaften ist zu augenfällig auf den Angelpunkt der Groteske bezogen, als daß die Aufführung den hochgesteckten eigenen Anspruch zu erfüllen vermöchte. . . . Die Figuren schlafwandeln mehrheitlich hart an der Grenze zur Karikatur dahin."

Burleske Elemente machte auch Curt Riess aus, der für die *Welt* vom 4. Januar 1982 "Ein Stück, das zu lange Jungfrau blieb" schrieb:

. . . das Publikum lachte das Stück fast zu Tod. Es war das fette, satte Stammtischlachen, das demonstrative Wiehern, wenn ein zweideutiger Witz erzählt wird. . . . [Schnitzler] fühlte sich

> seinerzeit mit Recht mißverstanden, von einer völkischen Gruppe moralisch Entrüsteter, die den Skandal mit nachfolgendem Prozeß inszeniert hatte. Er würde, lebte er noch, nach der Reaktion des Baselers Publikums die Aufführung von neuem verbieten—und mit Recht. (13)

Um überzeugend zu wirken, müßte eine *Reigen*-Inszenierung das Stück in die Zeit stellen, in der und für die es geschrieben wurde. Das tat Quetes jedoch nicht, wie Renée Buschkiel in ihrem Artikel "Rondo der Realitäten" konstatierte, der im *Südkurier* (Konstanz) vom 2./3. Januar 1982 erschien: "Auf weitgehend neutraler Bühne stellt er den Reigen der zehn Paare in die eher brutale Welt des heutigen Eros" (2). Gleicher Ansicht ist der mit "haj." zeichnende Rezensent der *Neuen Zürcher Zeitung*, der die Fin de siècle-Atmosphäre für wesentlich und unentbehrlich hält. In seiner am 6. Januar 1982 veröffentlichten mit "Sie taumeln von Begierde zu Genuss" betitelten Kritik sagt er:

> Um dem Stück völlig gerecht zu werden, muss es ganz aus der damaligen Epoche des ausgehenden Dix-neuvième heraus gespielt werden. Erst dadurch wird die diesem Reigen eigene Psychologie und Mentalität ganz verständlich. Am Sensorium für das von Schnitzler beschworene Lebensgefühl fehlte es der Basler Inszenierung, wie schon der Schluss der dritten Szene zeigte, wo der Regisseur das Stubenmädchen kichernd den Titel des vom jungen Herrn gelesenen Buches entziffern, statt dieses (als Rache) eine Zigarre für den Geliebten entwenden liess. Man mag das ebenso wie das Weglassen der letzten Worte der Schlussszene, des vieldeutigen "Guten Morgen" des Grafen—für eine Bagatelle halten; gerade bei Schnitzler aber steckt der liebe Gott im Detail. Als unerlaubte Entgleisung muss das Absinken der vierten Szene auf das Schwankniveau der Unterhosenkomik angeprangert werden. Ob es eine glückliche Lösung war, die delikaten, vom Dichter mit Gedankenstrichen angedeuteten Momente der sexuellen Vereinigung durch Harfenklänge (Musik: Wolfgang Löffler) zu überspielen, mag dahingestellt sein . . . (25)

Der Rezensent des *Bunds*, dessen Artikel "Reminiszenzen aus vergangenen Tagen" am 20. Januar 1982 erschien, beglückwünschte den Regisseur, weil er das Fin de siècle so auf die Bühne gebracht habe, wie man es schon Dutzende Male gesehen hat. Sicher: In diesem Rahmen war der Abend sauber inszeniert und dargestellt—eben so, wie man es sich schon immer vorgestellt hat, streckenweise amüsant und unterhaltsam, eine Reminiszenz aus vergangenenen Tagen. Aber: Ob das reicht, ob damit dem Stück und seiner Geschichte heutzutage Genüge getan wird, ob Schnitzler uns nicht doch mehr zu bieten hat? Ich hätte mir mehr Phantasie, mehr Regiearbeit anstatt des blossen Nachspielens des Textes und der Regieanweisungen gewünscht, um für heute zu diesem Mehr an Verbindlichkeit zu kommen. (29)

2. *Aufführung in München*

In Deutschland erlebte der *Reigen* seine Wiedergeburt als Bühnenstück am 1. Januar 1982 im Münchner Cuvilliés-Theater. Regie führte Kurt Meisel, die Schauspieler waren Gundi Ellert (Dirne), Lena Stolze, Rita Russek, Andrea-Maria Wilner, Ursula Lingen (Schauspielerin), Nikolaus Paryla (Soldat), Herbert Rhom, Kurt Meisel, Walter Schmidinger und Hans Brenner (Graf). Karl-Robert Danler bemerkt zu dieser Besetzung in der *Tiroler Tageszeitung* (Innsbruck) vom 7.1.1982 ("Thema mit Variationen: *Der Reigen*—Die Schnitzler-Premiere in München"): "Man [konnte] nur staunen, daß es heute noch ein so intaktes Ensemble gibt. Ohne einen einzigen Gast konnte Meisel diesen *Reigen* besetzen, und zwar hochkarätig besetzen" (13). Wie Meisel in einem Interview sagte, das unter der Überschrift "Wenn was los ist, wird es finster" in der *Münchner Abendzeitung* vom 29. Dezember 1981 erschien, erfüllt dieses Stück eine "entsetzliche Traurigkeit. Man muß die Wehmut verbinden mit so einer Qualtinger-Bösartigkeit, das wäre die richtige Mischung." Die einzige positive Figur ist Meisels Ansicht nach die Dirne: "Wie kann man eine Hure anständig finden, wird man sagen, aber das ist Blödsinn natürlich. Christus hat Maria Magdalena auch aufgenommen; aber die Verlogenheit hat sich nicht geändert" (11). Hans Lehmann, der die Inszenierung am 4. Januar 1982 in der *Kölnischen Rundschau* rezensierte, gibt der Lesung den Vorzug vor der Bühnendarbietung. In seinem Artikel "Der *Reigen* ist wieder da" heißt es: "nur gelesen war's böser und amüsanter. . . . Wie sich jetzt zeigte, wurde das damalige große Vergnügen der Zuhörer durch die jetzige Bühnenrealisation bei den Zuschauern nicht intensiver" (6).[3] Es war auch nicht sonderlich vorteilhaft, daß der über siebzigjährige Meisel den Gatten spielte, den das süße Mädel für um die Dreißig hält (in München änderte man die Altersangabe in vierzig um); überdies gelang es dieser Aufführung nicht, wie Günther Grack in seinem am 3. Januar 1982 im *Tagesspiegel* veröffentlichten Artikel "Der Skandal von gestern" bemerkte, die feineren Nuancen in dem schnellen Wechsel von Euphorie zu Melancholie überzeugend darzustellen:

> Der immer neue und doch immer wieder gleiche Wechsel von Euphorie und Melancholie, der sich in Schnitzlers Episoden abspielt, entbehrt in Meisels Inszenierung der feineren Valeurs; manches gerät da zu hastig, auf falsche Weise hektisch. Man möchte dem Stück einen Regisseur wie Luc Bondy wünschen, oder wie Peter Stein. (4)

Nach Ansicht von Rose-Marie Borngässer, die die Münchner Aufführung in der *Welt* vom 4. Januar 1982 besprach, ist der *Reigen* antiquiert, und sie nennt ihn "Ein Stück, das zu lange Jungfrau blieb" (so auch der Titel ihrer Rezension):

> Ein Stück ist stumpf geworden. Schnitzlers einstige Frivolität hat Staub angesetzt, der auch auf der Bühne nicht weggeblasen wurde. Der Dialog wirkt oft nur gespreizt und gestelzt: Von der Sprengwirkung, die dieses Stück einst besaß, ist heute keine Spur mehr zu finden. Zu fragen wäre überhaupt, was an dieser wienerischen Tragikomödie für uns bewahrenswert ist. Warum fallen denn alle diese Paare. . . in die Plumeaus, auf die Canapés oder in die Praterwiesen? (13)

Wie C. Bernd Sucher in seinem Artikel "Kein Licht in der Dunkelheit. Arthur Schnitzlers Reigen—von Kurt Meisel mißverstanden" (*Süddeutsche Zeitung*, 4. Januar 1982) sagt, hat Meisel zwei Fehler begangen: er hat es unterlassen, die Ernüchterung nach dem Geschlechtsakt deutlich zu machen, und er hat es versäumt, die Allmacht des Sexualtriebs vor Augen zu führen:

> Er möchte nicht zeigen, daß diese unaufhörliche Suche nach sexueller Befriedigung auch gemein ist; vielmehr arbeitet er ausschließlich den Witz dieser Paarungen heraus. Für ihn ist der *Reigen*, ohnehin nur im Wien der Jahrhundertwende spielbar, Wiederholung bestimmter, für den Zuschauer amüsanter Eroberungstechniken. Kosen und Zieren, Jauchzen und Beleidigtsein, Aus-

> und Anziehen gehören für ihn, so lange all das noch einen (wienerischen) Charme hat, dazu. Ein Quentchen Sinnlichkeit, dagegen hat er nichts. Doch die Ernüchterung, daß jedes Abenteuer eben nur schale Wiederholung des Immergleichen ist, also den Zwang zur Wiederholung einer eigentlich fruchtlosen Beziehung, möchte Meisel nur andeuten. Er inszeniert den *Reigen* als possierlichen Ringelreihen, nicht als einen erniedrigenden Tanz um den allmächtigen Geschlechtstrieb, an dem alle Stände sich beteiligen und sich gleichermaßen erniedrigen, weil sie heillos blind im dunkeln tappen und unfähig sind, ihrer Begierden Herr zu werden. (13)

Rolf Lehnhard betrachtete dies nicht als negativ, sondern es waren gerade diese Mängel, die die Aufführung so großartig machten. In der *Schwäbischen Zeitung* (in der Ausgabe Leutkirchen) vom 7. Januar 1982 schreibt er unter der Überschrift "Schnitzler urteilt nicht, er enthüllt": "Ein echter Wiener spielt hier die melodiöse Partitur seines Landsmanns sozusagen vom Blatt und ohne sie mit zusätzlich ergrübeltem Tiefsinn zu befrachten" (Kultur: 4). Zu den wenigen positiven Kritiken gehört auch die von Gerhard Pörtl, die am 7. Januar 1982 in der *Saarbrücker Zeitung* erschien ("Komödie des Paarungstriebes"). Pörtl meint, daß es Meisel gelungen sei, die Stimmung des 'Davor' und 'Danach' darzustellen: "Das Umtauschgesicht der Begehrenden, Liebenden, Ernüchterten und wieder Verführten" (8).

Diese Inszenierung besaß Unterhaltungswert. Wie Friedrich Kraft im *Deutschen Allgemeinen Sonntagsblatt* vom 10. Januar 1982 bemerkte ("Drehen und drehen lassen"), hat "Arthur Schnitzlers einst wegen Pornographie verketzerter *Reigen* . . . beträchtlichen Unterhaltungswert, die Damen und Herren Premierengäste spendieren lange freundlichen Beifall" (17). Daß die Inszenierung ein Kassenerfolg war, bestätigte auch Barbara Schmitz-Burckhardt in ihrer "Hübsch und harmlos" betitelten Rezension, erscheinen in der *Frankfurter Rundschau* vom 9. Januar 1982: "Die Rechnung ging auf für Kurt Meisel: Obwohl die Kritiken für seine *Reigen*-Inszenierung am Cuvillièstheater [sic] nachsichtig bis niederschmetternd ausfielen, drängte das Publikum in der zweiten und dritten Vorstellung in hellen Scharen an die Kassen" (7). Was dann auf der Bühne gezeigt wurde, war jedoch eher für die Rezensentin eher enttäuschend:

> Denn so heftig auch das Programmheft die "Polarität von Lieben und Sterben" beschwor. . . . so wenig gelang es der Inszenierung

> Meisels, die Doppelbödigkeit, die schwarze Melancholie der zehn Szenen mit wechselnden Partnern vor und nach dem Koitus deutlich zu machen. Der Erfahrungshunger aus Todesangst, der die Schnitzlerschen Menschen an- und umtreibt . . . ist bei Meisel nichts als eine muntere Libertinage, jeder mit jedem, solange nur die Form gewahrt bleibt. (7)

Abschließend zieht Barbara Schmitz-Burckhardt folgendes Fazit: "Hübsch ist das alles und harmlos, harmlos bis zur Langeweile. So gähnt man heute über den Skandal von gestern. Der ganze Schnitzler des *Reigens* bleibt noch zu entdecken" (7). Ähnlich urteilt Christine Dengler in der *Tiroler Zeitung* vom 9. Januar 1982 ("Den *Reigen* ins Debakel manövriert"):

> Doch von der zarten, morbiden Fin-de-siècle-Stimmung, von der hingehauchten und somit doppelt wirkungsvollen Gesellschaftskritik, von dem Süperben der psychologisch raffiniert die Personen entlarvenden Dialoge, von der amourösen Delikatesse und der ganzen Poesie dieses Stückes keine Spur. Schade um die Liebesmüh.

3. *Die Aufführungen in Basel und München: Ein Vergleich*

Einige Kritiker, die die Aufführungen in Basel und München miteinander verglichen, hielten beide Versuche für Fehlstarts.So auch Gerhard Rohde in seinem längeren Artikel "Die Inszenierung einer Ungeheuerlichkeit," der am 4. Januar 1982 in der *Frankfurter Allgemeinen Zeitung* veröffentlicht wurde:

> "Wer weiß, ob wir morgen noch's Leben haben", sagt die Dirne zum Soldaten, und dieser meint, daß es "eh das beste wäre", in der Donau zu liegen. Dieser Eingangsdialog, der Horváths kleine Menschenkinder vorausahnt, an Büchners armen Soldaten Woyzeck und seine Marie erinnern läßt, geriet in beiden Inszenierungen viel zu hastig, flächig und undifferenziert. Die Szene atmete nicht, gewann kein Volumen. Wie in Basel betonte auch Kurt Meisel mit seinem Bühnenbildner Jürgen Kötter die traditionelle *Reigen*-Form. Im Cuvilliés-Theater drehte sich dazu fleißig die Drehbühne, gab jeweils im Ausschnitt die Spielorte zur Ansicht frei. Wie in Basel gibt dieses kreiselnde Weiterreichen der Personen auch Meisels Inszenierung formalen Halt, feste Kontur.

> . . . Bei beiden Aufführungen hatte man das Gefühl, daß sie zu Beginn der neuen *Reigen*-Serie an unseren Theatern nicht gleich einen Inszenierungsskandal riskieren wollten. Soviel "Demut" hat Schnitzler nicht verdient . . . das Theater muß da nicht hinterherlaufen und den Oberflächenreiz des Stücks, sondern dessen "dritte Dimension" inszenieren. (17)

In seiner "Ein Karussell mit Leerlauf" betitelten Rezension, die am 7. Januar 1982 in den *Stuttgarter Nachrichten* erschien, sagt Rohde überdies: "Arthur Schnitzlers *Reigen* wird demnächst auch an anderen Bühnen inszeniert werden. Insofern kann man etwas leichter über die beiden 'Fehlstarts' hinweggehen. Die 'richtige' Wiederaufführung des Stücks, nach 60 Jahren Theaterabstinenz, steht uns noch allen bevor" (20).

Nach Ansicht von Reinhardt Stumm, der beide Aufführungen in der *Weltwoche* vom 6. Januar 1982 in einem ganzseitigen Artikel mit dem Titel "Grabenkrieg vor der Bettenburg" besprach, vermieden es beide Theater, dem, worum es in diesem Stück eigentlich geht—nämlich um Erotik—Genüge zu tun: "Auch die Erotik hat im deutschen Theater keine Tradition, kein Daseinsrecht, wo immer dieser welsche Wurm an den Wurzeln unseres teutonischen Bewusstseins zu nagen beginnt, wird er ausgerottet" (23). Eine wichtige Rolle spielen hier, wie Stumm sagt, die Konventionssperren, die einem nur dann sexuellen Genuß ohne Schuldgefühle gestatten, wenn man "Liebe" als Rechtfertigung anführen kann. Das wird zum Beispiel in der Begegnung zwischen der jungen Frau und dem jungen Herrn deutlich. Nach einigen Präliminarien

> möchte [er] ihr am liebsten unter die Röcke, aber er hat noch Bammel. Sie möchte, dass er sofort möchte, aber sie muss noch schicklich spielen. Erst wenn der genau definierte Point of no return überschritten ist, fallen die Konventionssperren—bis nachher. Dann fragt sie: Liebst du mich auch wirklich? Und diese Frage, die alle Frauen in diesem Stück stellen ausser der Dirne, ist nicht, wie man bei den Schnitzler-Interpreten lesen kann, die Sehnsucht nach Bindung, es ist die Beschwichtigung des schlechten Gewissens. Wenn er sie liebt, steht sie gewissermassen unter einem höheren Gesetz als dem des bürgerlichen "Du sollst nicht"—Katechismus. (23)

Quetes jedoch verwandelte das Stück in ein "Pandämonium menschlicher Gemeinheiten," und Kurt Meisel machte daraus eine amüsante "Backfischgeschichte, zu der von der Bühne herab und zur Bühne hinauf das passende Gekichere zu hören ist" (23). Als Beispiel führt Stumm den Dialog zwischen der Schauspielerin und dem Grafen (Hans Brenner) an:

> Hans Brenner reisst die Tür auf zum Boudoir der Dame, ein riesiger Rosenkorb geht (unfreiwillig) zu Boden. Der Graf, der hier wie eine Hofmannsthal-Figur erscheinen müsste, ein hochsensibler, müder Dekadent, der kaum ins Theater kommt, weil das lästige Dinieren immer so lange geht, der die Liebe vor dem (späten) Frühstück verabscheut, dieser Graf ist für Brenner ungeheuer schwierig, aber er findet sich in diese müde, abgelebte, spannungslose Figur hinein, bis die scharfe Dame ihn soweit hat, dass er den Uniformrock auszieht—und darunter ein fleischfarbenes Korsett entblösst. Das ist die Hinrichtung dieser Rolle, standrechtlich, denn Schnitzler wollte etwas anderes—und diesem anderen wird in Meisels Inszenierung nicht etwa der Prozess gemacht, es wird einfach exekutiert, denunziert, lächerlich gemacht. (23)

In einem längeren Artikel mit dem Titel "Klasse-Liebe, Klassen-Liebe" führt Stumm ergänzend aus:

> Der Graf: eine schwierige Rolle, die abgehobene Blasiertheit, die ganz echt ist, die naive Altklugheit, die nicht ohne Gefühl ist, die aber auch schon alles vorausweiß, da ist das ganze Österreich der Jahrhundertwende—und ein Hans Brenner, der in München steif und überkontrolliert versucht, genau das zu bringen, was ihm sichtlich Mühe macht. Schon seine Kostümierung . . . Dann hat sie ihn endlich soweit, diese—in München—recht schmale Kokette, er zieht die Uniformjacke aus, und darunter kommt ein fleischfarbenes Korsett zum Vorschein, mit Bändern und Schnüren, so ein Ding, wo man vermutlich eine Viertelstunde braucht, um es vom Leibe zu kriegen. Der programmierte Lacher kommt, und die Rolle ist exekutiert, einfach so, standrechtlich, ohne Prozeß, ohne jede Frage *an* diese Figur. Brenner kann einem leidtun, von der Schlappe kann er sich nicht mehr erholen. (15)

Diese Mischung aus Erotik und Situationskomik hält Stumm für etwas typisch "Teutonisches." Für ihn war der Schluß nur noch langweilig:

> Das teutonische Verhältnis zur Erotik erneut bestätigt. Wenn es nicht der unter der Wotanseiche durchgeführte, behördlich genehmigte Liebesakt ist, zu dem die treuen Vasallen an die Schilde donnern, dann ist nichts. Vorher ist nichts und hinterher ist nichts. Und die Sache selber—*Das Eigentliche*, wie Heinrich Mann spottete—ist ja auch nichts. Da war Max Reinhardt 1920 schon weiter. In seinem Regiebuch zum *Reigen*, das er zumindest angefangen hatte, werden die Gedankenstriche im ersten Bild "Augartenbrücke" aufgelöst: "Ein Stadtbahnzug donnert heran, pfeifend, pfauchend, immer näher, immer lauter, schließlich flitzen oben auf der Brücke zahllose beleuchtete Fenster blitzschnell vorbei, unter Dröhnen, Poltern . . . ". In der Richtung hätte man ja ein bißchen weiterdenken können . . . (15)

In seinem Artikel "Begierden: ja—Gefühle: nein," der am 5./6. Januar 1982 in der *Badischen Zeitung* erschien, zieht Stumm deshalb folgendes Fazit: "Weder in München noch in Basel wurden diese Liebeskrieger wirklich ernstgenommen. In Basel hat man die Zwischentöne, die Obertöne, die Untertöne nicht hören wollen, da wurde es ruppig und muskulös. In München hat man sie nicht gehört, da wurde es Klamotte"(12).[4]

Nach Auffassung Helmut Schödels, der über die beiden Inszenierungen in der *Zeit* vom 8. Januar 1982 berichtete ("Die Blumen des Blöden"), war die Münchner Aufführung ein Anachronismus. Das Sexualverhalten heutzutage sei wesentlich freier ist als zu Schnitzlers Zeiten, und Quetes' Bühnenversion sei "Lokaltermin," denn er "inszenierte ein lustiges Volksstück im Wiener Dialekt, ohne zu bedenken, daß das Tempo des Reigens inzwischen rascher geworden ist" (38).

In einer mit "R.W." gezeichneten Rezension, die am 13. Februar 1982 im *Bayern Kurier* erschien und die Überschrift "Was Schnitzler nicht gewollt hat" trägt, heißt es:

> Im Rahmen des kuscheligen Cuvilliés-Theaters geriet die Aufführung dem Intendant-Regisseur Kurt Meisel nicht zur Ehre—er begnügte sich mit libertinösem Boulevard, er setzte auf Äußerlichkeiten wie den Karussell-Bühnenbildeffekt, die scheinverbindende Musik von Oscar Straus, Ingredienzen, die das Stück ins Unverbindliche verfälschen. Die Meinungen waren dementsprechend unfreundlich: Hübsch und harmlos, gähne man über den Skandal von

gestern, hieß es, und: Loses Spiel in den Betten. Womit genau das geschehen ist, was Schnitzler vermeiden wollte. (15)

4. La Ronde *in England 1982*

a) *Aufführung im Royal Exchange Theatre in Manchester*

Da literarische Werke in England nur fünfzig Jahre urheberrechtlich geschützt sind, konnte man den *Reigen* in England auch unabhängig von der Aufhebung des Aufführungsverbots am 1. Januar 1982 inszenieren. Und eine ganze Anzahl von Regisseuren wartete nur darauf, daß die Urheberschutzfrist auslief. Der *Reigen* war "für jeden zu haben," wie Bryan Appleyard so treffend in seinem längeren Artikel "The race to stage a liberated *La Ronde*" sagt, der am 7. September 1981 im Feuilletonteil der Londoner *Times* erschien (11). Appleyard führt drei wichtige Inszenierungen auf, die mit Erlöschen des Urheberschutzes aufs Publikum "losgelassen" würden:

> Die BBC plant, eine Fernsehfassung des *Reigen* zu zeigen, die eigentlich im Januar ausgestrahlt werden sollte, doch bis jetzt hat man sich noch nicht für einen Regisseur entschieden. Die Royal Shakespeare Company will das Stück am 2. Januar im Aldwych Theatre aufführen, und im Royal Exchange Theatre in Manchester hat es am 1. Januar Premiere. Anläßlich der Fernsehfassung bringt Radio 3 einen Dokumentarbericht mit dem Titel "The Row about *La Ronde*". Jede dieser drei Inszenierungen verwendet eine andere Übersetzung. Die in Manchester benutzte stammt von Charles Osborne, dem Literaturdirektor des Arts Council, der sie dem Theater vor etwa zweieinhalb Jahren vorlegte. Die RSC-Version erstellte John Barton, ein Mitglied der Truppe, und das Fernsehskript stammt von Frank Marcus und seiner Frau Jacqueline. Marcus zeichnet auch für den Dokumentarbericht im Radio verantwortlich. (11)[5]

Marcus und seine Frau hatten den *Reigen* schon 1950 übersetzt und dann in einer szenischen Lesung vorgestellt, die 1952 im Wyndham's Theatre stattfand. Appleyard berichtet, daß zu dieser von der Anglo-Austrian Society organisierten Veranstaltung nur geladene Gäste Zutritt hatten, so daß es zu keinen Störungen kam. Abschließend sagt Appleyard: "Bald ist es soweit, daß der *Reigen*, *La Ronde* oder *The Round*

Dance aus dem Schatten tritt, um sich der Kritik zu stellen. Gespannt fragt man sich, wie das Stück die fünfzig Jahre stillen Ruhms überstanden hat, seit Dr. Schnitzler zu Grabe getragen wurde, auf eigenen Wunsch unbetrauert" (11).[6]

Das erste englische Theater, das Schnitzlers Stück aufführte, war das Royal Exchange Theatre in Manchester, das den *Round Dance* am 1. Januar um Mitternacht zeigte;[7] Regie führte Caspar Wrede. Von der Kritik besonders hervorgehoben wurden die schauspielerischen Leistungen von Cheryl Prince als süßes Mädel, Gabrielle Drake als junge Frau und Bernice Steger als Schauspielerin. Wie Victoria Radin in ihrer am 10. Januar 1982 im Londoner *Observer* erschienenen, "Nudge-nudge, wink-wink" betitelten Aufführungskritik feststellte, hatte diese Inszenierung des *Round Dance* jedoch folgende Mängel:

> Wredes Inszenierung ist ein Kunterbunt von—wie mir scheint—recht hilflosen Kunstgriffen. Im Programm, das mit einem pinkfarbenen weiblichen Lippenpaar und langen Augenwimpern geziert ist, wird das Stück als "Komödie für Erwachsene" avisiert. . . . Die Blackouts während des "Akts" werden neckischerweise mit bestimmten Geräuschen untermalt (Kirchenglocken, Jazz-Schlagzeug und—beim impotenten Mann—das Geräusch eines nicht anspringenden Automotors). . . . Doch das allerschlimmste ist, daß Wrede und sein Bühnenbildner Richard Negri in ihrer Adaption von Charles Osbornes ziemlich hochkarätiger Übersetzung die Handlung aus unerfindlichen Gründen ins Großbritannien der letzten vierzig Jahre verlegt haben: sie wechselt vom London der vierziger Jahre in eine Stadt, die wohl das Liverpool der siebziger Jahre sein soll, und von da ins London der achtziger Jahre, wobei es nicht selten zu Unwahrscheinlichkeiten kommt. Haben sich Liverpooler Mädchen in Schlaghosen wirklich mit kahl werdenden Geschäftsleuten im "Chambre séparée" eines Restaurants getroffen? Und konnte ein Ehemann, der sich vor dem Koitus mit seiner in ein Rüschennachthemd gekleideten Frau unterhält, tatsächlich annehmen, daß alle Bräute Jungfrauen sind? Wredes Aktualisierung hat auch eine Homogenisierung der Figuren zur Folge, deren moderne Kleidung den Eindruck erweckt, als gehörten sie alle ungefähr der gleichen sozialen Schicht an, ja als seien sie sogar altersgleich. . . (27)[8]

Eine der Schwächen dieser Inszenierung war also die Modernisierung des Stücks. Das stellt auch Hugh Rank in seinem Artikel "Der *Reigen* begann sich zu drehen" fest, veröffentlicht in der *Wiener Zeitung* vom 28. Januar 1982:

> Schnitzler bedeutet Wien. Doch leider nicht in Manchester. Regisseur Caspar Wrede scheint seinem Publikum nicht zu trauen. Er verlegt die Szene—nach England; in ein England von etwa 1950 bis 1970. Der Soldat ist nun ein britischer *Tommy* im Khakimantel mit Pullmannmütze, der Junge Herr wird von einem kanadischen Schauspieler gespielt, der *Bourbon* trinkt und die verheiratete Frau nicht bei den Lobheimers treffen will, sondern bei den *Lincolns*. Aus dem Schnitzlerschen Grafen wird ein Earl, ein schottischer Lord, der statt eines eleganten Säbels seine schottische Felltasche ablegt. . . . Doch dieselben Menschen sprechen von *Chambres séparées* und machen Handküsse und tragen Schleier und was dergleichen Anachronismen, die es in England nie gegeben hat, mehr sind. (4)

Ranks Haupteinwand ist die Schwierigkeit des Übersetzens, oder vielleicht die Unmöglichkeit, die sprachlichen Nuancen des *Reigen* in das Englische zu übertragen: "Die Übersetzung schien mir, dem Original gegenüber, verflacht. Ausschöpfen läßt sich der Text in englischer Übersetzung überhaupt nicht: schon allein wegen der Abwesenheit der Unterscheidung von *du* und *Sie* im Englischen, das psychologisch so wichtig ist. Gespielt wird in Manchester ungleichmäßig" (4).

Kritik an der Modernisierung des Stückes wurden auch von Gabriele Annan in ihrer Rezension vorgebracht, die unter der Überschrift "The Melancholy Round" im *Times Literary Supplement* vom 22. Januar 1982 erschien:

> Caspar Wredes in Manchester gezeigte Inszenierung verlegt das Stück in die Gegenwart und läßt die Handlung in einem Zeitraum spielen, der modisch gesehen vom Maximantel der Prostituierten über die Jackie Kennedy-Aufmachung der jungen Frau bis zum Minirock des süßen Mädels reicht. Das soll wohl zeigen, daß Sex zeitlos ist, macht aber gleichzeitig die *garçonniere* des jungen Herrn und das *chambre séparée*, wo das süße Mädel verführt wird, zum Anachronismus; auch das Gespräch, das die Eheleute über die Unschuld wohlerzogener Mädchen führen, verliert auf diese Weise viel von seiner Aussagekraft. (79)[9]

All das führte unter anderem dazu, daß das Publikum immer wieder in Gelächter ausbrach. Was aber noch schlimmer war: Wredes Inszenierung forderte den Vergleich mit einer anderen Aufführung heraus, nämlich der der Royal Shakespeare Company, bei der John Barton Regie führte. Benedict Nightingale, dessen Artikel "Shrugging" am 15. Januar 1982 im *New Statesman* erschien, kommt zu folgendem Urteil: "Wredes Aufführung hat offenkundigere Mängel als die RSC-Inszenierung von John Barton" (23).[10]

b) *Aufführung durch die Royal Shakespeare Company in London*

Die RSC-Inszenierung bediente sich einer englischen Fassung des *Reigen*, die John Barton und Sue Davies angefertigt hatten. Regie führte Barton, als Koregisseur fungierte Gillian Lynne. Die Schauspieler waren Corrina Seddon (Dirne), Janine Duvitski, Susan Fleetwood, Judy Buxton, Barbara Leigh-Hunt (Schauspielerin), Malcolm Storry (Soldat), Michael Siberry, Tony Church, Richard Pasco und John Nettles (Graf). Diese "Wiederaufnahme eines Stückes in zwei Akten (zehn Szenen) von Arthur Schnitzler,"[11] wie *Variety* vom 27. Januar 1982 formulierte ("La Ronde": 90), vermied Wredes grundlegenden Fehler und ließ die Handlung am originalen Wiener Schauplatz stattfinden. Irving Wardle sagt dazu in der Londoner *Times* vom 13. Januar 1982:

> Es bedeutet kein großes Lob, wenn man feststellt, daß John Bartons Inszenierung von *La Ronde* wesentlich besser ist als die klägliche Darbietung in Manchester. Dabei hätte man so viel erreichen können, wenn man einfach den Schauplatz und den zeitlichen Hintergrund des Stückes beibehalten hätte—so wie Mr. Barton es gemacht hat. (7)[12]

Doch auch diese Inszenierung hatte ihre Mängel, wie Robert Cushman in seinem Artikel "Speeding up the daisy-chain" konstatierte, der am 17. Januar 1982 im *Observer* erschien:

> Diese Schnitzler-Aufführung hat mir jedoch wieder einmal gezeigt, daß langersehnte Begegnungen oft desillusionierend verlaufen. Ich fand Mr. Bartons Inszenierung unterhaltsam, aber auch enttäuschend. Es ist etwas problematisch, sich auf die Intentionen des Autors zu berufen, da er unter anderem auch der Ansicht war, daß der *Reigen* nicht auf die Bühne gebracht werden sollte. . . . Auch

innerhalb der Szenen gibt es keine Unterbrechungen. In jeder findet eine Kopulation statt, die im Text durch eine Reihe von Sternchen angedeutet wird; wir bekommen die ekstatisch bewegten Körper zu sehen (im allgemeinen unter der Bettdecke) und Stöhnen und Lustschreie zu hören. Auch hier ist Geschwindigkeit von entscheidender Bedeutung; die Wiener der Kaiserzeit hielten zweifellos nichts vom Vorspiel und besaßen die Fähigkeit, beneidenswert rasch wieder zu Kräften zu kommen. Hier können wir uns in der Tat auf Schnitzler berufen; als er bei der ersten Inszenierung des Stückes mithalf, war er durchweg für Diskretion. Wäre es denn unerträglich spießig, einfach das Licht zu dämpfen und dann wieder hochzuschalten? (29)[13]

Auch in der nicht-englischen Presse kam man auf die Geschwindigkeit, mit der diese sexuellen Begegnungen vonstatten gehen, zu sprechen. So schreibt zum Beispiel Paul Kruntorad in der *Basler Zeitung* vom 19. Januar 1982 unter der Überschrift "Kalter *Reigen* in London":

> Es ist alles rasch vorbei, für Liebesspiele haben die Herren des Wiener Fin de siècle keinen Sinn. Das Wortgeplänkel vorher soll nur die Verfügbarkeit signalisieren, dann werden die Hosen heruntergelassen, die Damenschlüpfer eilig von den Beinen der Partnerin gerissen, man stöhnt einige Male heftig, das Stöhnen wird von Walzermelodien verbrämt, und dann ist alles vorbei. Die Herren verabschieden sich eilig, und die Frauen bleiben zurück, als Beute der Männer und zugleich auch Herrscherinnen über deren Gelüste. (31)

Nach Ansicht von Peter Fischer ist dieses Fehlen des Vorspiels möglicherweise charakteristisch für unsere Zeit, die gleich zur Sache kommen will. In seinem Artikel "Immer wieder zehnmal Sex" (*Die Presse,* 19. Januar 1982) sagt er: "Stilisiert ist im Grunde auch das stets gleichförmige Gestöhn, das in den wortlosen Augenblicken der Ekstase merkwürdigerweise ohne jedes Vorspiel einsetzt und kläglich rasch verrauscht, das aber manche Zuschauer doch als zu realistisch empfinden" (5).[14] Dieser Passus steht auch in seiner in der *Saarbrücker Zeitung* vom 27. Januar 1992 veröffentlichten Rezension, betitelt "Zwischen Praline und Pille," mit dem Zusatz: "Insgesamt steht die Londoner Wiedergabe etwas unklar zwischen originalem Zeit-und Lokalkolorit und einer entschiedenen Interpretation des Themas der allzu flüchtigen

Begegnungen der Geschlechter—zwischen Praline und Pille" (5).

F. Thorn, der diese Aufführung für die *Süddeutsche Zeitung* vom 21. Januar 1982 besprach ("Der *Reigen*—neorealistisch"), macht folgenden Verbesserungsvorschlag:

> Zum Schluß vereinen sich die Darsteller in einem langsamen, halb traurig, halb resigniert abgeschrittenen Reigen, zu ihren Ausgangsstellungen am Beginn zurückkehrend: eine visuell versöhnliche Szene. Eine Nachbemerkung zum Neo-Realismus: Wenn man schon den Liebesakt naturgetreu simuliert, mit Ächzen, Stöhnen und Kreischen (eine Dame neben mir sagte: "jetzt möcht' man ein paar Wochen Ruh' haben"), dann müßte er auch länger dauern als die paar Sekunden, die ihm der strenge Stilist Barton billigt. (11)

Dieses Ächzen und Stöhnen während des Geschlechtsakts hält der Rezensent der *Neuen Zürcher Zeitung* (23. Januar 1982, "Offenbarte Geheimnisse") für eine Brutalisierung des Stückes. Diese Brutalisierung, sagt er, sei "um so unverständlicher, als es Barton gelang, Schnitzlers oder, wenn man will, Oesterreichs Delikatesse in den Dialogen getreulich nachzubilden und die seltsame Mischung aus Grazie und seelischer Roheit im Wort ins Englische hinüberzuretten—die treffliche Uebersetzung stammt von Sue Davies und ihm selbst"(43).

Wie Paul Kruntorad in seinem oben erwähnten Artikel "Kalter *Reigen* in London" ausführt, läßt sich dieser Inszenierungsstil eventuell wie folgt rechtfertigen: "Vielleicht kann heute, in dieser reizüberfluteten Zeit, der *Reigen* gar nicht anders stattfinden. Verspieltheit, Sehnsucht, Melancholie, die Begleitgefühle der Erotik, sie gehören wohl der Vergangenheit an. Sex ist Ware, man holt ihn sich vorgepackt von den Supermarktregalen und verbraucht ihn eilig—das nächste Angebot wartet bereits" (31).

Für den Rezensenten des *Bayern Kuriers* (13. Februar 1982) war diese Aufführung die schlechteste von allen *Reigen*-Inszenierungen des Jahres 1982:

> Der Tiefpunkt bisheriger *Reigen*-Interpretation dürfte allerdings in London erreicht worden sein, und das ausgerechnet durch die renommierte Royal Shakespeare Company. Was da im Aldwych Theatre als *La Ronde* in Szene ging (Regie John Barton) war eine Posse, die von Nestroy hätte stammen können. Und für die "Ge-

dankenstriche" ließ man sich von Wiens wahrer Pornographie, nämlich Felix Saltens *Josefine Mutzenbacher* inspirieren. Denn in London spielte man die Gedankenstriche, die den Geschlechtsakt andeuten, voll aus, hier ließen die Damen die Höschen fallen und die Herren ihre Lustgefühle akustisch unmißverständlich vernehmen . . . (15)[15]

Der Rezensent der Zeitschrift *Variety* (27. Januar 1982) kam wie später andere Kritiker zu dem Schluß, daß der *Reigen* unserer Zeit nichts mehr zu sagen habe:

La Ronde ist eine veraltete Sexkomödie von Arthur Schnitzler (1862-1931). Die Aufführung ist reiz- und stilvoll, doch die provokativen Elemente von einst haben heute ihre Gültigkeit verloren. Und obwohl viel unter der Bettdecke oder hinter Büschen geschnauft und gekeucht wird, ist das Stück auch nicht sonderlich sexy. . . . Was damals offensichtlich die Gemüter erregte, ist heute ziemlich harmlos. Nach einiger Zeit wirkt der in jeder Szene vollzogene Sexualakt monoton und ermüdend, ebenso wie die gekünstelten Unschuldsbeteuerungen und die verlogenen Leidenschaftsbezeigungen, die jede Runde des Liebesspiels begleiten. (90)[16]

c) *Aufführung im Crucible Theatre in Sheffield 16. Februar 1982*

Die dritte englische Inszenierung von *La Ronde* war die von Mike Alfreds. Sie hatte am 16. Februar 1982 im Crucible Theatre in Sheffield Premiere und war eine Gemeinschaftsarbeit des Theaters und der Central School of Art and Design; vom 31. März 1982 an zeigte man sie dann in der Londoner Drill Hall. Angekündigt wurde diese von der Shared Experience Group dargebotene Aufführung als "Wiederaufnahme des Stückes von Arthur Schnitzler, in einer neuen Übersetzung von Mike Alfreds." Alfreds führte folgende Neuerung ein: er ließ alle zehn Figuren des Stücks von nur einem Schauspieler (Jonathan Hackett) und einer Schauspielerin (Pam Ferris) darstellen. "Ihren raschen Kostümwechsel," schreibt Michael Coveney in der *Financial Times*,

der bisweilen hinter einem Wandschirm, bisweilen vor den Augen des Zuschauers vorgenommen wird, untermalt jeweils die äußerst passende Musik von Ilona Sekacs, die das akustische Äquivalent nicht mehr genießbarer Früchte darstellt. Dieser Kunstgriff verleiht der Besessenheit, mit der dieses Stück um Kleidung und Entkleidung kreist, eine zusätzliche Nuance. Außerdem gibt er den Schauspielern aufs schönste Gelegenheit, ständig neue tonartliche Eröffnungen und Strategien auszuprobieren. (Anon., *London Theatre Record* 154)[17]

Beifällig äußert sich auch Robert Cushman, der im *Observer* schreibt: "Die bisher beste *La Ronde*-Aufführung ist die der Shared Experience-Gruppe in der Drill Hall. In Mike Alfreds' Inszenierung ist selbst der Kostümwechsel stilvoll, und das muß er auch sein, da sich die beiden Schauspieler zehn Rollen teilen" (Anon., *London Theatre Record* 154).[18] Der gleichen Ansicht wie Cushman ist Suzie Mackenzie, deren Besprechung in *Time Out* erschien:

Der Shared Experience-Gruppe ist hier zweifellos eine gute Inszenierung gelungen, überdies eine, die diesem Stück mit seinem hemmungslosen, überspannten Bäumchen-wechsle-dich-Spiel gerecht wird. Die szenische Umsetzung ist unkompliziert und zweckmäßig und verzichtet auf umständlichen Kulissenwechsel, wie er neulich der RSC zum Verhängnis wurde . . . . (Anon., *London Theatre Record* 154)[19]

Es gab nur wenige negative Äußerungen. Barney Bardsley vom *Leveller* hatte ein "unbehagliches" Gefühl, denn:

die Menschen sind nicht so stereotyp wie Schnitzler behauptet. In den Beziehungen zwischen Mann und Frau geht es doch wohl nicht einzig und allein ums Sexuelle. Nachdem ich das gesagt habe, fällt mir allerdings ein, daß die meisten Männer im Publikum sich gierig vorbeugten, als Pam Ferris zum erstenmal ihre Brüste zeigte. . . . Vielleicht hatte Schnitzler doch recht? (Anon., *London Theatre Record* 155)[20]

Die Reduzierung auf zwei Schaupieler wurde gelobt, aber auch getadelt. Ned Chaillet sagt dazu in der *Times* vom 23. April 1982 ("Growing Appeal"):

Durch die Inszenierung, die Mike Alfreds mit der Shared Experience-Truppe erarbeitete, werden viele der Eigenschaften, die man dem Stück immer nachsagte, erst recht deutlich. Es ist witzig und aufschlußreich, sinnlich und ein wenig traurig. . . . Dadurch, daß nur zwei Schauspieler auftreten—die wunderbar agieren—, hat das Stück ungemein gewonnen. (13)[21]

Patrick Ensor hingegen, der Rezensent des *Guardian*, ist der Ansicht, daß sich die begrenzte Schauspielerzahl auch nachteilig auswirkt:

Dieses Verfahren ist einerseits sehr zu begrüßen. Kein Schauspieler braucht den anderen an die Wand zu spielen, um auf sich aufmerksam zu machen—eine Versuchung, der nicht alle Akteure der RSC-Inszenierung im Aldwych zu widerstehen vermochten. Doch Schnitzlers sexueller Reigen, bei dem jeweils eine der beiden Figuren zur nächsten überwechselt, bis sich mit dem Grafen und der Dirne der Kreis schließt, läuft Gefahr, monoton zu werden, wenn diesen Wiener Typen der Jahrhundertwende nicht durch unterschiedliche Schauspieler Mannigfaltigkeit verliehen wird. (Anon., *London Theatre Record* 155)[22]

d) *Die BBC-Produktion 19 April 1982*

Die vierte britische *La Ronde*-Inszenierung des Jahres 1982 kam vom BBC-Fernsehen und wurde am 19. April 1982 ausgestrahlt; Regisseur war Kenneth Ives. Nach Einschätzung von James Murray (*Daily Express* vom 19. April 1992) war dieser Fernsehfilm "Ganz schön frech—aber durchweg geschmackssicher."[23] Für ihn ist dies eine "exzellente Inszenierung, die das altehrwürdige Thema des Geschlechterkampfs differenziert und humorig behandelt."[24]

Einige britische Kritiken wurden auszugsweise in der österreichischen Presse wiedergegeben. So teilten die *Vorarlberger Nachrichten* am 21. April 1982 in "London: Schnitzlers *Reigen* im TV" mit, daß die erste Fernsehaufführung des *Reigen* ein großer Erfolg gewesen sei:

Sie sei, so schrieb die *Times*, "der subtilen Brillianz von Schnitzlers Stück voll gerecht geworden." . . . Im *Guardian* hieß es: "Es hätte kaum schöner gemacht werden können—köstlich, desinfiziert durch Spaß, und bei jeder Kopulation mit einem Schnitt zu den Kurven eines Art Nouveau-Fensters." . . . Obwohl Regisseur Kenneth Ives den Voyeuren kaum mehr bot als ein gelegentliches Strumpfband unterhalb des Knies, blieb die erotische Spannung erhalten. Darüber hinaus konnte zum Beispiel Carmen Du Sautoy als "junge Frau" ihre Scham- wie ihre Hilflosigkeit unnachahmlich zeigen. (10)[25]

Im gleichen Monat wurde auch Max Ophüls' Film *La Ronde* wieder im Kino gezeigt, über den sich David Robinson in seinem Artikel "Understanding and love for a world cut off from history" (*The Times*, 30. April 1982) wie folgt äußerte:

> Der Film hätte natürlich leicht zu einem seichten, substanzlosen Gebilde geraten können, doch wie immer arbeitete Ophüls mit der Präzision eines Uhrmachers. Die Kamera schnellt oder gleitet auf ihr Objekt zu, um einen Kronleuchter, das Muster eines Spitzenvorhangs oder das Gesäß einer Statue ins Bild zu bringen, festzuhalten und eingehend zu betrachten, und diese Dinge kommentieren die sanfte, schleichende Verführung auf ihre eigene, freche Weise. (13)[26]

Anmerkungen

1. Aufgrund des großen Erfolgs von Ophüls' *La Ronde* wurde der *Reigen* zum erstenmal in Schweden aufgeführt (17. Januar 1952) und einige Monate lang im Stockholmer Boulevardtheater gezeigt. Am 2. Oktober 1967 fand dann eine Studentenaufführung der Staatlichen Schauspielschule in Göteborg statt. Beide Inszenierungen erhielten günstige Kritiken. Siehe Margot Elfving Vogel 86-88.

2. Siehe "Die Freigabe," *Frankfurter Allgemeine Zeitung* vom 11. September 1981: 25; "Schnitzlers *Reigen* für die Bühne freigegeben," *Die Presse* vom 12./13. September 1981: 7; "Ende einer Selbstzensur," *Der Spiegel* vom 19. September 1981, Bd. 35: 266 und Christian Ottos "Nun dreht sich der *Reigen*," *Kieler Nachrichten* vom 17. Oktober 1981: 10.

3. Die gleiche Besprechung erschien auch im *Weser-Kurier* vom 5. Januar 1982: 19.

4. Siehe auch die in der *Stuttgarter Zeitung* vom 4. Januar 1982 veröffentlichen Rezension "Das Leben ist schon skandalös. Schnitzlers *Reigen* in München und Basel" (11) von Wolfgang Ignée und Reinhardt Stumm.

5. Die Originalstelle lautet: "BBC Television is planning a version which was intended to be broadcast in January [,] but as yet a director has not been selected. The Royal Shakespeare Company is planning to open at the Aldwych on January 2 and the Royal Exchange Theatre in Manchester begins on January 1. Along with the television version there will be a Radio 3 documentary entitled 'The Row about *La Ronde*.' Each of these three productions is using a different translation. The Manchester version is by Charles Osborne, literary director of the Arts Council, who submitted it to the theatre about 2 ½ years ago. The RSC version is by its own John Barton and the television scripts by Frank Marcus and his wife Jacqueline. Marcus is also presenting the radio documentary."

6. Die Originalstelle lautet: "*Reigen*, *La Ronde* or *The Round Dance*, now stands poised to emerge from the shadows to face a broadside of critical appraisal. It will be fascinating to see how it has survived 50 years of reticent celebrity since Dr. Schnitzler was interred, unmourned by request" (11). Siehe auch Bryan Appleyard, "The race to stage a liberated *La Ronde*," *The Times* vom 7. September 1981: "In einem Testamentsnachtrag, der am 22. Oktober jenes Jahres [1931] ans Licht kam, verfügte er [A.S.] auch, daß er ein Armenbegräbnis haben wolle, keine Kränze auf sein Grab gelegt werden sollten und daß niemand ihn betrauern möge" (11) ["A codicil to his will which came to light on October 22 of that year [1931] also instructed that he [A.S.] be given a pauper's funeral, no wreaths were to be laid on his grave and he was not to be mourned"].

7. Einen hervorragenden Abriß des *Reigen*-Backgrounds gibt Hugh Rank in seinem Artikel "Round and Round," der am 20. Dezember 1981 im Londoner *Observer* auf Seite 23 erschien.

8. Die Originalstelle lautet: "Wrede's production is a pot-pourri of what looks very like desperation manoeuvres. He has billed it in the programme, which is adorned with a pair of pink female lips and long eyelashes, as 'a comedy for adults' . . . . The black-outs for the 'during' are filled with arch sound-motifs (church bells, jazz drums and, for the impotent man, the noise of a car failing to start up). . . . . Worst of all, and for no reason I can discern, Wrede and Richard Negri (who designed the production), in their adaptation of Charles Osborne's fairly heavy-duty translation, have moved the action to Britain during the past

40 years: it shifts from London in the Forties to what I gather is Liverpool in the Seventies, thence to London in the Eighties, often improbably. Did Liverpool lasses in flared jeans meet balding business men in private rooms of restaurants? And could a husband, discoursing pre-coitally with his frilly-nightied wife, really presume that all brides are virgins? Wrede's modernisation also has the effect of homogenising the characters, whose modern dress makes them all appear of roughly the same social rank and even age."

9. Die Originalstelle lautet: "Caspar Wrede's Manchester production is set in a modern age which stretches from the Prostitute's maxicoat through the Young Wife's Jackie Kennedy outfit to the Sweet Girl's mini. Perhaps this is to show that sex is timeless, but it makes it difficult to explain the Young Gentleman's *garçonnière* and the chambre *séparée* where the Sweet Girl is seduced; it also takes a lot of point from the marital dialogue about the innocence of well-brought-up girls."

10. Die Originalstelle lautet: "Wrede's has more obvious flaws than John Barton's for the RSC."

11. Im Original: "Royal Skakespeare Co. revival of a play in two acts (10 scenes) by Arthur Schnitzler."

12. Die Originalstelle lautet: "It is no great praise to describe John Barton's production of *La Ronde* as much better than last week's lamentable Manchester version. That much could have been achieved simply by returning the piece to its proper place and time, as Mr. Barton has done."

13. Die Orginalstelle lautet: "However, one of the lessons of Schnitzler's piece is that long-awaited encounters are apt to issue in anticlimax. I was entertained by Mr. Barton's production, but also disappointed. There is some difficulty in appealing to the author's intentions, since one of them . . . was that *La Ronde* should not be staged. . . . There are no gaps within the scenes either. Each includes copulation, represented in the text by a row of asterisks; we get to see the thrashing bodies (generally under sheets) and to hear grunts and squeals. Here too speed is of the essence; clearly the Hapsburg Viennese did not believe in foreplay and had enviably rapid powers of

recovery. Here we *can* call Schnitzler to witness; when he assisted on the first production he was all in favor of discretion. Would it seem unbearably square just to lower the lights and raise them again?"

14. Dieser Passus findet sich auch in Julian Exners Besprechung, die unter der Überschrift "x-mal zehnmal Sex" am 2. Februar 1982: 11 in der *Frankfurter Rundschau* veröffentlicht wurde.

15. Eine ähnliche Wertung erfährt diese Aufführung auch in der *Volkszeitung* (Klagenfurt) vom 10.1.1982, wo man unter der Überschrift "Londoner *Reigen* als wär's ein Stück von Nestroy" lesen konnte: "Das Werk hätte, so wie es in London gespielt wurde, von Nestroy sein können. In den Passagen aber, die bei Schnitzler mit Punkten angedeutet wurden und bei denen es während der skandalumwitterten Wiener und Berliner Aufführungen Anfang der zwanziger Jahre auf der Bühne dunkel wurde, ging es in London zu wie bei Josephine Mutzenbacher" (11). Den Hinweis auf Josephine Mutzenbacher findet man auch in anderen österreichischen Tageszeitungen, wie z.B. in den *Oberösterreichischen Nachrichten* (Linz) vom 11.1.1982: "Schnitzlers *Reigen* in London als Posse: Wie bei Mutzenbacher" (8) und in der *Tiroler Tageszeitung* (Innsbruck) vom 11.1.1982: "Britischer *Reigen*" (7).

16. Die Originalstelle lautet: "*La Ronde* [is] a dated sex comedy by Arthur Schnitzler (1862-1931). The performance is charming and stylish, but the provocative angles that were [,] no longer are. And despite a lot of huffing and puffing under covers or behind bushes, the play's not particularly sexy either. . . . What evidently was emotion-provoking then is fairly tame now. After a time the fornication from one scene to another becomes repetitive and tiresome, as do the coy protestations of innocence and the phony expressions of ardor that accompany each round of lovemaking."

17. Die Originalstelle lautet: "Their quick changes, sometimes behind screens, sometimes in full view, are accompanied by the strikingly appropriate sound track of Ilona Sekacs, which is the musical equivalent of rancid fruit. This device gives an extra dimension to the play's obsession with costume and how to get out of it. It also gives the actors a great opportunity to investigate an endless variety of tonal gambits and strategies."

18. Im Original: "The best *La Ronde* yet is offered by Shared Experience at the Drill Hall. In Mike Alfreds's production even the costume-changes are stylish; as, with the two actors dividing 10 roles, they had better be."

19. Im Original: "Shared Experience have undoubtedly achieved a good production here and one that does justice to this piece of self-indulgent, overstretched, sexual gambolling. The staging is straightforward and practical, with none of the clumsy scene changes that defeated the RSC earlier this year. . . ."

20. Im Original:"People are *not* the stereotypes Schnitzler makes out. Sex is surely not the prime and only focus on male-female relations. Having said that, most of the men in the audience leaned forward voraciously when Pam Ferris first revealed her breasts. . . . Maybe Schnitzler got it right after all?"

21. Im Original: "With the production by Mike Alfreds for the Shared Experience company, it becomes many more of the things that were previously claimed for the play. It is witty and insightful, sensual and tinged with sadness. . . . With just the two actors, performing beautifully, the play seems much more than it has before."

22. Im Original: "This approach is highly satisfactory on one level. Neither player needs to steal a scene to make his/her presence felt—a temptation that not all the actors in the RSC's Aldwych production managed to resist. Yet Schnitzler's sexual dance, with one character swinging on to the next until the circle is completed by the Count and the Prostitute, runs the risk of monotony without different actors to give variety to these turn-of-the-century Viennese types." Von den anderen, hier nicht zitierten Rezensenten, die das *London Theatre Record* aufführt, seien noch Christopher Hudson vom *Standard* und Eric Shorter vom *Daily Telegraph* genannt. Einige Kritiken in der deutschen und österreichischen Presse sind von großer Ähnlichkeit. Die Besprechung in den *Salzburger Nachrichten* vom 11. Januar 1982 trägt die Überschrift "Nackte Tatsachen im *Reigen*. The Royal Shakespeare Company zeigt Schnitzlers Szenen als Posse" (9); die in der *Presse* vom 11. Januar 1982 ist betitelt "Schnitzlers *Reigen* als Posse serviert" (4), und die *Oberösterreichischen Nachrichten* (Linz) vom 11. Januar gaben ihrer Rezension die Überschrift "Wie bei Mutzenbacher. Schnitzlers *Reigen*

in London als Posse" (8).

23. Im Original: "So naughty—but it's in the best possible taste."

24. Im Original: "It is a splendid production with a finely tuned whimsical approach to the grand old theme of the war on sexes."

25. Ähnliche Auszüge brachte auch die *Presse* vom 22. April 1982 ("London: Erfolgreicher *Reigen* der BBC": 5).

26. Die englische Orginalstelle lautet: "The film itself might, of course, have evaporated in froth, but Ophuls worked as always with a lapidary's precision. The camera darts and glides to frame, entrap and comment, a lustre, the patterns of a lace curtain or the statutory buttocks which make their own cheeky comment on some suave, lingering seduction."

Kapitel X

Die Zeit Mai 1982-November 1987. Aufführungen in Deutschland, Italien, Israel und Österreich

> Die Zeiten sind vorbei, da man Arthur Schnitzlers *Reigen* den Prozeß machte. Heutzutage geht es nur noch um die Frage, wie man dieses Kopulations-Karussell, das der Wiener Schriftsteller schon kurz vor der Jahrhundertwende in eine Bühnenform brachte, ins Rampenlicht bringt. (Siegfried Schmidt in seiner Kritik der Godesberger Inszenierung. *Bonner Rundschau*, 16.1.1984: 84)

Nach Aufhebung des Aufführungsverbots in Deutschland und Österreich gehörte der *Reigen* dort zu den meistgespielten Stücken. Die *Südost Tagespost* (Graz) am 8. Dezember 1983 veröffentliche folgende Aufführungsstatistik der Werkstatt des Deutschen Bühnenvereins: "Dürrenmatts *Physiker*, Goethes *Faust I*, Shaffers *Amadeus* und Schnitzlers *Reigen* sind die meistaufgeführten Stücke der Saison 1982/83. Die Werkstatt des Deutschen Bühnenvereins hat für diese Angaben die Spielpläne von 216 Bühnen der deutschen Bundesrepublik, 48 österreichischen und 31 Schweizer Theatern ausgewertet" (11).

1. *Gastspiel des Münchner Ensembles in Ludwigshafen April 1982*

Im April 1982 gaben Kurt Meisel und sein Ensemble ein Gastspiel in Ludwigshafen. Dieser Aufführung gelang es, sowohl den melancholischen Hintergrund deutlich zu machen als auch die komischen Effekte herauszuarbeiten und das Publikum bisweilen zum Schmunzeln zu bringen. In der am 29. April 1982 im *Mannheimer Morgen* unter der Überschrift "Erotische Szenen ohne Liebe" erschienenen Aufführungskritik (gezeichnet gebi) heißt es:

> Das Stück war bestimmt nicht auf den Spielplan gesetzt worden, um *Erotika* zu bieten, sondern um in diesen *Liebesgeschichten* ohne Liebe menschliche Schwächen, Gefühllosigkeit, Kälte, Berechnung und schonungslosen Egoismus anzuprangern. Dies ist der Regie wie den Darstellern gelungen. Wenn es auch zuweilen Grund zum Schmunzeln gab (vor allem wegen der Unterwäsche von damals), so war das Publikum nicht amüsiert sondern erschüttert. Es dankte mit starkem Beifall für einen hintergründigen Theaterabend. (41)

Nach Ansicht von Isabella von Neumann-Cosel-Nebe war das Publikum jedoch eher amüsiert als erschüttert. In ihrem Artikel "Das immerwährende Karussell," der in der *Rhein-Neckar-Zeitung* vom 5. Mai 1982 erschien, sagt sie:

> Daß die in diesem Stück so viel zitierte Liebe allerdings keine Chance hat, wenn sich alles nur um das Eine dreht—diese bei Schnitzler allzu amüsant verpackte Botschaft ging denn auch in dem vergnüglichen Karussellspiel unter. Die tiefen Mißverständnisse zwischen vielen dieser ungleichen Liebesleute, die so gern ihren Partner aus einer anderen sozialen Schicht wählen, sind zahlreich und eher tragisch als komisch. (10)

Abschließend stellt die Rezensentin fest:

> Man könnte meinen, daß nach der Sexrevolution ein Dialogstück zum Thema Nummer Eins seinen Biß verloren hätte. Die Vermutung täuscht: Schnitzlers Dialoge sind so voller Esprit und Menschenkenntnis, daß sie, unvermeidliche Zeitbezüge einmal abgezogen, den absonderlichen Flugweg von Amors Pfeilen noch heute treffend karikieren. . . . Unbestreitbar jedenfalls die Einsicht, daß sich die Spielregeln des "Wer mit wem" noch erstaunlich gut auf das Jahr 1982 münzen lassen. (10)

2. *Aufführung in Darmstadt 15. Mai 1982*

Die Inszenierung, die Eike Gramss im Mai 1982 im Kleinen Haus des Hessischen Staatstheaters Darmstadt herausbrachte, war die dritte größere Inszenierung in einem deutschsprachigen Land. Folgende Schauspieler wirkten mit: Sylvia Esser (Dirne), Charlotte Acklin, Susanne Ruppik, Sibylle Schleicher, Brigitte Goebel (Schauspielerin), Hermann Scheidleder (Soldat), Albert Weilguny, Georg Marin, Klaus Ziemann und Helmut Winkelmann (Graf).

Nach Einschätzung Horst Köpkes war diese Aufführung besser als die in Basel und München. Unter der Überschrift "Heiterer Sex-Reigen" schreibt er in der *Frankfurter Rundschau* vom 22. Mai 1982:

> . . . Eike Gramss gelang, was nach hastigen Einstudierungen in München und Basel nicht geglückt war, den Nachweis zu erbringen, daß über dieses Stück die Zeit noch nicht hinweggegangen ist,

> daß es auch in Zeiten sexueller Freizügigkeit spielbar geblieben ist, wenngleich es selbst auf ein gutbürgerliches Premierenpublikum nicht mehr schockierend wirkt. Gramss beläßt das Stück im Wien der Zeit vor dem Ersten Weltkrieg, in dem es und für die es geschrieben wurde. . . . Recht wirksam ist der Einfall, die Szenen dadurch zusammenzuhalten, daß alle Akteure . . . als Stubenmädel oder Kellner kostümiert, auf offener Bühne die Umbauten vornehmen und auch mal als Voyeure tätig werden. . . . Hätte Arthur Schnitzler sie [die Inszenierung] gesehen, wäre er mit der Aufhebung des Aufführungsverbots einverstanden. (12)

Köpke hält es auch für eine ausgezeichnete Idee, daß zu Beginn der Vorstellung eine Aufnahme des Liebesduetts aus Wagners *Tristan und Isolde* zu hören war. Dadurch werde der eigentliche Sinn des *Reigen* hervorgehoben, dem es darum gehe, den Mangel an echter, bedingungsloser Liebe aufzuzeigen.

3. *Aufführung in Frankfurt 7. Juni 1982*

Am 7. Juni 1982 wurde der *Reigen* im Frankfurter Schauspielhaus aufgeführt. Unter der Leitung von Horst Zankl spielten Susanne Granzer (Dirne), Almut Zilcher, Cordula Gerburg, Suzanne von Borsody, Sabine Andreas (Schauspielerin), Alex Böhmert (Soldat), Paulus Manker, Hansjörg Assmann, Peter Danzeisen und Klaus Henner Russius (Graf). Die meisten der vorhandenen Kritiken sind nicht sehr positiv.

Verschiedene Kritiker hielten es für einen Fehler, daß nach der sechsten Episode eine Pause gemacht und dadurch die Kontinuität zerstört wurde; anderen wiederum mißfiel die Hervorstellung des Komischen. Letzteres wurde zum Beispiel von Rudolf Krämer-Badoni in seinem Artikel "Glück ist nirgendwo. Schnitzlers *Reigen* in Darmstadt und Frankfurt" (*Die Welt*, 9. Juli 1982) moniert: "In Frankfurt übrigens lacht das halb besetzte Parkett bei jedem Sexualkunststück lauthals heraus. In Darmstadt wird es härter, stilgerecht unerfreulicher gespielt" (23).

In seiner "Lustloser Reigen" betitelten Rezension, die am 9. Juni 1982 in der *Frankfurter Rundschau* erschien, vergleicht Horst Köpke die Aufführungen in Darmstadt und Frankfurt miteinander und zieht folgendes Fazit:

> Zu bemerken war lediglich, daß sich das Tempo im Laufe des Abends mehr und mehr verlangsamte und Öde sich breitmachte.

Hätte ich nicht die Darmstädter Aufführung gesehen, die das Gegenteil bewies, müßte ich mich denen anschließen, die [nach] den Inszenierungen in Basel, in München zu dem Schluß gelangten, diese Dialoge gehörten nicht oder nicht mehr auf die Bühne. (23)

4. *Der* Reigen *als Oper in Florenz Juni 1982. Aufführung in Tel Aviv Juli 1982*

Das Interesse an Schnitzlers *Reigen* beschränkte sich nicht auf die deutschsprachigen Länder. Im Juni 1982 wurde der *Reigen* beim 45. "Maggio Musicale Fiorentino" im Florentiner Teatro della Pergola als Oper aufgeführt. Das Libretto dieses *Girotondo* benannten Stückes verfaßte Roberto Roversi, die Vertonung besorgte der Bologneser Komponist Fabio Vacchi. Wie Klaus Adam in seinem Artikel "Ist Schnitzler zu vertonen?" (*Salzburger Nachrichten*, 25. Juni 1982) feststellt, hatte Vacchi Schwierigkeiten mit der musikalischen Umsetzung, die ihm zumindest nur teilweise geglückt war:

> Am überzeugendsten gelingen Vacchi Stimmungen: das Morbide, die Decadence der Schnitzlerschen Fin-de-Siècle-Gestalten weiß er zu schildern. Das Sujet bietet ihm allzu selten Dramatik: aber auch die Ausbrüche der Seele sind musikalisch wenig konturiert. Vieles verharrt im "Statischen", Andante ist das Grundtempo, bei jeder rhythmischen Akzentuierung horcht man dankbar auf. Und leider fällt Vacchi zu den Gedankenstrichen . . . im Orchester gar wenig ein. Gelungen ist dem Komponisten hingegegen Zeichnung der Begegnungen: von der ersehnten Zärtlichkeit über die Langeweile zum Mißverständnis, zu Spiel, vitaler Verrücktheit und empfundenem Gefühl. (9)

Rolf Fath, dessen Besprechung "Ein bißchen allzu bescheiden" am 12. Juli 1982 in der *Stuttgarter Zeitung* erschien, hält diese Oper für "eine reichlich trockene Angelegenheit." Seiner Ansicht nach ist *Girotondo* keine richtige Schnitzler-Oper:

> auch der reizvolle, strenge Aufbau der zehn Duo-Szenen wurde aufgegeben. Die Oper beginnt noch mit der Prostituierten und dem Soldaten, doch schon in der dritten Szene löst sich der strenge Aufbau auf—Schnitzlers zweite Szene ist ganz verschwunden—, da hier nämlich vier Personen agieren. . . . Vacchi hat die zehn Rollen

auf sechs Sänger verteilt . . . und [am Ende begrüßen wir] in einem Kind, das einen langen, hoffnungsfrohen, aber reichlich verworrenen Text singt, eine neue Zukunft . . . der Musik [fehlt] die Überzeugungskraft, der Bezug zum Text, zur inhaltlichen Aussage, auch vermag sie keine weitere Interpretationsebene zum Schnitzler-Stück zu bieten. (10)

Die *Neue Kronen Zeitung* vom 20. Juni 1982 schrieb, diese Inszenierung hätte "Statt Erotik nur muffige[n] Geruch" zu bieten (24). Helmut Lesch zufolge liegt das am Stück selbst, da es für unsere Zeit nicht mehr relevant ist. In den *Stuttgarter Nachrichten* vom 7. Juli 1982 bemängelt er unter der Überschrift "Das kann nur italienischen Männern einfallen":

> *Der Reigen*—ein Sittenbild der bürgerlichen Liebe um die Jahrhundertwende, galant, damals provokant, amüsant. Vacchis Oper kam mit Schimmel und muffigem Geruch auf die Welt. Diese Schnitzler-Geschichte ist heute nicht mehr fürs Theater zu retten, zumal, wenn die Darsteller beim Stichwort Erotik verklemmt aneinander herumgrapschen müssen. . . . Zu einer Manie wurde auch der Einfall des Regisseurs, das jeweils agierende Paar im Bühnenhintergrund durch eine Zeitlupenpantomime doubeln zu lassen. Während an der Rampe der Herr Tenor den Sopranistenschenkel tätschelt, streichelt das Double züchtig einen halbnackten Statistenpo. So etwas kann, aus meiner Sicht, eigentlich nur italienischen Männern einfallen. (22)

Dietmar Polaczek macht in seiner Rezension "Ein Reigen—nicht von Schnitzler—in Florenz" in der *Frankfurter Allgemeinen Zeitung* vom 26. August 1982 weniger den Komponisten als vielmehr den Librettisten und den Regisseur für diese Fehlinszenierung verantwortlich:

> Die größte Idee des Regisseurs Marcello Aste war die Umgehung der Grenzen, die Sängern bei der Darstellung von Liebespaaren im Bett gezogen sind, indem er die Szene verdoppelte und jedem gesungenen auch ein pantomimisches Paar rechts, links oder im Hintergrund zuordnete [‚das sich aber in den Grenzen des Bühnenschicklichen hielt]. . . . Vacchi sollte für weitere Bühnenwerke erstens einen Librettisten suchen, der sich weniger dreinreden läßt, und ein besseres Regieteam—die musikalische Potenz Vacchis

> könnte mehr als nur diesen Achtungserfolg erringen, der es war. (Feuilleton: 23)

Eine weitere Aufführung außerhalb des deutschen Sprachraums war für Tel Aviv angesetzt. Die *Südost Tagespost* (Graz) vom 17. Juli 1982 brachte dazu folgende Meldung:

> Im Kammertheater Tel Aviv wird kommende Woche Arthur Schnitzlers *Der Reigen* Premiere haben. Gleichzeitig mit dieser Premiere wird im Foyer des Theaters eine nostalgische Foto-Ausstellung des Wiener Fotografen Wolfgang Tauscher, "Erinnerung an Wien", eröffnet werden. Die aus dreißig Farbfotos bestehende Schau wird in Tel Aviv bis Ende September zu sehen sein und anschließend quer durch Israel reisen. Die gesamte Aktion wurde von der Oesterreichischen Botschaft in Tel Aviv organisiert. (13)

5. *Aufführung in Düsseldorf 15. Juni 1982*

Regisseur der *Reigen*-Aufführung im Düsseldorfer Schauspielhaus war Volker Hesse; es agierten Susanne Schweiger (Dirne), Elisabeth Krejcir, Biggi Fischer, Christiane Gött, Gabriele Koestler (Schauspielerin), Bernd Jeschek (Soldat), Daniel Friedrich, Raidar Müller-Elmau, Andreas Weißert und Bert Oberdorfer (Graf).

Wie Wilhelm Unger in "Viel Heiterkeit um Skandal von einst" im *Kölner Stadt Anzeiger* (Ausgabe K) vom 16. Juni 1982 feststellte, handhabte Hesse das sexuelle Moment mit großer Diskretion:

> Das Düsseldorfer Premierenpublikum war gelassen, oftmals erheitert, und das lag an der dezenten, sich mit Andeutungen begnügenden und jede Provokation vermeidenden Regie von Volker Hesse. Dieser relativ zahme Schnitzler hätte wohl auch in den 20er Jahren keine Saalschlacht verursacht. Verfilmungen und Schallplattenaufnahmen vom *Reigen*, die es ja gab, sind ungleich *anstößiger*. . . . Reichlich viele Vorhänge am Ende, wenn man bedenkt, daß wohl das Lustspiel, nur bedingt aber die Komödie zu sehen war. (Kultur: 1)

In der Besprechung "Hochanständig. *Reigen*, fünfte Runde," die Ulrich Schreiber für die *Frankfurter Rundschau* vom 21. Juni 1982 verfaßte, wird das Bühnenbild wie folgt beschrieben:

> Marietta Eggmann hat für Volker Hesses Inszenierung die Riesenbühne des Großen Hauses zum Verkehrsbahnhof geöffnet. Zwei große Säulen, vom herunterhängenden Horizont halb verdeckt, prägen die hintere Ansicht einer reich bestuhlten Szenerie im Seitenlicht, die Assoziationen zwischen dem Wiener Rotundenbau und faschistischer Architektur ebenso erregt wie zwischen kaiserlich-königlichen Caféhäusern und den trostlosen Kontaktlandschaften der Pina Bausch. In diesem Ambiente gehen die fünf Paare, das Tanzschulenzeremoniell der Aufforderung zum Countdown in einem [sic] Lebens-Western umfunktionierend, zu Beginn und am Ende des Spiels mit gemessener Aggressivität aufeinander los—und aneinander vorbei. (12)

Reinhard Kill zufolge ("Männer-Bestiarium," *Rheinische Post* vom 14. Juni 1982) kommen die Frauen in Schnitzlers Stück besser weg als die Männer:

> Das Beischlaf-Karussell als Totentanz der Gefühle. Scham, Bedauern über die Dauerlosigkeit zufälliger Bindungen, über freudlose Leichtfertigkeit gesteht Schnitzler nur den beleidigten und erniedrigten Frauen zu. Sie machen auch in der Düsseldorfer Inszenierung die bessere Figur, in jeder Beziehung. Was der Autor in seinem Text noch mit Gedankenstrichen der Phantasie des Lesers-Zuschauers zugemutet hat—das von Heinrich Mann ironisch "das Eigentliche" Genannte—, versteckt sich nämlich nicht mehr im dunklen Irgendwo, sondern sucht unverhüllt das Licht. [11]

Ein Glanzpunkt dieser Inszenierung war die Musik, die die Funktion der Gedankenstriche des Textes übernahm. Auch nach Ansicht Hermann Lewys, dessen Besprechung "Im Mittelpunkt das Bett" in der *Allgemeinen Jüdischen Wochenzeitung* vom 25. Juni 1982 erschien, verdiente die Musik besondere Beachtung, ebenso wie die schauspielerische Leistung Christiane Götts: "Der große Gewinn dieses Abends war die Musik von Jürgen Knieper—eine kongeniale Untermalung im Walzertakt der Bühnenvorgänge. Das Premierenpublikum spendete dem Regisseur und den Darstellern (aus deren Reihe *Das süße Mädel* von Christiane Gött besonders hervorstach) wohlmeinenden Beifall" (7).

Auf Veranlassung von Günther Beelitz, dem Generalintendanten des Düsseldorfer Schauspielhauses, sollte an einem Sonntag um 11 Uhr im Kleinen Haus eine Matinee stattfinden, um über Volker Hesses *Reigen*-

Inszenierung zu diskutieren. Wie Herbert Slevogt von der *Rheinischen Post* vom 21. Oktober 1982 unter der Überschrift "*Reigen* im Gespräch" meldete, war folgendes Programm vorgesehen:

> Kombiniert werden bei der Matinee die über 60 Jahre alten Protokollauszüge der Berliner Gerichtsverhandlung mit aktuellen Stellungnahmen zur *Reigen*-Inszenierung Volker Hesses. . . . Die Besetzung der Matinee: Bert Oberdorfer ist Vorsitzender des Gerichts, Raidar Müller-Elmau Beisitzer, Volker Hesse verkörpert den Staatsanwalt, Daniel Friedrich den Rechtsanwalt. Drei Zeugen treten auf, und zwar Gabriele Köstler, Andreas Weißert und Bernd Jeschek. Bigi Fischer liest aus Briefen der Gegenwart, aber auch aus Unterlagen des Autors Arthur Schnitzler, Dramaturg Gerd Jäger moderiert. . . . Für interessierte Theaterbesucher gibt es zum Programmheft . . . ein Heft über den *Reigen*-Prozeß 1921 anläßlich der Neuproduktion, herausgebracht im Eduard Roether Verlag Darmstadt. [17]

Da nur fünfzig Zuschauer kamen, von denen lediglich zwei zu einer Äußerung über Hesses Inszenierung bereit waren, veranstaltete man einen Scheinprozeß, bei dem die Schauspieler Argumente gegen die Aufführung des Stückes vortrugen, die dem *Reigen*-Prozeß von 1921 entstammten. Die *Rheinische Post* vom 26. Oktober 1982 berichtete über diese öffentliche Diskussionsveranstaltung in einem von Jens Prüss verfaßten Artikel mit dem Titel "Alfred Kerr: Wir schleppen keinen hin":

> Eigentlich hatte die Matinee über den *Reigen*-Prozeß 1921 in Berlin dazu dienen sollen, die zahlreichen Leserbriefschreiber, die sich über die Inszenierung von Volker Hesse teilweise heftig empört hatten, mit den "Leuten vom Bau" ins Gespräch zu bringen. Doch daraus wurde nichts. So sehr Generalintendant Beelitz, sein Dramaturg Jäger und Regisseur Hesse um kritische Stellungnahme baten: Bis auf ein Ehepaar war niemand dazu bereit. . . . Der halben Hundertschaft Entrüsteter kann man insofern dankbar sein, als sie das Schauspielhaus veranlaßten, den Gerichtsprozeß gegen den *Reigen* auf der Bühne rezitatorisch vorzustellen. Die Zeugen der Anklage, gelesen von Gabriele Köstler und Andreas Weißert argumentierten ähnlich wie die Briefeschreiber des Jahres 1982: Man findet die Szenen "unzüchtig", da sie sich ausschließlich um das Thema der

> Sexualität drehten. Beide befürchteten mit diesem Stück eine "Verherrlichung des Ehebruchs" und somit einen allgemeinen Verfall der Sitten. [21]

Dann unterbrach der Dramaturg Gerd Jäger die Darbietung und ließ einige der Briefe vorlesen, die sich mit der Inszenierung des Jahres 1982 befaßten. Dabei stellte sich heraus, daß die zeitgenössischen Reaktionen mit denen der Schnitzlerschen Zeit aufs verblüffendste übereinstimmten:

> Ähnlich subjektiv wie in den Verhandlungsprotokollen wurde behauptet, von Kunst könne hier nun keine Rede mehr sein; die Grenze des guten Geschmacks sei eindeutig überschritten; der Geschlechtsverkehr, auch in verfremdeter Darstellung, gehöre nicht auf die Bühne. Einer sorgte sich gar um den inneren Frieden der Schauspieler, die miteinander im Bett agieren müssen. Und eine Stimme gab es auch, die meinte, dieses Stück schüre "Aversionen gegen alles Jüdische". [21]

6. *Aufführung in Berlin 12. September 1982*

Mit Nacktszenen ging die Inszenierung des Berliner Schiller Theaters sehr sparsam um. Regie führte Hansjörg Utzerath, die Mitwirkenden—großenteils Österreicher—waren Sabine Sinjen (Dirne), Gudrun Gabriel, Mona Seefried, Marie Colbin, Senta Berger (Schauspielerin), Georg Corten (Soldat), Andreas Bißmeier, Peter Matic, Helmut Berger und Joachim Bliese (Graf).

Utzerath wurde indirekt vorgeworfen, einen Interessenkonflikt verursacht zu haben, da er den *Reigen* zur gleichen Zeit auch in Nürnberg auf die Bühne brachte; in der *B.Z.* vom 14. September 1982 heißt es dazu:

> *Reigen*-Regisseur Hansjörg Utzerath inszeniert das Stück von Arthur Schnitzler auch in Nürnberg. Dort ist Utzerath Direktor des Schauspielhauses. Schauspieler des Schiller-Theaters sind verärgert darüber, daß Utzerath gleichzeitig die Proben in Berlin und in Nürnberg geleitet hat. Sie empfinden die Doppel-Arbeit als "unseriös". Die Nürnberger *Reigen*-Schauspieler kamen fast komplett nach Berlin gereist, um die hiesige Aufführung der Premiere zu sehen. [26]

Eine der ersten Besprechungen erschien in der *B.Z.* vom 13. September 1982 und trug die Überschrift "Im Buch stehen Gedankenstriche." Nach Ansicht des Verfassers, Claus B. Maier, war die Bühne ein "Trödelmarkt":

> Atmosphäre gewinnt sie [die Bühne] kaum. Der Raum ist zu groß. Er stiehlt dem Stück die Intimität. Und Hansjörg Utzerath tut sich schwer mit dem Text. Er findet nicht die unverwechselbare brüchige Wiener Melodie. Das frivole Brio gelingt ihm nicht, er schleppt, dehnt und zerrt. Wenn die Männer den Frauen über Hüfte und Schenkel streichen und ihre Brüste befingern, tun sie das eher gehemmt. Die Inszenierung wirkt unentschlossen, prüde und jugendfrei wie eine Casanova-Ausgabe aus dem Lesering. [15]

Viktor Reimann zufolge, der die Aufführung in der *Neuen Kronen Zeitung* (Wien) vom 13. September 1982 rezensierte ("Sexreigen total entschärft"), geht es in Schnitzlers Stück vor allem um den "vereinsamten Menschen":

> Der vereinsamte Mensch ist das Hauptmotiv. Sex und Eros stellen eine vorübergehende Beziehung her. Während aber der Sex zur Zerstreuung dient, ist der Eros das Symbol des ständigen Sterbens und der ewigen Wiederkehr. Die Inszenierung im Berliner Schillertheater von Hansjörg Utzerath zeichnet sich durch ihre Noblesse aus. Der Regisseur verzichtet auf die Möglichkeit, die ihm eine Ära der totalen sexuellen Enthemmung bieten würde, und beläßt es bei Andeutungen. Es gibt nur eine einzige Nacktszene, und die wird von der zauberhaften Marie Colbin mit so viel Charme und Natürlichkeit gespielt, daß Schnitzlers Rollenbezeichnung "süßes Mädel" in jeder Weise zutrifft. (11)

Für Friedrich Luft, dessen Besprechung "Frau Perón ist kein süßes Mädel. Schnitzlers *Reigen* und das Musical *Evita*" in der *Welt* vom 13. September 1982 veröffentlicht wurde, ist der *Reigen* ein höchst moralisches Stück:

> Der *Reigen* ist grundmoralisch. Er legt offen eher den Trübsinn und die tödliche Melancholie menschlicher, bürgerlicher Beschäftigung mit der Liebe. Er zeigt es anhand eines Stafettenlaufes im Grunde verwerflich unbekümmerter Liebesübungen zwischen Männern und

> Frauen. . . . Der Befund ist durchaus moralisch. Er ist traurig, auch wo er durch Schnitzlers Kunst und Zärtlichkeit (direkt oder indirekt) bei so schwebender Betrachtung heiter wirkt. (15)

Da nach Einschätzung Lufts die erste Hälfte nicht so gut war wie die zweite, folgert er: "So erlebt man in Berlin eigentlich nur den halben Reigen."

Die zentrale Idee des Stückes, so Günther Grack in seiner am 14. September 1982 im *Tagesspiegel* erschienenen Besprechung "Zehn Paare, zehn Paarungen," ist: "Der Reigen, der da getanzt wird, ist, wenn schon kein Todestanz, so doch ein Tanz der kleinen Tode: man trifft sich, man liebt sich, man löst sich" (4). Von dieser existentiellen Grausamkeit war jedoch, wie Karena Niehoff feststellte, in der Utzerathschen Inszenierung nichts zu spüren. In einem längeren Artikel mit dem Titel "Von der Unbeständigkeit der Liebe," veröffentlicht am 14. September 1982 in der *Süddeutschen Zeitung*, befaßt sich Niehoff mit den Stücken *Liebelei* (das zur gleichen Zeit im Renaissance-Theater gezeigt wurde) und *Reigen* und sagt über letzteres:

> Das Stück, das die Stagnation der Promiskuität, das die Voraus-schaubarkeit, immerwährende quälend lustlose Wiederholung sexueller Pseudogeräusche nicht versehentlich aus Unvermögen des Autors mitschleppt, sondern zu seinem eigentlichen Stoff macht (wodurch der allerdings auch in eine gewisse Ermüdung ausartet), ist grausam. Das ist es wohl auch, was man ihm übelgenommen hat. Mariveaux [sic] und vor allem Emilia Galottis erschreckend rasche Verführbarkeit sind seine Vorläufer. Schnitzler hingegen ist exakter. Aber diese Grausamkeit—Döblin sprach von einer "Morgue", einem Leichenhaus—gibt dem Stück seine Würde. Hier indes nicht. (33)

Karena Niehoff zufolge war Marie Colbins Darstellung des süßen Mädels süperb:

> Das "süße Mädel" indessen ist eine höchst reizvolle Entdeckung. Marie Colbin: Süß, nicht süßlich, zerfahren zimperlich, ein bißchen verlegen, ein bißchen stolz auf sich. Und hinreißend frei und keusch, wahrhaft "göttlich" dumm und nicht "märchenhaft", wie es hier unerklärlicherweise heißt, in ihrer schönen Nacktheit, die Utzerath (hier zeigt er Takt und Gespür) ihr als einziger erlaubt, und dies erst beim Dichter, weil sie [in] diesen Hohlkopf (charakterlos

—aber dies etwas zu sehr) wirklich ein bißchen verliebt ist. (33)

Nicht ohne patriotischen Stolz weist der Rezensent der *Salzburger Nachrichten* vom 13. September 1982 in "Das Liebeskarussell dreht sich in Berlin" darauf hin, daß Marie Colbin ihre Ausbildung in Salzburg erhalten hatte. Vermerkt wird allerdings ebenfalls, daß sie sich als einzige von den Mitwirkenden ausziehen "mußte," um den Typ des süßen Mädels zu veranschaulichen:

> Eine junge Schauspielerin, die in Salzburg studiert hatte, Marie Colbin, tritt als "süßes Mädel" ihr Engagement an den Berliner Schauspielbühnen an, muß sich als einzige Person nach dem Willen der Regie ganz entkleiden, was sie mit unverkrampfter Natürlichkeit tut, und schafft es auch, den darzustellenden Typus behutsam zu individualisieren. (Kultur: 8)

Ein gewisser Nationalstolz spricht auch aus dem Artikel "Schnitzlers *Reigen* in Berlin erfolgreich," der am 14. September 1982 in der *Südost Tagespost* erschien:

> Die Premiere am Samstag wurde mit großem Beifall aufgenommen. Eine mit Drehbühne offen verwandelbare Einheitsszenerie vermittelt kaum die Atmosphäre des Fin de siècle in Wien, doch den zehn Schauspielern überwiegend österreichischer Herkunft gelingt auch das. Vor allen anderen beeindruckt Mona Seefried als "junge Frau." (9)

Die brillanten Leistungen der Colbin und der Seefried wurden einhellig gelobt. Auch Joachim Blieses Verkörperung des Grafen wurde rühmend hervorgehoben, so zum Beispiel in der *Neuen Zürcher Zeitung* (Fernausgabe) vom 5. Oktober 1982 ("Bruckner, Schnitzler und Höllerer"):

> Ein großes Vergnügen etwa, wie Mona Seefried als junge Frau die Balance zwischen der Furcht vor dem Abenteuer und der Begierde darauf hält und verliert; ungemein gewinnend die naive Herzlichkeit, die Marie Colbin als süsses Mädel ausstrahlt; ein Kabinettstück persiflierender Darstellungskunst schliesslich Joachim Blieses Graf: ein peinlich die Höflichkeitsformen wahrender phlegmatischer Décadent, der jedes Wort seiner nichtssagenden Sätze auf der Gold-

wage der abendländischen Philosophie wiegt, es für schwer genug erachtet und darauf, hübsch langsam, fallenlässt. (27)

Michael Stone, dessen Besprechung in der *Westfälischen Rundschau* (Dortmund) vom 14. September 1982 mit "Dichterische Beschäftigung mit Sex und Eros wie eine Befreiung" betitelt war, empfand, als er das Stück sah, "Wehmut . . . , weil wir erkennen müssen, wie wenig die flüchtigen Umarmungen bedeuten, zu denen uns Amor immer wieder verleitet. . . . [Aber] das alles ist mit so leichter Hand und viel Geschmack gemacht" (4).[1]

Roland H. Wiegenstein, dessen Artikel "Festwochen-Theater I" in der *Frankfurter Rundschau* vom 16. September 1982 gedruckt wurde, gibt dem Lesen des *Reigen* den Vorzug über die Darbietung auf der Bühne: "was beim Lesen immer noch Biß hat, psychologische Einsicht in die Mechanismen bürgerlicher Partnerwahl verrät, das gerät auf der Bühne allzu leicht ins Banale" (8). Sein Gesamturteil über diese Inszenierung: "Dies ist, was man so eine ansehnliche Aufführung nennt, ohne deutlich markierbare 'Fehler', aber auch—ohne innere Notwendigkeit" (8).

Zum gleichen Schluß gelangt Ingeborg Köhler in ihrer Besprechung mit dem Titel "Schnitzler-Theaterregent in Berlin" (*Wiener Zeitung*, 18. September 1982), eine Rezension, die sich besonders durch lange Satzperioden auszeichnet. Für sie hat der *Reigen*

> hochkarätigen Unterhaltungswert. Das Karussell der Leidenschaft, bei dem die Partner einander im Stafettenlauf weiterreichen, erregte allerdings mehr Heiterkeit als Unmut oder gar Nachdenklichkeit. Daß es so vordergründig zuging, daß Schnitzlers Kunst der Menschenbeobachtung, seine Melancholie und ironische Gesellschaftskritik, die diesen erotischen Paarungsreigen auch hintergründig als gesellschaftlichen Totentanz beim Untergang einer Epoche verstanden wissen will, so offensichtlich auf der Strecke blieben, ist wohl vor allem dem Regisseur Hans Jörg Utzerath anzulasten, der zu sehr auf amüsantes Boulevardtheater setzte, einiger Gags willen die Sprachmelodie zerriß und es verabsäumte, die verklemmte Gesellschaftsmoral und die darunter liegende Dekadenz der damaligen Epoche sichtbar zu machen. (9)

Reiner Schweinfurths Äußerung in der Zeitschrift *Zitty* (21/82; "Erotik und Lüge") dürfte indes schwerlich zutreffen: "Im *Reigen* ist weniger von Kindern die Rede als vielmehr davon, wie sie zustande kommen oder schon im Begriff sind, einer zukünftigen Abtreibung zu erliegen" (64).

"Plattgewalzt, billig denunziert. Schnitzlers *Reigen* am Berliner Schiller-Theater daneben inszeniert," so lautet die Überschrift der vernichtenden Kritik, die Andreas Rossmann für die Wiener *Arbeiter-Zeitung* vom 17. September 1982 verfaßte. Statt eines erwarteten "Karussell[s] der Begierden" präsentiere man, wie Rossmann mißbilligend feststellt, eine

> Peep-Show mit Anfassen, wobei die sozialen Unterschiede weitgehend unterschlagen werden. Aber auch andere Differenzierungen bleiben unberücksichtigt: Die subtil-raffinierten Dialoge werden plattgewalzt, die Phrasen, Ausflüchte, (Sprach-)Nöte der Figuren billig denunziert statt aufgespürt. Wo man bei Schnitzler erschrickt, darf man bei Utzerath schmunzeln, wo jener kalt und trostlos ist, wird dieser nett und süßlich. Nicht auf Stimmungen, sondern auf Pointen wird gesetzt, und wo sich seelische Abgründe auftun sollen, liegen weiche Kissen. . . . Alles an dieser Inszenierung im Schiller-Theater ist falsch, ungenau, spannungslos. Das gilt auch für die Ausstattung des vielbeschäftigten Wolf Münzer . . . (15)[2]

Annemarie Weber macht in ihrer Besprechung "Der Schocker von einst," erschienen am 18./19. September 1982 in der *Presse* (Wien), vor allem das disillusionierende Bühnenbild für den Mißerfolg verantwortlich:

> Was die ganze Inszenierung, die man durchaus als beglückend bezeichnen könnte, jedoch in ihrer Ansehlichkeit bedeutend mindert, ist das Bühnenbild Wolf Münzers. Die Großraumbühne bleibt alleweil eine verlorene Weite, ausgestattet mit den jeweilig benötigten Requisiten—vor allem eben dem Bett. Im Gesträuch sollen der Soldat und das Straßenmädchen sich vergnügen—sie kriechen aber bloß zwischen auf dem Boden stehenden alten Salonlampen umher. Dies Stück, das doch die Intimszene wie kein anderes verlangt, wird hier in Dimensionen gerückt, in welchen die Liebesgierigen jeweils in langen Gängen aufeinanderzueilen oder voneinander wegstreben müssen. Es ist schade, daß dadurch dies Aufgebot wunderbarer Schauspieler und auch das Regiekonzept Utzeraths um Wirkung und Erfolg gebracht werden. (6)

Auch Michael Merschmeier kritisiert in seiner Rezension die Bühnenausstattung:

> Wolf Münzers Bühne—links von einer schräg nach hinten laufenden Wand mit Jalousien und Bogenlampen begrenzt, ansonsten nur mit vielen verschiedenartigen Lampen, mit großen Blumenvasen und den für die einzelnen Szenen wesentlichen, aus dem Schnürboden herabgelassenen oder auf der Drehbühne herbeigedrehten Requisiten bestückt, diese ausladend offene und etwas zu manierierte Bühne mutete den Darstellern weite Gänge und Dialoge über große Distanz zu. In den ersten fünf Begegnungen war das ein Problem; alles wirkte zerflettert und unkonzentriert; nur für Momente vermochte die in Schnitzlers Dialogen doch eigentlich immerwährende Alchemie der Lust die Aufmerksamkeit auf einen Punkt, auf ein Paar zu lenken, ansonsten versank man leicht in bunter Bilderwelt. (1-2)

Nur gelegentlich schimmerte durch die apollinische Bilderwelt das dionysische Element, das in all diesen amourösen Episoden enthalten ist, hindurch—ein Mißverhältnis, das Hedwig Rohde in ihrem Artikel "Liebesreigen und Vogelfreiheit. Schnitzler und Höllerer-Uraufführung in Berlin (*Rhein-Neckar-Zeitung*, 23. September 1982) wie folgt beschreibt: "[Nur manchmal wird] die doppelbödige Melancholie des Ewiggleichen: der heimliche Totentanz . . . begreifbar, sonst [ist sie] im erotischen Amüsement verborgen" (2).

7. *Aufführungen in Wuppertal 18. Oktober 1982 und in Solingen 11. März 1983*

Die nächste *Reigen*-Inszenierung kam in Wuppertal auf die Bühne; Regie führte Hellmuth Matiasek. Es agierten Noemi Steuer (Dirne), Doris Buchrucker, Antje Birnbaum, Monika Hess, Rena Liebenow (Schauspielerin), Hans Richter (Soldat), Alexander Pelz, Franz Trager, Michael Wittenhorn und Frank Schuster (Graf). In der *Westfälischen Rundschau* (Dortmund) vom 19. Oktober 1982 urteilte Johann Wohlgemuth über diese Aufführung: "*Der Reigen* regt niemand auf ":

> Der Wuppertaler Aufführung fehlen eigentlich die Ecken und Kanten, an denen man sich reiben und stoßen könnte. Das ist alles viel zu glatt. . . . Daß Schnitzlers *Reigen* heute kaum noch oder über-

haupt nicht mehr provoziert, liegt in Wuppertal auch an der Regie von Hellmuth Matiasek. Er hielt sich genau an das Buch und inszenierte eine saubere, aber zugleich auch recht biedere Fassung. Und damit tritt dann das ein, was Schnitzler selbst über sein Werk sagte: Es wird zu einer Rückschau auf eine "Cultur", die vergangen ist, deren gesellschaftliche Bezüge noch in der Erinnerung bekannt, aber nicht mehr erlebt sind, der etwas Exotisches anhaftet. Matiasek aber setzt auf diese "Cultur" mehr als auf die Frage, ob sich Sexualität in ihren Grundzügen nicht auch heute noch in einer nur scheinbar freizügigen Gesellschaft so oder zumindest so ähnlich darstellt. Ob die Polarität zwischen Sexus und Eros nicht auch jetzt und hier zu Ergebnissen führen kann, wie sie Schnitzler vorführt. [4]

Reinhard Kill, der die Inszenierung in der *Rheinischen Post* vom 22. Oktober 1982 besprach ("Freudlose Unfreiheit"), moniert vor allem, daß Matiasek die Handlung in der Vergangenheit spielen läßt und niemandem weh tun möchte: "[die Inszenierung] hält vorsichtig Distanz, setzt auf Austauschbarkeit von gesellschaftlichen Typen, die dadurch meist in die Karikatur verrutschen, ist mutig allenfalls in der Symbolsprache von Requisiten und Geräuschen" (10).

Das Gastspiel, das die Wuppertaler im März 1983 im Solinger Theater gaben, habe gezeigt, wie Alois Weber im *Solinger Tageblatt* vom 11. März 1983 unter der Überschrift "Amouröse Spiele" berichtete, daß "der amouröse Bilderbogen nicht zu den stärksten Würfen des Autors gehört. Das Publikum nahm nach meinem Gefühl die Aufführung recht zwiespältig auf."

8. *Aufführung in Nürnberg 23. Oktober 1982*

Die nächste Aufführung des *Reigen* fand in Nürnberg statt; Premiere war am 23. Oktober 1982. Regisseur war Hansjörg Utzerath, der auch die Berliner Inszenierung herausgebracht hatte, und als Bühnenbildner fungierte wiederum Wolf Münzer aus Berlin. Die Darsteller waren Saskia Vester (Dirne), Bettina Dornheim, Marina Busse, Lilo Wicki, Ulla Willick (Schauspielerin), Adalbert Dockhorn (Soldat), Martin Herrmann, Michael Rademacher, Johannes Krummenacher und Johannes Wacker (Graf).

Die Inszenierung wurde ein finanzieller Erfolg und entsprach in dieser Hinsicht Utzeraths Erwartungen, der in einem Interview, das in den

Nürnberger Nachrichten (Ausgabe A) vom 21. Oktober 1982 erschien ("Plüsch für den Sex"), zu Hans Bertram Bock gesagt hatte: "Natürlich hoffe ich bei dem *Reigen* auf eine gute Kasse" (12).

Der Erfolg stellte sich ein, obwohl die Beurteilung in der Presse negativ ausfiel. So vergleicht zum Beispiel Hans Bertram Bock, dessen mit "Das Karussell ohne Öl" überschriebene Kritik in den *Nürnberger Nachrichten* vom 25. Oktober 1982 erschien, die Aufführungen in Berlin und Nürnberg miteinander und kommt zu dem Schluß, daß beide einander ähneln:

> Auch das gesamte Musikprogramm (per Kassette) rauschte und donnerte von der Polka bis zu Mahler wie in Berlin über die wechselnden Paare beim Koitus, beim Vor- und Nachspiel. Utzerath ließ es auch bei der Jahrhundertwende, aber wie in Berlin wurde das Schmacht-Fetzen-Opus nach der Pause *nicht* dichter, *nicht* spannungsgeladener, bekam hier *keinerlei* glaubhafte Sinnlichkeits-Zufuhr, keine Melancholie. Ob die Unzulänglichkeit in dieser Form zum Ereignis werden mußte, will ich (auch im Interesse der Schauspieler) lediglich den sonst so sicheren, sich hier auf tristem Possen-Niveau bewegenden Schauspieldirektor Utzerath fragen: Irrtum des Einübers, daß die Berliner und Nürnberger Charaktere und Talente austauschbar sind? . . . . Die fröhliche Apokalypse kommt auf dem Karussell ins Stottern. Schnitzler wurde als Ladenhüter verschleudert. (29)

9. *Aufführung am Pfalztheater Kaiserslautern 8. Dezember 1982*

Diese Aufführung, die von Volker K. Bauer inszeniert wurde, versetzte die Handlung und die Charaktere in die Gegenwart; beabsichtigte Wirkung war, die sexuelle Promiskuität unserer Zeit sowie die Beziehungslosigkeit der Sex-Partner zu kritisieren. Dietrich Wappler beschreibt einige der Mitwirkenden in "In immer neue Betten," veröffentlicht in der *Rheinpfalz* vom 9. Dezember 1982, folgendermaßen:

> Volker K. Bauer läßt die Dirne (Erika Groß) in Minikleid und Schaftstiefeln auftreten, den Soldaten (Peter Nassauer) im grünen Kampfanzug irgendeiner Armee von heute. Das Stubenmädchen (Michaela Wendt) scheint eher Haustochter als Hausangestellte, der junge Herr (George Bürki) lümmelt sich als aufgeblasenes Reiche-Leute-Söhnchen in die Polster. Und so weiter. (5)

Der schwer verständliche Symbolreichtum dieser Inszenierung läßt sich in der gleichen Besprechung erkennen:

> Nun wollte Volker K. Bauer aber offensichtlich mehr zustande bringen als eine Komödie um Sex und Frust. Standen von Anfang an bereits eine Standuhr und ein Stapel Cola-Dosen bedeutungsträchtig am Bühnenrand, so brach am Ende die Symbolik in geballter Form über das Publikum herein. In einer hinzuerfundenen elften Szene ging ein dunkel gekleideter Herr, der sich schon vorher beim Umbau nützlich gemacht hatte, mit der Dirne gemessenen Schritts von der Bühne, dann tobte Popmusik los und der große rote Mund eines Werbeplakats erschien als riesiger Prospekt im Hintergrund. Schließlich sausten die Bestandteile des funktional-einfachen Bühnenbilds von Corinna Pape noch einmal vom Schnürboden, ließen den Liebesreigen quasi im Schnelldurchlauf Revue passieren. Wer wollte, hatte also etwas zum Grübeln beim Nachhauseweg durch die verregnete Dezembernacht. (5)

10. *Aufführung in Hamburg 19. Februar 1983*

Die nächste größere Inszenierung hatte am 19. Februar 1983 im Hamburger Thalia Theater Premiere.[3] Regisseur war Wolfgang Kolneder, als Schauspieler wirkten mit: Yvonne May (Dirne), Karoline Zeisler, Katalin Zsigmondy, Gabi Hütter, Luitgard Im (Schauspielerin), Hermann Killmeyer (Soldat), Peter Faerber, Josef Schwarz, Klaus Bachler und Klaus Steiger (Graf).

Rudolf Hänsel schreibt in seinem Premierenbericht "Wenn die Lust zur Last entartet" (*Kieler Nachrichten*, 21. Februar 1983):

> Der Österreicher Kolneder bietet in Hamburg einen durchaus akzeptablen Dreh an. Ihn interessiert mehr Freud als Freude. Speziell seine männlichen Figuren stattet er mit sexual-neurotischen Zügen aus. Er degradiert sie zu oberflächlichen Verbrauchern, die nichts als raschen Konsum im Sinn haben. Das Vorspiel bedeutet für sie widrige Pflicht. Die Lust entartet zur Last und Hast. . . . Vordergründige Komik ergibt sich zuhauf, wenn sich die Liebhaber entblättern. Männer in Unterhosen sind nach wie vor unschlagbare Heiterkeitserzeuger. (14)

Wie Mechthild Lange in der *Frankfurter Rundschau* vom 5. März

1983 ("Neugierbefriedigung. Schnitzler und Bruckner [*Früchte des Nichts*]") feststellte, diente diese Inszenierung lediglich der "Neugierbefriedigung—irgendeinen anderen Grund für die Aufführung vermochte die Inszenierung von Wolfgang Kolneder jedenfalls nicht zu vermitteln" (12). Das liegt nach Ansicht der Rezensentin vor allem an der Nicht-Aktualität des Stückes:

> . . . die Erkenntnis, daß das Netz sexueller Verknüpfungen durch alle Gesellschaftsschichten gespannt ist, ohne Rücksicht auf Standeszugehörigkeit, schockiert heute niemanden mehr, und was vor und nach den zeilenfüllenden Bindestrichen im Text (auf der Bühne durch Black-outs markiert) geplaudert wird, sich in Sträuben und Werben und geschlechtsspezifischen Mißverständnissen artikuliert, ist so tief empfunden, so psychologisch nuanciert denn auch nicht, daß es, in zehn Varianten wiederholt, nicht doch recht eintönig wirkte. Es sei denn, ein Regisseur hätte ein scharfes Ohr für Zwischentöne, und Schauspieler, sie zu vermitteln. Kolneder ist kein solcher Regisseur . . . (12)

Von den Schauspielern lobt Mechthild Lange nur Katalin Zsigmondy, der es in der Rolle der jungen Frau gelang, die Zwiespältigkeit dieser Figur darzustellen.

Auch die Aufführungskritik, die Simon Neubauer am 21. Februar 1983 im *Weser-Kurier* veröffentlichte und die den Titel "Von Schnitzler nur das Gerippe" trägt, fiel negativ aus:

> [Wenn der *Reigen*,] grob gesagt, nicht bei einer Kette von Bumsereien bleiben soll, muß sich in den Szenen etwas mitteilen von der Vergänglichkeit des raschen Glücks, von der ironischen Melancholie, die über jeder Begegnung liegt, vom zarten Leichtsinn und vom holden, schnell bereuten Betrug, von der schalkhaften Traurigkeit und vom mühsam kaschierten Ersterben der Liebesworte. Mehr noch: Man muß wohl mit der Nervensonde die Gefühlswelten dieser Schnitzlerischen Menschen aufdecken, man muß hinter den weichen Charme der Konversation leuchten, um des Autors tiefe Skepsis gegenüber dem flüchtigen Leben, gegenüber dem "Lebensglück", erkennen zu können. Von all dem weiß die Hamburger Aufführung nicht viel. (16)

Viel Nacktes gab es in dieser Aufführung nicht zu sehen, denn wie

Peter Striebeck, der Intendant des Thalia Theaters, sagte: "Wenn man nicht viel sieht, sondern es nur erahnt, wird die Phantasie doch viel mehr angeregt" (zitiert nach M. Bernhard, "So nackt muß der *Reigen* gar nicht sein," *Bild am Sonntag*, 6. März 1983: 63).

11. *Aufführung in Schleswig-Holstein 7. September 1983*

Auch der Aufführung des Schleswig-Holsteinischen Landestheaters und Sinfonieorchesters [sic] (7. September 1983) war kein Erfolg beschieden. Regie führte Dieter Kehler, auf der Bühne agierten Christina Franzke (Dirne), Brigitte Nippe, Anna Henrix, Jutta Post, Claudia Caspar (Schauspielerin), Franz-Michael Schwarzmann (Soldat), Rudolf Haas, Harald Eggers, Gert Höning und Friedrich Graumann (Graf).

Schon der Titel von Helma Pipers Premierenkritik, "Witz und Ironie bleiben auf der Strecke" (*Schleswig-Holsteinische Landeszeitung*, 9. September 1983), verweist auf die Schwächen dieser mißlungenen Inszenierung:

> Die Zuschauer am Premierenabend mußten sehr genau hinsehen, um hinter dem Spiel etwas anderes zu sehen als dumme Verführungstechniken. [Nur wenige] ließen erahnen, welche Charakterstudien in dem Stück verborgen sind und unter vordergründiger effektheischender Erotik verborgen bleiben. . . . Das Premierepublikum hatte kaum mehr als freundlichen Beifall.

Christoph Münk sagt in seiner "Auf Klamotte geschminkt" überschriebenen Besprechung, die am 9. September 1983 in den *Kieler Nachrichten* erschien:

> Die Inszenierung des Schleswig-Holsteinischen Landestheaters, mit dem die Spielzeit eröffnet wurde, bestätigt alle Bedenken. Ein Regisseur, der offensichtlich kaum Gespür für die feinen psychologischen Spannungen zwischen seinen Figuren hat, und Schauspieler, die, unbeholfen und auf massive Effekte bedacht, über jede Nuance hinwegspielen, machen aus dem *Reigen* einen platten Bauernschwank, eine kreischende Wäscheklamotte, in der Nummer auf Nummer folgt—bis zum Überdruß. . . . Titel und Text stimmen, doch Schnitzlers subtiles Stück ist grell auf Klamotte geschminkt, bis zur Unkenntlichkeit. (21)

12. *Aufführung in Wien 18. November 1983*

In Wien wurde der *Reigen* relativ spät auf die Bühne gebracht. Zunächst schien es so, als seien sowohl das Burgtheater als auch das Volkstheater an einer Inszenierung dieses Werks interessiert. In diesem Zusammenhang schreibt Norbert Tschulik unter der Überschrift "Zweimal *Reigen* in Wien" in der *Wiener Zeitung* vom 27. November 1981: "Das Burgtheater hat eine Option auf den *Reigen*, aber, eigensinnig wie ein kleines Kind, will auch der andere nicht darauf verzichten. Doppelt hält besser? Nein, in diesem Falle nicht." (4).

Da das Volkstheater beschloß, den *Reigen* doch nicht zu inszenieren, wurde er am 18. November 1983 von Erwin Axer wieder im Wiener Akademietheater aufgeführt. Was Axer an dem Stück reizte, wird von Ditta Rudle in "Zarter Genuss," veröffentlicht in der Wiener *Wochenpresse* vom 15.11.1983, folgendermaßen zitiert:

> "Es ist schwer zu sagen, ob das fürs Lesen oder fürs Spielen geschrieben worden ist. Alles, was zwischen den Figuren im Dialog passiert, ist in Theatertechnik gemacht. Also als Basis zum Theaterspielen zu verwenden. Was als Beschreibung des Autors steht, läßt daran denken, daß es nur zum Lesen geschrieben ist. Beim Lesen schweift der Gedanke frei, die Interpretationsmöglichkeit fällt teilweise aus". (44)

"Die große Chance wurde komödiantisch verspielt," konstatierte Eva Schäffer in der *Neuen Zeit* (Graz) vom 20. November 1983:

> Erwin Axers Inszenierung verrät saubere handwerkliche Arbeit, kehrt allerdings mehr die komödiantischen Elemente des Stückes hervor als die tristen. Eine kluge, den notwendigen raschen Szenenwechsel leicht durchführbare Ausstattung hat Axers Ehefrau und ständige Mitarbeiterin Ewa Starowieyska entworfen: Rechts und links je ein in Richtung Hintergrund verlaufendes Wandgebilde, das während der Aufführung stehen bleibt, für die verschiedenen Szenen werden nur, und das sehr schnell, die Möbel ausgewechselt, wird der jeweilige Schauplatz geschickt und stimmungsvoll ausgeleuchtet. (Kultur: 10)

Monika Schneider zufolge wartet der echte Schnitzler noch darauf, entdeckt zu werden, ungeachtet der bundesdeutschen Aufführungen und trotz der prominenten Besetzung der Wiener Inszenierung, die aus folgenden Schauspielern bestand: Ulrike Beimpold (Dirne), Elisabeth Augustin, Sylvia Lukan, Susanne Mitterer, Annemarie Düringer (Schauspielerin), Robert Meyer (Soldat), Georg Schuchter, Wolfgang Hübsch, Karlheinz Hackl und Peter Wolfsberger (Graf). Monika Schneiders Besprechung trägt den Titel "Längst kein Skandal mehr: Schnitzlers *Reigen* eher mäßig" und erschien am 20. November 1983 in der *Südost Tagespost* (Graz). Dort heißt es: "Ja, der Glanz fehlt ihr eindeutig, der braven, soliden Inszenierung von Erwin Axer. Das erotische Prickeln ging mir ebenso ab wie die—sollte man meinen—unüberhörbare Ironie und Menschenverachtung des Dichters" (18). Die Schauspieler waren desplaziert: Ulrike Heimpold (sic) spielte eine hervorragende Dirne, aber mit dem Schmelz eines süßen Mädels, und das kichernde Stubenmädchen Elisabeth Augustins war zu elegant für diese Rolle.

Besonders enttäuschend war es, daß diese mißlungene Aufführung des *Reigen* in Wien stattfand, denn der *Reigen* war und ist ein spezifisch wienerisches Werk. Der Kritiker (gez. Ruk) sagt dazu in der *Wiener Zeitung* vom 20. November 1983 ("Ohne rechtes Gespür für Schnitzler"): "Erwin Axer hat für diesmal versagt. Davon wird die Welt nicht untergehen, aber daß dies erzwienerische, essentiell wienerische Werk gerade in Wien nur höflichen Achtungsapplaus erntete, hat doch sehr enttäuscht" (4).

Beifällig äußert sich Eleonore Thun, deren Artikel "Zur Sache, Schätzchen!" am 22. November 1983 in der Wiener *Wochenpresse* erschien. Sie spricht von einer "schöne[n] . . . Aufführung, die das Eigentliche herausschält, ohne der billigen Versuchung zu erliegen, die Scheinmoral von damals noch zusätzlich unserem Gelächter preiszugeben" (36). Auch Erik G. Wickenburg, dessen "Witzfigur mit Weltsicht" betitelte Rezension in der *Welt* vom 22. November 1983 veröffentlicht wurde, beurteilte diese Inszenierung günstig: "In diesem für die Jahrhundertwende schlechthin unerhörten Sittenbild spielt die Liebe nur den phrasenhaften Vorwand für ein schales Vergnügen" (17). Doch solche positiven Kritiken waren rar, die negativen Stimmen überwogen.

I. Pieterski beendet seine mit "Ein farbloser *Reigen*" überschriebene Besprechung, die er für die *Neue Volkszeitung* (Klagenfurt) vom 23. November 1983 verfaßte, mit den folgenden Worten: "Die Wiener Aufführung hat jedoch leider den feinen Humor, der in Schnitzlers Worten mitschwingt, teilweise mit groben Komödiantenstiefeln getreten und Erotik erst gar nicht aufkommen lassen. Die Figuren scheinen falsch besetzt, es mangelt ihnen an couleur" (11).

"Ist der *Reigen* noch zu retten"—diese rhetorische Frage stellt Alfred Pfoser in der Überschrift seiner in den *Salzburger Nachrichten* (21. November 1983) erschienenen Rezension. Sein Urteil:

> Axer drückt sich nicht vor der Antwort, nur bleibt er höchst unsicher und unentschieden. Zunächst läßt er jene Interpretatoren außer acht, die den *Reigen* als Totentanz lesen möchten, um das Frivole und Gesellschaftskritische zu übersehen. Von dergleichen Reminiszenzen hält er schlicht und einfach nichts. . . . Melancholie läßt er nicht einen Augenblick lang aufkommen, auch dort nicht, wo sich von der Vorlage keine Alternative stellt. Der Graf, und das ist der stärkste Eingriff ins Original, wird von Axer nicht von einem älteren Mann besetzt, sondern er schickt den jungen Peter Wolfsberger aufs Parkett, der mit seinen verstiegenen verblasenen Philosophemen nur mehr adelige Jämmerlichkeit suggeriert. Die Dimension der Nachdenklichkeit (neben der der Dekadenz), die Schnitzler bewußt als Schlußpunkt des wechselnden Rollenspiels setzt, verkümmert hier zu den Ausdünstungen einer verschrobenen Seele. Ein Moment des Innehaltens wird nicht einmal ansatzweise zugelassen . . . . Zu verschieden ist das Tempo, zu unterschiedlich der Persönlichkeitsgestus. Der Reigen in seiner Drehbewegung löst sich auf zu einer offenen Szenenfolge, die abbricht, weil der Abend aufhören muß. Der Schluß ist die gravierendste Schwachstelle in Erwin Axers Inszenierung. . . . während am Ende sich die Rede mehr und mehr in den Vordergrund drängt und den Sexualakt überlagert, steht am Beginn die direkte Aktion, gespickt mit direkter Aufforderung oder Abweisung. (8)

Daß der *Reigen* für ein heutiges Publikum an Anziehungskraft verloren hat, behauptet Viktor Reimann in seinem Artikel "Das süße Leben braver Kleinbürger," publiziert am 20. November 1983 in der *Neuen Kronen Zeitung*:

> Zweifellos hat der seinerzeitige Skandal dem *Reigen* den Reiz des Verbotenen und Exzeptionellen sowie Literaten und Psychologen Stoff zu Abhandlungen gegeben, was, wie sich nach den Inszenierungen nach 1982 herausstellt, doch übertrieben war, aber so wenig Duft, so wenig Charme wie in der bescheidenen, biederen Aufführung im Akademietheater hat das Stück nun wieder auch nicht. Den *Reigen* als Doppelspiel von Eros und Thanatos zu interpretieren und

> in ihm die Struktur des mittelalterlichen Totentanzes zu sehen sind zu große Worte für Axers einfaches Gesellschaftsspiel, das den Geschlechtern die Langeweile des Lebens versüßt und zusätzlich den Genuß schenkt, Tabus zu brechen. Vom Geheimnis der Liebe ist im Stück nicht die Rede. (18)

Nach Ansicht von Ulrike Steiner offenbart der *Reigen* seinen prikkelnden Reiz im Leseakt, aber nicht auf der Bühne. Unter der Überschrift "Ausgespielt wird's reizlos" schreibt sie in den *Oberösterreichischen Nachrichten* (Linz) vom 21. November 1983: "Der Reiz des *Reigens*, des die soziale Leiter hinauf- und wieder hinuntergetänzelten Paarungsspiels, entfaltet sich beim Lesen. Wo erotische Phantasie mitzuschwingen hat, wirkt Ausgespieltheit sehr rasch plump"(10)."Plump" ist zum Beispiel die Szene zwischen dem Soldaten und der Dirne: "sie machen's wie die läufigen Hunde, hinterm Busch," und die Episode zwischen dem Soldaten und dem Stubenmädchen "läuft ebenfalls noch sehr genau, unaufgezuckert." Von da an überwiegt das Komische: "Ins vordergründig Komische gleiten die Balzrituale von hier an. Soviel pubertäres Herumgedruckse, wie Georg Schuchter als junger Herr produziert, bis er das Stubenmädchen Marie (Elisabeth Augustin) auf dem Divan hat, wäre für die 'Dienstleistung' nicht nötig gewesen" (10). Und am Schluß der Vorstellung: "Höflichkeitsbeifall wie für eine Diva, von der man weiß, daß sie einst gut war."

Volkmar Parschalk, dessen Kritik in der *Tiroler Tageszeitung* (Innsbruck) vom 24. November 1983 den Titel trägt "*Der Reigen*: Arthur Schnitzlers erotischer Totentanz wurde vergeben," ist der Ansicht, daß Schnitzlers Stück uns immer noch etwas zu sagen habe, obwohl dies in der betreffenden Inszenierung keinesfalls deutlich wurde:

> Schnitzlers meisterhafte Dialoge—Vorspiele und Nachspiele zum Sexualakt, Beweis für den hoffnungslosen Egoismus, die Lieblosigkeit und Einsamkeit des Menschen und psychologische Studie quer durch die Gesellschaftsschichten—verletzen zwar kein Tabu mehr, haben jedoch nichts von ihrer zeitlosen Größe und Gültigkeit eingebüßt. . . . Ansonsten muß man diese Aufführung rasch vergessen und auf eine gültigere an einem anderen Wiener Theater hoffen. (8)

Vermutlich dachte er dabei an die geplante Inszenierung im Volkstheater, dessen Intendant Paul Blaha die Aufführungsrechte erworben hatte, dann aber beschloß, von ihnen keinen Gebrauch zu machen.

Auch Hans Heinz Hahnl äußert sich enttäuscht über die Inszenierung und schreibt darüber in der *Arbeiter-Zeitung* vom 21. November 1983 ("Wie der Herr seine Hose auszieht"): "Wer hätte gedacht, daß Sex so fad sein kann! Was Schnitzlers *Reigen* war, das muß man nach dieser Aufführung im Akademietheater rekonstruieren. Was er noch immer ist oder sein könnte, wird man mit einer anderen Inszenierung erproben müssen" (13). Hahnl zufolge krankte die Wiener Inszenierung daran, daß Axer die Handlung in der Vergangenheit spielen ließ, ohne Bezüge zur Gegenwart herzustellen:

> Die Zeit hat das Stück eingeholt. Aufregend ist nicht mehr das Thema, aufregend wäre diese Emanzipation der Lust von der Liebe, aufregend wäre noch immer der selbstkritische Hohn auf den Männlichkeitswahn. Aber das alles wird im Akademietheater nicht gespielt. Hier gibt es eine gepflegte Seitensprungskonversation. Die Frage, was sich nun geändert hat in sexualibus seit Schnitzlers Tagen, wird überhaupt nicht gestellt. Geändert haben sich soziale Akzente, die öffentliche Meinung gegenüber der Sexualität, aber nichts hat sich an der Taktik, an dem Ritual geändert, mit dem ein Mann eine Frau beziehungsweise eine Frau einen Mann herumzukriegen versucht. Die Lust ist weiterhin ein anarchisches Reservat des Individuums. Sie scheut auch heutzutage keine List und keinen Betrug, sie tobt sich so ungehemmt aus, wie es die gesellschaftliche Situation zuläßt, und sie hat keine Hemmungen, sie zu übertölpeln, zu mißbrauchen. Das hat Schnitzler dargestellt, und das müßte man heute spielen. (13)

Von diesem allmächtigen Trieb, der kein Mittel scheut, um zum Ziel zu gelangen, war in Axers Inszenierung nichts zu spüren. Statt dessen zog er alles ins Komische, ja Lächerliche, und trotz einiger Nacktszenen gebrach es dieser Bühnenversion durchweg an Sinnlichkeit:

> Die Damen ziehen ihre Blusen mit einer Leidenschaft aus, als ob sie bei einer Schneiderprobe wären. Ein nackter Busen macht noch keine Erotik. Bei Schnitzler wird es im entscheidenden Augenblick dunkel. Eine Aufführung muß auch mit Gesten auf diesen Augenblick vorbereiten. Das geschieht im Akademietheater dadurch, daß sich die Schauspieler ständig der Oberkleidung entledigen. Was uns beschert wird, ist die eher peinliche Situation eines ständigen

> Hosenaus- und -anziehens. Das ist schon in der Wirklichkeit eine heikle Situation, auf der Bühne ist es nur mehr lächerlich, zumal die Verliebten dann in der offenbar uneinnehmbaren Festung ihrer Unterwäsche das Bett besteigen. Die auf das Wort beschränkte Josefstadtlesung war da weit eindrucksvoller. (13)

Nach Ansicht von Otto F. Beer wäre einer *Reigen*-Aufführung in den sechziger Jahren, als die Schnitzler-Renaissance einsetzte, mehr Erfolg beschieden gewesen. In seinem in der *Süddeutschen Zeitung* vom 26./27. November 1983 erschienenen Artikel "Der Reigen—eine schwierige Kunst" gibt er seiner Enttäuschung folgendermaßen Ausdruck:

> Das Skandalon der Promiskuität, das in den zwanziger Jahren die Menschen so sehr erbost hat, ist keines mehr, der Partnertausch läuft zu glatt ab. Es wäre wohl klüger gewesen, den Bann über das Stück schon um 1960 aufzuheben, als die große Schnitzler-Renaissance anhob. Heute mutet das Stück ein wenig an wie ein Mädchen, das so lange auf seine Jungfernschaft erpicht war, bis diese niemanden mehr interessiert. . . . der Zahn der Zeit hat an diesem Stück wohl in Überstunden genagt, und die drei Stunden Sex alter Schule verliefen in der Endphase mit Peter Wolfsberger reichlich zäh. (14)

Auch Karin Kathreins Besprechung "Wie der Opa mit der Oma. . . Arthur Schnitzlers *Reigen* im Akademietheater," enthalten in der *Presse* vom 21. November 1983, fiel negativ aus:

> Ausgerechnet in Wien, ausgerechnet am Burgtheater wirkt dieses subtile dramatische Meisterwerk wie ein altmodisches erotisches Ringelreia. Amüsant, aber bedeutungslos. . . . Unklar bleibt die zunehmende Ritualisierung, die zunehmende Verlogenheit und das gesteigerte Raffinement des erotischen Spiels, je höher der Reigen in die gesellschaftliche Hierarchie hinauftanzt. Nur undeutlich ist die Differenzierung immer wiederkehrender Floskeln in den verschiedenen gesellschaftlichen Schichten wahrnehmbar, nur vage werden das Verhalten der einzelnen Figuren zur Sexualität, die Äußerungen ihres Trieblebens als typisch für ihre soziale Stellung erkennbar. Die köstliche, erbarmungswürdige Peinlichkeit der Situationen, wenn zwei Menschen, die einander innerlich noch fern sind, nach körperlicher Umarmung streben, kommt ebensowenig zur

Geltung wie der Umstand, daß die schreckliche Beziehungslosigkeit, in der diese Menschen zueinander stehen, keineswegs nur Ausdruck der fundamentalen Einsamkeit des Menschen schlechthin ist, sondern aus einer Gemeinschaft ohne wahren Zusammenhalt aus gesellschaftlichen Fehlentwicklungen resultiert. (4)

Einen politischen Aspekt spricht Cornelia Krauß in ihrer Rezension an, die unter der Überschrift "Der Vorhang als Gedankenstrich" in der *Stuttgarter Zeitung* vom 25. November 1983 erschien. Nach Auffassung der Rezensentin ist der Antisemitismus auf die Verdrängung und Unterdrückung des Sexualtriebs zurückzuführen: "Sexualangst als politisches Syndrom der Ersten Republik"—auf diesen griffigen Tatsachenpfeilern ruht die ganze Materialfülle im nationalistischen Topf antisemitischer Hetze" (46).

Daß diese Sexualangst weiter zurückreicht als bis zur Ersten Republik und ein universelleres, nicht unbedingt mit dem Antisemitismus zusammenhängendes Phänomen ist, erhellt aus einem Artikel, den Andreas Weigel für das Programmheft verfaßte und in dem er den *circulus vitiosus* zwischenmenschlicher Beziehungen wie folgt beschreibt:

> Obwohl das sexuelle Begehren die Ursache darstellt, die die Handelnden zusammenführt, täuschen sie sexuelles Desinteresse vor, um miteinander in Kontakt zu kommen. Dieses Wechselspiel von sexuellem Interesse und vorgetäuschter A(nti)-sexualität ergibt jene Stimmung von Schuldgefühlen und Gereiztheit, die so lange anwächst, bis ein Partner die Flucht nach vorne antritt und die sexuelle Spannung entlädt. Nach dem Geschlechtsakt zwingt der moralische Druck die Betroffenen, in der Verstellung zu verharren. Die in der Folge aber unvermeidliche Distanzierung vom Partner spiegelt den Charakter der betreffenden Person ebenso, wie zuvor jene Verhaltensweisen, die angewandt wurden, um die sexuelle Motivation zu verstecken. Entlarvt werden dabei beinahe 2000 Jahre Sozialgeschichte, denn die Verhaltensweisen sind Indikatoren für die Sexualwertung im abendländischen Kulturkreis. Sie sind das Ergebnis einer von Kirche und Staat geschützten Sexualfeindlichkeit. Jede Besserung der zwischenmenschlichen Beziehungen, die Möglichkeit einer unverklemmteren und freieren Gesellschaft bleibt zumindest solange vertan, als Sexualität als lästiges Übel bewertet wird. (Urbach, *Akademietheater* o.S.)

Die vernichtendste Kritik kam von Renate Wagner, die die Inszenierung im *Bayernkurier* vom 17. Dezember 1983 ("Reizloser *Reigen*") besprach. Sie wirft Axer vor, das Stück nicht verstanden und deshalb "gemordet" zu haben:

> Das Stück ist alles: komisch, voll sozialer Anklage und ein tieftrauriger Totentanz. Aber ein Leichenbitter, wie ihn Axer in einer abscheulichen Sparausstattung von Ewa Starowieyska inszenierte, ist es nicht. Es mag tausendmal berechtigt sein, die gleichsam düsteren Akzente dieser zehnfachen Paarung zu betonen, wie es auch die Trauermusik von Peter Fischer tut, aber deshalb darf man dem Dialog nicht seine Vielschichtigkeit, den Figuren nicht ihr Flair und letztlich dem Stück nicht dort, wo er legitim ist, den Humor rauben. All das geschieht mit verheerendem Ergebnis, mit einem Unverstand, dem sich eine Handvoll Schauspieler (nicht alle erster Güte übrigens) mit einer Ausnahme nicht widersetzte [Sylvia Lukan]. (19)

Ein später Kommentar zu dieser Aufführung erschien im *Theatre Journal* 1985 und stammt von Gabriel Robinson. Nach Auffassung Robinsons wurde in Erwin Axers Inszenierung die Verbindung von Erotik und Traurigkeit betont:

> [Axer] gestaltet die wiederholten Verführungen als eine Sequenz schwerfälliger und komischer Aus- und Anziehszenen: jede Begegnung endet mit einem überstürzten Aufbruch, einem ängstlichen Wettlauf mit der Zeit. Dergestalt wird man in dieser Inszenierung permanent daran erinnert, daß die Einsamkeit und ihre endgültige Form, der Tod—ebenso wie die Langeweile, dieser kleine Tod—den Sieg über das Leben davontragen. (363-364)[4]

13. *Aufführung in Graz 8. Januar 1984*

Die nächste Station der *Reigen*-Aufführungen war Graz. Am 8. Januar 1984 präsentierten die Vereinigten Bühnen Graz-Steiermark das Stück als Gastspiel des Darmstädter Theaters. Unter der Leitung von Eike Gramss agierten Karin Kienzer (Dirne), Ute Radkohl, Isabella Gregor, Isabella Archan, Petra Fahrnländer (Schauspielerin), Helfried Edlinger (Soldat), Felix Römer, Alexander Höller, Otto David und Gerhard Balluch (Graf).

In einem Interview, das Kurt Wimmer mit Gramss führte und das am 4. Januar 1984 in der *Kleinen Zeitung* (Graz) erschien, erläutert der Regisseur, was ihn dazu bewogen hat, dieses Werk zu inszenieren: "Es ist einfach ein gutes Stück. Es steckt soviel drin und ist ungemein vielschichtig: Das Bild einer Epoche, die Erotik einer Epoche, der weise Humor und die bös-distanzierte Sachlichkeit. Das tragikomische Verhalten von balzenden Menschen und der dunkle Grund, die Melancholie. Das Totentanzhafte spielt immer mit" (18).

Wie Eva Schäffer bereits in der Überschrift ihrer Besprechung deutlich macht, war diese Darbietung ihres Erachtens "Am Text vorbeiinszeniert." In den *Salzburger Nachrichten* vom 10. Januar 1984[5] schreibt sie: "Pünktlich zu jedem Geschlechtsakt wabern Rauchschwaden aus dem Orchestergraben. Schnee plumpst hörbar auf den Bühnenboden und während der Umbauten unterhalten sich hörbar die Möbelträger miteinander" (9). Doch diese Verfremdungs- und antiillusionistischen Effekte vermochten die Inszenierung auch nicht zu retten, die aus dem Stück eine seichte Komödie machte:

> Keine Spur davon, daß Schnitzler in diesen zehn Dialogen das verschiedene Verhalten verschiedener Menschen zur Sexualität gezeigt hat, daß sich hier das ewige Spiel der Verstellungen und Lügen umso raffinierter gibt, je weiter es vordringt in höhere gesellschaftliche Regionen. . . . Die Figuren in der Grazer Aufführung sind bis auf wenige Ausnahmen austauschbar, unterscheiden sich nur durch ihren Text und dadurch, daß die Schauspieler die Dialekte ihrer verschiedenen Herkunftsorte sprechen: der eine redet Steirisch, der andere Wienerisch und die Darstellerin der Schauspielerin stammt unüberhörbar aus der Bundesrepublik Deutschland. Darüber hinaus ist es dem Regisseur nicht gelungen, die Darsteller mehr zeigen zu lassen als platte, oberflächliche Komödiantik. (9)

Die Unfähigkeit des Regisseurs, dieses österreichische Stück überzeugend zu inszenieren, wurde unter anderem darauf zurückgeführt, daß er selbst kein Österreicher war. So behauptet der namentlich nicht genannte Rezensent, dessen Artikel "*Reigen*: Auch Graz glücklos" am 10. Januar 1984 in der Klagenfurter *Neuen Volkszeitung* (Kärnten-Osttirol) erschien:

> Die Österreicher, so wurde allgemein erwartet, hätten es besser

> machen können, hätten die zehn Bilder von desillusionierenden Paarungen eindringlicher und hintergründiger auf die Bühne bringen können. Doch die Wiener brachten im Akademietheater nur Fadesse zustande, und die Grazer Erstaufführung im Schauspielhaus erntete nach ihrer Premiere am Sonntag keine Lorbeeren. Man hatte sich ausgerechnet den Preußen Eike Gramms [sic] geholt, der bereits in Basel, Frankfurt and Darmstadt höchstens Achtungserfolge erzielen konnte. Mit preußischer Exaktheit und eingenähten szenischen Gags machte Gramms [sic] den Reigen—laut Kritikerstimmen—zum Lustspiel. (13)

Für Wolfgang Arnold ist der *Reigen* jedoch keine Komödie. Unter der Überschrift "Zehnmal Liebe, daß es raucht" stellt Arnold in der *Südost Tagespost* vom 10. Januar 1984 fest, der *Reigen* sei "ein Lesedrama, und darüber mußte die Regie Eike Gramss', der das Stück schon anderswo inszeniert hatte, hinwegkommen. Sie kam nicht darüber hinweg" (11).

Positive Kritiken gab es kaum. Kurt Wimmer, dessen Artikel "Vernebelter *Reigen*" in der *Kleinen Zeitung* (Graz) vom 10. Januar 1984 erschien, ist der Ansicht, Eike Gramss habe "das Stück ideenreich inszeniert" (17). Von ein paar Schwächen abgesehen, war es nach Wimmers Dafürhalten "ein gelungener Abend. . . . Es gab viel Beifall." Überdies gibt er der Grazer Inszenierung den Vorzug vor der in Wien; dabei kann er es sich nicht verkneifen, auf die polnische Herkunft Axers hinzuweisen: "Die Inszenierung war dennoch einfühlsamer und farbig nuancierter als etwa die des Polen Erwin Axer im Wiener Akademietheater, und auch die Grazer Schauspieler können sich mit der Prominenz der Burg durchaus messen" (17).

Ebenfalls beifällig äußerte sich Gregor Mayer in der Wiener *Volksstimme* vom 10. Januar 1984 ("Vom Skandal zur Farce"). Als Glanzpunkte der Inszenierung führt er folgende Einzelheiten an:

> Ausgesprochen gekonnt, mit viel Gefühl für die unterschwelligen Feinheiten, mit Gespür für reich differenzierte Haltungen hat er die Figuren des Stücks als Typen, als Vertreter ihres Milieus auf die Bühne gestellt, daß man über sie lächeln und lachen konnte. Der perfekte Einsatz des Lichtes, die subtile Untermalung durch Geräusche zur Grundierung von Stimmungen, die raffinierte Idee, die notwendigen Umbauten von Statisten spielen zu lassen, diese . . . gelegentlich sogar ins Geschehen einzubauen, das alles zeugt von

einer durchdachten, zum Großteil auch im Detail stimmigen Konzeption. (8)

Nach Einschätzung von Riki Winter ("Keinerlei Sehnsucht nach Liebe," *Wiener Zeitung* vom 11. Januar 1984), war diese Darbietung eine "köstliche Unterhaltung," die den Zuschauer in keiner Weise anregte, über die tiefere Bedeutung des Stückes nachzudenken:

> In Graz ging's dazu ein wenig zu laut zu und zu bunt und die Requisiten waren so sehr aus der Jahrhundertwende, daß man sich an ihnen nostalgisch sattsehen konnte, und denken mußte man gar nicht, weil's doch unterhaltend war. So gesehen ist die Grazer Produktion ein voller Erfolg und das Ensemble hat gut gespielt—keine Frage. (4)

Doch insgesamt war diese Inszenierung zu wenig nuanciert, wie Rudolf Kellermayer in der *Furche* vom 11. Januar 1984 tadelte ("Kein Schock mehr"). Folgendes nämlich hätte, so Kellermayer, im *Reigen* gezeigt werden sollen: "die ganze Trauer, Bitterkeit und Enttäuschung über den Verlust des Gefühls und den determinierten Ablauf sexueller Beziehungen. [Dies wird auch in einigen Szenen vermittelt,] die meiste Zeit aber geht es eher derb, vergröbernd, optisch eindeutig und lachmuskelfordernd zu beim Reigen durch die diversen Milieus" (11).

14. *Aufführung in Bad Godesberg 14. Januar 1984*

Als nächster brachte Dr. Dieter Wedel den *Reigen* auf die Bühne, und zwar in den Bad Godesberger Kammerspielen, wo das Stück am 14. Januar 1984 Premiere hatte. Er antizipierte keine Skandale, wie er in einem Pressegespräch erklärte (*Bonner Rundschau* vom 13. Januar 1984): "*Reigen* ist kein Skandal-Stück mehr wie zur Zeit seiner Entstehung, dazu haben sich die Auffassungen darüber, was als Pornographie zu werten ist, zu sehr geändert. Aber provozierend ist es immer noch wie alles das, was sich unumwunden mit erotischen Beziehungen beschäftigt."

In gewisser Weise schrieb Wedel den Text um; unter der Überschrift "Alles Wienerische ist nun ausgetrieben" berichtete die *Bonner Rundschau* vom 13. Januar 1984, er habe den Wiener Dialekt ins Hochdeutsche "übersetzt." Überdies ließ Wedel im Stück eine Erzählerfigur auftreten, genauso wie Ophüls es in seinem Film *La Ronde* gemacht hatte.

Diese Zusatzfigur fungierte als Ansagerin und verband die einzelnen Szenen. Als Schauspieler wirkten mit: Despina Pajanou (Dirne), Tomma Wember, Susanne Tremper, Susanne Seidler, Pia Häggi (Schauspielerin), Siegfried Flemm (Soldat), Matthias Schuppli, Christoph Hofrichter, Robert Hunger-Bühler, Siegfried Kernen (Graf) und Birte Berg (Erzählerin).

In einem Interview, das Dieter Gerber mit Wedel führte und das unter der Überschrift "Ein provozierendes und ein poetisches Stück" im *General-Anzeiger für Bonn* vom 13. Januar 1984 erschien, sagte der Regisseur, daß er sich nicht scheue, den *Reigen* auf die Bühne zu bringen, "[obwohl] die *Reigen*-Inszenierungen in Berlin, München, Wien und Hamburg allesamt Mißerfolge waren." Sein Regiekonzept erläutert Wedel wie folgt:

> "Wir sind weggegangen von jeder realistischen Dekoration und spielen das Stück in einem Raum, der, wenn auch nur entfernt, an die Räume in den Peep-Shows erinnert, sogleich aber auch signalisiert, was hier verhandelt wird. Und wir lassen auch zwischen dem Davor und Danach nicht den Vorhang fallen, weil das dann zwanzig Mal passieren müßte und das Stück zerteilt. Das zentrale Problem für mich war: Wie zeigt man Beischlaf auf der Bühne, ohne daß das lächerlich wirkt. . . . wir haben, so glaube ich, eine Lösung für das Problem in einer brutalen szenischen Stilisierung gefunden". (12)

Diese Stilisierung wird von Siegfried Schmidt in der *Bonner Rundschau* vom 16. Januar 1984 ("Ohne Wiener Schmäh") folgendermaßen dargestellt:

> Im Mittelpunkt des rot ausgeschlagenen, nicht "konkreten" Bühnenbilds von Kathrin Kegler steht eine Drehscheibe, die in allen Szenen als Bett oder Liege dient und sich (vom Publikum stets applaudiert) in Bewegung setzt, sobald es wieder einmal so weit ist. Fransenteppiche, umgekippte Mülleimer, vergammelte Kleidungsstücke "bereichern" das Bühnenbild, das von kalt gekachelten Abtrittsräumen eingerahmt ist: abgestandene, schmutzige Welt. "*Der Reigen* ist kein Skandalstück mehr, aber immer noch provozierend", meinte Dieter Wedel zu seiner Inszenierung, seiner ersten Schnitzler-Einstudierung überhaupt. Provozierend ist jedenfalls der Stumpfsinn, in dem sich die Begegnungen vollziehen. . . . Das

Premierenpublikum spendete reichen Beifall, in dem auch einige kräftige Bravos zu hören waren. (84)

"Bravorufe für die Darsteller und das Regieteam" registriert auch Wilhelm Unger in seinem Artikel "Karussell der raschen Liebe," der am 16. Januar 1984 im *Kölner Stadt-Anzeiger* (Ausgabe K) veröffentlicht wurde. Nach Einschätzung von Sabina Kesseler, deren "Sehnsucht nach Wärme" betitelte Aufführungskritik in der *Rhein-Zeitung* (Koblenz) vom 17. Januar 1984 erschien, war es eine hervorragende Inszenierung:

> Keine Zweifel an der Eindeutigkeit des Themas läßt die Inszenierung von Dr. Dieter Wedel aufkommen. Er trennte sich konsequent vom Wiener Milieu, vom Dialekt, und entging so der Gefahr, ins Freundlich-Nostalgische abzugleiten. Kalt und reizlos ist der Bühnenraum . . . direkt und brutal ist die Konfrontation der "Liebhaber". Wedel präsentiert eine exakte Inszenierung, die Genauigkeit seiner Regie gibt Schnitzlers psychologischen Raffinessen eine Chance, entblößt stehen seine Darsteller auf der Bühne, schonungslos liegt Angst vor der erdrückenden Einsamkeit und Sehnsucht nach Liebe und Wärme offen. (Kultur: 1)

Gleichermaßen enthusiastisch ist die Besprechung von Dieter Gerber, die dieser unter der Überschrift "Unsere 'Cultur' eigentümlich beleuchtend" im *General-Anzeiger für Bonn* vom 17. Januar 1984 veröffentlichte:

> Wedel hat für seine Inszenierung eine Konzeption gefunden, die absolut stimmig erscheint, die Substanz des Werkes nicht nur nicht tangiert, sondern in eindrucksvollen und bildkräftigen, den Betrachter berührenden Szenen hervorhebt und in ihren Facettierungen beleuchtet. . . . In provozierende Kälte sind die zehn Szenen getaucht, die in einem Einheitsraum mit Bordell-Charakter spielen. Der Raum, der von einem Peep-Show-Dreh-Bett dominiert wird, ist mit angeschmuddeltem rotem Samt ausgeschlagen und mit optischen Zitaten wie Mülltonnen, Voyeurfensterchen und dergleichen bestückt. Links und rechts des Einheitsraumes mündet ein hoher, schmaler, vom Boden bis zur Decke gefliester Umgang, der so etwa wie eine Schlachthausatmosphäre verbreitet und in dem die Ansagerin gelegentlich in Gummistiefeln mit dem Wasserschlauch hantiert, der dann auch zur Reinigung des Drehbettes, zentraler Ort

> für den Vollzug des Geschlechtsaktes, benutzt wird. Das wirkt zuweilen fies und ekelerregend und ist doch zugleich höchst stückadäquat . . . . Eine perfekte, vom Denkansatz genau treffende, ungeheuer konsequente Inszenierung von hoher Eloquenz, die ihre Glanzlichter in den schauspielerischen Leistungen eines Ensembles hat, das—vorzüglich geführt—ungemein homogen erschien. (12)

15. *Gastspiele des Bad Godesberger Ensembles in Gütersloh, Vöcklabruck und Ludwigshafen Februar 1984*

Ein im Februar 1984 in Gütersloh gegebenes Gastspiel wurde ebenso begeistert aufgenommen. Der Rezensent der *Neuen Westfälischen Gütersloher Kreiszeitung* (10. Februar 1984) äußert sich in Superlativen über die Aufführung: "Über die Leistung von Regisseur [Dieter Wedel] und Schauspieler [sic] der Bühnen der Stadt Bonn wäre hier nur höchstes Lob zu sagen. Über Bühnenbild und Aktualisierung endlos zu räsonieren. Eigenes Urteil—und Spaß nebenbei—bringt die uneingeschränkt empfohlene, vorläufig letzte Aufführung am 28. Februar."

Das gleiche Ensemble trat im Februar 1984 auch im Stadtsaal Vöcklabruck auf. Das *Neue Volksblatt* (Linz) vom 21. Februar 1984 zollt dieser Darbietung hohes Lob und schreibt unter der Überschrift "Anatomie der Unmenschlichkeit," daß das Schockierende bei Schnitzler

> nicht in der "Unmoral" seiner Episoden—sondern in der Lebensphilosophie [liege], die daraus mit der letzten Verzweiflung des Resignierenden dem Publikum entgegenschreit. Die Grausamkeit zwischen*menschlicher* Beziehungen, die den Partner zum Gebrauchsgegenstand auf Abruf degradiert. Und die Vergeblichkeit der Flucht in den Sexus, der doch nur ein Rausch ist wie von Alkohol, aus dem man irgendwann doch unweigerlich wieder erwacht in der Unausweichlichkeit der Realität. Einsamkeit, aus der kein Weg führt, als tägliche Tragödie, für die es kein Happy-End geben kann. In der Tourneeproduktion aus dem Euro-Studio Landgraf war Schnitzler von brennender Aktualität, wie es ein zeitgemäßer Autor nicht mehr sein könnte. (9)

Ein weiteres Gastspiel, das ebenfalls im Februar 1984 stattfand, gab die Bonner Bühne im Ludwigshafener Theater im Pfalzbau. Dem Rezensenten des *Mannheimer Morgens* (23. Februar 1984) gefiel diese Inszenierung nicht. In seiner Besprechung, die den Titel trägt "Die Erotik der Lieblosen. Arthur Schnitzlers *Reigen* aus Bonn im Ludwigshafener Theater im Pfalzbau," kritisiert er die Undifferenziertheit der Figuren: "Wedel verzichtet beinahe auf jede Differenzierung, die Personen sind fast beliebig austauschbar, klassenspezifische Konventionen unterschlägt er, entscheidend allein bleibt der vollzogene Liebesakt" (36). Die Bühne ist hier "ein schmutziger Hinterhof mit Mülleimern, in der Mitte eine Drehscheibe, auf der die Gedankenstriche vollzogen werden." Alles in allem eine nicht geglückte Inszenierung, die bei den meisten Langeweile hervorrief, denn Wedel hat

> den *Reigen* zu einer Kritik an Zensur und falscher Moral verkommen lassen, fast ohne erotische Frivolitäten, ohne jene zärtlich-frechen Aperçus, die dem Stück seinen Reiz und seine Lebendigkeit sichern . . . . Bei Wedel ist alles so direkt, alles so offen (das mag unter anderem auch die Besucher in Scharen aus dem Theater getrieben haben) und damit auch so ermüdend. . . . Immer dann, wenn es soweit ist, ertönen Walzer-Klänge, an der rückwärtigen Wand gehen Rollos hoch, geben den Blick frei auf Stuhlreihen wie im Kino und eine aufreizend schwarz gekleidete Frau . . . schaut herab. (36)

Heike Marx vermißte in dieser Inszenierung die Erotik ("Mit brutaler Zielstrebigkeit," erschienen am 23. Februar 1984 in der *Rheinpfalz, Ludwigshafener Rundschau*):

> Erschreckend kalte Rationalität und roboterhafte, brutale Routine ebnen jede Individualität ein. Das ist durchaus als Zeitkritik gemeint und auch so verstehbar. . . . Was bei dieser Sicht des *Reigens* verloren geht, ist eben das, was ihn zu dem verteufelt guten Stück macht, das er ist: Schnitzlers hohe Kunst der Differenzierung im Kreislauf des immer Gleichen. . . . Davon ist in Dieter Wedels Inszenierung nicht nur nichts übrig geblieben, schlimmer noch: die Darsteller fühlen sich in diesen Dialogen deutlich unwohl. . . . Die Inszenierung macht gerade durch ihre vereinheitlichende Brutalität betroffen: Entspricht diese nicht ganz unserer Wirklichkeit? [18]

16. *Aufführung in Vorarlberg 10. März 1984*

Am 10. März 1984 hatte der *Reigen* im Kornmarkttheater für Vorarlberg Premiere.[6] Die Rollen hatte Regisseur Bruno Felix mit folgenden

Schauspielern besetzt: Regine Weingart (Dirne), Verena Berger, Helene Mira, Astrid Wittinghofer, Rosmarie Heisler (Schauspielerin), Helmut Hafner (Soldat), Franz Robert Ceeh, Helmut Kasimir, Kurt Sternik und Friedrich Fleischhacker (Graf).

Sonderlich gelungen war diese Inszenierung nicht. Unter der Überschrift "Schnitzlers *Reigen* wurde zum Schwank: Farce ohne Delikatesse" schreibt Anton Einsle in der *Neuen Vorarlberger Tageszeitung* (Bregenz) vom 12. März 1984:

> Was die Bregenzer Inszenierung betrifft, waren Schnitzlers Befürchtungen leider nur zu berechtigt. Bruno Felix siedelt das Geschehen auf einem von Georg Schmid entworfenen Ringelspiel an, aus dem Max-Ophüls-Film übernommen. Aber während es dort als sinnbildlicher Schauplatz des verbindenden Erzählers diente, zerstört es hier, indem die Begegnungen selbst auf ihm stattfinden, die Intimität. Es dient zwar der Flüssigkeit des Ablaufs, wertet aber den Schnitzlerschen *Liebesreigen*—wie das Stück ursprünglich heißen sollte—durchwegs zur Wurstelpratergeilheit ab. Die Brüchigkeit menschlicher Beziehungen gestaltet sich als nuancenlose, hektische Farce. Die Musik ist zu laut, zu aufdringlich. (12)

Dem Publikum gefiel die Aufführung jedoch, wie der Rezensent berichtet. Auch Edgar Schmidt sagt in den *Vorarlberger Nachrichten* (Bregenz) vom 12. März 1984 in seinem "Psychogramm der Lust":

> Direktor Bruno Felix, der Regisseur der neuen Produktion, hatte mit den zehn Damen und Herren des Ensembles echtes *Schnitzler-Glück*. Die bejubelte Aufführung bestach durch ihren ironisch-morbiden Reiz und die geschmackvoll-delikate Präsentation der—wörtlich zu nehmenden—zehn Einakte(r). . . . Man sollte diese *Reigen*-Inszenierung nicht versäumen. (11)

Wesentlich kritischer äußert sich Rolf Lehnhardt in seiner Rezension, die den Titel "Ein Reigen mit Reibungsverlusten" trägt (*Schwäbische Zeitung*, 13. März 1984). Nach seinem Empfinden mangelte es der Inszenierung an Delikatesse:

> Die unentwegte Vorführung des Griffe-Repertoires bei den erotischen Attacken wirkt ebenso monoton wie ordinär. Dazu stören gewisse—vielleicht satirisch gemeinte—Überzeichnungen. . . . Im

Bemühen um optische Abwechslung strapaziert die Regie auch die Karussell-Idee des Bühnenbilds (Georg Schmid) im Übermaß. Jede Szene noch einmal zweigeteilt und hin und her geschwenkt auf der quietschenden Drehbühne, das ist einfach zu viel. Ein wenig zu viel ist schließlich auch das Melodienbündel für die Zwischenaktmusiken. Statt Offenbachs Barcarole (von Saxophonen geheult) oder die Papageno-Arie oder einen zackigen Reitermarsch anzuhören, hätten wir es gerne bei Paraphrasen des melancholischen *Reigen*-Walzers von Oscar Straus bewenden lassen. [4]

17. *Der* Reigen *als Ballett in Gelsenkirchen April 1985*

Bernd Schindowski machte aus dem *Reigen* ein einstündiges Ballett, das im April 1985 uraufgeführt wurde. Helmut Scheier, dessen Artikel "Ein schriller Pfiff zeigt die Liebe an" im *Kölner Stadtanzeiger* (Ausgabe K) vom 17. April 1985 erschien, war von dieser Unternehmung sehr angetan:

> Den scheinbar frivolen Partnerwechsel in der Skala der sozialen Schichten . . . bringt der Choreograph durch einen geschickten Kunstgriff zur Darstellung. Er fächert die literarisch vorgegebene Struktur in den Einzelepisoden noch einmal auf. Die Begegnung der Paare bis zur angedeuteten sexuellen Vereinigung läßt er durch Lieder von Kurt Weill aus den verschiedenen Schaffensperioden treffend interpretieren. Dann ertönt ein schriller Pfiff, und jetzt erst zeigen die Partner, wirkungsvoll begleitet durch Kammermusik von Jean Françaix, ihre Gefühle, die Sehnsucht nach aufrichtiger, erfüllter Liebe. Schindowski geht es nicht um moralistische Entlarvung: statt dessen zeigt er die Flüchtigkeit menschlicher Regungen und die existentielle Situation des einzelnen zwischen Abgrund und Schwermut. [Kultur: 1]

Unter der Überschrift "Moralischer als der Autor? Arthur Schnitzlers *Reigen* als Ballett in Gelsenkirchen" macht Jochen Schmidt in der *Frankfurter Allgemeinen Zeitung* vom 30. April 1985 darauf aufmerksam, daß bei diesem Stück die Umsetzung des gesprochenen Wortes in tänzerische Bewegung eigentlich naheliegt:

> Der Dialog, vorher und nachher, verbrämt im Grunde nur die—ausgesparte—körperliche Hauptsache, und so bietet sich das Stück

> zur Umsetzung in Tanz geradezu an. Der Gelsenkirchener Ballettdirektor Bernd Schindowski, der für diese Umsetzung die Rechte erhalten hat, ist bei der Verwandlung der Schauspielhandlung in Tanz recht geschickt vorgegangen. . . . Die jeweiligen Vorspiele untermalt Schindowski mit eher sachlicher als romantischer Kammermusik: Bläserquintett-Sätzen von Jean Françaix. Für die postkoitale Stimmung sind kesse und sentimentale Lieder von Kurt Weill zuständig. . . . Den Akt selbst aber symbolisieren ein paar Pfiffe aus der Trillerpfeife, mal schrill und erregt, mal satt und zufrieden, mal dünn—und wenn der ältliche Graf (Luis Casa) zur Dirne (vorzüglich: Linda Calder) geht, bleibt der Pfiff ganz aus: das größte der kleinen Dramen dieses Stücks. (25)

Die übrigen Mitwirkenden waren: Scheyla Silva (Stubenmädchen), Loreen Flowerdew (junge Frau), Alison Cross (süßes Mädel), Ellen Bucalo (Schauspielerin), Arnaldo Alvarez (Soldat), Raymundo Costa (junger Herr), Hermann Jiesamfoek (Ehemann) und Rubeus Reis (Dichter).

Diese einstündige Produktion wich insofern von der Textvorlage ab, als sich alle Akteure gleichzeitig auf der Bühne befanden: "die abstraktere Natur des Tanzes erlaubt es, auch die intimsten Szenen auf belebter Bühne anzulegen, ohne daß der Eindruck von Gruppensex entsteht," und das erweitert das Ganze, wie Schmidt meint, um einen sozialkritischen Aspekt, der bei Schnitzler fehlt: "[so] fügt er [Schindowski] Schnitzlers klassenlosem Liebesspiel ein Element von Sozialkritik hinzu, das es vorher nicht besaß" (25). Eine weitere Abweichung vom Text bestand darin, daß nach der zehnten Begegnung eine Putzfrau auf die Bühne kam: "Am Ende dann singt eine Putzfrau 'Je ne t'aime pas' und wischt mit Eimer und Aufnehmer über die Schauplätze der körperlichen Liebe: eine Erweiterung des Stücks. Die Putzfrau wird gespielt von der Mezzosopranistin Eva Tamulenas, die sich vorher aus ihrem weißen Pelz schält, den sie während des Reigens trägt" (Dennemann 51).[7]

18. *Aufführung in Aschaffenburg Mai 1986*

Diese Inszenierung wurde von der Obernburger Theatergruppe "Die Kellerkinder" auf die Bühne gebracht, und wie Anneliese Euler im *Main-Echo* (Aschaffenburg) vom 2.Mai 1986 berichtete ("Offenbarung der Wahrheit"), war es eine gelungene Darbietung. Diese Theatergruppe, schreibt die Rezensentin,

> zeigte [mit ihrer ersten Produktion] eine große Sensibilität für den Text, hielt sich vorsichtig zurück und setzte dennoch die richtigen Akzente. Am Mittwoch und Donnerstag abend verfocht [sic; verflochte] sie im Zimmertheater der *Jungen Bühne* an der Grünewaldstraße in Aschaffenburg in einer geschlossenen Ensembleleistung die zehn Dialoge zu einem einzigen großen Bild, das mit aller Schärfe die Fratze der gesellschaftlichen Scheinheiligkeit widerspiegelt.

Regie führte Claudia Brandt, und es agierten Elvira Peschel (Dirne), Alexandra Ott, Jutta Ottenbreit, Ute Wessendorf, Marlis Knecht (Schauspielerin), Peter Adler (Soldat), Ilker Apaydin, Jürgen Heßdörfer, Olaf Kehler und Reiner Markwart (Graf). Der einzige "hörbare" Mangel war sprechtechnischer Natur: "Was insgesamt fehlte und woran es haperte, war eine Sprechtechnik, die sich mühelos der Gestik unterordnete. . . . Diese Hürde allerdings kann die Gruppe bei der engagierten Arbeit, die sie gezeigt hat, mit Sicherheit nehmen."

19. *Aufführungen in Göttingen 19. September 1986 und in Zürich 1. Januar 1987*

Diese beiden Inszenierungen hatten experimentellen Charakter, da sie die Anzahl der Schauspieler reduzierten. In der Göttinger Aufführung, bei der Guido Huller Regie führte, verkörperte Andrea Gloggner drei Figuren: die Dirne, die junge Frau und die Schauspielerin; Marina Matthias spielte sowohl das Stubenmädchen als auch das süße Mädel. Henry Arnold trat als junger Herr und als Dichter auf, Harald Schneider stellte den Soldaten, den Ehemann und den Grafen dar.

Die Neujahrsaufführung im Zürcher Schauspielhaus ging noch einen Schritt weiter und kam mit nur zwei Schauspielern aus: Helmut Lohner spielte alle männlichen Rollen und Christiane Hörbiger alle weiblichen. Unter der Überschrift "Die Wiederholbarkeit des Unwiederholbaren"[8] schreibt die *Neue Zürcher Zeitung* (Fernausgabe la) vom 4./5. Januar 1987 über diese Produktion:

> Dass für die Inszenierung von *Helmut Lohner*, der auch sämtliche männliche Rollen spielte, während *Christiane Hörbiger* seine Partnerin war, ein von *Wolfgang Mai* entworfenes Einheitsbühnenbild—eine von einem mächtigen Doppelbett dominierte, mit roten Plüschvorhängen ausgeschlagene Szenerie mit Sofa, Kaffeehaustischchen

> und Paravent—verwendet wurde, minderte zwar die Charakterisierungsmöglichkeiten des jeweiligen Milieus, war aber immerhin vertretbar. Um so mehr, als die Darsteller, welche aus unerfindlichem Grunde während der ganzen Aufführung mit dem Textbuch in der Hand spielten, daraus die den jeweiligen Schauplatz beschreibenden Regieanmerkungen vorlasen und das Spiel als eine Nummernfolge ablaufen liessen. . . . Als verhängnisvoll indessen erwies sich die Grundkonzeption [die Reduktion auf zwei Interpreten], weil die Variationskraft der beiden Interpreten bei weitem nicht ausreichte, die sozialen und persönlichen Nuancen von Schnitzlers Figuren zu vergegenwärtigen. (25)

Dennoch war es eine unterhaltsame Darbietung, denn "das Publikum, welches den *Reigen* offensichtlich als pikanten Silvesterscherz betrachtete, spendete kräftig Beifall. Doch dieser liess nicht übersehen, dass das, was der Dichter zeigen wollte, nicht sichtbar wurde, dass hingegen sichtbar wurde, was er nicht zeigen wollte" (25).

20. *Sommeraufführung in Wien 24. Juni 1987*

Wie die *Tiroler Tageszeitung* (Innsbruck) vom 3. Juli 1987 mitteilte, war Schnitzler in der Spielzeit des Jahres 1987 einer der meistaufgeführten Dramatiker: "Nestroy und Schnitzler werden an den österreichischen Bühnen am meisten gespielt. William Shakespeare liegt an dritter Stelle, gefolgt von Bertold [sic] Brecht" (14). Diese statistische Information findet sich auch im *Börsenblatt für den Deutschen Buchhandel* (Frankfurter Ausgabe) in Nr. 81 vom 9. Oktober 1987 in dem Beitrag: "Nestroy und Schnitzler liegen vorne":

> Nestroy und Schnitzler werden an den österreichischen Theatern am meisten gespielt. An guter dritter Stelle folgt Shakespeare, auf dem Fuß gefolgt von Brecht. Das geht aus einer Untersuchung über den "Stellenwert der österreichischen Dramatik im Repertoire der österreichischen Theater" hervor, die am Institut für Theaterwissenschaft der Universität Wien durchgeführt wurde. Während Nestroy in der Saison 1984/85 auf Wiener Bühnen 34mal aufgeführt wurde, brachten es die Bundesländer-Theater auf nicht weniger als 94 Aufführungen dieses Autors. Schnitzler-Stücke wurden in Wien 31mal aufgeführt, in den Bundesländern 54mal. (2752)

Am 24. Juni 1987 wurde der *Reigen* vom Ensemble Theater im Theater am (Treffpunkt) Petersplatz gezeigt. Unter der Leitung von Dieter Haspel spielten Tania Golden (Dirne), Karin Kienzer, Elisabeth Toost, Gabriela Benesch, Michaela Scheday (Schauspielerin), Ronald Rudoll (Soldat), Alexander Buczolich, Axel Klingenberg, Rolf Schwab und Christian Ghera (Graf). Die Kritiken fielen im großen und ganzen positiv aus. A. Flatow schreibt in der *Volksstimme Wien* vom 26. Juni 1987 ("Entschleierungen"):

> Jeder Tonfall, jede Nuance der Gespräche vor dem vermeintlichen *Liebes*-Abenteuer sitzt, sie reißen Löcher in die Kulissen der männlichen Gebärden. Die Männer werben um die Frauen, geben vor sie anzubeten, um sie "danach" wie Pferde zu tätscheln. Die Frauen als Ware: als wär's ein Stück von heute. Bis zur Pause ist Haspel eine grelle stimmige Inszenierung gelungen, eine amüsante Enttarnung der "Sehnsucht nach der Tugend". . . . Nach der Pause fehlt der Atem, der Plan, der die Zerstörung der seelischen Potemkinschen Dörfer nicht nur im Tonfall, sondern mit einer inszenatorischen Pointe betreibt. (9)

Hans Heinz Hahnls "Hohn für den Männlichkeitswahn" erschien in der *Arbeiter-Zeitung* vom 26. Juni 1987:

> Noch stärker als die Befreiung der Lust von der Liebesheuchelei ging den Spießbürgern Schnitzlers selbstkritische Entlarvung des männlichen Rollenspieles bei der Jagd auf die Frau an die Nieren. Lauter Heuchler, und einige belügen sich selbst. Die Brutalität der Männer auf der Lust-Safari unterscheidet sich nur in Nuancen: Von der Zuhältermentalität des uniformierten Strizzis zu den Notlügen des besseren Herrn, den verstiegenen Verdrängungen des Dichters. Der einzige halbwegs anständige Mann, der Graf, ist ein Trottel. Die Feministinnen haben in dem Frauenjäger Schnitzler einen unerbittlichen Anwalt. . . . Im Stück dominieren die Männer die Frauen, in der Aufführung ist es umgekehrt, was man als eine Qualität der Aufführung empfinden kann. Denn die Männer im *Reigen* sind bei allem brutalen Machtmißbrauch Papiertiger. Ihre Lust liefert sie den Frauen aus. (33)

Lona Chernels Rezension "Karussell des Begehrens" (*Wiener Zeitung*, 26. Juni 1987) hebt die Gegenwartsbezogenheit der Inszenierung hervor.

Sex spielt sich hier ohne echte Sinnlichkeit, ohne Leidenschaft ab. Die Liebe gilt

> als Freizeitspaß, der Partner (gleich, ob Mann oder Frau) als "Gebrauchsgegenstand" (selbst Lustobjekt wäre schon ein zu "gefühlsbetontes" Wort). Mit dieser Inszenierungsidee hat Haspel den *Reigen* zu einem heutigen, einem aktuellen Stück gemacht. Denn er zeigt eine Gesellschaft—und das ist beileibe nicht die von gestern—, in der Sex zum Gesellschaftsspiel geworden ist. Und so entlarvt das Stück nicht Laster von gestern, sondern den Wahnsinn von heute. (5)

Gleichermaßen beifällig äußert sich Franz Endler in seinem Artikel "Der 'kleine Tod' als kurze Pose" (*Neue Kronen Zeitung*, 26. Juni 1987), besonders da die Aufführung 'textgetreu' sei: "Die Inszenierung Dieter Haspels hat viel Ehrfurcht vor dem geschriebenen Text und gibt dem Publikum die Chance, nachzudenken. Wer das nicht will, erlebt halt einen amüsanten Abend" (23).

Ganz anderer Ansicht ist dagegen Andrea Amort, deren Besprechung "Pikantes Vor- und Nachspiel fehlt" am 27. Juni 1987 im Wiener *Kurier* erschien. Nach ihrem Dafürhalten wurde diese Inszenierung Schnitzlers Intentionen nicht gerecht:

> In den 20er Jahren war der *Reigen* das Skandalstück schlechthin. Heute läßt er sich schwer modernisieren, sämtliche Tabus sind längst gefallen. Nach wie vor jedoch gilt es, Schnitzlers ausgesuchte Wiener Charaktere mit viel Feingefühl und versteckter Raffinesse herauszustellen. Ihr Verlangen nach Liebe, ihre Enttäuschungen wie Hoffnungen sollen ja in der zeitlosen Kunst der Verführung bloßgelegt werden. . . . [Aber] bei Haspel zählt die körperliche Vereinigung, musikalisch jeweils von quietschenden Tönen kurz und kräftig untermalt. Die eingelegte Pause nach der Halbzeit macht die ohnehin gedehnte Inszenierung nicht kurzweiliger. (14)

Nach Einschätzung von Renate Wagner ("Nicht nur Fleischbeschau," *Neues Volksblatt* [Linz], 29. Juni 1987) ist es Haspel gelungen, das Kernthema des *Reigen*—die emotionale Leere des Sexualakts—dramaturgisch umzusetzen:

> Haspel läßt die Personen in diesen Momenten [des Geschlechtsak-

> tes] nicht peinlich-naturalistisch agieren, vielmehr zum lebenden Bild erstarren, während moderne Musik und magische Beleuchtung von unten her die Szene momentan verfremden—der sexuelle Akt fällt aus dem Rahmen, setzt einen dissonanten Akzent, der als solcher der Intention des Stückes entspricht, in dem es ja in keiner Sekunde um Liebe, immer nur um Gier geht. Und um die Leere danach. . . . Von den zehn Schauspielern finden die beiden Mädchen aus dem Volk den spontansten, natürlichsten Ton, das süße Mädel der Gabriela Benesch und die Dirne von Tania Golden. (7)

Für Wolfgang Freitag geht es um menschliche Triebhaftigkeit, wie seine Rezension "Haspels Wille, nur zu ahnen" (*Die Presse*, 30. Juni 1987) herausstellt. Der *Reigen* ist bei Haspel kein Karussell der Liebe, sondern vielmehr

> Totentanz der Lust: Neun Szenen hindurch wiederholt sich der ewig gleiche Ablauf aus Verführung, durch Gier bestimmte, sinnentleerte Paarung, der die Ernüchterung folgt, jeweils durch wechselnde Äußerlichkeiten, gesellschaftliche Konventionen verbrämt, bis sich der "Graf" in der zehnten und letzten Szene überhaupt nicht mehr erinnert . . . . In Schnitzlers *Reigen* wird nicht "geliebt", sondern "Liebe gemacht". (5)[9]

Unterschiedlicher Auffassung sind die jeweiligen Rezensenten der *Furche* und des *Kuriers*. In der *Furche* vom 3. Juli 1987 stellt Hellmut Butterweck unter anderem fest ("Sommerreigen"): "Gespielt wird durchwegs ausgezeichnet. Vor allem von den Frauen. Der Raum (Peter Giljum) hat die Kälte sachlich exekutierter Sexualität. Gemildert wird diese durch intelligent dosierte Komik" (19). Jens Tschebull hingegen schreibt im *Wiener Kurier* (20. Juli 1987) unter der Überschrift "Mein Standpunkt: Made in beautiful Austria":

> Schnitzlers *Reigen* im Ensemble-Theater kann man getrost den Touristen überlassen. Allerdings dürften auch sie enttäuscht sein, falls sie bei Schnitzler vielschichtigen Tiefgang, knisternde Erotik und die Andeutung gewisser Schicksale erwarten, am Petersplatz aber nur oberflächliche Pornoszenen serviert bekommen, die man im "Casanova" besser kann. In einer Zeit schwülstiger Empfindsamkeit und schicksalhafter Gefühlsverstrickungen mag Schnitzlers tabubrechende erotische Desillusionierung das Wichtigste am Stück gewe-

sen sein; in unserer Zeit der gebrochenen Tabus und verlorenen Illusionen wären gerade die Schicksale und Gefühle die überraschende Hauptsache. (5)

21. *Aufführungen in Hildesheim 5. September 1987 und in Goslar November 1987*

Am 5. September 1987 hatte der *Reigen* im Stadttheater Hildesheim Premiere; Regisseur war Martin Trautwein. Bereits die Überschrift von Eberhard Löblichs Kritik, "Ein *Reigen* zum Lachen" (*Braunschweiger Zeitung*, 11. September 1987), deutet die Art des Erfolges an, die dieser Inszenierung zuteil wurde:

> Als Fazit kann gesagt werden, daß der Abend ein amüsantes Theatererlebnis ist. Seiner Lacherfolge beim Publikum kann sich Trautwein jedenfalls sicher sein. Schnitzler und seinem Stück wird er auf diese Weise jedoch nicht gerecht. Es gelingt dem Regisseur nicht, die lachenden Zuschauer in ihrer Selbsterkenntnis soweit zu bringen, daß ihnen eben dieses Lachen im Halse stecken bleibt. Trautweins Spiegel bleibt zumindest bei dieser Inszenierung blind. (32)

Auch das Gastspiel, welches das Hildesheimer Theater im November 1987 im Goslarer Odeon-Theater gab, kam in der Kritik nicht viel besser weg, besonders da es am Sprachlichen mangelte. Der Rezensent der *Goslarschen Zeitung*, gezeichnet G.F.M., dessen Besprechung am 27. November 1987 erschien und den Titel trägt "Schnitzlers *Reigen* müßte man wohl in Wien sehen—schwerblütige Hildesheimer Inszenierung im Odeon-Theater," kommt zu folgendem Schluß: "Dieses uneigentliche Sprechen, dieses aggressive Nebenher-Reden, wie es nur das Wienerische ermöglicht! All dies entfällt im kalten Norden . . . . Vorstellbar, daß der *Reigen* heute noch ein spielbares Stück ist. Aber dann müßte man es wohl in Wien sehen. Mäßiger Beifall, bedingt auch durch eine verpatzte Applausordnung" [9].

22. *Aufführung in Freiburg 12. Dezember 1987*

Die nächste *Reigen*-Premiere fand am 12. Dezember 1987 im Freiburger Großen Haus statt. Unter der Leitung von Fritz Groß agierten Ilse Boettcher (Dirne), Florence Tribon, Dina Sikirič, Annette Zielenbach, Sigrun Schneggenburger (Schauspielerin), Lutz Zeidler (Soldat), Mathias Herrmann, Alfred Herms, Rainer Diekmann und Lutz Zeidler (Graf). Nach der fünften Episode gab es eine Pause.

Am 14. Dezember 1987 brachte die *Badische Zeitung* einen längeren Artikel von Gerhard Jörder, betitelt "Die geilen Griffe und die hohlen Begriffe." Nach Ansicht Jörders ist das "Totentanz Thema" der Angelpunkt des Stückes: "Es ist, in allen Variationen, in allen Lebens- und Ausdruckslagen, die dumpfe Sehnsucht nach der Glücksminute, in der sich vergessen läßt, daß es die Dauer der Gefühle nicht gibt" (12). Jörder zufolge habe Groß zwar versucht, dieses Totentanz-Thema dramaturgisch umzusetzen, sei aber letztlich gescheitert:

> Peter A. Schulz hat ihm ins Große Haus eine Bühne gebaut, die alle Milieu-Putzigkeiten radikal verweigert, jegliche Prater-, Gaststuben- oder Salon-Stimmungen. Der Raum, in dem es nie richtig hell wird, könnte die dunkle Öffnung eines Schneckengangs sein; Grün, Glutrot und Schwarz die Farben. Inmitten der Bühne, in leichter Schräge, eine riesige Scheibe als Spielfläche. Gebündeltes Licht fällt, scharfe Schlagschatten werfend, senkrecht von oben oder seitlich durch einen Türschlitz ein. In diese Dämmerzonen tröpfelt, wie von weither, immer wieder Klaviermusik: Michael Mußlers Improvisationen zwischen (Schumanns) Träumerei, Tango-Ausgelassenheit und Tristesse. Bühnenraum und Bühnenmusik also bieten gute Voraussetzungen: das Angst- und Trauerstück, die bittere Elegie in Schnitzlers erotischer Komödie zu entdecken . . . [Aber] von der Panik, die diese Glückssucher kopfüber in fremde Betten und peinliche Selbstentblößungen stürzen läßt, von jener aus Todesfurcht erwachsenden Lebensgier teilt sich nur eine blasse Ahnung mit. (12)

For Renée Buschkiel war diese Aufführung ein "Liebes-Rondo mit dem Holzhammer," wie die Besprechung im *Südkurier* vom 15. Dezember 1987 betitelt war. Schnitzlers *Reigen* sollte als zynische Kritik des Sexualverhaltens gespielt werden und nicht nur bloßes "Unterhaltungsritual" sein. Das war allerdings der Fall:

> Schwer haben es die Darsteller in dieser Inszenierung, zumal ihnen ein Teil ihrer Kunst, die Mimik, in der völligen Dunkelheit der Szene genommen wird. Soweit die Beleuchtung es zuließ, scheinen allein der Graf von Lutz Zeidler, die Schauspielerin von Sigrun Schneggenburger und die Dirne von Ilse Boettcher erwähnenswert.

> Eine holprige Sprache, die noch am flüssigsten abläuft, wo kein Wiener Dialekt forciert wird, verweigert dieser Aufführung, die weder Charme noch Delikatesse besitzt, jede Schnitzlersche Ästhetik. Die Zuschauer taten das, was in dieser Situation als angemessen erschien—sie kugelten sich vor Lachen. (7)

Anmerkungen

1. In leicht veränderter Form erschien diese Besprechung auch in der *Kölnischen Rundschau* vom 16. September 1982: 11 und trägt dort die Überschrift "Liebesleid gibt es auch in Wien." Siehe auch Michael Stones Artikel "Therapie für den Zuschauer. Schnitzlers *Reigen* und *Liebelei* an Westberliner Bühnen" (*Schwäbische Zeitung* vom 28. September 1982: [4]).

2. Rossmanns Rezension erschien, nur geringfügig abgeändert, auch in der *Rheinischen Post* vom 18. September 1982: 325 ("Mit Pointen über Abgründe hinweg") und in den *Badischen Neuesten Nachrichten* vom 20. September 1982 : [7] ("Ringelpiez mit Anpassen. Arthur Schnitzlers *Reigen* im Berliner Schiller-Theater").

3. 1982 gab es noch eine weitere, relativ unbedeutende *Reigen*-Inszenierung im Niedersächsischen Staatstheater Hannover, wo das Stück am 20. November 1982 Premiere hatte (Regie: Alexander May).

4. Dieses Zitat lautet im Originaltext folgendermaßen: "[Axer] stages the repeated seductions as a sequence of cumbersome and comical undres-sings and dressings: each encounter ends in a hurried departure, an anxious rush to beat the clock. Thus the production never lets one forget that loneliness and its ultimate embodiment, death—as well as boredom, a living death—win out over life."

5. Vgl. auch ihre Artikel "Werden Sie auch verbieten wollen, daß der Wind weht?" (*Neue Zeit* [Graz], 5. Januar 1984: 4) und "Schall und Rauch statt Schnitzlers *Reigen*" (*Neue Zeit* vom 10. Januar 1982: 4).

6. Einen Überblick über die Aufführungsgeschichte des *Reigen* gibt Anton Einsle in seinem Artikel "Zur Geschichte des *Reigen*," der in der *Neuen Vorarlberger Tageszeitung* (Bregenz) vom 10. März 1984: 16-17 erschien.

7. Siehe auch die Rezension von Hartmut Regitz, "Schnitzlers *Reigen*—Seelenlose Mechanik auf die Spitze" (*Basler Zeitung*, 18. Mai 1985, Teil IV: Das Feuilleton: 37); die Besprechung, die Regitz unter der Überschrift "Von Kopf bis Fuß auf Liebe eingestellt" in der *Rheinischen Post* vom 3. Juni 1985: 12 veröffentlichte, hat nahezu den gleichen Wortlaut.

8. Diese Überschrift erinnert an den Passus in Richard Alewyns "Nachwort" zur *Liebelei/Reigen* in der Fischer Bücherei: "Dies, wovor die arme Christine sich zum Tode entsetzt, die Wiederholbarkeit des Unwiederholbaren, nichts anderes ist das Thema des *Reigen*": 158.

9. Siehe dazu auch folgende Rezensionen: H.G. Pribil, "Beziehungskarussell vor AIDS," in: *Neue Volkszeitung-Klagenfurt* (Kärnten-Osttirol), 8. Juli 1987. Pribil moniert, daß in dieser Inszenierung von Schnitzlers Absicht, das Verlangen nach wahrer Liebe zu zeigen, nichts mehr zu merken ist: "Haspel geht es um den Akt, der als kurze Pose zu schräger Musik durchgeführt wird. Oberflächliche Sexspiele, bei denen die Zwischentöne fehlen" (11). Ruth Rybarski zufolge, deren Artikel "Nicht die Lust, sondern der Frust in Schnitzlers *Reigen*" in der *Neuen Zeit* (Graz) vom 8. Juli 1987 erschien, rückt die Inszenierung nicht das geschlechtliche Vergnügen, sondern die Enttäuschung danach in den Mittelpunkt: "Dieter Haspel geht es in seiner Wiener 'Ensembletheater'-Inszenierung von Arthur Schnitzlers *Reigen* nicht um die Lust des Augenblicks, der die fünf Männer und Frauen aller Gesellschaftsschichten zu einem kurzen Abenteuer zusammentreibt, sondern um den Frust, der sie danach wieder trennt" (29).

Kapitel XI

Die Zeit 1987-Sommer 1989
Reigen-Aufführungen und Lesungen

> Selbst wenn Sie kein Japanisch können, werden Sie an diesem Stück Ihre Freude haben. (*Asahi Evening News* vom 16.7.1987)

A. *Die Aufnahme des* Reigen *in Paris, der ehemaligen DDR, Tokio und Italien: 1987-1988*

1. *Aufführung in Paris im Théâtre de l'Odéon Mai 1987*

Im Mai 1987 brachte Alfredo Arias, der aus Argentinien stammende Regisseur des Théâtre de la Commune d'Aubervilliers, eine französische Fassung des *Reigen* auf die Bühne. Die *Salzburger Nachrichten* vom 12. Mai 1987 machten dies in einer nur dreizeiligen Ankündigung bekannt: "Schnitzlers *Reigen* wird in dieser Saison in der *Comédie Française* aufgeführt" (11). Dagmar Sinz zufolge, deren Rezension "Argentinischer *Reigen* mit Pariserinnen" in der *Neuen Zürcher Zeitung* vom 30. Mai 1987 erschien, war es ein Fehler, den Handlungsschauplatz von Wien nach Paris zu verlegen:

> Nicht nur die roten Hosen des Grafen (Pierre Vaneck) verweisen nach Frankreich, je mehr die Frauen ins Volk gehören, desto grösser wird die Diskrepanz zum Stück: Die Dirne versucht die Schnitzlersche Fremdheit zwischen Mann und Weib zu überschreien, das süsse Mädel ist nicht einmal, wie es auf dem Programm steht, eine Grisette, sondern eher eine heutige Pariser Lyzeumsschülerin aus der Vorstadt, und die Dienstmagd benimmt sich so ungeniert wie eine Studentin *au pair*, der ein eventueller Verlust der Stellung nichts anhaben kann. Mit dem Wienerischen ist die Individualität der Paare verschwunden. Für die französische Erstaufführung von 1932 durch Pitoëff hatte die noch mit Schnitzler persönlich bekannte Dominique Auclères den *Reigen* übersetzt. Aber der Substanzverlust liegt nicht an der neuen Übertragung von Henri Christophe (einem gebürtigen Österreicher), sondern eher daran, dass Arias die Dialoge so spielen lässt, als sei nur der Akt im Dunkeln interessant. Die gleichen Gesten verwischen zuvor schon alle Klassenunterschiede, und zehnmal das Gleiche erregt heute keinen Skandal mehr, sondern Langeweile. (47)

Paradoxerweise trug auch Ophüls' Film *La Ronde* dazu bei, Schnitzler als einen Autor der guten alten Zeit abzustempeln. In diesem Zusammenhang sagt Christine Pototschnig in ihrem Artikel "Nicht mehr nur im Kino" (*Die Presse*, 2. Januar 1990):

> Die Verfilmung des *Reigen* kurz nach dem Zweiten Weltkrieg—wieder von Ophüls—sorgte denn auch dafür, daß Schnitzler untrennbar mit Walzerseligkeit und dem k. und k. Wien verbunden wurde. Die Theaterregisseure interessierten sich nun lange Zeit nicht mehr für ihn. Übersetzt wurden daher vor allem seine Romane, Erzählungen und Novellen. Erst nach 1980 wurde Schnitzler auf den Pariser Bühnen wieder gespielt—freilich zunächst mit mehr oder weniger bedeutenden Aufführungen von für das Theater adaptierten Erzählungen wie *Leutnant Gustl* oder *Fräulein Else*. Der wahre Durchbruch für den Dramatiker Schnitzler erfolgte erst im Zuge der rund um die Ausstellung "Traum und Wirklichkeit" gewachsenen Wien-Mode in Paris. (7)

2. *Erstaufführung in der DDR: Magdeburg Mai 1987*

In der Deutschen Demokratischen Republik wurde der *Reigen* bis 1987 nicht aufgeführt. Der Grund hierfür war, daß es erst in den achtziger Jahren zu einer Aufwertung der Fin de siècle-Literatur kam, in der man jetzt das Zeugnis einer Zeit sah, die den Keim historischer Veränderungen in sich trug. Schnitzler galt als einer der Hauptrepräsentanten dieser Epoche. 1985 brachte der Berliner Verlag der Nation eine Sonderausgabe von *Casanovas Heimfahrt* heraus, mit einem erstaunlich wohlwollenden Nachwort von Ingeborg Harnisch. Diese Ausgabe war bald ausverkauft (die Auflagen in der ehemaligen DDR waren nie sonderlich hoch), und 1986 erschien eine zweite Auflage. Das "offizielle" Interesse, das man Schnitzler in der DDR entgegenbrachte, beruhte darauf, daß man ihn als Kritiker seiner Gesellschaft verstand—genauso wie Freud. Im Nachwort zu *Casanovas Heimfahrt* sagt Harnisch:

> Es wäre ein Fehler, den Autor mit den Gestalten seiner Werke zu identifizieren. Sie mögen Stufen seiner Entwicklung markieren, kennzeichnen jedoch zumindest in der Problemstellung die Erkenntnis der Fragwürdigkeit dieses Standpunktes. Schnitzler beschränkte sich dabei auf die Gesellschaftsschicht, die die seine war, die er kannte. Und ihr schuf er in seinem Werk ein Denkmal, wie

> es kaum ein zweites in der Literatur gibt. Nicht aus Borniertheit, vielmehr aus Unkenntnis ihrer historischen Rolle spielt die Arbeiterklasse, zu der er kaum Kontakt besaß, in seinem Werk keine Rolle. (130)

Harnisch zufolge führen besonders Schnitzlers frühe Werke das Dilemma vor Augen, in dem sich die Menschen seiner Zeit befanden; sie erkannten zwar die Unzulänglichkeiten ihrer Gesellschaft, besaßen aber nicht die Zivilcourage, Veränderungen herbeizuführen. Das zeigen z.B. die "Abenteuergestalten" im Frühwerk Hofmannsthals und Schnitzlers:

> Dieses Sich-Suchen, Sich-Finden und wieder Entgleiten gleicht einer verzweifelten Komödie, in der die Beteiligten glauben, in ihrem Liebesspiel frei zu entscheiden und doch Gefangene ihrer Gefühle, ihrer Ängste und ihrer gesellschaftlichen Umwelt sind—auch wo sie versuchen, entgegen den Konventionen zu handeln. Besonders klar wird das in einer von Schnitzlers bedeutendsten und bekanntesten Arbeiten, in der Szenenfolge *Der Reigen* (1900), die lange Zeit wegen ihrer angeblichen Unmoral verboten war und erst 1920 zur Aufführung gelangte. Wie ein Perpetuum mobile zieht sich hier der Reigen durch alle sozialen Schichten, um in der Wiederhinführung zur ersten Person dieses "Verwechsel-das-Bäumchen-Spiels" zu enden. Vor der unsicheren Realität rettet man sich ins unverbindliche Spiel. (130)

Es nimmt deshalb nicht wunder, daß der *Reigen* auch in der ehemaligen Deutschen Demokratischen Republik auf die Bühne gebracht wurde. Horst Ruprecht, der den *Reigen* an den Bühnen der Stadt Magdeburg inszenierte, wagte es, ihn in einer vierstündigen Aufführung interessanterweise mit Ödön von Horváths *Glaube Liebe Hoffnung* zu kombinieren.

Die Frauen kamen in dieser Produktion besser weg als die Männer. Dies betont auch Jochanan Christoph Trilse in seiner Besprechung "Glaube Liebe Hoffnung werden bitter demaskiert," die am 30. September 1987 in der *National-Zeitung* (Berlin/DDR) veröffentlicht wurde:

> Ich erinnere mich an eine ziemlich dürftige Inszenierung Anfang der achtziger Jahre im Westberliner-Schillertheater. Für die DDR war die Magdeburger Inszenierung die DDR-Erstaufführung, und sie hatte weitaus mehr Schärfe [als die Westberliner Schillertheater-Auf-

führung], erwies sich als sozial relevantes, ja politisches Stück. Berühmt ward es durch den Film, und da am stärksten durch die Arbeit von Max Ophüls. Da konnte man dies Figuren-Panoptikum in seinem Anachronismus sehen. Ruprecht sah die Männer wohl auch so (das entschärft nicht obigen Einwand), doch nahm seine Inszenierung eindeutig Partei für die Frauen, die in dieser Männer-Gesellschaft meist die Verlierer sind. Es sei denn, sie beherrschen die sozialen Mechanismen so gut wie die Schauspielerin der Gisela Hess, nehmen dann jedoch auch brutale Züge an. [7]

Horst Wenderoth, dessen Kritik unter dem Titel "Alles muß beim Namen genannt werden. Gastspiele bei den Ostberliner Festtagen" in der *Neuen Zürcher Zeitung* vom 13. Oktober 1988 erschien, vermißte vor allem den echten Wiener Dialekt. Nach seinem Dafürhalten war der *Reigen* ein "deftiges Kopulationskarussell":

> Die Begierde erschien deutlicher als die Abwendung, die Leere und Flucht, die ihrer Erfüllung folgen. Gelegentlich wirken die "Zehn Dialoge", in deren Zentrum sich Verführung und Hingabe vollziehen, ein wenig komisch, das tragische Moment verschwindet hinter der Komödie. Dabei zeigen die Schauspieler zum Teil durchaus Sehenswertes, bemühen sich redlich um den Wiener Akzent. Aber den zu treffen ist schwer für Mitteldeutsche. Es ist ja nicht nur die Sprache, der nonchalante österreichische Gestus Schnitzlers muss wie selbstverständlich wirken, und das gelang hier nur selten. (37)

3. *Die Koppelung von Schnitzler und Horváth*

Die Entscheidung, beide Werke an einem Abend zu zeigen, wird im Programmheft der Magdeburger Bühnen wie folgt begründet:

> Im zeitlichen Bogen vom *Reigen* zu *Glaube, Liebe Hoffnung* wird Epochenproblematik als Menschheitsproblem von heute aktueller Brisanz und als Frage nach den Möglichkeiten menschlichen Lebens sichtbar. . . . Der Tod, in Schnitzlers *Reigen* den Paaren noch über die Schulter grinsend, ihr Werben und ihre Flucht treibend, greift in Horváths *Glaube, Liebe Hoffnung* direkt ein.[1]

Ein weiterer Grund für die Koppelung dieser Stücke war vermutlich der, daß es sich in beiden Fällen um "verbotene" Werke handelte; Horváths 1932 geschriebenes Stück war vom Deutschen Theater in Berlin angenommen worden, konnte aber aufgrund der nationalsozialistischen Machtergreifung nicht mehr aufgeführt werden. Außerdem zeigen beide Stücke Menschen, die sich nach Liebe sehnen, was jedoch von der Gesellschaft durchkreuzt wird. Bei dieser Inszenierung wurde der *Reigen* so aus Horváths pessimistischer Perspektive gesehen und entsprechend dargeboten.

Für Gerhard Ebert, der die Aufführung im *Neuen Deutschland* vom 28. April 1987 besprach ("Ausverkauf der Liebe in kalter Welt"), kam diese Koppelung der beiden Stücke beim Publikum gut an:

> Die ungewohnte, reichlich abendfüllende Stückkoppelung unter dem Motto "Und die Liebe höret nimmer auf . . ." wird vom Magdeburger Publikum sichtlich angenommen. Es akzeptiert diesen anschaulichen Exkurs zurück in eine Zeit, in der die Liebe manchen Schaden nehmen mußte. Besonders für junge Zuschauer, die unbeschwert diesen Fragen gegenüberstehen, wird der Kontrast bewußt. Ruprecht arrangierte diese Collage in ein Bühnenbild (Günter Altmann), das den Zuschauer sofort die Hoffnungslosigkeit des Geschehens spüren läßt. Eine leere, öde Wiener Vorstadtgasse mit absterbendem Baum, zerbröckelndem Gebäude. Rundum Torbögen einer Uferpromenade, Geländer, Laternen, schmale Stiege, die Wände weiß gefließt. Ein steril gehaltenes Klinikum. (4)

Martin Linzer schreibt in seinem Artikel "Totentänze," der in dem Periodikum *Theater der Zeit* (Berlin/DDR, Mai 1987) unter der Rubrik "Umschau" erschien, daß beide Stücke zwar die "Haltbarkeit der Liebesbeziehungen" [sic] aufzeigen, der Zwischenraum von 35 Jahren, der zwischen diesen beiden Werken liegt, jedoch eine Zeit gewaltiger historischer Umbrüche gewesen ist, die einen Vergleich nicht ohne weiteres rechtfertigen. Es bedürfe deshalb eines weiten historischen Blickes, um die Problematik des *Reigen* auf das Horváthstück zu beziehen, sozusagen Schnitzler durch Horváth zu sehen:

> Das Leichenschauhaus . . . , das Günter Altmann in das Rund der großen Bühne setzte, steriler Ort wissenschaftlichen Sezierens wie auch heimlichen Grauens, ist dann nicht nur "Milieu" des ersten Horvath-Bildes, sondern symbolischer Ort des Geschehens überhaupt. Und Ruprecht läßt auch diese erste Szene anspielen (Elisabeth: Entschuldigens bitte—aber ich suche nämlich die Anatomie),

> bevor der *Reigen* einsetzt, von Altmann sparsam, nur Zeichen setzend (roter Plüsch kontrastiert zum schmutzigen Weiß der Wände) ausgestattet . . . Das Karussell der Liebe, oder was dafür gehalten wird, erhält so seine Einbindung in einen historisch und sozial determinierten Rahmen, ist in seiner Ambivalenz nicht mehr mißdeutbar. . . . Es sind in dieser Inszenierung vor allem die Frauen (Dirne: Isolde Kühn, Stubenmädchen: Kathrin Waligura, Junge Frau: Ute Loeck, Süßes Mädel: Susanna Bard, Schauspielerin: Gisela Hess), die das Doppelspiel—Verführte wie Verführende zu sein—exzellent beherrschen, und trotzdem die Tragik empfinden lassen, daß sie in der Männergesellschaft letzten Endes die Verlierer sind. (4)

Auf die Verwandtschaft zwischen Schnitzler und Horváth wurde auch von Oscar Fritz Schuh hingewiesen, der am 15. August 1970 anläßlich der Salzburger Festspiele Horváths *Figaro läßt sich scheiden* zusammen mit Schnitzlers *Zum großen Wurstel* zeigte. Im Programmheft wird diese Kombination folgendermaß begründet: "Zwei Bühnenwerke der beiden größten österreichischen Dramatiker dieses Jahrhunderts . . . "(zitiert von Lechner 111). Arthur West zufolge, der seine Besprechung in der kommunistischen *Volksstimme* veröffentlichte, betrachtete Schnitzler-Horváth "zweifellos gültiger und brisanter, als Hofmannsthal es schon im ersten Jahr war" (zitiert von Lechner 280), und Ernst Wurm wies in seiner Besprechung "Undank der Fachwelt, Dank des Publikums" darauf hin, daß Schuh "dem Publikum einen komödiantischen und zugleich sehr gedankenbeladenen Abend beschert [habe]" (*Neue Illustrierte Wochenschau* vom 6. September 1970; zitiert von Lechner 283). Die Verwandtschaft zwischen Horváth und Schnitzler wird ebenfalls vom Rezensenten des dritten Bandes der Suhrkamp-Gesamtausgabe zur Prosa Horváths betont, der in seiner Besprechung im *Linzer Volksblatt* (10.4.1971) bemerkt: "sie [die Werke] erinnern an die etwas früher, zum Teil gleichzeitig entstandenen Prosawerke Schnitzlers, sind aber herber und härter" (zitiert von Lechner 154). Auf die Affinität zwischen Schnitzler und Horváth wurde allerdings schon 1982 von Günther Rühle hingewiesen:

> Große Partien des *Reigens* nehmen sich für uns aus wie ein Feld, aus dem das Horváthsche dramatische Werk hervorging. Auch Horváth kennt noch diese Personen, beobachtet ähnlich ihr Verhalten, ihre Sprache und setzt die Widersprüche von Wort und Körper, auch die Zeichen so, daß die Texte und Situationen ihren Realismus über-

schreiten und sich für Hintergründe öffnen, damit das Gezeigte den philosophischen Aspekt freigibt, der in ihm verborgen ist. ("Schrecklich und schön zugleich" 38-39)

Interessant in diesem Zusammenhang ist es, daß die Koppelung von *Glaube Liebe Hoffnung* und *Reigen* schon einmal vorgenommen worden war—allerdings nicht auf der Bühne, sondern in einem Artikel, der 1983 erschien und das Thema Liebe, Prostitution und Tod in den Werken von Raimund, Schnitzler und Horváth untersucht. Nach dem Eingehen auf die Totentanzmetapher in einigen Werken (*Reigen* eingeschlossen) sagt der Verfasser W. G. Sebald:

Es ist von der erschütterndsten Logik, wenn Elisabeth in dem Stück *Glaube Liebe Hoffnung*, das Horváth als kleinen Totentanz apostrophiert, ihren Körper nicht mehr auf der Straße, sondern gleich im anatomischen Institut zum Verkauf anbieten will. Sie hat gehört, daß das der Ort ist, "wo man Leichen zersägt," und daß, wie sie sagt, "die Herren da drinnen mit meiner Leiche im Dienste der Wissenschaft machen können, was sie wollen—daß ich aber dabei das Honorar gleich ausgezahlt bekomme. Schon jetzt." (116)

4. *Aufführung in Tokio 11. Juli 1987*

Schnitzler war in Japan nicht unbekannt, wie aus Schnitzlers Tagebucheintragung vom 22. 6. 1922 hervorgeht: "Brief aus Japan, von einem Professor. 'Schn. Feier' in Tokio;—freute mich" (*Tagebuch 1920-1922*: 320). In dem Brief an seinen Sohn Heinrich vom 21.1.1931 weist Schnitzler wiederholt auf seine Stellung in Japan hin: "Aufführungen so gut wie keine soweit die deutsche Zunge klingt. Gelegentliche Rundfunksendungen.—Dafür bin ich nun auch in Japan >>Lesebuchautor<< geworden.—(Die Erdbeben dort hängen damit nicht zusammen.—) (Schnitzler, *Briefe 1913-1931*: 755).

Sechsundsechzig Jahre später, am 24. August 1987, teilte der österreichische Botschafter in Japan, Dr. Michael Fitz, dem Bundesministerium für Auswärtige Angelegenheiten in Wien folgendes mit:

Die vom Kulturinstitut New York anher übermittelte Photoausstellung "Arthur Schnitzler" konnte im Rahmen der Aufführungen des *Reigen* im Seiyu-Theater in Tokyo vom 11.7.-9.8.1987 eingesetzt werden. Vom Theater wurden die Person Arthur Schnitzlers und den

> *Reigen* betreffenden Paneele gerahmt, mit japanischsprachigen Erläuterungen versehen und im Foyer des Theaters ausgestellt. Dem luxuriösen Charakter des erst im Frühjahr eröffneten und mit dem Seibu-Konzern affiliierten Theaters entsprechend, waren auch die Paneele sehr aufwendig und ansprechend gestaltet worden. Ein Hinweis auf die Botschaft/das Bundesministerium für Auswärtige Angelegenheiten war angebracht worden. Die Paneele dürften anläßlich der rund 30 Vorstellungen des Stückes von einem Großteil der ca. 22.000 Theaterbesucher studiert worden sein.[2]

Die in diesem Brief erwähnten *Reigen*-Aufführungen fanden im Tokioter Ginza Saison Theater statt. Die Schaupieler, die hervorragend agierten, waren Kayo Matsuo (Dirne), Midori Hagio, Yukiko Takabayashi, Mako Ishino, Bibari Maeda (Schauspielerin), Mitsutaka Tachikawa (Soldat), Takaaki Enoki, Naosuke Sugano, Koji Shimizu und Kunio Murai (Graf). Die *Asahi Evening News* vom 16. Juli 1987 stellten das Stück mit folgender Bemerkung vor: "Obwohl jeder vorgibt, in puncto Liebe sehr zynisch zu sein, scheint in Wirklichkeit doch jeder auf der Suche nach wahrer Liebe."[3] Im Unterschied zur europäischen und amerikanischen Presse wird in keiner der japanischen Kritiken der Regisseur genannt; als weiterer Unterschied kommt hinzu, daß in der Besetzungsliste Takaaki Enoki als "Sohn" und das süße Mädel als "Teenager" aufgeführt wird: "Erstaunlich gut ist die jüngste Schauspielerin, Mako Ishino, die das Mädchen im Teenageralter spielt; sie wirkt naiv und unschuldig, ist aber ein Profi in der Verführung älterer Männer."[4]

Unter der Überschrift "Renowned Play *La Ronde* at Ginza Saison Theater" schreiben die *Mainichi Daily News* vom 7. Juli 1987:

> Das Stück wird jetzt im Tokioter Ginza Saison Theater gezeigt und bringt die Wiener Fin de siècle-Atmosphäre durch die Darstellung eines "Liebeskarussells" zum Ausdruck. Das Stück ist außerordentlich gut besetzt. Für Überraschung sorgten die exzellenten Leistungen der Tänzerin Bibari Maeda und der babygesichtigen Mako Ishino, einem früheren Schlagerstar.[5]

In dieser Inszenierung wurde von der Drehbühne ausgiebig Gebrauch gemacht, doch wie die *Mainichi Daily News* schreiben, "ist das bei diesem Stück, dessen Handlung sich ja im Kreise dreht, durchaus angebracht."[6] Die Vorstellung ging ohne Pause vonstatten; den Zeitungsberichten zufolge dauerte sie drei Stunden und zehn Minuten (normalerweise dauert das Stück nur zwei Stunden und etwa fünfzehn Minuten!). Um sich gut zu unterhalten, brauchte man die Sprache nicht zu verstehen; in den *Asahi Evening News* vom 16. Juli 1987 heißt es: "Selbst wenn Sie kein Japanisch können, werden Sie an diesem Stück Ihre Freude haben."[7]

5. *Aufführung in Italien April 1988*

Die italienische Inszenierung von Carlo Rivolta (Produktion Vittorio Gassman) wurde in verschiedenen Theatern des Landes gezeigt. Das Besondere daran war, daß alle fünf männlichen Rollen von Michele Placido gespielt wurden, dem italienischen Publikum durch Film und Fernsehen wohlbekannt. Die Unzulänglichkeiten dieser Unternehmung beschreibt Sabine Heymann in ihrem Artikel "Fünf Verführer auf einen Streich" (*Frankfurter Rundschau*, Ausgabe D vom 26. April 1988) wie folgt:

> Das Ergebnis [ist] besonders mäßig. Placido, der immerhin Theatererfahrungen mit Strehler, Ronconi und Patroni Griffi hat, ist dem viermaligen Rollenwechsel nicht gewachsen. Dem italienischen Publikum, zu dessen Standardrepertoire Schnitzlers Dialoge nicht gerade gehören, mochte es anfangs sogar scheinen, es handele sich stets um denselben Mann, der da von einem amoureusen Abenteuer zum anderen hetzt. . . . Das mildeste, was man zur Inszenierung vermerken müßte, ist ihre Phantasielosigkeit. (9)

Von den Frauen wird nur Angelika Stumpf als Hure erwähnt; "ihre Leocadia ist von anrührender, verhaltener Melancholie, von einer müden Resignation, die doch an jeden Strohhalm von Hoffnung auf ein besseres Leben sich klammern würde" (9).

Es ist dieser obigen Besprechung nicht zu entnehmen, welche Übersetzung in dieser Vorstellung benutzt wurde. Anzunehmen ist, daß es die von Paolo Chiarini[8] war, von der Gudrun Held folgendes sagt:

> Es fällt uns . . . auf, daß Chiarini weitgehend die Ebene der seichten, schablonenhaften Konversation erhält, worin auch die Italiener die Eigenständigkeit, die tiefere, metasprachliche Aussage des *Reigen* erahnen können. Verwunderlicherweise fehlt dieser Bereich der Gesprächswörter, der inhaltsleeren, vieldeutigen Partikel und Inter-

jektionen in der französischen *Reigen*-Übersetzung [von Dominique Auclères] fast zur Gänze. (268)

B. *Aufführungen und Lesungen in Deutschland und in Österreich: 1988-Sommer 1989*

1. *Aufführungen in Aachen 30. April 1988 und in Münster 10. Juni 1988*

Die nächste Inszenierung fand im Aachener Grenzlandtheater statt. Es agierten Elisabeth Kopp (Dirne), Doris Maria Kaiser, Ingeborg Meyer, Irene Lindner, Renate Clair (Schauspielerin), Michael Renz (Soldat), Bernard Pyka, Karl-Heinz Gierke, Martin Bruhn und Rudolf Knor (Graf).

Manfred Langner, der Regisseur dieser Inszenierung, bei der es nach der fünften Episode eine Pause gab, arbeitete in starkem Maße mit Situationskomik. Dies, so Renate Sartorius in der *Aachener Volkszeitung* vom 2. Mai 1988 feststellte ("Amouröses Karussell der flüchtigen Beziehungen"), entschärfe das Stück: "Doch es nimmt dem bitteren und bösen Stück sämtliche Schärfe, glättet es bis zur Unverbindlichkeit. Sanft und behutsam geht er [Manfred Langner] mit Schnitzler um, erspart dem Zuschauer Provokantes, läßt ihm immer das Ausweichen ins Unbeteiligtsein" [5]. Obwohl eine akzeptable Aufführung, wurde sie doch, nach Sartorius, Schnitzlers Absichten des 'Davor' und 'Danach' nicht gerecht:

> Eine sicher angemessene Darstellung, vor allem auf dieser kleinen Bühne mit unmittelbarem Kontakt zum Zuschauerraum. Schnitzlers Intention aber fällt der Kostümierung zum Opfer. Weder die Erotik am Anfang noch die Entfremdung am Ende, um die sich alle zehn Episoden drehen, kommen über die Rampe. Stattdessen macht sich beim Anblick von halblangen Unterhosen und Baumwollnachthemden Lächerlichkeit breit. Und in ihrem Schlepptau Langeweile. [5]

Ein größerer Erfolg war die *Reigen*-Inszenierung, die die Studiobühne der Universität Münster am 10. Juni 1988 vorstellte und die der Kritiker der *Muensterschen Zeitung* vom 11. Juni 1988 ("Das alte Lied von der Liebe") mit folgenden Worten pries:

> Arthur Schnitzler hätte seine reine Freude gehabt an dieser Wie-

> deraufführung . . . . Schwungvoll und gedämpft, wahrhaftig und verlogen, heiter und doch auch melancholisch, mit einer großen Portion Erotik—so präsentierte die Studiobühne der Universität Münster ihren eigenwilligen Liebesreigen. . . . Zweieinhalb Stunden lang überzeugt das Ensemble der Studiobühne unter der Leitung von Dr. Rudolf Rösener durch schauspielerisches Können, künstlerisches Empfinden und ein originelles Bühnenbild. Beim Tanz ums "Lotterbett" sprang buchstäblich der Funke über. Das Publikum reagierte mit viel Beifall. [12]

2. *Der* Reigen *als Ballett in Wien 12. Juni 1988*

Die zweite Darbietung des *Reigen* als Ballett hatte am 12. Juni 1988 in der Wiener Volksoper Premiere. Für die Choreographie zeichnete Ballettmeisterin Susanne Kirnbauer verantwortlich; die Darsteller waren: Ivan Jakus (Schnitzler-Dichter), Gabriela Masek als Hedy Kempny, Desney Severn (Dirne), Sonja Thienel, Kornelia Peljak, Martina Over und Elisabeth Stelzer (Schauspielerin); von den Tänzern wird nur Christian Platz genannt, der den jungen Herrn verkörperte.

In einem Interview, das im Wiener *Festwochen-Magazin* (Mai/Juni 1988) unter dem Titel "Schnitzlers *Reigen* wird erotisches Ballett" erschien, sagte Susanne Kirnbauer:

> Ich war mir mit der Direktion einig, . . . daß wir eine wienerische Geschichte machen sollten, und da drängt sich dieses Stück fast auf, weil es wie für das Ballett geschrieben ist. Wir haben dazu Musik von Komponisten jener Zeit, darunter einige unbekanntere Johann-Strauß-Sachen, genommen und versucht, sie den Bildern zuzuordnen. (63)

Susanne Kirnbauer erklärte auch, warum Michaela Rosen und Heinz Ehrenfreund Auszüge aus der Korrespondenz zwischen Arthur Schnitzler und Hedy Kempny vorlasen: "Auf diese Art wird der Gegensatz von geistiger und körperlicher Liebe herausgearbeitet. Das Ende ist bei mir eine Symbiose—in Form jener Paare, die das große Glück haben, miteinander sowohl seelisch [sic] als auch körperliche Liebe zu finden" (63). Und "körperliche Liebe" war ein integraler Bestandteil dieses Balletts: "Dort, wo die Stricherln sind, bleibt es bei uns nicht finster. Es *wird* hergezeigt, und man wird wissen, was geschieht. Ich möchte versuchen, die—na, wie soll ich sagen?—ästhetisch schön umzusetzen" (63).

Für Meinhard Rüdenauer, dem Rezensenten der *Neuen Kronen Zeitung* (14. Juni 1988), kam der sinnliche Aspekt recht gut zum Ausdruck. In seiner mit "Sanftes Bettgeflüster" betitelten Besprechung schreibt er:

> Kirnbauer hat hier äußerst eindrucksvolle Szenen gestaltet. Sie kann klar und prägnant chrakterisieren [sic], kann mit Details überraschen, kann die Spannung steigern. . . . [Sie] arbeitet auf der soliden Basis des klassischen Ballets. Mit fließenden Bewegungsabläufen, ohne zu experimentieren. Die Freunde des Hauses haben sich jedenfalls für die erste Ballettpremiere nach langem mit viel und herzlichem Applaus bedankt. (20)

Norbert Tschulik, dessen Artikel "Schnitzler auf der Tanzbühne" in der *Wiener Zeitung* vom 14. Juni 1988 erschien, ist nicht so enthusiastisch wie Rüdenauer, denn "ohne die feinen Töne und Zwischentöne der Worte bleibt das Ganze nur eine halbe Sache" (6). Außerdem erachtet er es für unrealistisch, daß Schnitzler mit Hedy Kempny tanzt, während Auszüge aus ihrer Korrespondenz vorgelesen werden: "Und weil man sich diesen als Tänzer eigentlich überhaupt nicht vorstellen kann, so ist auch das eine mehr oder weniger mißglückte Idee" (6).

Ruediger Engerth, der die Aufführung in den *Salzburger Nachrichten* vom 14. Juni 1988 rezensierte ("Literarisches Ballett"), meint, daß die biographischen Einschübe dem Fluß der Darbietung hinderlich seien: "Aus dieser Verbindung zweier Ebenen—Biographie und Werk—resultiert auch der etwas sperrige Titel "Arthur Schnitzler und sein *Reigen*". Die Szenen "Hedy und der Dichter" unterbrechen immer wieder die aus der Dialogfolge des *Reigens* mit einigen Änderungen übernommene Handlung" (10). Ungeachtet ihrer Mängel war die Inszenierung ein wenn auch kleiner Erfolg; unter der Überschrift "Großer Tumult in der Praterau" konstatiert Wilhelm Sinkovicz in der *Presse* vom 14. Juni 1988:

> Der *Reigen* ist, das erweist sich dann, wahrscheinlich eine zu ehrgeizige Aufgabenstellung gewesen. Daran ändert auch die Tatsache nichts, daß Herbert Mogg, der Dirigent, eine geschmackvolle Toncollage zusammengestellt hat, die die Atmosphäre mancher Szene flirrend einfängt. Rolf Langenfass' Bühnenbild, wechselweise rosalieblich, neonflimmernd oder lebkuchenhäusig, unterstreicht die fremdenverkehrsbewußte Auflösungs-Tendenz der Choreographie. Immerhin: Das Volksopernballett freut sich über einen eigenen

> Abend, und das Publikum hat sich bei der Premiere laut darüber mitgefreut. (5)

Irmgard Steiner tadelt in ihrem Artikel "Von Bett zu Bett," den sie für das *Neue Volksblatt* (Linz) vom 17. Juni 1988 verfaßte: "Daß Arthur Schnitzler auch persönlich bemüht wird, um 'geistige Liebe' mit seiner Freundin Hedy Kempny tanzend darzutun, und sich dann doch auch am Reigen von Bett zu Bett zu beteiligen, vermehrt nur die Peinlichkeiten" (11).

Offenbar hatte man bei der Musikauswahl insofern keine glückliche Hand, da sie das Publikum in eine träumerische Stimmung versetzte, was jedoch nicht in Schnitzlers Absicht lag. In diesem Sinne schreibt Ditta Rudle in der *Wochenpresse* vom 17. Juni 1988 ("Zum Mitsummen"):

> Die körperliche Liebe scheint da um nichts aufregender, anregender, erotischer als die geistige, wie sich auch der ganze Reigen in gemächlichem Tempo lieblich abspult als nettes Amüsement aus vergangener Zeit. Das mag auch an der Musikauswahl von Herbert Mogg liegen, der sich mehr an Jahreszahlen als an Aussagekraft hielt. Belanglos Breiiges von Josef Hellmesberger und Oscar Straus wird durch "Traumbilder" vom jungen Johann Strauß nicht verbessert—von Träumen ist bei Schnitzler keine Rede, ihm ging's um tägliche Realität, gemein, schmutzig und verlogen. Daß gleich zu Beginn, wenn die berühmte Filmmusik von Oscar Straus anklingt, die Damen im Parkett beglückt mitsummen, zeigt die ganze Harmlosigkeit dieses hübschen Abends. Mit uns hat das nichts zu tun und mit den krummen Wegen im Garten der Lüste schon gar nichts. (54)

Andrea Amort hält es in der Theorie für eine gute Idee, die Verschmelzung von körperlicher und geistiger Liebe vorzuführen, doch die Umsetzung dieser Idee scheint ihr zu lang geraten und zu langweilig. In diesem Zusammenhang heißt es in ihrer Rezension "Guter Wille, aber wenig choreographische Inspiration" (*Kurier*, 26. Juni 1988):

> Körperliche und geistige Liebe sollen am Ende zusammenfinden. Bis es soweit ist, vergehen hundert lange Minuten ohne zündende Ideen, ohne stimmige Atmosphäre. Die Beine mal hoch, mal breit gegrätscht, neoklassizistisches Einmaleins, das aber immerhin (zur recht harmlosen Musikcollage von Dohnanyi über Hellmesberger

und Grünfeld) zügig arrangiert ist. Aufregende Vielfalt bleibt aus, weswegen sich auch bald das einschläfernde Déjà-vu-Symptom einstellt. (12)

Neu an dieser Produktion war die Reduktion von zehn auf fünf Szenen; hinzu kamen noch fünf Dialoge. In Gerald Grassls Artikel "Tanz in die Belanglosigkeit" (*Volksstimme,* 30. Juni 1988) heißt es dazu:

> Die Handlung in zehn Bildern wurde auf fünf reduziert und dafür um fünf Dialoge von Arthur Schnitzler mit seiner Verehrerin Hedy Kempny ergänzt. Diese Gegenüberstellung der tatsächlichen Wirklichkeit, zu der sich der Autor auseinandersetzte und dem daraus entsprungenen Werk ist auch das eigentlich Interessante dieses Versuchs. Aber auch in diesen Szenen wird den starken Sätzen von Schnitzler und Kempny durch übertriebene Gesten wieder viel an Ausdruck genommen. (11)

Negativ ist auch die Kritik Michael Kurzecks, der die erneute Vorstellung dieser Produktion am 14. Februar 1989 in der *Arbeiter-Zeitung* besprach. Aufgeführt wurde das Ballett in der Wiener Volksoper, mit Christian Tichy (=Arthur Schnitzler) als Gast vom Ballett der Wiener Staatsoper. Kurzeck betitelt seine Besprechung "Mißverständnisse mit Gästen":

> Wenn Arthur Schnitzler, hier der bizarren Logik des Programmheftes folgend, Tänzer gewesen wäre, hätte er den Reigen auch nicht vertanzt, zumindest nicht zu dieser Musik. Oscar Straus, Joseph Hellmesberger, Alfred Grünfeld, Johann Schmutzer und Johann Strauß haben weder den Tiefgang noch die Ironie des Stückes in ihrer Musik erfaßt. Wenn schon nichts Zeitgenössisches, so wäre doch die Wiener Schule mit Schönberg, Berg und Webern das Angemessenere gewesen. Ein lieblich kitschiges Bühnenbild, in dem sich belanglos vertanzte Reigenszenen mit Duetten von Arthur Schnitzler, Christian Tichy pantomierte ihn, und seiner geistig Geliebten Hedy Kempny, Elisabeth Pensch, abwechselten, wäre ihm sicher auch nicht eingefallen. Und ich habe immer gedacht, geistige Liebe wäre intellektuell faszinierend. Eine Lesestunde mit einschläfernder Musik hatte ich mir nie darunter vorgestellt. (26)

3. *Aufführung im Innsbrucker Treibhauszelt 29. Juli 1988*

Michele Placidos Versuch, alle fünf männlichen Figuren zu spielen, wurde im Sommer desselben Jahres von dem Regisseur und Schauspieler Wolfgang Dobrowsky wiederholt. Seine Inszenierung hatte am 29. Juli 1988 im Innsbrucker Treibhauszelt Premiere. Er ging noch einen Schritt weiter: nicht allein die männlichen Rollen wurden von ihm selbst gespielt, sondern auch alle fünf weiblichen Gestalten wurden—wenngleich weniger überzeugend—von nur einer Schauspielerin (Dorothee Steinbauer) dargestellt. Der Grund für Dorothee Steinbauers unlängliche Leistung war, wie Christian J. Winder in seinem Artikel "Schnitzlers *Reigen* im Treibhauszelt als Bild für die Unpersönlichkeit der Begegnungen" (*Tiroler Tageszeitung*, 1. August 1988) erläuterte, ihr "sprachliches Handicap, "da sie als aus Deutschland Stammende etwa das von Schnizler [sic] gerade als Wienerisch geschaffene "süße Mädel" nicht so recht 'erwischt'—es ist eben ein Stück Wien des Fin de Sircle [sic], das bei aller Abstraktion auf die reine Handlungsebene doch dieses (auch sprachliche) Umfeld braucht" (6).[9]

Friederike Mösl macht in ihrer Besprechung "Das Ringen mit dem *Reigen*" (*Neue Tiroler Zeitung*, 2. August 1988) Steinbauer und Dobrowsky für das Mißlingen dieser Inszenierung verantwortlich:

> Schnitzler seziert rasch, ist moralisch, und so lässig-graziös setzt er seine Beobachtungen, daß der ewige Reigen in unwiderstehlich differenziert-verfeinerter Ironie ersteht, einer Subtilität, die der im dichten, klaren Konzept interessanten Inszenierung jedoch in der Darstellung leider fehlte. Im Spiel der beiden Schauspieler ließ es sich nur schwer erahnen, was dieses Stück zu einer "Komödie für Götter" macht. (13)

4. *Aufführung in Münster 22. November 1988*

Die Studiobühne der Universität Münster spielte den *Reigen* am 22., 23. und 24. November 1988, wieder unter der Regie von Rudolf Rösener. Wie die *Muenstersche Zeitung* vom 23. November 1988 unter der Überschrift "Alles kreist um 'das Eine'" berichtete, gelang es den Darstellern,

> die verschiedenen Facetten des Stückes [locker, ironisch und spitz] herauszustellen. Ernst und Komik lagen dicht beieinander. Das ein-

fache, ausdrucksstarke Bühnenbild, ein schwarzes Bett, unterstrich die Aktualität, ja Zeitlosigkeit des Stückes. Originelle, süffisant kommentierte Regieeinfälle waren außerdem der Einsatz eines Schlagzeugs sowie die bewußt stilvollen Umbaupausen, in denen das einfache Bettgestell jeweils mit einem anderen Stoff bezogen wurde. Das begeisterte Publikum erlebte das Geschehen "hautnah", es saß um das Bett herum—auch hier also ein geschlossener Kreis. [14]

Besondere Erwähnung in den Kritiken fanden die schauspielerischen Leistungen von Stefanie Bösing (Dirne), Elke Düsing (junge Frau), Ellen Zitzmann (Schauspielerin), Christoph Winck (junger Herr), Ulrich Gietzen (Ehemann) und Andreas Ladwig (Graf).

5. *Lesung des* Reigen *in Regensburg Dezember 1988*

Wie die *Mittelbayerische Zeitung: Tages-Anzeiger* (Regensburg) vom 28. Dezember 1988 und das Regensburger Blatt *Die Woche* vom 29. Dezember 1988 meldeten, wurden wegen des großen Zuspruchs, dessen sich die szenische Lesung des *Reigen* im Regensburger Theater am Haidplatz erfreute, weitere Vorstellungen anberaumt. Unter der Überschrift "Zusätzliche Vorstellungen der szenischen Lesung *Der Reigen*" wurde folgendes mitgeteilt:

> Wegen der außergewöhnlich positiven Resonanz, auf die Bernd Palmas provozierende Fassung von Arthur Schnitzlers erotischer Szenenfolge *Der Reigen* als "Nachtschoppen" stieß, gibt es am Donnerstag and Samstag, 5. und 7. Januar 1989, 21.30 Uhr, im Theater am Haidplatz zwei weitere Vorstellungen. Auch für die Aufführung an Silvester um 21.30 Uhr gibt es noch einige Karten. *Der Reigen* wird in einer sehr szenischen Lesung mit Musik und Bühnenbild dargeboten von Christian Fischer und Bernd Palma, Angelika Sedlmeier und Michael Lawrence. (*Mittelbayerische Zeitung: Tages-Anzeiger:* [16])

6. *Aufführung in Lindau 10. März 1989*

Ebenfalls erfolgreich war die Aufführung durch die Laienspielgruppe "Podium 84," die im März 1989 an der Lindauer Kleinkunstbühne des Club Vaudeville stattfand. In der Vorbesprechung, die am 10. März 1989 in der *Lindauer Zeitung* erschien und mit "Podium 84: Schnitzlers

Reigen im Club Vaudeville" überschrieben ist, wird nachdrücklich darauf hingewiesen, "wieviel harte Arbeit seit dem vergangenen September in dem Stück steckt, wie oft Szene um Szene wiederholt werden mußte und wieviel Stunden investiert worden sind" [25]. Wie der/die Verfasser/Verfasserin der Vorbesprechung feststellt, ist eine Inzsenierung dieses Stückes keineswegs einfach:

> Mit Schnitzlers *Reigen* hat das "Podium 84" mutig nicht gerade leichten Stoff gewählt. Das Stück behandelt zwischengeschlechtliche Beziehung und erfordert von den Laienmimen ein hohes Maß an schauspielerischem Talent und auch viel Fingerspitzengefühl vom Regisseur (Winfried Hamann), denn allzu schnell könnte aus Schnitzlers Kunstwerk ein peinliches Sexstück werden. Denn schon die Proben ließen erkennen, daß sich die Hobbytruppe der Verantwortung bewußt ist, mit dem notwendigen Respekt an die Sache herangeht und der Problematik gewachsen scheint. [25]

Schon die Überschrift der Aufführungskritik, die in der *Lindauer Zeitung/Schwäbische Zeitung* vom 13. März 1989 erschien, läßt auf den Erfolg dieser Inszenierung schließen: "Zehn Lindauer Laiendarsteller und ihr Regisseur für *Der Reigen* [sic] mit stürmischem Beifall bedacht." Die Darsteller waren Lisa Fehrer (Dirne), Gabriele Brög, Doris Sieber, Irene Holzfurtner, Bärbel Heumann (Schauspielerin), Pit Hartmann-Willer (Soldat), Paul Bodler, Christoph Holzfurtner [der Bruder von Irene Holzfurtner], Uli Kaiser und Peter Rigo (Graf). In der erwähnten Aufführungskritik heißt es:

> Der Riesenapplaus hat die Mühe gelohnt, der sich das Laienensemble der Lindauer Amateurbühne "Podium 84" unterzogen hat. Es muß den zehn Darstellerinnen und Darstellern Mut bescheinigt werden, unter Regie und Inszenierung von Winfried J. Hamann ein im Sinne altzopfiger Moral "unsittliches" Stück auf die Bühne gebracht zu haben. . . . Wenn die Premiere am Freitagabend auf der Kleinkunstbühne des Club Vaudeville vor einer saalsprengenden Zuschauerkulisse teilweise mit Szenenapplaus bedacht wurde, so ist das nicht nur ein Kompliment an die Darsteller, sondern ebenso an die Aktualität des Spiels, das zeitlos und auch heute noch im Spiel der Geschlechter gültig ist. Spielleiter Winfried J. Hamann hat mit großer Dezenz jedwede Schlüpfrigkeit der Handlung vermieden. [25]

7. *Aufführung in Hof 15. März 1989*

Von der Zeitlosigkeit des *Reigen* geht auch Peter Dolder aus, der das Stück im März 1989 am Theater Hof zur Aufführung brachte. In einem Interview, das Ralf Sziegoleit mit Dolder führte und das unter der Überschrift "'Davor' und 'Danach'" in der *Frankenpost* (Ausgabe N) und gleichzeitig im *Hofer Anzeiger*, beide Zeitungen vom 11. März 1989, erschien, sagte der Regisseur: "'Das Thema . . . ist nach wie vor aktuell [denn] die Doppelmoral feiert fröhliche Urständ'. . . . [Es ist nach Dolder] ein großartiges Stück—weil an ihm alles stimmt, das Geschriebene genauso wie das, was sich zwischen den Zeilen verbirgt" (*Hofer Anzeiger*: 5).

In diesem Interview wird zwischen den Darstellern, die aus Deutschland kommen, und denen, die aus Österreich gebürtig sind, unterschieden, und zwar, wie Dolder ausführt, aus folgendem Grund: "Es war uns wichtig, gerade die Unterschicht-Rollen auch sprachlich richtig zu besetzen." Fünf der Schauspieler—zwei Frauen und drei Männer—trugen zum österreichischen Charme des Stücks so auch sprachlich bei. Es agierten die aus Wien stammende Marion Koller (Dirne), Jacqueline Binder, ebenfalls aus Wien, Harriet Kracht, Veronika Hintringer, Josephine Weyers (Schauspielerin), der Wiener Dieter Koppler (Soldat), Torsten Buchsteiner, Robert C. Meller sowie die beiden Wiener Markus Stolberg und Conny W. Graser (Graf). Die Aufführung selbst besprach Sziegoleit dann in der *Frankenpost* (Ausgabe N) vom 17. März 1989 ("Die Liebe nicht, die Leiber nur"). Sein Urteil: "Trotzdem: ein tadelloser, ein großer Abend; so gewichtig wie amüsant" (6).

Nach Ansicht von Gero von Billerbeck, der die Aufführung im *Nordbayerischen Kurier* vom 17. März 1989 rezensierte, genügte es nicht, im entscheidenden Moment auf der Bühne das Licht auszumachen. Unter der Überschrift "Kulinarischer Edelporno" schreibt er:

> Man kann allerdings kann [sic; kaum] behaupten, daß ein Lustschrei im Dunkeln dezenter wirkt als im Rampenlicht. Aber allein mit Lichtausknipsen nach Autorenvorschrift läßt sich einem Schnitzler nicht gerecht werden. Ein Porno wird nicht dadurch, daß man die gröbsten Ferkeleien herausschneidet, künstlerisch wertvoll, und leider hat man es auf der Hofer Bühne streckenweise mit einem Porno zu tun, und nicht mit Erotik, wie Schnitzler sie so meisterhaft knistern läßt. . . . Bei [dem Grafen] kam von dem Null-Bock-Weltgefühl der untergehenden Donaumonarchie etwas auf die Bühne,

> und auch der Dichter, in dem Schnitzler sich selbst karikiert haben dürfte, läßt mit seiner nicht wegzuinszenierenden Philosophie ein wenig von dem Stück ahnen, das hinter dem gezeigten Edelporno steckt—ein Totentanz des Eros. (42)

Das Publikum schien jedoch mit dieser Inszenierung zufrieden: "[Es] freute sich daran, was von Schnitzler übriggeblieben war. Das war nicht abendfüllend und dehnte sich einigermaßen, aber als Aufklärungsstück für die Deutsche Aidshilfe wäre es gut geeignet" (42).

a) *Gastspiele in Bayreuth und Bad Kissingen April 1989*

Am 6. April 1989 gab das Hofer Ensemble in Bayreuth ein Gastspiel, das vor fast ausverkauftem Haus stattfand. In seiner Rezension "Liebeskarussell mit zehn Stationen" (*Nordbayerischer Kurier*, 8. April 1989) berichtet Erich Rappl über diese Darbietung im Großen Haus:

> Mit Arthur Schnitzlers erotisch-pikantem Dialogstück *Der Reigen* hatte das in Bayreuth gastierende Hofer Theater am Donnerstag im nahezu vollbesetzten Großen Haus einen beachtlichen Publikumserfolg. Im Rückblick auf so manchen unverdient schwach besuchten Theaterabend der Hofer Schauspieler bestätigte sich hier der Verdacht: Es kommt nur aufs Thema und aufs Stück an, dann strömen auch die Bayreuther massenweise ins Schauspiel. . . . Bilanz: Ausnahmslos vorzügliche Verkörperungen der Frauenrollen, unterschiedliche der Männerrollen—es reichte weidlich aus, um ein großes Publikum abendfüllend glänzend zu unterhalten. (13)

In der gleichen Woche gab das Hofer Ensemble in der Stadthalle eine weitere Vorstellung. Elisabeth Porzner schreibt darüber im *Neuen Tag* vom 14. April 1989 ("Von Liebe und den Tricks der Lügen"):

> Mit Arthur Schnitzlers *Reigen* gastierte das Städtebundtheater Hof Ende letzter Woche in der nur zu zwei Dritteln besetzten Bayreuther Stadthalle. Wenn die Scheinmoral dieses Stücks auch manchmal entblößend komisch zum Ausdruck kam, fehlte der Inszenierung (Peter Dolder) doch oft das, was die Schnitzlersche Sprache—selbst oder gerade durch ihre stereotypen Aussagen—auszudrücken vermag: die Doppelbödigkeit. Das Publikum reagierte dementsprechend verhalten. [23]

Besonderes Interesse verdient in diesem Zusammenhang die unterschiedliche Interpretation der Figuren. Für Erich Rappl zum Beispiel ist der Dichter im Stück eine durchweg positive Gestalt, während Elisabeth Porzner ihn gänzlich anders auffaßt. In seiner oben angeführten Besprechung charakterisiert Rappl diese Figur wie folgt:

> Welch ein Lichtblick als Mann war daneben [neben dem Ehemann] Markus Stolberg in der Rolle des Dichters: ein strahlender Liebhaber, der Geist und Sexus auf einen Nenner zu bringen versteht, der die Schönheit des "süßen Mädels" euphorisch-lyrisch anbetet, ohne dessen Primivität ("ist die blööööd!") zu übersehen. Und vor allem: welcher der von Joséphine Weyers hinreißend verkörperten "Schauspielerin" im Liebesspiel ein phantasievoller Partner war. (13)

Elisabeth Porzner hingegen sagt in ihrer Besprechung über den Dichter:

> So wie dieser Ehemann, [sic] seine Frau für dumm genug hält, alles zu glauben, meint auch der Dichter, das süße Mädel . . . sei unheimlich "blööööd". Markus Stolberg konnte leider wenig vom Schriftsteller überbringen [sic], der nicht nur sich belügt, sondern auch versucht, seine Geliebte mit aufgeblasenen Wortergüssen zu betäuben. Dabei wird er sie so und so vergessenund [sic] durch die Schauspielerin ersetzen. [23]

Am gleichen Wochenende gastierte das Ensemble auch in Bad Kissingen. Nach Einschätzung des Rezensenten der *Saale-Zeitung* (Bad Kissingen), dessen Artikel "Hofer landeten mit Schnitzlers >Reigen< einen >Volltreffer<" am Montag, dem 10. April 1989 veröffentlicht wurde, war die Aufführung ein voller Erfolg:

> Es verblüfft nämlich immer wieder, mit welch' phantasievollen, überzeugenden Inszenierungen das Städtebundtheater Hof aufwartet, die sich wohltuend unterscheiden von der Routine mit geringstem technischen Aufwand und ein, zwei zugkräftigen Namen, mit der die Tourneetheater so häufig anreisen. . . . Das Publikum im Kurtheater reagierte auf dieses Sittengemälde sehr sensibel, etwas beklommen bei den "Ausnutzungsverhältnissen" am Anfang, dann aber zunehmend heiterer. Auch zeigte man sich in Pausengesprächen von der so früh schon Literartur [sic] gewordenen Warnung Schnitzlers,[10]

daß eine rein mechanische Triebbefriedigung nur in die Hohlheit eines menschenunwürdigen Tunnels führen muß. So entließ man die Hofer mit einem sehr herzlichen Applaus. (6)

Der Rezensent lobt besonders Markus Stolberg als Dichter: "Markus Stolberg lieferte einen herrlichen selbstgefälligen Dichter, der sich in der Beziehung mit der Schauspielerin völlig unterdrücken läßt, sich aber dann beim 'süßen Mädel' wohlgefällig in dessen Dummheit bespiegelt."

Die letzten beiden Sätze von Otto Strodels Besprechung "Totentanz des Eros," erschienen in der *Mainpost* vom 10. April 1989, lassen indes darauf schließen, daß diese Inszenierung zwar recht gut, aber nicht überragend war: "Gemessener Applaus des Kissinger Publikums, ohne Zeichen von besonderer Zustimmung oder Ablehnung. Er galt wohl eher den Schauspielern als dem, was sie vorführten" [25].

b) *Gastspiele in Marktredwitz und Memmingen Juni 1989*

Fernerhin gastierten die Hofer in Marktredwitz[11] (22. April 1989) und in Memmingen (Juni 1989). Die Aufführung am letztgenannten Ort fand im Rahmen der 7. Bayerischen Theatertage statt, bei denen an die beste Inszenierung der mit 20 000 DM dotierte Thurn und Taxis Förderpreis vergeben wurde. In ihrem Artikel "Theatertage sind voller herzlicher Atmosphäre. Erste Vorstellungen gingen in Memmingen über die Bühne," am 5. Juni 1989 für die *Coburger Neue Presse* geschrieben, charakterisiert Heidi Höhn den *Reigen* so:

Die menschlichen Beziehungen, die Verlogenheit einer bigotten und mit Doppelmoral ausgestatteten Gesellschaft, und die seelischen Abgründe, die sich zwischen einem Liebespaar auftun können[,] stehen im Mittelpunkt von Arthur Schnitzlers *Reigen*. In einer bemerkenswerten Inszenierung von Peter Dolder stellte das Städtebundtheater Hof dieses Stück vor, das seit seiner Entstehung 1920 [sic] für handfeste Skandale auf den Brettern sorgte. Die Hofer Inszenierung vereint gekonnt Witz und Erotik, entlarvt aber auch schonungslos das skrupellose Verhalten der Personen. Der Reigen von Begehrlichkeit und dem, was man oft Liebe nennt, ist ein ewiger. . . . Mit viel Beifall feierten die Memminger das Ensemble aus dem hohen Norden Bayerns. (24)

Auch die Jury war von dieser Inszenierung beeindruckt, denn von den insgesamt 20 000 DM sprach sie 12 000 dem Hofer Ensemble zu. Unter der Überschrift "Preis für den *Reigen*" wird in der *Frankenpost* (Ausgabe N) vom 28. Juni 1989 die Reaktion des Intendanten Reinhold Röttger wiedergegeben:

> "Das ist . . . der größte Erfolg, den das Städtebundtheater in seiner vierzigjährigen Geschichte überörtlich errungen hat. . . . Unser Abschneiden . . . zeigt, wie gut sich nun auch das Schauspiel unseres Hauses herausgemacht hat—so gut, daß auch ein überregionales Fachgremium von ausgewiesenen Experten unsere Leistung anerkennt." (5)

8. *Aufführung in Castrop-Rauxel April 1989*

Im April 1989 zeigte das Westfälische Landestheater in Castrop-Rauxel eine ziemlich mißlungene Inszenierung des *Reigen*, bei der Franz Bäck Regie führte. Es spielten unter anderem Nina Petri (Dirne), Özkan Schulze, Gabriele Reinitzer, Franziska Volp, Gabriele Schulze (Schauspielerin), Stefan Gebelhoff (Soldat), Peter Grünig (Ehemann) und Norbert A. Muzzulini (Dichter).

In seiner Rezension "Schnitzlers *Reigen* am WLT als bloße Aktfolge" (*Westfälische Rundschau-Generalanzeiger* [Dortmund], 17. April 1989) schreibt Johann Wohlgemuth über diese Aufführung:

> Bäck . . . inszeniert alle Dialoge nur auf den Vollzug des Als-ob-Geschlechtsaktes hin, der bei vollem Licht mal nackt, mal halbnackt, mal bekleidet vollzogen wird. Zumeist singen die Pärchen dabei, wenn nicht das nackte Hinterteil des süßen Mädels über alle Oktaven auf das Klavier gedrückt wird. Das Publikum amüsiert sich zum Teil wie Bolle. . . . Der einsame Pfui-Rufer blieb der sattsam bekannte Rufer in der Wüste. [4]

Wesentlich günstiger fiel Wolfgang Platzecks Kritik aus, die unter der Überschrift "Liebesakt im Walzertakt" in der *Westdeutschen Allgemeinen Zeitung* vom 18. April 1989 erschien:

> Franz Bäck . . . ist dabei zu einer Ausdeutung gekommen, bei der sich so mancher Verehrer Schnitzlers die Haare raufen wird. . . . Da amüsieren sich die Pärchen im Schaukelstuhl oder in der Badewanne, singen "dabei" vom "Schloß auf dem Mond", jodeln nach Her-

> zenslust "duhlijöh, duhlijöh", vollziehen den Liebesakt nach Straußens Walzertakt. Und da werden, ganz nebenbei, die verlogenen Liebesbeteuerungen als starre Spielregeln entlarvt, die von jedem durchschaut und beherrscht werden. Das alles ist so hinreißend, so kompromißlos frech, so voller Esprit und Ironie arrangiert, daß man gar nicht erst in Versuchung kommt, Bäck fehlendes Aids-Bewußtsein vorzuwerfen. Offensichtlich inspiriert von dieser ungewöhnlichen Schnitzler-Sicht, entfachen die Darsteller ein komödiantisches Feuer, das während der fast dreieinhalbstündigen Dauer nie erlischt. (Kultur: [4])

Ablehnend äußerte sich hingegen Marieluise Jeitschko in ihrer Besprechung "Schnitzlers *Reigen* am WLT: Schändung eines subtilen Stücks," veröffentlicht in den *Ruhr-Nachrichten* (Dortmund) vom 18. April 1989: "Brutal schändete [Bäck] Schnitzlers Welt . . . [Nur] ein Hauch von Schnitzler-Flair retten Sybille Hellmann und Erwin Höfler als Volkssänger zwischen den Dialogen . . ." (M 6). Andreas Herkens, der das Gastspiel des WLT im Aachener Stadttheater für die *Aachener Volkszeitung* vom 5. Juni 1989 besprach ("Eine Liebes-Klamotte"), nimmt in seinem Artikel kein Blatt vor den Mund:

> Vor der Pause knallten die Eingangstüren zu den Zuschauerrängen gleich serienweise, nach der Pause deutlich gelichtete Sitzreihen. Arthur Schnitzlers *Reigen* als Beitrag des Westfälischen Landestheaters Castrop-Rauxel zum Theatertreffen teilte die Besucher am gestrigen Nachmittag im Großen Haus des Aachener Stadttheaters: die einen verließen kopfschüttelnd oder gar erbost den Saal, die anderen fanden es—zumindest streckenweise—amüsant. . . . Das Dialog-Spiel wurde zum Teil—vor allem vor der Pause—auf ein derart plattes Niveau gedrückt, daß man sich glatt in einen billigen Schwank versetzt fühlen konnte. [5]

9. *Sommeraufführung im Innsbrucker Treibhauszelt Juni 1989*

Am 6. Juni 1989 wurde der *Reigen* als erstes Stück des Sommerprogramms im Innsbrucker Treibhaus gezeigt; die beiden Darsteller waren wieder Dorothee Steinbauer und Wolfgang Dobrowsky. Wie die *Tiroler Tageszeitung* am 6. Juni 1989 mitteilte, handelte es sich dabei um "eine Wiederaufnahme der überaus erfolgreichen Sommerproduktion des vergangenen Jahres . . . " (6). Dasselbe Blatt kündigte weitere Aufführungen für den 13., 14., 21. und 22. Juni an.

Anmerkungen

1. *Programmheft*. Zitiert nach Horst Wenderoths Besprechung "Alles muss beim Namen genannt werden," *Neue Zürcher Zeitung*, 13. Oktober 1988: 37.

2. Eine Kopie dieses Briefes befindet sich im Schnitzler-Archiv des Literaturhauses Wien. Siehe auch den "Erfolgsbericht," den das Bundesministerium für Auswärtige Angelegenheiten am 10. September 1987 an die ehemalige Dokumentationsstelle für Neuere Österreichische Literatur (jetzt Literaturhaus Wien) schickte.

3. Diese Stelle lautet im Original: "Although everyone appears very cynical about love, each one seems actually seaching for true love."

4. Diese Stelle lautet im Original: "Surprisingly good is the youngest actress, Ishino, as the teen-age girl who looks naive and innocent but is an old pro at seducing older men."

5. Die Originalstelle lautet: "The play is now being presented at the Ginza Saison Theater in Tokyo, bringing out the Fin de Siecle [sic] mood of Vienna through the enactment of 'a love merry-go-round.' The play is extremely well cast. Two surprises are the fine performances by dancer Bibari Maeda and baby-faced Mako Ishino, a former 'singing idol'."

6. Die Originalstelle lautet: "this is very appropriate for this play whose plot revolves."

7. Die Originalstelle hat folgenden Wortlaut: "Even if you don't understand Japanese, you can still enjoy this play."

8. Arthur Schnitzler, *Girotondo*. Traduzione di Paolo Chiarini. Zweite Aufl. Einaudi: Torino, 1975.

9. Siehe auch Winders Artikel "Zehn Liebesgeschichten in heißer Zeit: Schnitzlers *Reigen* im Zelt," *Tiroler Tageszeitung*, 29. Juli 1988: 6.

10. Dieser Satzteil ist unvollständig.

11. Siehe dazu den Artikel "Sinnenlust und Scheinmoral. Städtebundtheater Hof gastiert heute mit Schnitzlers *Reigen*," *Marktredwitzer Tagblatt. Frankenpost*, 22./23. April 1989: Mak 1.

Kapitel XII

Die Zeit Herbst 1989-April 1994 *Reigen*-Aufführungen und Bearbeitungen:

> Der Geniestreich eines Vierteljahres . . . . Und es ist bewundernswert, wie wenige Dialoge nur verstaubt sind binnen eines Jahrhunderts, das doch mörderisch bis zur nahezu völligen Vernichtung mit Arthur Schnitzlers Wiener Lebenssphäre umgesprungen ist. (Rolf Hochhuth, Kritik der *Reigen*-Inszenierung im Deutschen Theater. *Die Welt* vom 18.4.1994: 10)

1. *Aufführung im Theater in der Josefstadt 13. September 1989*

Im September 1989 trat das Wiener Theater in der Josefstadt mit einer *Reigen*-Inszenierung hervor. Georg Markus gibt in seinem Artikel "Otto Schenk inszeniert *Reigen* für die Josefstadt" (*Neue Kronen Zeitung*, 4. September 1989) einen Überblick über die Geschichte des Stükkes und zitiert außerdem einige Äußerungen Schenks, der unter anderem darauf hinwies, "daß *Der Reigen* dem wahren Sittenbild der Gesellschaft entspricht, damals wie heute" (18). Auch die *Presse* vom 7. September 1989 kündigte die Aufführung an ("Schnitzlers *Reigen* in der Josefstadt") und informierte über seine Rezeptionsgeschichte: "[Seit Kerr] allerdings hat man zu begreifen gelernt, daß diese lächelnde Komödie im Grunde eine sehr traurige ist, eine der Verlogenheit, Lieblosigkeit und Sprachlosigkeit, die nie aufhören kann, aktuell zu sein" (Schaufenster: 5). Die *Wochenpresse* vom 8. September 1989 brachte unter der Überschrift "Die diskrete Scham der Bourgeoisie" einen Artikel von Martin Schweighofer, der folgendermaßen beginnt: "Mit Arthur Schnitzlers Reizwerk *Reigen* versucht Josefstadt-Chef Otto Schenk die schwache letzte Saison vergessen zu machen" (44).

Die Darsteller in dieser Wiener Produktion waren Adelheid Picha (Dirne), Gabriela Benesch, Nicolin Kunz, Ursula Koban, Marianne Nentwich (Schauspielerin), August Schmölzer (Soldat), Bernhard Schir, Harald Harth, Eugen Stark und Alexander Waechter (Graf). Neu an dieser Inszenierung war, daß der Dichter—als Verkörperung Schnitzlers—in allen Szenen erschien und daß man außerdem die Figur eines Geigenspielers (Christian Schneck) auftreten ließ. Gunther Martin, dessen Rezension "Ein Nocturno der Episoden" am 15. September 1989 in der *Wiener Zeitung* erschien, beschreibt die Aufführung wie folgt:

> Das Ganze hat das Flair eines ironisch-fantastischen Nachtstückes. Über den Begegnungen und Trennungen der Paare, dieser Stafette, in der mehr Lust als Liebe weitergereicht wird, wölbt sich ein bewölkter Himmel, wie ihn die Romantiker und die tüchtigen Panoramenkünstler des 19. Jahrhunderts zu malen pflegten. In diesen entrückten Sphären erscheint ein Johann Strauß, halb Stadtparkdenkmal und halb Konterfei aus weiland Präuschers Panoptikum, er geigt seine Soli Amorosi, illustriert im richtigen Moment klanglich, daß es mit den zweien da unten halt so weit ist. Und als lebendiges Leitmotiv huscht "der Dichter" persönlich durchs Geschehen—als Deus ex machina und Beobachter der Affären setzt er die Drehscheibe der flüchtigen Schicksalsfügungen in Gang. So beginnt das Theater in der Josefstadt . . . (3)

Irmgard Steiner, deren Aufführungskritik "Der Dichter macht die Betten" am 15. September 1989 im *Neuen Volksblatt* (Linz) veröffentlicht wurde, stört sich an den "etwas aufgesetzt wirkenden Ideen, mit denen Otto Schenk seine *Reigen*-Inszenierung würzt. Sie hätte derlei Extras gar nicht nötig gehabt, denn die Szenen haben durchaus Atmosphäre und vermitteln auch etwas von der Tragik dieser seelenlosen Liebesbeziehungen" (9).

Auch Christoph Hirschmann hält die Zutaten für überflüssig. Unter der Überschrift "Ein bißchen Vergewaltigung" schreibt er in der *Neuen Arbeiter-Zeitung* vom 15. September 1989: "Den tragenden Regieeinfall, den der Regisseur durch den ganzen *Reigen* hindurchzieht—gemeint ist die Einführung einer alle Episoden verbindenden Figur—, hätte sich der Hausherr schenken können" (32). Abschließend sagt er: "Alles in allem: Weich- oder halbherziger als alle Nichtwiener ließ Otto Schenk die Schnitzlerschen dramatischen Personen einander halt ein bißchen vergewaltigen . . ." (32).

Frido Hütter kritisiert ebenfalls die Einführung des "Dichters" (alias Schnitzler). In seinem Artikel "Die gemütliche Kälte" (*Kleine Zeitung* [Graz], 15. September 1989) heißt es:

> Den Dichter (mit Bart) läßt Schenk zwischen den zehn Akten durchs Geschehen tänzeln, mit gezücktem Notizblock und polsterlüpfend. Ein Buchhalter der Wiederholung, Nummernboy und Zimmermädchen zugleich. Eine wahrhaft mißratene Kleinklamotte. . . Publikumsreaktion nach fast dreistündiger Geisterbahnfahrt: ein überraschend lauer Applaus. Ein solcher kommt oft auf, wenn man

zuvor mit schlechtem Gewissen gelacht hat. (116)

Für Franz Konrad hat die hinzugefügte Dichterfigur einen leicht komischen Effekt. Unter der Überschrift "Der Autor macht das Skandalbett" schreibt er in der *Neuen Zeit* (Graz) vom 15. September 1989: "Diese stummen Szenen wirken auf die Dauer leicht komisch: Arthur Schnitzler als Gelegenheitsmacher" (28). Wie Heinz Sichrovsky in seinem Artikel "Voyeur von vorgestern" (*Neue Kronen Zeitung,* 15. September 1989) feststellt, bewirkt dieser Regieeinfall folgendes: "[Damit ist] Schnitzler endgültig auf jene Rolle reduziert. . ., die er nicht verdient hat: Ein Voyeur aus den zwanziger Jahren" (29). Sichrovkys abschließendes Urteil über diese Aufführung lautet: "Otto Schenks Inszenierung allerdings ist von unbegreiflicher Friedfertigkeit und Diskretion, als wolle er sich um den Goldenen Josefstadtabonnenten am Band bewerben. Die Aufführung wirkt am Zwickel verstärkt wie ein Paar langer Winterunterhosen" (29).

Die Frauenfiguren im *Reigen* zeigen eine verletzliche Zärtlichkeit, die sich scharf von der konventionellen Brutalität der männlichen Gestalten abhebt. Darauf macht Ludwig Plakolb in seiner mit "Das Skandalon der Großväterzeit" überschriebenen Rezension aufmerksam, erschienen in den *Oberösterreichischen Nachrichten* (Linz) vom 15. September 1989:

> Alle, Männer und Frauen, sind Rollenträger, unterliegen bei Schnitzler Konventionen. Spielen das ganze Gehörtsich und Gehörtsichnicht. Tabu-Barrieren selbst in einem abgesteckten Parcours, den Verlauf. Immerhin war das Ganze bei Schnitzler noch gleichsam keine "g'mahte Wies'n", sondern ein Hindernisrennen, wenn auch Sieger und Verlierer längst feststanden. Otto Schenk gelingt es, diese Wahrhaftigkeit, diese Zärtlichkeit und die Traurigkeit der Lust, auch das Mitleid mit den Frauen, überzeugend zur Darstellung zu bringen—solange er die Begegnungen ernst nimmt. Nur im Falle des Dichters und der Schaupielerin flüchtet er in aufgesetzte Posen . . . . Ansonsten sehr schöne Leistungen, immer an der Grenze angesiedelt, wo sich, zumindest in Augenblicken, Lüge und Wahrheit, Rolle und Leben verwischen. (9)

Wie Regina Doppelbauer in ihrem Artikel "Schnitzlers *Reigen* in Schenks Fadesse" (*Tiroler Tageszeitung*, 15. September 1989) bemerkt, war aber vieles an dieser Inszenierung einfach langweilig:

> Ironie und Zynismus des Textes kippen in seiner Interpretation gerne in schiere Lustigkeit, genausowenig wie Schenk sich auch Slapstickeinlagen nicht versagen kann. Was als marginaler Ausrutscher entschuldbar wäre, wird aber symptomatisch für die gesamte Atmosphäre des Abends, dem mehr Hintergründigkeit und ein stärkerer analytischer Blick zu größerer Spannung verholfen hätte. So plätschert der *Reigen* bisweilen mit gepflegter Fadesse und liebloser Gleichgültigkeit dahin. (9)

Sigrid Löffler äußerte sich über die Produktion wie folgt: "Keiner mehr da, dieses Meisterstück gegen solche Aufführungen in Schutz zu nehmen. Man sollte es lieber beim Lesen bewenden lassen" (113). Zu einem nicht ganz so harten Urteil kommt Hellmut Butterweck am 22. September 1989 in der *Furche*:

> Regisseur Otto Schenk ging den Gedankenstrichen auf den Leim. Der Geiger, der sie "ausfüllt", ist purer Kitsch. Daß aber der Dichter in Schnitzler-Maske als Bock mit Notizbuch, als feixender Voyeur, in der Polsterlandschaft herumhüpft, höhlt die Substanz aus. Man sei "der Arbeitsweise des Dichters auf der Spur", meinte Schenk während der Proben. Sei's drum. Der Rest geriet ganz gut. Beim *Reigen* kann das nur heißen, daß der Tonfall stimmt. (15)

Auch Paul Kruntorad spricht der Inszenierung nicht jegliche Qualität ab. Unter der Überschrift "Komik des Skandals von einst" schreibt er in der *Welt am Sonntag* vom 24. September 1989:

> Variationen desselben Themas, die Wiederkehr des notwendig einander immer Gleichenden (sobald man sich nicht auf die im Kamasutra beschriebene Akrobatik einläßt)—das reicht nicht, das Interesse an einer etwas in die Länge gezogenen, dreistündigen Inszenierung wachzuhalten. Sie ist zwar in etlichen Momenten überzeugend, erbringt aber letztlich nicht den Nachweis, daß der *Reigen* zu Schnitzlers Hauptwerken zählt. (58)[1]

2. *Aufführung in Stuttgart 16. September 1989*

Ein weiterer Versuch, den *Reigen* mit Erfolg auf die Bühne zu bringen, wurde von Fritz Zecha unternommen, der das Stück im Alten Schauspielhaus (Stuttgart) inszenierte. Die Akteure waren Sieglinde

Müller (Dirne), Gudrun Gollob, Daniela Dadieu, Ricky May, Gaby Jacoby (Schauspielerin), Oliver Siebert (Soldat), Franz Tscherne, Peter Wolsdorff, Jörg von Liebenfels und Gerhard Balluch (Graf). Zecha versuchte, Schauspieler aus Wien zu bekommen, stieß dabei aber auf Schwierigkeiten, wie die *Stuttgarter Zeitung* vom 14. September 1989 berichtete ("Als Wiener einem Wiener dienen"): "Zur Zeit wird der *Reigen* auch im Wiener 'Theater an der Josefstadt' aufgeführt, weshalb es Fritz Zecha nicht gelang, von dort Schauspieler zu bekommen. Sein Ensemble hat er nämlich selbst zusammengestellt. Die meisten der zehn Akteure kommen aus Wien, und Zecha hat bereits mit ihnen gearbeitet" (22).

Die Premiere fand am 16. September 1989 statt. Nach Ansicht von Irene Ferchl, deren Besprechung "Unter Schlagobers begraben" in der *Stuttgarter Zeitung* vom 18. September 1989 veröffentlicht wurde, war es eine oberflächliche Inszenierung:

> [Fritz Zecha setzt] auf Wiener Charme: mit aus Wien eingeflogenen Schauspielerinnen und Schauspielern, die Sprache und Schmäh professionell und glaubwürdig transportieren, mit einem Dekor (von Gert B. Vensky und Jutta Brandau), das auf keinen Divan und Kandelaber verzichtet, um auch ja authentische Jahrhundertwende zu suggerieren, und einer Unverbindlichkeit, die Schnitzlers Zynismus unter Schlagobers begräbt. So hat sein *Reigen* alle eventuell kritischen, schon gar die an den "Totentanz" erinnernden Elemente verloren und gerät zur bloßen Animation. Kein Klischee wird ausgelassen, selbst die mittlerweile aus jedem Film verbannte postkoitale Zigarette . . . (14)

Eine positivere Einschätzung gibt Gisela Ullrich in ihrer mit "Rausch und Ernüchterung" betitelten Rezension, die am 18. September 1989 in den *Stuttgarter Nachrichten* erschien:

> Arthur Schnitzler hat seinen *Reigen* intelligent aufgebaut: Von Nummer 1 bis Nummer 9 der Paarungen sozialer Aufstieg vom Soldaten zum Grafen, von der Dirne zur Schauspielerin und zuletzt, bei Nummer 10, die extreme Verbindung von Graf und Dirne. In der Mitte—Nummer 5—die legalisierte Beziehung, doch gelogen war,[2] daß sich die Bettkanten biegen. Alles dasselbe, ob Ehe oder Prostitution und quer durch alle Klassen. Auch die Verhaltensmuster gelichen [sic] sich. Man geniert sich eine Weile, mag sich vor

> Scham kaum hinsetzen und will sich ja doch einfach hinlegen. Je intelligenter, desto kunstvoller die Verzögerung, desto hinterhältiger die inszenierte Ergriffenheit. . . . [Die Frauen waren gut], die Männer vermochten dagegen ihrer Rolle nicht viel abzuringen—sie waren eben Männer: großartig im Auftauchen, schäbig im Davonmachen. (12)

Heinrich Domes, dessen Artikel "Adieu, Steinamanger" auf der Feuilletonseite der *Südwest-Presse, Schwäbisches Tagblatt* (Ulm) vom 20. September 1989 gedruckt wurde, moniert, daß die wesentlichste Komponente von Schnitzlers Stück fehlte, "jener Hauch von Melancholie, der über dem *Reigen* liegt und ihm etwas Morbides untermischt." Das hielt das Publikum jedoch nicht davon ab, sich gut zu unterhalten. Unter der Überschrift "Vordergründiger erotischer Bilderbogen" schreibt Dietholf Zerwecks in der *Ludwigsburger Kreiszeitung* vom 29. September 1989: ". . . im Stuttgarter Alten Schauspielhaus konsumiert das Publikum teils amüsiert, teils etwas gelangweilt den ehemals anstößigen Liebes-*Reigen*. Schade, daß es—wohl wegen der Getränke im Foyer—eine Pause gibt, die Schnitzlers suitenhaften Aufbau der zehn amourösen "Sätze" unnötig zerstückelt" (2) .

3. *Steinbauer-Dobrowsky-Tournee in Graz Oktober 1989*

Größerer Erfolg war dem Duo Steinbauer-Dobrowsky beschieden, das mit seiner *Reigen*-Version eine Tournee durch Österreich machte und unter anderem auch in Graz gastierte (Oktober 1989). Unter der Überschrift "Erfrischender *Reigen* im Grazer Theatercafé" schreibt Eva Schäffer in der *Neuen Zeit* (Graz) vom 12. Oktober 1989:

> Die deutsche Schauspielerin Dorothee Steinbauer und der aus Leoben stammende, an der Grazer Musikhochschule ausgebildete Wolfgang Dobrowsky gehen erstaunlich couragiert, mit erfrischender Unbekümmertheit an das Stück heran, führen den Reigen von Liebe, Lust und Traurigkeit mit schönem Gespür für die Feinheiten und Bösartigkeiten des Textes vor. . . . Klug und unaufdringlich wird hin und wieder der Zuschauerraum ins Spiel einbezogen, und bewundernswert ist die darstellerische Sicherheit der Interpreten, die ja den Besuchern fast immer zum Greifen nahe sind. (29)

Wie der Rezensent der *Kleinen Zeitung* (Graz) am 12. Oktober 1989 in "Schnitzlers Lügen-Kreis" feststellte, machten die Steinbauer und Dobrowsky "aus dem Abend ein außergewöhnliches Theaterereignis" (57).

4. *Aufführung in Osnabrück November 1989*

Bei der im November 1989 vom emma-theater der Städtischen Bühnen Osnabrück vorgestellten *Reigen*-Inszenierung reduzierte man die Zahl der ursprünglich zehn Schauspieler auf zwei. Das Stück wurde von einem Produktionsteam zur Aufführung gebracht, welches sich aus Regina Neumann, Peter Ries, Helmut Thiele, Herbert Hähnel, Susanne Klopfstock und Andreas Rank zusammensetzte. Nach Ansicht von Rainer Wilde, dem Rezensenten der *Neuen Osnabrücker Zeitung*, fiel dieses Experiment "ungemein witzig und einfallsreich" aus. In seinem am 7. November 1989 erschienenen Artikel "Mann-Frau-Variationen" schreibt er:

> Regina Neumann . . . "ist" die Frauen, umworben vorher, enttäuscht danach, lieb-ordinär, neugierig, lustvoll-verrucht—und immer getrieben von Sehnsucht nach wahrer innerer Erfüllung. Helmut Thiele, wandlungsfähig und mit immer ausgefeilt-prägnanten Charakterisierungen, "ist" die Männer: geil und gierig, verlogen und betrügerisch, moralisierend überheblich, lächerlich in gockelhafter Pose und prahlerischem Pathos und hilflos in melancholischer Resignation. . . . Die Österreicher Regina Neumann und Helmut Thiele haben ihre Kette der Österreich-Abende in Osnabrück um eine weitere Perle bereichert. Das Publikum dankte mit begeistertem Beifall. (10)

Marco Sagurna hingegen betrachtete das Ganze als fragwürdige Unterhaltung; in seiner MIT "Die heilige Einfalt" überschriebenen Kritik (*Oldenburgische Volkszeitung*, 11. November 1989) heißt es: "das Stück zeigt immer das Gleiche: Die zum Klamauk stilisierte Koketterie doppelmoralischer Feingefühle. Das Bett als Zentrum der Dinge. Nach einer dreiviertel Stunde hätte man sagen können: 'Naja Unterhaltung! Besser als ein schlechter Fernsehabend!'; aber zwei Stunden lang muß man so etwas nicht haben" (45).

5. *Der* Ungarische Reigen *März und November 1989*

Zu den *Reigen*-Inszenierungen bzw. *Reigen*-Bearbeitungen der jüngsten Zeit gehört auch die ungarische *Reigen*-Adaption, die im März 1989 unter dem Titel *Körmagyar* ("Ungarischer Reigen") in Budapest Premiere hatte. Das Stück stammt von dem vierzig Jahre alten Mihály Kornis, der die Typen des Schnitzlerschen *Reigens* mit Typen des heutigen Ungarns austauschte. Es treten auf: eine Straßendirne, ein Soldat, eine junge Putzfrau, die sich von dem jungen Genossen die Genehmigung zu einer neuen Wohnung erhofft, ein alter Genosse, des letzteren junge Frau, ein süßes Mädel, eine Schauspielerin, die von der Allianz mit dem Schriftsteller einen leichten Weg zur Bühne erwartet, und statt des Schnitzlerschen Grafen ein amerikanischer Millionär ungarischer Herkunft, der, am Silvesterabend ausgeraubt und im Rausch, sich bei der Dirne mit Aids infiziert.

Für Lothar Sträter, der diese Aufführung unter dem Titel "Liebesreigen auf ungarisch" für *Die Furche* vom 10. März 1989 rezensierte, hat das Stück

> heute vielleicht an Schwüle, an Reiz des bis dahin auf der Bühne noch nicht Dagewesenen verloren, aber die Versuchs-Anordnung des scharfsinnigen Analytikers Schnitzler bleibt brauchbar. . . . Vielleicht ist in der klassenlosen Gesellschaft der Sex-Konsum noch berechnender mit materiellen Absichten verknüpft als in Wien um 1900 . . . (12)

Derselbe Rezensent bemerkte in "Kreuz und quer durch die Parteizentrale," geschrieben für *Die Welt* am 14. März 1989: "In der Inszenierung von István Horvai wirken die Schauspieler durchweg verblüffend typengerecht und können ohne Mühe die ungarische Gegenwart heraufbeschwören. Grundlegendes hat sich nicht geändert seit der Jahrhundertwende. Schnitzlers Versuchs-Anordnung ist noch tauglich zu kritischer Gesellschafts-Analyse" (27).

Dieses Stück wurde im November 1989 als ungarisches Gastspiel im Wiener Volkstheater geboten. Der Kritiker der *Presse* vom 16. November 1989 (gezeichnet pm) hält diese "ernste Clownerie in zwei Teilen" (so bezeichnet von M.K.) für ein "zweifellos zeitgemäßes Stück" und bemerkt:

> Budapest, wie es lebt, ist dieses Stück wahrlich nicht, noch viel weniger als Schnitzlers Reigen das "echte" Wien gezeigt hat. Eher schon handelt es sich um eines der vielen geschickt konstruierten Stücke der "realistischen Moderne", die sich im Theater auf Be-

rühmtheiten stützen—im konkreten Fall auf die Musik des ehemaligen Pop-Idols Gábor Presser. Sie erleichtert das Verständnis der ungarischen Aufführung und deren Simultanübersetzung. (4)

Diese Simultanübersetzung war, Paul Wimmer zufolge, gut gelungen, wie auch die Übertragung der Schnitzlerschen Originalmotive ins Ungarische:

> Um es gleich zu sagen: Schnitzler hätte zu dieser komödiantischen und durchdachten Aufführung wohl "Ja" gesagt, obwohl oder gerade weil sich Mihálys Drama doch sehr weit von dem originalen *Reigen* entfernt. Ohne die gesellschaftskritische Komponente bei Schnitzler zu unterschätzen oder gar übersehen zu wollen, war dieser in erster Linie dazu bestellt, zu schauen und zu ergründen, was in der tiefsten Seele geschieht. Kornis Mihály [sic] transponiert die Reigenmotivik in das politische Klima des neuen Ungarn mit den Problemen der Vergenossenschaftlichung, des Stalinismus, des Karrierismus, der ökonomischen Machtpositionen und deren Konfliktgefüge. Das wird sehr witzig und mit erstaunlich offener politischer Kritik verbunden. (3)

Daß die Betonung des Politischen die Gefahr in sich birgt, ins Äußerliche abzugleiten, wird in Alfred Pfosers Besprechung erwähnt: "*Der Reigen* im Gulaschkommunismus. Der persönliche Vorteil ist das Wichtigste," erschienen in den *Salzburger Nachrichten* vom 20. November 1989. Für Pfoser hat dieses Stück

> nicht so viele Subtilitäten wie Schnitzlers *Reigen* zu bieten, die Ziele werden direkter angesteuert, die Sprache sucht nicht unbedingt nach Umschreibung. Der Materialismus ist allen Beteiligten ins Gesicht geschrieben, und der Liebesreigen handelt von sehr äußerlichen Bedürfnissen. Die Einrichtung ist zwar vom Chic unserer Welt weit entfernt, die Macht der ungarischen Parteifunktionäre ist nur im Ansatz gebrochen, aber mit ihrer "sehr ernsten Clownerie" (Untertitel) haben die Budapester Theaterleute nebst dem Einblick ins ungarische Leben auch uns eine satirische Lektion erteilt. (7)

6. *Aufführung in Innsbruck Juni-Juli 1990*

Wie jedes Jahr seit 1988, trat das Duo Dobrowsky-Steinbauer auch im

Juni und Juli 1990 im Innsbrucker Treibhauszelt auf, um den *Reigen*—Untertitel: "Zehn Liebesgeschichten aus heißer Zeit"—zu zeigen. Am 25. Juni 1990 teilte die *Tiroler Tageszeitung* unter der Überschrift "Schnitzlers *Reigen* im Schutzraumtheater" mit, daß diese erfolgreiche Inszenierung wieder auf dem Programm stand. Die Bühne befand sich

> im Keller des Treibhauses, der ab 22 Uhr zum Schutzraumtheater wird. In ihrer Inszenierung belassen Steinbauer/Dobrowsky das Stück in seiner Entstehungszeit, mit einfachen Kostümen bauen sie das Zeitkolorit auf, die Musikstücke, die im Reigen der Szenen überleiten, betonen diesen historischen Anstrich. Im Schutzraumtheater wird der *Reigen* auch noch am 9.10./23./24./ Juli gezeigt. Beginnzeit ist jeweils um 22 Uhr. (6)[3]

Eine ähnliche Meldung brachte die *Tiroler Tageszeitung* am 26. Juni 1990 ("Der *Reigen* dreht sich wieder im Turm": 6).

7. *Aufführungen in Landshut/Passau und in Waldkraiburg Januar-März 1990*

Am 19. Januar 1990 hatte der *Reigen* wieder Premiere, und zwar im Stadttheater Landshut, wo das Stück als Produktion des Südostbayerischen Städtetheaters gezeigt wurde; die Premiere in der Passauer Turnhalle St. Anton fand am 26. Januar 1990 statt. Regisseur dieser Inszenierung, bei der es in der sechsten Episode eine Pause gab, war Frederik Ribell. Als Schauspieler wirkten mit: Agnes Neuwirth (Dirne), Paula-Maria Kirschner, Uta Schmitz, Petra Kopf, Ursula Erb (Schauspielerin), Heinrich Waldman (Soldat), Axel Brunken, Wolf Zehren, Holger Hildmann und Klaus Siegemund (Graf).

Stephan Handel, dessen Vorbesprechung "Hinter der edlen Fassade des Bürgertums" am 19. Januar 1990 in der *Passauer Neuen Presse* erschien, wollte von Ribell wissen, wie es mit der Aktualität dieses Werkes bestellt sei. Ribell beantwortete die Frage wie folgt:

> "Schnitzler blickt hinter die edle Fassade des Bürgertums zur Jahrhundertwende—wie haben sich die Leute benommen, mit welchen Tricks, welchen Methoden kamen sie zu ihrem Beischlaf—diese Habgier, die eigentlich ein Zeichen von Hilflosigkeit ist, hat sich bis heute nicht verändert. Interessanter finde ich jedoch die Dramaturgie, den Aufbau des Stücks. Zehn Dialoge in eine Tanzform zu

bringen—das widerspricht völlig dem damaligen bürgerlichen Schauspiel, auch dem sozialkritischen." (11)

Wolfgang Lampelsdorfer rezensierte die Passauer Premiere in der *Passauer Neuen Presse* vom 29. Januar 1990 ("Fall-Studien trister Liebessehnsucht") und gibt nachstehende Einschätzung:

> Menschlich-Allzumenschlich ist diese ewige Wiederkehr des Gleichen, und so ist es nur folgerichtig, daß Frederik Ribell in seiner Inszenierung auf vordergründig "Weanerisches" verzichtet. Sicher —es rauschen die Donauwellen, und zwischen den Bildern wogt die alte Walzerseligkeit. Doch man gibt sich verhalten, erspart dem Zuschauer in der St. Anton-Halle meist einen doch nur unbeholfen österreichelnden Dialekt. . . . Herzlicher Beifall nach zwei Stunden des Kreisens um das Unaussprechliche, nach Fall-Studien, die im Zeitalter von Aids an Relevanz eher noch zugelegt haben. (14)

Nicht ganz so positiv fiel Jörg Eschenfelders Besprechung des Gastspiels aus, das dieses Ensemble in Waldkraiburg gab. Seiner Meinung nach war es eine gute, aber keine hervorragende Aufführung, die das Publikum mit Applaus bedachte. Des weiteren heißt es in seiner Kritik, die die Überschrift trägt "In Arthur Schnitzlers *Reigen* auf der vergeblichen Suche nach Liebe" und am 27. März 1990 im *Muehldorfer Anzeiger* erschien:

> Das Stück hat aber neben den melancholischen, [sic] durchaus auch seine heiteren, ironischen und erotischen Seiten. Mag auch das kritische und pessimistische Element überwiegen, so sollten die anderen doch nicht zu kurz kommen. Daß dies nicht immer geschah, muß Frederik Ribell (Regie) vorgehalten werden. . . . Besonders zu erwähnen auch die Musik, die mit dem "Valse triste" (op. 44) von Jan [sic] Sibellius [sic] dem *Reigen* wie auf den Leib geschnitten schien: Streicherklänge im Dreivierteltakt wurden von einem unheilverkündenden, düsteren Harfenthema untermalt.

8. *Gastspiel des Landestheaters Castrop-Rauxel in Soest Februar 1990*

Am 19. Februar 1990 gab das Landestheater Castrop-Rauxel im Burgtheater von Soest ein Gastspiel. Wie Anne Sträter in ihrem Artikel "Statt Kritik nur harmloser Ringelreihen ohne Erotik" (*Soester Anzeiger*, 21.

Februar 1990) berichtet, war das Ganze ein Reinfall, unter anderem deshalb, weil einer der Schaupieler erkrankte und zwei Szenen ausgelassen werden mußten. Viele Zuschauer verließen schon während der Vorstellung und in der Pause das Theater:

> Ohne es bei flachshaft anzüglichen Bemerkungen zu belassen, flüchteten sich während der Vorstellung etliche Zsuchauer [sic] nach draußen und gaben Anlaß zu weiteren Spekulationen: waren sie nun besonders animiert oder abgestoßen worden durch relativ unbeholfen dargebotene Sexszenen, die keinen Anlaß zur Entrüstung boten. . . . [Die Schauspieler] haben sich redlich bemüht, uns einen Wiener Reigen zu servieren, aber er war nicht süß, sondern klebrig, und die Naschlust konnte einem vergehen. Dazu beigetragen haben vor allem die beiden Volkssänger, die entnervend schmalzige Lieder sangen, einfach unausstehliche Pausenfüller. Die Absicht, gefühlvoll für die wahre Liebe zu plädieren, während sich zwischen den Umbauphasen die Paare wahllos kopulieren, ging daher doppelt fehl. . . . Die Frage dieses Jahrhunderts, ob es Liebe ohne Sex oder Sex ohne Liebe gibt, hat Schnitzler nicht beantwortet. Und Dr. Freud läßt grüßen. Vermutlich gibt es beides.

Interessant ist in diesem Zusammenhang ein Leserbrief, den ein gewisser Dietmar-Ingo Deichmann an den *Soester Anzeiger* schrieb und den das Blatt am 22. Februar 1990 unter der Überschrift "Schnitzlers *Reigen* von 1897—nichts für hochempfindliche Soester Moralisten" veröffentlichte. Deichmann glaubt, daß die Reaktion der Soester auf dieses "Libido-Kabinettstück," das jetzt schon 90 Jahre alt sei, überzogen gewesen sei:

> Die ungewöhnlich hohe Anzahl von Soester Theatergästen, die (wie es im *Knigge* nicht vorgeschrieben ist) während der Aufführung und bei Gelegenheit der Theaterpause die frisch und frech dargebotene Aufführung von Arthur Schnitzlers *Reigen* von 1897 am Montag im "Burgtheater" in Soest unter Husten, Räuspern, absichtlichem Schlurfen der Schritte und Klappern der Sitzflächen verließen, sind ein Beweis dafür, wie wenige Theatergäste vor den Aufführungen in Soest in den Literaturgeschichten vergangener Jahrhunderte nachlesen, ob und inwieweit das gebotene Stück für ihr moralisch hochempfindliches Hysterikertum tragbar ist.

Des weiteren zieht Deichmann einen Vergleich zwischen dem Berliner Skandal und der Reaktion des Soester Publikums und stellt am Schluß die ironisch-rhetorische Frage: "Ein Skandal?"

Dieser offenkundige Mißerfolg hielt die Theatergruppe jedoch nicht davon ab, weitere Aufführungen folgen zu lassen. Am Sonnabend, dem 31. März 1990 trat das Ensemble im Städtischen Saalbau in Hamm auf. Der *Westfaelische Anzeiger* (Hamm) vom 29. März 1990 versuchte, dem Publikum diese Veranstaltung wie folgt "schmackhaft" zu machen ("*Reigen*—Zehn Schnitzler-Dialoge"):

> *Hamm-Bockum-Hövel.* Ironie, Tempo, hintersinnige Frechheiten dienen in Arthur Schnitzlers *Reigen* zur Anprangerung der Kälte menschlicher Beziehungen da, wo sie ausgeschlossen scheinen: beim Liebesakt. Ein Phänomen der vornehmen Wiener Einrichtung, das "süße Maderl" (nichts anderes als eine Dirne), spielt eine Hauptrolle in diesem Moralstück. (Kultur: [13])

9. *Der* Reigen *als Ballett in Klagenfurt März 1990*

Wie die *Kleine Zeitung* (Klagenfurt) vom 3. März 1990 (41) meldete, kam am 3. März 1990 eine weitere Ballettversion des *Reigen* zur Aufführung, dargeboten vom Ballettensemble des Klagenfurter Stadttheaters. Die Leitung dieser Inszenierung, die im Georg-Bucher-Studio des Stadttheaters gezeigt wurde, hatte Gerhard Senft. Dr. Oskar Tonklin zieht in seiner Besprechung "Erfrischender *Reigen*" (*Kärntner Tageszeitung* [Klagenfurt], 6. März 1990) einen Vergleich zwischen dieser Aufführung und der Wiener Inszenierung von Schenk:

> Was einst Spießbürger und selbsternannte Moralapostel scheinheilige Schauer des Entsetzens produzieren ließ und zur Zeit im Wiener Theater in der Josefstadt in einer Otto-Schenk Regier [sic], als Schauspiel eher mäßig aufbereitet wird, erfährt in Gerhard Senfts choreographischer Inszenierung augenzwinkernd Erfrischendes. Getanztes Theater und nicht Ballet schwebt dem Choreographen vor, Tänzerschauspieler haben den Schnitzler-Figuren dieses *Reigens* Ausstrahlung und Persönlichkeit zu verleihen. Die fünf Damen und Herren unseres Stadttheaterballetts, von Radomir Krulanovic offensichtlich seriös vorbereitet, meistern dieses künstlerische Anliegen vorwiegend überzeugend. (19)

Wesentlich kritischer äußert sich Brigitte Kastner-Trescher in ihrer Rezension "Den Walzer im Blut," die am 6. März 1990 in der *Kleinen Zeitung* erschien:

> Obwohl die tänzerischen Leistungen des Ensembles durchaus beeindruckend sind (besonders Inge Bauwens als süßes Mädel und Carina Gabriella als Tänzerin sind hervorzuheben) und die einzelnen Typen treffend besetzt sind, kam nur selten Spannung auf, wie man sie bei einem *Reigen* (und zumal bei dem von Schnitzler) erwarten darf. Es fehlt der Biß, die Entlarvung der Doppelmoral gerät zu einer lustigen Unterhaltung über das Liebesleben der Groß- und Urgroßeltern. Das Publikum applaudierte kurz und herzlich. So wie der Anfang war auch das Ende: Der Walzer liegt allen im Blut, schließlich gab es damals noch kein AIDS. (32)

10. *Aufführungen in Meiningen und in München Mai 1990*

Am 18. Mai 1990 kündigte die *Thüringische Landeszeitung* eine weitere *Reigen*-Inszenierung an, diesmal im Meininger Theater: "Seine Premiere erlebt der viel und lange umstrittene *Reigen* von Arthur Schnitzler heute am Meininger Theater. In der Inszenierung von Albert R. Pasch agierten unter anderem Rosemarie Blumenstein, Tamara Korber, Ulrich Kunze und Hans-Joachim Rodewald" (3).

Die Münchner Zeitschrift *Applaus* 5/90 informierte über eine weitere *Reigen*-Produktion, die am 23. Mai 1990 im Münchner Theater Scaramouche Premiere hatte; Regie führte Elisabeth Vondrak. In diesem *Applaus*-Artikel, der von Martina M. Koula verfaßt wurde und den Titel trägt "Die Liebe—und ihre Kehrseiten," wird über die Intentionen der Regisseurin folgendes mitgeteilt:

> Daß es ihm [Schnitzler] nicht darum ging, Sexualität zu zeigen, sondern die Verwechslung von körperlicher mit seelischer Liebe, die verzweifelte, unendliche Sehnsucht nach dem Partner—dies möchte Vondrak in ihrer Inszenierung zeigen. Dabei wünscht sie sich, daß "eine gewisse Betroffenheit über die Brutalität der Liebe, über Lüge und Selbstbetrug und darüber, wie Menschen miteinander umgehen", bleiben möge. Es spielen: Annette Halström, Sabine Wegener, Gilbert Holzgang, Stefan Ulrich, Peter Wittmann. (42-43)

In der *Süddeutschen Zeitung* vom 26./27. Mai 1990 warnt W.G. in

"Reigen mit Smarties" vor einer Kategorisierung Schnitzlers:

> Die ambitionierte, zuweilen auch geglückte Inszenierung der Hausherrin des Scaramouche, Elisabeth Vondrak, schien Büchner oder den Expressionisten in Schnitzler entdecken zu wollen. Und manches—die geliehenen Sprachposen, die Gefühlszitate aus zweiter Hand, die scharfe Zeichnung der sozialen Unterschiede—legt das ja auch nahe. Aber Schnitzler ist zu sehr ironischer Impressionist und Menschenkenner, als daß sich die holzschnitthafte Konturierung nicht rächt. Gerade wenn das Stück aus dem Gestern ins Heute verlegt wird, muß man sich hüten vor wohlfeiler Karikatur. (7)

11. *Aufführung in Erlach Juni 1990*

Als nächster brachte Martin Gallati den *Reigen* auf die Bühne, und zwar im Hoftheater Erlach (Juni 1990). In der Besprechung "Ein Reigen von Leben, Liebe und Tod" (*Bund*, 19. Juni 1990) heißt es: "Den Laienschauspielerinnen und Schauspielern ist es unter [Gallatis] Anleitung gelungen, Mut zur sinnlichen Darstellung und Selbstverständlichkeit im Ausdruck zu finden. Sie haben sowohl ihre Körper als auch die Sprache frei zur Verfügung im Reigen der Sehnsucht nach Glück und Liebe, der zeitlebens mit dem Tod endet" (35).

12. *Aufführungen in Gmunden und in Frankfurt August-November 1990*

In einer Vorschau auf die Vierten Gmundner Sommerfestspiele (16. August-6. September) kündigte das *Neue Volksblatt* (Linz) vom 14. Mai 1990 auch eine Neuinszenierung des *Reigen* an, die am 17. August und am 2. September 1990 gezeigt werden sollte und bei der "Eurocop" TV-Kommissar Bernd Jeschek Regie führte: "Er will alle Rollen von nur zwei Darstellern spielen lassen und das Stück als 'archaisches Beziehungsdrama des ewigen Stoffes Mann-Frau erarbeiten'" (9). Die beiden Darsteller, Isabella Gregor und Michael Gampe, bewältigten ihre schwierige Aufgabe recht gut. Leider wurde der *Reigen*, wie Eri Fraunbaum in den *Oberösterreichischen Nachrichten* vom 18. August 1990 ("Anregender Aperitif": 26) moniert, auf den Festspielen "unbegreiflicherweise" nur zweimal gezeigt.

Diese Koproduktion von "Theater Wien 90" und den Gmundner Festspielen wurde im November 1990 auch im Bockenheimer Depot, Frankfurt am Main gezeigt. Der Rezensent der *Frankfurter Neuen Presse*, dessen am 13. November 1990 veröffentlichte Kritik die Überschrift trägt "Lang ist die Sehnsucht und kurz das Vergnügen. Schnitzlers *Reigen* gastierte in Frankfurt," zieht folgendes Fazit: "Kein großer Abend also, aber eine kleine Vorstellung von langer Sehnsucht und kurzem Vergnügen" (9). Der Kritiker des *Darmstädter Echos* (13. November 1990) hingegen sagt in seinem Artikel "Thema Nummer eins":

> [Jescheks] Schauspieler Isabella Gregor und Michael Gampe brauchen wenig, um die verschiedenen Rollen darzustellen. Ein Hut, ein Mantel, ein Haarband reichen aus, werden rasch auf der Bühne gewechselt. Ebenso karg die Bühne: Tische und Stühle verwandeln sich in Straßen, mondäne Salons oder ärmliche Dachstuben. Es lag ganz in der Hand der Schauspieler, die richtige Atmosphäre zu treffen und Nuancen herauszuarbeiten—was ihnen hervorragend gelang. Daß Schnitzlers *Reigen* kein Stück der Jahrhundertwende ist, sondern auch die Gegenwart beschreibt, wurde mit dieser Aufführung eindrucksvoll unterstrichen. (25)

13. *Sommertheater-Schloßfestspiele in Ettlingen Juni 1992*

Unter der Regie von Fritzdieter Gerhards wurde *Reigen* nicht wie sonst *vor*, sondern *im* Barocktheater Ettlingen aufgeführt. Neu war auch, daß die Zuschauer von Raum zu Raum wandern mußten, wo die Szenen in den einzelnen Schloßräumen (Salon, Küche, Treppenhaus, Schlafzimmer) gespielt wurden. Der Nachteil dieses Arrangements war für Rüdiger Krohn, der seine Besprechung als "Palast der Betten" in der *Stuttgarter Zeitung* vom 11. Juni 1992 veröffentlichte: "Durch die Aufhebung der Distanz zwischen Bühne und Publikum erhielten die Szenen eine private Unmittelbarkeit, die die gewollte Künstlichkeit und theatralische Verfremdung der Dialoge aufhob und die Besucher in eine unangemessen voyeuristische Sicht drängte" (14). Ein anderer Nachteil war, daß die Darsteller, die Gerhards aus kleineren Stadttheatern übernahm, das Mittelmaß nicht überschritten und auch Schwierigkeiten mit der Wiener Mundart hatten:

> Dem Stück wurde nicht nur sein kritischer Impuls ausgetrieben, sondern auch alle Atmosphäre, die Schnitzler den Dialogen durch die Wiener Dialektfärbung in ihrer spezifischen Mischung von Süße und Tücke, Koketterie und Gemeinheit verliehen hatte. Die zehn Protagonisten des Abends bemühten sich denn auch mit sehr unter-

schiedlichem Erfolg um die Mundart ihrer Texte. (14)

14. *Aufführung im Jura-Soyfer-Theater September 1992*

Die *Kurier*-Beilage vom 28. August 1992 kündigte in "*Reigen*: Über die Flüchtigkeit der Liebe" eine Inszenierung des Jura-Soyfer-Theaters an. Unter der Regie von Anton Nekovar spielte das Ensemble dieses Stück vom 3. September bis 5. September im Akzent, danach vom 18. September bis 3. Oktober im Jura-Soyfer-Theater (Beilage: 3). Zuvor hatte das Ensemble schon fünf Wochen mit diesem Stück in Prag, Marienbad, Karlsbad, Franzensbad und Eger Gastspiele gegeben.

Das Neue an dieser Aufführung war das Bühnenbild Juri Taknays, wie Lona Chernel in "Sex, der aus der Kälte kam" in der *Wiener Zeitung* vom 5. September 1992 bemerkt:

> eine Metallkonstruktion mit vielen Treppen, Plattformen und Schrägen, als Labyrinth angelegt, rundum durchsichtige Vorhänge. Hinter diesen gehen Männer "im grauen Flanell" hin und her, begegnen einander, grüßen nach seltsamen Ritualen. Dies ist der Boden, das Umfeld, der Hintergrund für Menschen die—einer den anderen, manchmal auch einander—"benutzen", die mechanisch und fast ohne Emotionen Spiele spielen, die einzig der Triebbefriedigung dienen, die Sex treiben, der aus der Kälte kommt. (4)

Die Botschaft des Stückes, daß Menschen für ein bißchen Lust ihre Seele verkaufen, geht jedoch, wie Chernel hervorhebt, in dieser Inszenierung verloren: "Schwer hatten es dadurch die Schauspieler, denen kaum Raum für Gestaltung ihrer Rollen blieb. Einige konnten sich trotzdem durchsetzen—fast—überzeugen: Elisabeth Kopp, Claudia Widmann, Johanna Lonsky [Schauspielerin], Erwin Leder [Soldat], Peter Schreimelweger, Alfred Rupprecht und Hagnot Elischka [Graf]" (4). Renate Wagner, die die im Hintergrund wandelnden Männer als zu deutlich empfindet, schreibt in "Schnitzler anders" (*Neues Volksblatt* (Linz) vom 9. September 1992):

> Es reicht, daß Nekovar die Begegnung der Paare weit mehr als je zum Kampf zugespitzt hat, wo im Grunde immer Brutalität waltet —wenn nicht körperliche, dann sehr viel seelische. Und es gibt in den Rolleninterpretationen einige legitim betonte Akzente, wenn etwa das süße Mädel [Doris Nagl] weit mehr das Gretchen-Schicksal

> herauskehrt als das Flittchen-Naturell, wenn der Dichter [Nikolas Büchel] seinen Exhibitionismus exzessiv herausschreit oder wenn am Ende, sehr schön, der Graf und die Dirne als die menschlichsten, sympathischsten Figuren herausgearbeitet werden. *Schnitzler anders* wurde von zehn Darstellern interpretiert, von denen man die wenigsten kannte, von denen die meisten aber sehr gut waren. (9)

Es scheint, daß die Premiere nicht ausverkauft war, denn *Die Presse* berichtete am 18. September 1992: "ein schöner Abend, der sich mehr Aufmerksamkeit verdient hätte" (22).

15. *Aufführung im Bamberger Theater 25. September 1992*

Schnitzlers *Reigen* eröffnete am 25. September 1992 die Spielsaison des Bamberger E.T.A.-Hoffmann-Theaters im Großen Haus. Inszeniert von Rainer Lewandowski spielten Madeleine Giese (Dirne), Sophie Wendt, Claudia Maria Haas, Barbara Wirth, Karin M. Schneider (Schauspielerin); Thomas Wenzel (Soldat), Florian Walter, Volker Wolf, Klaus Müller und Arnim Servaes (Graf).

Angekündigt wurde *Reigen* im *Fränkischen Tag* (Bamberg) am 23. September 1992 in "Strategien zur Wunscherfüllung" mit folgendem *caveat*: "Noch immer haftet dem Stück etwas Skandalträchtiges an, forciert damit vielleicht eine Erwartung, die es nicht erfüllen wird, die es nicht erfüllen kann. Es lebt vor allem durch seine Personen und ihr Verhalten, den filigran charakterisierenden, meisterhaften Dialogen" (Kultur: 15). Die Diskrepanz zwischen dem Handeln der einzelnen Personen und ihrer Moral aufzuzeigen, glückte nicht immer. Einzelne Szenen mündeten manchmal ins Lächerliche, wie Gottfried Pelnasch in "Totentanz mit Kampf und Krampf" im *Fränkischen Tag* vom 28. September 1992 bemerkte: "Was früher zu einem Aufschrei geführt haben mag, sorgt inzwischen häufig nur noch für ein mildes Lächeln.—Lächeln, ja lauthals Lachen, dazu gab, ob freiwillig oder nicht, auch die Bamberger Premiere viel Anlaß, gefährlich viel" (Kultur: 15). Lobend erwähnt werden von Pelnasch

> die Präsentation des Autors auf der Bühne beispielsweise, der als eine Art Conférencier Regieanweisungen des Dramas mitteilt und so für bessere Übersicht und ein verbindendes Element zwischen den Szenen sorgt. Mehr als nur ein erotischer Pausenfüller auch das Tango-Paar mit seiner einprägsamen Choreographie, die mehr Lei-

denschaft symbolisiert als die aller Protagonisten zusammen. . . . Ein Abend mit nicht geringem Unterhaltungswert. . . . Freundlicher Beifall für einen Auftakt mit Hindernissen. (Kultur: 15)

Dieser Produktion wurde als Ergänzung eine szenische Lesung der Berliner Prozeßakten von 1921 beigegeben, die am 27.9. (11 Uhr), 5.10. (20 Uhr) und 29.11 (11 Uhr) im Großen Haus gespielt wurde. Stefan Neuhaus besprach diese Lesung im *Fränkischen Tag* (29. September 1992) in "Die Wahrheit als öffentliches Ärgernis":

> Den Angeklagten wird eigentlich nur das vorgeworfen, was allein die Ankläger auszeichnet: eine schmutzige Phantasie. Ebenso ist es mit der Sprache. Weder Schnitzler noch die Theaterleute fallen aus der Rolle, während sie sich von der Gegenseite mit unflätigsten Ausdrücken beschimpfen lassen müssen. Herrlich fies spielte Claudia Maria Haas die geifernde, haßtriefende Zeugin Klara Müller. Hervorragend auch Klaus Müller als Kritiker Alfred Kerr, ebenso Volker Wolf als Anwalt. . . . Regisseur Rainer Lewandowski ließ die unfreiwillige Satire als böse Farce spielen. (Kultur: 9)

Neuhaus betont die Parallele zu unserer Zeit: "wieder gibt es gewalttätige rechtsradikale Fanatiker, wieder kann sich niemand vorstellen, daß die Gerechtigkeit einmal ein Ende haben könnte. Evident die Parallele zu heute: *Der Prozeß um Schnitzlers* 'Reigen'—eine Mahnung."

16. *Aufführung im Stadttheater Klagenfurt 1. Oktober 1992*

Die zentrale Idee dieser Inszenierung war, Kärntens zweisprachiger Wochenzeitung *Tango* zufolge, die Austauschbarkeit der einzelnen Personen, um damit die Starre der beliebigen Verführungsposen zu zeigen. "So werden," wie die Ausgabe vom 23. September 1992 verlauten läßt, "die Paare in der Inszenierung von Bernd Jeschek am Klagenfurter Stadttheater von nur zwei Darstellern gespielt (Isabella Gregor und Michael Gampe), die Reduktion soll auf den Schein einer vermeintlichen Vielfalt des Lebens und auf seinen endgültigen Bezug verweisen" (5).

Diese Produktion war, so die Klagenfurter Presse, mißglückt. In der *Kärntner Tageszeitung* vom 3.10.1992 beginnt die Besprechung ("Sterile Schnitzlerjagd und viel 'safer sex': Schnell einschläfernde *Reigen*-Premiere in Klagenfurt)" mit dem vorangestellten Urteil: "Als sich die

Zuschauer nach zweiminütigem Höflichkeitsapplaus verflüchtigten, mag sich manch einer gefragt haben: War es wirklich Schnitzlers *Reigen*, den man da geboten hatte? Oder war es vielleicht eine 'safer sex'-Therapieveranstaltung mit dem Ziel, Totalabstinenz von Erotik und Theater zu bewirken?" (32).

Diese an "ein monotones Ringelspiel im Niemandsland des Eros-Frusts [erinnernde Aufführung]" (*Kärntner Zeitung*, 2.10.92: 32) wurde am 24. Februar 1993 wieder in den Spielplan des Klagenfurter Stadttheaters aufgenommen. In der Besprechung "Reigen dreht sich wieder," veröffentlicht in Klagenfurts *Kärntner Tageszeitung* vom 25. Februar 1993, bemerkt die Kritik, daß die von nur zwei Darstellern personifizierten Rollen wohl ein bißchen Zuviel der Wandlungsfähigkeit verlangten: "Bei der Premiere am 1. Oktober des Vorjahres vermißte man schmerzlich die ungeheure Spannung, die in Schnitzlers entlarvenden Texten steckt. Auch schien Jeschek das Verständnis für die Kompliziertheit und Vielschichtigkeit der Figuren abzugehen. Dennoch 'toi, toi, toi' für die Wiederaufnahme" (16).

17. *Der* Reigen *als Oper in Brüssel 5. März 1993*

Eine der neuesten Umgestaltungen des *Reigen* war die Gemeinschaftsarbeit von dem Schweizer Regisseur Luc Bondy (Buch und Regie) und dem belgischen Komponisten Philippe Boesmans. Das Anliegen Bondys wird von Thomas Wördehoff in "Jetzt habe ich endlich die Musik im Ohr" in der *Weltwoche* (Zürich) vom 4.März 1993 zitiert:

> "Eigentlich ist es ein Stück über den Quickie, den One-Night-Stand", sagt Bondy, so hat er es inszeniert, deshalb brauchte er die Musik, und er brauchte die verspielte Leichtigkeit von Musik. "Das Schauspiel basiert auf einer pessimistischen Idee: Wenn die physische Liebe, die triebhafte Liebe befriedigt ist, dann verkleiden sich die Männer in Gefühl, aber eigentlich sind sie aus diesem Gefühl längst ausgestiegen. Dadurch kriegt das Stück eine fast zu programmatische Behauptung." (45)

Diese *Reigen*-Oper wurde im Théâtre de la Monnaie (Brüssel) mit folgender Besetzung uraufgeführt: Deborah Ramond (Dirne), Elzbieta Ardam, Solveig Kringelborn, Randi Stene, Françoise Pollet (Sängerin), Mark Curtis (Soldat), Roberto Sacca, Franz-Ferdinand Nentwig, Ronald Hamilton und Dale Duesing (Graf). Zusätzlich ließ Bondy noch einen

Todesengel auftreten, eine stumme Rolle, gespielt von der Choreographin Lucinda Childs.

Für Bernd Feuchtner, der die Aufführung im *Tagesspiegel* vom 6. März 1993 ("Das letzte Geheimnis der Liebe") rezensierte, ist von der provokativen Natur des *Reigen* heute nichts mehr zu spüren. Feuchtner bezweifelt sogar, daß diesem Stück in der Vergangenheit je etwas Geheimnisvolles angehaftet hatte:

> die einen taten es, die anderen lasen Romane darüber. Bondy und Boesmans haben dem Reigen alle Leichtigkeit genommen. Obwohl Schnitzlers Text gekürzt wurde, dauert ihr Stück reine drei Stunden. Jede Szene wird zu einem Endspiel. Daß die Form offen bleibt, erleichtert die Aufnahme nicht. Nach der relativ kurzen ersten Szene verführt der Soldat im Prater ein Stubenmädel. Eine heftige Zwischenmusik nach Art von Strawinskys "Geschichte vom Soldaten" hält ihre Versprechungen auf ein witziges Stück nicht, es ist nur eines jener postmodernen Zitate, wie sie uns noch öfter begegnen werden, etwa wenn in der nächsten Szene das Stubenmädel mit dem jungen Herrn eins wird: "Man töte diese Fliege!" ruft der, und da taucht die "Salome" mit ebensolcher Sicherheit auf wie "Üb immer Treu und Redlichkeit" am Anfang der Eheszene. (15)

Die einzige neue und eindrucksvolle Idee war, wie Feuchtner meint, die Hinzufügung des Todesengels: "Lucinda Childs blieb das einzige Geheimnis dieser Aufführung, die alles andere so ausufernd ausplauderte, daß kein Rätsel offen blieb. Was aber ist ein Kunstwerk, das uns keine Fragen mehr stellt?" (15).

Nach Auffassung von Gerhard R. Koch ging die tiefere Bedeutung des *Reigens* bei dieser Inszenierung verloren. Unter der Überschrift "Totentanz auf süßer Sahne" schreibt er in der *Frankfurter Allgemeinen Zeitung* vom 6. März 1993:

> Das Böse-Beste des *Reigen* wurde hier jedenfalls gründlich verschenkt. . . . Im Ganzen aber bleibt es ein opulentes Salonstück, garniert mit auratischer Stadt-Natur-Kulisse und einigen erotisch deftigen semiakrobatischen Szenen. . . . Doch das süße Wiener Gift müßte heute um einiges ätzender wirken. Ein New-York-*Reigen* von Peter Sellars hätte vermutlich eher den richtig schicken Katastrophen-Schmiß erzeugt. Schnitzlers Mischung aus Sentiment und Satire müßte mehr ergeben als ein Sahnebaiser. (27)

Der Grundgedanke dieser Inszenierung ist für Hans-Klaus Jungheinrich die Unbeständigkeit und damit Übertragung des Liebesgefühls. In "Passanten, Petitessen, Tristessen," veröffentlicht in der *Frankfurter Rundschau* vom 8. März 1993, bettet der Rezensent diese Erkenntnis kulturhistorisch ein:

> Auch im *Reigen* geht es um die schmerzhafte Erkenntnis, daß die Liebe, das scheinbar unbedingte und ausschließende Gefühl, unbeständig und auf neue Partner übertragen sein kann. Das vermeintlich Absolute zeigt sich als etwas höchst Relatives, als ein Triebreiz, der sich mit dem Zufall verbündet und dann jeglicher Bindung spottet. Freuds Entdeckungen überführten die gängige Geschlechtsmoral der Heuchelei. Schnitzler illustrierte im *Reigen* drastisch, daß auch die postulierte bürgerliche Monogamie eine Illusion war, die der Prüfung nicht standhielt. Eros läßt sich nicht fesseln. Ophüls registrierte diese Tatsache sozusagen lebensweise—einverständig mit mildem Trauerrand. Bondy und Boesmans gehen einen deutlichen Schritt weiter. Sie vertrauen dem persönlichen Charme des fin de siècle ebensowenig wie dem schnoddrigen "Hallo, Partner, danke -schön" der Kolle/Uhse Generation. Ihnen schwebte, ähnlich wie dem Botho Strauß der *Paare, Passanten*, die Steigerung des erotischen Staffettenlaufs zum abgründigen Danse macabre des destruktiven Sexus vor. Sexualität als Indikator für allgemeinen Pessimismus und Weltekel. Erotisches Wechselspiel nun ohne jeden Anschein von Erfüllung, als schales Amüsement, als öder Zeitvertreib vor der übermächtig aufragenden Nichtigkeit des Lebens. (9)

Dies erinnert an Schopenhauers Erkenntnisekel, der, dem Rezensenten nach, in der Oper hätte vermittelt werden können, was Bondy jedoch nicht gelungen war: "Bondys Libretto bleibt recht nah am Schnitzler-Text, näher als Ophüls, der das Mechanistische der Liebeskette immerhin andeutend sichtbar macht. Die Trostlosigkeit eines im Wechsel immer gleich erscheinenden Liebesspiels wird in der Oper kaum erzeugt" (9).

"Boesmans' Oper [läßt] den Zuschauer einigermaßen gleichgültig" meint Peter Hagmann in "Einer nach dem anderen, eine nach der anderen," publiziert in der *Neuen Zürcher Zeitung* (Fernausgabe) vom 10. März 1993. Seine Begründung ist:

> Es mag damit zusammenhängen, dass sich das Stück insgesamt

> doch merklich an die Konventionen der Gattung anlehnt. Luc Bondy hat das Libretto geschrieben, das heisst: Er hat den Text verkürzt, wie es die Oper nun einmal verlangt—und hat ihn dabei weitgehend der Ironie beraubt. Schnitzler, er müsste nicht Arzt gewesen sein, schildert immer aus einer gewissen Distanz heraus; die Sprache seiner Figuren hat etwas von jenem Zeigecharakter, den Horváth zu seinem Markenzeichen gemacht hat. Im Musiktheater, in diesem Musiktheater wirkt alles etwas direkter und damit plumper. (33)

Zu einer ähnlichen Wertung kommt auch Frieder Reininghaus in seiner am 11. März 1993 in der *Berliner Zeitung* erschienenen Besprechung "Unter der Hochbahn toben sich die Triebe aus":

> Luc Bondy, zu sehr in die Librettisten-Perspektive verstrickt, sorgte in Brüssel für eine redliche, konventionell wirkende Inszenierung. Den Publikumserfolg, den das Théâtre Royal de la Monnaie braucht, mag es mit diesem *Reigen* einfahren. Ob er große Kunst ist, darf angesichts der unbewältigten Trivialitäten auf allen Ebenen bezweifelt werden. (35)[4]

Etwas gemildert wurde diese Plumpheit durch das Bühnenbild Erich Wonders, das auch lobend von Günter Engelhard in seiner Besprechung "Laue Kraft des Partnerwechsels," erschienen im *Rheinischen Merkur* am 12. März 1993, hervorgehoben wurde:

> Aber keine kurzweilige Sensation mindert den Eindruck, daß *Reigen* nach Arthur Schnitzler, durch Bondy/Boesmans in Szene gezwungen, eine Veranstaltung von vorgestern ist—mit schräg gebastelter Pratermusik, die der Lüsternheit des Regisseurs im wonderhaft verdüsterten Salon des mauernden Gemütsarchitekten Adolph Loos langsam auf die Sprünge hilft. (Kultur: 18)

Was Bondy und Boesmans zeigten, war—wie Heinz Josef Herbort in seiner Rezension "Nicht einmal ein Rausch" (*Die Zeit*, 12. März 1993) darlegt—, daß *post coitum omne animal est triste.* Wir sehen, wie

> an der Basis der gesellschaftlichen Pyramide zwar keine Raffinements die Praxis verfeinern, aber doch eine ehrliche Direktheit den schlimmsten (Selbst-)Betrug verhindert; wie umgekehrt mit aufstei-

gendem sozialem Milieu auch die Brutalität zunimmt und die Lüge immer schonungsloser wird. . . . [Wir sehen hauptsächlich Bilder der Ernüchterung], und so sehen wir nie einen Rausch, nie ein Berauscht-Werden, erleben aber fast greifbar den Kater mit, den sie alle "hinterher" verkraften müssen. (54)

Eine der positivsten Kritiken wurde von Gerhard Rohde im Wiener *Profil* geliefert. Veröffentlicht wurde sie am 15. März 1993 unter dem Titel "Der Reigen dreht sich":

Selten hat eine neue Oper von der Uraufführung weg so reüssiert wie diese. Die internationale Kritik reiste in Kompagniestärke an. Manch einer schrieb nachher genauso schönheitstrunken, wie der Dirigent Cambreling vorher redete. Stark beeindruckt zeigte sich auch Gérard Mortier: Und schon möchte der Salzburger Intendant Boesmans' *Reigen* in einer anderen Inszenierung seinen Festivaliers präsentieren, im nächsten oder übernächsten Sommer. (Kultur: 78)

Rohdes Argumentation verläuft sodann im Nationalen, wobei das Österreichische vom Deutschen abgegrenzt ist:

Offenbar hat das Schöne Saison, nach dem Guten, geschweige dem Wahren fragt niemand, höchstens einige mißmutige Kritiker, speziell deutscher Provenienz, die gerade den *Freischütz* der Ruth Berghaus in Zürich erlebt haben. Denen ist wohl im Zeitalter von Aids die ganze *Reigen*-Turtelei zu abgeschmackt und fade, wobei sie pflichteifrigst übersehen, daß Schnitzlers zehn Figuren keinesfalls als erotische und psychische Abstrakta funktionieren, vielmehr als soziale Wesen in einem festen gesellschaftlichen System stehen, brav geordnet von unten nach oben . . . . Bondys souveräne, elegante Inszenierung, Wonders hochästhetische Szenenbilder mit raffinierten Perspektiven von Wiener Stadtprospekten, der sichere Geschmack der Kostüme—das alles tritt so erlesen und glättend vors Auge, daß Widerstände gegen die Vorlage und ihre wohlig abgeschmeckte Musikalisierung kaum in Erscheinung treten. (Kultur: 78)

Die Besprechung in der von der New Yorker Metropolitan Oper herausgegebenen *Opera News* kam relativ spät heraus; sie wurde erst in der September-Ausgabe veröffentlicht. Joel Kasow zufolge könnte man die Bearbeitung des Schnitzlerschen Stückes als Libretto kritisieren, denn die zehn Dialoge eigneten sich weder für die musikalische noch für die dramatische Entwicklung. Positiv seien die auf Berg, Weill und Wagner zurückgehenden parodistischen Einschübe, die sich nahtlos in die Gesamtpartitur einbauten. Ein Fehler sei allerdings die Länge der Textvorlage, die einige Male das Tempo verlangsame. Alles in allem jedoch sei dies eine gelungene Aufführung, denn Luc Bondy verlange viel Engagement von seinen Mitwirkenden, wie z.B. von den zwei Sängerinnen, die sich ohne Kleidung zeigten. Dies sei eine Seltenheit in der Opernwelt, wie auch die Menge der abgelegten Unterwäsche und die vielen auf der Bühnen gerauchten Zigaretten (Kasow 58).[5]

In der schon erwähnten Besprechung der Bondy-Boesmans Oper von Wördehoff "Jetzt habe ich endlich die Musik im Ohr" (*Die Weltwoche*, 4. März 1993) erwähnt er eine ältere Dame, die sich bei den Brüsseler Proben zu ihm an den Tisch gesetzt hat. Es ist die amerikanische Multimillionärin Betty Freeman, die freigebig das amerikanische Kulturleben unterstützt. Auf der Bühne sieht man das süße Mädel auf dem Tisch und den Gatten, der, ihren tiefen Ausschnitt liebkosend, ihren Rock hochgeschoben hat. Die Reaktion der Amerikanerin wird folgendermaßen beschrieben: "Sie beobachtet das Treiben auf der Bühne und lächelt verschämt, 'it's shocking!'. 'Ich bin gerade furchtbar rot geworden', sagt sie, 'in Amerika wäre das wohl ein fürchterlicher Skandal'" (45). Diese in den Konjunktiv gekleidete Behauptung ist eine Spekulation, denn wie Kapitel XIV und XV zeigen, wurde dieses Stück in letzter Zeit auch in Amerika liberal, allerdings mit weniger sexueller Freizügigkeit inszeniert als in Deutschland, Österreich und England. Diese Einschränkung trifft jedoch weniger auf die amerikanische Filmproduktion zu, die im nächsten Kapitel besprochen wird.

18. *Aufführung im Deutschen Theater in Berlin 15. April 1994*

Die zuletzt erwähnte Inszenierung des *Reigen* fand im Deutschen Theater in Berlin statt, wo dieses Stück unter der Regie von Jürgen Gosch am 15. April 1994 Premiere feierte. Es spielten mit: Claudia Geisler (Dirne), Franziska Hayner, Katrin Klein, Susanne Simon, Simone von Zglinicki (Schauspielerin), Christian Kuchenbuch (Soldat), Michael Maertens, Thomas Neumann, Christian Grashof und Otto Mellies (Graf).

Die Besprechungen waren, wenn man großzügig urteilt, gemischt. Die wohl negativste war die von Lorenz Tomerius am 17. April 1994 in der *Berliner Morgenpost*, betitelt: "Statt Koketterie herrscht Lüsternheit." Darin heißt es u.a.:

> Zuverlässig frei von jeglichem Charme, aber auch frei von jeglicher Scham inszeniert Jürgen Gosch Arthur Schnitzlers zehn standesübergreifende Dialoge über die Liebe. . . . Man wähnt sich im falschen Stück, am falschen Ort. Von Schnitzlers weitem Seelenland, vom traurigen Totentanz über den Mißbrauch von Gefühl und körperlicher Zuneigung, wird von der plumpen Regiehand kein Zipfelchen erwischt. Dabei stört noch am wenigsten, daß die Akteure sich mit dem sprachlichen Lokalkolorit überaus schwer tun. . . . Der Applaus fällt dann eher gelangweilt kurz aus, die Buhs für die Regie gelangweilt matt. (45)

Das Nichteinbeziehen von Gefühl und die Trauer über die "zynisch ausgesparte, verratene Liebe" wird auch von Christoph Funke in seiner Besprechung "Rein in die Hose, raus aus der Hose," veröffentlicht am 17. April im *Tagesspiegel*, beklagt: "Diesem 'Untertext' allerdings hat Regisseur Jürgen Gosch im Deutschen Theater nicht vertraut. Nachdenklich Betroffenes, gar Melancholisches bleiben draußen. . . . Schnitzlers *Reigen*, so geboten, ist durchaus keine mißratene Kleinigkeit. Aber eine Kleinigkeit eben doch" (18).

Die wohl positivste Kritik wurde von Rolf Hochhuth unter dem Titel "Das Bett als Weltennabel: Gosch inszeniert den *Reigen*" für *Die Welt* vom 18.4. geschrieben. Hochhuth kommt es vor allem auf den Gegenwartsbezug an, den er aber nur in zwei der zehn Szenen sieht: in der Szene des Dichters mit dem süßen Mädel, und wenn es die Schauspielerin mit dem Dichter tut. Sonst wirkt das Stück heute antiquiert—außer der Form: "Diese Inszenierung wird eine sehr lange Laufzeit haben und bringt verdientermaßen einer neuen Generation wieder zu Bewußtsein, daß hier Schnitzler eine gänzlich neue Dramenform fand: Ein Geniestreich!" (10).

Anmerkungen

1. Zusätzliche Rezensionen sind: Kurt Kahl, "Arthur Schnitzler spielt einen Gelegenheitsmacher," *Kurier* vom 15. September 1989: 11; H.H., "Ein Sittenbild aus zweiter Hand," *Die Presse* vom 15. September 1989: 9; bam, "Die schönen Geilen," *Volksstimme Wien* vom 15. September 1989: 9; Karin Kathrein, "Das Feuer ist erloschen," *Die Welt* vom 15. September 1989: 22. Vgl. auch den informativen historischen Abriß von Hans Weigel, "Der *Reigen*- Skandal," *Beilage* des *Kuriers* vom 16. September 1989: 23-25. Weitere Rezensionen der Schenk-Inszenierung ver-

faßten Ms., "Poltergeist," *Wochenpresse* 38, 22. September 1989: 57; Anon., "Schnitzler als Voyeur. Otto Schenk läßt an der Josefstadt einen sensiblen Reigen mit Tiefgang tanzen," *Illustrierte Neue Welt* 10/89; Anon., "Im weiten Land," *Neue Zürcher Zeitung* 2. November 1989, Fernausgabe Nr. 254: 41.

2. Satz ist unvollständig; wahrscheinlich sollte er heißen: " . . . Beziehung, die doch gelogen war, . . . ".

3. Wie die *Kleine Zeitung* (Klagenfurt) vom 11. Januar 1991: 85 und die *Kärntner Tageszeitung* (Klagenfurt) vom 11. Januar 1991: 14 meldeten, trat dieses Duo auch später wieder auf; beide Blätter teilen mit, daß die Steinbauer-Dobrowsky-Version des *Reigen* am 11. und 12. Januar 1991 im Klagenfurter Theater im Landhauskeller zu sehen sein würde.

4. Siehe auch die sich ähnelnden und teilweise identischen Besprechungen von Frieder Reininghaus "Ist das ein Glück?" in der *Süddeutschen Zeitung* vom 10. März 1993 (14) und "Arthur Schnitzlers heiße Nummern als musikalische Schonkost," *Saarbrücker Zeitung* vom 12. März 1993 (10).

5. Der englische Originaltext lautet folgendermaßen: "One might question the choice of Schnitzler's play as libretto source, as its ten dialogues (each culminating in intercourse) allow little room for either musical or dramatic development. The many parodistic elements in the score (Berg, Weill, Wagner, to cite a few), are neatly absorbed into the overall texture, and though one marvels at the sublety of orchestration and the extraordinary work of librettist-director Luc Bondy, one cannot help noting that further pruning might have helped avoid some longueurs. . . . Bondy is to be congratulated for the variety of ways in which he dispatched the various grapplings. That he found two female singers willing to expose themselves, one to the extent of being spotlit by a flashlight-waving Lucinda Childs, is indicative of the commitment he commands from his performers. Other opera rarities were the amount of underwear discarded and the number of cigarettes smoked onstage."

Kapitel XIII

Verfilmungen des *Reigen*

> *La Ronde*: der Erotizismus dieses Films ist unvergleichlich sublim, von höchstem atmosphärischem Raffinement. (Gerhard Koch, *FAZ* vom 27.4.1978: 24)

Das Aufführungsverbot, das Arthur Schnitzler über den *Reigen* verhängt hatte, galt nicht für Frankreich. Der Grund hierfür war: Schnitzler hatte die französischen Rechte aus Dankbarkeit seiner französischen Übersetzerin Dominique Auclères übertragen. Das räumte den Franzosen überdies die Möglichkeit ein, dieses Stück zu verfilmen, was sie vor 1982 auch taten. Diese "Gesetzeslücke" hatte unter anderem zur Folge, daß Arthur Schnitzler in Frankreich fast ausschließlich als Verfasser des *Reigen* bzw. von *La Ronde* bekannt wurde und bekannt ist: "So kommt es also daß, wenn Schnitzler außerhalb des kleinen Kreises von Germanisten in Frankreich überhaupt genannt wird, sofort unfehlbar der Ausruf ertönt: 'Ah, l'auteur de la *Ronde*'" (Derré 29). Dies erklärt, warum die meisten der in diesem Abschnitt erwähnten Filme in Frankreich gedreht wurden.

1. Der Reigen *von Richard Oswald 1920*

Der erste Film, den man unter dem Titel *Der Reigen* zeigte, wurde 1920 aufgeführt. Hauptdarsteller dieses Streifens—laut *Kinematograph* (Düsseldorf) vom 3. März 1920 "Ein Werdegang in 6 Akten von Richard Oswald"—waren Asta Nielsen und Conrad Veidt. Die einzige Ähnlichkeit, die dieser Film mit Schnitzlers Werk hat, besteht darin, daß die Protagonistin Elena, deren Mutter in jungen Jahren verstorben ist, mehrmals verführt wird. Sie verliebt sich in ihren Klavierlehrer, dessen Armut es ihm jedoch nicht gestattet, sie zu heiraten. Ein Freund des Musikers, Peter Karvan (gespielt von Conrad Veidt), überredet sie, als Sängerin in einem Kabarett aufzutreten. Später nimmt sie eine Stellung als Gouvernante an, wird von ihrem Arbeitgeber verführt und heiratet ihn, nachdem seine Frau gestorben ist, obwohl sie sich zu seinem Bruder hin gezogen fühlt, der sie ebenfalls liebt. Elena landet schließlich in einem Tingeltangel, erschießt ihren ehemaligen Liebhaber (Peter Karvan) und vergiftet sich, da sie von den Männern zutiefst enttäuscht ist.

Der Kritiker des *Kinematographen* (3. März 1920) hielt diesen Film für mittelmäßig und äußerte sich wie folgt:

Man hat schon Besseres von Richard Oswald gesehen und auch Asta Nielsen, die hier nach vielen Jahren wieder aus dem Orkus der Vergangenheit auftaucht, täuschte die Erwartungen. Sie ist genau dieselbe geblieben wie früher, auch nicht reifer im Spiel geworden, wie man hätte annehmen können. Ihre schablonenhaften Gesten, der stereotype Gesichtsausdruck, sind heute durch die ausdrucksvolle, lebenswarme Darstellung so vieler anderer überholt, die inzwischen als leuchtende Sterne am Filmhimmel aufgingen. (anon., Berliner Filmneuheiten)

In Paimanns *Filmlisten* 1920/21 wurde der Oswald Bioscop-Film als für Minderjährige nicht geeignetes "Sittendrama" in sechs Akten angepriesen:

Sittendrama mit Asta Nielsen, Konradt Veidt, Reinhold Schünzel[1] und E. Winterstein. Der Film zeigt in diversen hochdramatischen Szenen die Erlebnisse der jungen Elena, die erst einen Klavierspieler liebte, dann in die Hände des rohen Kabaretmenschen [sic] Peter Karvan fällt, der sie auch später, als sie die Frau eines Fabrikanten wurde, gewalttätig beherrscht. Aus Verzweiflung erschießt sie ihn und sich. Stoff, Photos und besonders das Spiel ausgezeichnet. Szenerie sehr gut. (Ein Schlager) (anon., *Wochenschrift für Lichtbild-Kritik* 22)

Wie David Shipman verlauten ließ, zeigt dieser Film die Nielsen in einer für sie typischen Rolle, der der verführten und betrogenen Frau, und enthält "nur eine Sequenz, die Ähnlichkeit mit Schnitzlers Stück aufweist" (25).[2] Schnitzler distanzierte sich von dieser Filmversion, wie es seine Tagebucheintragung vom 29. September 1920 zeigt: "—eine *Verwahrung* einrücken, weil in den Kinos ein Film *Der Reigen* gespielt wird, der mit meinem *Reigen* nichts zu thun hat, 'nach dem Roman S.s.' (Wahrscheinlich Specul. des Verfassers.)" (*Tagebuch 1920-1922*: 92). Diese Verwarnung ließ er am 30. September 1920 in mehreren Zeitungen veröffentlichen, darunter auch die Morgenausgabe des *Neuen Wiener Journals*:

"Einige Kinotheater kündigen die Aufführung eines Filmwerkes *Der Reigen* an, mit dem Zusatze nach Schnitzlers Roman. Ich stelle hiemit fest, daß der Film *Der Reigen* mit meiner Szenenfolge *Reigen* nichts weiter gemein hat, als den Titel, der allerdings durch den

> vorgesetzten Artikel sozusagen geändert erscheint. Da diese Aenderung keineswegs genügte, um, wie vielleicht auch der mir unbekannte Verfasser des Filmwerkes *Der Reigen* vorauszusehen in der Lage war, Verwechslungen mit der von mir verfaßten Szenenreihe und eine gelegentliche mißverständliche Benutzung meines Namens auszuschließen, behalte ich mir weitere Schritte in dieser Angelegenheit vor." (8)

Wie Walter Fritz feststellt, sei dieser Film einer der vielen gewesen, die den Titel von einem Schnitzlerwerk trugen, mit diesem aber sonst nichts anderes gemeinsam hatten. Fritz zitiert ebenfalls eine diesbezügliche Briefstelle Schnitzlers an Dr. Wenzel Goldbaum (Berlin) vom 29.9.1927: "Nur im Falle *Reigen* (der von einigen Kinos mit dem Untertitel angekündigt wurde 'nach dem gleichnamigen Roman von Arthur Schnitzler', aber inhaltlich mit meiner Szenenreihe nicht das geringste zu tun hatte), habe ich öffentliche Verwahrung eingelegt" (18). Diese Erklärung steht im Widerspruch zu den auch jetzt noch gemachten Behauptungen, von denen nur zwei erwähnt werden sollen. Eine erschien in der *Stuttgarter Zeitung* vom 25. April 1978 (a) und die andere in der *Wiener Arbeiter Zeitung* vom 2. Februar 1980 (b):

> a) 1920 entstand unter der Regie von Richard Oswald die erste Verfilmung, doch wagte man es damals nicht, auf das dem Drehbuch zugrundeliegende Original zu verweisen. (25)
>
> b) Die erste Kinoversion [des *Reigen*] hat übrigens Richard Oswald 1920 gedreht, mit Asta Nielsen und Conrad Veidt. (15)

2. La Ronde *von Max Ophüls 1950*

Vom 23. Januar 1950 bis zum 18. März 1950 stellte Max Ophüls, der 1932 bereits *Liebelei* auf die Leinwand gebracht hatte, eine Filmfassung des *Reigen* her, die umgerechnet 1,1 Millionen Deutsche Mark kostete (*Film-Blätter*, 8. Dezember 1950) und der er den Titel *La Ronde* gab. Dieser Film ist durchweg mit Stars besetzt: Simone Signoret (Dirne), Simone Simon, Danielle Darrieux, Odette Joyeux, Isa Miranda (Schauspielerin); Serge Reggiani (Soldat), Daniel Gelin, Fernand Gravey, Jean-Louis Barrault, Gérard Philipe (Graf) und Adolf Wohlbrück, der die Rolle des Erzählers spielt und die Handlung in Gang setzt. Die Besetzung besteht aus "fünf der begehrenswertesten Frauen Europas, die sich mit fünf der attraktivsten Schauspieler Frankreichs paaren und dabei von einem sechsten Mann amüsiert beobachtet werden, dem österreichischen 'Spielführer' Anton Walbrook, dessen weltmännischer Habitus unübertrefflich ist" (French 32).

Gelegentlich fährt der Erzähler auf einem Karussell. Diese nicht bei Schnitzler vorkommende Figur wird von den Kritikern verschieden aufgefaßt. William Herman und Dennis DeNitto betrachten diese Hinzufügung einen Kunstgriff Ophüls', um einerseits die kreisförmige Struktur der Ereignisse zu verdeutlichen, andererseits Kontrast zu den Figuren zu schaffen, die zu sehr in ihrem illusorischen Glück befangen sind. Nach Ansicht von William Herman und Dennis DeNitto unterliegen die Figuren nicht nur einer, sondern mehreren Illusionen, denn sie glauben,

> daß Liebe etwas Konstantes ist; daß sexuelles Vergnügen mit Liebesleidenschaft identisch ist; daß es ein Ritual der Verführung gibt, bei dem die Unschuldigen ihre Unschuld verlieren und die Erfahrenen triumphieren; daß—und diese Illusion ist vielleicht die unheilvollste von allen—das Erlebnis, das man mit dem oder der "anderen" hat, für jeden der Beteiligten etwas Einzigartiges ist. (276)[3]

Dieser Gedanke taucht auch bei Vito Attolini auf. Für ihn bedeutet die Wiederholung eine ewige Wiederkehr des Gleichen:

> Die unveränderliche Gleichförmigkeit der menschlichen Natur werde in dem fundamentalen und von äusseren Faktoren scheinbar wenig beeinflussten physiologischen Akt der Vereinigung erkennbar. In diesem Akte schwinde, was dem Menschen in den Beziehungen des gesellschaftlichen Lebens kennzeichne, jeder finde sich in ihm gleich, unbeachtet der bestimmten Klasse, der er angehöre. (149)

Ebenfalls wird durch den hinzugefügten Erzähler ein Paradox geschaffen: einerseits suggeriert der Erzähler als "detachierter Kommentator" Distanzierung. Diese Distanzierung wird jedoch in Frage gestellt, wenn man die Gestalt des Erzählers mit Ophüls selbst indentifiziert, wie es Attolini tut: "Doch der Mann im Mantel ist Ophüls selbst, er ist in dieser melancholischen und in das Geschehen verwickelten Figur gegenwärtig, die die verschiedenen Stationen des Reigens miteinander verbindet. Diese Figur wird zur Verköperung seines eigenen Wunsches, und zwar in der Weise, wie die Einladung zu Beginn des Films es andeutet"

(151). Anna Kuhn zufolge erfüllt die zusätzliche Figur des Erzählers eine doppelte Aufgabe: zum einen fungiert sie als Spielleiter, als *metteur-en-scène*, zum anderen als epischer Erzähler im Brechtschen Sinne, der den aesthetischen Schein dieses Werks durchbricht, da er sich direkt an das Publikum wende. Der Zuschauer identifiziere sich mit dem Erzähler, und dadurch werde dem Zuschauer "die allwissende, auktoriale Perspektive vermittelt, über die der *meneur de jeu* selbst verfügt" (95).[4] Dadurch, daß der *meneur de jeu* verschiedene Rollen spielt, die erst kommenden Geschehnisse kommentiert und auch selbst in die Handlung eingreift, werde eine Allwissenheit suggeriert, die das Spielgeschehen bestimmt und dadurch den Zynismus des Stückes unterhöhle (99).[5]

Vor der Premiere des Films im Berliner Cinéma Paris schrieb Klaus Febrari in der Sonntags-Ausgabe des *Telegraph* vom 5. November 1950 ("Karussell der Liebe") über Ophüls' erfolgreiche Leinwandversion von Schnitzlers Stück: "Max Ophüls und Jacques Natanson erhielten den Preis für das beste Drehbuch auf der diesjährigen Venediger Biennale. Der Architekt den ersten Preis für seine romantisch-verspielten Bauten. Selbst das versnobte Lido-Publikum jubelte der Jahrhundertwende-Verzauberung zu" (8).

Negative Kritiken waren die Ausnahme. Eine solche erschien am 9. Dezember 1950 im *Münchner Merkur* und erinnert an die moralinsauren Kommentare der Zwanziger Jahre. Unter der Überschrift "Verdient der *Reigen* das gespendete Lob? Beachtenswerte Leserzuschrift zu einem vieldiskutierten Film" heißt es dort:

> Es sollte doch nicht einfach verschwiegen werden, daß dieser Film den Grundsätzen der christlichen Sittlichkeit oder, wenn man sie nicht mehr anerkennen mag, unserer deutschen Auffassung von Liebe und Ehe oder, wenn man auch diesen Maßstab als nationalistisch verwirft, einfach den sittlichen Gesetzen widerspricht, die in der abendländischen Gesellschaft immer noch gelten. . . . In Buchform mag ein solches Thema noch behandelt werden. Ein Buch lesen die wenigsten und wer es liest, tut es für sich. Der Film aber schreit von der Schaubühne in die Massen, auch in die halbreifen, noch ungefestigten und schwankenden Menschen. . . . Die Freiheit der Kunst ist nicht das Höchste. Sie hat nicht mehr Schutz zu beanspruchen als etwa unsere christliche und deutsche Auffassung von Liebe und Ehe. Warum schweigt die Presse so ganz zu dieser von dem Film doch stärkstens berührten Seite? [18]

Diesen Zeilen fügte die Redaktion des Blattes folgende Anmerkung hinzu: "Schweigt die Presse wirklich? Wir veröffentlichen diesen Brief im Auszug und stellen ihn zur Diskussion."

Vermutlich hegten auch einige der Zuschauer, die der Münchner Premiere des Films beiwohnten, ähnliche Gefühle wie der Schreiber des oben angeführten Leserbriefs; Paul Alverdes kommt in seiner Besprechung "Das erotische Karussell" (*Die Zeit*, 30. November 1950) zu folgendem Schluß:

> . . . es bleibt ein mit keiner noch so graziösen Regie und Kameraführung zu bewältigender Rest von Peinlichkeit. Damit vermutlich und mit der durch die Natur der Sache bedingten Einförmigkeit der einzelnen Episoden mochte es zusammenhängen, wenn ein weder prüdes noch zu sittlicher Entrüstung aufgelegtes Publikum dem vielfach preisgekrönten Film (siehe *Die Zeit* vom 12. November 1950) bei der deutschen Erstaufführung nur einen flauen Willkomm bereitete. (3)

Ein Hofrat namens Ludwig Erik Tesar verfaßte eine aufschlußreiche Stellungnahme zu einer Besprechung des *Reigen*, die in Nummer 155 der Zeitschrift *Geistiges Frankreich* erschien und folgende Behauptung enthält: "Wie jeder sieht, ist er [*Reigen*] ganz einfach *jedermanns* Geschichte." Gegen diesen Satz erhob Tesar Einspruch, den er an die Redaktion in Wien schickte, da er nach seinem Dafürhalten nicht zutraf:

> Möglicher Weise mag er zutreffen für Kreise, die heut in unsrer Gesellschaft die Macht und das Geld haben, und für jene, die die Begleitmelodie der Feder dazu führen. Wahrscheinlich wird er auch dort oft mehr Wunsch und auch nur Phrase als Geschehnis sein. Jedoch für die sogenannt einfachen oder auch "unteren" Schichten gilt er keineswegs. Ich habe in den letzten Jahren—von Mensch zu Mensch, also nicht aus literarischer Sensation—mit Strassenbahnschaffnern und Fahreren [sic] von Wien, mit Metalldrehern aus dem Neustädter Bezirk, mit Textilarbeitern aus Vorarlberg, mit Arbeitslosen aus verschiedenen Branchen, mit Häuslern und Holzarbeitern aus Tirol, mit kleinen Angestellten hinter der Ladenbudel und anderen verkehrt—wenn unsre "dem Verbrechen gewidmete Welt"—(dieser Ausdruck stammt bekanntlich von F. Mauriac) und unsre bis ins Mark angefaulte Gesellschaft (das stammt von mir) noch nicht zusammengefallen ist wie ein macabres Gespenst, so verdankt sie

> den Halt ausschliesslich der Moral ihrer einfachen und unteren Schichten. Ja, deren Moral—Ich wäre Ihnen darum verbunden, wenn Sie das "Jedermann" Ihrer Kritik einschränken wollten auf jene Kreise, die ja auch sonst gern ihren Jedermannsreigen exhibitionieren—nicht bloss, wo es ihre Libido betrifft, sondern auch dort, wo sie metaphysisches Bedürfnis haben. (Brief, datiert 5. III. 1950)[6]

Die weitaus größere Zahl der Kritiken zollten jedoch der künstlerischen Leistung der Schauspieler und der Arbeit des Regisseurs uneingeschränktes Lob. M.v.B.=[Max von Brueck] schreibt in der *Gegenwart* vom 15. Dezember 1950:

> Der *Reigen* ist, in jedem Sinne, ein Kunstprojekt und sublime Artistik. Auch dem verfilmten Reigen fehlt die Schwüle, die bei minderem Können, minderem Talent und geringerer Urbanität sich nicht vermeiden ließe. Dies, nicht zuletzt, macht den Film zum Kunstwerk, so daß es schwer fallen wird, nach ihm dem Stück auf einer Bühne zu begegnen. Diesem französischen Film gelingt es, die Psychologie nicht aufzureißen, vielmehr in einer vollkommenen Optik einzufangen, wobei die Hintergründe des wiedergegebenen Schnitzlerschen Dialogs das Vordergründige der Handlung in den Schatten rücken. . . . Es ist nicht die große Passion, die Flaubert und Stendhal schildern, es ist mehr das stete kleine Spiel mit dem kleinen Einsätzen. . . . Man hielt darauf, daß die Tränen rasch getrocknet wurden und die Schreie des Herzens gedämpft blieben. (19)

Verschiedentlich wurden auch kritische Bemerkungen über die Erwartungshaltung des Publikums gemacht. Dr. Hannes Schmidt wiederholt in seiner Rezension "Melancholischer Reigen Bemerkungen zu einem umstrittenen Spitzenfilm" (*Die Welt*, 16. Januar 1951) die Warnung, die Schnitzler seinem Werk vorangestellt hatte, denn hier werde

> keineswegs billiges Amüsement angestrebt, obwohl ein bestimmter Teil des Publikums offensichtlich derartiges erwartet. . . . Sicherlich, der Film als verbreitetste Massenunterhaltung läuft hier eher als die Literatur Gefahr, Unheil zu stiften. . . . Die Entscheidung der Selbstkontrolle, dieser Film dürfe nur in Originalfassung gezeigt werden (allein Wohlbrück spricht und singt deutsch) möchte man

wahrhaft salomonisch nennen. Fände er doch das reife Publikum, das er verdient. (3)

Der Film fand jedoch nicht immer das aufgeschlossene Publikum, das er verdiente. Im Berliner Cinéma Paris wurde der *Reigen* einige Monate lang vor ausverkauftem Hause gezeigt, und wie die *Depesche: Telegraf-Abendzeitung* vom 7. Februar 1951 berichtete, erhielt der hunderttausendste Besucher eine wertvolle Empireuhr als Prämie (3). Noch im gleichen Monat lief der Film dann auch in anderen Kinos. Zu einem kleinen Skandal kam es im Großen Schauspielhaus am Gesundbrunnen (Berlin), den die *Depesche: Telegraf-Abendzeitung* vom 22. Februar 1951 unter der Überschrift "Mißverstandener *Reigen*" wie folgt beschreibt: "Papierrascheln, Füßescharren, Zwischenrufe: 'Aufhören mit dem Blödsinn', schließlich Türenknallen" (43). Grund für diese Störung war die Enttäuschung eines Publikums, das zu sehen erwartete, was die Kinoreklame angekündigt hatte:

> Wochenlang liefen in diesem Theater Vorankündigungen, die eher an die unreife Phantasie von Jünglingen im Pubertätsalter appellierten als an ein erwachsenes Publikum. In der Tonart: Der Reigen zeigt Ihnen "alle Phasen der Erotik", "Die Geheimnisse des Liebeslebens", "Delikater Film", und schließlich, ganz groß herausgeknallt, mit leuchtend roter Farbe: "Für Jugendliche unter 18 Jahre verboten". (3)

Es blieb indes bei solchen geringfügigen Störungen, und am 22. Februar 1952 verlieh die British Film Academy dem *Reigen* das Prädikat 'Best Film of the Year'.

Zwei kleinere Vorkommnisse müssen in diesem Zusammenhang noch erwähnt werden: Der Union-Filmverleih hatte für die Aufführung der beiden Filme *Reigen* und *Barry* 250 000 DM auf ein Sperrkonto eingezahlt, da der französische Filmproduzent Sascha Gordine entgegen seinem Versprechen dem Verleih keine weiteren Filme zur Verfügung gestellt hatte, besonders den Streifen *Schenke zum Vollmond.* Die Franzosen strengten einen Prozeß an, doch der Verleih wies warnend darauf hin, daß dieser Prozeß der Beziehung zwischen beiden Ländern schaden würde. In der *Main-Post* vom 1. September 1951 heißt es dazu: "Der Verleih weist aufs schärfste den Versuch zurück, eine privatrechtliche Auseinandersetzung zweier Filmfirmen mit außenpolitischen Aspekten zu versehen, die geeignet wären, die deutsch-französischen Beziehungen auf dem Gebiet des Filmes zu unterminieren." Die Angelegenheit wurde schließlich außergerichtlich geregelt.

Das zweite Vorkommnis war, daß Österreich sich weigerte, den *Reigen*-Film zu importieren, weil nach Ansicht des Kultusministeriums die Gefahr bestand, daß er jungen Menschen seelischen Schaden zufüge. Wie eine Pressenotiz vom 7.6.1951 verlauten ließ:

> **Es geht auch anders.**
> Österreich kennt keine Filmzensur. Es gibt jedoch noch einen anderen Weg, um unerwünschte Filme fernzuhalten. Das Handelsministerium hat aufgrund eines Gutachtens des Unterrichtsministers die Einfuhr des französischen Films *Der Reigen* verweigert.

Selbst ein zeitlicher Abstand von dreiundzwanzig Jahren änderte nichts an der positiven Einschätzung dieses Meisterwerks. Als Alan Williams 1973 über den Film schreibt, ist er voll des Lobes:

> . . . vielleicht der subtilste und befriedigendste Aspekt der Herstellung von Bedeutung in *La Ronde* ist die perfekte Übereinstimmung zwischen der formalen [kreisförmigen] Struktur des Films . . . und seinem Komplex von Verweisungen—Bewegung, Wiederholung, Zeit. In dieser Hinsicht ist der Film das Abbild seiner Bedeutungen. (41)[7]

In Deutschland wurde der Film bis 1978 im französischen Original mit deutschen Untertiteln aufgeführt. Am 25. April 1978 (22 Uhr) wurde im Zweiten Deutschen Fernsehen zum erstenmal eine deutsche Fassung des *Reigen*-Films gezeigt. Obwohl in der deutschen Übersetzung vom französischen Flair einiges verlorenging (der Name des Dichters lautete jetzt Kulenkampf, und der Graf nannte sich Bobby), bemerkte Gerhard R. Koch in seiner Besprechung "Liebes-Lichtspiele. *Der Reigen* von Max Ophüls," die am 27. April 1978 in der *Frankfurter Allgemeinen Zeitung* herauskam:

> Hatte schon die Uraufführung des *Reigen* (1903) Skandal und Prozeß ausgelöst, die den Autor bewogen, das Werk zurückzuziehen, so wurde selbst der Film 1950 noch zum Stein des Anstoßes. Den damals erhobenen Pornographie-Vorwurf kann man heute kaum mehr nachvollziehen—und dies nicht nur, weil wir heute in dieser Hinsicht weitaus stärkeren Tobak gewöhnt sind. Denn der Erotizis-

mus dieses Films ist unvergleichlich sublim, von höchstem atmosphärischem Raffinement. (24)

Die deutsche synchronisierte Fassung wurde am 31. Dezember 1979 vom ZDF wiederholt. Das österreichische Fernsehen ORF strahlte sie zum erstenmal am 2. Februar 1980 um 20 Uhr 15 zur Hauptsendezeit aus.

3. Das große Liebesspiel *von Alfred Weidenmann 1963*

Ein weiterer Versuch, den *Reigen* zu verfilmen, wurde 1963 von Alfred Weidenmann unternommen. Dieser Film trägt den Titel *Das Große Liebesspiel* und basiert sowohl auf Schnitzlers *Reigen* als auch auf *Reigen '51* von Michael Kehlmann, Helmut Qualtinger und Carl Merz. Produziert wurde er von der Wiener Stadthallen-Produktion und der Berliner Team Film Produktion; Drehbuchautor war Herbert Reinecker. Als Schauspieler verpflichtete man fast ausschließlich Stars. Wie Peter Hajek vor Beginn der fünfzigtägigen Dreharbeiten in der *Stuttgarter Zeitung* vom 16. August 1963 ("Der große Liebesreigen") mitteilte, setzte diese Verfilmung bewußt auf Sex, um mehr Publikum anzulocken:

> "Kein fremder Busen im Heim" (Formulierung Weidenmann)—in diesem Grundsatz der Fernsehanstalten, die durch Jugendschutz und familienpolitische Erwägungen gezwungen sind, antierotisch zu senden, sieht der *Liebesreigen*-Inszenator die eigentliche Ursache der verstärkten Erotiklieferungen des europäischen Films, dem es aus finanziellen Gründen versagt ist, Supershows im US-Stil zu produzieren. Weidenmann: "Sex ist eines der sichersten Mittel, den Fernseher vom Bildschirm ins Kino zu locken." (7)

Wie der *Wiener Kurier* vom 3. November 1951 unter der Überschrift "Zeitgebundene Satire um die Liebe" feststellt, ist Sex jedoch nicht der springende Punkt von *Reigen '51*, dem Stück, auf dem dieser Film zum Teil basiert:

> Wer sich unter dem *Reigen '51* . . . eine heitere Parodie des Schnitzler-Werkes vorstellt, der kommt nicht auf seine Rechnung. Denn die Variationen über das Schnitzler-Thema sind, trotz mancher lustiger Situation, die sie bieten, bitter ernst. Sie haben mit der graziös-anmutigen Grundmelodie von 1900 kaum mehr gemeinsam

als den Wechsel der Partner im Spiel der sogenannten Liebe, die hier aber nichts anderes als ein Geschäft ist. (4)

Auf die zurückhaltende Darstellung des Sexuellen macht auch die *Wiener Zeitung* vom 30. November 1963 aufmerksam ("Sehr 'Gemischtes' in neuen Filmen"):

Die vulgäre Erwartung dieser Massen wird durch *Das Große Liebesspiel* von Alfred Weidenmann jedoch einigermaßen enttäuscht, da seine Indezenz im Bildhaften relativ sparsam bleibt. . . . Was im Fin de Siècle noch ein kecker, "gewagter", von satirischem Esprit gelenkter Streich eines um die Tragikomik wie die Pikanterie des heimlichen Eros wissenden Dichters war, tönt hier, in deutscher Wirtschaftswunderwelt, wie ein banaler Schlager von der abgeleierten Platte des inflationistisch gewordenen Sexgeschäfts. Der Humor ist meistens plump, in den Dialogen raschelt Papier. (7)

In seiner für den *Tagesspiegel* vom 12. Dezember 1963[8] geschriebenen Rezension "Amouröser Kreisverkehr" faßt Volker Baer die zwölf Szenen des Films wie folgt zusammen:

Das Callgirl (... Hildegard Knef) weiht den Oberprimaner (... Thomas Fritsch) in die Kunst der Liebe ein. Der Knabe gibt nun seine Kenntnisse an die Frau seines Schuldirektors (... Alexandra Stewart) mit dem Eifer der Jugend weiter. Der Herr Direktor (... Martin Held) indessen verlustiert sich, ebenfalls nicht untätig, aber mit aller Akkuratesse eines standesbewußten Schulmeisters, mit einer kleinen Sekretärin (... Daliah Lavi). Diese Dame hinwiederum erregt anschließend die Aufmerksamkeit ihres eleganten Chefs (... Peter van Eyck), der allzu gerne kleine Mädchen verknuspert und nur in erotischen Notzeiten zu seiner geschiedenen Frau (... Nadja Tiller) heimfindet. Die Dame ihrerseits sucht sich ihre Abwechslungen in Studentenbuden, wo es sich ebenso munter lieben läßt wie in vornehmen Betten. Doch der Studiosus (... Peter Parten) findet seinerseits wieder Interesse an einer jungen Französin (... Daniele Gaubert), die schnell nebenbei einen italienischen Zimmerkellner (... Angelo Santi) vernascht. Der begehrte Südländer wird freundlicherweise an die alternde Schauspielerin (... Lilli Palmer) weitergereicht, die nicht einmal im Schlafwagenabteil untätig bleiben kann und schnell noch einen bärtigen Diplomaten (... Paul Hubschmid) zu

> nächtlicher Stunde verspeist. Dieser saubere Herr trennt sich von seiner Managerin und Schlummermutter (... Elisabeth Flickenschild) und glaubt es seiner Karriere schuldig zu sein, bei einem Callgirl nicht nur zu frühstücken, womit denn endlich der Reigen wieder geschlossen ist. So langwierig wie die Inhaltsaufzeichnung wirkt auch der Film. (4)

Daß es dieser Verfilmung an Erotik mangelt, moniert auch André Müller in der *Deutschen Volkszeitung* vom 13. Dezember 1963 ("Spekulation in Sex"):

> Den dramaturgischen Vorgang hat man sich bei Arthur Schnitzlers *Reigen* ausgeborgt. Aber nichts von der wirklich erotischen Atmosphäre, von der Ironie, von der satirischen Note und von der gelungenen formalen Gestaltung, die der *Reigen*-Verfilmung Max Ophüls eigen war, ist Alfred Weidemann [sic] gelungen. Schon der Umstand, daß er zwölf Episoden wählt, charakterisiert ihn. Da kann nur jede knapp acht Minuten dauern, was die Gestaltung ernsthafter Geschehnisse unmöglich macht. Es kann jeweils nur das Zusammentreffen zweier Stars gezeigt werden, das unvermittelt im Bett zu enden hat. (14)

Bevor der Film in Europa zur Aufführung freigegeben wurde, mußten die Produzenten einen Rechtsstreit mit den Brüdern Hakim ausfechten, die einen weiteren *Reigen*-Film planten, der den Titel *Moral 63* tragen und bei dem Rolf Thiele Regie führen sollte. Die Brüder Hakim beschuldigten die Berliner Team Produktion und die Wiener Stadthallen-Produktion, die Copyright-Beschränkungen verletzt zu haben, die nur den Franzosen gestatteten, den *Reigen* zu verfilmen. Die Verteidigung argumentierte, daß das Drehbuch wenig Ähnlichkeit mit dem Inhalt von Schnitzlers *Reigen* habe und daß man die Filmrechte von den Autoren des *Reigen '51* (der Qualtinger-Kehlmann-Merz-Produktion) erworben habe. Darauf verwies auch der ursprüngliche Titel des Films, *Reigen 63*. Laut *Spiegel* war es dieser Titel, der den Stein ins Rollen brachte:

> Die Gebrüder Hakim, denen eine originalgetreue Verfilmung von Schnitzlers *Reigen* im Wien-Milieu der Jahrhundertwende vorschwebte (Regisseur Thiele: "Zum Thema Sex-Liebe-Erotik in unseren Tagen ist doch filmisch in den letzten Jahren alles gesagt worden"), begannen um ihr Projekt zu bangen. Sie erwirkten eine

> Einstweilige Verfügung gegen die Berliner Team Film. Die Achse Berlin-Wien mußte umtiteln: Aus *Reigen 63* wurde *Der Große Liebesreigen*. Dieser Erfolg ermunterte die Hakims offenbar zu dem Versuch, das Konkurrenz-Projekt überhaupt abzudrosseln. Thiele: "Die Hakims verlangen das gerichtliche Verbot des *Liebesreigen*." (Anon., Eins und eins 97-98)

Das Problem, mit dem das Gericht sich zu befassen hatte, war nicht die Verletzung des Copyrightgesetzes. Darüber war bereits in einem früheren Prozeß entschieden worden, den Heinrich Schnitzler und der Fischer Verlag gegen Kehlmann, Qualtinger und Merz, die Autoren von *Reigen '51*, angestrengt und verloren hatten. Im Prozeß des Jahres 1963 ging es um die kreisförmige Struktur des Originalstückes und um die Frage, ob sie durch das Copyrightgesetz geschützt werden könne. Nach Ansicht von Karl Spiehs, dem Produzenten des Projekts, war das nicht möglich: "da sonst das Stückeschreiben sehr bald aufhören würde" (Anon., Eins und eins 98). In der *Westfälischen Rundschau* vom 4. Oktober 1963 gab Georg Lechner folgenden Zwischenbericht über den Verlauf des Prozesses ("*Reigen 63* löst Prozeß aus"):

> Der Anwalt der Beklagten stellte sich jedenfalls auf den Standpunkt, daß das dem *Reigen* zugrunde liegende Handlungsgerüst Allgemeingut sei. Außerdem argumentiert er, der Charakter von Schnitzlers Dichtung sei im *Großen Liebesreigen* gar nicht berührt worden. "Wir reihten Episoden aneinander, die mit dem alten Theaterstück nichts mehr zu tun haben." Vorsorglich übergaben die Beklagten jedoch dem Gericht einen Schriftsatz, in dem Zweifel erhoben werden, ob Schnitzler als erster Schriftsteller angesehen werden dürfe, der die sogenannte *Reigen-Technik* angewandt hatte. Die Zivilkammer untersagte zunächst einmal auf Antrag der Paris-Film der deutsch-österreichischen Gemeinschaftsproduktion, ihren Film mit dem Titel *Der Große Liebesreigen* herauszubringen. Ueber die Urheberrechts- und Schadenersatzklage soll am 8. Oktober verhandelt werden. (Kulturspiegel: 28)

Das Gericht entschied schließlich zugunsten der Beklagten und des Titels *Der Große Liebesreigen*, der dann später in *Das Große Liebesspiel* umgeändert wurde.

1965 wurde dieser Film auch in den USA gezeigt, unter dem Titel *And So to Bed*. Nach Auffassung von Eugene Archer, der den Streifen für die *New York Times* (31. Juli 1965) rezensierte, sind nur einige der mitwirkenden Schauspielerinnen der Erwähnung wert: Hildegard Neff, Alexandra Stewart, Daliah Lavi und vor allem Lilli Palmer in der Rolle der Schauspielerin: "Abgesehen von Miss Palmers sarkastisch-humorvoll in Szene gesetzten Begegnungen mit einem tolpatschigen Hotelpagen und einem aalglatten Diplomaten, der sie in einem Zug im Handstreich erobert, ist der Film lediglich ein Aufguß des allzeit verwendbaren *La Ronde*-Motivs" (L+: 11).[9]

4. Reigen *von Roger Vadim 1964*

Auch Vadims 1964 entstandene Filmversion des *Reigen*, eine Koproduktion der Paris Film Production und der Interopa Film (Rom), vermochte Max Ophüls' Meisterwerk nicht zu übertreffen. Das Drehbuch schrieb Jean Anouilh, als Schauspieler agieren Marie Dubois (Dirne), Anna Karina, Jane Fonda, Catherine Spaak, Francine Bergé (Schauspielerin), Claude Giraud (Soldat), Jean Claude Brialy, Maurice Ronet, Bernard Noël und Jean Sorel (Graf). Vadim verlegte den Schauplatz vom Wien des Jahres 1890 ins Paris des Jahres 1914 und änderte Schnitzlers Text. Das veranlaßte Volker Baer im *Tagesspiegel* vom 26. November 1964 ("Erotisches Kunstgewerbe") zu folgendem Kommentar:

> Jean Anouilh hat den Schnitzlerschen Text, der von Lektüre zu Lektüre harmloser wirkt, literarisch unbedeutender wohl auch, für Roger Vadim neu bearbeitet, wobei er sich zunächst noch relativ genau an das Original hält, in den späteren Episoden jedoch mehr und mehr mit eigenen Ergänzungen, Einfälle kann man das wohl kaum nennen, hervortritt. Da wird alles ausgeschmückt, verdeutlicht auch, mit eingeblendeten Erinnerungen und Gedanken beschwert. . . . Zu den zehn Gestalten der zehn Stationen sind zahlreiche Randfiguren hinzugetreten, die das Geschehen ohne dramaturgische Notwendigkiet [sic] nur breiter und umfangreicher, nicht jedoch witziger oder frecher werden lassen. (4)

Willy Haas hingegen, der die Pariser Premiere in der *Welt* vom 17. Oktober 1964 ("Melancholie und bitterer Witz") besprach, fand Vadims Version besser als die von Ophüls, weil Ophüls' Film "im Prinzip verfehlt" sei. Nach Ansicht von Haas wurde Ophüls Schnitzlers Absichten nicht gerecht:

> Männer und Frauen benehmen sich im Grunde gleich albern in der Liebe, oder in dem, was man so Liebe nennt, sagt er [Schnitzler], aber Männer sind doch linkischer, tolpatschiger, auch ungezogener und brutaler—nachher wollen sie's alle nicht gewesen sein. Moral ist dann nur noch ein Produkt der Müdigkeit. Doch alles das ist bei Schnitzler wie eine Skizze, mit Silberstift gezeichnet, und wenn Max Liebermann einmal sagte: "Zeichnen ist die Kunst des Weglassens", so war in jener alten, so berühmten Ophüls-Verfilmung alles das gesagt, was Schnitzler weggelassen hatte, und alles weggelassen, was er betont haben wollte: Melancholie, Desillusion, bittere Komödie. Das konnte dem Drehbuchautor der neuen Verfilmung, es ist kein Geringerer als Jean Anouilh, natürlich nicht passieren. (7)

Nach Einschätzung von Erica Lilleg, deren Besprechung "Paris: Lautrec, Reigen und Naive" im *Neuen Österreich* vom 29. Oktober 1964 erschien, war es ein großer Nachteil, daß man Jean Anouilh als Drehbuchautor verpflichtet hatte: "Wieso hinkt dieser *Reigen* trotzdem ein wenig? Nun, die Textbearbeitung stammt von Jean Anouilh, kein Wunder, daß die Leichtigkeit Schnitzlers einen starken Zusatz von Aggressivität erhält. Das ist auch nicht mehr Wien 1890, sondern Paris 1914" (Kultur: 9).

In Wien hatte Vadims *Reigen* am 17. Dezember 1964 im Taborkino Premiere. Unter der Überschrift "Vorfestlicher Premierereigen" wurde dies im *Kurier* vom 17. Dezember 1964 wie folgt angekündigt:

> Teils heute, teils morgen laufen in Wien Filme an, die bereits zum Festprogramm gehören. . . . Den Reigen eröffnet heute *Der Reigen*, die Verfilmung der Liebesszenenfolge Arthur Schnitzlers durch den französischen Regisseur Roger Vadim. Bei der heutigen Premiere . . . werden fünf Pärchen in den Originalkostümen von 1914 als Damenspende kleine Blumensträußchen überreichen. (7)

Rudolf Weishappels Kritik "Anouilh-Vadim auf Schnitzlers Spuren," die am 19. Dezember 1964 im Wiener *Kurier* veröffentlicht wurde, fiel gemischt aus:

> Natürlich hat man zuerst Vorbehalte gegen diesen Film. Schließlich war die *Reigen*-Adaption von Max Ophüls ein Meisterwerk. . . . Während der ersten beiden Episoden scheint sich das Vorurteil auch

zu bestätigen. Worte und Sätze knallen wie Peitschenhiebe. Kalt. Ordinär. Die Haken [sic] knallen. Preußischer Kasernenhof. Kein Charme, sondern Scharm. . . . [Später wird] das wienerische Moll . . . zum französischen Fanfaren-Dur. Aber gekonnt, Herrschaften, gekonnt! (7)

Einen totalen Verriß verfaßte Hans Winge für die *Presse* vom 19./20. Dezember 1964 ("Tief reduzierter Sherlock Holmes"):

Wie vorzüglich Ophüls' Arbeit war, erkennt man noch überzeugender, wenn man das Glatteis betrachtet, auf dem er so elegant zu tanzen wußte und auf dem sich jetzt Roger Vadim mit seiner Neuverfilmung Beine, Arme und vielleicht auch das Genick gebrochen hat. . . . Wie knapp, modern und echt ist Schnitzlers Dialog, wie primitiv, umständlich und verständnislos der Anouilhs. Der große äußere Aufwand, die Übertragung nach Paris, das plumpe Ende mit dem Kriegsbeginn 1914 können nicht über das katastrophale Mißlingen Vadims hinwegtäuschen. . . . Zeigt doch wieder Ophüls' Film. (Kultur/Film: 9)

Dieser veränderte Schluß veranlaßte vermutlich den Rezensenten der Wiener *Wochenpresse* (26. Dezember 1964), in seinem Artikel "Der Reigen (Frankreich)" zu schreiben: "Wohl ist die Neufassung voller Esprit und Ironie, aber alles ist diesmal wirklichkeitsnäher und fast schon mit sozialkritischem Hintergrund gezeichnet" (11).

Doch dieser Realismus wurde, wie Penelope Houston in der *Financial Times* (London) vom 1. Januar 1965 feststellt, auf Kosten der Grazie und des Charms erreicht, die in Max Ophüls' Version so offenkundig sind. In ihrem "Round Games" betitelten Artikel bedient die Rezensentin sich kulinarischer Metaphern:

Wenn Roger Vadims *La Ronde* (Columbia Cinema) einen klaren Punktsieg davonträgt, dann zum Teil aus dem sehr zweischneidigen Grund, daß der neue Film einen vor allem daran erinnert, wie graziös Max Ophüls das alles vor fünf zehn Jahren in Szene setzte. Ophüls' Film war der nostalgische Tribut eines Exilanten an die Wiener Tradition der Cremetorten und des Zynismus, der Konditorkünste und des realpolitischen Denkens. . . . Alle Süßigkeiten [Vadims] sind innen weich. . . . Ophüls' Film stammt aus einer härteren Welt und präsentiert seine Eleganz mit größerer Nonchalance. Vadims Film ist wie ein Marshmallow, in dessen schaumige weiche Masse einige wenige knallharte Darbietungen und Dialoge eingebettet sind. (20)[10]

Abschätzig äußert sich auch das *Salzburger Volksblatt* vom 9./10. Januar 1965, das die französische Übersetzung und die Direktheit kritisiert, die an die Stelle von Schnitzlers Anspielungen und Andeutungen getreten ist:

> Roger Vadim hat sein Karussell von Bettgeschichten in einem Paris der zehner Jahre mit bildhübschen bunten Dekorationen im Métro-Stil in Schwung gesetzt, und da dreht es sich sozusagen zur Melodie eines Gassenhauers mit jenen Deutlichkeiten, die man heute so gern als Offenheit ausgibt. . . . wo aber bleibt der vielzitierte Charme und der Esprit der großen (Film-) Nation? (Folge 6: [14])

Eine der scharfsichtigsten Besprechungen erschien in der Abendausgabe der *Neuen Zürcher Zeitung* vom 29. Januar 1965. Der mit "ms." zeichnende Rezensent vergleicht ebenfalls die Versionen von Ophüls und Vadim miteinander, und es ist klar ersichtlich, daß er der von Ophüls den Vorrang gibt, weil er Schnitzlers Absichten gerechter wird:

> Ein Totentanz der Libertinage ist Schnitzlers *Reigen*. Die Frauen und Männer seiner zehn Dialoge, die ringförmig ineinandergeschlossen sind, sind Menschen eines übersättigten Gefühls, die zu sich selber nur noch in einem ironischen Verhältnis stehen können. Der Pessimismus der Endgültigkeit hält sie gefangen, jeder erlebt sich in sich selber eingeschlossen, und Gemeinsamkeit, wie die Liebe sie bringen sollte, vollzieht sich nur noch in der Ausschweifung, in der Gemeinheit. Und doch wird durch ihre Frivolität, ihr faunisches Begehren die Sehnsucht nach einem tieferen, dauernden Gefühl, nach Verbindung und Verpflichtung spürbar. Jedoch diese Sehnsucht erfüllt sich nicht, auch sie erscheint zuletzt nur als ein Stimulans in den Untergang, den Tod, der immer gegenwärtig ist. . . . Von solcher Bindung an die eigene Zeit des Entstehens, ans eigene Erleben in dieser Zeit spürt man bei Roger Vadims neuer *Ronde* nun freilich nichts. Oder äußert sich unsere Zeit einfach in der Handfestigkeit der Frivolität? Es ist nicht ganz zu glauben. Vadims Film setzt uns ein lebhaftes, bald ausgelassenes, bald ernsteres Wechselspiel von Umarmungen vor, die von Dialogen, welche Jean Anouilh sarka-

stisch aus dem Schnitzlerschen Text umgeschrieben hat, vorbereitet, begleitet und gefolgt sind. Der Eindruck von Ausweglosigkeit in der Ausschweifung, von Fatalität des Lebens stellt sich keinen Augenblick ein. Das Laster tritt ohne das Leiden auf. (Zürcher Lokalchronik: 6)

Der Kritiker der *Frankfurter Neuen Presse* (16. Oktober 1964) stellte deshalb in seiner Rezension "Das Fleisch ist willig—oder Endstation Reigen? Zweiter Film-Aufguß mit Hampelchen-Strampelchen" folgende rhetorische Frage:

> Wie soll das weitergehen? Wo unverdrossen nur an das grob Animalische appelliert wird, ist von Kunst nicht mehr die Rede. Die Filmselbtskontrolle [sic] hat wohltemperiert zu mäßigen versucht. Einen Kurswechsel kann jedoch nur die Übersättigung, mehr noch das Hohngelächter des Publikums wirksam einleiten. Soweit ist es nun gekommen. [17]

Daß Anouilh Schnitzler nicht gerecht wurde, geht auch aus der Rezension hervor, die am 20. Oktober 1964 im *Münchner Merkur* (Ausgabe: AB 5002 A) erschien und den Titel trägt "Gestern in Wien, heute in Paris: Der *Reigen*":

> Es ist, wie geplant, ein intensives Vergnügen geworden—gelegentlich ein wenig zu ausgedehnt, einige Male zu überdeutlich, immer jedoch unbekümmert aktionsfreudig. An Wien und Schnitzler darf man dabei nicht gleich denken—hier wird nicht Weltliteratur verfilmt, sondern eine Gebrauchsware von einiger Qualität in betörender Luxusverpackung angeboten. (9)

Zu einem ähnlichen Schluß gelangt auch der Kritiker der *Süddeutschen Zeitung* (20. Oktober 1964), der unter der Überschrift "Der *Reigen* a la Française" schreibt: "Dieser Film ist, an Schnitzler und Ophüls gemessen, laut, aufdringlich und oberflächlich" (13).

Die Staatsanwaltschaft in Mailand hielt Vadims Film, der dort unter dem Titel *Le Plaisir et l'amour* gezeigt wurde, für unmoralisch, und 1967 wurde nicht nur Vadim, sondern auch Schnitzler vor Gericht zitiert. Dieser Fauxpas der Justizbehörden war ein gefundenes Fressen für die österreichische Presse. Die *Salzburger Nachrichten* vom 27. April 1967 meldeten: "Arthur Schnitzler unter Anklage. 36 Jahre nach seinem

Tod: Prozeß um den *Reigen*" (Kultur: 7); das *Linzer Tagblatt* vom 27. April 1967 wartete mit folgender Schlagzeile auf: "Arthur Schnitzler 36 Jahre nach seinem Tod in Italien als Filmautor angeklagt. . . . Regisseur und Hauptdarsteller können sich wenigstens verteidigen;" der Klagenfurter *Volkswille* berichtete am 28. April 1967: "Arthur Schnitzler in Mailand angeklagt;" am gleichen Tag schrieb das *Salzburger Volksblatt*: "Justizgroteske: Arthur Schnitzler angeklagt. Mailänder Staatsanwaltschaft will den (verstorbenen) Dichter vor Gericht zitieren" (6), und die Wochenendausgabe der *Volkszeitung Klagenfurt* teilte am 29. April 1967 mit: "Arthur Schnitzler angeklagt" (24).

Vadims Reigen wurde auch in der ehemaligen Deutschen Demokratischen Republik gezeigt, wo er eine sehr gute Presse hatte. Die Sonntagsausgabe des *Morgen* (Berlin/DDR) veröffentlichte am 28. Februar 1971 eine Besprechung von Ilse Jung, die die Überschrift "Ergötzliches aus Frankreich" trägt. Die Rezensentin vergleicht die Figuren des *Reigen* mit den wohlanständigen Bürgern in Heinrich Heines Gedicht "Sie saßen und tranken am Teetisch,/ und sprachen von Liebe viel./. . ." und sagt in diesem Zusammenhang:

> Ja, ja, die Leute aus "gutem Hause"! Sie gehen, besieht man es richtig, wirklich reichlich ramponiert aus jenem "Reigen" davon, moralisch ramponiert. Ihre in Samt und Seide gehüllte oder auch ins steife Frackhemd gezwängte "Tugend" ist allerdings nicht vom vielen Gebrauch so fadenscheinig geworden. Doch uns soll es recht sein. Wir fühlen uns weder getroffen noch gefährdet. Wir amüsieren uns ganz einfach darüber, wie hier die Diskrepanz zwischen Sein und Schein enthüllt wird, zumal das zwar ohne Schonung, aber auch ohne Gehässigkeit geschieht, mit ironischem Augenzwinkern. . . . Ein brillant gemachter Film also aus den nicht gerade so überaus fruchtbaren Gefilden der Unterhaltung. Ein Film für Leute, die Spaß verstehen. (7)

Andere Rezensenten der ehemaligen Deutschen Demokratischen Republik waren der gleichen Ansicht wie Ilse Jung. Nach Auffassung des Kritikers der Ostberliner Zeitung *Neue Zeit*, dessen Besprechung "Gefühle durch die Hintertür" am 5. März 1971 erschien, führe Schnitzler im *Reigen* die Doppelmoral seiner Zeit vor. *Reigen* zeige "die Szenenfolge vom Reigen des Geschlechts, die eine heuchlerische bürgerliche Sexualmoral als unsittlich verschrie, weil sie sich entlarvt fand, die Szenenfolge von den wechselnden Partnerbeziehungen, in der mit skeptischer Ironie, scharfer Milieucharakteristik und einem leichten Anflug von Frivolität die fatale Macht des Erotischen dargestellt wurde. . . " (4). Diese Heuchelei der Schnitzlerschen Zeit nimmt Vadim in seinem Film jedoch nicht ins Visier. Sein Streifen ist ein Unterhaltungsfilm, "ein amüsanter Film, in dem die Atmosphäre der 'belle époque', der anders akzentuierten französischen Entsprechung zur 'guten alten Zeit', mit freilich großem Können, in schöner impressionistischer Farbigkeit beschworen wird" (4). Auf den Mangel an Sozialkritik weist auch die *Liberal-Demokratische Zeitung* (Halle) vom 3. März 1971 hin: Der Film enthalte "hervorragende Farbaufnahmen in impressionistischer Art . . . wenn auch die bittere Gesellschaftskritik von der amüsant-anmutigen Fassade dieses 'Reigens' weitgehend überdeckt wird" (6).

Am 10. August 1980 wurde Vadims *Reigen*-Version von der ARD ausgestrahlt, dem ersten Programm des deutschen Fernsehens. Martin W. Brink kommt in seiner Besprechung "Wir sahen für Sie: 'Der Reigen'" (*Frankfurter Rundschau*, 9. August 1980) zu dem folgendem Urteil:

> An die 1950 produzierte klassische Max-Ophüls-Verfilmung von Arthur Schnitzlers Bühnenstück reicht Roger Vadims 14 Jahre später realisierte Adaption nicht heran. Aber unter allen anderen "Reigen"-Umsetzungen neben Ophüls—von Richard Oswald (1920) Alfred Weidenmann (1963) und Otto Schenk (1973)—traf diese französisch-italienische Koproduktion . . . den Ton des Theaterstücks noch am ehesten. (VP 7)

Auch der Kritiker der *Frankfurter Allgemeinen Zeitung* (11. August 1980) stellt in "Nostalgie" stellt einen Vergleich zwischen Ophüls' und Vadims Film an:

> Ophüls benutzte, noch in schwarzweiß, einen distanzierenden Erzähler, den eleganten Wohlbrück, dazu ein immer wiederkehrendes Symbol, das Karussell, und die eine leicht eingängige Leitmelodie: ein Blick hinter gesellschaftliche Fassaden wird vermittelt, ohne zu belehren. Bei Vadim beginnt die Kette der Amouren hin und her durch alle Schichten mit einem Panoramablick auf das Paris von 1914, in das er die Handlung aus dem Wien von 1900 verlegt hat . . . . Gänzlich geändert ist der Schluß: die Nachricht vom Mord in Sarajewo macht dem Reigen jäh ein Ende, Soldat und Graf werden auf verschiedenen Fronten gegeneinander kämpfen. . . Trotzdem

bleibt, mehr als bei Ophüls, das Vergnügen an dieser zum Tode verurteilten Welt der stärkste Eindruck. (16)

5. Reigen *von Otto Schenk 1973*

1973 präsentierte Otto Schenk seine Filmversion des *Reigen* mit Gertraud Jesserer (Dirne), Sydne Rome, Senta Berger, Maria Schneider, Erika Pluhar (Schauspielerin); Hans Brenner (Soldat), Helmut Berger, Peter Weck, Michael Heltau und Helmuth Lohner (Graf).

Reinhard Baumgart vergleicht in seiner Rezension "Rammel-Rummel, Starparade. Schnitzlers *Reigen* als Film von Otto Schenk" (*Süddeutsche Zeitung*, 27./28. Oktober 1973) Schenks Fassung mit der von Ophüls und stellt sich die Frage, wer hier eher zu bedauern sei: die Schauspieler, Schnitzler oder das Publikum. Des weiteren folgert er:

> Vergleichen, was *Der Reigen* ist, sein könnte und in Max Ophüls unvergeßlichem *La Ronde* ja auch war, in diesem Wunderwerk aus Witz und Trauer—, das alles etwa vergleichen mit einem konfusen, eitlen, hochbesetzten Remake? Wo doch schon Roger Vadim vor zehn Jahren mit einem *Reigen*-Drehbuch von immerhin Anouilh auf die Nase und in den langen Schatten von Ophüls gefallen ist? (15)

Nach Ansicht Baumgarts lenkt die "Sex-Zappelei" in Otto Schenks Verfilmung von der eigentlichen Aussage ab, die Schnitzler in seinem Stück übermitteln wollte. Hans Mayer stimmt mit Baumgart überein:

> Der Film wurde vergangenes Jahr durch die deutsche Kritik sehr böse behandelt. Er war erfreulicherweise auch kein Kassenerfolg, zeigt jedoch, wie ein durchaus nicht pornographisches Werk in ein pornographisches verwandelt wird. Die Pornographie liegt in der Finanzierung und Kommerzialisierung. Man hört die Producer reden, wenn sie den Film planen. Etwa so: "Der alte Schnitzler brauchte noch seine Gedankenstriche. Wir sind heute nicht mehr so prüde. Lassen wir doch das Publikum sehen, was diese Leute treiben, wenn die Gedankenstriche kommen!" Und so geschah's. (378)

Hilde Spiel faßt in ihrer Rezension "Ein Reigen der Mißverständnisse: Zu Otto Schenks Schnitzler-Film" (*Frankfurter Allgemeine Zeitung*, 29. Oktober 1973) die Absichten des Autors, von denen in Schenks Version nichts zu spüren ist, wie folgt zusammen:

> Es ging ihm [Schnitzler] um Gesellschaftskritik in allererster Linie, um die Aufdeckung der Zwänge und Abhängigkeitsverhältnisse im patriarchalischen, immer noch feudal gegliederten Sozialgefüge der alten Habsburger Monarchie. Darüber hinaus um Moralkonventionen, die er für brüchig und reif zum Abbau hielt. Und schließlich, wenn auch keineswegs zuletzt, um die Alchemie der Liebe, den geheimen Prozeß der Anziehung und Abstoßung, jenes Gemisch aus Lüge und Pose und echtem Gefühl, das so selten, zumeist nur für die kurze Zeit des Sinnenrausches, eine echte Verbindung ergibt. Der Vorgang selbst, dessen Form, Dauer, Position, kümmerte Schnitzler wenig: er deutete ihn durch eine Zeile aus Gedankenstrichen an, nicht aus Prüderie oder Diskretion, sondern weil er darin nicht sein eigentliches Thema erblickte. (24)

Hellmuth Karasek zufolge ("Der verschenkte *Reigen*") geht es in Schnitzlers Stück um folgendes:

> Seine Kunst ist es, aus drängender Vorfreude und kalter Ernüchterung das Verschwiegene beredt zu machen, den Rhythmus des *Reigens* damit zu begründen: Das Suchen wird zum Verlieren, der Wechsel wird als Schritt aus der Leere in die nächste Leere begründet. Schnitzlers *Così fan tutte* handelt auch davon, daß die wechselnden Frauen den Männern wechselnde Objekte bleiben, daß der männliche Drang sich in der weiblichen Nachgiebigkeit kompromittiert wie die weibliche "Danach"-Sentimentalität in der männlichen Erkaltung. Die Fremdheit der Geschlechter, die mit allem Elan ihre (unmögliche) Überbrückung als Reigen versucht, drückt eine Fremdheit des Menschen aus. . . . Aber schon diese (gewiß nicht frei von Sentimentalität) konstatierte Fremdheit zwischen den Klassen und den unterschiedlich gültigen Vorurteilen hat sich Schenk mit seiner robusten Starbesetzung und mit seinem kaltschnäuzigen Desinteresse an den Menschen verbaut. (202-203)

An ebendieser "robusten Starbesetzung" nahm Uta Gote Anstoß. In ihrer Rezension "Letzter Reigen in Wien" (*Die Welt*, 5. November 1973) beschuldigt sie Schenk, die jeweilige Reputation der Stars in gewinnsüchtiger Absicht auszubeuten:

> Erwartungsgemäß werden den als "seriös" bekannten Darstellern ihre Hüllen, wenn auch aufs kärglichste reduziert, belassen. Erwar-

tungsgemäß werden dann auch Maria Schneider (*Letzter Tango in Paris*) und Sydne Rome (*Was*?) schonungslos zur Schau gestellt, in mieser kassenträchtiger Manier dem Publikum zum optischen Sex-Fraß vorgeworfen. Haben in den erwähnten Filmen die bekannten "Stellen" ihren Stellenwert, hier sind sie schäbige Spekulationen. Das ist eine doppelte und billige Moral. Das ist genau das, was Schnitzler, der Seelenzergliederer und Sittenschilderer, der Gesellschaftskritiker und Wahrheitsfanatiker, gerade denunzieren wollte. Wieder einmal wurde er—vorsätzlich?— mißverstanden. (17)

Günter Kriewitz, dessen Besprechung "Partnertausch im Walzertakt" am 23. November 1973 in der *Stuttgarter Zeitung* veröffentlicht wurde, sieht in Schenks Version ein Zwitterding, halb seriöse filmische Adaption eines literarischen Werks, halb Pornofilm. Zum Teil lag das wohl auch daran, daß Otto Schenk recht wenig Erfahrung als Filmregisseur hatte:

So ist ein seltsamer Zwitter herausgekommen, bei dem man einerseits den Eindruck hat, einer anspruchsvollen Literaturverfilmung beizuwohnen, andererseits aber wieder an die berüchtigten "Liebesgrüße aus der Lederhose" oder ähnlichen Pornograus erinnert wird. Schenk benutzt den Text Schnitzlers mit geringen Kürzungen unverändert, läßt aber durch eine banale Kameraführung jede optische Entsprechung dazu vermissen. Wo Text und Situation raffinierte Dekadenz verlangen, macht sich das konventionelle Repertoire eines Kostümfilms breit. Da ihm selber nichts einfiel, muß sich Schenk ausschließlich auf die Qualitäten seiner Schauspieler verlassen, die das von Schnitzler vorgegebene Ritual der amourösen Begegnungen vorschriftsmäßig, aber ohne besondere Inspiration absolvieren. (38)

Schenk war, wie Volker Baer es im *Tagesspiegel* vom 25. November 1973 ("Laß mich den Reigen auch machen") ausdrückte, ein "Filmdebütant," der sich mit Ophüls Meisterwerk messen mußte:

Gewiß, er hat schlicht und einfach erklärt, er wolle Schnitzler "wörtlich" verfilmen, doch muß das dann unbedingt im Stile der Josefine Mutzenbacher geschehen? Schenk hat zweifelsohne künstlerische Souveränität und handwerkliches Können, doch Einfühlungsvermögen in die schwermütige Ironie Schnitzlerscher Prägung besitzt er nicht gerade. . . . Das Spiel der Freude und der Illusionen,

> das man bei Ophüls so fassungslos bewundern mußte, hier jedenfalls ist es nicht zu finden. (5)

Schenk verfolgte jedoch, wie er in einem Interview erklärte, eine andere Absicht. Auf die Frage, was ihn bewogen habe, den *Reigen* zu verfilmen, antwortete er: "Ich möchte den Wiener Schnitzler, den österreichischen Schnitzler, die großen menschlichen Probleme, die er aufzeigt in Bezug auf die Umgebung des Geschlechtsaktes, die Treue und Untreue, alles allgemein gültige Themen, von der österreichischen Sicht her aufzeichnen" (Anon., *Presseheft* der Gloria Film: 5).

6. New York Nights *von Simon Nuchtern 1983*

1983 wurde in den USA *New York Nights* herausgebracht, eine International Talent Marketing Production. Regisseur dieses Films war Simon Nuchtern: Ein reiches Mädchen, eine Debütantin, treibt es in ihrer Limousine mit einem Rockstar; der Rockstar vergnügt sich mit einer Bestsellerautorin, die Expertin für sexuelles Verhalten ist; die Autorin wird in einem Umkleideraum von einem Photographen genommen; der Photograph schläft mit einem verheirateten Modell; der Ehemann des Modells veranlaßt sie, sich als junger Mann zu verkleiden und in einer Schwulenbar einen Mann anzumachen. Dieser Mann durchschaut jedoch die Verkleidung der Frau und schläft anschließend mit ihr, während ihr Ehemann zusieht. Später sucht dieser Ehemann eine schwarze Prostituierte auf, die in der nächsten Episode mit einem Pornostar intim wird, der sich dann mit einem Finanzmann einläßt. In der letzten Episode kommen der Finanzmann und die Debütantin zusammen, die außerdem seine Stieftochter ist.

Ähnlichkeiten mit Schnitzlers Werk waren fast nicht vorhanden. Unter der Überschrift "Schnitzlers Liebesreigen auf amerikanisch" stellt der Kritiker der *Welt am Sonntag* (Ausgabe H, 5. August 1984) fest:

> Zum Schluß schließt sich der Reigen—wie bei Schnitzler. Damit ist aber auch jegliche Ähnlichkeit beendet. Regisseur Vanderbes [!] hat die Bettgeschichten der feinen Leute mit vorwiegend unbekannten Darstellern besetzt. Der Film soll "eine entlarvende Chronik der Dekadenz und der Exzesse der oberen Klassen von New York" sein. Ganz offensichtlich kennt der Filmmann die New Yorker Gesellschaft aber nur vom Hörensagen. So schlecht wie der Film kann sie nicht sein. (49)

Der Kritiker der *Arbeiter Zeitung* vom 13. April 1984 ("*Reigen*—aber kaum ausnehmbar") hält es für das Perverseste dieses Films, "sich auf Schnitzler zu berufen" und fährt dann fort: "[Der Film] balanciert, wo bei Schnitzler nur andeutende Gedankenstriche Erotik als literarische Beigabe versprühen, nur auf dem Strich, gedankenunbelastet, die Austauschbarkeit des Sexpartners verliert sich, wo ohnehin alle mit allen es irgendwie treiben. Das bebildert die Farbkamera sogar mit etlicher Routine—nur den Namen Schnitzler sollten sie nicht eitel nennen . . ." (12). Ähnliche Verrisse lassen sich auch in anderen Zeitungen finden, wie z.B. in der *Volksstimme* (Wien), wo unter "Ringelreih" das Nichtberücksichtigen der politischen und sozialen Relevanz bemängelt wurde:

> Aus der Presseermittlung ist zu erfahren, daß Schnitzlers *Reigen* diesem Film als dramatische Vorlage gedient habe. Ein billiger Trick eines noch billigeren Films. Die simple Aneinanderreihung von—ohnehin nur angedeuteten—Softpornoszenen, bei denen einzig das Prinzip der einander weiterreichenden Partner beibehalten wird . . . ist fern von jeder gesellschaftskritischen Relevanz. Halbbekleidete Mädchen und stets bekleidete Herren . . . präsentiert unter dem Vorwand kultureller Wichtigkeit. Zu leicht zu enttarnen. (9)

In der Morgenausgabe des *Kuriers* vom 14. September 1984 erschien nur folgende kleine Notiz: "Als Vorlage für den US-Softporno diente der *Reigen*. Von einem Herrn Schnitzel oder so?" (Jugendseite: 23).

7. Love Circles *von Gérard Kikoine 1985*

Diese Playboy Program Presentation wurde im Herbst 1985 auf dem Playboy Channel ausgestrahlt; Regisseur war der für seine zahlreichen harten Pornostreifen bekannte Gérard Kikoine. Sein Film stellt den bis dato letzten Versuch dar, den sexuellen Aspekt von Schnitzlers Werk auszuschlachten. Wie *Variety* schreibt, ist er "aufgrund der sehr attraktiven Schauspielerinnen und der eindrucksvollen internationalen Schauplätze für den Playboy Channel eine akzeptable Erwachsenensendung, als Export für ausländische Kinos jedoch ein ziemlich schwaches Produkt" (anon., Love Circles 26).[11] Die strukturelle Verknüpfung der einzelnen Episoden wird durch eine Schachtel Zigaretten bewirkt, die der eine an den anderen weiterreicht, bis sie schließlich wieder bei Suzy landet, der ersten Teilnehmerin an diesem Sexreigen (gespielt von Marie France). Diese augenscheinliche Anspielung auf die Übertragung von

Geschlechtskrankheiten, wie z.B. Aids, soll diesen Film wahrscheinlich sozial-relevant machen. (Siehe dazu auch auf Seite 543 das am 7. August 1994 in der *New York Times* veröffentlichte Inserat, das vor Aids warnt.)

8. *Die Wertung von* La Ronde *in Deutschland und den USA*

Aus den zahlreichen Versuchen, Schnitzlers *Reigen* auf die Leinwand zu bringen, sticht Max Ophüls' Verfilmung als das überragende Meisterwerk hervor. Im Vergleich zu Ophüls' *La Ronde* sind alle anderen Versionen zweitrangig, oder sie rangieren noch tiefer. So stellt auch G. Koch in seiner Besprechung der 1978 in Deutschland gezeigten synchronisierten Fassung "Liebes-Lichtspiele" fest (*Frankfurter Allgemeine Zeitung*, 27. April 1978):

> Grandios gelungen ist Ophüls die Suggestion eines einheitlichen erotischen Fluidums durch die unterschiedlichen Szenen hindurch, die Darstellung sexueller Eindeutigkeit mit den indirekten Mitteln einer an Brechungen und leisen Ironisierungen reichen Personenführung und einer äußerst subtilen Beleuchtungsregie, dem Spiel mit Licht und Schatten, Zwischentönen und Blenden, wie man es sonst um diese Zeit hauptsächlich bei den Japanern Kurosawa und vor allem Mizoguchi findet. (Feuilleton-Tagebuch: 24)

Wie im nächsten Kapitel gezeigt wird, gab es einige Schwierigkeiten, als Ophüls' *La Ronde* 1952 zum erstenmal in den Vereinigten Staaten aufgeführt wurde. Dieser Film wurde im Staat New York aus sittlichen Gründen abgelehnt, ein Staat, der schon im Jahre 1923, also fast zur gleichen Zeit der *Reigen*-Skandäle in Wien und Berlin, das Stück blokkiert hatte. 1982 kam dieses Meisterwerk dann erneut in die amerikanischen Kinos, und nach Auffassung von David Shipman hatte der Film, der in *Films and Filming* mit vier Sternen, also mit dem Prädikat 'hervorragend' benotet wurde, nichts von seinem ursprünglichen Charme verloren:

> Aufgrund rechtlicher Probleme wurde uns *La Ronde* viele Jahre lang vorenthalten, und in der Zwischenzeit konnten wir Roger Vadims langweilige, 1964 entstandene Version sehen—etwas zur gleichen Zeit wurde hierzulande unter dem Titel *And So to Bed* auch eine deutsche Variante, *Das große Liebesspiel*, gezeigt. . . . *La*

> *Ronde* ist visuell so stilvoll, wie wir es von Ophüls erwarten—die Kulissen zum Beispiel haben weder etwas Studio- noch etwas Bühnenmäßiges, sondern sind das Traum- oder Phantasiebild eines Wien, wie es gewesen sein könnte. (25)[12]

Anmerkungen

1. Der Schaupieler war nicht Schünzel, wie angegeben, sondern Loos.

2. Im Original lautet diese Stelle: "[This film was] a typical Nielsen 'wronged-woman' vehicle with only one sequence bearing any resemblance to Schnitzler's original play."

3. Die Originalstelle lautet: "For the characters are filled with compound illusions: that love is constant; that the pleasures of sex are really the passions of love; that there is a rite of seduction in which the innocent fall and the experienced triumph; that, and this is perhaps the most damaging of all, the lover's experience of the 'other' is unique to each lover."

4. Der Originaltext lautet: "[The narrator] elevates the viewer to the omniscient authorial perspective enjoyed by the *meneur de jeu* himself."

5. Die Originalstelle lautet: "His assumption of a multiplicity of roles within the narrative, his parenthetical remarks to the audience . . . , his manipulation of the action—all have the effect of persuading us that there is an informing consciousness at work, guiding the events on the screen and thereby undercutting the cynicism of Schnitzler's play."

6. Schreibmaschinenblatt; Sammlung des Literaturhauses Wien.

7. Der Originaltext lautet: ". . . perhaps the most subtle and satisfying aspect of the production of meaning in *La Ronde* is the perfect accord between the formal [circular] structure of the film . . . and its complex of referents—movement, repetition, time. In this respect the film is the icon of its meanings."

8. Eine weitere Zusammenfassung gibt die *Österreichische Film- und Kinozeitung*, 23. November 1963: 4.

9. Der Originaltext lautet: "Except for Miss Palmer's wry encounters with a bumbling bellhop and a smooth diplomat who takes her by surprise on a train, the film is merely a crude reprise of the ever-serviceable *La Ronde* motif."

10. Der Originaltext lautet: "If Roger Vadim's *La Ronde* (Columbia Cinema) scores a decisive win on points, it is partly for the thoroughly backhanded reason that the new film can only remind one how gracefully Max Ophuls did it all fifteen years ago. Ophuls' film was a nostalgic, expatriate tribute to a Viennese tradition of cream-cakes and cynicism, the pastrycook's decoration and the *realpolitik* mind. . . . All of [Vadim's] sweets have soft centres. . . . Ophuls' film came from a tougher world, and trailed its elegance more lightly. Vadim's is marshmallow, with some sharp little performances and chips of flinty dialogue embedded in the fluff."

11. Der Originaltext lautet: "with very attractive women and impressive globehopping locations, it is okay adult programming for Playboy, but a rather weak entry for theatrical use abroad."

12. Der Originaltext lautet: "A problem over rights has kept *La Ronde* from us for a good many years, during which time we have been able to see Roger Vadim's dreary version made in 1964—around which period a German variation, *Das große Liebesspiel*, was circulating, in this country as *And So to Bed. . . . La Ronde* is as visually stylish as we expect from Ophuls—the sets, for instance, are neither studio nor stage but a dreamlike fantasy of what Vienna might have been."

Kapitel XIV

La Ronde in Amerika I: 1910-1954

> Vielen Dank für die freundliche Übersendung der *Jewish Tribune*; daß ich nach Ansicht Ihrer Leser den 'twelve foremost Jews in the world' beizuzählen bin, hat mich herzlich gefreut. (Brief Schnitzlers vom 8.10.1923 an Hermann Bernstein. *Briefe 1913-1931*: 327-328)

1. *Das Urteil der Fachwelt über Schnitzler und den* Reigen *1910-1922*

Um 1910 war Schnitzler in der englischsprachigen Welt ein wohlbekannter Autor. Zu den Kritikern, die sich damals über ihn äußerten, gehörte auch Martin Birnbaum, der Schnitzler in erster Linie als Prosaschriftsteller sieht, und der *Sterben* und *Leutnant Gustl* zu dessen besten Werken zählt. Von den Stücken erwähnt Birnbaum *Anatol*, das er für "eines seiner entzückendsten" hält; im Anschluß daran sagt er:

> Wie die meisten von Schnitzlers Figuren—ganz gleich, welcher sozialen Schicht sie angehören—führen sie wehmütige Gespräche und philosophieren feinsinnig über Liebe und Tod, über die Flüchtigkeit unseres Lebens oder unsere Angst vor dem Unbekannten—und bedienen sich dabei immer einer makellosen, eleganten Ausdrucksweise. Mit *Liebelei*, der Wiener *Vie de Bohème*, wurde Schnitzler bekannt, doch künstlerisch gesehen ist sein größter dramatischer Erfolg das *Zwischenspiel* . . . . In beiden Stücken schlägt Schnitzler seinen charakterischen femininen Ton an. (Some Contemporay German Tendencies 502; *Literary Criticism* 385)[1]

Auch die *New York Times* vom 13. August 1911 rühmt den *Anatol* und schreibt unter der Überschrift "Dialogues for Adults: There is much of Wit and Charm—and Spice—in *Anatol*":

> Technisch gesehen ist die Konstruktion dieser Dialoge nahezu makellos . . . . Er [Schnitzler] ist der führende Wiener Dramatiker, und obwohl sein Werk ultramodern ist, ist es doch frei von vielem, was andere europäische Literaturprodukte der Gegenwart in den Augen des zurückhaltenderen angelsächsischen Publikums inakzeptabel

machen würden. (496; Abdruck Anon., *Literary Criticism* 386)[2]

Von Interesse ist hier nicht nur, daß Schnitzler in den Staaten großes Ansehen genoß, sondern auch, daß der *Reigen* überhaupt nicht genannt wird. Percival Pollard ist einer der ersten, der dieses Stück erwähnt; in seinem 1911 erschienenen Buch *Masks and Minstrels of New Germany* lobt er Schnitzler aufs höchste:

> Kein anderer namhafter Schriftsteller übertrifft die Raffinesse, mit der im *Reigen* nicht Druckfähiges durch äußerst brillante Konversationen angedeutet wird. Im *Reigen* kulminiert Schnitzlers erotischer Zynismus; das Stück bringt seine spöttische Lebensphilosophie zum Ausdruck, die, wie bereits erwähnt, durch die makellose Art, in der sie vorgetragen wird, nur um so ansteckender wirkt . . . . Buchstäblich also ein Circulus vitiosus: jede Episode . . . endet auf ein- und dieselbe Weise . . . Schnitzler war nie diabolischer und gescheiter als im *Reigen*, nie hat er sich stärker zum Sprachrohr der absolut unmoralischen Lebemannphilosophie gemacht. Noch nicht einmal von Flauberts *Emma Bovary* werden all die schleichenden Gifte menschlicher Leidenschaft hinterhältiger verabreicht. Rein physische Erotik läßt sich kaum trügerischer in unterhaltende Worte kleiden. (278-279)[3]

Einen anderen Standpunkt vertritt Bayard Quincy Morgan, der in seinem 1912 veröffentlichten Essay über Schnitzlers Dramen zu folgendem Urteil kommt:

> Schnitzlers *Liebelei*, eines seiner frühesten Werke, stellt nach wie vor den Höhepunkt seines dramatischen Schaffens dar, und in Anbetracht der deutlichen Grenzen seiner Kunst darf man bezweifeln, daß er die Qualität dieses Stückes je übertreffen oder auch nur wieder erreichen wird. Zweifellos hat nichts, was er seitdem geschrieben hat, die Hoffnung erfüllt, zu der *Liebelei* Anlaß gab, nämlich, daß mit Arthur Schnitzler ein neuer, wortgewaltiger Prophet der naturalistischen Schule auf den Plan treten würde. (13)[4]

Morgan erwähnt den *Reigen* ebensowenig wie Winnifred Smith in ihrem 1913 publizierten Essay, in dem sie auf *Professor Bernhardi*, *Liebelei*, *Anatol*, *Die Gefährtin* und *Der einsame Weg* eingeht; vom *Reigen* hingegen ist bemerkenswerterweise nicht die Rede.

Einige Kritiker betrachteten Schnitzler eher als deutschen denn als österreichischen Autor. Es wurde sogar behauptet, daß Schnitzlers österreichisches Ambiente ihn daran hinderte, sein dichterisches Talent zu entfalten. Diese These vertritt zum Beispiel Paul H. Grumman in seinem Artikel "Arthur Schnitzler," der 1912 in *Poet Lore* erschien:

> Als Österreicher in Wien fehlt ihm das adäquate Ambiente. Durchweg deutsch im besten Sinne des Wortes, ist er sich der Schwächen der Wiener bewußt, die er mit freundlichem, echter Liebe entspringendem Humor geschildert hat. In gewissem Sinne erleidet er ein ähnliches Schicksal wie Grillparzer, da in dieser Umgebung seine besten Fähigkeiten nicht geweckt werden. . . . Schnitzlers bisheriges Oeuvre macht ihn zu einem der führenden Schriftsteller der Gegenwart. Seit Heine hat es in der deutschen Literatur keinen solchen Esprit gegeben—und damit geht ein Formgefühl einher, eine künstlerische Sensibilität, die ganz einzigartig ist. (41)[5]

Auch in diesem Artikel wird *Reigen* nicht genannt, und der Umstand, daß es keine englische Übersetzung gab, erklärt diese Unterlassung nur zum Teil. Der eigentliche Grund dafür waren die Skandale, die sich um dieses Stück rankten. Archibald Henderson erklärte, daß er "trotz der schockierenden Erotik im *Reigen*" (644) für Schnitzler eingenommen sei, da dieser—wie ein Sozialkritiker—"seine Kunst der Neugestaltung der öffentlichen Meinung gewidmet hat. Er hat sich um eine Generation verdient gemacht, die er auf diese Weise zu läutern und zu veredeln suchte" (645).[6]

Ashley Dukes, dessen Buch *Modern Dramatists* (1912) auch ein Kapitel über Schnitzler und Hofmannsthal enthält, versteht den *Reigen* als Ausdruck der persönlichen Gemütslage des Dichters: "Er ist das Werk eines Künstlers, der der vielen Abenteuer überdrüssig ist, und der dazu neigt, das Leben lediglich als Kreislauf aus stupiden Liebesaffären und zynischen Reaktionen zu betrachten" (Schnitzler und Hofmannsthal 159).[7]

1915 erschienen drei Studien über Schnitzler. Ludwig Lewisohn zählt in *Modern Drama* über fünfzehn Werke Schnitzlers auf, erwähnt den *Reigen* jedoch mit keiner Silbe. Unerwähnt bleibt dieses Werk auch bei James Gibbons Hunecker, der in seinem Buch *Ivory Apes and Peacocks* nur *Professor Bernhardi* analysiert. Edwin Björkman, in seiner Übersetzung von Schnitzlers Werken 1915, führt als einziger der drei dieses Werk an. Ihm zufolge ist Schnitzler nicht pessimistisch oder zynisch, sondern vielmehr freimütig und realistisch, und "sein Naturalismus ist von einem Ausmaß, wie man es selbst bei den Franzosen selten findet. Doch diese Dialoge sind in ihrem Wesen alles andere als unmoralisch . . . als Dokument zur Psychologie des Sexuellen hat der *Reigen* kaum seinesgleichen" (*Three Plays* xv-xvi; *Literary Criticism* 388).[8]

Die Ansicht, daß der *Reigen* zu den freimütigsten Werken Schnitzlers gehört, vertritt auch Joseph W. Bailey, der 1920 feststellte:

> Im *Reigen* gestaltet Schnitzler das gleiche Thema [wie im *Anatol*] —daß nämlich alle Klassen der Menschheit den allgemeinen Leidenschaften unterworfen sind. . . . Wie im *Anatol*, macht sich auch im *Reigen* der Arzt in Schnitzler geltend, und als Studie zur Psychologie des Sexuellen hat das Stück wissenschaftlichen Charakter. Im weiteren Sinne betont es die allen Menschen gemeinsame Natur sowie die Tatsache, daß Klassenunterschiede einem Ansturm von elementaren Leidenschaften nicht standhalten. (Dramatic Works 302; *Literary Criticism* 391)[9]

Anfang der zwanziger Jahre wurde auch behauptet, finanzielle Erwägungen hätten Schnitzler bewogen, der Berliner *Reigen*-Aufführung von 1921 zuzustimmen:

> Finanzielle Erwägungen, so heißt es, haben zwanzig Jahre nach der Entstehung des Stückes seine Aufführung ermöglicht. Der *Reigen* ist wahrhaftig ein erstaunliches Werk . . . . Die Dialoge sind durchweg brillant, und die seriöse Intention des Stückes wird von den Schauspielern geschickt und feinfühlig herausgearbeitet. Doch zweifellos wäre es besser gewesen, es bei der privaten Lektüre des Stückes zu belassen, statt es aufzuführen, obwohl der Umstand als solcher nicht zu beklagen ist, solange es bei diesem Einzelfall bleibt. (Moult 230)[10]

2. *1923:* La Ronde *unter Beschuß*

a) *Aschs* Gott der Rache *als Stimmungsmesser*

Während des Ersten Weltkrieges wurden in der Stadt New York zahlreiche Stücke mit anzüglichen erotischen Titeln und sexuellem Inhalt gezeigt, die zum Teil von jiddisch schreibenden Autoren stammten. Diese Stücke waren direkter und derb-sinnlicher als die meisten anderen

Broadway-Produktionen. David Lifson weist darauf hin, daß besonders nach dem Tod von Jacob Gordin (1853-1909), dem Pionier des jiddischen Theaters,

> eine Unmenge von sexorientierten Dramen herausgebracht wurde. Kurz vor dem Eintritt der USA in den Ersten Weltkrieg waren düstere Melodramen sexuellen Inhalts äußerst populär, ungeachtet aller Bemühungen, bessere Stücke und solche nationalistischen Inhalts zu zeigen. Hier eine Auswahl aufschlußreicher Titel aus den Jahren 1915-16: *White Slaves* von Isadore Zolatorevsky; *Red Light* und *Red District* von Itzhok Lash; *Slave Dealer* und *Her Awakening* von Moishe Richter; und *The Pure Conscience* von Max Gabel. (567)[11]

Dieser Trend dauerte bis in die frühen zwanziger Jahre an, obwohl die entrüstete Öffentlichkeit immer wieder forderte, die Aufführung dieser Stücke zu verbieten. Doch erst 1923 schritt die Justiz ein. Das erste Stück, dessen weitere Aufführung man wegen angeblicher Unsittlichkeit untersagte, war Scholem Aschs Schauspiel *God of Vengeance* (*Gott der Rache*), das Max Reinhardt 1908 mit Rudolph Schildkraut (dem Vater des berühmten Schauspielers Joseph Schildkraut) in der Hauptrolle in Berlin inszeniert hatte.[12]

Im Mittelpunkt des *God of Vengeance* steht Yankel Chapchovich, der zusammen mit seiner Frau Sore, einer ehemaligen Prostituierten, im Erdgeschoß seines Hauses ein Bordell betreibt. Nach jüdischem Gesetz ist dies eine Sünde, und Chapchovich, der Gottes Rache fürchtet, will mit Gott ein Geschäft machen und versucht, ihn mit einer neuen Thorarolle zu bestechen, die er im Schlafzimmer seiner unberührten Tochter Rivkele unterbringt. Das hilft jedoch nichts, da seine Tochter sich mit einer Prostituierten aus dem Erdgeschoß einläßt. Als Chapchovich dies erfährt, wird er hysterisch, schickt seine Frau und seine Tochter nach unten und verflucht Gott, der ihn bestraft hat.

Wie Ellen Schiff in ihrem Artikel "A Play with a History, Both Dramatic and Legal" (Sonntagsausgabe der *New York Times*, 18. Oktober 1992) sagt, stellt der Prozeß des Jahres 1923 "den ersten Fall in der amerikanischen Rechtsgeschichte dar, bei dem die [12] Schauspieler und die Regisseure eines Bühnenstückes von einer Jury verurteilt wurden" (H: 6).[13] Ein wichtiger Grund, warum gegen dieses Werk gerichtlich vorgegangen wurde, war, daß die wohlhabende jüdische Bevölkerung New Yorks das Stück vehement ablehnte, und dies nicht nur wegen des zu dieser Zeit herrschenden äußerst starken Nationalgefühls. Nach Aussage der Theaterwissenschaftlerin Ellen Schiff fühlten sich diese Juden "durch das, was sie als osteuropäische Darstellung perversen jüdischen Verhaltens ansahen, tödlich gekränkt, und ihr Vorwurf, daß hier ein Sakrileg vorliege, trug wesentlich dazu bei, daß gegen den *God of Vengeance* ein Prozeß angestrengt wurde" (Ferrante 22).[14] Als Verteidiger fungierte bei diesem Prozeß Harry Weinberger, der gleichzeitig auch der Regisseur des Stückes war. Obwohl zahlreiche prominente Künstler und Schriftsteller, darunter Eugene O'Neill und Elmer Rice, zugunsten der Beklagten aussagten, befand die Jury den Regisseur und die Schauspieler für schuldig, ein "unmoralisches, unzüchtiges und obszönes"[15] Theaterstück aufgeführt zu haben, und Schildkraut und Weinberger mußten jeder eine Strafe von 200 Dollar bezahlen.

Der *Reigen* hat mit dem *God of Vengeance* das sexuelle Moment und den europäischen Hintergrund gemein. Ellen Schiffs Bemerkung bezüglich des *God of Vengeance* hat auch im Falle des *Reigen* Gültigkeit: "Selbst Kritiker, die die Wahrheit des Werkes [*God of Vengeance*] zu würdigen wußten, waren der Ansicht, daß es dem Geschmack und dem Verständnis der Amerikaner fremd sei" ("A Play with a History" H: 6).[16]

b) *Eine deutsch-amerikanische Reaktion*

1923 fand in Amerika etwas Ähnliches statt wie 1921 in Österreich und Deutschland: amerikanische Literaturwissenschaftler lobten den *Reigen*, während er von Kritikern, die für die Öffentlichkeit schrieben, angegriffen wurde. 1923 rühmte der amerikanische Literaturwissenschaftler Dukes Schnitzlers schonungslose, aber ehrliche Darstellung des Sexualtriebs, die sich beträchtlich von der Behandlung des gleichen Themas im *Anatol* und in *Liebelei* unterscheidet. Für Dukes ist der *Reigen* "seine [Schnitzlers] philosophische Meisterleistung, wenn nicht sein dramatisches Meisterwerk, denn in diesem Stück sagt er frei und ohne Einschränkung alles, was er denkt" (Arthur Schnitzler 44).[17]

Diese Ansicht wurde freilich vom "gemeinen Mann" nicht geteilt. Es scheint, daß einige der Vorurteile, die der *Reigen* in der Alten Heimat weckte, auch in die Neue Welt mitgenommen wurden. Ein typisches Beispiel ist in diesem Zusammenhang der deutsche Holzschneider und Radierer Fritz Endell, der von 1914 bis 1920 in den Vereinigten Staaten lebte. Die amerikanische Auffassung von Freiheit mit dem Mangel an Freiheit in der Alten Heimat vergleichend, stellte er 1923 fest:

> Es dürfte den meisten Deutschen unbekannt sein, daß in dem Lande der Freiheit . . . an eine Aufführung des *Reigens* niemals gedacht werden könnte, da bereits die Verschickung des Buches durch die Post in den Vereinigten Staaten eine strafbare Handlung ist, während *uns* [in Deutschland] die öffentliche Aufführung durch berittene Schutzmannschaft und Strafprozesse aufgezwungen ist. (Endell 284)

Endell war peinlich berührt von der "Junggesellenkunst" eines führenden deutschen Dramatikers, der seiner Meinung nach die patriotische Pflicht hatte, die während des Krieges von der ausländischen Presse vertretene Ansicht, die Deutschen seien eine moralisch verkommene Nation, zu widerlegen. Deshalb wies er Schnitzler mahnend darauf hin, daß es gegenwärtig, besonders nach dem Krieg, "mehr denn je vaterländische Pflicht [ist], *unseren literarischen Ehrenschild rein zu halten*" (285). Schnitzler schrieb Endell einen versöhnlichen Brief, in dem er die Bedeutung, die der *Reigen* für ihn habe, hervorhebt; außerdem fügte er hinzu, daß er es bedauern würde, "wenn ich in meinem Leben nichts anderes geschrieben hätte als dieses Buch, daß ich es aber unter den ungefähr zwei Dutzend, die erschienen sind, keineswegs missen möchte, sowohl um meinet- als um der deutschen Literatur willen" (285; Schnitzler, *Briefe 1913-1931*: 216; 905). Da Endell Schnitzler einen Gefallen getan und ihm einige alte Stiche zugeschickt hatte, fühlte Schnitzler sich verpflichtet, ihm ein Exemplar dieses umstrittenen Werks zu senden. Seine Reaktion auf die Lektüre beschreibt Endell wie folgt:

> Nachdem ich die zehn Akte mit ihrer ermüdenden und herausfordernden Schlußpointe gelesen, war mir zunächst klar, daß man ein solches Buch unmöglich in einem deutschen Haus aufbewahren könne, ich riß daher den Text fein säuberlich heraus und verbrannte ihn, nur den Deckel und das Widmungsblatt des Dichters zurückbehaltend. Ich bin zwar kein Literaturkritiker, aber soviel glaube ich sagen zu können, daß die künstlerische Form dieser Bühnenbilder kaum so bedeutend ist, daß um ihretwillen der Inhalt der deutschen Literatur, dem deutschen Theater hätte gerettet werden müssen. Da haben griechische bildende Künstler oder gar japanische in ihren erotischen Holzschnitten einen ganz andren Zauber verführerischer Formen entfaltet. (285)

c) *Intervention der Society for the Suppression of Vice und der Lord's Day Alliance März 1923*

Die englische Übersetzung des *Reigen*, die von F.L. Glaser und L.D. Edwards besorgt wurde und 1920 unter dem Titel *Hands Around* erschien, enthält folgenden Vermerk: "Von dieser nur für den Privatgebrauch bestimmten Ausgabe wurden 1475 Exemplare gedruckt; danach wurden die Druckplatten aus dem Verkehr gezogen" (Allen C 13e.1: 55).[18] Eine für März 1923 im New Yorker Green Room Club geplante Aufführung des *Reigen* mußte in eine Lesung umgewandelt werden, nachdem verschiedene Sittlichkeitsvereine interveniert hatten, allen voran die Society for the Suppression of Vice und die Lord's Day Alliance. Die Probleme, die der *Reigen* mit der Zensur hatte, sind ausführlich von Otto P. Schinnerer beschrieben worden. Auf Schinnerers 1931 erschienener Darstellung der *Reigen*-Rezeption in den Vereinigten Staaten fußen auch Waltons Bemerkungen aus dem Jahre 1966:

> Die Schwierigkeiten, die den *Reigen* erwarteten, als er nach New York kam, waren nichts Neues, doch der Vorwurf der Unsittlichkeit, der in Europa nur als leicht zu durchschauender Vorwand für antisemitische, religiöse und politische Vorurteil gedient hatte, wurde hier Wirklichkeit. Die Schritte, die man in Amerika gegen das Stück unternahm, waren völlig frei von religiöser oder politischer Voreingenommenheit, und der Protest äußerte sich nie in Form von Demonstrationen pöbelhafter Massen. Man ging fast ausschließlich gerichtlich gegen den *Reigen* vor . . . (73)[19]

Am 9. März 1923 berichtete die *New York Tribune* unter der Überschrift "Kahn, Heeding Protest, Won't Attend *Reigen*," daß John S. Sumner, Sekretär der Society for the Suppression of Vice, die Behörden ersucht habe, den *Reigen* zu verbieten (8). Harry S. Hecheimer, der Rechtsanwalt des Green Room Club, holte unverzüglich zum Gegenschlag aus. Wie *The World* vom 9. März 1923 in "Accuses Sumner of Criminal Libel in *Reigen* Attack" mitteilte, stellte er den Antrag, "John S. Sumner, Sekretär der Society for the Suppression of Vice, vor Gericht zu zitieren, um sich wegen böswilliger Verleumdung zu verantworten" (24).[20] Hecheimers Klage fußte auf einem Brief, den Sumner an den Polizeiinspektor geschrieben und in dem er den *Reigen* als obszönes Stück angeprangert hatte.

Schon davor war gegen Schnitzler wegen Unzüchtigkeit und Pornographie Klage erhoben worden. 1922 hatte John S. Sumner einen Prozeß gegen *Casanova's Homecoming* (1921 von Thomas Seltzer veröffentlicht) angestrengt, mit der Begründung, diese Erzählung sei unmoralisch. Richter Simpson stellte jedoch in seinem Urteil fest, daß dieses von Seltzer veröffentlichte literarische Werk "ein charakteristischer Beitrag zur Literatur der Gegenwart" sei (Anon., *Casanova's Homecoming* in Court 595).[21] Sumner, der mit diesem Entscheid nicht zufrieden war, setzte seinen Kampf gegen dieses Buch fort und brachte den Fall vor eine Anklagejury, die nach einer langen Debatte die Anklage für recht befand. Seltzer, der die hohen Kosten eines weiteren Prozesses scheute, erklärte sich bereit, dieses Werk zurückzuziehen, falls man das Verfahren einstellte.

Harry Hecheimer, der höchstwahrscheinlich von all dem wußte, kündigte außerdem an, er werde das Oberste Bundesgericht bitten, eine einstweilige Verfügung zu erlassen, um die Polizei daran zu hindern, gegen die geplante Aufführung am Sonntagabend vorzugehen. Man würde keinen Eintritt verlangen, und Frauen hätten keinen Zutritt. Diese Aufführung wurde zur Unterhaltung von dem 1867 in Mannheim geborenen Mr. Otto Hermann Kahn in Szene gesetzt. Otto Kahn war erfolgreicher Bankier und hatte ebenfalls viele Ehrenämter inne; er war ehrenamtlicher Direktor der Royal Opera in Covent Garden, Vorsitzender der Metropolitan Opera, Vorsitzender der Französisch-Amerikanischen Verbindung für musikalische Künste, Vizepräsident des Symphonieorchesters in Philadelphia, und er saß im Vorstand einiger angesehenen Hochschulen, wie z.B. in Rutgers College und dem Massachusetts Institute for Technology. Zusätzlich hatte er viele hohe Auszeichnungen von europäischen und nicht-europäischen Staaten erhalten (Italien, Frankreich, Japan).[22] Kahn hatte zuerst die Einladung zu dieser Vorstellung angenommen, dann aber seinen Entschluß dahingehend geändert, daß er nur zu dem vorher stattfindenden Dinner kommen wolle. Er schrieb Sumner einen längeren Brief, der unter der Überschrift "Otto H. Kahn Drops Plan to See *Reigen*" in der *New York Times* vom 9. März 1923 erschien und mit folgenden Worten endet:

> Ich will an keiner Veranstaltung teilnehmen, die den Gefühlen und den moralischen Anschauungen eines beträchtlichen Teils der Gesellschaft, dessen Motive Respekt verdienen, zuwiderläuft, und ohne damit ein Urteil über die Meriten der Angelegenheit fällen zu wollen, beabsichtige ich, mich im vorliegenden Fall entspre-chend zu verhalten. (A: 3)[23]

An diesem Punkt schaltete sich Harry Reichenbach ein, der nicht nur die Stelle eines Offiziers im Green Room Club bekleidete, sondern der sich auch als erfolgreicher Publicity-Mann einen Namen gemacht hatte. Er war dafür bekannt, vor keiner Mühe (und Ausgabe) zurückzuscheuen, um für ein Stück zu werben. So ließ er z.B. Löwen in das New Yorker Hotel Belleclaire bringen, um für Tarzan zu werben, und er hatte eine Gruppe Scheiks im Hotel Majestic untergebracht, um für die Produktion *The Virgin of Stamboul* die Werbetrommel zu rühren. Seine außergewöhnlichen Werbemethoden legten die Vermutung nahe, daß er sich nur deshalb in die *Reigen*-Kontroverse einschaltete, um für eine andere, noch nicht bekannte Theaterproduktion Reklame zu machen. Reichenbach stellte diesen Reklametrick in Abrede und betonte, daß er sich nur aus rein künstlerischem Interesse eingeschaltet habe, denn er habe die Berliner Aufführung 1922 gesehen, und er halte den *Reigen* durchaus für bühnengeeignet. Was den Krawall in Berlin betreffe, so sagte er in einem Interview, das die *New York Tribune* vom 9. März 1923 unter der Überschrift "Kahn, Heeding Protest, Won't Attend *Reigen*" veröffentlichte, "daß der Krawall von Studenten angezettelt wurde, weil sie wegen der begrenzten Kapazität des Theaters keine Karten mehr bekamen, nicht aber, weil sie etwas gegen das Stück hatten" (8).[24]

Reichenbach bezieht sich hier zweifellos auf einen längeren Artikel von William G. Shepherd, der unter der Überschrift "*Reigen*: Germany's New Drama Produced by a Woman" im Feuilletonteil der *World* vom 12. Juni 1921 erschienen war und ein Interview mit Gertrud Eysoldt enthält; darin sagt die deutsche Regisseurin: "Der kleine Krawall, der neulich in dem Berliner Theater stattfand, wurde von Studenten angezettelt. Die Polizei hat nicht uns verhaftet, sondern die Studenten. Der *Reigen* wird eine lange Zeit laufen, bevor die Polizei gegen ihn einschreitet; sie weiß, daß die Leute ihn sehen wollen. So sieht die Sache aus" (5).[25]

Mit den im obigen Zitat erwähnten "Leuten" sind die Deutschen oder genauer gesagt: die Berliner gemeint, und Shepherd bezichtigt die Besucher einer *Reigen*-Darstellung der moralischen Verderbnis:

> Der *Reigen* ist Berlins "unanständigstes" Stück. Es hat in dieser Theatersaison gewagte Stücke und Stückchen gegeben, fragwürdige Stücke und ausgesprochen freche Stücke. Diese Darbietungen haben die ganze Skala durchlaufen. Doch der *Reigen* übertrifft sie alle. Der *Reigen* würde entweder zehn Jahre hintereinander jeden Abend

> den Madison Square Garden füllen, oder der potentielle Regisseur würde den Rest seines Lebens in Sing Sing verbringen, wenn er nicht auf den elektrischen Stuhl käme. Um die Wahrheit zu sagen: in New York könnte das Stück gar nicht gegeben werden. In Wien ist es deswegen zu Tumulten gekommen, gleichwohl wird es dort immer noch gezeigt; desgleichen hat es in München Tumulte gegeben, doch ein Ende der Münchner Aufführungen ist nicht in Sicht; auch in Berlin hat vor einigen Tagen eine halbherzige Protestaktion stattgefunden. . . [doch] die Öffentlichkeit glaubt, der Berliner Krawall sei ein Reklametrick gewesen. (5)[26]

Nach Auffassung Shepherds unterscheidet sich das amerikanische Publikum insofern vom europäischen, als sein Geschmack in Sachen Theater stärker von ethischen Grundsätzen geprägt und altmodischer, daher gesünder sei; Shepherd kommt deshalb zu dem Schluß, daß eine Aufführung des *Reigen*

> in Amerika absolut unmöglich ist. Ein amerikanischer Rezensent könnte aus Schicklichkeitsgründen noch nicht einmal den Inhalt nacherzählen. . . . Ich war froh, daß in Amerika kein Bedürfnis nach dem *Reigen* besteht. Der Umstand, daß das amerikanische Publikum nicht lautstark danach verlangt, erfüllte mich mit einem altmodischen, puritanischen Gefühl der Freude—obwohl die meisten Amerikaner in Berlin sich das Stück ansehen. (5)[27]

Wie aus einer Erklärung von Dr. Henry L. Bowlby, dem Sekretär der Lord's Day Alliance, zu ersehen ist, lieferte dieser Artikel den Gegnern der Aufführung des Jahres 1923 Munition. Besagte Erklärung wurde auch in der *World* vom 9. März 1923 veröffentlicht ("Accuses Sumner of Criminal Libel in *Reigen* Attack"): "Ich habe in der *World* vom 12. Juni 1921 eine exzellente Besprechung dieses Stückes gelesen, die sehr deutlich vor Augen führt, daß das Stück auf keinen Fall auf der Bühne gezeigt werden sollte. Das bringt die Leute auf..." (Section 11: 24).[28]

Sumners Meinung, die mit der Bowlbys übereinstimmt, kann man in dem bereits erwähnten Artikel "Otto H. Kahn Drops Plan to See *Reigen*" nachlesen, der am 9. März 1923 in der *New York Times* erschien. Dieser Artikel enthält den vollständigen Text des Briefes, den Kahn an Sumner geschrieben hatte, und gibt darüber hinaus Sumners Einwände gegen das Stück wieder:

> "Ich bin 1921 auf dieses Stück gestoßen", sagte er [Sumner], "in einer englischen Übersetzung, die, glaube ich, in England gedruckt wurde und in unserem Land, soviel ich weiß, wenig Verbreitung gefunden hat. Das Stück ist nichts anderes als die Darstellung einer Reihe unmoralischer Akte. Es ist eine Sache von der Art, die die Polizei bei einem Herrenabend in der Second Avenue unterbinden würde, und ich sehe nicht ein, warum ihm eine andere Behandlung zuteil werden sollte, bloß weil es unter der Schirmherrschaft des Green Room Club aufgeführt werden soll." (A: 3)[29]

Unter der Schlagzeile "*Reigen* Postponed After Setbacks. Belasco Theatre Cancels Permission and Court Refuses to Enjoin Rule" informierte die *New York Times* vom 10. März 1923 (Sonnabendausgabe) ihre Leser über die Schwierigkeiten, die der Aufführung dieses Stückes entgegenstanden:

> Zusätzlich zu dem Rückzieher, den der Ehrengast Otto H. Kahn gemacht hat, trafen den Green Room Club gestern noch andere entmutigende Schläge. Richter Mullan vom Obersten Bundesgericht lehnte es ab, der Polizei eine Einmischung in die Aufführung zu untersagen. Die Direktion des Belasco Theatre zog die Erlaubnis, den *Reigen* im Belasco Theatre aufzuführen, zurück. Der stellvertretende Staatsanwalt Pecora lehnte es ab, gegen John S. Sumner ein Verfahren wegen böswilliger Verleumdung einzuleiten. Gestern abend schien es so, als hätte Sumner einen vollständigen Sieg errungen. (A: 9)[30]

Reichenbach ließ die Sache jedoch nicht auf sich beruhen. Im gleichen Zeitungsartikel kündigte er an, daß man das Stück am Sonntag auf die Bühne bringen würde, wenn nicht im Belasco Theatre, dann im Earl Carroll Theatre, und da man es nicht spielen könnte, würde man es vorlesen: "Die Gäste und die Journalisten, die an dieser Veranstaltung teilnehmen, betrachten wir, gemäß diesem Werbefachmann, als Gruppe unvoreingenommener, unparteiischer und rechtschaffener Bürger, die aufgefordert sein werden, darüber zu befinden, ob der *Reigen* moralisch akzeptabel ist oder nicht" (A: 9).[31]

Die Lesung des Stückes fand dann schließlich in Anwesenheit eines Detektivs und eines Polizisten im Green Room Club statt, während ein anderer Detektiv vor dem Club stationiert war. Diese Vorsichtsmaßnahmen wurden wahrscheinlich getroffen, um die Mitwirkenden vor denen zu schützen, für die dieses Werk moralisch nicht akzeptabel war. *The World* vom 12. März 1923 berichtete darüber wie folgt ("*Reigen* is Read, But Not to Kahn"):

> Hal Crane und Ralph Stewart, die Regisseure der ursprünglich geplanten Aufführung, lasen das Stück auf der Bühne des Saals im zweiten Stock des Clubhauses. Ungefähr fünfzig Clubmitglieder und ihre Gäste waren anwesend. Mr. Kahn ging nach Beendigung des Dinners und nahm an der Lesung nicht teil. Die Polizei schritt weder während der Lesung des Manuskripts und der Erläuterung der Bühnenvorgänge noch danach ein. (A: 9)[32]

Man war sorgsam darauf bedacht, während der Lesung nicht gegen den guten Geschmack zu verstoßen. Die *New York Tribune* vom 12. März 1923 berichtete in ihrem Artikel "Kahn Missing, When *Reigen* is Finally Read", daß "all die Küsse, die im Stück in großer Zahl getauscht werden, jeweils durch ein kurzes Kopfnicken angedeutet wurden, an dem die Society for the Suppression of Vice wohl kaum etwas auszusetzen haben dürfte" (8).[33] Das männliche, aus Schauspielern bestehende Publikum spendete reichlich Beifall. Interessant ist in diesem Zusammenhang eine Erklärung, die Rollo Lloyd, der Vorsitzende des Committee on Arrangements, abgab, nämlich daß der Club nie die Absicht gehabt habe, das Stück der breiten Öffentlichkeit vorzuführen, "nicht so sehr, um die Öffentlichkeit vor Arthur Schnitzler zu schützen, sondern vielmehr, um Arthur Schnitzler vor der Öffentlichkeit zu schützen, die ihn entwürdigen würde" (8).[34]

Wie die *New York Times* vom 12. März 1923 in ihrem Artikel "Green Room Guests Hear *Reigen* Read" berichtete, wies Reichenbach abschließend darauf hin, daß Amerika eine große Verantwortung habe und den Europäern zeigen müsse, was kultureller Geschmack sei,"besonders wenn Europa in diesen Dingen hinterherhinkte" ([A]: 6).[35]

Dieser Anspruch auf kulturelle Hegemonie wurde von Henry Obermeyer in der *New York Times* vom 11. Mai 1923 (Sonntagsausgabe) etwas eingeschränkt. In diesem, mit "Provinces versus Berlin" betitelten Artikel erwähnt Obermeyer zwei gegensätzliche Ansichten über das deutsche Theater und die deutsche Kultur:

> Die Deutschen werden einerseits als ein Volk dargestellt, das sein künstlerisches Gewissen entdeckt und es gewagt hat, diese Entdekkung in die Tat umzusetzen; andererseits als eine Nation von Schar-

> latanen, die anstelle des Hauptzelts eine Jahrmarktsbude aufgestellt hat, weil das mit mehr Tamtam verbunden ist und weniger Mühe erfordert. (Section 8, X: 2)[36]

Obwohl der *Reigen* hier nicht genannt wird, läßt sich schlußfolgern, daß dieses Stück unter die Kategorie "Jahrmarktdarbietung" fällt:

> Nachdem der Schreiber des Vorliegenden in diesem Winter vier Monate lang fast jeden Abend in Deutschland ins Theater gegangen ist, hat er die Überzeugung gewonnen, daß unsere ehemaligen Feinde als Experimentatoren stark überschätzt worden sind, während man sie in anderer und—wie viele meinen—weit wichtigerer Hinsicht nicht nur unterschätzt, sondern konsequent ignoriert hat. Dieses schiefe Bild ist darauf zurückzuführen, daß sich die amerikanischen Beobachter der deutschen Theaterszene hauptsächlich in Berlin und in ein oder zwei anderen Städten umgetan haben, wo die Jahrmarktschreier am lautesten sind. (Section 8, X: 2)[37]

Und diese Marktschreier locken Leute an, die sich die überhöhten Eintrittspreise leisten können, nicht Leute, die ein ernsthaftes Interesse an den Stücken haben. Auch sei es besser, ein Theater zu besuchen, in dem die Stücke amerikanischer Dramatiker gezeigt werden, weil es in Amerika ebenso hervorragende Schriftsteller gebe wie in Europa. Ein Ausländer könne in New York zu dem irrigen Schluß kommen, "daß wir für unsere dramatische Kost fast gänzlich auf ausländische Stücke angewiesen sind und daß wir keine einheimische Dramenproduktion haben, die den Namen verdient" (Section 8, X: 2),[38] und das treffe absolut nicht zu. Mit anderen Worten: dem *Reigen* wird hier eine doppelte Abfuhr zuteil, denn erstens fällt er unter die Kategorie "Jahrmarktdarbietung" und zweitens ist er ein ausländisches Werk.

Besser sei es, wie Emil Lengyel in der *New York Tribune* (*Weekly Review of the Arts*) vom 11. März 1923 vorschlägt, sich in puncto Theater an Wien zu halten, aber auch das nur mit Einschränkung. In seinem Artikel, der den Titel "Modern Austrian Theater is Reflection of Rome's Last Days" trägt, macht Lengyel darauf aufmerksam, daß die Wiener in ihren neuen Stücken zwar auf Sinnlichkeit Wert legen, daß sich der Wiener Genius jedoch hauptsächlich in der Operette äußere:

> Wenn wir von der reinen dramatischen Kunst sprechen, so fallen uns aus der Vergangenheit kaum andere österreichische Autoren als

> Kotzebue und Grillparzer ein, aus der Gegenwart Schnitzler, Schoenherr und Wildgans, Autoren, deren Ruhm bis zu Orten durchgedrungen ist, die von der bezaubernden Metropole an der blauen Donau weit entfernt sind. Gewiß, viele europäische Nationen würden sich glücklich schätzen, wenn sie solche Namen vorweisen könnten, doch bedenkt man die Leistungen, die der Wiener Genius in anderen Bereichen von Kunst und Literatur vollbracht hat [zum Beispiel auf dem Gebiet der Operette], dann kommt man zu dem Schluß, daß der Vergleich eher zuungunsten des Dramas ausfällt. (4)[39]

Die Gründe hierfür seien, wie Lengyel darlegt, einerseits mit der großen Nachfrage nach Theater-Darbietungen verbunden, andererseits aus der schlechten Wirtschaftslage und der Inflation zu verstehen. Das erstere, da in der Nachkriegszeit die Bevölkerung in der Welt der Illusion die schreckliche Realität der Gegenwart vergessen möchte—also wie im Rom zu Zeiten Neros nach *panem et circenses* schrie—, das letztere, da der Schilling von Tag zu Tag seinen Wert verlöre. Um wenigstens etwas von dem dahinschwindenden Geld zu haben, ginge man ins Theater. Die gebotenen Stücke jedoch seien künstlerisch nicht allzu wertvoll. Während man noch Hans Muellers *Flamme* und *Vampir* gelten lassen könnte, sei die Mehrzahl der anderen Produktionen mit ihrem übersteigerten Naturalismus ein Abfallen gegenüber dem "reinen" Theaterangebot des Burgtheaters. Mit anderen Worten: Je schlechter die Zeiten, desto sinnlicher die Darbietungen, die das Publikum die Misere des Alltags vergessen machen, oder wie Lengyel schreibt: "Die Zuschauer tolerieren nicht nur, daß das Leben von Adam und Eva ohne auch die geringste Andeutung eines Feigenblatts auf den Wiener Bühnen gezeigt werde, sondern sie sind gierig danach."[40] Das Fazit für die Staaten, so scheint Lengyel zu sagen, sei es, nur einiges aus den "sinnlichen" neuzeitlichen Produktionen auszuwählen. Es ist anzunehmen, daß der *Reigen* für ihn nicht zu dieser Auswahl gehört.

3. *Erste amerikanische Aufführung des* Reigen (Hands Around) *am 23. Oktober 1926 im Triangle Theatre in New York*

Die erste amerikanische Aufführung des *Reigen* fand am 23.Oktober 1926 im Triangle Theatre, New York statt; Regie führte Kathleen Kirkwood, die das Stück auch übersetzt hatte. Es lief mehrere Wochen lang, ohne daß es zu irgendwelchen Behinderungen kam, was wahrscheinlich auf die exklusive Natur dieser Inszenierung zurückzuführen ist, zu der nur ein männliches Abonnementspublikum Zugang hatte. Kein anderes Theater wagte es, den *Reigen* aufzuführen, weil das Buch auf Betreiben von John S. Sumner, der 1923 schon die *Reigen*-Aufführung im Green Room Club verhindert hatte, im Staate New York verboten worden war. Auf den gerichtlichen Prüfstand kam die Angelegenheit dann im Herbst 1929, als man bei der Durchsuchung einer Buchhandlung ein Exemplar von *Hands Around* entdeckte. Der Besitzer der Buchhandlung, dem man vorwarf, gegen Paragraph 1141 des Strafgesetzbuches verstoßen zu haben, mußte sich vor Gericht verantworten, doch Richter Louis Brodsky vom Magistrate's Court des Bezirks Manhattan wies die Klage ab und begründete seinen Entscheid wie folgt:

> Obwohl das Thema des Buches zugegebenermaßen das durchaus universelle literarische Thema der Beziehung zwischen Mann und Frau ist, behandelt der Autor es hier auf eine kalte und analytische, man könnte sogar sagen wissenschaftliche Weise, die jede schlüpfrige Interpretation ausschließt. Bei einer sorgfältigen Prüfung stellt man fest, daß der Text nicht eine einzige Zeile, nicht ein einziges Wort enthält, das nach Maßgabe des Gesetzes als obszön, unanständig, lasziv, schmutzig, unzüchtig oder abstoßend gelten könnte. (Anon., Judges 2758)[41]

Andere Richter hingegen stimmten mit diesem Urteil nicht überein; sie fanden das Buch obszön und pornographisch, und sie versuchten mit allen Kräften, die Aufhebung des Verbots rückgängig zu machen, so daß die *Publishers' Weekly* folgenden warnenden Hinweis brachte:

> Der Court of Special Sessions hat *Hands Around* für ein obszönes Buch befunden, und der einflußreiche Mr. Sumner hat jetzt die Möglichkeit, den Verkauf des Buches in New York zu unterbinden. Richter Frederick Kernochan [und andere]. . . waren anderer Ansicht als Richter Brodsky und vertraten die Auffassung, das Buch, "eine schmuddelige Darstellung von zehn unerlaubten Liebesbeziehungen", sei "obszön und unzüchtig". Der New Yorker Buchhändler wird in diesen unruhigen Zeiten sehr genau darauf achten müssen, was die Gerichte sagen. (Anon., Judges 2759)[42]

Die Aufhebung des Verbots wurde 1930 durch eine Entscheidung, die das oberste Gericht von New York in zweiter Instanz fällte, sowie durch eine Entscheidung des Berufungsgerichtes des Staates New York bestätigt. Herbert Foltinek führt dies in seinem Artikel "Arthur Schnitzler in Amerika" an:

> Auch in Amerika blieb der in Deutschland und Österreich so umstrittene *Reigen* nicht von Angriffen verschont. Obwohl das Stück nur in einer sehr begrenzten Auflage im Privatdruck erschienen war —selbst die späteren Aufführungen konnten nicht öffentlich erfolgen—, wurde sogar der Verkauf dieser Exemplare in New York gerichtlich untersagt. Erst in den Dreißigerjahren konnte *Reigen* auf den amerikanischen Büchermarkt kommen. Doch selbst Schnitzlers Novelle *Casanovas Heimfahrt* erregte in Amerika Anstoß. Schon bei seinem ersten Erscheinen war das Werk verboten worden. Acht Jahre später brachten Simon and Schuster die Novelle heraus und konnten die Veröffentlichung gegen erbitterte Angriffe behaupten. (209)

4. Casanova's Homecoming *und* Hands Around: *Das Ende des Rechtsstreits im Jahre 1930*

1930 veröffentlichte George Viereck sein Interview mit Arthur Schnitzler in seinem Buch *Glimpses of the Great*. In diesem Interview betonte Schnitzler, daß er *Fräulein Else*, *Das weite Land*, *Der einsame Weg* und *Casanovas Heimfahrt* zu den bedeutendsten seiner Werke rechne. Gefragt, was seine Einstellung *Reigen* gegenüber betreffe, erwiderte er: "Ich betrachte dies als mein unwichtigstes [Werk]. Aber die Verhandlung, die seiner Unterdrückung folgte, eine Verhandlung, in der es um die Zensur selbst ging, war interessant. Die Aussagen allein füllen sechs hundert Seiten" (408).[43]

1930 ging auch der siebenjährige Rechtsstreit um *Casanova's Homecoming* zu Ende, ein Kampf, an dem sich John S. Sumner persönlich beteiligte. Nachdem dieses umstrittene Werk 1923 einer Anklagejury vorgelegt worden war, verkaufte Seltzer 1925 seinen Verlag an Simon and Schuster, die dann die Veröffentlichung von Schnitzlers Werken in den Vereinigten Staaten fortsetzten. Wie die *Publishers' Weekly* am 14. Dezember 1929 berichtete, gefährdete dieser langwierige Rechtsstreit jedoch den Verkauf der Werke. Sumner verurteilte "das Gesamtwerk des Autors, weil eine frühere Übersetzung von Schnitzlers Schriften zurückgezogen worden war, nachdem die Vice Society mit rechtlichen Schritten gedroht hatte" (Anon, Judges 2758-2759).[44] Simon and Schuster setzten sich zur Wehr und teilten in einer von der *Publishers' Weekly* (16. August 1930) auszugsweise abgedruckten Verlautbarung mit, daß

> es der zentralen Verlagsleitung widerstrebt, den Fall vor Gericht zu bringen, erstens, weil dadurch *Casanova's Homecoming* unverdienterweise in den Ruf eines schmutzigen Buches gerät, und zweitens, weil das Zeit und Geld kostet. Doch wir fechten diese Sache aus, um das—wie wir meinen—große Werk eines großen Autors zu verteidigen, ein Werk, das die billigen Mätzchen, die die New Yorker Society for the Suppression of Vice darum macht, nicht verdient. (Anon., *Casanova's Homecoming* in Court 595)[45]

Daß es Simon und Schuster nicht nur um *Casanovas Heimfahrt*, sondern auch um den *Reigen* ging, geht aus Schnitzlers am 18.10.1930 an Otto P. Schinnerer geschriebenen Brief hervor:

> Über den *Casanova*-Prozeß bin ich aus amerikanischen Zeitungen, zum Teil auch aus Briefen Simon & Schusters unterrichtet. Nach einem nicht klaren Telegramm scheint er [der Verlag Simon & Schuster] sich auch für die Freigabe des *Reigen* zu interessieren. Er verlangte irgend eine Autorisation für seinen Anwalt von mir; ich habe ihn um nähere Daten gebeten. (Schnitzler, *Briefe 1913-1931*: 716)

Simon and Schuster gewannen den Prozeß; *The Publishers' Weekly* vom 27. September 1930 setzte ihre Leser von dem Urteil, das Richter Gottlieb am 25. September 1930 gefällt hatte, in Kenntnis und wies außerdem darauf hin, daß dieses Werk wieder für den Buchhandel freigegeben sei: "[Der Richter] würdigte Arthur Schnitzler als einen der größten Schriftsteller der Welt und bezeichnete *Casanova's Homecoming* als wertvollen Beitrag zur Literatur . . . *Casanova's Homecoming* wird deshalb ab sofort überall im Land wieder im Buchhandel erhältlich sein. (Anon., *Casanova's Homecoming* Cleared 1532)[46]

Schnitzler war sehr erfreut über dieses Urteil, besonders da er sich von der Freigabe *Casanovas* materiell günstige Vorteile erhoffte. Für ihn war die Freisprache des *Reigen* jetzt nur eine Frage der Zeit. In diesem Sinne erwähnte er in seinem Dankschreiben vom 29.10.1930 an den Anwalt Morris L[eopold] Ernst: "Wie ich den Nachrichten von Schuster & Simon entnehme, führen Sie nun auch die Angelegenheiten des *Reigen*. Ohne daß ich über Einzelheiten näher informiert wäre, bin ich überzeugt, daß der Fall bei Ihnen in den besten Händen ruht, und ich bin sehr gespannt so bald als möglich Näheres zu erfahren" (Schnitzler, *Briefe 1913-1931*: 718).

Am 4. Oktober 1930 erschien dann in der *Publishers' Weekly* ein Artikel, der direkt gegen Sumner gerichtet war und an die Entscheidung des Gerichtes erinnerte: "Das Buch darf nicht nach den Maßstäben der viktorianischen Zeit beurteilt werden. Die Bewertungskriterien für Stücke und Bücher und die Verhaltensweisen der Menschen haben sich so verändert, daß das, was gestern als obszön und unmoralisch galt, heute durchaus akzeptabel ist" (Anon., Sumner 1615).[47] Des weiteren heißt es in diesem lobenden Artikel, daß

> *Casanova's Homecoming* mit Recht als höchst moralisches Buch angesehen werden kann, denn der Zweck dieser Erzählung ist, die zerstörerischen Wirkungen eines unmoralischen und ausschweifenden Lebenswandels vorzuführen. Mr. Sumners Fehleinschätzung rührt wahrscheinlich daher, daß Mr. Sumner vergessen hat, daß der in Schnitzlers Buch geschilderte Casanova der alte Casanova und nicht der fröhliche junge Wüstling früherer Geschichten ist. (Anon., Sumner 1615)[48]

Sumner, der mit diesem Gerichtsentscheid nicht zufrieden war und den diese Attacke gegen seine Integrität erzürnte, beantragte, daß das Buch einer Anklagejury vorgelegt werde, die über dessen sittlichen Wert befinden sollte. Dem Antrag wurde stattgegeben, und nachdem die Mitglieder der Anklagejury das Buch gelesen hatten, wiesen sie die dagegen erhobenen Vorwürfe zurück. Über die endgültige Ehrenrettung dieses umstrittenen Werks heißt es in der *Publishers' Weekly* vom 1. November 1930:

> Diese Entscheidung ist der vierte und endgültige Sieg, den *Casanova's Homecoming* vor Gericht errungen hat. Unter den bekannten Persönlichkeiten, die sich die Verteidigung des Buches angelegen sein ließen, befanden sich Sinclair Lewis, Henry L. Mencken, Charles Francis Potter, John Erskine, Roy W. Howard, John Cowper Powys, Heywood Broun, Harry Hansen und viele andere. (Anon., Casanova's *Homecoming* Vindicated 2083)[49]

Das Schlußwort zu diesem speziellen Kapitel der gegen Schnitzler erhobenen Vorwürfe, ein pornographischer Autor zu sein, schrieben

1930 Simon and Schuster in Form eines Leserbriefs an die *Saturday Review of Literature*:

> Offenbar hatte außer Mr. John S. Sumner niemand in der Öffentlichkeit etwas an *Casanova's Homecoming* auszusetzen. Als bezahlter Vertreter einer behördlich nicht genehmigten Vereinigung fühlte Mr. Sumner sich berufen, einzelne Passagen des Buches aus dem Zusammenhang zu reißen und das Werk als Ganzes nicht nur als "obszön", sondern als "durchgehend obszön" anzuprangern. So lautete Mr. Sumners Urteil. Doch niemand teilte dieses Urteil. Kein Gericht, kein Richter, keine juristische Körperschaft hielt es für angebracht, seine Beschuldigungen zu bestätigen. Im Gegenteil, die führenden Kräfte der modernen Gesellschaft, die Lehrer, die Redakteure, die Erzieher, die Ärzte, die Kritiker, die Psychiater, die Geistlichen scharten sich prompt und auf eindrucksvolle Weise zur Verteidigung eines unbestreitbaren Klassikers der modernen Literatur zusammen. Am aufgeklärten Urteil der Öffentlichkeit konnte kein Zweifel sein. (372)[50]

Sumner und seinen Mitarbeitern wurde der Rat erteilt,

> ihre Aktivitäten nur da zu entfalten, wo es angebracht ist, und gegen die Verbreitung schmutziger Postkarten und pornographischer Filme vorzugehen. Wir fordern jedoch, daß sie die Freiheit, die echte Literatur in Amerika genießt, respektieren und sich an die Regeln des guten Geschmacks und der Kultiviertheit halten" (Simon & Schuster 372).[51]

Vieles von dem, was über *Casanova's Homecoming* gesagt wurde, trifft auch auf den *Reigen* zu. Interessant ist auch das Verhalten Sumners, der, wie sein Kollege Brunner in Deutschland, sittlichen Anstoß genommen hatte und in der Verbreitung von Werken wie *Reigen* und *Casanovas Heimfahrt* eine Gefährdung der Jugend sah. Beide verloren ihren Prozeß, und die Freiheit der Kunst in Deutschland und den Staaten war, wenn auch nur für kurze Zeit, gewährleistet. Der Unterschied jedoch war, daß die Prozeßführung in den Staaten bedeutend ruhiger und unter Ausschluß der Öffentlichkeit gerichtlich vor sich ging, während es in Deutschland zu pöbelhaften Ausschreitungen kam.

Zwei Jahre nach der Freisprechung von *Casanova's Homecoming* veröffentlichte Sol Liptzin seine bedeutende Studie über Schnitzler, in der er folgendes über den *Reigen* schreibt:

> Er ist einem Totentanz vergleichbar, wie ihn die mittelalterlichen Künstler gern darstellten. . . . In leidenschaftslosen, melancholischen Gesprächen sucht Schnitzler das Kleinliche, Brutale und Absurde jener Art von sexuellen Erlebnissen darzustellen, die rein körperlich und ohne seelische Bedeutung sind. Mit peinlicher Genauigkeit seziert er das, was einige Leute Liebe zu nennen wagen, was für ihn jedoch eine gräßliche Entweihung dieses hehren Begriffs darstellt. Er zeigt auf, wie viel vom menschlichen Leben um eines momentanen Vergnügens willen vergeudet wird, wie wenig dieses flüchtige Erlebnis denkenden Wesen eigentlich bedeuten sollte und wie furchtbar und zwangsläufig die Enttäuschungen sind, die auf solche Momente folgen. Mit erstaunlichem Mut reißt er die Maske der Heuchelei herunter, hinter der sich die Sexualität verbirgt. . . . Er entnimmt seine Figuren allen sozialen Schichten und allen Lebensbereichen und stellt jede als gleichermaßen bemitleidenswert dar. (98)[52]

5. *Das Verbot des* Reigen-*Films im Staate New York 1952*

Während die British Film Academy Max Ophüls' Filmversion des *Reigen*, die im September 1950 in Paris und Monte Carlo uraufgeführt wurde, zum besten Film des Jahres 1951 erklärte, wurde der Streifen 1952 im Staate New York von der Division of Motion Pictures des State Education Bureau und der National Legion of Decency verboten. Er wurde in die Kategorie "C" (als Abkürzung für "condemned") eingeordnet, denn er neige "zu moralischer Verderbnis."

Interessant in diesem Zusammenhang ist, daß die amerikanische Filmindustrie selbst eine Vorzensur durch die *Production Code Administration* ausübt. Dieser Hinweis wurde von der *Braunschweiger Presse* vom 8. Februar 1954 unter dem Titel "Der Reigen geht weiter: Er ist in den USA bereits *gesäubert*" der deutschen Leserschaft folgendermaßen mitgeteilt:

> Die amerikanische Selbstkontrolle hat als Grundlage einen schriftlich fixierten Code von 30 Druckseiten Umfang, der im Jahre 1927 angenommen wurde und von dem Jesuitenpater Lord ausgearbeitet worden ist. Seine zahlreichen und ins einzelne gehenden Bestimmungen zielen darauf ab, *Schund und Schmutz* . . . aus der Filmpro-

duktion auszuschalten. Der Standard ist dabei sehr hoch angesetzt worden: in einem Land, in dem ein geschiedener Mann als Präsidentschaftskandidat keine Aussichten hätte, soll auch der Film, so weit wie möglich, die Normen der guten Sitte widerspiegeln. . . . Völlige *Freiheit* herrschte in Hollywood unmittelbar nach dem ersten Weltkrieg,—mit dem Ergebnis, daß Skandale sich häuften. . . Zehn Jahre später hatte sich die Disziplin so weit gelockert, daß die Bestimmungen des Codes in einem einzigen Vierteljahr 1934 von 133 neuen Filmen mißachtet wurden. Die Kirchen und die Religionsgemeinschaften drohten mit dem Boykott, und die Filmindustrie hat von da an im eigenen Interesse auf strenge Einhaltung des Codes gedrängt. . . . Es wird sicher viele Amerikaner geben, die die Notwendigkeit solcher puritanischen Entscheidungen bedauern, aber auch sie haben lieber auf den *Reigen* verzichtet, als daß sie die Krisen von 1922 und 1934 wiederkehren sehen wollen.

Wie das *Souvenir Programme*, das den Hinweis "Ausschließlich für Erwachsene" enthält, deutlich zeigt, hatte der Filmverleih in den Vereinigten Staaten ein Aufführungsverbot vorausgesehen:

> Wir freuen uns, den aufregenden französischen Film *La Ronde* zeigen zu können. Zweifellos wird er zu heftigen Auseinandersetzungen und vielleicht sogar zu scharfer Kritik Anlaß geben, doch wir sind der Meinung, daß man den Kinogängern zumindest die Möglichkeit geben sollte, ihn zu sehen. . . . Wir müssen jedoch hinzufügen, daß *La Ronde* ein Film für Erwachsene und daß er für Kinder höchst ungeeignet ist.[53]

Nach Ansicht Otis L. Guernseys, der diesen Film unter dem Titel "*La Ronde* judged on it own merits" in der *New York Herald Tribune* vom 28. März 1954 besprach, ist dieser Film aus zwei Gründen für Minderjährige ungeeignet: "Erstens wegen seines Inhalts, und zweitens weil er die meisten von ihnen entsetzlich langweilen würde" (3).[54] Dennoch wurde *La Ronde* in New York nicht zugelassen; dieses Verbot begründete man in erster Linie damit, daß der Film "unsittlich" sei, "die Moral untergraben" könne und "offen die Berechtigung des Familienlebens in Abrede stelle" (1).[55]

Wie die *New York Herald Tribune* vom 29. Mai 1953 unter der Überschrift "La Ronde Ban Upheld by Court" berichtete, wurde das von Dr. Flick, dem Direktor des State Board of Regents' Division of Motion

Pictures, verhängte regionale Verbot vom Staat New York bestätigt:

> Das Verbot, welches das State Board of Regents wegen Unsittlichkeit gegen den französischen Film *La Ronde* verhängt hat, wurde heute vom hiesigen Berufungsgericht in einer 4:2 Entscheidung bestätigt. Außerdem entschied das Gericht, daß das staatliche Gesetz, welches eine Vorzensur von Filmen gestattet, verfassungsgemäß sei und die in der Verfassung der Vereinigten Staaten festgelegte Garantie der Freiheit des Ausdrucks nicht verletze. Der Beschluß, den Film nicht zuzulassen, weil er "die Moral untergraben" könne, wurde am 13. Juni in einer 3:2 Entscheidung von der Berufungskammer des obersten Gerichts des Staates bestätigt. (8)[56]

Man ging in die Berufung, und der Fall kam vor das Oberste Bundesgericht, das sich am 4. Januar 1954 *La Ronde* und *M* ansah, die beide in Ohio verboten worden waren. Wie Luther A. Huston in der *New York Times* vom 21. Dezember 1953 unter der Überschrift "High Court to See 2 Censored Films" schreibt, geht es in dem einen Film um "unerlaubte Liebesbeziehungen, in dem anderen um Verbrechen, die die Zensoren als schmutzig bezeichnen" (L: 39).[57] Am 18. Januar 1954 hob das Oberste Bundesgericht das Verbot mit der Begründung auf, der im Staate New York gefaßte Gerichtsbeschluß verstoße gegen das in der Verfassung festgelegte Recht auf Freiheit des Ausdrucks. Fortan konnte *La Ronde* im Staate New York gezeigt werden, ohne daß damit ein Gesetz dieses Staates verletzt wurde. Die konservativen Kräfte gaben sich jedoch keineswegs geschlagen, denn im Staate New York kam, wie Andrew Sarris feststellte,

> nur eine verstümmelte Version von *La Ronde* in die Kinos, während der Rest dieser Vereinigten Staaten die Originalfassung sehen durfte. Rückblickend kann man sagen, daß die in New York vorgenommenen Kürzungen vielleicht ebensosehr auf den kapriziösen Wunsch zurückzuführen sind, die Länge des Films zu stutzen, wie auf eine hartnäckige Prüderie. Was immer der Grund gewesen sein mag, fest steht, daß die Kürzungen *La Ronde* zum Schaden gereichten, weil dadurch die fließenden Übergänge zwischen den einzelnen Episoden zerstört wurden. Auf diese Weise verwandelte sich der sehr präzise Ophülssche Rhythmus in etwas Willkürliches und Abgehacktes, und der gekürzte Film kam einem wie immer länger vor als das Original. (Sarris, films in focus 55)[58]

Daß *La Ronde* im Staate New York nur in einer gekürzten Fassung zu sehen sein würde, war auch von Florence P. Sheintag, der Rechtsanwältin der Commercial Pictures, angekündigt worden: "Miss Sheintag sagte, daß die in New York verbotene Fassung eine gekürzte und 'entschärfte' Version der in Europa (wo der Film viele Preise gewonnen habe) gezeigten Fassungen sei. Sie sagte, diese Fassung werde überall im Lande gezeigt und werde vermutlich auch in New York gezeigt werden"[59] (Sarris, films 43).[60]

In einem Artikel, der in der *Süddeutschen Zeitung* vom 13./14. Februar 1954 erschien und der den Titel trägt "Der *Reigen* nicht mehr unmoralisch," heißt es über die obenerwähnte Entscheidung des Obersten Bundesgerichts:

> Der Oberste Gerichtshof der Vereinigten Staaten hat . . . einen Entscheid gefällt, der die puritanischen Auffassungen, auf welchen die amerikanische Filmproduktion bisher aufgebaut war, in ihren Grundfesten erschüttert. . . . Der Oberste Gerichtshof hat [in einem epochemachenden Urteil] nämlich entschieden, daß das Kino heute nicht mehr eine bloße Unterhaltungsstätte darstellt, sondern ein Mittel ist, um Ideen auszudrücken. (6)

Nach Ansicht von Bosley Crowther war das alles viel Lärm um nichts, da das Werk seine schockierenden Eigenschaften verloren habe: unter der Überschrift "The Screen in Review" schreibt Crowther in der *New York Times* vom 17. März 1954:

> Nach all dem Hickhack um das Verbot des Freud-(sic)Films *La Ronde*, der schließlich vom obersten Gericht des Landes zur Aufführung in diesem Bundesstaat freigegeben wurde, wird es für viele Leute ein Schock sein festzustellen, daß dieser freche kleine Film ungefähr genauso gewagt und unanständig ist wie ein mit Champagner gefüllter Damenschuh. Seine Aussage ist vielmehr so durch und durch ernüchternd und ein wandfrei moralisch, daß dadurch die vergnügliche Wirkung seines eleganten Witzes und seines altmodischen Charmes zum Teil zurückgenommen wird. (L++: 27)[61]

Eric Bentley war einer der wenigen Kritiker, deren Urteil über Ophüls' Film negativ ausfiel; Sarris nennt Bentleys Besprechung "bewußt boshaft, da der Film zugunsten des Stückes verrissen wird" (films in focus 55).[62] In dieser Rezension, die 1954 in der *New Republic* erschien, bezeichnet Bentley den Film als "nicht gänzlich banal," weil er durchaus

> gewisse Qualitäten hat. Die Schauspieler sind gut. Die Darbietung ist effektvoll und raffiniert. Wenn Ihnen an einem späten Samstagabend danach ist, sich eine kleine französische Schlafzimmerkomödie anzusehen, und wenn es Ihnen nichts ausmacht, daß sie nicht eine der besten ist, dann sehen Sie sich *La Ronde* an—Sie werden den Film mögen. Gehen Sie unbedingt in eine Spätvorstellung, dann werden Sie fast so müde sein, wie Mr. Ophüls gewesen sein muß, als er das Szenario entwarf. . . . *La Ronde* ist frivol und kraftlos. (Theatre 21; 153)[63]

Bereits 1949 hatte sich Bentley über den *Reigen* geäußert und geschrieben, der *Reigen* finde besonders bei jenem Teil der Bevölkerung Anklang, "der *Erotica* in limitierten Ausgaben kauft, als etwas hübsch Unanständiges und herrlich Dekadentes" (Round Dance 386).[64] Doch nach Ansicht Bentleys steckt wesentlich mehr in diesem Werk: es führe die Unzulänglichkeiten des modernen Lebens vor sowie den Gebrauch oder Mißbrauch der Sprache im Dienste des Es, dergestalt eine Disharmonie zwischen Leben und dramatischer Kunst schaffend: "Das Leben erreicht in der Kopulation einen Höhepunkt, Gespräche sind nur Vorbereitung und Ausklang; auf der Bühne hingegen bleiben—nicht nur aus Schicklichkeits gründen—solche Höhepunkte gemeinhin im Hintergrund, während uns die Vorbereitung und der Ausklang vorgeführt werden" (386).[65] Was Schnitzler uns im *Reigen* vorführt, ist die Vielgesichtigkeit des Menschen: jede Figur hat nicht nur zwei verschiedene Partner und enthüllt auf diese Weise zwei verschiedene Teile ihrer Persönlichkeit, sondern die Verschiedenartigkeit des Verhaltens und der Einstellung läßt sich auch innerhalb einer Szene bei jeder Figur beobachten:

> Die Menschen sind vor der Kopulation anders als danach. Vorher sträubt sich die Frau vielleicht, danach aber ist sie ganz erpicht darauf, während ihr Partner vorher ganz erpicht darauf ist und sich danach sträubt. Die *pas de deux-*, die *Bäumchen-wechsle-dich-*und die *Davor-und-danach-*Strukturen liefern Schnitzler eine große Anzahl möglicher Kombinationen. (386-387)[66]

Das Ergebnis ist so etwas wie eine kulturelle Psychose: "Schnitzlers

Wien ist eine Art Hölle," und was er schildert, sind die Unzulänglichkeiten der menschlichen Liebe bzw. "das alltägliche Leben, auf dem ein Fluch lastet" (387).[67]

Anmerkungen

1. Das Original lautet: "In common with most of Schnitzler's men and women, no matter what their social status may be, they discuss wistfully and philosophise subtly about love, death, our ephemeral existence, or fear of the unknown,—and always in faultlessly elegant phraseology. *Liebelei*, the Vie de Boheme of Vienna, first made Schnitzler popular, but his greatest dramatic success artistically is *Zwischenspiel*. . . . Schnitzler strikes his characteristic feminine note in both plays."

2. Im Original: "Technically, his construction of these dialogues is well-nigh faultless . . . . He is the foremost Viennese dramatist, and his work, while ultramodern, is free from much that would condemn other present Continental productions in the eyes of the more reserved Anglo-Saxon."

3. Das Original lautet: "No writer of the first rank in any language has surpassed the ingenuity with which in *Reigen* the suggestion of the unprintable is welded into most brilliant conversations. *Reigen* expresses the last word in Schnitzler's erotic cynicism; it contains his mocking philosophy of life, which, as aforesaid, is all the more infectious through its faultless manner. . . . A vicious circle, literally: each episode . . . ends in just one and the same way . . . . Schnitzler was never more diabolically clever than in *Reigen*, never more the mouthpiece of the utterly unmoral viveur's philosophy. Not Flaubert's *Emma Bovary* herself communicated more insidiously all the subtle poisons in human passion. Sheerly physical eroticism could hardly be more illusively cloaked in diverting words."

4. Diese Stelle lautet im Original: "One of Schnitzler's earliest works, *Liebelei* remains his high-water mark in the drama, and in view of the distinct limitations of his art, it may be doubted whether he will ever rise above it, or even reach it again. Certainly nothing he has done since has justified the hope it raised, that in Arthur Schnitzler might be found a new and powerful prophet of the naturalistic school."

5. Diese Stelle lautet im Original: "As an Austrian resident in Vienna, he lacks the proper arena. Thoroughly German in the best sense, he is conscious of the foibles of Vienna, which he has depicted with a good-natured humor that springs from genuine love. In a certain sense he may suffer as Grillparzer did, by not having his greatest possibilities awakened by his environment. . . . What Schnitzler has already done places him among the foremost writers of the day. Not since Heine have the Germans produced such wit—and coupled with this is a sense of form, an artistic sensitiveness, quite unique."

6. Diese Stellen lauten im Original: "The deeper element in Schnitzler's work which has won me despite the shocking erotics of *Reigen* . . . is his sincere, affceting sympathy for the tragedy of the frail young creatures so irresistibly projected, so inevitably embodied in *The Fairy Tale*, *The Legacy*, and *Light o'Love*" (644); ". . . Schnitzler has dedicated his art to the reorganization of public opinion. He deserves well of a generation he has thus sought to purify and ennoble" (645).

7. Diese Stelle lautet im Original: "It is the work of an artist weary of many adventures, and disposed to regard life as nothing but a round of stupid intrigue and cynical reaction."

8. Die Originalstelle lautet: "[*Reigen]* attempts a degree of naturalism rarely equaled in France even. Yet those dialogues are anything but immoral in spirit. . . . as a document bearing on the psychology of sex *Change Partners!* [*Reigen*] has not many equals."

9. Die Originalstelle lautet: "In *Reigen*, Schnitzler has dealt even more candidly with the same theme [as in *Anatol*]: the amenability of all classes of mankind to the common passions . . . . Like *Anatol*, *Reigen* is expressive of the physician in Schnizler, and is scientific in spirit as a study of the psychology of sex. In the broader significance it stresses the common nature of mankind and the fact that class distinctions are powerless before the onslaught of the basic passions of all men."

10. Die Originalstelle lautet: "Financial considerations, we are told, have made possible its presentation twenty years after it was written. *Reigen* is truly an amazing production. . . . The dialogue is brilliant throughout, and the serious purpose of the play well and delicately emphasized by the players. But it certainly should have been confined to one's reading

in the study, though there need be no regret that it should have to be recorded, if only it is done so as an isolated case."

11. Im Original lautet diese Stelle: "Sex had its vogue after the Gordin era, when a plethora of sex-oriented dramas appeared. Just prior to the U.S. entry into World War I, despite efforts to present better plays and plays of nationalistic content, lurid melodramas of sex were very popular. A sampling of the year 1915-1916 offers revealing titles: *White Slaves*, by Isadore Zolatorevsky; *Red Light* and *Red District*, by Itzhok Lash; *Slave Dealer* and *Her Awakening*, by Moishe Richter; and *The Pure Conscience*, by Max Gabel."

12. Eine Besprechung der Inszenierung im Irving Place Theatre von 1921 findet sich unter dem Titel "*The God of Revenge* Acted" in der *New York Times* vom 4. November 1921: 15; die Inszenierung im Provincetown Theatre (1922) wurde in der *New York Times* vom 20. Dezember 1922: 22 rezensiert. Beide Kritiken sind positiv.

13. Im Original: "The ensuing trial marked the first time in American legal history that the cast [of 12] and producers of a stage play were convicted by a jury."

14. Im Original: "The other group that opposed it were the uptown Jews, and they were absolutely mortified by what they saw as the downtown East European representation of deviant Jewish behavior and it was ulti-mately their charges of sacrilege that helped bring *God of Vengeance* to trial."

15. Das Stück wurde in der Verhandlung als "immoral, indecent, and obscene" bezeichnet.

16. Im Original: "Even critics who appreciated the truth of the work [*God of Vengeance*] found it alien to American tastes and understanding."

17. Das Original lautet: "But *Reigen* remains his [Schnitzler's] philosophical achievement, if not his dramatic masterpiece; for in it he speaks his whole mind and speaks it freely."

18. Im Original: "Of this edition, intended for private circulation only, 1475 copies have been printed after which the type has been distributed."

19. Die Originalstelle lautet: "When *Reigen* reached New York, it was no newcomer to trouble, but the accusations of immorality, which had been the thinly veiled cover for anti-Semitic, religious, and political bias in Europe, became reality here. In America there were no undertones of any kind of religious prejudice or political bias in the actions taken, and the objections were never voiced in demonstrations by unruly crowds. The protests came almost entirely in the nature of legal action instigated by one society in New York, which for a few years during the 1920s was very influential of censorship there: the New York Society for the Suppression of Vice."

20. Im Original: "Harry S. Hechheimer, attorney for the Green Room Club, aksed Magistrate Ryttenberg in West Side Court to issue a summons demanding the appearance in court of John S. Sumner, Secretary of the Society for Suppression of Vice, on a charge of criminal libel."

21. Im Original: "[This work is a] distinct contribution to the literature of the present day."

22. Diese Angaben sind entnommen aus *Who Was Who in America* 1887-1942, I (Chicago: A. N. Marquis Co., 1944): 655.

23. Das Original lautet: "However, I do not desire to participate in any function which runs counter to the susceptibilities and the moral sentiments of any substantial body in the community, whose motives are entitled to respect, and, without wishing to be understood as passing upon the merits of the case, I purpose to act accordingly in the present instance." Derselbe Brief wurde auch in der *New York Tribune* vom 9. März 1923 unter dem Titel "Kahn, Heeding Protest, Won't Attend *Reigen*" veröffentlicht (8).

24. Im Original: "Mr. Reichenbach saw *Reigen* when it was presented in Berlin in May of last year. He admitted that there were riots, but he said that the riots were started by students who could not gain admittance because of the limited capacity of the theater and not because of

any objections of the play."

25. Das Original lautet: "The little riot at the Berlin theatre the other night was started by students. The police didn't arrest us, they arrested the students. *Reigen* will run for a long time before the police touch it; they know the people want it. And there you are."

26. Die Originalstelle lautet: "Berlin's 'wickedest' play is *Reigen*. There have been risque plays this season, and playlets; shady plays and downright naughty plays. These pieces have run the gamut. But *Reigen* tops them all. *Reigen* would either fill Madison Square Garden nightly for ten successive years, or the would-be producer would spend his life in Sing Sing, if he was not led to the electric chair. As a matter of fact, the play could not be given in New York. It has been mobbed in Vienna, but at this writing is still running there; it has been mobbed in Munich , but the end of the Munich run is not in sight; it was mobbed, in a half-hearted way, in Berlin, a few nights ago . . . [but] the public thinks the Berlin raid was a press-agent stunt."

27. Die Originalstelle lautet: "But as a play, from the American viewpoint, the thing is absolutely impossible. It would not even be decent for an American reviewer to try to tell the story. . . . . I was glad that *Reigen* is not necessary to America. I found an old-fashioned, puritanical delight in the knowledge that the American public is not clamoring for it—though most Americans in Berlin do go to see the play."

28. Im Original: "I saw a splendid review of this play in *The World* of June 12, 1921, which shows very clearly that the play should never be staged. The people are aroused against it . . . ."

29. Im Original: "I ran across this play in 1921, in an English translation [Sumner said]. I believe this was printed in England and I understand that it has been but little circulated in this country. It is simply a representation of a series of immoral acts. It is the kind of thing that the police would stop at some stag affair on Second Avenue, and I could not see why it should be treated any differently because it is to be presented under the auspices of the Green Room Club."

30. Das Original lautet: "In addition to the withdrawal of the guest of honor, Otto H. Kahn, the Green Room Club had other discouragements yesterday. Supreme Court Justice Mullan declined to enjoin the police from interfering with the production. The Belasco Theatre management canceled the permission to present *Reigen* in the Belasco Theatre. Assistant District Attorney Pecora declined to start proceedings against John S. Sumner . . . for criminal libel. Late last night it appeared as if Sumner had won a complete victory."

31. Im Original: "The assembled guests and newspaper men, according to the publicity man, will be accepted as a disinterested, impartial and virtuous body of citizens who will be asked to declare by a plebiscite whether *Reigen* is moral or otherwise."

32. Im Original: "The play was read from the stage in the auditorium on the second floor of the club house by Hal Crane and Ralph Stewart, who were to have staged the production. About fifty members and their guests were present. Mr. Kahn left at the close of the dinner and did not hear the reading. No police action was taken during the reading of the manuscript and explanation of stage business, or at the close of the reading."

33. Im Original: "All of the kisses, with which the play is liberally sprinkled, were indicated by perfunctory nods given at a distance with which the Society for the Suppression of Vice could scarcely find fault."

34. Im Original: "Before the play was read Rollo Lloyd, vice-president of the club, announced that it was never the intention of the club to present the play to the general public, 'not so much to protect the public from Arthur Schnitzler, but to protect Arthur Schnitzler from the public, which would debauch him'."

35. Im Original: "[Reichenbach] added that he believed the proportion of appreciation of art in Fifth Avenue and Avenue A was about the same, and that America had a great responsibility to civilization, especially if Europe lagged behind."

36. Im Original: "Germany is described on the one hand as a people who have discovered an artistic conscience and dared to translate it into action; on the other as a nation of charlatans who have substituted the

sideshow for the main tent because it made more noise and required less effort."

37. Im Original: "Four months of almost continuous theatre-going in Germany this winter have convinced the writer that our former enemies have been greatly overrated as experimentalists, and not only underrated, but consistently ignored in other and, to many minds, far more important respects. This misplaced emphasis has been due to the fact that the American student of the German theatre has confined his investigations chiefly to Berlin and one or two other cities where the sideshow barkers have been most persistent."

38. Im Original: "The stranger in New York might at once conclude that we were almost completely dependent for our dramatic fare on plays of foreign origin, and that, conversely, we had no native drama worthy of the name."

39. Im Original: "When speaking of pure dramatical art we can hardly think of other Austrian authors than Kotzebue and Grillparzer of the past generations and Schnitzler, Schoenherr and Wildgans of our own, whose fame has penetrated to places far from the charming metropolis on the blue Danube. True enough, there are many European nations that would be glad to possess such names, but if we think of the achievements of the Viennese genius in other territories of the arts and letters [such as the operetta] we feel that the comparison is rather unfavorable for the drama."

40. Im Original: "They [The audience] not only tolerate that life without so much as the fig leaves of Adam and Eve shall be portrayed on the stages of Vienna, but they are craving for it."

41. Im Original: "Although the theme of the book is admittedly the quite universal literary theme of men and women, the author here deals with it in a cold and analytical, one might even say scientific, manner that precludes any salacious interpretation. A careful scrutiny of the text reveals not a single line, not a single word, that might be regarded as obscene, lewd, lascivious, filthy, indecent, or disgusting within the meaning of the statute."

42. Im Original: "In the Court of Special Sessions *Hands Around* was held to be an obscene book, and the long arm of Mr. Sumner is free to interrupt its sale in New York. Justices Frederick Kernochan [and others] . . . differed with Magistrate Brodsky, holding that the book is 'obscene and indecent, being a lurid story of ten illicit love relations.' It is becoming necessary for the bookseller in New York to watch his courts very closely in these hectic times."

43. Im Original: "'What is your attitude toward *Reigen*, the play that was suppressed so many times?'[Schnitzler:]'It is among the least important of my efforts. But the trial that followed its suppression, a trial in which censorship itself was on trial, was interesting. The testimony alone occupies six hundred pages'."

44. Im Original: "[Sumner condemned] all of the author's work because an earlier translation of Schnitzler's writings had been withdrawn after threatened action by the Vice Society."

45. Im Original: "The Inner Sanctum has never gone in for the Law and dislikes to in the first place because it will give *Casanova's Homecoming* a reputation for nastiness that it does not deserve and in the second place because it takes time and expense. However, we are fighting this case, defending what we believe is a great work by a great author, and one not entitled to the cheap theatrics that The New York Society for the Suppression of Vice is endowing it with."

46. Im Original: "[The judge] hailed Arthur Schnitzler as one of the world's greatest writers and characterized *Casanova's Homecoming* as an incontestable contribution to literature. . . . *Casanova's Homecoming* is, therefore, immediately going on sale again in bookstores all over the country."

47. Im Original: "The book is not to be judged by the standards of mid-Victorian days. The standards of life as to plays and books, and the habits of the people, have so changed that what was regarded as obscene and immoral yesterday is today reckoned in proper taste."

48. Im Original: "*Casanova's Homecoming* might with reason be classed as a highly moral book, for it is a book the purpose of which is to show the disintegrating quality of immorality and a life of libertinism. Mr. Sumner's mistake probably had its origins in Mr. Sumner's tendency to forget that the Casonava portrayed in the Schnitzler book is the old man Casanova, not the gay young rake of preceding stories."

49. Im Original: "This decision represents the fourth and final legal victory for *Casanova's Homecoming*. Among the noted persons who rallied to its defense were Sinclair Lewis, Henry L. Mencken, Charles Francis Potter, John Erskine, Roy W. Howard. John Cowper Powys, Heywood Broun, Harry Hansen and score of others."

50. Im Original: "Apparently, nobody in the community found any fault with *Casanova's Homecoming* except Mr. John S. Sumner. Speaking as the paid agent of an extra-legal society, Mr. Sumner took it upon himself to extract passages of the book from their context and to brand the work as a whole as 'not only obscene' but 'consecutively obscene.' Thus spoke Mr. Sumner. But he spoke alone. No court, no judge, no legal body saw fit to validate his charges. On the contrary, the leaders of modern life, the teachers, the editors, the educators, the physicians, the critics, the psychiatrists, the ministers promptly and impressively rallied to the defense of an incontestable classic of modern literature. There was no doubt as to the enlightened judgement of the community."

51. Im Original: ". . . to confine their energies to the legimitate field of curbing dissemination of dirty post-cards and pornographic films. Let them respect the freedom of genuine literature in America, and let them give heed to the edicts of good taste and civilized opinion."

52. Im Original: "*Reigen* is . . . . like the dance of death, which the medieval artists were fond of portraying . . . In dispassionate, melancholy conversations, Schnitzler seeks to sketch the pettiness, the brutality, and the absurdity of the sex experience whenever it is purely a physical expression devoid of spiritual meaning. With painful accuracy, he dissects what some people dare to call love but what to him is a ghastly desecration of this sacred term. He points out how much of human life is wasted in pursuit of a moment's pleasure, how little this fleeting experience really should mean to reasoning creatures and how horrible and

inevitable are the disappointments that such moments bring in their wake. With astounding courage, he tears off the mask of hypocrisy that covers sexuality. . . . He selects his characters from all social strata and all walks of life, and depicts every one of them as equally pitiable."

53. *Souvenir Programme* vom 29. Juli, Schnitzler-Archiv in der Beaumont Library .Das Original lautet: "We take pleasure in presenting this exciting French film, *La Ronde*. No doubt it will create a good deal of controversy and perhaps even bitter criticism, but we feel that film-goers should at least be given the opportunity to see it. . . . We must add, however, that *La Ronde* is a film for adults and that it is most unsuitable for children."

54. Im Original: "First, because of its subject matter, and second, it would bore most of them onto the sidewalk."

55. Im Original: "*La Ronde* was originally refused a license in New York State, on the grounds of immorality and tendency to corrupt morals, by chief movie censor Hugh Flick, who remarked: 'It openly refutes the legitimacy of family life'."

56. Die Originalstelle lautet: "Banning by the State Board of Regents of the French film *La Ronde* as immoral was upheld here today by the Court of Appeals in a 4-2 decision. The court also held that the state law authorizing precensorship of movies was constitutional and not a violation of the United States Constitution guaranty of freedom of expression. The regents' action in denying a license on the ground that the film 'would tend to corrupt morals' was upheld June 13 by a 3-2 decision in the Appellate Division of the State Supreme Court."

57. Im Original: "The members of the court are scheduled to see two pictures, not for entertainment, but as visual arguments in cases involving the constitutionalty of state laws that permit pre-censorship of films. One is a story of illicit love, the other of crime that the censors call sordid."

58. Die Originalstelle lautet: "A landmark Supreme Court decision fortunately overturned the fiat of the Regents, but, oddly, New York State remained restricted to a mutilated print of *La Ronde* while the rest of these United States enjoyed the original version. In retrospect, the

New York excisions may have been motivated as much by a capricious desire to trim the film for length as by a persistent prudery. For whatever motive, the cuts were especially damaging to *La Ronde* in that they interrupted the musical camera flow of transitional bridges between the separate episodes. Thus the very precise Ophulsian rhythm acquired an arbitrary stutter, and, as always, the cut film seemed longer than the original."

59. Im Original: "Miss Sheintag said the version banned in New York had been cut and 'toned down' from the versions shown overseas, where the film won many awards. She said this version was shown across the country and will probably be shown in New York."

60. Siehe ebenfalls: "Supreme Court Upsets Film Bans by 2 States," *New York Herald Tribune*, Late City Edition 19. Januar 1954: 1, 19. Besprechungen in der deutschen Presse sind u.a.: "Wieder *Reigen* in New York," *Westfalenzeitung* (Bielefeld) vom 20. Januar 1954; "Gericht gegen Fimverbot," *Darmstädter Echo* vom 21. Januar 1954; "*Reigen*-Diskussion: In Amerika unmoralisch," *Hamburger Echo* vom 18. Januar 1954.

61. Die Originalstelle lautet: "After all the censorial tumult over the forbidden Freud film, *La Ronde*, which was finally released for showing in this state by order of the highest court in the land, it is going to shock a lot of people to discover that this saucy little film is about as nifty and naughty as a lady's slipper filled with champagne. As a matter of fact, the idea of it is so sadly disenchanting and primly moral that it somewhat defeats the pleasant purpose of its elegant wit and old world charm."

62. Im Original: "Bentley's piece ['*Reigen* Comes Full Circle,' in *New Republic*] is very knowingly malicious as it demolishes the film for the sake of the play."

63. Im Original: "[The film] is better than that. There are real actors in it. There is a real sophistication in the showmanship. Late Saturday night, if you feel like seeing a little French bedroom comedy, and don't mind it's not being one of the best, you can see *La Ronde* and like it. Go really late, so you'll be nearly as tired as Mr. Ophuls must have been when he made the scenario. . . . *La Ronde* is flippant and effete."

64. Im Original: "[The early editions of the play were presented to that section of the public] that buys *erotica* in limited editions, as something cutely naughty, delightfully decadent."

65. Im Original: "But life reaches a climax in copulation, conversation being only preparation and aftermath; while on the stage— not for reasons of prudency only—climactic actions tend to be in the background, preparations and aftermaths being what is actually presented to us."

66. Im Original: "People are different before and after copulation. Before, a woman may be reluctant and, after, eager, while her man is eager before and reluctant after. The *pas de deux*, the *change-your-partners*, and the *before-and-after* patterns give Schnitzler a large number of possible combinations."

67. Im Original: "Schnitzler's Vienna is a sort of hell, the same kind of he portrayed by most naturalistic drama and fiction: everyday life with a curse on it." Eine kürzere Form dieses Kapitels befindet sich in Schneider, The Reception 75-90.

Kapitel XV

La Ronde in Amerika II: 1955-Februar 1994

> Wir wissen ja Alle, daß der Widerstand gegen den *Reigen*, insbesondere der gegen die Aufführungen des *Reigen*, keineswegs aus reinen oder reinlichen Motiven erfolgt ist und daß die alberne, brutale und verlogene Hetze in hohem Maße durch parteipolitische Motive bedingt war, die anderswo als in Deutschland und Österreich a priori wegfallen müßten. (Brief Schnitzlers vom 4.3.1929 an Berta Zuckerkandl. *Briefe 1913-1931*: 594-595)

Eric Bentley trug auch maßgeblich zu dem neu erwachten Interesse für den *Reigen* bei. Obwohl er die Filmfassung aufs schärfste ablehnte, veröffentlichte er eine neue Übersetzung des *Reigen*, die bei verschiedenen Inszenierungen—darunter auch Studentenaufführungen—benutzt wurde. Was eine Inszenierung dieses Werks so reizvoll machte, war nicht nur die Tatsache, daß der *Reigen* in Europa (ausgenommen Frankreich) nicht aufgeführt werden durfte, sondern auch der Umstand, daß er sich gut für Experimente eignete. Im folgenden Abschnitt habe ich Aufführungskritiken zusammengestellt, die zeigen, daß der in den Staaten *Reigen* zahlreiche Metamorphosen durchmachte, gelungene und weniger erfolgreiche. Der abgedeckte Zeitraum reicht von 1955 bis Februar 1994.

Nicht alle Inszenierungen konnten erwähnt werden, da es auch trotz vieler Mühe nicht gelang, einige Rezensionen einzuholen. Erschwert wurde die Arbeit auch dadurch, daß viele der kleineren Theater nicht mehr existieren. Dazu gehören z.B.: The Barter Theatre in Abingdon, Virginia (Sitzkapazität 400), das *La Ronde* unter der Regie von Eric Conger im August 1975 aufführte; das Hudson Guild Theatre in New York City (124 Sitze), das Peter Swets *Rondelay* in der 1975-76 Saison brachte; das Off Center Theatre in New York City (100 Sitze) mit seiner Produktion von *La Ronde* in der 1976-77 Spielzeit in der J.D. Steyerschen Übersetzung, und die Hartmann Theatre Company in Stamford (Connecticut) (600 Sitze), welche *La Ronde* 1977-78 in den Spielplan aufnahm.

1. *Circle in the Square (NYC) Juni 1955*

Bentleys Übersetzung wurde 1955 zum erstenmal in der Inszenierung des New Yorker Circle in the Square (Greenwich Village) benutzt. Dieses "Stück in zwei Akten und zehn Szenen, dessen Schauplatz Wien ist und das Ende der fünfziger Jahre des 19. Jahrhunderts spielt"—so die *New York Herald Tribune* vom 27. Juni 1955 (10)[1]—hatte am 27. Juni 1955 Premiere und erlebte 132 Aufführungen (Bauland 174). Regie führte José Quintero, als Schauspieler wirkten mit: Katherine Ross (Dirne), Kathleen Murray, Betty Miller, Susan Oliver und Shirley Grayson (Schauspielerin); Felice Orlandi (Soldat), Ralph Williams, Alfred Markim, Philip Minor und G. Wood (Graf).

Lewis Funke, dessen Artikel "Theatre: A Clinical Study of Sex" in der *New York Times* vom 28. Juni 1955 erschien, zollt der Aufführung großes Lob, weil das Stück

> als klinische Studie über den Sex von erschreckender Wahrhaftigkeit ist. . . . *La Ronde* ist kaum die Art von Komödie, die einen zum Lachen bringt, sondern eine bittere, erbarmungslose und scharfsinnige Studie über das menschliche Tier, das einer elementaren Kraft gehorcht. . . . Das Bild, das uns hier vor Augen geführt wird, ist nicht besonders schön, dafür aber faszinierend. (L+: 24)[2]

Rowland Field betont in seiner Besprechung "Village *La Ronde* Candid, Spirited" (*Newark Evening News*, 28. Juni 1955), man habe diese Komödie "äußerst gekonnt und humorvoll in Szene gesetzt" (34).[3] Voyeure kamen bei dieser Inszenierung nicht auf ihre Kosten; in Robert Pirks Rezension "Weht laue Luft ins kühle Greenwich Dorf?" (*New York Staatszeitung und Herold*, 1. Juli 1955) heißt es dazu: "Wer etwas Pornographie erwartet, bekommt Philosophie . . . . Animalische Tristezza wird zu tragischer Ernüchterung" (12). Die Inszenierung dieses Stükkes wurde auch als Sieg über die Zensur gefeiert; George Jean Nathan erinnert in seinem Artikel "Mirror for Censors" (*Journal American*, 10. September 1955) nicht nur an das Verbot des *Reigen*, sondern auch an das von Wedekinds *Frühlings Erwachen*: "Doch jetzt, da ein wenig Zeit verstrichen ist, erkennt man, daß beide Stücke—wie die Nachfolger der früheren Zensoren schon selbst festgestellt haben werden und wie sie vielleicht auch beschämt zugeben—moralisch so unbedenklich sind wie zwei Zimtdrops—und sogar weniger pikant" (Sektion 1: 16).[4]

2. *Studio Theatre in Washington November 1955*

Die nächste Aufführung von *La Ronde* fand im Studio-Theater in Washington, D.C. statt, einem kleinen Theater mit 247 Sitzplätzen. Regie führten June Havoc und Donald Cook, Produktionsleiter war Bernhard Lust. Der Premiere am 28. November 1955, einem vielbesprochenen gesellschaftlichen Ereignis, wohnten zahlreiche Prominente bei, darunter auch Vizepräsident Richard Nixon und Ms. Gwen Caffritz, eine Angehörige der oberen Zehntausend.

Diese Inszenierung fand wenig Anklang. Richard Coe sagt in seiner Besprechung "One on the Aisle—Square Peg—Round Stage" (*The Washington Post and Times Herald*, 30. November 1955), daß "die Premiere im Studio Theater die lokale Theaterwelt um einige Lichtjahre zurückgeworfen hat . . . denn [*La Ronde*] ist zynischer Mist. . . . Das Stück selbst ist eine recht bedenkliche Wahl für die Intimität dieses Rundtheaters" (26).[5] Seine Kritik bemängelte Eric Bentleys Übersetzung wie auch die Reduktion von zehn Schauspielern auf vier Schauspieler, von denen jeder zwei oder drei Rollen spielen mußte, was zu große An-forderungen an die Schauspieler stellte:

> Was Eric Bentleys Übertragung des von dem Wiener Arzt geschriebenen weltlichen Traktats über Geschlechtskrankheiten betrifft, so lehnt sie sich eng an die Übersetzung von Frank und Jacqueline Marcus an. . . . Das schlechte Funktionieren der Bühnentechnik unterstrich noch die Jämmerlichkeit und Wertlosigkeit dieser Inszenierung. Das Studio Theater verdient eher Tadel als Mitleid. Rundum. Ein absoluter Mißerfolg. (26)[6]

Nicht alle Kritiken fielen so hart aus wie die Coes. In seiner Besprechung "La Ronde by Schnitzler" (*New York Herald Tribune*, 29. November 1955) räumt Paul V. Beckly ein, daß "*La Ronde* bestenfalls ein heikles Stück ist. Es ist fraglich, ob Schnitzler erwartete, daß es auf einer öffentlichen Bühne je voll realisiert werden würde." Die Inszenierung fand Beckly jedoch akzeptabel: "Man hat dieses bittere Wiener Stück auf bisweilen gescheite, wenn auch kaum vollständige Weise in Szene gesetzt" (20).[7]

Finanziell war diese Inszenierung indes kein Reinfall, da das Theater in den drei Wochen, in denen das Stück gezeigt wurde, ausverkauft war. Einer der Gründe für die Enttäuschung des erfahrenen Theaterpublikums war vermutlich der, daß die Erwartungen aufgrund der allgemein bekannten Filmfassung von Ophüls sehr hoch gewesen waren; in diesem Zusammenhang stellte Tom Donelly—nicht ohne einen gewissen Lokalstolz—in seiner Besprechung, betitelt "A Square Version of *La Ronde*" (*Washington D.C. Daily News*, 29. November 1955), fest: "Sicher wissen Sie über *La Ronde* Bescheid, da die elegante Filmfassung dieser klassischen Dialogfolge jahrelang in Washington lief, ohne daß es irgendwelchen Ärger mit der Zensur gab. (Im provinziellen New York sah das schon ganz anders aus)" (39).[8]

3. *Marquee Theatre (NYC) Mai 1960*

Am 9. Mai 1960 hatte das Stück im New Yorker Marquee Theatre Premiere. Die Besetzung bestand aus folgenden Schauspielern: Susie Martin (Dirne), Carlotta Sherwood, Mindy Carson, Alexandra Berlin, Jacqueline Bertrand (Schauspielerin); Jimmy Caan (Soldat), George S. D. Morgan, John Anthony Zee, Rick Tobin und Richard St. John (Graf). Das *Playgram*[9] enthält folgendes Statement:

> Wir sind der Meinung, daß Schnitzlers Werk in diesem Lande nicht genügend gewürdigt worden ist, zum Teil vielleicht aus einem Mangel an Verständnis, der auf unsere robusteren nationalen Eigenschaften zurückzuführen ist. Jedenfalls glauben wir, daß es jetzt, da genügend Zeit verstrichen ist, möglich ist, alle Bedeutungsebenen von Mr. Schnitzlers delikater Abhandlung in aller Ruhe und angemessen zu erkunden.[10]

Das "wir" im obigen Zitat bezieht sich auf Patricia Newhall und Hans Weigert, die eine Neuübersetzung von Schnitzlers Stück angefertigt hatten, um die "düstere" Fassung von Bentley zu ersetzen. Der Hauptunterschied zwischen den beiden Übersetzungen besteht darin, daß Humor an die Stelle von Zynismus tritt; Patricia Newhall sagte dazu in einem Interview, das als Teil von Arthur Gelbs Artikel "New *La Ronde* Stresses Humor" in der *New York Times* vom 14. März 1960 erschien: "Schnitzler hat eine brillante Satire über die menschliche Natur geschrieben, und ich bin der Ansicht, daß sein Ausdrucksmittel der Humor ist. Die Stimmung des Stückes ist wienerisch, leicht und anmutig wie ein Walzer von Strauß. Ich glaube, die meisten Inszenierungen machen aus dem Stück etwas zu Ernstes" (L+: 25).[11]

Die Kritikerin der *New York Post*, Frances Herridge, scheint diese Auffassung zu teilen. In ihrem am 10. Mai 1960 veröffentlichten Artikel

"Sex Takes a Merry-Go-Round Ride" heißt es:

> In *La Ronde* bringt Arthur Schnitzler es fertig, zwei Fliegen mit einer Klappe zu schlagen. Auf vergnügliche und unterhaltsame Weise präsentiert er dem Zuschauer zehn amouröse Begegnungen —neun davon unerlaubter Natur—, übermittelt aber gleichzeitig die moralische Botschaft, daß Sex ohne geistig-seelische Liebe ein momentanes und zweifelhaftes Vergnügen ist. . . . Doch vielleicht ertappt man sich dabei, daß einem ein Refrain à la Gertrude Stein durch den Kopf geht: "Sex ist Sex ist Sex." Und das war zweifellos Schnitzlers Absicht. (54)[12]

Die neue Übersetzung vermochte das Stück jedoch auch nicht zu retten. Sie war der Bentleyschen Fassung zwar überlegen, doch fehlte ihr, wie Peter Bauland feststellte, "die Leichtigkeit und der Humor Schnitzlers. Nach Ansicht der meisten Kritiker war die Aufführung langweilig und schwerfällig. Der *Reigen* hatte seinen Charme und seine Nützlichkeit verloren, besonders für ein junges Publikum, das nicht nostalgisch auf die gute alte Zeit in Mitteleuropa zurückblickt" (175).[13] Abgesehen von diesen Unzulänglichkeiten, vermochte das Stück auch nicht mehr zu schockieren; das moderne Publikum war gegenüber der Darstellung von Sex auf der Bühne liberaler eingestellt. Donald Malcolm schreibt in diesem Zusammenhang, daß es zwar recht vergnüglich sei, sich *eine* Verführung auf der Bühne anzusehen, "aber alle zehn Verführungen, die Herr Schnitzler in diesem Stück darstellt, über sich ergehen zu lassen, reicht aus, um den Appetit des leidenschaftlichsten Voyeurs zu stillen . . . das ist ungefähr so faszinierend, als sähe man sich zehnmal hintereinander den gleichen Film an" (117).[14]

Zu einem ähnlichen Befund kommt Brooks Atkinson in seiner Rezension "La Ronde Arrives at the Marquee" (*New York Times*, 10. Mai 1960):

> Das Liebesritual in jeder Episode ist das gleiche. Die einleitenden Manöver sind schwärmerisch und ekstatisch. Das Danach ist trist. 1902, als der *Reigen* geschrieben wurde [sic], schockierten die Gewagtheit des Stoffes und die Kälte der Schlußfolgerungen nahezu jeden. Doch die Freudsche Revolution in Sachen Sex hat die Gewagtheit des Stoffes gemildert. Heute können wir kaum umhin, die zehn Episoden, die im Verlauf des Stückes von Mal zu Mal uninteressanter werden, als monoton zu empfinden, obwohl der Humor

> und das Flair des Originals in der englischen Übersetzung von Hans Weigert und Patricia Newhall erhalten bleiben. . . . Im Zeitalter Freuds kommt einem Schnitzlers altes Liebeskarussell so vor wie eine belletristische Version des Minsky-Striptease. Das ist heute nicht mehr so aufreizend wie früher, als es eine feine Gesellschaft gab. (L: 44)[15]

Werden die Frauen in diesem Stück überzeugender dargestellt als die Männer? Darüber waren die Kritiker geteilter Meinung. Während Whitney Bolton in seinem Artikel "Love Paramount in *La Ronde* (*Morning Telegraph*, Late City Edition, 11. Mai 1960) erklärte, Schnitzler habe ein Stück geschrieben, "in dem die Frauen glänzen dürfen und die Männer nur herumzappeln" (2),[16] behauptete Walter Kerr in der *New York Herald Tribune* vom 10. Mai 1960, daß allein die Männer Schwung und Bewegung in das Ganze bringen. Unter der Überschrift "Schnitzler's *La Ronde* in a Revival at the Marquee" schreibt er:

> Da alle Frauen in *La Ronde* so willig sind, daß es den Huren Wiens schwerfällt, anständig zu verdienen, stellen die Reaktionen, die die Männer zeigen, nachdem das Licht wieder angeschaltet worden ist, die einzigen wirklichen Variationen dar, die im Laufe von zehn Szenen und zehn leidenschaftlichen Begegnungen geboten werden. Einige der Männer sind unruhig und verstimmt, andere wiederum voller Hoffnung und bereit, ein neues Rendezvous zu vereinbaren. Ich, der ich nur dagesessen und zugesehen hatte, war müde und erschöpft. (14)[17]

Kerr kommt zu dem Urteil, daß "das Karussell von *La Ronde* nach etwa einem Drittel der Strecke aufhört sich zu drehen." Den Mißerfolg führt er zum Teil auf die neue Übersetzung zurück, die entweder bedenklich nicht-wienerisch ist oder Varieté-Charakter zeige. Es ist nicht eine Übersetzung, "die es . . . vermag, uns die köstliche verbale Linderung zu verschaffen, die Zug um Zug das Interesse auffrischt."[18]

Nach Meinung anderer Kritiker war die "verbale Linderung" zwar vorhanden, jedoch an den falschen Stellen, denn, so John McClain in seiner Besprechung "La *Ronde*—Heady Stuff" (*New York Journal American*, 10. Mai 1960), "die Figuren sagen einige durchaus kluge und oft humorvolle Dinge, doch während sie sprechen, ziehen sie sich immer gerade aus oder an, und das stört" (15).[19]

Der Reszensent der Zeitschrift *Variety*, der seinen Artikel "La Ronde" am 18. Mai 1960 unter dem Namen Hobe veröffentlichte, teilt die Meinung vieler europäischer Kritiker, daß dieses Stück durch eine Aufführung verliert:

> Da es [das Stück] unerlaubten Sex—und sogar Sex selbst—langweilig erscheinen läßt, hat *La Ronde* einen desillusionierenden Effekt. Jedenfalls ist das Stück nicht sonderlich bühnenwirksam, und da es zuvor schon an Off-Broadway-Theatern gezeigt wurde, ist nicht ganz einzusehen, warum man es einer neuen Übersetzung und einer neuen Inszenierung für würdig erachtet hat, zumal es dieser Version an Individualität und Flair fehlt und die Inszenierung im allgemeinen nicht mehr als ausreichend ist. (72)[20]

Kritiken wie die folgenden waren selten. Eine erschien unter der Überschrift "Theatre: *La Ronde*" in der *Village Voice* vom 18. Mai 1960 erschien und ist mit M.S. gezeichnet: "*La Ronde* ist ein herrliches Stück, reich an Wahrheit, Esprit und zwangloser Ironie und von einer attraktiven Offenheit, zu der 1900, als Schnitzler es schrieb, außerordentlich viel Mut gehört haben muß. Das Stück hat einem modernen Publikum nicht allzuviel zu sagen, sagt es aber mit Charme"(8).[21] In ihrer Rezension "Schnitzler & Siam," die am 21. Mai 1960 in der Zeitschrift *Cue* erschien, lobt Emily Funke die Darbietung mit: "Arthur Schnitzlers früher 'Kinsey-Report' über das Fin de siècle ist in einer Neuübersetzung wieder auf der Bühne zu sehen. Das Stück ist immer noch eine geistreiche, bittere, scharfsichtige Tour de force" (7).[22] Das Ganze war jedoch kein großer Theatererfolg, und die Vermutung lag nahe, daß das Interesse an Schnitzlers Stück nachgelassen hatte.[23]

4. *Universalist Repertory Theatre (NYC) Juli 1969*

Das war aber nicht der Fall. Zwei Faktoren mögen zu dem Interesse, das man Schnitzler in den Vereinigten Staaten entgegenbrachte, beigetragen haben: 1) Die zahlreichen, in Deutschland und Österreich unternommenen Versuche, den *Reigen* aufzuführen, und 2) die Renaissance der Schnitzler-Forschung, die in den sechziger Jahren in Europa einsetzte. Das wiedererwachte Interesse an Schnitzler griff auch auf amerikanische und britische Germanisten über, darunter Frederick Beharriell, Jeffrey Berlin, Donald Daviau, Hunter Hannum, Robert Kann, Herbert Lederer, Donald und Vincent LoCicero, Heinz Politzer, Herbert W. Reichert, William Rey, Herbert Salinger, Carl Schorske, Oskar Seidlin,

Martin Swales, Robert Weiss und Harry Zohn. Von den etwa siebzig Magister- und Doktorarbeiten, die zwischen 1965 und 1977 über Arthur Schnitzler geschrieben wurden, entstanden vierzig in den Vereinigten Staaten und in Kanada (Berlin 61-68). Das Interesse bekundete sich auch in den vielen Studentenaufführungen von *La Ronde* an Universitäten und Colleges, auf die am Anhang dieses Kapitels näher eingegangen werden soll.

Es nimmt deshalb nicht wunder, daß Schnitzlers Stück im Juli 1969 erneut auf die Bühne gebracht wurde, und zwar vom New Yorker Universalist Repertory Theatre. Diese Inszenierung, bei der Jim Monos Regie führte, wurde nur an Wochenenden gezeigt und erfreute sich beim amerikanischen Publikum eines gewissen Erfolgs. Beeindruckend für Dick Brukenfeld war, wie es seine Besprechung "Theatre: *La Ronde*" (*Village Voice*, 24. Juli 1969) zeigt, daß

> jede der Szenen dieses sexuellen Reigens Charme und Esprit besitzt, nach dem jeweiligen Kopulationsakt jedoch keinerlei angenehme Gefühle zu vermitteln vermag. Schnitzlers Wiener Liebespaare, die um des sexuellen Vergnügens willen ihre moralische Integrität aufgeben, lassen beim Publikum im Universalist Theatre ein Gefühl der Traurigkeit, ja Deprimiertheit zurück. (35)[24]

Es fehlt jede Vertraulichkeit, die die sexuellen Begegnungen menschlich bedeutungsvoll und zufriedenstellend macht; die Figuren "manövrieren sich gegenseitig in den Sexualakt, indem sie ein verbales Vorspiel veranstalten, das kokett-verschämt, clever und betrügerisch ist. Nach ihren jeweiligen Ruckzuckkopulationen empfinden diese Paare nicht mehr füreinander als zu Beginn ihres Auftritts" (35). Trotz der richtigen Intention des Regisseurs schafft die Inszenierung es nicht, die Aussage des Autors dem Publikum näher zu bringen, eine Aussage, die darin besteht, "daß Menschen, die zueinander nicht in Beziehung treten können, auch die Beziehung zu sich selbst verlieren. . . . Schnitzler ist ambivalent. Er trägt mit seiner bezaubernden Welt den Kampf eines Liebenden aus und mißbilligt den Reigen der Verführungen zwar, findet aber gleichzeitig auch Gefallen daran" (35). Brukenfeld hebt drei Schauspieler hervor, die vorzügliche Leistungen zeigten: Fred Major als Graf; Apollo Dukakis als Ehegatte und Gloria McNitt als junge Frau: "Das ist die beste Rolle, und Gloria McNitt spielt sie auf äußerst eindrucksvolle Weise" (35).[25]

5. Rondelay *im Hudson West Theatre (NYC) November 1969*

In einer kurzen, von Sam Zolotow verfaßten Notiz wurde den Lesern der *New York Times* vom 19. Dezember 1967 unter der Überschrift "*La Ronde* Turns into Musical-Play of Many Versions to Reach Broadway in May" mitgeteilt, daß man *La Ronde* als Musical am Broadway zeigen würde: "*La Ronde*, Arthur Schnitzlers 1902 [sic] geschriebene, zehn Episoden umfassende Abhandlung über unerlaubte Liebesbeziehungen, wird im Mai als Broadway Musical zu sehen sein" (L: 58).[26] Diese Ankündigung erwies sich als verfrüht, denn erst in der Spielzeit 1969-70 wurde *La Ronde* unter dem vielsagenden Titel *Rondelay* gespielt.

Die Premiere fand am 5. November 1969 im Off-Broadway-Theater Hudson West statt, im ehemaligen Ballsaal des Henry Hudson Hotels. Regisseur dieses Musicals, das etwa 70 000 Dollar kostete, war William Francisco, die Musik hatte Hal Jordan komponiert, das Libretto und die Liedtexte stammten von Jerry Douglas. Die Akteure waren Barbara Lang (Dirne), Carole Demas (Stubenmädchen), Louise Clay (junge Frau), Barbara Minkus (süßes Mädel), Gwyda Don Howe (Diva); Terence Monk (Soldat), Peter York (Student), Dillon Evans (Professor), Shawn Elliott (Dichter) und Paxton Whitehead als Graf. Die vierunddreißig musikalischen Nummern des zweiaktigen Musicals betonen die kreisförmige Struktur des Stückes, indem sie auf die Jahreszeiten hinweisen. Die Nummern des ersten Aktes tragen deshalb Überschriften wie "Eine Straße in Wien—Frühjahr 1905," "Der Wurstelprater— Sommer," "Das Haus des Studenten in der Porzellangasse— Herbst," "Ein gemietetes Zimmer in der Schwindgasse—Herbst," "Das Schlafzimmer des Professors—Winter" und "Riedhofs Restaurant—Winter."

Wie die *New York Post* vom 4. November 1969 in ihrem Artikel "Jacques d'Amboise Leaves *Rondelay*" meldete, kam es zu Schwierigkeiten, als der Choreograph Jacques d'Amboise (vom New York City Ballet) aus der Inszenierung ausstieg (24). Zu diesem Schritt entschloß er sich, nachdem sich Cyril Ritchard, der ursprüngliche Regisseur, zurückgezogen hatte, weil er die Forderung des Produzenten Rick Hobard, einige Szenen müßten nackt gespielt werden, inakzeptabel fand. Das veranlaßte Max E. Ammann, im *Bayern-Kurier* vom 22. November 1969 ("Schnitzler entblößt") zu schreiben:

> Der Produzent, sein linkes Auge auf die Kasse, das rechte auf schöne Busen gerichtet, wünscht, daß vier der zehn Szenen nackt gespielt werden . . . damit war aber der Regisseur nicht einver-

> standen. Er glaubte, daß Nacktheit auf der Bühne die Satire und den Witz zerstöre. . . . Am 5. November war Premiere: Nacktheit mit Schnitzlers Texten als Hintergrund, nicht Schnitzlers *Reigen* mit Nacktheit als Bestandteil der Ausstattung. [12]

Die meisten Kritiker hielten diese Inszenierung für einen Fehlschlag. So auch James Davis in seiner Rezension "*La Ronde* gets Opera Treatment—It's Painful" (*Daily News*, 6. Dezember 1969): "Die Akteure sind attraktiv, und die Show ist hübsch aufgezogen. Sie hat alles, was nötig ist, außer guter Musik, witzigen Situationen, ernst zu nehmenden Dialogen und Schwung" (88).[27]

Richard Watts Jr. stellt in seinem Artikel "Sex and Music in Old Vienna" (*New York Post*, 6. November 1969) folgendes fest: "*Rondelay* bemüht sich um einen intellektuellen Touch. Ein Student sagt zwischen seinen Liebesaffären 'amo, amas, amat' auf, und es werden Anspielungen auf Stendhal und Rabelais gemacht, die alle sehr gescheit sind. Doch der Esprit fehlt, und der ist bei dieser Art von sich kultiviert gebender Tändelei unerläßlich." (63)[28]

In seiner Besprechung "Schnitzler Romp Takes on Music," die am 6. November 1969 in den *Newark Evening News* erschien, bemängelt Edward Sothern Hipp, daß

> Schnitzlers bezaubernde komödienhafte Touchs . . . hier völlig [fehlen]; statt dessen arbeitet man im Hudson West zielstrebig darauf hin, jedes der beteiligten Paare ins Bett zu bekommen, ohne sich im geringsten um Schnitzlers Finessen zu kümmern. *Was einst gewagt war, ist heute offensichtlich zu sentimental und zu altmodisch, und die Verantwortlichen konnten es sich nicht verkneifen, die Akteure in einigen Szenen—unnötigerweise—fast nackt auftreten zu lassen. Nicht, daß die Versuche, diese altmodischen Liebeseskapaden ein wenig aufzumotzen, schockierend wären, sie sind zum Teil einfach geschmacklos.* (56)[29]

Auch für George Oppenheimer hat der Zahn der Zeit an diesem einst so gewagten Stück genagt. Unter der Überschrift "*Rondelay* Introduced at Hudson West" (*Newsday*, 6. November 1969) können wir lesen:

> Als Schnitzler sein Stück im Jahre 1900 schrieb, hielt man es für unglaublich gewagt. Heute ist es völlig harmlos und—so, wie es hier nach den Eingangsszenen dargeboten wird—hoffnungslos alt-

> modisch. . . . Da *Rondelay* sich aus einem Musical, das einen gewissen Charme und Witz hat, in eine Burleske verwandelt, der beides fehlt, dann zur Parodie einer Operette wird, um schließlich ins absolut Süßlich-Sentimentale abzurutschen, vermögen weder die Musik noch die Liedtexte noch sonst etwas das Stück zu retten. (A: 44)[30]

Christopher Williams konstatiert im *Women's Wear Daily* vom 6. November 1969, daß in diesem Sexkarussell "die Situation fast immer die gleiche ist—man verführt oder man wird verführt—, und ist sie es einmal nicht, dann ist sie uns aus den Situationskomödien im Fernsehen bereits wohlvertraut. Deshalb bedarf dieses Stück besonderer Anstrengung, um eine Szene auch bühnenwirksam darzustellen" (28).[31] Williams' moralische Entrüstung über dieses Stück und besonders über Schnitzler ist deutlich erkennbar:

> Arthur Schnitzler verdient ihn [diesen Mißerfolg]—wegen seines Zynismus. Doch würde er es für möglich halten? Man hat aus *Das Reigen* [sic], gemeinhin als *La Ronde* bekannt, seinem paradigmatischen Spiel über den moralischen Bankrott des Fin de siècle, ein Musical gemacht. Mit Tutus und Schokoladensoldaten, nicht weniger als das. Das würde jeden zum Zyniker machen. (28)[32]

Eine der vernichtendsten Kritiken verfaßte Clive Barnes, der am 6. November 1969 in der *New York Times* schrieb ("Stage: Musical Version of La Ronde"):

> Der Vorhang ging mit fünfunddreißig Minuten Verspätung hoch . . . [und] sobald der Vorhang hochgegangen war, war der beste Teil des Abends vorbei. . . . Theoretisch habe ich nichts gegen ein Musical einzuwenden, das auf *La Ronde* basiert. Doch in der Praxis möchte ich es nicht erleben, daß Kunstwerke von winzigen Kapellen entweiht werden. Sollen sich die Komponisten ihre eigenen Geschichten schreiben, wenn sie den Autoren, die sie bestehlen, nicht gewachsen sind. Das Libretto und die Liedtexte von *Rondelay* haben weder Charme noch Esprit noch Stil noch Atmosphäre. (L+: 55)[33]

Leo Mishkin, dessen Rezension "*Rondelay*, Off-B'way-Musical" am 7. November 1969 im *Morning Telegraph N.Y.* veröffentlicht wurde, räumt zwar ein, daß sich das Musical ziemlich genau an Schnitzlers Text hält,

> doch er ist jetzt so überladen mit Songs (es gibt mehr als dreißig verschiedene Nummern—Solos, Duette, Chorgesänge und Tanzeinlagen), und [diese Inszenierung] geht ihren Gegenstand mit solch schwerfälliger Koketterie an, daß sie durch ihr eigenes Gewicht untergeht. Ein oder zwei satirische Darbietungen heben sich zwar positiv von den übrigen ab. . . doch das Tempo und das Timing, die plumpen Bühneneffekte und nicht zuletzt die Länge des Ganzen bewirken, daß die wenigen erfreulichen Momente kaum zur Geltung kommen. (3)[34]

Die musikalische Umsetzung von Schnitzlers Stück war, wie die Zeitschrift *Variety* am 12. November 1969 schrieb, "one of the more spectacular catastrophes" (78) oder "eine spektakuläre Katastrophe," und Edith Oliver bezeichnete sie im *New Yorker* als "a witless, elaborate mess"(166) oder ein "geistloses, ausgeklügeltes Kuddelmuddel." Wie Clayton Riley in seinem Artikel "*Rondelay*—A Trip to Yesterday" (*Manhattan Tribune*, 22. November 1969) feststellte, ging diese musikalische Version am Wesentlichen des Stücks vorbei:

> *La Ronde* will uns, glaube ich, etwas mitteilen, will uns an jene beiläufigen seelischen Morde erinnern, die wir alle begehen. Im Mittelpunkt von *Rondelay* steht die sexuelle Eroberung. Überdies wird das wie in einem Leitfaden für Playboyleser gehandhabt. . . und jede erfolgreiche Verführung wird fein säuberlich abgehakt. Regisseur William Francisco (ein Spätstarter) hat das alles mit unsicherer Hand und unkonzentriertem Blick in Szene gesetzt. (7; 13)[35]

Roger Dooley war einer der ganz wenigen Kritiker, die diese Produktion lobten. Es scheint jedoch, daß sein Urteil von einem erfolgreicheren Musical, welches er 1961 gesehen hatte, beeinflußt wurde, einer musikalischen Version von Schnitzlers *Anatol*. Im *Villager* vom 13. November 1969 preist er die Stücke so an:

> Nicht nur jenen, die sich noch liebevoll an *The Gay Life* erinnern, ein 1961 aufgeführtes, auf Schnitzlers *Anatol* basierendes Musical, sondern auch all denen, die noch an einem angenehm wienerischen

Musical Gefallen finden, das nostalgisch ist, ohne schmalzig zu sein, sei *Rondelay* als höchst vergnügliche Abendunterhaltung empfohlen.[36]

Das Musical erlebte jedoch nur elf Vorstellungen, was in den Medien mit folgenden Worten kommentiert wurde: "Unglücklicherweise gab es sogar eine Tote, nämlich die Show."[37] 1972 beschloß die "Moving Company", ihr Glück zu versuchen und das Stück wieder auf die Bühne zu bringen. Das Ergebnis war fast vorherzusehen; wie Martin Oltarsh am 30. November 1972 in der Zeitschrift *Show Business* schrieb ("*La Ronde* at the Moving Company"), geriet das Stück zur "Leerformel, in der von Schnitzlers zynischer Schilderung des Sexualverhaltens und der Heuchelei seiner Zeit nichts mehr zu spüren ist" (13). Das lag am jugendlichen Alter der Akteure und an deren Unvermögen, die verschiedenartigen mitteleuropäischen Typen differenziert darzustellen:

> Man hat aus dem Stück eine recht hausbackene Angelegenheit gemacht; statt einer Wiener Sachertorte der Jahrhundertwende wird uns hier amerikanischer Apfelkuchen des Jahres 1972 vorgesetzt. Da die Darsteller die Sitten jener Zeit nicht genügend zum Ausdruck zu bringen vermögen, fehlen dem Stück die wesentlichen Elemente. (13)[38]

6. *Aufführung in Syracuse im Staat New York Oktober 1974*

Als Arthur Storch, der Direktor des Syracuse Stage Theater, 1974 *La Ronde* inszenierte, verzichtete er darauf, die Zeit und den Schauplatz zu ändern und ließ das Stück im Wien der Jahrhundertwende spielen. Jedesmal, wenn das Bühnengeschehen die bedeutungsvollen Gedankenstriche im Text erreichte, wurden Dias von Fin de siècle-Zeichnungen auf die Wände des Theaters projiziert, während Walzer von Johann Strauß erklangen. Zu den Mitwirkenden gehörten: Kelly Wood (Dirne), Faith Catlin, Kathy Bruce, Sandy Faison, Jacqueline Bertrand (Schauspielerin); David Kagen (Soldat), Jeffrey DeMunn, Mervin Goldsmith, Mitchell McGuire and Earl Snyder (Graf). Storch ließ einige von ihnen nackt auftreten, ein Wagnis für das hauptsächlich republikanische, sehr konservative Syracuse.

Joan Vadebonceur schreibt in ihrem Artikel "*La Ronde* offers slightly sexy 'Merry-Go-Round'" (*Syracuse Herald Journal*, 26. Oktober 1974), daß "*La Ronde*—abgesehen von einigen kurzen Nacktszenen—in etwa so sexy ist wie das Küchenlinoleum" (8).[39] Das Urteil anderer Kritiker fiel wesentlich enthusiastischer aus:

> Mr. Storch hat bei dieser Eröffnungsinszenierung selbst Regie geführt und das Stück großzügig und mit sicherer Hand in Szene gesetzt. Die Leistungen seiner Darsteller sind vorzüglich. Die Inszenierung ist flüssig und funktionstüchtig und gestattet den Schauspielern, aus ihren Rollen das Beste herauszuholen. Die Bühnenausstattung, die Kostüme, die Musik, die gesamte Produktion ist wie aus einem Guß, und alles klappt wunderbar. . . . ich glaube, ich bin noch nicht so alt, um all den blanken Busen und den in frontaler Nacktheit zu sehenden Schauspielern und Schauspielerinnen nichts abgewinnen zu können. Vielleicht bin ich ein bißchen zugunsten dieser attraktiven jungen Geschöpfe voreingenommen, doch ich bin dort hingegangen, um mich angenehm zu unterhalten . . . und das ist mir gelungen. (WEZG-Radio, Syracuse, 26.Oktober 1974)[40]

Der Kritiker des Radiosenders WHEN (Syracuse) betonte am 26. Oktober 1974 den Doppelaspekt des Stückes—es sei sowohl "leichte Unterhaltung" als auch "eine zynische Studie über Menschen," deren Art und Weise der sexuellen Eroberung durchaus zeitgenössisch wirke: "Die Verführungen sind zeitlos, absolut modern . . . und erinnern uns daran, daß sich die Menschen und ihr Verhalten gegenüber dem anderen Geschlecht im Laufe von siebzig Jahren nicht allzusehr geändert haben."[41] David Feldmann äußerte in seiner Rezension "Bawdy Plays with Ideas" (*Syracuse New Times*, 10. November 1974) die Ansicht, daß "der Höhepunkt, auf den jede Szene zustrebt, zwangsläufig sexueller Natur ist. Der Höhepunkt, den das Stück erreicht, ist intellektueller Natur. Das kommt in dieser Inszenierung nicht deutlich genug zum Ausdruck, nicht nur weil diese Art von Höhepunkt außerhalb dieses Dramenbereichs liegt" (25).[42]

Reinhard Urbach, der das Stück in Syracuse sah, kritisierte in der *Neuen Zürcher Zeitung* vom 25. November 1974 im "*Reigen* in Syracuse. Arthur Schnitzler in der amerikanischen Provinz" vor allem die Übersetzung, die die sozialen und sprachlichen Unterschiede zwischen den Figuren außer acht läßt:

> Gewiß sind alle Szenen auf einen Punkt konzentriert, aber der Weg dorthin ist immer ein anderer. Man weiß in jeder Szene, was passieren wird, aber bis es passiert, geschieht genug Verschiedenes.

> Wenn diese Differenzierung nicht gezeigt wird, wird die Szenenfolge auf die ewige Wiederkehr des Gleichen reduziert und folglich langweilig. Arthur Storch ließ outrieren und karikieren. Die Figuren waren übertrieben agierende Lüstlinge aus einem Porno-Panoptikum. . . . Außerdem gingen durch die Übersetzung Differenzierungen, vor allem die zwischen Dialekt und Hochsprache, verloren. (17)

Auch der Theaterkritiker des Syracuser Radiosenders WONO (26. Oktober 1974) empfand diese "ewige Wiederkehr des Gleichen" als langweilig; nach seinem Dafürhalten "überzogen die meisten Akteure ihr Spiel, indem sie das Offenkundige permanent überdeutlich machten. Das hatte zur Folge, daß der vorhersehbare Kreis der Verführungen diese abendliche Unterhaltung zum ewigen Einerlei werden ließ." Im letzten Satz seiner Besprechung räumt er jedoch ein, "daß sich das Publikum der ausverkauften Vorstellung gut zu unterhalten schien . . . im Gegensatz zu mir."[43]

Bei Studenten fand die Aufführung allgemeinen Anklang. George Indyke stellte ihnen dieses Werk am 13. Oktober 1974 in der Studentenzeitung *Daily Orange* (Syracuse University) vor und schrieb dort unter der Überschrift "Storch and Syracuse Stage add zest to city's cultural boom ":

> Der *Reigen* wurde 1896 von Arthur Schnitzler, einem Arzt, geschrieben, der das Werk als limitierte Ausgabe drucken ließ und an seine Freunde verteilte. Das Stück soll veranschaulichen, wie es dazu kam, daß die oberen Schichten Wiens sich mit Geschlechtskrankheiten infizierten; es beginnt damit, daß eine Prostituierte einen lüsternen Soldaten umgarnt; der Soldat verführt dann ein Stubenmädchen, das später das Verlangen seines Arbeitgebers erregt, und so weiter, bis sich der Kreis schließt, als ein philosophierender Botschafter im Alkoholrausch bei der Prostituierten landet. (5)[44]

Das gleiche Blatt brachte auch ein Interview mit Arthur Storch, dem Direktor des Syracuse Stage Theaters, in dem dieser mitteilte, daß es wegen der Nacktszenen an sich nur wenige Beschwerden gegeben habe:

> Als Storch den Leuten zum erstenmal erzählte, daß er vorhabe, den *Reigen* zu inszenieren, sagten sie gewöhnlich: "Mein Gott! In Syracuse?" Doch wie er sagt, ist es kaum zu Beschwerden gekommen.

"Die einzige Beschwerde kam von zwei Frauen, die meinten, das Stück sei männlich-chauvinistisch. Sie wollten mehr nackte Männer sehen."[45]

7. Rondelay *im Impossible Ragtime Theater (NYC) November 1975*

1975 kam *Rondelay* in New York wieder auf die Bühne, in einer "breezy modernization" oder "flotten modernisierten Version" von Peter Swet, die auf Schnitzlers Original beruhte. *Rondelay* wurde von Schauspielern des "Impossible Ragtime Theater" (IRT) aufgeführt. Der Regisseur Ted Story verlegte die Handlung des Stückes in das New York der siebziger Jahre. Das Hauptrequisit war, wie Mel Gussow in der *New York Times* vom 26. November 1975 schrieb, "ein Bett . . . das wie eine Drehscheibe vom Central Park zu einer Suite im Pierre schwenkte" (L: 14). Arthur Schnitzler geriet bei dieser "amourösen Kettenreaktion" ins Hintertreffen, während Peter Swet gut abschnitt: "Je weiter sich das Stück von seiner Quelle entfernt, desto interessanter ist es, was einen auf den Gedanken bringt, daß Mr. Swet vielleicht ein eigenes Stück über die Liebe hätte schreiben sollen, statt das von Schnitzler zu adaptieren" (L: 14).[46]

8. La Ronde *im Old Globe Theatre (San Diego) März 1977*

Am 29. März 1977 eröffnete *La Ronde* die vierzigste Saison des Old Globe Theatre. Die benutzte Übersetzung stammte von J. D. Steyers, einem Doktoranden der Theaterwissenschaft an der Bowling Green State University. *Applause* Nr. 9. (April 1977) zufolge, dem in San Diego erscheinenden Magazin der darstellenden Künste, bestand die Besetzung aus den folgenden Schauspielern: Julie Anne Stoike (Dirne), Margaret Bicknell, Lindy A. Nisbet, Katy Frank, Bette Laws (Schauspielerin), David Schrage (Soldat), George A. Noe, Jr., James Ashton, Steven Kirk und William Irish (Graf). Regisseur dieser "Wiener Scharade in zehn amourösen Eskapaden" war William Roesch, als Musikregisseurin fungierte Ilana Myslor. Das Außergewöhnliche bei dieser Inszenierung waren die musikalischen Einlagen, zum Beispiel Lieder von Stolz ("Im Prater blühn wieder die Bäume"), Lehár ("Gern hab' ich die Frau'n geküßt"), Millöcker-Mackeben ("Ich schenk mein Herz"), Zeller ("Schenkt man sich Rosen in Tirol") und Sieczynski ("Wien, Stadt meiner Träume").

9. *Tyrone Guthrie Theatre (Minneapolis) Juli 1977*

Eine wichtige Inszenierung von *La Ronde* kam im Juli 1977 im Tyrone Guthrie Theatre, Minneapolis auf die Bühne. Der Regisseur Ken Ruta legte den Akzent auf die Sozialkritik des Stückes und die existentielle Verzweiflung der Figuren. Diese Botschaft wird im *Guthrie Theater Program* wie folgt formuliert:

> Schnitzlers "mechanistische Komödie," mit ihrer gesteuerten Wiederholung der Struktur, der Sprache und der Verhaltensweisen, ist grausam. Das Gelächter, welches das Stück auslöst, ist das Gelächter der Einsamkeit und der Verzweiflung. . . . Wenn die Figuren imstande wären, sich lange genug voneinander zu lösen, um einander einmal richtig anzusehen, würden sie vielleicht erkennen, daß sie dringendere gemeinsame Bedürfnisse haben: soziale, moralische und menschliche. Doch dazu sind sie nicht imstande. Statt dessen drehen sie sich immer weiter im Walzertakt und geraten dabei immer mehr an den Rand des Abgrunds. (Nummer 1: 13).[47]

Nach Auffassung von Joan Bunke geht Ruta an der Absicht Schnitzlers vorbei. In ihrer Rezension "Good Play, Bad Guthrie" (*Des Moines Sunday Register*, 26. Juni 1977) sagt sie:

> Fast alle Frauen in diesen zehn Szenen machen offensichtliche Tramps aus ihren Rollen. Dies jedoch widerspricht Schnitzlers Absichten. Schnitzler nahm Wiens schönen falschen Schein und die sich darunter ausbreitende Fäulnis aufs Korn. Gezeigt wird in Rutas Inszenierung wird zu viel vom Verfall und zu wenig vom schönen Schein. (B: 4)[48]

Ebenso vernichtend war die Kritik, die Richard Eder für die *New York Times* vom 21. Juli 1977 schrieb und die die Überschrift "In This Theater the Stage Becomes an Actor" trägt:

> Der Guthrie-Inszenierung von *La Ronde*, Schnitzlers kreisförmig verketteten Szenen über Verführung und Einsamkeit im Wien der Jahrhundertwende, mangelt es an Form. Den elf [sic] Episoden fehlen der gemeinsame Stil und der gemeinsame Ton, deren sie bedürfen, wenn sie sich wirklich zu einem Kreis zusammenschließen sollen. Teilweise wird das verursacht durch die unzulängliche Glaub-

> würdigkeit von Guy Paul als dem Mann in Abendgarderobe, dem Zwischenglied der einzelnen Episoden, teils durch das langsame Tempo der Aufführung. (LC: 19)[49]

10. *Impossible Ragtime Theatre (NYC) September 1978*

1978 beschloß das New Yorker Impossible Ragtime Theatre, den *Reigen* noch einmal zu inszenieren, diesmal ohne die von Peter Swet vorgenommenen Änderungen. Das Stück hatte am 7. September 1978 Premiere—und wurde bereits am vierundzwanzigsten desselben Monats wieder vom Spielplan abgesetzt. Regie führte Rob Pherson. Die schauspielerischen Leistungen der Darsteller wurden zwar ebenso gelobt wie die zwei zusätzlich eingebauten Pantomimen, doch Kritiken wie die von Stephanie Finnegan (*Show Business*, 14. September 1978) waren die Ausnahme: "Es ist sehr schwierig, dieses Werk aufzuführen, denn eigentlich ist es gar kein richtiges Stück, sondern eine Reihe von zehn Vignetten, die durch die Figuren und das sich wiederholende Thema miteinander verbunden sind. Jede dieser Episoden wird außerordentlich gut gespielt. . . "(12).[50]

Unter der Überschrift "The Company She Keeps" stellte Terry Curtis Fox in der *Village Voice* vom 25. September 1978 die Mängel der Aufführung fest. Fox zufolge verknüpft Schnitzler im *Reigen*

> amoralischen sexuellen Radikalismus mit scharfer Sozialkritik. Zwei Stränge ziehen sich durch das Werk: sexuelle Betätigung als erotischer Selbstzweck. . . und daß Männer und Frauen sich unterschiedlich verhalten, wenn ihre Partner einer anderen sozialen Schicht angehören. Schnitzler definierte sexuelle Anziehung als etwas, was zwischen Menschen unterschiedlichen [gesellschaftlichen] Ranges stattfindet. Er begriff auch, daß die Gesellschaft, in der er lebte, Frauen einen besonderen sozialen Status zuwies und auf diese Weise ihre Andersartigkeit noch erhöhte; in dem Moment, da sie "erkannt" wurden, hörten sie auf, erotisch interessant zu sein. (127)[51]

Rob Phersons Inszenierung fehlte, wie Donald R. Wilson in den *Soho Weekly News* vom 14. September 1978 feststellte, "die Ausgewogenheit von Sprache und Gestik" und aus diesem Grunde "wird der Aufwand, den Schnitzler treibt, zur reinen Pose; sein Witz wirkt gezwungen. Von der Eleganz ist bald nichts mehr übrig, außer Lustgestöhne im Dunkeln. Der prickelnde Schwung ist weg. Was so süß und formvollendet wie eine Wiener Torte ist, wird hier zum trockenen Krapfen" (58).[52]

11. *Spectrum Theatre (NYC) Oktober 1978*

Der Mißerfolg der Inszenierung am Impossible Ragtime Theatre hielt das New Yorker Spectrum Theatre jedoch nicht davon ab, den *Reigen* im folgenden Monat auf die Bühne zu bringen und vom 12. Oktober 1978 bis zum 1. November 1978 zu zeigen. Regie führte Maria Norman. Das Bemerkenswerte an dieser Inszenierung ist, daß sie, wie aus einer Pressemitteilung hervorgeht, nicht nur von der Schauspielerinnung unterstützt wurde, sondern auch von kirchlichen Gruppen: "Dies ist ein kulturelles Projekt der Calvary-, der Holy Communion- und der St. Georges-Gemeinde."[53]

12. *Equity Library Theatre (NYC) Februar 1979*

Die Inszenierung des New Yorker Equity Library Theatre hatte am 1. Februar 1979 Premiere (Regie: Warren Kliewer) und erlebte eine Laufzeit von siebzehn Tagen, vom 1. Februar bis zum 18. Februar. Von den Mitwirkenden werden nur Jody Hingle als Stubenmädchen, Ellen Fiske als verheiratete Frau, Mary Donnet als das süße Mädel und J. C. Hoyt als der Ehemann erwähnt.

Tom Buckley, dessen Artikel "La *Ronde*, Seduction in Vienna" in der *New York Times* vom 3. Februar 1979 erschien, führt den Umstand, daß das Stück nicht erfolgreich war, darauf zurück, daß

> die zynische Gestaltung amoralischer amouröser Betrügereien, die einst als gewagt galt, harmlos geworden ist, weil sich die Verhaltensnormen geändert haben. Kurzum, *La Ronde*, bzw. der *Reigen*, wie das Stück auf deutsch heißt, wirkt heute ziemlich hausbacken. . . . Warren Kliewers Regie ist auch ohne Inspiration. . . . Die Bentleysche Adaptierung, die hier benutzt wurde, geht im Schritt statt leicht zu gleiten. (L: 14)[54]

Zu einem ähnlichen Schluß gelangte ebenfalls der Rezensent der *New York Theater Review* (März 1979), der in seinem Artikel "La Ronde at Equity Library Theatre" über diese Aufführung schrieb: "Ohne die wienerische Fin de siécle-Atmosphäre wirken Arthur Schnitzlers ehemals gewagte und immer noch auf bittersüße Weise effektvolle Szenen zum

Thema Gelegenheitssex recht albern und reizlos" (50).[55]

13. La Ronde *als Musical im Playhouse on the Mall in Paramus im Staat New Jersey Juni 1980*

Ein Jahr später wurde eine weitere Musicalfassung von *La Ronde* aufgeführt, und zwar von der Center Stage, einem im Bergen County in New Jersey beheimateten Repertoiretheater. Dieses Musical, bei dem Charlz A. Herfurth Regie führte und das insgesamt aus sechzehn musikalischen Nummern, einem Prolog und einem Finale bestand, hatte am 26. Juni 1980 im Playhouse on the Mall in Paramus Premiere. Auf der Bühne agierten Barbara Sandek (Dirne), Natalie Strauss, Anne Simon, Emilie Roberts und June Prud'homme (Schauspielerin); John Schmedes (Soldat), Ted Rawlins, Peter Giuliano, Timothy Wallace und Jim Hillgartner (Graf).

Die Einseitigkeit dieser Produktion verrät sich schon in den hier nicht übersetzten Titeln einiger musikalischer Nummern: *Oh, Herr Alfred*; *It's most difficult*; *A Perfect Lady*; *Whipped Cream*; *Time for Bed* und *We'll Join the Night*." Der von Dani geschriebenen Rezension "Love Games" (*Variety,* 9. Juli 1980) zufolge war der Erfolg mäßig:

> Der Interpretation der Figuren mangelt es an Charme, Witz und Kontrastreichtum. Die Liebe mag in vielerlei Gestalten auftreten, hier zeichnet sie sich jedoch durch schlechte Darstellung aus, und während einige Sänger relativ akzeptable Stimmen haben, ist bei anderen deutlich zu merken, daß ihnen die Schulung fehlt. Die Musik ist bestenfalls ambitiös und wird schließlich, da für Piano und Harfe instrumentiert, unangenehm monoton. Die Liedtexte sind plump, und ihnen fehlt die richtige Mischung aus vorfreudianischem Wiener Humor und Zynismus. (94)[56]

14. *Ohio Theater (NYC) November 1982*

Eine weitere amerikanische Groß-Inszenierung des *Reigen* wurde im Herbst 1982 vom neuen Ohio Theater in New York vorgestellt. Regisseur Sammy Cucher ließ die Handlung im New York der zwanziger Jahre spielen. Das rief einen Verfremdungseffekt hervor, der wenig Anklang fand. In der *New York City Tribune* vom 15. November 1982 heißt es dazu unter der Überschrift "Ohio Theater makes travesty of *La Ronde*":

> Es gibt da zum Beispiel eine merkwürdige und völlig sinnlose Szene, in der einer der Darsteller gestikulierend und ohne etwas zu sagen die Bühne überquert, während die Stimme eines Rundfunksprechers zu hören ist, der über Calvin Coolidge redet. Ein andermal kommen die Schauspieler auf die Bühne und schwenken dabei amerikanische Fähnchen. Warum? Nun, Cucher hat an der New Yorker Universität experimentelles Theater studiert und möchte vermutlich zeigen, was er dort gelernt hat. (B: 5)[57]

Beanstandet wurden auch das "Schulbuchenglisch" der Bentleyschen Übersetzung und das altmodische europäische Ambiente:

> Im Text ist von Chambres séparées die Rede, von Dichtern, die fürs Theater schreiben, ein Graf tritt auf, der einer gefeierten Schauspielerin einen Besuch abstattet etc. All das ist äußerst europäisch. Hierzulande bezeichnen wir Dramatiker nicht als "Dichter," und das Chambre séparée eines Restaurants, das man benutzt, um jemanden zu verführen, ist ein Phänomen, das einer anderen Zeit und anderen Schauplätzen angehört. (B: 5)[58]

Außerdem gibt der Kritiker zu verstehen, daß Cucher Schnitzlers Absichten völlig mißverstanden habe:

> Schnitzler hat eine unbeschwerte Komödie geschrieben, in der sowohl die Männer als auch die Frauen ihre Spielchen treiben, um sexuell zum Zuge zu kommen. Cucher macht jedes Paar zu tödlichen Feinden, und bei ihm haftet jeder Begegnung etwas Widerwärtiges an. Die Frauen sind jetzt entweder elende Kreaturen, die sich keuchend und stöhnend über die männlichen Sexualobjekte hermachen, oder Raubtiere. Die Männer sind offenkundig verlogen und arrogant. In einer Szene lümmelt der junge Mann sogar in Unterwäsche herum—ein Inbild schwuler Interesselosigkeit—, während das Stubenmädchen schier außer sich gerät, weil sie scharf auf ihn ist. (B: 5)[59]

15. *Williamstown Theatre Festival im Staat Massachusetts Juli 1985*

Williamstown, gelegen in der Nähe von Albany (NY), hat nicht nur eines der besten Colleges in den Vereinigten Staaten, sondern auch ein sehr gutes Sommertheater mit einer Sitzkapazität von 479. Gegründet wurde es im Jahre 1955, und die jährliche Besucherzahl beträgt ungefähr 50 000. *La Ronde* wurde dort am 30. Juli 1985 unter der Regie von David Trainer aufgeführt; für das Bühnenbild zeichnete John Conklin verantwortlich. Wie die *New York Tribune* in "Schnitzler's *La Ronde* both funny and bleak" am 30. Juli 1985 bemerkte, hatte diese Inszenierung eine Starbesetzung mit Teri Garr als Stubenmädchen, Richard Thomas als junger Mann und Edward Herrmann als Ehemann, was dazu beitrug, sowohl das Komische als auch das darunter liegende Freudlose in diesem Stück zu zeigen (B: 5).[60] Zu den anderen Mitwirkenden zählten Keith Szarabajka (Soldat), James Naughton (Dichter), Daniel Davis (Graf), Maria Tussi (Ehefrau), Laila Robins (süßes Mädel) und Carrie Nye als Schauspielerin.

Nicht alle waren von dieser Produktion begeistert, wie der Theaterkritiker der *New York Tribune* bemerkte, denn das Publikum erwartete in den zehn Verführungsszenen mehr erotischen Kitzel, als von Trainer angeboten wurde. Dieser legte die Betonung in den einzelnen Szenen mehr in Schnitzlers Sinne auf die Enthüllung und Zurschaustellung der Wahrheit als auf die des Fleisches, was einige Zuschauer enttäuschte.[61]

16. La Ronde *Aufführung im Academy Theatre in Atlanta im Staat Georgia Mai 1986*

La Ronde erlebte eine andere Aufführung unter der Regie von John Stevens im Academy Theatre in Atlanta, einem kleinen Theater mit 383 Sitzen. Zu den Schauspielern gehörten u.a. Judy McDonell (Dirne), Mary Jon Ammon, Kathleen McManus, Shawna McKellar, Ruth Reid (Schauspielerin); Dan Reinhardt (junger Herr), Winslow Thomas (Ehemann), Richard West (Dichter) und Chris Kayser als Graf. Eine Vorbesprechung dieser Inszenierung wurde von Paula Crouch am 28. Mai 1986 (*Atlanta Journal and Atlanta Constitution*, Sektion 8: 3) gebracht.

Linda Sherbet hob in ihrer Besprechung "*La Ronde* a naughty but amusing comedy," *Atlanta Journal and Atlanta Constitution* vom 31. Mai 1986) den Skandal bei der Premiere des Stücks in Berlin 1920 hervor, wie auch die Inhaftnahme des Regisseurs und der Schauspieler. Heutzutage allerdings sähen diese auf Wechsel eingestellten Liebhaber aus wie Vorläufer der sexuellen Revolution der 60er und 70 Jahre. Die Leistung der Schauspieler sei lobenswert, mit Ausnahme Chris Kaysers, der die Rolle des Grafen spielt; dieser Graf sei zwar langweilig, aber die Darstellung solle es nicht sein.[62]

17. La Ronde *als Ballett in New York (NYC) Juli 1988*

Der in Amerika geborene Choreograph Glen Tetley, der seit 1981 hauptsächlich als künstlerischer Leiter des kanadischen Nationalballetts in Toronto tätig ist, war vom *Reigen* fasziniert. Was ihn besonders zu Schnitzler hinzog, war, wie John Gruen in seinem Interview-Artikel "Long Absent, Glen Tetley Returns" (*New York Times*, 17. Juli 1988) die enge Zusammenarbeit Schnitzlers mit Freud (!), besonders ihr gemeinsames Arbeitsgebiet der Hypnose:

> Schnitzler war einer der ersten in der Anwendung der Hypnose—wie auch Freud, und einer der ersten, der Krankenberichte seiner Patienten aufschrieb—wie es Freud auch tat. Wir wissen, was Freud damit gemacht hat. Nun, Schnitzler machte daraus Theater. Als er *La Ronde* schrieb, hatte er nicht geplant, dieses Werk aufführen zu lassen, sondern es war nur zum Lesen bestimmt. Aber dann wurde es dennoch aufgeführt, und es verursachte einen Skandal. Was die Autoritäten besonders erzürnte, war nicht das erotische Thema . . . sondern der Zynismus und der verzerrte psychologische Unterbau, der die Gestalten motivierte. Die Herausforderung für mich war, dies choreographisch zu gestalten. Geholfen hat mir hierbei die strenge Form des Stückes. Die zehn sehr verschiedenen Charaktere bedeuteten für mich zehn verschiedene *pas de deux*. (Sektion 2: 12; 21)[63]

Die Weltpremiere fand Anfang November 1987 im O'Keefe Center in Toronto statt. Wie Anna Kisselgoff bemerkt, schlug Peter Schnitzler, der Neffe des Dichters, Tetley die Sinfonietta Opus 5 von dem in Wien geborenen Komponisten Erich Wolfgang Korngold als Partitur vor, was Tetley auch akzeptierte.[64]

Am 18. Juli 1988 erlebte dieses Ballett zusammen mit Robert Desrosiers' *Blue Snake* in der New Yorker Metropolitan Oper seine amerikanische Premiere. Getanzt wurde der *Reigen* von Ronda Nychka (Dirne), Kimberly Glasco, Sabina Allemann, Kim Lighthert und Karen Kain (Schauspielerin); John Alleyne (Soldat), Rex Harrington, Peter Ottmann, Owen Montague und Frank Augustyn (Graf). Am 21. Juli wechselte die Besetzung, mit Ausnahme von Ronda Nychka, was dazu führte, daß neue Nuancen dieses Stückes sichtbar wurden. Anna Kisselhoff nach, die die Besprechung unter "New Cast in *La Ronde* by the Canadian Ballet" für die *New York Times* am 24. Juli 1988 lieferte, hatte diese Besetzung nicht dieselbe dramatische Wirkung wie die der

Premiere, obwohl das Tanzen ausgezeichnet war (Sektion 1: 34).[65]

Anna Kisselgoff lieferte auch die Besprechung der Premiere, die unter dem Titel "2 Premieres Open Canadians' Season" in der *New York Times* am 20. Juli 1988 erschien. Als einzige Schwäche hob sie Korngolds Musik hervor, die sich nicht immer zum Tanzen eigne. Das Ingeniöse dieser Produktion sei jedoch das Aufzeigen des sozialen Status eines jeden Charakters, evident in der veränderten Einstellung dem Partner gegenüber.[66]

Für Marcia B. Siegel, die die Besprechung dieser Produktion für den *Christian Science Monitor* am 2. August 1988 lieferte, war die Übertragung der literarischen Vorlage in ein Ballett ein mißglückter Versuch, denn in unserem Zeitalter der "Dekonstruktion" wolle das Publikum nicht mehr Zeuge komplizierter Verwicklungen sein, sondern der Publikumsgeschmack tendiere dahin, "nur vorzügliche junge Männer und Frauen zu sehen, die sich in wollüstiger Athletik verklammern" (19).[67] In "*La Ronde* out of style" bemerkt sie ferner, daß *La Ronde* vom Dichter als soziale Satire geschrieben sei, was bei Tetley jedoch nicht sichtbar werde. Ebenfalls fehle bei ihm die psychologische Dimension des Sexualverhaltens:

> Anscheinend sollen diese Tänze die psychologische Dimension der Beziehung aufzeigen, aber diese bestehen hauptsächlich aus verschiedenen Verrenkungsvariationen und vorgetäuschter Leidenschaft. Jeder agiert sehr heißblütig, und in jeder Szene wirft nach Ablegen einiger diskreter Kleidungsstücke der eine Partner seine oder ihre Lenden auf den hingestreckten Körper des anderen. Jeder scheint der Laune des Moments zu folgen, denn die äußerlich Beteiligten haben keine besondere Begründung für ihre Attraktion. Tetley versucht nicht einmal eine bescheidene Erklärung, warum der Soldat das Stubenmädchen trifft, oder warum das süße Mädel von dem Ehemann verlassen und vom Dichter gefunden wird. Tetleys *Ronde* mangelt es an Ortsgefühl, trotz John MacFarlanes luftiger Strukturen, die Türöffnungen, flüchtige Straßendurchblicke, [oder] eine zerbröckelnde barocke Decke suggerieren. Das Programm informiert uns darüber, wer die Charaktere sind, aber ihren Status in der Gesellschaft kann man nicht aus ihrem Benehmen ableiten, was für die Wiener um 1900 von größter Wichtigkeit war. (19)[68]

Diese Inszenierung konnte ebenfalls am 17. Juni 1991 um 19 Uhr und um Mitternacht auf dem Bravo-Kanal im Fernsehen gesehen werden.

Bearbeitet für das Fernsehen von Norman Campbell, hatte sie trotz einiger Schwächen eine gute Besprechung. Beanstandet wurden von Lewis Segal in "The Heat and Flow of Glen Tetley's *La Ronde* on Bravo Cable," veröffentlicht in der *Los Angeles Time* am 17. Juni 1991, folgende Mängel: Korngolds Sinfonietta als nichtpassend, das gloriose Ende der Szene zwischen den Gatten und und der Stilbruch in der Szene zwischen dem Dichter und dem süßen Mädel. Diese Bearbeitung zeige die Hitze und Dynamik der zehn Paradestück-Duette, ohne jedoch die Absicht Tetleys zu realisieren.[69]

18. *Samuel Beckett Theatre (NYC) März 1989*

Vom 23. Februar bis zum 13. März 1989 wurde *La Ronde* vom Harold Clurman Theatre Workshop am Samuel Beckett Theatre aufgeführt. Regisseur war John McCluggage, und die Inszenierung war ein bescheidener Erfolg. Besonders hervorgehoben wurden in der Kritik die schauspielerischen Leistungen von Heather Holmberg (Dirne), Addie Kaiser, Siobhain Meyer, Dylan Grey, Michelle McKercher (Schauspielerin) und Andrew Fetherolf (junger Herr).

David Shewards Besprechung "*La Ronde*" (*Backstage*, 10. März 1989) macht deutlich, daß dieses Werk einen anderen sozialen Hintergrund zur Voraussetzung hat, als die zeitgenössische Yuppie-Szene der Upper East Side ihn darstellt. Sheward weist darauf hin, daß *La Ronde* besser in die lebenslustigen siebziger Jahre als in unsere AIDS-verseuchte und AIDS-bewußte Welt gepaßt hätte, und fährt dann folgendermaßen fort:

> Die sozialen Beziehungen des Originals lassen sich auch nicht besonders gut in die Jetztzeit transponieren. Die Upper East Side-Yuppies und flotten Sekretärinnen diese Inszenierung stellen kein glaubwürdiges Äquivalent für die züchtigen jungen Ehefrauen und kessen Stubenmädchen dar, über die Schnitzler schrieb. Trotz dieser ungeschickten Nebeneinanderstellung des Alten und des Neuen gelingt es John McCluggage, den Humor und die Melancholie dieser kreisförmig angeordneten Folge amouröser Begegnungen spürbar zu machen. . . . Dieser Reigen schloß sich auf gelungene Weise zum Kreis, das Bühnenbild war jedoch erbärmlich [bestehend aus zwei häßlichen schwarzen, schlecht gemalten Kulissen und düsterer Beleuchtung]. (A: 48)[70]

19. *DeNovo Repertory Theatre im Theatre Off Park (NYC) November 1989*

Diese neue Repertoirebühne stellte sich am 9. November 1989 mit John Bartons *La Ronde*-Adaption erstmals dem New Yorker Publikum vor. Regie führte Ada Brown Mather, als Schauspieler wirkten mit: Sharon Fogarty (Dirne), Suzanne Schubart, Kaethleen Cullen, Janet Roitz und Linda Donald (Schauspielerin); Patrick Falls (Soldat), Harry Blackman, Michael Dalby, David Scott und John Fistos (Aristokrat).

Diese Inszenierung war ein bescheidener Erfolg; Michael Sommers sagt darüber in der Zeitschrift *Backstage* (1. Dezember 1989): "Vielleicht dreht sich das Liebeskarussell etwas lebhafter, wenn die Schauspieler bessser aneinander gewöhnt sind: die Mitglieder dieser neuen Theatergruppe scheinen noch dabei zu sein, einander kennenzulernen: dieses Stückes sollte sich eine Bühne mit einer eingespielten Truppe annehmen" (A: 22).[71]

20. *Independent Theatre Company in New York (NYC) Februar 1992*

Mit einer recht ungewöhnlichen Inszenierung wartete die Independent Theatre Company auf, die 1987 von Barbara Schofield, Anne de Mare und Dan Tedlie gegründet worden war. Das House of Candles Theatre, in der verkommenen New Yorker Bowery (Lower East Side) gelegen, ist ein kleines Theater mit etwa vierzig Sitzplätzen. In ihrem Mitteilungsblatt *I*[ndependent] *T*[heatre] *C*[ompany] (5. Februar 1992) beschreibt diese Theatergruppe ihre Ziele wie folgt:

> Wir sind bestrebt, den klassischen Bühnentexten ein Forum zu bieten und diese so auf die Bühne zu bringen, daß sie weder durch einen aufwendigen Inszenierungsstil überfrachtet noch durch eine allzu subjektive Sichtweise eingeengt werden. Außerdem sind wir darauf bedacht, weniger bekannte und zeitgenössische Werke aufzuführen und neuen Dramatikern und Regisseuren ein Forum zu bieten. [1][72]

Die mitwirkenden Schauspieler waren Michelle Gigante (Dirne), Colleen De Salvo, Julie Rapoport, Jocelyn Cramer, Ann Parker (Schauspielerin); Bruce de Torres (Soldat), Frederick Zimmer, Barry Cassidy, Paul McNair und Ellliott [sic] Crown (Graf). Diese mit geringen Mitteln finanzierte Inszenierung, bei der Paul Todaro Regie führte, zeichnete sich durch Einfachheit sowie dadurch aus, daß man sich ernsthaft bemühte, einen textorientierten *Reigen* zu zeigen (man benutzte die Übersetzung von Newhall und Weigert). Das einzige Requisit war ein riesiges Bett mit einem Laken, unter das die Paare schlüpften, wenn der Handlungsverlauf bei den bewußten Gedankenstrichen anlangte. Während dieser Vorgänge tanzten vor dem Bett die anderen Schauspieler nach Musik, die zu der jeweiligen Figur paßte; als zum Beispiel der Graf die Schauspielerin "bestieg," tänzelten die übrigen Darsteller wie Lipizzaner über die Bühne, während Marschmusik erklang. Obwohl das Stück im Programmheft den aufreizenden Untertitel "The Sexually Transmitted Comedy" trägt, gab es in dieser Inszenierung keine Nacktszenen. Einige der Darsteller zeigten recht gute Leistungen, am bemerkenswertesten war Jocelyn Cramer als süßes Mädel. Der Enthusiasmus der Schauspieler ließ einen bisweilen die augenfälligen Unzulänglichkeiten dieser Inszenierung vergessen, der unter anderem die Pracht und der Glanz fehlten, die man mit diesem Wiener Stück assoziiert. Als ich diese Inszenierung an einem Samstagabend sah, waren etwa zwölf Zuschauer da, von denen die meisten aus Wien stammten; ich hatte den Eindruck, daß sich jeder gut unterhielt.

21. La Ronde de Lunch *in Hollywood im Staat Kalifornien April 1992*

Am 13. März 1992 wurde Peter Lefcourt's *La Ronde de Lunch* in Actor's Alley in North Hollywood aufgeführt. Die Anregung zu diesem Stück wurde von ihm einem Interview mit Janice Arkatov "Play Takes Stab at Dynamics of Power Lunches" (*Los Angeles Times*, 13. März 1992) folgendermaßen wiedergegeben:

> Lunch ist ein berufliches Risiko in Hollywood. Keiner kann ihm entkommen. Lunch ist nicht eine Mahlzeit, es ist ein Aushandeln, eine Übung im Narzißmus und in der Zurschaustellung. Es ist ein Ritual. . . . Schnitzlers Stück drehte sich um 10 Liebespaare, und dies war anscheinend eine Parabel für das Weiterreichen von Geschlechtskrankheiten. In Hollywood, Lunch ist ein Ersatz für Liebe. Es ist fast eine sexlose Stadt. Die Leute sind so mit ihren Geschäften und Abkommen ausgefüllt, daß sie darüber die anderen Vergnügungen wie Verführung und Charme vergessen. Statt dessen sitzen wir alle in lauten, überfüllten Restaurants und plappern uns an. (F: 29 A-C)[73]

Sex wird somit zu einer Ware, die man anbietet, um etwas dafür einzuhandeln. Um dies zu zeigen, übernahm Lefcourt die Form des *Reigens*, immer einen der Partner in der nächsten Szene erscheinen zu lassen, bis am Ende die Kreisform geschlossen ist. Allerdings ist der Schauplatz nicht mehr Wien, sondern ein piekfeines Yuppie-Restaurant in Melrose, gelegen im westlichen Teil Hollywoods, und die Zeit ist auch nicht mehr das *Fin de siècle* des 19. Jahrhunderts, sondern das des 20., wobei die Mitwirkenden hauptsächlich den Typen der Filmindustrie nachgebildet sind. Im Le Pueblo della Venezia, so der Name dieses Restaurants, treffen sich in dieser zweiaktigen Inszenierung von Jeremiah Morris eine Schauspielerin (Diane Warren), ein Producer (Tony Rizzoli), ein Studio-Magnat (Mary Baldwin), ein Agent (Stuart Fratkin), ein Grundstücksmakler (Leslie Simms), ein Drehbuchautor (Bill Raulerson), ein Fitneßberater (Lois E. Masten), ein Rechtsanwalt (John Shaw), ein Star namens Mel (Joe Garcia) und ein Flittchen. Dieses wird von Sharri Hefner gespielt, die, wie einige Kritiken vermerken, den Stereotyp der dummen Blondinen erschüttert, denn sie sehe nicht nur so attraktiv wie Marilyn Monroe aus und spreche auch so, sondern sie besitzt auch einen Universitätsabschluß in den romanischen Sprachen und einen Intelligenzquotienten von 160.

In der Rezeption dieser Neuschöpfung überwiegen die positiven Bemerkungen. Gelobt wird von Lawrence Enscoe der Humor, mit dem Lefcourt seine soziale Satire durchsetzt. In "Don't forget to make a reservation for this *Lunch*," veröffentlicht am 21. März 1992 in der Los Angeles *Daily News* schreibt er:

> Der Dichter Arthur Schnitzler verfaßte um 1900 ein schockierendes Stück über die Demokratie des Sexus. Neunzig Jahre später schrieb Peter Lefcourt ein Stück über die Demokratie des Hollywood *Macht*-Lunches, betitelt *La Ronde de Lunch*. Der Schockeffekt dieses Stückes ist geringer als der bei Schnitzler, aber es versetzt den Zuschauer in einen Lachkrampf—wenn sie nicht gerade stöhnen, zusammenzucken oder, wie bei einigen, ihre Augen in Scham niederschlagen. (21)[74]

Für Polly Warfield kam die soziale Kritik allerdings zu kurz; für sie ist "dieser Rundtanz mehr eine genußreiche Unterhaltung als ein wichtiger sozialer Kommentar" (*Drama-Logue* (L.A.) 2.-8. April 1992, "Theatre Reviews").[75]

Positiv ist auch die Kritik von Ed Kaufmann ("*La Ronde de Lunch*"), geschrieben für *The Hollywood Reporter* am 1. April 1992:

> Im Großen und Ganzen ist dieses Stück reizend, geistreich, kommerziell und gerade nervend genug, um unsere Aufmerksamkeit für ein paar Stunden zu gewährleisten. Lefcourts Bühne ist gefüllt mit liebeswerten, schmuddeligen und grapschenden Halunken, die das tun, wofür sie am besten geignet sind: kaufen und verkaufen, sich durchdrängen und miteinander zu streiten. (8;15)[76]

Ein volles Verständnis dieses Stückes setzt aber eine Insider-Kenntnis der Hollywood-Gewohnheiten voraus, was bei einem Durchschnittspublikum nicht immer der Fall ist. Dies wird von Archie Rothman in seiner Besprechung "*La Ronde De Lunch* serves up many laughs" (*The Valley Vantage*, 2. April 1992: 9) bemerkt, jedoch mit dem Zusatz, daß der Dialog viel Witziges und Geistreiches enthalte, so daß auch die Nichteingeweihten auf ihre Kosten kämen.[77]

Die negativste Kritik stammt von Don Shirley ("Lefcourt's *Ronde* Serves Up Satire on Power Lunches" (*Los Angeles Times*, 10. April 1992: 26). Für ihn beginnt die Satire zu hinken, sobald die Kernaussage des Stücks, vom Tischpartner zum Bettpartner zu kommen, durchschaut ist. Mit der Zeit langweilig wirken auch die fünf homosexuellen Kellner namens Bruce, die, wie ein griechischer Chor, neben Lunch in den Zwischenakten Kommentare zu den Handlungen servieren. Alles in allem ist dies für sie eine nicht geglückte Inszenierung.[78]

22. *Georgetown Theatre Company in Washington, D.C. Juni 1993*

Diese Inszenierung hatte am 1. Juni 1993 Premiere und wurde bis zum 6. Juni 1993 gezeigt. Regie führte Stephen Lampredi. Die meisten Rezensionen waren negativ, wie z.B. die von J. C. unterzeichnete in der *Washington Post* vom 14. Mai 1993:

> Arthur Schnitzlers klassischer Kreis, in welchem fünf Männer und fünf Frauen sich in ineinandergreifenden Szenen paaren, ist ein zynischer Blick auf die Romantik der Liebe. Seine fin de siècle Wiener täuschen sich selbst in demselben Grade wie sie sich auch selbst Illusionen hingeben, und das dämpft die Schärfe des Dichters. Leider enttäuschen einige Zehntel der Besetzung in ihrer Leistung; was die Gestaltung betrifft, so sind nur die Kostüme hervorzuheben. Mit so vielen schwachen Gliedern ist es überhaupt ein

falscher Entschluß, Schnitzlers Kettenstück aufzuführen.[79]

Auf meine Anfrage an die Theaterleitung wurde mir von Catherine Probus, der Direktorin der Georgetown Theatre Company mitgeteilt, daß diese Aufführung kein Erfolg gewesen sei, und daß der Grund hierfür mit den schwierigen persönlichen Problemen des Regisseurs zusammenhänge, die gerade beim Beginn der Proben eintraten.

23. Hello Again *im Mitzi F. Newhouse (Lincoln Center, NYC) Januar 1994*

Diese Produktion wurde von Gerd Schneider in der *Nordamerikanischen Wochen-Post* vom 19. Februar 1994 unter dem Titel "Kein voyeuristischer Genuß: Schnitzlers *Reigen* in einer amerikanischen Neubearbeitung" besprochen. Diese Rezension sei den anderen, obwohl schon chronologisch früher erschienenen, wegen ihres inhaltlich-informativen Gehalts vorangestellt:

> Arthur Schnitzler schrieb seinen *Reigen* im österreichischen Fin de Siècle des 19. Jahrhunderts. Michael John LaChiusa verfaßte die Neubearbeitung des Schnitzlerschen Werkes, jetzt *Hello Again* genannt, im amerikanischen Fin de Siècle des 20. Jahrhunderts. Angeregt durch das Schnitzlersche Vorbild, änderte er das Dialogstück in ein "dark" oder freudloses Musical um, das am 30. Januar 1994 in dem ungefähr 300 Sitzplätze umfassenden intimen Mitzi E. Newhouse Theater im Lincoln Center Premiere feierte. Vorgesehen ist eine Laufzeit bis zum 13. März dieses Jahres.
>
> Die Frage, die sich aufdrängt: Was ist von Schnitzlers Stück, das die erotische Doppelmoral seiner Zeitgenosen kritisierte, übriggeblieben? In dieser Neubearbeitung wird unter der Regieführung und Choreographierung von Graciela Daniele das menschliche Sexualverhalten von 1900 bis zur Jetztzeit gründlich bloßgelegt.
>
> Die erste Episode findet um 1900 an der Donau statt, zwischen der Prostituierten (vorzüglich gespielt von Donna Murphy) und dem Soldaten in amerikanischer Uniform (David White). Dieser vergnügt sich in der Folgeszene vor seinem Fronteinsatz 1940 mit einer Krankenschwester (Judy Blazer), die zwanzig Jahre später den rekonvaleszierenden Stendahllesenden jungen Studenten (Michael Park) verführt. Sein zweites Auftreten findet 1930 im Kino statt, wo er sich mit der jungen verheirateten Frau [Carolee Car-

mello] trifft. Weitere amouröse und erotische Episoden folgen.

[1950 erliegt der Ehemann (Dennis Parlato) kurz vor seiner Londonreise den Verführungskünsten seiner von ihm vernachlässigten Frau. Die nächste Episode wird in das Jahr 1910 gelegt, wo der Ehemann auf einem havarierten und später untergehenden Schiff (der Titanic) sich das "süße Ding" gefüge macht. Hier handelt es sich jedoch im Gegensatz zu Schnitzler nicht um das "süße Mädel," sondern um einen "süßen Jungen" (John Cameron Mitchell). Dieser bemüht sich 1970 in New York dem egoistischen Rock-Autoren (Malcolm Gets) zu gefallen, der wiederum 1920 in einer burleskenhaften Einlage hinter einer beleuchteten Leinwand in einer kommentierten Stummfilmszene das Staccato der Intimitäten mit der Schauspielerin (Michele Pawk) vorspielt, um am Ende chaplinhaft dahinwatschelnd in einen cartoonartigen Lichtkegel zu verschwinden. 1980 treibt es den amerikanischen Senator (John Dossett) zu der Schauspielerin, und die zehnte und letzte Episode schließt den Kreis mit dem Senator und der Prostituierten. Dieser Senator ist mit dem philosophierenden Talent des Schnitzlerschen Grafen ausgestattet, denn er stellt fest, daß im "Danach" statt des erhofften Glücks nur ein schales Gefühl der Unlust übrigbleibt.]

Übrig bleiben neben frustrierten Männern auch die enttäuschten Frauen, die aus diesen sexuellen Kurzbegegnungen mehr erwarteten als das, was die Männer in ihrem Egoismus ihnen geben wollten oder konnten. Deutlich kommt diese Frustration in dem Traumspiel der verheirateten Frau zum Vorschein, wenn sie nach vollzogenem Schnellakt vor den Spiegel tritt, aus dem sich langsam das Bild der Prostituierten herauslöst und ihr als Verstehende schwesternhaft entgegentritt.

Was bleibt nun? Voyeuristischer Nachgenuß? Wohl kaum, denn außer ein paar Rundungen und angedeuteter Intimitäten wurde nicht viel gezeigt. Für einige aber bleibt bestimmt die Erkenntnis, zu der allerdings auch schon Philipp Frey in seiner Buchbesprechung des *Reigen* 1903 gekommen ist, "wie in sozusagen normaler Disharmonie das erotisch gesteigerte Empfinden des Weibes länger nachschwingt als das des Mannes, der rascher zur Alltäglichkeit umgeschaltet ist". Daran hat sich in den letzten hundert Jahren nichts geändert. Der Applaus am Ende bewies, daß Schnitzler auch weiterhin in den Staaten bekannt ist, geschätzt und, [wenn auch in Neubearbeitung,] verstanden wird. (4)

Clive Barnes, der Kritiker der *New York Post*, stellt fest, daß Michael John LaChiusa nicht nur von Schnitzler beeinflußt wurde, sondern auch durch Stephen Sondheims Musik. In seiner Besprechung, die am 31. Januar 1994 unter dem Titel "What goes around, comes around in *Hello Again*" erschien, bemerkt er:

> Was die Struktur des [Schnitzlerschen] Werkes betrifft, so ist es eigentlich nicht mehr als ein Stafettenlauf zwischen Sex-Pärchen, ein Lauf, der am Ende einen Kreis beschreibt. Es bietet Unmengen von überströmendem Charm an, besetzt mit rohem sexuellem Zynismus, der stark an das Wien des Fin de Siècle erinnert—dekadent, weltlich und köstlich dem Untergang geweiht. In LaChiusas liebloser Version (strukturell nahe dem Original, trotz der modischen Einfügung der zwei homosexuellen Paare) scheint nur Zynismus zu herrschen. . . . Diese neue Version strahlt eine Bösartigkeit aus, einen schmerzhaften Mangel an Großzügigkeit. Und es gibt keine Atmosphäre. (28)[80]

Eine durchaus positive Rezension erschien dagegen in der *New York Times* vom 31. Januar 1994. Sie wurde von David Richards verfaßt und unter dem Titel "Would-be lovers find little but sex in an endless dance" veröffentlicht. Darin heißt es u.a.:

> Für den größten Teil der 90minütigen Aufführung ist *Hello Again* ein reizender Ausdruck einer fließenden Bewegung, die elegant in das Dunkle hineingleitet und wieder herauswirbelt. Sogar wenn die Paare in einer unbeholfenen Umarmung verstrickt sind oder unanständig auf dem Boden herumrollen, strahlt dieses Werk eine Lieblichkeit aus, die es vor dem Zotenhaften bewahrt. Mit einigen wenigen gut ausgewählten Kleinigkeiten evoziert der Bühnenbildner Derek McLane und die Gewandmeisterin Toni-Leslie James ganze Epochen der Landesgeschichte, während Jules Fischer und Peggy Eisenhauer die schmeichelnde Beleuchtung liefern und, genau so wichtig, die willkommenen Schatten. . . . Alle zehn Schauspieler sind ausgezeichnet. (C:13)[81]

Wahrscheinlich war die von David Richards verfaßte Besprechung für Vincent Canby zu positiv, so daß er in der Sonntagsausgabe der *New York Times* am 13. Februar 1994 noch einmal eine zweiseitige Besprechung dieses Stückes unter dem Titel "Riding a Merry-Go-Round of

Pathos and Camp" veröffentlichte, was an sich für ein Off Broadway-Stück ungewöhnlich ist. Für Vincent Canby hat LaChiusa aus diesem "klassischen" Stück Schnitzlers die Melancholie und Skepsis herausgenommen; "das neue Werk ist [somit] keine Bearbeitung des Schnitzlerschen Werkes, sondern es ist ein frecher, manchmal quälender,öfters spottender Kommentar darüber" (H: 5).[82]

Canby kritisiert vor allem die zeitliche Verfremdung, die das Originalstück fast unerkennbar macht: "Die Periode, in welcher eine Episode spielt, hat häufig wenig zu tun mit dem, was geschieht. Er [LaChiusa] ignoriert den Vietnamkrieg vollkommen. In dem 1980er Segment sind Anspielungen auf Woody [Allen], Mia [Farrow] und Chuck [Prince Charles], Di und Barbara Walters, aber diese sind wie Bühnendekoration. Seine Werteskala ist unberechenbar" (H: 5).[83] Nur zwei Szenen sind, Canby zufolge, überraschenderweise gut gelungen: das Phantasiespiel der jungen Frau, die nach dem Pflichtsex mit dem Gatten ihr Spiegelbild konfrontiert, und die erste Episode zwischen der Dirne und dem Soldaten, in der sie ihm freien Sex anbietet und am Ende sein Opfer wird [auch im kriminellen Sinn, denn er stiehlt ihr beim Akt ihre Brosche]. Sonst biete das Stück nichts weiter an als die Einsicht am Ende, daß Promiskuität nicht glücklich macht. Das Stück enttäusche auch, da es einen wichtigen Zeitfaktor vollkommen ausklammert: "Obwohl das Stück in den 80er Jahren endet, könnte man sich hier vorstellen, daß die AIDS-Plage, die zu dieser Zeit zum ersten Mal offiziell anerkannt wurde, irgendwie in dieser Schnitzler-Variation zur Kenntnis genommen wird. Dies geschieht nicht" (H: 5).[84]

Es scheint also, daß *Hello Again* für Canby nicht aktuell genug ist. Konkrete Zeitbezüge statt der zeitlichen Verfremdungseffekte à la Brecht hätten in diese Sexkomödie miteingebaut werden sollen, um dem amerikanischen Publikum der 90er Jahre Schnitzler's klassisches Stück auch jetzt noch mit Erfolg zu zeigen. Die Zeiten haben sich einfach geändert:

> Es ist schwierig, sich heutzutage vorzustellen, wie aufrührerisch *La Ronde* einmal gewesen ist. Die 1923-Produktion am Belasco Theater in New York kam durch die *Society for the Suppression of Vice* unter Beschuß. Das Resultat? Das Stück wurde statt dessen gelesen. Max Ophüls' elegante und witzige französische Film-Adaption von 1950 durfte im Staat New York nicht aufgeführt werden bis der höchste Gerichtshof der Vereinigten Staaten die Aufführung 1954 gestattete. (H: 18)[85]

Anhang: Aufführungen an Studententheatern

Neben diesen erwähnten kommerziellen öffentlichen Inszenierungen gab es auch zahlreiche *Reigen*-Aufführungen an amerikanischen Universitäten und Colleges. Um nur einige zu nennen: Vom 1. bis zum 3. Mai 1969 wurde *La Ronde* vom Experimental Theatre des Vassar College gezeigt; das Theater der University of North Carolina in Asheville brachte das Stück im Mai 1972 auf die Bühne; im Mai 1976 inszenierte John Reich es in der Juilliard School. John Reichs Erläuterungen zu *La Ronde* im Programmheft sind aufschlußreich, nicht nur weil er darin den doppelgesichtigen Charakter des Fin de siècle und des Stückes hervorhebt, sondern auch den Wiener Menschenschlag aus amerikanischer (Studenten-)Perspektive beschreibt:

> Unter der bezaubernden Oberfläche lösten sich die politischen und sozialen Strukturen Österreichs—schon seit langem gefährdet durch ein autoritäres Regierungssystem, rebellische Minderheiten, zwei verlorene Kriege und zwei Börsenkrachs—allmählich auf. . . . Die Wiener sind ein Menschenschlag mit extrem widersprüchlichen Eigenschaften: Sie sind sensibel, doch brutal; verträumt, doch materialistisch; pessimistisch, doch fröhlich bis zum Schluß; sie schauspielern, sind sich aber über ihre eigene Selbsttäuschung im klaren. . .[86]

Den meisten Inszenierungen an Universitäten lag ein historisches Interesse an dem Stück zugrunde, das man als Spiegel der politischen und gesellschaftlichen Strukturen der Zeit um 1900 betrachtete; so heißt es zum Beispiel im Programm der Aufführung, die 1972 im Theater der University of North Carolina (Asheville) stattfand: "Arthur Schnitzlers Werk spiegelt das Wien des Fin de siècle wider, die kranke Gesellschaft und die verfallenden politischen Strukturen, die die Basis des glänzenden, vergnügungssüchtigen Lebens wohlhabender Männer und Frauen bildeten."[87]

Im März 1955 kam es am Bard College, einem kleinen College im Staat New York mit etwa 275 Studenten, zu einem kleinen Skandal. Der der Episkopalkirche angehörende Geistliche, der Reverend John Quincy Martin, warf der Collegeleitung vor, ihrer moralischen Verpflichtung nicht nachgekommen zu sein, und forderte sie auf zurückzutreten. Der Grund für Martins Entrüstung war, daß an dem Abend, da die Theaterabteilung ein "französisches" Stück—*La Ronde*[88]—aufführte, zwei der

Studenten (die dann später relegiert wurden) das Wohnheim für Studentinnen aufgesucht hatten. Der Geistliche war vermutlich der Ansicht, diese beiden Ereignisse stünden zueinander in Beziehung, denn er bezeichnete sowohl das Verhalten der Studenten als auch das Stück als "unmoralisch." In der *New York Times* vom 29. März 1955 äußerte sich der Leiter des College, Dr. James H. Case Jr., zu diesen Vorwürfen wie folgt:

> *La Ronde* [ist] eine ernsthafte Attacke auf menschliche Schwächen und hat eine ernsthafte moralische Aussage. Die Umformung gemäß den Maßstäben des amerikanischen Films . . . hat daraus eine seichte Komödie gemacht. Wir sind zu dem ernsthaften Stück *** zurückgekehrt. Wir haben die Originalfassung benutzt, nicht die Filmfassung. Ob man das Stück auf die Bühne bringen sollte, mag Geschmacks- und Ansichtssache sein, doch ich verstehe nicht, wie man es für unmoralisch halten kann. (L++: 20)[89]

Im November 1991 inszenierte Rachel Wineberg *La Ronde* am Minor Latham Theatre, einer Studentenbühne am Barnard College in der Stadt New York. In seiner Besprechung "Theater on Campus? Schnitzler's *La Ronde*," die am 7. November 1991 in der Studentenzeitung *Columbia Daily Spectator* erschien, sagt Luxman Nathan über die Aufführung:

> Obwohl *La Ronde* auf den ersten Blick wie eine Peep Show der Jahrhundertwende anmuten mag, werden in dem Stück einige sehr ernste Probleme behandelt. Dazu Frau Wineberg: "In dem Stück geht es um Menschen, die nach Liebe suchen und Lust mit Liebe verwechseln. . . . Oft ist es doch so, daß Menschen sich ineinander verlieben und miteinander ins Bett gehen und sich dadurch dann ihre Beziehung verändert. Statt einander näherzukommen, rücken sie voneinander ab." Es liegt auf der Hand, daß es im 19. Jahrhundert zu gewagt war, sich mit diesen Ideen zu befassen. Doch *La Ronde* schafft es, Schnitzlers ernste Botschaft ebenso rüberzubringen wie die muntere Komödie, die das Ganze zu einem äußerst vergnüglichen Theatererlebnis macht. (13)[90]

Allgemeine Bemerkungen

Kein einziger von den amerikanischen Kritikern, die sich über *La Ronde* äußerten, macht eine abfällige Bemerkung über die jüdische Herkunft des Autors; in den meisten Rezensionen wird der Umstand, daß Schnitzler Jude war, nicht einmal erwähnt. In diesem wichtigen Aspekt unterscheidet sich die *Reigen*-Rezeption in Amerika grundsätzlich von der in Deutschland und Österreich bis 1945, wo Schnitzlers "Judentum" bei der Rezeption eine erhebliche Rolle spielte. Andererseits wird in diversen amerikanischen Rezensionen der "unmoralische" sexuelle Inhalt von *La Ronde* besonders hervorgehoben, wobei der puritanische Background der Amerikaner eine entscheidende Rolle spielt. Dieser Zusammenhang machte sich in den zwanziger Jahren sicher stärker geltend als heute, doch man kann sagen, daß es den Amerikanern im allgemeinen widerstrebt, ihr Sexualleben öffentlich zu diskutieren oder ein Geschehen auf der Bühne zu verfolgen, das im Sexualakt gipfelt oder darauf hinzielt. Sogar bei Personen, die nicht so puritanisch sind, kann das Stück auf Ablehnung stoßen; Bauland sagt in diesem Zusammenhang: "Selbst wenn das Stück gekonnt dargeboten wird, würde es bei denjenigen Anstoß erregen, die im wesentlichen die menschenverachtende Auffassung von Liebe teilen, gegen die Schnitzler opponiert" (174).

Noch etwas anderes gilt es bei einer *Reigen*-Aufführung in den Vereinigten Staaten zu berücksichtigen: das Stück muß in Übersetzung gezeigt werden. Viele amerikanische Kritiker haben darauf aufmerksam gemacht, daß dieser Umstand einen amerikanischen Regisseur, der Schnitzlers Werk auf die Bühne bringen will, vor ein gravierendes Problem stellt. Die vielen Bedeutungsnuancen, die der deutsche Originaltext aufzuweisen hat, gehen bei einer Übertragung ins Englische meist verloren, da es dieser Sprache an klassenspezifischen Unterscheidungsmerkmalen fehlt. Eine Möglichkeit, sich aus dieser sprachlichen Klemme zu befreien, besteht darin, den *Reigen* in eine andere Kunstform zu transponieren, in der dem gesprochenen Wort weniger Aufmerksamkeit geschenkt wird. Diese Möglichkeit nutzte man, indem man aus *La Ronde* ein Musical machte, dem jedoch unglücklicherweise wenig Erfolg beschieden war. Außerdem regt das Schnitzlersche Stück in den 90er Jahren dazu an, einige Grundgedanken des Werkes (Einsamkeit der Charaktere, Sehnsucht nach Liebe, Verwechslung von Liebe und Sex) in einer dem heutigen Publikumsgeschmack angemessenen Form anzubieten, wie es z.B. die Produktionen in Hollywood und im Lincoln Center zeigen.

Ich glaube, daß dieses Werk den Nerv der jeweiligen Zeit, in der es gelesen oder aufgeführt wird, trifft und auch weiterhin treffen wird. Meiner Ansicht nach wird *La Ronde* weiterhin in den Vereinigten Staaten aufgeführt werden, weil Schnitzlers klassisches Meisterwerk heute noch genauso aussagekräftig ist wie zu seiner Zeit. Wenn der amerikanische Germanist Donald Daviau in seiner Untersuchung zur Rezeption der Schnitzlerschen Werke in den Vereinigten Staaten zu der Feststellung gelangt, daß seine Werke auch weiterhin in diesem Lande zu den am weitesten verbreiteten und bekannten gehören, dann trifft dies besonders auf den *Reigen* zu.[91] Ich kann Hunter G. Hannum nur beipflichten, der diesen Wiener Dichter als eine januskopfige Gestalt versteht, deren Blick sowohl in die Vergangenheit als auch in die Zukunft gerichtet ist:

> Es mag durchaus sein, daß er—wie alle Lehrbücher versichern—wehmütig auf den Reiz und Zauber einer untergehenden Gesellschaft zurückblickt, doch ganz gewiß blickt er auch nach vorn, auf die spezifische Verwirrung und die Qualen unserer eigenen Zeit. Indem er sich mit solchem Scharfblick seinem eigenen "Moment" zuwandte, gelang ihm etwas, was seine Figuren bezeichnenderweise nie fertigbringen: er transzendierte seine Zeit. (207)[92]

Anmerkungen

1. Im Original: "a play in two acts and ten scenes [with the production] laid in Vienna in the late 1850's." Das englische Wort *lay*, hier übersetzt mit *spielen* hat eine Vielfalt von Bedeutungen, u.a. im Umgangsenglischen auch eine erotische. Es scheint, daß diese Bedeutung hier von dem Kritiker oder der Kritikerin beabsichtigt worden war.

2. Im Original: "[*La Ronde*] is a clinical study of the game of sex, it is a devastating part of the truth . . . . *La Ronde* is hardly the sort of comedy to make you laugh. It is sardonic, pitiless and penetrating in its study of the human animal impelled by one of the elemental forces . . . [The play] does not present an especially pretty picture. But it does present a fascinating one."

3. Im Original: "[*La Ronde*] has been staged with considerable skill and humor."

4. Im Original: "But now, with the passing of a little time, both plays, as the successors to the earlier censors will have observed for themselves and perhaps shamefacedly admit, are seen to be as morally harmless as a couple of cinnamon drops, and even less spicy."

5. Im Original: "The local theater world is set back a few light years with the opening of the Studio . . . for [*La Ronde*] is a cynical mess. The play itself certainly is a questionable choice for in-the-round-intimacy."

6. Im Original: "As for Eric Bentley's adaptation of the Viennese doctor's worldly treatise on venereal disease, it closely follows the Frank and Jacqueline Marcus translation . . . [In addition], the project's sleazy worthlessness was underscored by [the malfunctioning of] technical matters. The Studio is more to be censored than pitied. Roundly. As in zero. Or, more accurately, minus zero."

7. Im Original: "*La Ronde* is a tricky play at best, One could have serious doubts whether Schnitzler ever expected it to be fully realized on a public stage . . . . [The performance] has made of this sardonic Viennese play a sometimes bright but hardly complete utterance."

8. Im Original: "You must know about *La Ronde*, since the elegant film version of this classic set of dialogs ran for years in Washington, without the least bit of trouble from the censors. (In provincial New York it was a different matter)."

9. *Playgram-Theatre Marquee*. Mai 1960: 5. Im Schnitzler-Archiv in der Beaumont Library New York.

10. Im Original: "It is our belief that Schnitzler's writing has not been fully appreciated in this country, perhaps partly because of a lack of understanding due to our more robust national characteristics. In any case, now, with the passing of time and through the medium of the intimate little theatre we believe Mr. Schnitzler's delicate dissertation can be leisurely and appropriately explored on all its levels."

11. Das Original lautet: "'Schnitzler wrote a brilliant satire on human nature and I feel its comment is made through humor. It is Viennese in feeling, as light and airy as a Strauss waltz. I think most productions treat the play too seriously'."

12. Das Original lautet: "In *La Ronde*, Arthur Schnitzler manages to have his cake and eat it too. He gives you the possible fun of watching 10 love trysts—nine of them illicit—but conveys the moral message that

sex without spiritual love is a monotonous and dubious pleasure. . . . But you may find the Gertrude Stein refrain going through your mind:'Sex is sex is sex.' And that is no doubt what Schnitzler had in mind."

13. Die Originalstelle lautet: "[Bentley's version] misses the lightness and humor of Schnitzler. According to most reviewers, the performance was dull and heavy-handed. *Reigen* had lost its charm and its usefulness, particularly for a young audience that shares none of the nostalgia for the old days in *mitteleuropa*."

14. Die Originalstelle lautet: "To watch one stage-seduction is an agreeable experience. To watch several may induce the susceptible onlooker to lean back in his seat and murmur: 'Ah, this is the life.' But to sit through all ten of the seductions that Herr Schnitzler has lined out in this play is sufficient to quench the appetite of the most avid voyeur . . . the proceedings may be compared, for fascination, to sitting through the same movie ten times."

15. Die Originalstelle lautet: "In each episode the ritual of love is the same. The preliminary maneuvers are lyrical and ecstatic. The aftermath is dull. In 1902, when *La Ronde* was written [sic], the audacity of the material and the coldness of the conclusions shocked just about everybody. But the Freudian revolution in attitudes toward sex has tempered the audacity of the material. Now we can hardly avoid regarding the ten episodes as repetitious, each being less interesting than its predecessor, although the writing of the English text by Hans Weigert and Patricia Newhall retains the humor and taste of Schnitzler's view. . . . In the age of Freud, Schnitzler's old merry-go-round seems like a belles-lettres version of the Minsky strip-tease. Not so incendiary now as it was in a polite society."

16. Im Original: "Schnitzler, obviously, made a play in which women could shine and men could only dither, but it still remains that dithering exacts performance, too, if it is to be believable."

17. Das Original lautet: "Since all of the women in *La Ronde* are so pliant that the harlots of Vienna have a hard time making a decent living, the only real variations that come along in the course of ten scenes and ten passionate encounters are in the reactions of the men

once the lights have been turned up again. Some of the men feel restless and disgruntled. Some of the men feel hopeful and ready to plan fresh assignations. I, who had only been sitting there watching, felt weary."

18. Im Original: "Under the circumstances, *La Ronde* makes it about a third of the way round the carousel . . . . The translation by Patricia Newhall and Hans Weigert is not really prepared to give us the delectable verbal relief that will refresh interest, bout by bout. At times it is seriously non Viennese ('Okay, okay, gimme the address') and at times it is vaudeville-careless ('I'm not doing anything to you—yet')."

19. Im Original: "This is pretty heady stuff, even for a fellow in long pants. People say some quite profound and often humorous things, but they are always getting undressed or dressed while they talk, and this is disconcerting."

20. Das Original lautet: "Since it [the play] makes illicit sex, and even sex itself, seem tedious, *La Ronde* is disillusioning. At any rate, it's not much as theatre, and since the play has been done previously off-Broadway, it's not immediately apparent why anyone should have thought it worth a new translation and production, especially since the writing of this version lacks distinction or flavor and the production is generally no more than competent."

21. Die Originalstelle lautet: "*La Ronde* is a delicious play, rich with truth and wit, a relaxed irony, and an attractive openness that must have required extraordinary courage when Schnitzler wrote it in 1900. It hasn't an enormous amount to say to a modern audience, but it speaks with charm."

22. Das Original lautet: "Arthur Schnitzler's pre-Kinsey report on *fin de siècle* Vienna is back in another revival and another translation. It remains a witty, sardonic, observant *tour de force*."

23. Siehe dazu auch Rowland Fields Besprechung "Around Again. *La Ronde* Revival Parades Untiring Love Makers," *Newark Evening News* vom 10. Mai 1960: 54.

24. Die Originalstelle lautet: "*La Ronde*, Arthur Schnitzler's study of five interfornicating couples, is a paradoxical play. One by one the scenes of this sexual round offer charm and wit, but after the balling is over we experience no afterglow. Schnitzler's Viennese lovers who mortgage their integrity in pursuit of sex leave the audience at the Universalist Theatre with a feeling of sadness, even depression."

25. Die Originalstellen lauten: "The characters of *La Ronde* don't really relate, they manipulate each other into the sex act using verbal foreplay that is coy, clever, deceitful. *When they finish* their wham-bam-thank-you-mams, these couples share no more affection than when they came in. . . . Dr. Schnitzler seems to be saying that people who fail to touch each other lose touch with themselves. I say *seems* because Schnitzler is ambivalent . . . Schnitzler is ambivalent. He fights a lover's quarrel with his charming world, deploring yet relishing its round of seductions. . . . I thought only three of Monos's troupe were supplying the sustenance *this* drama needs: *Fred Major* playing the muddy-minded Count; Apollo Dukakis as the Husband; and Gloria McNitt as the Young Wife, Emma. *This last* is the best-written role, and she gives a *thoroughly engaging* performance."

26. Im Original: "*La Ronde*, Arthur Schnitzler's 1902 [sic] treatise in 10 episodes on illict [sic] love, will be presented as a Broadway musical in May."

27. Im Original: "The people were attractive and the show is handsomely mounted. It has everything going for it except a good score, funny situations, adult dialogue and a smooth staging."

28. Das Original lautet: " *Rondelay* goes in for the intellectual touch. A student, between his love affairs, recites his *amo, amas, amat*, and there are references, all very knowing, to Stendhal and Rabelais. But there is no wit, which is sorely needed in this type of presumably sophisticated badinage."

29. Die Originalstelle lautet: "Schnitzler's charming comedy touches are absent and there is a determination at the Hudson West to get each of its involved couples into bed, and never mind the Schnitzler subtleties. *What was once daring Schnitzler is now apparently, too sentimentally old-fashioned and the show-makers have even yielded to a few unnec-*

essary displays of near-nudity. It isn't that the efforts to perk up an old adventure in illicit love are shocking, but that some are in poor taste."

30. Die Originalstelle lautet: "When Schnitzler wrote his play in 1900, it was considered incredibly daring. Now it is altogether tame and, as treated here after its initial scenes, hopelessly old-fashioned. . . . As *Rondelay* goes from a musical with some charm and comedy into a burlesque with neither, into a parody of an operetta, into mawkishness and straight to hell, not music nor lyrics nor anything can help it."

31. Im Original: "The situation is almost always the same—seduce or be seduced—and if it isn't we are already well familiar with it because of television's sitcoms. It takes someone very special to pull off a scene—and a decent opportunity to do it. Only a few, like Carol Demas, Barbara Minkus and maybe Paxton Whitehead managed to do so."

32. Im Original:"Arthur Schnitzler deserves it [this failure]—for his cynicism. But would he believe it? His paradigm of fin de siecle [sic] bankruptcy, *Das Reigen* [sic], currently known as *La Ronde*, has been made into a musical. With tutus and chocolate soldiers no less. It would make a cynic out of anyone."

33. Im Original: "The curtain went up 35 minutes late—and I notice wryly that when I'm even 20 minutes late someone has to write a book about it. I must also admit that once the curtain did rise, the best part of the evening was over. . . . I can see no objection to a musical based on *La Ronde*, in theory. But in practice I do not wish to see works of art desecrated by tiny bands. Let musical writers compose their own stories, unless they are able to match up to the men they are stealing from. *Rondelay* has no charm, wit, style or atmosphere in its book and lyrics . . . ."

34. Im Original: "The musical, devised by Jerry Douglas, and with a score by Hal Jordan, follows pretty much the same route [as *La Ronde*], but it is now so overladen with song numbers (there are more than 30 different pieces, in solos, duets, choruses and dance numbers) and [this production] attacks its theme with such heavy-handed archness, as to sink of its own weight. One or two skits do manage to stand out above the others . . . but the pacing and timing, the ponderous stage effects, and the very length of the whole business all but drown out whatever

pleasant moments may be found."

35. Im Original: "*La Ronde*, I think, wanted to tell us something, wanted to remind us of those casual murders of the spirit we all commit. *Rondelay* focuses upon sexual conquest. Moreover, the focus is a duplicated Playboy magazine primer . . . notches on the belt for seductions completed. Director William Francisco (a late starter) staged all this with an unsteady hand and a wandering eye."

36. Im Original: "Not only for those who still fondly remember *The Gay Life*, a 1961 musical based on Schnitzler's *Anatol*, but for all who still enjoy a pleasantly Viennese musical, nostalgic without getting schmaltzy, *Rondelay* is recommended as a most refreshing evening in the theatre."

37. J.B.T., "Unfortunately, There Was Even A Dead Body, The Show," *Eyewitness News*, WABC-TV, New York City, 10. November 1969.

38. Die erweiterte Originalstelle lautet: "Seeing the Moving Company's production of *La Ronde* made me realize that this play is not a foolproof vehicle. In any case, the actors here are too young and not sophisticated enough to portray the gallery of assorted middle-European types that Schnitzler wrote about. So they have brought the play down to a rather pedestrian level of 1972-American-apple pie, not Viennese sacher torte, circa 1900. The mores of that time not being sufficiently recreated in the characterization, the essential elements in the play are missing. . . . the play becomes tired formula, not Schnitzler's cynical depiction of the sexual mores and hypocrisy of his time."

39. Im Original: "Except for some brief flashes of nudity, *La Ronde* is about as sexy as the kitchen linoleum."

40. Im Original: "Mr. Storch has directed this opener himself and has done so with a lavish and sure hand. He has gotten top-drawer performance from everyone. The staging is easy, serviceable and it allows the actors to get the most of what's in their roles. The set, costumes, the music, the entire production is cast from a single mold and it works beautifully. . . . I suppose I am not so old that I can't be influenced by all the topless appearances and appreciative of frontal nudity, both male and female. Maybe I'm a bit prejudiced in favor of these nubile young

creatures but I came to be entertained . . . and I was."

41. Im Original: "The seductions are timeless, completely modern . . . reminding us that in seventy years people and their approaches to the opposite sex have not changed a whole lot."

42. Im Original: "The climax that each scene builds to is inevitably sexual. The climax which the play reaches is intellectual. It doesn't quite work in this production, not just because that kind of climax is outside that realm of drama. But it is hard to do on stage . . ." (25).

43. Die Originalstellen lauten: "The rest of the cast played very broadly, constantly underlining the obvious. The result was that the predictable ring of seductions became the monotonous force of the evening. To be fair, however, I must report that the sold-out house seemed to be having a good time. . . . I did not." Das englische Wort *broadly* hat eine Vielzahl von Bedeutungen, deren Skala von *breit, groß, grob, derb* bis *schlüpfrig* reicht. Es ist anzunehmen, daß die zuletzt angeführte Übersetzung der Intention des Kritikers am nächsten kommt.

44. Im Original: "*La Ronde* was written in 1896 by Arthur Schnitzler, a physician, as a limited edition to be passed around among his friends. Intended to illustrate how venereal disease came to infect the upper classes of Vienna, the play begins with a prostitute enticing a lecherous soldier; the soldier then makes love to a parlor maid, who goes home to arouse the passions of her employer, and so on, until the round is completed when a philosophizing ambassador drinks himself into the arms of the prostitute."

45. Im Original: "When he first told people he was planning to direct *La Ronde*, Storch said: 'They'd say, "My God! In Syracuse?'' But, he said, he has received few complaints. 'The only complaint was from two women who thought the play was male chauvinist. They wanted to see more male nudity'."

46. Die Originalstellen lauten: "A bed is the center-piece, swinging like a turntable from Central Park to a suite at the Pierre. . . . The further the play departs from its source, the more interesting it is, which makes one think that perhaps Mr. Swet should have created his own love play instead of adapting Schnitzler's."

47. Im Original: "Schnitzler's 'mechanical comedy,' with its controlled repetition of structure, language and behavior, is a savage one. The laughter it liberates is the laughter of loneliness and despair . . . . If the characters were able to uncouple long enough to really look at each other, they might see that they share more urgent needs: social, moral and human ones. But they cannot. Instead they waltz on and on, ever closer to the brink of disaster."

48. Im Original: "Nearly all of the women in the play's ten dialogues are directed to make obvious tramps of their characters. That approach contradicts the play's intention. Vienna's glossy, phony veneer and the rot spreading under it were Schnitzler's targets. Ruta's production is too much corruption and too little veneer."

49. Im Original: "*La Ronde*, Schnitzler's circular chain of seductions and solitudes in turn-of-the-century Vienna, lacks shape in the Guthrie production. The 11 [sic] episodes do not share the ghost of style and tone they need if they are to become truly a circle. Partly this is due to the insufficient authority of Guy Paul, as the Man in Evening Clothes, who links each episode. Part of it is due to an over-slow pacing."

50. Im Original: "This work is a very difficult piece to present, for it is not actually a play but a series of ten vignettes, connected by the same recurring cast and theme. Each of these episodes is exceptionally well performed . . . ."

51. Im Original: "*La Ronde* combines an amoral sexual radicalism with severe social criticism. Two strands flow through the work: sexual pursuit is its own erotic end . . . and that men and women act differently when their partners are of a different class. Schnitzler defined sexual attraction as something that happens between people of different social standings. He also understood that women were viewed by his society as socially distinct, thus enhancing their otherness; the minute they were known, they lost their erotic interest."

52. Im Original: "The play depends upon a delicate balance of speech and gesture, which Pherson does not supply. Schnitzler's pomp becomes mere posturing; his wit becomes strained. Soon there is no longer any of the elegance left, just sexual moaning and groaning in the dark. The champagne zest is gone. What is as sweet and well-carved as a Vien-

nese cake ends up like a dry doughnut."

53. Die Pressenachricht vom 10. October 1978 hat folgenden Wortlaut: "Benno Haehnel, Artistic Director of Spectrum Theatre [227 Park Ave, New York City] an ensemble company performing in repertory, is pleased to announce the opening of *La Ronde* as part of the first series of a season of 19th century plays. . . . This is an AEA Approved Showcase and is a cultural project of the Parish of Calvary, Holy Communion and St. George's."

54. Im Original: "Vienna in the 1890's is a long way from Riverside Drive and 103rd Street, and the playwright's cynical rendering of amorally amorous deception, once thought daring, has been rendered innocuous by changing standards of behavior. In short, *La Ronde*, or *Reigen* in the original German, now seems rather square. . . . Warren Kliewer's direction is also uninspired. . . . The Eric Bentley adaptation, which is used here, walks when it ought to glide."

55. Im Original: "Without the fin de siecle [sic] Viennese atmosphere, Arthur Schnitzler's once-daring and still bittersweetly effective portraits of casual sex seem silly and charmless."

56. Im Original: "The characterizations lack charm and wit and offer little contrast. Love may appear in many guises, but is marked by poor performances, and while a few singers display voices of modest merit, others are notably untrained. The music is, at best, ambitious and as orchestrated for piano and harp, becomes gratingly repetitious. The lyrics are awkward, and lack a suitable balance of pre-Freudian Viennese humor and cynicism."

57. Im Original: "There is a strange and meaningless bit when a character crosses the stage gesticulating silently while a broadcast voice talks about Calvin Coolidge. Another time, the cast comes out waving little American flags. Why? Well, Cucher is a graduate of NYU's experimental theater wing and he has to show off what presumably he learned there."

58. Im Original: "But the text is filled with references to private dining rooms, poets writing for the theater, a count who pays a visit to a leading lady, etc. All of that is highly continental. Here we do not refer to

dramatists as 'poets,' and a restaurant's private dining room used for a seduction is a phenomenon of other times and other places."

59. Im Original: "Schnitzler wrote a light-hearted comedy in which both men and women play games to gain sexual favors. Cucher turns each couple into deadly adversaries, with each encounter characterized by a nasty streak. The women are now either debased worms heaving and panting over male sex objects, or predatory barracudas. The men are patently false and disdainful. In one scene, the young man even lolls about in his underwear—a study in languid faggotry, while the maid is practically beside herself with lust for him."

60. Der englische Originaltext lautet: "Fielding a star-studded cast headed by Teri Garr, Richard Thomas and Edward Thomas, Trainer achieves both the comedy and the bleakness inherent in Arthur Schnitzler's brilliant script."

61. Der englische Originaltext lautet: "This is not a production which too many might like, though I found it a magnifying glass of the author's intent. With 10 seduction scenes, in our theater, you'd expect much more titillation than director Trainer provides. But Trainer's not interested in an evening of soft-core porn (as I've seen this work handled). He's after Schnitzler's truths and perceptions. It gives the scenes a hollowness which is intentional. But some audience members were disappointed by that."

62. Im Original: "When the play was first performed in 1920 in Berlin, rioting broke out. The actors and director were arrested, supposedly for obscenity. Today, these quick-change lovers look like forerunners of the sexual revolution of the 1960s and 1970s. . . . The performers seem to relish their turns to showcase their comedic talents. . . . Chris Kayser . . . is less than amusing as the senile, old Count, dressed in his military uniform. The Count is a bore—but the portrayal should not be" (B: 2).

63. Der englische Originaltext lautet: "What particularly intrigued him about Schnitzler's play was that its author was a physician who had worked closely with Sigmund Freud. 'Schnitzler was one of the first to use hypnosis—as had Freud,' Mr. Tetley said. 'And one of the first to keep casebooks—as, of course, had Freud. We know what Freud did with his casebooks. Well, Schnitzler turned his casebooks into theater.

When he wrote *La Ronde*, he never meant it to be produced, only to be read privately. But then it was produced, and it caused furor. It wasn't just the erotic subject matter that incensed the authorities . . . but the cynicism and distorted psychological underpinnings that motivated these people. For me, the challenge was to render these qualities choreographically. What helped me was the play's precise sense of form. Here you had 10 characters, one very different from the other, which for me meant 10 different pas de deux."

64. Die Kritik dieser Premiere wurde von Anna Kisselgoff geschrieben und erschien am 10. November 1987 unter der Überschrift "Ballet: Canadian Troupe in Glen Tetley's *Ronde*" in der *New York Times*. Die diesbezügliche Stelle lautet: "The score is Sinfonietta, Opus 5, by Erich Wolfgang Korngold, a Viennese-born composer who wrote music for Hollywood films. The music was suggested to Mr. Tetley by Peter Schnitzler, the playwright's nephew" (C: 14).

65. Die Stelle lautet im Original: "The second cast did not have quite the dramatic impact of the opening night, but the dancing was first-rate. . . . The first cast was sharper about characterizing the details of each lover who goes on to the next."

66. Die Stelle lautet im Original: "While its [the music's] dissonance is appropriately Viennese, it is not always danceable. But Mr. Tetley has accomplished wonders: The social station of each character is evident in the ingenious way in which each person's attitude changes toward each partner. Equally ingenious in furthering these dramatic contrasts are John Macfarlane's aptly semicircular abstract set and Jennifer Tipton's lighting."

67. Die Originalstelle lautet: "Who needs the complications of story, place, or period, the reasoning goes, when all people really want to see is superb young men and women grappling in lustful athleticism."

68. Der Originaltext lautet: "Evidently he [Tetley] means these dances to reveal some psychological dimension of each relationship, but they consist largely of different varieties of writhings and simulated passion. Everyone acts very hot-blooded, and in every scene one of the partners throws his or her loins onto the prone body of the body of the other after tearing off a discreet quantity of clothing. Other than the whims

of the moment, they seem to have no particular reasons for being attracted to each other. Tetley doesn't make even a modest stab at establishing reasons why The Soldier meets The Parlourmaid, for instance, or why The Sweet Young Thing is abandoned by The Husband and discovered by The Poet. Tetley's *Ronde* lacks any sense of place, despite John MacFarlane's airy structures suggesting doorways, sketchy street vistas, a crumbling baroque ceiling. The program note tells us who the characters are, but there's nothing in how they behave that identifies their status in society, which for the Viennese of 1900 was all-important."

69. Im Original: ". . . many of the encounters prove ill-suited to the accompaniment, Erich Wolfgang Korngold's Sinfonietta, Opus 5. For no evident reason, a domestic scene between the Young Wife (Martine Lamy) and the Young Husband (Peter Ottmann) ends up strangely grandiose and a meeting between the Poet (Owen Montague) and the Sweet Young Thing (Kim Lighthert) resembles Imperial Russian classicism at its most sumptious. . . . Norman Campbell's TV transcription expert-ly captures the heat and flow of the 20 showpiece duets—but without making Tetley's deepest ambitions seem more than fitfully realized" (F: 10).

70. Im Original: "The social relationships of the original don't quite make the time trip either. The virginal young wives and saucy maids that Schnitzler wrote about don't find believable equivalents in this production's Upper East Side yuppies and girl fridays. In spite of this awkward juxtaposition of the old and the new, John McCluggage finds humor and sadness in his staging of this series of circular liaisons. . . . This *La Ronde* was a perfectly nice ring, but in a poor setting [consisting of two ugly black, poorly painted flats and drab lighting]" (A: 48).

71. Im Original: "Maybe *The Ronde* spins more merrily when the actors are better used to each other: these members of this new theatre group still appear to be getting to know each other: a theatre company with a long-term resident acting troupe might want to try this script."

72. Im Original: "We endeavour to provide a forum for the classic texts of the stage in a setting and manner where they are not over-burdened with excess production, or restricted by an overly-subjective vision. We

are also dedicated to the presentation of lesser-known and contemporary works, and providing a forum for new playwrights and directors to work."

73. Im Original: "Lunch is an occupational hazard in Hollywood. No one can escape it. Lunch is not a meal; it's a negotiation, an exercise in narcissism and exhibitionism. It's a ritual. . . . Schnitzler's play was about 10 sets of lovers, which was supposed to be a parable for the passing of venereal disease. In Hollywood lunch has become a substitute for people making love. It's almost become a sexless town. People are so consumed with business and deals, they forget about other pleasures: seduction, charm. Instead, we all sit in loud, overcrowded restaurants and chatter at each other."

74. Im Original: "In 1900, playwright Arthur Schnitzler wrote a shocking play about the democracy of sex called *La Ronde*. Ninety years later, Peter Lefcourt wrote a play abut the democracy of the *Hollywood power lunch*, based on Schnitzler's style, called *La Ronde de Lunch*. It's not nearly as shocking as Schnitzler's piece, but it will have you in a laughing fit—that's when you're not groaning, wincing or, for some, hanging your head in shame."

75. Im Original: ". . . this roundelay is more enjoyable entertainment than significant social commentary."

76. Im Original: "Overall, it's cute, clever, commercial and just bitchy enough to hold our interest for a couple of hours. Lefcourt's stage is full of amiable, grubby and grabby scoundrels doing what they do best: buy and sell, hustle and hassle each other."

77. Im Original: "Much of the inside movie deal-making may be over the heads of an average audience not in the business but the dialogue is witty enough to be enjoyed by everyone."

78. Im Original: "Meanwhile, the satire slackens as the play continues. Once the novelty of the Schnitzler interpolation wears off, we notice that the whole idea of poking fun at the Hollywood lunches is rather stale. Five 'Bruces' serve the lunches, accompanied by lots of attitude, and also serve as Greek chorus of singing commentators between scenes. Again, an amusing idea is taken beyond its ability to amuse.

[Thus,] . . . it's hard to get excited about Lefcourt's milder jabs at the Hollywood ethos."

79. Im Original: "Arthur Schnitzler's classic ring cycle, in which five men and five women pair off in interlocking scenes, is a cynical look at romance. His turn-of-the-century Viennese delude themselves as much as each other, which softens the playwright's sting. Unfortunately, several tenths of this cast fall short of competent; on the design side, only the costumes are well conceived. With so many weak links, performing Schnitzler's chain at all is wrongheaded."

80. Die Originalstelle lautet: "In structure the play is nothing much more than a relay-race sequence of sexual couplings that eventually runs full circle. It offers oodles of easy-gushing charm laced with a raw sexual cynicism redolent of turn-of-the-century Vienna—decadent, wordly and deliciously doomed. In LaChiusa's uncharming version (structurally close to the original, even though this new look modishly throws in two homosexual pairings) there seems to be only cynicism. . . . There is a mean-mindedness to this new version, a sore lack of generosity. And there's no atmosphere."

81. Das Orginal lautet: "For most of its 90 minutes, *Hello Again* is a lovely expression of fluid motion, swirling elegantly in and out of the darkness. Even when the characters are locked in a clumsy embrace or rolling indecorously on the ground, ther's a grace about the work that keeps it from being smutty. With a few well-chosen details, the set designer, Derek McLane, and the costumer, Toni-Leslie James, evoke whole eras in the country's history, while Jules Fischer and Peggy Eisenhauer provide the flattering lighting and, just as important, the welcoming shadows. . . . But then, all 10 performers are superb."

82. Im Original: "The young American composer [LaChiusa], lyricist and librettist has effectively deconstructed the melancholy and skeptical Viennese sex comedy without putting it back together. The new work is not an adaptation of the Schnitzler play, but it is an impertinent, sometimes haunting, often jokey commentary on it."

83. Im Original: "Mr. LaChiusa bends time out of shape and nearly all recognition. The period in which a sequence is set frequently has little to do with anything that happens within it. He ignores the Vietnam War

entirely. There are references to Woody, Mia, Chuck, Di and Barbara Walters in the 1980's [sic] segment, but they're like set decoration. His scale of values is unpredictacle."

84. Im Original: "Though this version of *La Ronde* eventually closes the sexual circle, there seems to be no particular point to it beyond Mr. LaChiusa's rather chilly and unsurprising acknowledgment that promiscuity is not especially fulfilling. You might imagine that, though *Hello Again* ends in the 1980's when the AIDS plague was being officially acknowledged for the first time, the awareness of AIDS would somehow be pertinent in this variation on Schnitzler. It isn't."

85. Im Original: "It's difficult to realize today how inflammatory *La Ronde* once was. A 1923 staging at the Belasco Theater in New York came under fire from the Society for the Suppression of Vice. The result? The play got a reading instead. Max Ophuls's elegant and witty 1950 film adaptation was denied an exhibition license by New York State until the United States Supreme Court cleared it for showing in 1954."

86. Das Blatt ist Teil des Schnitzler-Archivs in der New Yorker Beaumont-Library. Das Original lautet: "Beneath its surface charms Austria's political and social structure—long threatened by oppressive government, rebellious minorities, two lost wars and two stock market crashes—was slowly disintegrating. . . . The Viennese are a people of intense contradictions: Tender, yet brutal; dreamy, yet materialistic; pessimistic, yet upbeat to the end; play acting, yet aware of their own self-deception. . .".

87. Der Programmzettel ist Teil des Schnitzler-Archivs in der New Yorker Beaumont-Library. Das Original lautet: "A mirror of Vienna at the end of the century, the work of Arthur Schnitzler reflects the unhealthy society and decaying political structure that underlay the dazzling pursuit of pleasure by men and women of wealth."

88. Im April 1986 erkundigte ich mich, ob es sich bei diesem "französischen" Stück tatsächlich um Schnitzlers *Reigen* gehandelt habe. William Driver, Flint Professor of Drama am Bard College, antwortete: "Ja, das Stück war in der Tat Schnitzlers *Reigen*; es wurde 1955 im neuen Theater des College unter der Regie von Ted Hoffmann aufge-

führt. Von denen, die damals in dem Stück mitspielten oder es sahen, befindet sich niemand mehr im College, und sowohl Dr. Case als auch Pfarrer Martin sind tot."

89. Im Original: "*La Ronde* [is] written as a serious attack on human weakness with a serious moral story to tell. In converting it to American movie standards. . . it emerged as a frothy comedy. We went back to the serious play ***. We used the original version, not the movie version. While there may have been a question of taste and judgment in staging the play, I do not see how it could be construed as immoral."

90. Im Original: "Though on the surface it may appear to be a turn-of-the-century peep-show, *La Ronde* has some very serious issues to address. Wineberg states, 'The play is about people who are looking for love and mistake lust for love. . . . A lot of times when people fall in love with someone they have sex with them, and then it really changes the relationship. Rather than getting people to come closer together, it creates a separation.' Obviously these ideas were too risque to deal with in the 1800s. However, *La Ronde* manages to deliver Schnitzler's serious message as well as the lusty comedy that makes it a very enjoyable theater experience."

91. Der Originaltext lautet: "From all standpoints his reception in the U.S., which must be ranked among the more extensive and more lasting among Austrian writers, seems destined to continue" (Daviau 165).

92. Im Original: "He may indeed look back wistfully, as all the textbooks tell us, to the charms of a declining society, but he also assuredly looks forward to the peculiar confusions and torments of our own times. By devoting himself with such perspicacity to his own 'moment,' he succeeded at that feat which his characters were so significantly unable to perform: he transcended his time."

Kapitel XVI

Schlußbemerkungen

Um die Jahrhundertwende, als es keinen Rundfunk und kein Fernsehen gab, waren die Zeitungen die Hauptinformationsquelle für die Bevölkerung, und sie spiegelten nicht nur die Verhältnisse wider, sondern sie beeinflußten sie auch. Wichtig dabei ist auch der Fortschritt der Technik, so daß durch Telegraphie und später durch drahtlose Telegraphie Informationen rasch von einer Region in eine andere gelangen konnten, durch die Berichterstattung also eine Basis hergestellt wurde, auf der die Österreicher sich mit den Deutschen, bes. die Wiener mit den Berlinern, in ihrer Reaktion auf den *Reigen* vergleichen konnten. Ausgespielt wurde hier die Würde der "deutschen" Frau gegen die der "Wienerin"; beides wurde sensationell aufgebauscht, wenn es z.B. hieß, daß die Wiener (Berliner) sich solch eine "Schweinerei," wie *Reigen* sie darstellte, nicht gefallen zu lassen brauchten, denn die Berliner (Wiener) hätten das auch nicht getan. Nur durch diese den Nationalstolz des jeweiligen Landes betonende Rolle der Presse ist es zu verstehen, daß der Skandal in Wien und der in Berlin (und auch in anderen deutschen Städten) fast synchron verlief. Die Manipulation der Masse durch die Presse geschah z.B. durch knapp formulierte Schlagzeilen, die zum Lesen weiter anreizten, durch aggressive Leitartikel, Feuilletons, und durch emotionale Berichterstattung im allgemeinen. Beispiele hierfür sind besonders in den Reportagen des Wiener Skandals von 1921 und in denen des Berliner Prozesses zu finden. Die Schlagzeilen der Wiener Presse lauteten z.B.: "Gewaltsame Störung einer Theatervorstellung," "Die Vorstellung abgebrochen," "Verwüstungen im Theater," "Ein Sturmangriff der Christlichsozialen Orel=Garde auf die Kammerspiele," und "Sturm gegen die *Reigen*-Aufführungen" (Seiten 165-169). Die Schlagzeilen der Berliner Presse stellen in Verknappung schon den Verlauf des Prozesses dar (Seiten 196-197). Nur manchmal wurde der Inhalt der Artikel aus Rücksicht auf die Leser gedämpft; ein Beispiel hierfür ist die Wiedergabe des Gutachtens von Maximilian Harden über den *Reigen*, wenn 1921 das *Neue Wiener Journal* die in der *Zukunft* veröffentlichten Ausdrücke wie *Begattungsakte* mit *Umarmungsakte* und *Bordell* mit *in einem verrufenen Hause* wiedergibt (Seite 107). Daß nationaler Stolz die Berichterstattung mitprägte, ist auch in der Moderne zu verzeichnen, wie z.B. in der Besprechung der Berliner Aufführung 1982 die Salzburger Herkunft Marie Colbins besonders erwähnt wird (Seite

324), und wenn die österreichische oder nicht-österreichische Herkunft der Schauspieler ein Mitkriterium einer gelungenen oder mißglückten Aufführung ist, wie z.B. in der Grazer Produktion von 1984, in der die Rolle der Schauspielerin in diesem "erzwienerischen Stück" von einer Bundesdeutschen gespielt wurde (Seite 341), eine Produktion, die "ausgerechnet von dem Preußen Eike Gramms" inszeniert wurde (Seite 342).

Was die Verbreitung der Zeitungsberichte betrifft, so ist es einerseits wichtig, die Auflagenzahl und die politische Tendenz der Tageszeitungen, einschl. der Boulevardpresse, zu berücksichtigen, denn die veröffentlichte Information entsprach häufig der offenen oder versteckten Parteilinie des jeweiligen Blattes. Hinweise auf den *Reigen* in der *Arbeiter-Zeitung* innerhalb des Zeitraums 1920-1921 waren z.B., wie man erwarten konnte, vom sozial-demokratischen Standpunkt geschrieben, in der liberalen oder deutsch-freiheitlichen einflußreichen *Neuen Freien Presse* wurde dagegen eine gemäßigte Berichterstattung gepflogen, während die christlichsoziale *Reichspost* konservativ-antisemitisch berichtete. Es macht auch einen Unterschied aus, ob eine Rezension in der *Neuen Freien Presse* gebracht wurde oder in dem Wiener *Neuigkeits-Welt-Blatt*. 1923 hatte die erstere Zeitung deutsch-freiheitlicher Tendenz eine Auflagenzahl von 100.000, die letztere mit christlicher Tendenz eine von nur 30.000. Insgesamt erschienen in der Wiener Tagespresse um die Jahrhundertwende durchschnittlich 25 Titel mit einer Gesamtauflage von 400.000 Exemplaren pro Tag, während zu Beginn der Ersten Republik die Anzahl der Titel auf 30 mit 1,5 Millionen Exemplaren angewachsen war (Melischek/Seethaler, *Historische Pressedokumentation: Öffentliche Akademie der Wissenschaften*, 3. Jahrgang, Nr. 2 Wien, Juni 1993: 1). Um die Bedeutung und die Perspektiven oder die öffentliche oder versteckte politische Tendenz der Zeitungen besser werten zu können, ist dieser Arbeit ein auf den letzten Stand der Forschung gebrachter Zeitungsindex mitgegeben, der von DDr. Gabriele Melischek und Dr. Josef Seethaler, beide Forscher von der Historischen Pressedokumentationsstelle der Österreichischen Akademie der Wissenschaften, ausgearbeitet und mir freundlicherweise zur Verfügung gestellt wurde. Die Resultate dieser Arbeit sind abgesicherter als die bisherigen Angaben, die bisher zu der österreichischen Pressegeschichte gemacht wurden.

Fernerhin muß in diesem Zusammenhang die Kaffeehauskultur Wiens mitberücksichtigt werden. Die in den Kaffeehäusern ausliegenden Zeitungen wurden von einer großen Anzahl von Besuchern gelesen, so daß die Auflagenzahl der Zeitungen nur eine ungefähre Größe darstellt. Wie hoch dieser Lesermultiplikator ist, kann nur vermutet werden, da mir Untersuchungen zu diesem Punkt nicht bekannt sind. Das Volk war somit Mitspieler des *Reigen*, und man war über alles, was dieses Werk betraf, genau informiert.

Es gibt kaum ein anderes literarisches Werk in der deutschsprachigen Literatur, dem mehr Aufmerksamkeit in der deutschen und österreichischen Presse gewidmet wurde als Schnitzlers *Reigen*, der dadurch im wahrsten Sinne des Wortes *in* das Volk gebracht wurde. Das Schnitzler-Archiv in Exeter allein hat eine Sammlung von über 1300 Zeitungsartikeln, die den Zeitraum zwischen 1901 und 1935 abdecken, und von denen in dieser Arbeit weit über die Mehrzahl zitiert wurden. Ein Paradox dabei ist, daß dieses Werk kein politisches Stück ist, daß es aber zu komplizierteren politischen Verwicklungen geführt hat als ein Werk, das zu diesem Zweck konzipiert, geschrieben oder aufgeführt wurde. Maßgebend dabei war die jüdische Herkunft seines Verfassers und das Bloßstellen der sexuellen Doppelmoral von Schnitzlers Zeitgenossen.

Das antisemitische Ressentiment erstarkte, wie die zitierten Arbeiten zeigen, vom letzten Viertel des ausgehenden 19. Jahrhunderts bis zur Machtübernahme der Nationalsozialisten in Deutschland und dem Anschluß Österreichs. Da dieses Werk von einem Juden verfaßt wurde, bot sich hier eine allzu willkommene Gelegenheit, unter dem Deckmantel der Kritik den antisemitischen Gefühlen freien Lauf zu lassen, was vor allem in den Veröffentlichungen von Wilhelm Stapel, Stauf von der March und Friedrich Törnsee geschah. Diese Arbeiten zeigen deutlich den Mißbrauch der Literatur für politische Zwecke, nicht nur in Österreich, sondern auch in Deutschland.

Zitiert wurden eine Anzahl von Arbeiten, die sich bemühen, die Gründe für die antisemitische Haltung aufzuzeigen, aber trotz der Vielfalt der *ex post facto* Erklärungen bleibt ein unbefriedigendes Gefühl zurück. Besonders interessant ist dabei die Überzeugung Schnitzlers, der das antisemitische Ressentiment in dem Bedürfnis des Menschen verankert sieht, "andere Leute herabzusetzen, sich größer zu fühlen als andere, sie zu schädigen" (Friend 61).

Reigen ist ein Zeitdokument auch in dem Sinne, da Schnitzler hier die sexuelle Scheinmoral seiner Zeitgenossen offen darstellt. Die Enthüllung dieser Doppelmoral, die das Produkt der menschlichen Triebhaftigkeit und der existierenden regulativen gesellschaftlichen Norm ist, traf einen wunden Punkt, besonders um die Jahrhundertwende und in den 20er Jahren. Schnitzler hält seinen Zeitgenossen einen Spiegel vor, in dem sich sehr viele wieder erkannten—und dies nicht wahr haben wollten.

Es geht dabei nicht nur um die Entlarvung des männlichen Triebverhaltens, das Frauen als Jagdobjekte betrachtet, sondern auch um das der Frauen, die sich in ihren Triebwünschen genau an die gesellschaftlichen, hauptsächlich von den Männern festgelegten Spielregeln halten. Die hierbei von Schnitzler aufgezeigten Beziehungen haben wenig oder gar nichts mit Liebe zu tun, jedenfalls nicht in dem Sinne des im ersten Kapitels gebrachten Fromm-Zitats. Schnitzler weist darauf hin, wie die Menschen innerhalb der gesellschaftlichen Regeln zu ihrem Sex kommen, und er wagte es, dies im *Reigen* öffentlich darzustellen.

Die Betonung liegt hierbei auf "öffentlich." Viele Rezensionen, und nicht nur die zu Schnitzlers Lebzeiten, betonen, daß Schnitzler dieses Stück als Lesestück konzipiert habe, und daß es besser gewesen wäre, er hätte seine Erlaubnis zur Aufführung nie gegeben. Diese Argumentation wurde in der deutschen aber hauptsächlich in der österreichischen Presse vorgebracht, und ist an sich ein Paradox. Wiederholt wurde von einigen Rezensenten das Argument gebracht, daß *Reigen* als Lesestück die jugendliche Phantasie auf schlüpfrige Wege führe, denn die menschliche Vorstellungskraft sei ausschmückender und weitaus ungehemmter und unzensurierter als eine Vorstellung auf der Bühne. Demnach sei also eine Aufführung ungefährlicher, aber gerade die Aufführungen wurden mit dem Argument angegriffen, daß es besser gewesen wäre, der Autor hätte das Stück lieber im Buch lassen sollen statt es auf der Bühne öffentlich darstellen zu lassen.

Eine Erklärung für diesen *circulus vitiosus* ließe sich vielleicht aus der unterschiedlichen Mentalität der Deutschen und Österreicher erklären. Einige der gebrachten *Reigen*-Rezensionen sprechen diesen Punkt an, indem sie auf die gesteigerte Sinnenfreude der *Österreicher* hinweisen, die entweder dekadent sei oder zur Dekadenz führen kann, während die *Deutschen* vernünftiger und sittlich höher stehend seien. Verallgemeinernd könnte man auch sagen, daß die Deutschen, getrieben von dem, wie es bei Nietzsche heißt, "ehrlichen deutschen Trieb der Erkenntniß" (Colli, Ueber die Zukunft 239), die Wahrheit um jeden Preis wollen, auch auf Kosten der Höflichkeit; die Österreicher dagegen verletzen nicht gern die gesellschaftlichen Spielregeln, selbst wenn es dabei auf Kosten der Wahrheit geht. Renate Wagner zitiert in diesem Zusammenhang eine Bemerkung von Ernest Bornemann, der in seinem Artikel über Freud schrieb: "Es gibt kaum eine andere Stadt, die sexuelle Freizügigkeit so anstandslos toleriert wie Wien—wenn nur eine Bedingung erfüllt wird: daß man nie darüber redet" (Wagner, *Arthur Schnitzler* 338). Schnitzler benimmt sich hier genau so wie Freud 'unösterreichisch,' da er sich nicht an die Tabus der österreichischen Gesellschaft hält, sondern Erkenntnisse vermittelt, die mit der Würde des Menschen, seinem positiven Selbstbildnis, schwerlich in Einklang zu bringen sind. Das aufgestaute Ressentiment des so "gekränkten" Menschen, das durch die Presseberichte noch weiter angeheizt wurde, entlud sich dann in den Theaterskandalen, von denen die zwei wichtigsten die in Wien und Berlin darstellen.

Diese Skandale wurden von vielen anderen Autoren beschrieben, letztlich vor allem in der gut detaillierten Arbeit von Pfoser, Pfoser-Schwewig und Renner. Diese Untersuchungen betrachten die Unruhen als Musterbeispiele für die politischen Strömungen und Unterströmungen der Zeit zwischen 1900 und 1933, beziehungsweise 1938. Die Zeit der Diktatur bahnte sich schon viele Jahre vor der Machtübernahme durch Hitler an, und die Rezensionen in der Presse sind in dieser Hinsicht wertvolle Zeitberichte, da sie politisch-zeitgemäße Dokumentation liefern. Politische Einflüsse sind jedoch meiner Meinung nach nur eine Teilerklärung für die Unruhen, die durch die Aufführung des *Reigen* verursacht wurden. Wendet man die "Perspektivenoptik" auf die Rezeption an, die diesem Werk besonders in den zwanziger Jahren in Wien und Berlin zuteil wurde, so bieten sich zwei andere Erklärungen an, die in Form von Thesen verstanden werden wollen: Erwartungshorizont und Angst.

Wie gezeigt, wurde *Reigen* in einigen Veröffentlichungen als ein riskantes Werk hingestellt, das ungebundenen und verantwortungslosen Sex enthält. Ein Teil des Publikums ging höchstwahrscheinlich in das Theater, um im *Reigen* auch das zu sehen, was die Presse erwähnt hatte. Dieser Erwartungshorizont wurde jedoch enttäuscht, da das Werk eben nicht pornographisch war, und die Entrüstung über diese Enttäuschung könnte sich durch die Theaterkrawalle Luft gemacht haben. Einige Pressekommentare weisen jedenfalls in diese Richtung. Andererseits könnte dieses Stück für die puritanisch Denkenden zu gewagt gewesen sein, da hier Dinge zur Schau gestellt wurden, die das moralische Selbstbildnis der Menschen beleidigten. Die Aussagen im *Reigen*-Prozeß führen diesen Punkt wiederholt an, und auch die österreichische Presse nimmt häufig darauf Bezug.

Das Fazit wäre dann, daß die einen "unterschwellig" randalierten, weil das Stück nicht pornographisch genug war, die anderen in offener moralischer Entrüstung, weil es zu gewagt war und Dinge zur Schau stellte, die lieber im Buch hätten bleiben sollen, und über die ein guter Österreicher nicht spricht, oder wie Renate Wagner noch einmal Ernest Bornemann zitiert: "Sittlich reden und unsittlich leben—das ist in Wien bis zum heutigen Tage nicht nur erlaubt, sondern gehört zum guten Ton" (Wagner, *Arthur Schnitzler* 338). Dazu kommt noch noch ein anderes Element, das zu den Krawallen beitrug—das der Angst.

In der Pressedokumentation wird immer wieder darauf hingewiesen, daß *Reigen* gefährlich für die heranwachsende Jugend sei, da es den Sittenverfall begünstige. Wie aufgezeigt, kam auch um die Jahrhundertwende und besonders nach 1918 eine Vielzahl pornographischer Schriften auf den Markt, so daß Gesetze verabschiedet wurden, um diese Flut einzudämmen. Einige Zeugenaussagen im Berliner *Reigen*-Prozeß zeigen deutlich echte Angst vor diesem Sittenverfall, der die Jugend anscheinend gefährdete. Das Resultat: man lehnte die Stücke ab, die den Niedergang der Sitten begünstigten, und dazu gehörte *Reigen*.

Diese psychologische Perspektive bietet nur eine Teilerklärung für die Theaterskandale an, die mir aber wichtig genug scheint, hier mitberücksichtigt zu werden. Es ist offensichtlich, daß die rechtsradikalen und konversativen Zeitungen die Massen manipulierten; sie schürten die Stimmung gegen den *Reigen* an, sind aber nicht im eigentlichen Sinne als die Ursache der Unruhen zu betrachten. Die Ursache liegt zum großen Teil in der Angst, daß die sexuelle Freizügigkeit die jungen Menschen moralisch verderbe, und daß der *Reigen* mit dazu beitrage, dies herbeizuführen.

Nach dem Aufheben des Aufführungsverbots im Jahre 1982 durch Heinrich Schnitzler gab es bei den Aufführungen keine Skandale mehr, denn die Zeit hatte sich geändert und *Reigen* brach keine gesellschaftlichen Tabus mehr. Geblieben waren jedoch das allgemein menschliche Verlangen nach Liebe, Sex und Überbrückung der Einsamkeit, und die Produktionen nach 1982 haben mit mehr oder weniger Erfolg versucht, dies aufzuzeigen. Da einige Charaktere im *Reigen* "zeitbedingt," also hauptsächlich für Schnitzlers Zeitgenossen verständlich waren, wie z.B. die für Schnitzler wichtige Figur des süßen Mädels, wurde mit diesem Stück experimentiert und Veränderungen wurden miteingebaut, die die Bezüge zu unserer Zeit verständlicher machen sollten. Dazu gehören auch die Umsetzungen des Stückes in andere Kunstformen, wie z.B. in die des Balletts und der Oper, und in den Staaten die Bearbeitung des *Reigen* als Musical. Fernerhin sind hierbei die Filmbearbeitungen zu berücksichtigen, wie sie im Kap. XIII angeführt wurden. Dieses Kapitel führt sieben Filme an, wobei jedoch der Film von Richard Oswald, der zufälligerweise den Titel *Der Reigen* trägt, mit Schnitzlers Stück außer dem Titel nichts gemein hat. Er ist hier mitaufgenommen, da Schnitzler von dem Film wußte, sich aber dagegen wehrte, mit diesem Film in Zusammenhang gebracht zu werden, wie es sein Dementi in der Wiener Tagespresse zeigt.

Zusätzlich zu der europäischen Rezeption des *Reigen* wurde auch die Aufnahme dieses Werkes in den Staaten dokumentiert. Der abgedeckte Zeitraum erstreckt sich in diesem Teil von 1910 bis zur Jetztzeit. Otto P. Schinnerer hatte bisher in seiner in den *PMLA* veröffentlichten Arbeit die Basis für diesen wichtigen Rezeptionsstrang bis 1931 gestellt. Dabei ist zu bemerken, daß die Quellen für Schinnerer dieselben Zeitungsausschnitte sind, die sich jetzt in der Exeter-Sammlung befinden. Kapitel XIV führt die amerikanische Rezeption bis 1954 weiter aus, indem auch Aschs *Gott der Rache* als zusätzliches Stimmungsbarometer herangezogen wurde. Ebenfalls wurde die Rezeption des *Reigen* im Zusammenhang mit einem anderen Werk Schnitzlers gesehen, *Casanovas Heimfahrt*, dem ein ähnliches Schicksal in diesem Lande zuteil wurde wie *Reigen*: beide standen wegen sittlicher Bedenken unter Zensur. Das Aufheben der Zensur von *Casanovas Heimfahrt* kann somit in Beziehung zum Schicksal des *Reigen* gesetzt werden—beide Werke wurden 1931 vom Obersten Gerichtshof der Vereinigten Staaten von dem Verdacht befreit, unsittliche Stücke zu sein.

Kapitel XV behandelt die amerikanische Rezeption des *Reigen* bis zur Jetztzeit, wobei in dem Zeitraum von 1955 bis 1994 die Rezensionen von 23 Produktionen erfaßt wurden. Dabei ist zu berücksichtigen, daß öfters nicht Schnitzlers *Reigen*, oder *La Ronde*, aufgeführt wurde, sondern eine Neubearbeitung dieses Stückes. Der Grund hierfür ist, daß einige Gestalten oder Episoden des Originals den Amerikanern kulturfremd oder nicht gegenwartsbezogen genug waren, wie z.B. die Gestalten des süßen Mädels oder des Grafen, die manchmal durch einen "süßen Jungen" und einen Botschafter ersetzt wurden. Diese Neubearbeiten geben aber an, auf dem Schnitzlerschen Stück zu basieren, so daß Schnitzlers Name auf den Ankündigungen miterwähnt wird. Die Gründe für die Neubearbeitung in den Staaten sind auch, daß das Schnitzlersche Original in Übersetzung gebracht werden muß, wodurch die feinen Sprachnuancen und linguistischen Bedeutungsunterschiede wegfallen, die für das Stück so wichtig sind. Man war hierbei auf Übersetzungen angewiesen, die die sprachliche Verführungstechnik der Charaktere nicht überzeugend zum Ausdruck brachten, und wahrscheinlich auch durch das Wegfallen der *Sie-Du*-Unterscheidung im Englischen, nicht darstellen konnten. Zu diesen Neubearbeitungen gehören vor allem *Rondelay* im Hudson West Theatre (1969) und im Impossible Ragtime Theatre

(1975), *La Ronde* als Musical (1980), als Ballett (1988) und neuerdings eine stärkere Abweichung von dem Original durch *La Ronde de Lunch* (1992) und *Hello Again* (1994).

Von Wichtigkeit sind innerhalb der amerikanischen Rezeption auch die Aufführungen an den Studententheatern, die in dieser Arbeit nur kurz erwähnt wurden. Die Materialbeschaffung für diese Produktionen ist äußerst schwierig, da die amerikanischen Deutschabteilungen gewöhnlich keine Dokumentation gesammelt haben, und da sehr viele Fakultätsmitglieder aus dem Dienst geschieden sind. Es ist daher fast unmöglich, festzustellen, wie viele der über 3000 Colleges und Universitäten in den USA dieses Stück teilweise oder ganz gebracht haben.

Obwohl der politische Rahmen in Österreich und Deutschland nach 1918 erheblich von dem der Staaten abwich—Amerika hatte den Krieg gewonnen und kein aufkommendes Drittes Reich zeichnete sich am Horizont der Staaten ab, in denen sich die Demokratie schon länger bewährt hatte als in Deutschland und Österreich—so lassen sich diese drei Länder doch durch einen synchronen Schnitt verbinden. Von primärer Wichtigkeit ist, daß es keine amerikanische Rezension gibt, die in der Besprechung des Stückes auf die jüdische Herkunft des Verfassers hinwies, wie es in den 20er Jahren in Österreich und Deutschland geschah. Der Vorwurf der Unsittlichkeit, der besonders gegen die Aufführung dieses Werkes in diesen beiden Ländern erhoben wurde, war also nicht, wie z.B. Walton aufzeigt, ein leicht zu durchschauender Vorwand für antisemitische, religiöse und politische Vorurteile (76), sondern muß durchaus ernst genommen werden.

Wie viele der in der amerikanischen Presse veröffentlichten Artikel und Kommentare zu diesem Werk beweisen, war für die Staaten—im Gegensatz zu Deutschland-Österreich—der Vorwurf der Unsittlichkeit der *einzige* Grund für den Skandal, den die Produktion dieses Stückes in New York verursachte. Der Grund hierfür liegt hauptsächlich in der Einstellung der Amerikaner dem Sex gegenüber, eine Einstellung, die wenigstens in den 20er Jahren weitaus puritanischer war als die in Deutschland und Österreich. Wichtig dabei ist allerdings, daß die Bestrebungen, den *Reigen* in Buchform oder in Form einer Aufführung zu verbieten, gerichtlich geregelt wurden, wobei die Urteile von Instanz zu Instanz weitergereicht wurden, bis der Oberste Gerichtshof der Vereinigten Staaten den *Reigen* von dem Verdacht freisprach, ein unsittliches Werk zu sein. Öffentliche Demonstrationen und weite Kreise erfassende politische Skandale hat dieses auch in den Staaten umstrittene Werk (und auch der spätere Max Ophüls-Film *La Ronde*) nicht entfesselt.

Umstritten war dieses Werk besonders durch die New Yorker Society for the Suppression of Vice, deren Sekretär John S. Sumner war, dem amerikanischen Brunner. Trotz der wiederholten Anstrengungen Sumners wurde *Reigen* jedoch freigesprochen und durfte nach 1930 in Buchform verkauft und öffentlicht aufgeführt werden. Da die Amerikaner sich nicht an die gesetzliche Urheberschutzfrist hielten, die in Deutschland und Österreich bis zum 1. Januar 2002, dem Datum, an dem dieses Werk "gemeinfrei" wird, konnte *Reigen* frei aufgeführt und in Neubearbeitungen produziert werden.

Interessant in diesem Zusammenhang ist auch die Manipulation durch die amerikanische Presse. Der Skandal in New York, obwohl er nicht dieselben Ausmaße annahm wie die Unruhen in Deutschland und Österreich, läuft fast synchron mit den Unruhen in Berlin und Wien. Die in dieser Arbeit zitierten Aufsätze von Henry Obermeyer und Emil Lengyel lassen darauf schließen, daß die Ereignisse in Deutschland-Österreich auch in Amerika bekannt waren und einen Einfluß auf die amerikanische Rezeption ausübten. Dazu kommt, daß Deutschland-Österreich den Krieg verloren hatten, was die Wertung der aus diesen Ländern kommenden Stücke vielleicht kritischer beeinflußte als eine vor dem Krieg. Gerade zu dieser Zeit, also um 1923, wurden in den amerikanischen Hauptzeitungen viele Artikel gebracht, die Deutschland gegenüber sehr kritisch waren; diese Pressekommentare wurden in dieser Arbeit nicht zitiert, weil dies den gesetzten Rahmen zu sehr gesprengt hätte.

Was den Stil der amerikanischen Rezensionen betrifft, so fällt auf, daß viele hervorragend verfaßt sind, so daß ihr Lesen ein ästhetischer Genuß ist. Es wurde nicht alles mit tiefem Ernst geschrieben, sondern die Kommentare über den *Reigen* weisen auch viel Humor und Ironie auf, wobei einige Journalisten und Journalistinnen sehr gute Formulierungen geprägt haben. Es ist fast unmöglich, diese Formulierungen ins Deutsche zu übertragen, wie z.B. Ausdrücke wie "top-drawer performance" (Endnote 40: 519) oder Bezeichnungen für das Stück als "roundelay" (Endnote 75: 526) oder Charaktere, die einander "hassle and hustle" (Endnote 76: 526). Obwohl das Englische im Deutschen wiedergegeben wurde, ist eine Übersetzung der englischen Wortspiele ins Deutsche sehr schwierig, so daß deshalb in den Endnoten die englischen Originalzitate vermerkt sind.

Dieses Sprachspezifische finden wir auch in den deutschen Rezensionen. Dazu gehören zunächst die ins Auge fallenden informationsgeladenen Titel und Überschriften, die zum Weiterlesen anregen sollen und die wegen ihres Informationsgehalts auch öfters in dieser Arbeit mitzitiert wurden. Hervorragend formuliert und "zeitgenössisch" von Wert ist z.B. die Besprechung der *Reigen*-Aufführung (1921) von Hans Leip auf den Seiten 225-226, in der es u.a. heißt: "Da kreiselt der Reigen, der Totentanz der Liebe, der amüsante Querschnitt durch die durchschnittliche Erotik Europas. Das Karussell voll bürgerlichen Schauers, worin, der Rotation gut verschraubt, die gescheckten Ponys, Stuten . . . und lakkierten Hengste tummeln. . . . Doppelt surrt jede Rolle, einmal rechts, einmal links." Leip benutzt hier eine Metapher, die in den Rezensionen nach 1954 am häufigsten vorkommt, nämlich die des *Karussells*. Der Film *La Ronde* von Max Ophüls, in dem das Karussell eine wichtige Rolle spielt, da es den Kreislauf des Stückes gut veranschaulicht, hat besonders die Rezensionen nach 1954 beeinflußt. *Karussell* ist das in den Besprechungen am häufigsten vorkommende Wort, und außerdem wird festgestellt, daß der Film ein Meisterwerk darstelle, die besprochene Theater-Produktion dagegen nicht. Noch deutlicher ist die Wertung einer Neuverfilmung dieses Stückes, denn Max Ophüls wird immer zum Vergleich herangezogen, und diesem Meisterwerk gegenüber fällt bis jetzt jede andere Verfilmung ab.

In diesem Zusammenhang ist auch ein Resultat interessant, daß bis zur Machtübernahme durch die Nazis das Wort *Flamme* oder seine Ableitungen wie *entflammt* oder *flammend* recht häufig in den Presse-Rezensionen und Artikeln über den *Reigen* vorkommen, besonders im Kapitel V, wo wir einen "flammenden Leitartikel" verzeichnet finden (Seite 141), und wo "flammender Protest gegen dieses Vorgehen [erhoben wird], das die Würde und Ehre deutscher Frauen auf das tiefste verletzt" (Seiten 144, 147 und 149). Es mutet wie eine Schicksalsironie an, daß in einigen Theatern Müllers Stück *Die Flamme* den Schnitzlerschen *Reigen* im Spielplan abgelöst hat, ein Stück, das nicht die Billigung Schnitzlers gefunden hatte. Und Flamme läßt einen auch an Schnitzlers Äußerung denken: "Man kann mich anschreien, mich verhöhnen, mich . . . durchprügeln, mich verleumden, mich kreuzigen, mich verbrennen . . . kurz, alles auf der Welt, aber gerade beschimpfen kann man mich nie" (Friend 59). Diese prophetischen Worte Schnitzlers gingen ein paar Jahre später mit den Krematorien der Konzentrationslager in Erfüllung.

Recht häufig wird in den Rezensionen auch eindeutig Bezug auf Schopenhauer und Nietzsche genommen. Hinweise auf die Nietzschesche Ewige Wiederkehr des Gleichen und Schopenhauers "Erkenntnisekel", dem "Danach," werden in der Pressedokumentation immer wieder angeführt. Was Golo Mann über Schopenhauers Werk in der *Zeit* vom 12. August 1983 sagt: "Denn der Wille erreicht nie dauerhaft, was er will. Alle Befriedigung, alle Lust ist nur vorübergehend, alle Not stellt sich wieder her . . . " (Feuilleton: 16), erinnert an das zu Anfang gebrachte Fromm-Zitat und gilt auch ganz besonders für Schnitzlers *Reigen*.

Die Pressehinweise auf Nietzsche sind dadurch gerechtfertigt, daß zwischen Schnitzler und Nietzsche trotz der Unterschiede eine ins Auge fallende Verwandtschaft besteht (s. Schneider, Time and Time Again 107-116). Beide versuchten, die gesellschaftliche Fassadenmoral zu enthüllen und wenig schmeichelhafte Aspekte des menschlichen Triebverhaltens zu enthüllen, etwas, was nicht im Sinne der gesellschaftlichen Konventionen lag, und beide bedienten sich der schon erwähnten Perspektivenoptik, um die Begrenzung der einzelnen Meinung aufzuzeigen. Schnitzler verweist auch an verschiedenen Stellen seiner autobiographischen Schriften auf Nietzsche, wie z.B. in seinem Brief an N.N., in dem er u.a. schreibt:

> Ich kann mir selbst große Künstler denken, die Nietzsche nicht kennen, auch solche, die ihn kennen u. nicht lieben. Missverstehen Sie mich nicht: ich kenne und liebe ihn. Daß er kein Philosoph, im Sinn der systemat. Philosophie ist, bringt ihn mir noch näher. Doch ich finde nichts in ihm, das meine Anschauungen über Kunst irgendwie beeinflußt hat. Ich sehe heute alles Schöne und Große wie ich es vorher gesehen habe. Mir ist, was Nietzsche geschaffen, ein Kunstwerk für sich. Ich verehr ihn hoch—(in gewissen Abständen) neben Goethe, neben Beethoven, neben Ibsen, neben Maupassant—neben Michelangelo—ich habe einen Genuß mehr seit Nietzsche—aber ich habe keinen Genuß anders als ich ihn gehabt habe. (Schnitzler, *Briefe 1875-1912*: 261-162)

Dieser Brief ist mit dem 21. Juni 1895 datiert, also vor der Zeit, in der *Reigen* niedergeschrieben wurde. Genau einen Monat später, am 21. Juli 1895, benutzte Schnitzler wahrscheinlich in Anlehnung an Nietzsches Schrift *Menschliches-Allzumenschliches* in seinem Brief an Marie Reinhard den Satz: "Nun heißt's herabzusteigen ins *Tägliche, Allzutägliche*" (Schnitzler, *Briefe 1875-1912*: 470). Mit dem *Reigen* hat er dies auch getan.

Die Frage, inwiefern diese vorliegende Studie die zukünftige Schnitzler-Forschung im allgemeinen und die zur *Reigen*-Wertung im besonderen beeinflussen wird, kann zunächst dahingehend beantwortet werden, daß bis jetzt die Forschungsarbeit zur *Reigen*-Dokumentation durch das Fehlen der Seitenangaben und der Zeitungsausgaben sehr erschwert war, besonders da die Wochenendausgaben einiger Zeitungen recht umfangreich waren; die Sonntagsausgaben der *Neuen Freien Presse* um 1890 wiesen z.B. 50 bis 80 Seiten auf. Das Suchen nach einem bestimmten Artikel ist dadurch nicht nur sehr zeitaufwendig, sondern es verschleißt durch das Blättern auch die Originalausgaben der Zeitungen, von denen viele noch nicht auf Mikrofilm übertragen sind. Ein anderes Resultat ist dabei das Erstellen einer umfangreichen Bibliographie der Zeitungsartikel zu diesem Werk, in der der Forscher genaue Seiten- und Editionsangaben zu den *Reigen*-Besprechungen finden kann.

Von Wichtigkeit für diese Arbeit ist auch die Basis der Presseberichte. Wie Melischek/Seethaler bemerken, kam bis zur Machtübernahme durch die Nazis den Printmedien ein weitaus größerer Stellenwert zu als heute, oder wie es die beiden Forscher als Herausgeber der *Historischen Pressedokumentation: Österreichische Akademie der Wissenschaften* in ihrem Beitrag "Zeitung und Zeitgeschichte" formuliert haben:

> Da sich kollektive Wertvorstellungen vor allem in der öffentlichen bzw. veröffentlichten Meinung niederschlagen, kommt in der modernen Industriegesellschaft den Massenmedien aufgrund ihrer Vermittlungsfunktion zentraler Stellenwert zu. (Im Gegensatz zur Bedeutung der audiovisuellen Medien heute waren in der Ersten Republik die Printmedien—vor allem die Tageszeitungen—die dominierenden Träger dieser Funktion, die sie unter den durch die republikanische Verfassung geschaffenen demokratischen Bedingungen erstmals in vollem Umfang wahrnehmen konnten.) (3. Jahrgang, 12.11.1993: 2)

Da es, wie schon erwähnt, eine große Anzahl von Tageszeitungen in Deutschland, Österreich und den Staaten gab, die kontroversielle Standpunkte vertraten, auch, und vielleicht besonders, in Bezug auf die Bewertung dieses kontroversen Stückes wie *Reigen*, können die in den Zeitungen veröffentlichten Ansichten und Kommentare als Musterbeispiel für landeskundliche Analysen betrachtet werden, denn die zeitgemäßen Bemerkungen geben ein gutes Bild von zeitgeschichtlicher kultureller, sozialer, ökonomischer und politisch-historischer Realität. Die Staaten sind hiermit eingeschlossen, denn Schnitzler ist in diesem Lande eine bekannte Größe. Deshalb eignet sich diese vorliegende Studie besonders gut für eine Verbindung mit deutscher, österreichischer und amerikanischer Landeskunde. Eine solche Analyse kann für deutsche, österreichische und amerikanische Schulen und Hochschulen pädagogisch von großem Wert sein, da die hier zusammengestellten Materialien, wie Zeitungsberichte, Tagebucheintragungen und Briefstellen, nicht gesondert behandelt, sondern Teil des Textes sind, denn die Absicht war, möglichst viele *synchrone* Aussagen über dieses Werk zu machen. Dazu gehören ebenfalls die Forschungsergebnisse von Experten und Schnitzlers eigene Kommentare, die alle Licht auf dieses Werk in einem bestimmten Zusammenhang werfen. Das Resultat ist dann einerseits eine Widersprüchlichkeit, wenn z.B. ein- und dieselbe Aufführung des *Reigen* von einem Kritiker gelobt und von einem anderen verworfen wurde, andererseits jedoch besitzt jede individuelle Rezension einen kaleidoskopischen Stellenwert, der eine Gesamtbeurteilung objektiver macht. Dazu gehören auch bestimmte miterwähnte Zeitströmungen, wie der Antisemitismus und die Verbreitung von Pornographie, Strömungen, die das Rezeptionsklima des *Reigen* in Deutschland und Österreich bis 1933 stark beeinflußten, während in den USA die puritanische Strömung der 20er Jahre einen nicht zu unterschätzenden Einfluß auf die Rezeption des *Reigen* ausübte.

Wenn man sich die fast 100 Jahre der Rezeptionsgeschichte des *Reigen* anschaut, so drängt sich hier die Frage auf, ob dieses Werk noch für uns heute gültig und interessant ist. Viele der nach 1982 gebrachten Rezensionen weisen darauf hin, daß dieses einst umstrittene Werk für unsere Zeit veraltet ist und nur noch historischen oder kulturellen Wert besitze. Demgegenüber kann man einige Produktionen anführen, die von der Presse sehr positiv beurteilt wurden. Dazu gehören vor allem die in Frankreich, besonders die von Pitoëff in den 30er Jahren. Auch die Verbindung zwischen Schnitzler und Horváth scheint vielversprechend zu sein, besonders die Koppelung zwischen *Reigen* und *Glaube, Liebe, Hoffnung*, die beide in der Magdeburger Aufführung an einem Abend gezeigt wurden. Hier scheint der Doppelaspekt des *Reigen*, seine scheinbare Oberflächlichkeit und sexuelle Verspieltheit und sein dionysischer Hintergrund, angedeutet durch die Leichenhausatmosphäre des Anatomischen Instituts im Horvátschen Stück, einen bleibenden Eindruck auf die Zuschauer ausgeübt zu haben. Das könnte den *Reigen* wahrhaft zu einem *Totentanzreigen* machen, vielleicht heute in unserem AIDS-Zeitalter noch mehr als in dem damals durch Syphilis bedrohten Wien und Berlin.

Die gegenwärtigen amerikanischen Rezensionen dieses Stückes betrachten *La Ronde* auch von dieser Perspektive her. Das geschah bei der zuletzt angeführten amerikanischen Produktion im Lincoln Center, die, trotz der Neueinfügungen, vieles von Schnitzlers Originalstück übrigließ, besonders in der Episode zwischen dem Gatten und seiner Frau. Für Vincent Canby, der seine Besprechung in der einflußreichen *New York Times* veröffentlichte, läßt diese Neuschaffung die Bedrohung durch AIDS vermissen, und es ist anzunehmen, daß in anderen zukünftigen Neuschaffungen die Möglichkeit einer Ansteckung durch das im *Reigen* gezeigte promiskuitive Verhalten warnend miteingebaut wird. Der Trend in den Staaten ist klar gezeichnet; in der Sonntagsausgabe der *New York Times* vom 7. August 1994 befindet sich ein ganzseitiges Inserat, das mit "In Defense of a Little Virginity: A Message from Focus on the Family" überschrieben ist, und das z.T. folgende Botschaft vermittelt:

> There is only one way to remain healthy in the midst of a sexual revolution. It is to abstain from intercourse until marriage, and then wed and be faithful to an uninfected partner. It is a concept that was widely endorsed in society until the 1960s. Since then, a "better idea" has come along. . . one that now threatens the entire human family. (E: 7)

> (Es gibt nur eine einzige Möglichkeit, in der Mitte der sexuellen Revolution gesund zu bleiben. Diese ist folgende: Abstinenz vom Geschlechtsverkehr zu üben bis zur Heirat, und dann danach dem nicht infizierten Partner oder der nicht infizierten Partnerin treu zu bleiben. Dies ist eine Auffassung, die bis in die 60er Jahre in der Gesellschaft weit verbreitet und weithin gutgeheißen wurde. Danach kam eine "bessere Idee" . . . eine, die nun die gesamte menschliche Familie bedroht.)

Die Zukunftsaussichten für eine Aufführung des Original-*Reigen*, so wie Schnitzler ihn geschaffen hatte, sehen in den Staaten nicht vielversprechend aus, und dies nicht nur der zeitlichen und kulturellen Distanz wegen. Dieselbe Argumentation der Unsittlichkeit, die in den 20er Jahren vorgebracht wurde, könnte auch jetzt im Zeitalter der "politischen Korrektheit" (s. obiges Aids-Zitat) wieder angebracht werden, damit an das Fazit von Brutus in Max Frischs Farce *Die chinesische Mauer* erinnernd:

Heißt dies Geschichte, daß der Unverstand
Unsterblich wiederkehrt und triumphiert?
's wie ein böser Traum, erblick ich dies... (244)

Es ist aber anzunehmen, daß immer wieder versucht werden wird, Neubearbeitungen des *Reigen* zu schaffen, denn nicht nur das Thema, sondern auch die Kreisform reizen dazu an. Allerdings sind dieser Produktivität legale Grenzen durch das in Deutschland und Österreich geltende Urheberschutzgesetz gesetzt. Eugen Ruges *Mir nichts dir nichts* ist ein Beweis hierfür. Wie der *Spiegel* am 24.1.94 unter der Überschrift "Oh, oh, komm!" veröffentlichte, war das Ruge-Stück, das unter Beibehaltung der Reigen-Form die Verhinderung des Beischlafs durch zerebrales Zerreden zeigt, "bislang auf keiner Bühne zu sehen und wird bis auf weiteres auch nicht zu sehen sein: Der Frankfurter S. Fischer Verlag verhindert im Auftrag der Schnitzler-Erben jede Aufführung" (175). Gesendet wurde dieses Stück als Hörspiel, und zwar im Süddeutschen Rundfunk, dem Deutschlandfunk und in dem Ostdeutschen Rundfunk Brandenburg (175). Die Schlußbemerkung des *Spiegel*: "Sollte der S. Fischer Verlag klagen und gewinnen, wäre ihm gelungen, Ruges intelligentes Zeitstück noch bis zum 1. Januar 2002 von den Theatern fernzuhalten" (176).

In den Staaten bestehen solche Barrieren nicht, und das ist vielleicht der Grund, daß mit diesem Stück trotz der manchmal fehlenden AIDS-Komponente häufig mit dem Schnitzlerschen Original experimentiert wurde. Ebenfalls ist durch einen Beschluß des Obersten Gerichtshofes eine Parodie vom Urheberschutzgesetz befreit. Die Klage gegen die Rap-Gruppe 2 Live Crew, die den Song "Oh, Pretty Woman" parodierte, wurde mit der Begründung des Richters David H. Souters abgewiesen, daß eine Parodie soziale Werte vermitteln könne, indem sie Licht und besseres Verständnis auf ein früheres Werk werfe und dadurch ein neues Werk schaffe ("Ruling on Rap Song, High Court Frees Parody from Copyright Law," *New York Times*, 8. März 1994: A 1; *The Miami Herald*, 8. März 1994: A 1, A 9).

Ein solches Gesetz existiert in der Bundesrepublik und Österreich meines Wissens nicht. Der bisher letzte Versuch, das *Reigen*-Thema neu zu bearbeiten, bzw. zu parodieren, wurde von dem 1994 verstorbenen Werner Schwab unternommen, dessen Parodie/Neuschaffung *Der reizende Reigen nach dem Reigen des reizenden Herrn Arthur Schnitzler* bis jetzt nur in maschinengeschriebener Manuskriptform im Thomas Sessler Verlag vorliegt. In diesem Werk, das der Verlag mir freundlicherweise hat zukommen lassen, sagt der Dichter zu der Sekretärin, die das süße Mädel abgelöst hat: "Die Poesie verseelt die Dinge mit einer Würde und macht sie ewiglich, selbst wenn sie anheimverschwinden mit der Müllabfuhr. Das Ding geht ab, die Seele phantasiert es weiter in einer unsichtbaren Form" (27-28). Dies ist nicht der Schnitzlersche *Reigen*, aber das Thema des Originals ist beibehalten und den gegenwärtigen Verhältnissen angepaßt, wie auch die Kreisform bei Schwab die ewige Wiederkehr des Gleichen genau wie Schnitzler zum Ausdruck bringt.

Es scheint, daß der *Reigen* und seine Bearbeitungen und Neuschaffungen noch für eine lange Zeit bei uns bleiben werden, denn Schwabs Worte: "Die Poesie verseelt die Dinge mit einer Würde und macht sie ewiglich" treffen auch besonders auf Thema und Form des Schnitzlerschen *Reigen* zu. Dieses Werk zeigt, von Ulrich Weinzierls Perspektive her gesehen, die er in seinem Beitrag "Der Reigen als Endspiel" in der *Presse* vom 6. August 1994 niedergelegt hat, "das Ineinander von erotischer Leidenschaft und Trauer; jede der von ihm geschilderten Liaisonen trägt sichtbar den Keim der Zerstörung in sich, schon die erotischen Präludien sind verkappte Endspiele, der sexuelle Reigen wird schließlich zum Totentanz" (Spektrum: VII).[1] *Reigen* hat fast ein Jahrhundert überlebt, und es ist anzunehmen, daß dieses Werk seinen Platz in der Weltliteratur weiterhin behaupten und die Kritik immer wieder zu neuen An- und Einsichten herausfordern wird.

Anmerkungen

1. Ulrich Weinzierls Studie *Arthur Schnitzler. Lieben Träumen Sterben* (Frankfurt am Main: S. Fischer Verlag, 1994) wurde in dieser Arbeit wegen des späten Erscheinungsdatums nicht berücksichtigt. Diese Studie wurde von der Darmstädter Jury zum *Buch des Monats November* gewählt.

Zeitungsindex

Angaben zu Tendenz und Auflage der Tageszeitungen 1904-1926

Zusammengestellt von
DDr. Gabriele Melischek
Dr. Josef Seethaler

Österreichische Akademie der Wissenschaften.
Historische Pressedokumentation.

Die Angaben zu Auflagenhöhe und politischer Tendenz sind, nach Jahren geordnet, aus folgenden Sekundärquellen entnommen:

1903 *Zeitungskatalog* M. Dukes Nachf. Augenfeld und Lessner (1904)
Zeitungskatalog Rudolf Mosse (1904)
Sperlings *Zeitschriften-Adreßbuch* (1904)

1904 *Zeitungskatalog* Rudolf Mosse (1905)
Zeitungskatalog Heinrich Schalek (1905)
Sperlings *Zeitschriften-Adreßbuch* (1906; 1905 nicht erschienen!)

1905 *Zeitungskatalog* Daube & Co. (1906)
Zeitungskatalog Rudolf Mosse (1906)
Sperlings *Zeitschriften-Adreßbuch* (1906)

1912 *Zeitungskatalog* M. Dukes Nachf. Augenfeld und Lessner (1913)
Zeitungskatalog Rudolf Mosse (1913)
Zeitungskatalog Heinrich Schalek (1913)

1920-1921: *Zeitungskatalog* Rudolf Mosse (1922)
Sperlings *Zeitschriften-Adreßbuch* (1923)
(ggf. *Zeitungskatalog* ALA (1920), *Zeitschriften- und Zeitungs-Adreßbuch* Müller (1920)
Zeitungskatalog M. Dukes Nachf. (1924)

1925 Sperlings *Zeitschriften-Adreßbuch* (1926)

Da sich die Angaben in den Katalogen auf das jeweils vorhergehende Jahr beziehen, wurde nach Möglichkeit der auf das Erscheinungsjahr der Rezensionen folgende Jahrgang der in Wien vorhandenen Sekundärquellen gewählt. Aufgrund von Kriegsende und Inflationszeit liegen für diese Zeit nur wenige Sekundärquellen vor; deshalb wurden für die Rezensionen der Jahre 1920 und 1921 die einzigen beiden in der Folge erschienenen Kataloge ausgewertet und bei fehlenden Angaben ggf. durch Informationen aus 1920 bzw. 1924 erschienenen Katalogen ergänzt. Alle Angaben zu den Wiener und Berliner Tageszeitungen wurden auf der Basis unserer Datenbanken *Dokumentation der Wiener Tageszeitungen 1889-1945* und *Dokumentation der Berliner Tageszeitungen 1918-1933* erhoben.

Zeitraum 1903

Arbeiter-Zeitung (Wien)

DUKES 1904 Tendenz: sozialdemokratisch
Auflage: 28.000
MOSSE 1904 Tendenz: sozialdemokratisch
SPERL 1904 Tendenz: sozialdemokratisch

Berliner Börsen-Courier (Berlin)

DUKES 1904 Tendenz: freisinnig
MOSSE 1904 Tendenz: liberal
SPERL 1904 o.A.

Berliner Morgenpost (Berlin)

DUKES 1904 Tendenz: parteilos
Auflage: 250.000
MOSSE 1904 Auflage: 250.000
SPERL 1904 Tendenz: parteilos
Auflage: 250.313

Berliner Morgen-Zeitung (Berlin)

DUKES 1904 Auflage: 150.000
MOSSE 1904 Tendenz: freisinnig
Auflage: 120.000
SPERL 1904 Tendenz: freisinnig

Auflage: 125.000-145.000

Berliner Neueste Nachrichten (Berlin)
DUKES 1904 Tendenz: parteilos
MOSSE 1904 Tendenz: parteilos
SPERL 1904 Tendenz: parteilos

Berliner Tageblatt (Berlin)
DUKES 1904 o.A.
MOSSE 1904 Tendenz: freisinnig
Auflage: 81.000
SPERL 1904 Tendenz: freisinnig

Berliner Zeitung (Berlin)
DUKES 1904 Tendenz: freisinnig
Auflage: 30.000
MOSSE 1904 Tendenz: freisinnig
SPERL 1904 Tendenz: freisinnig

Breslauer Morgenzeitung (Breslau)
DUKES 1904 Tendenz: freisinnig
Auflage: 19.500
MOSSE 1904 Tendenz: freisinnig
Auflage: 19.000
SPERL 1904 Tendenz: freisinnig
Auflage: 19.000

Breslauer Zeitung (Breslau)
DUKES 1904 Tendenz: freisinnig
MOSSE 1904 Tendenz: freisinnig
SPERL 1904 Tendenz: freisinnig
Auflage: 9.000

Deutsches Blatt (Hamburg)
MOSSE 1904 Tendenz: deutschsozial
SPERL 1904 Tendenz: deutschsozial
Auflage: 2.000

Deutsche Zeitung (Berlin)
DUKES 1904 Tendenz: national

Auflage: 20.000
MOSSE 1904 o.A.
SPERL 1904 o.A.

Dresdner Anzeiger (Dresden)
DUKES 1904 Tendenz: amtlich
Auflage: 25.000
MOSSE 1904 Tendenz: amtlich
Auflage: 28.000
SPERL 1904 Tendenz: amtlich, parteilos
Auflage: 28.000

Frankfurter Zeitung (Frankfurt am Main)
DUKES 1904 Tendenz: demokratisch
MOSSE 1904 Tendenz: demokratisch
Auflage: 25.000-35.000
SPERL 1904 Tendenz: demokratisch

Hamburger Echo (Hamburg)
DUKES 1904 Tendenz: sozialdemokratisch
Auflage: 33.000
MOSSE 1904 Tendenz: sozialdemokratisch
Auflage: 38.000
SPERL 1904 Tendenz: sozialdemokratisch
Auflage: 33.500

Hamburger Fremdenblatt (Hamburg)
DUKES 1904 Tendenz: liberal
Auflage: 27.000-33.000
MOSSE 1904 Tendenz: liberal
Auflage: 35.000
SPERL 1904 Tendenz: liberal
Auflage: 31.000-38.000

Hamburger Nachrichten (Hamburg)
DUKES 1904 Tendenz: parteilos
MOSSE 1904 Tendenz: nationalliberal
Auflage: 12.000
SPERL 1904 Tendenz: nationalliberal

Hannoverscher Courier (Hannover)
DUKES 1904 Tendenz: nationalliberal
MOSSE 1904 Tendenz: nationalliberal
SPERL 1904 Tendenz: nationalliberal[1]

Illustriertes Wiener Extrablatt (Wien)
DUKES 1904 Auflage: 32.000 (wochentags)
50.000 (sonntags)
MOSSE 1904 Tendenz: sozialpolitisch
SPERL 1904 Tendenz: deutschliberal
Auflage: 30.000 (wochentags)
80.000 (sonntags)

Koelnische Zeitung (Köln)
DUKES 1904 Tendenz: nationalliberal
MOSSE 1904 Tendenz: nationalliberal
SPERL 1904 Tendenz: nationalliberal

Königsberger Hartung'sche Zeitung (Königsberg)
DUKES 1904 Tendenz: freisinnig
MOSSE 1904 Tendenz: freisinnig
SPERL 1904 Tendenz: freisinnig, volksparteilich

Leipziger Neueste Nachrichten (Leipzig)
DUKES 1904 Tendenz: amtlich
Auflage: 61.000
MOSSE 1904 Tendenz: amtlich, deutschnational
Auflage: 76.000
SPERL 1904 o.A.

Leipziger Volkszeitung (Leipzig)
DUKES 1904 Tendenz: sozialdemokratisch
Auflage: 25.000
MOSSE 1904 Tendenz: sozialdemokratisch
Auflage: 32.000
SPERL 1904 Tendenz: sozialdemokratisch
Auflage: 26.000

[1] Titeländerung am 16.08.1914: *Hannoverscher Kurier*

Münchner Zeitung (München)
DUKES 1904 Tendenz: parteilos
Auflage: 60.000
MOSSE 1904 Tendenz: parteilos
Auflage: 70.000
SPERL 1904 Tendenz: unabhängig
Auflage: 65.000

Nationalzeitung (Berlin)
DUKES 1904 Tendenz: nationalliberal
MOSSE 1904 Tendenz: liberal
SPERL 1904 Tendenz: nationalliberal

Neue Freie Presse (Wien)
DUKES 1904 Tendenz: deutschliberal
Auflage: 50.000
MOSSE 1904 Tendenz: deutschfortschrittlich
Auflage: 55.000
SPERL 1904 Tendenz: liberal
Auflage: 52.000

Neues Wiener Journal (Wien)
DUKES 1904 Tendenz: parteilos
Auflage: 65.000
MOSSE 1904 Tendenz: parteilos
Auflage: 65.000
SPERL 1904 Tendenz: parteilos
Auflage: 65.000

Norddeutsche Allgemeine Zeitung (Berlin)
DUKES 1904 Tendenz: katholisch
MOSSE 1904 Tendenz: konservativ
SPERL 1904 Tendenz: konservativ

Pfälzer Zeitung (Speyer)
DUKES 1904 Tendenz: konservativ
Auflage: 2.500
MOSSE 1904 Tendenz: Zentrum
SPERL 1904 Tendenz: Zentrum
Auflage: 3.200

Pfälzische Presse (Kaiserslautern)

DUKES 1904	Tendenz:	liberal
MOSSE 1904	Tendenz:	national
	Auflage:	2.600 Stadtauflage und 7.000 Abonnenten
SPERL 1904	Tendenz:	national-liberal

Prager Tagblatt (Prag)

DUKES 1904	Tendenz:	liberal
	Auflage:	20.000
MOSSE 1904	Tendenz:	deutsch-liberal
	Auflage:	18.000 (wochentags)
		20.000 (sonntags)
SPERL 1904	Tendenz:	deutsch-liberal
	Auflage:	17.000

Sächsische Arbeiterzeitung (Dresden)

DUKES 1904	Tendenz:	sozialdemokratisch
MOSSE 1904	Tendenz:	sozialdemokratisch
	Auflage:	24.000
SPERL 1904	Tendenz:	sozialdemokratisch
	Auflage:	16.000

Der Tag (Berlin)

SPERL 1904	Tendenz:	parteilos

Tagesbote aus Mähren und Schlesien (Brünn)

DUKES 1904	Tendenz:	deutschliberal
	Auflage:	9.000
MOSSE 1904	Tendenz:	deutsch-fortschrittlich
SPERL 1904	Tendenz:	deutsch-fortschrittlich
	Auflage:	8.500

Tägliche Rundschau (Berlin)

DUKES 1904	Tendenz:	deutschnational
MOSSE 1904	Tendenz:	parteilos
	Auflage:	31.600
SPERL 1904	Tendenz:	parteilos
	Auflage:	32.000

Vossische Zeitung (Berlin)

DUKES 1904	Tendenz:	freisinnig
	Auflage:	24.300
MOSSE 1904	Tendenz:	freisinnig
SPERL 1904	Tendenz:	Freisinnige Volkspartei
	Auflage:	24.300

Die Zeit (Wien)

DUKES 1904	Auflage:	35.000
MOSSE 1904	Tendenz:	unabhängig, freiheitlich
	Auflage:	30.000-35.000

Zeitraum 1904

Deutsche Zeitung (Berlin)

SCHAL 1905	Tendenz:	deutschnational
	Auflage:	22.000
SPERL 1906	Auflage:	23.000

Freisinnige Zeitung (Berlin)

SCHAL 1905	Tendenz:	freisinnig
SPERL 1906	Tendenz:	freisinnig

Leipziger Tageblatt (Leipzig)

SCHAL 1905	Tendenz:	amtlich
	Auflage:	14.600
SPERL 1906	Tendenz:	nationalliberal
	Auflage:	19.000

Münchner Neueste Nachrichten (München)

SCHAL 1905	Tendenz:	liberal
SPERL 1906	Tendenz:	nationalliberal
	Auflage:	111.000

Die Zeit (Wien)

MOSSE 1905	Auflage:	30.000-35.000
SCHAL 1905	Tendenz:	unabhängig, freiheitlich
	Auflage:	30.000-35.000
SPERL 1906	o.A.	

Zeitraum 1905

Allgemeine Zeitung (München)
SPERL 1906 Tendenz: liberal

Arbeiter-Zeitung (Wien)
DAUBE 1906 Tendenz: sozialdemokratisch
Auflage: 40.000
MOSSE 1906 Tendenz: sozialdemokratisch
Auflage: 40.000
SPERL 1906 Tendenz: sozialdemokratisch
Auflage: 32.000

Berliner Tageblatt (Berlin)
DAUBE 1906 o.A.
SPERL 1906 Tendenz: freisinnig
Auflage: 105.000

Berliner Zeitung (Berlin)[2]
DAUBE 1906 Tendenz: liberal
SPERL 1906 Tendenz: freisinnig

Bohemia (Prag)
DAUBE 1906 Tendenz: demokratisch
Auflage: 15.600
MOSSE 1906 Tendenz: deutsch
Auflage: 15.600
SPERL 1906 Tendenz: deutschfortschrittlich
Auflage: 15.600

Deutsche Zeitung (Berlin)
DAUBE 1906 Tendenz: deutschnational
Auflage: 22.000
SPERL 1906 Auflage: 23.000

Fremdenblatt (Hamburg)
SPERL 1906 Tendenz: liberal

---

[2]erscheint ab 01.04.1905 unter dem Titel *B.Z. am Mittag*

Auflage: 34.000-41.000

Fremden-Blatt (Wien)
DAUBE 1906 Tendenz: offiziös
MOSSE 1906 o.A.
SPERL 1906 o.A.

Kleine Presse (Frankfurt am Main)
SPERL 1906 Tendenz: demokratisch
Auflage: 30.400

Salzburger Volksblatt (Salzburg)
DAUBE 1906 Tendenz: deutschfreisinnig
Auflage: 5.000
MOSSE 1906 Tendenz: deutschfreisinnig
Auflage: 5.000
SPERL 1906 Auflage: 3.400

Vossische Zeitung (Berlin)
DAUBE 1906 Tendenz: freisinnig
Auflage: 24.300
SPERL 1906 Tendenz: Freisinnige Volkspartei
Auflage: 24.300

Zeitraum 1912

Bohemia (Prag)
DUKES 1913 Tendenz: demokratisch
Auflage: 18.500
MOSSE 1913 Tendenz: deutsch
Auflage: 18.500
SCHAL 1913 Tendenz: demokratisch
Auflage: 18.500

Neues Budapester Abendblatt (Budapest)
DUKES 1913 Tendenz: liberal
Auflage: 62.000
MOSSE 1913 Tendenz: liberal
Auflage: 62.000
SCHAL 1913 Tendenz: liberal

Auflage: 50.000

Neues Pester Journal (Budapest)
DUKES 1913 Tendenz: liberal
Auflage: 50.000
MOSSE 1913 Tendenz: liberal
Auflage: 43.000
SCHAL 1913 Tendenz: liberal
Auflage: 48.000 (wochentags)
50.000 (sonntags)

Pester Lloyd (Budapest)
DUKES 1913 Tendenz: liberal
MOSSE 1913 Tendenz: liberal
Auflage: 15.000
SCHAL 1913 Tendenz: liberal
Auflage: 15.500

Die Zeit (Wien)
DUKES 1913 Tendenz: fortschrittlich-unabhängig
Auflage: 35.000
MOSSE 1913 Tendenz: sozialpolitisch
Auflage: 35.000
SCHAL 1913 Tendenz: fortschrittlich
Auflage: 35.000

Zeitraum 1920-1921

8 Uhr-Abendblatt (Berlin)
MOSSE 1922 o.A.
SPERL 1923 Tendenz: national
Auflage: 80.000-100.000

Arbeiterwille (Graz)
ALA 1920 Tendenz: sozialdemokratisch
Auflage: 19.000
(DUKES 1924 Tendenz: sozialdemokratisch
Auflage: 22.000)

Arbeiter-Zeitung (Wien)
MOSSE 1922 Tendenz: sozialdemokratisch

	Auflage:	107.000
SPERL 1923	Tendenz:	sozialdemokratisch

Aussiger Tagblatt (Aussig)

MOSSE 1922	Tendenz:	deutsch-demokratisch
	Auflage:	15.000
SPERL 1923	Tendenz:	deutsch

Berliner Allgemeine Zeitung (Berlin)

(Mülle 1920	Tendenz:	demokratisch)

Berliner Börsen-Courier (Berlin)

MOSSE 1922	Tendenz:	demokratisch
SPERL 1923	Tendenz:	demokratisch
	Auflage:	ca. 50.000-60.000

Berliner Börsen-Zeitung (Berlin)

MOSSE 1922	Tendenz:	demokratisch
SPERL 1923	Tendenz:	demokratisch
	Auflage:	36.000

Berliner Lokal-Anzeiger (Berlin)

MOSSE 1922	Tendenz:	parteilos
SPERL 1923	Tendenz:	parteilos

Berliner Montagspost (Berlin)

SPERL 1923	Tendenz:	parteilos

Berliner Morgenpost (Berlin)

SPERL 1923	Tendenz:	demokratisch

Berliner Tageblatt und Handelszeitung (Berlin)

MOSSE 1922	Tendenz:	demokratisch
SPERL 1923	Tendenz:	demokratisch
	Auflage:	ca. 250.000

Berliner Volks-Zeitung (Berlin)

MOSSE 1922	Tendenz:	demokratisch
SPERL 1923	Tendenz:	demokratisch

Breslauer Neueste Nachrichten (Breslau)
MOSSE 1922 Tendenz: parteilos
Auflage: 160.000
SPERL 1923 Tendenz: parteilos
Auflage: 150.000

Brünner Morgenpost (Brünn)
MOSSE 1922 Tendenz: parteilos
Auflage: 15.000

B.Z. am Mittag (Berlin)
SPERL 1923 Tendenz: demokratisch

Cellesche Zeitung und Anzeigen (Celle)
MOSSE 1922 Tendenz: parteilos
Auflage: 8.200
SPERL 1923 Tendenz: parteilos
Auflage: 8.000

Danziger Zeitung (Danzig)
MOSSE 1922 Tendenz: demokratisch
SPERL 1923 Tendenz: demokratisch

Deutsche Allgemeine Zeitung (Berlin)
MOSSE 1922 Tendenz: halbamtlich, national
(Mülle 1920 Auflage: 21.000)
SPERL 1923 Tendenz: national

Deutsche Tageszeitung (Berlin)
MOSSE 1922 Tendenz: deutsch-national
SPERL 1923 Tendenz: national
Auflage: 42.000

Deutsche Warte (Berlin)
MOSSE 1922 o.A.
(Mülle 1920 Tendenz: wirtschafts-reformerisch)

Deutsches Volksblatt (Wien)
MOSSE 1922 Tendenz: antisemitisch
(Mülle 1920 Auflage: 35.000)

Deutscher Generalanzeiger (Berlin)
MOSSE 1922 Tendenz: deutsch-völkisch
SPERL 1923 Tendenz: national
Auflage: 5.000

Dresdner Nachrichten (Dresden)
MOSSE 1922 Tendenz: national
Auflage: 40.000
SPERL 1923 Tendenz: national
Auflage: 40.000

Eisenacher Tagespost (Eisenach)
MOSSE 1922 Tendenz: demokratisch
Auflage: 13.000
SPERL 1923 Tendenz: demokratisch

Frankfurter Nachrichten und Intelligenz-Blatt (Frankfurt)
SPERL 1923 Tendenz: national
Auflage: 65.000

Frankfurter Zeitung und Handelsblatt (Frankfurt)
MOSSE 1922 Tendenz: demokratisch
SPERL 1923 Tendenz: demokratisch

Geraisches Tageblatt (Gera)
MOSSE 1922 Tendenz: demokratisch
SPERL 1923 Tendenz: demokratisch

Grazer Volksblatt (Graz)
MOSSE 1922 Tendenz: christlich-sozial
Auflage: 10.000
SPERL 1923 Tendenz: christlich-sozial

Hamburgischer Correspondent und Hamburgische Börsen-Halle (Hamburg)
MOSSE 1922 Tendenz: Deutsche Volkspartei
SPERL 1923 Tendenz: national

Hannoverscher Kurier (Hannover)
MOSSE 1922 Tendenz: Deutsche Volkspartei

SPERL 1923 Tendenz: national

Illustrierte Kronen-Zeitung (Wien)
MOSSE 1922 Tendenz: unabhängig
Auflage: 150.000
SPERL 1923 Tendenz: parteilos
Auflage: 150.000

Illustriertes Wiener Extrablatt (Wien)
(ALA 1920 Auflage: 28.000 (wochentags)
65.000 (sonntags))
MOSSE 1922 Tendenz: sozialpolitisch
(DUKES 1924 Auflage: 35.000 (wochentags)
60.000 (sonntags))

Kärntner Tagblatt (Klagenfurt)
MOSSE 1922 o.A.
(DUKES 1924 Tendenz: demokratisch
Auflage: 1.500)

Kieler Neueste Nachrichten (Kiel)
MOSSE 1922 Tendenz: unabhängig national
SPERL 1923 Tendenz: national
Auflage: 61.000

Kleine Volks-Zeitung (Wien)
MOSSE 1922 Tendenz: deutschfreisinnig
Auflage: 121.000
SPERL 1923 o.A.

Königsberger Allgemeine Zeitung (Königsberg)
MOSSE 1922 Tendenz: Deutsche Volkspartei
Auflage: 65.000
SPERL 1923 Tendenz: national
Auflage: ca. 60.000

Königsberger Tageblatt (Königsberg)
MOSSE 1922 Tendenz: parteilos
SPERL 1923 Tendenz: parteilos
Auflage: 30.000

Königsberger Volkszeitung (Königsberg)
MOSSE 1922 Tendenz: sozialdemokratisch

Das Mittagsblatt (Frankfurt am Main)
MOSSE 1922 Tendenz: demokratisch
Auflage: 20.000

Der Montag (Ausgabe des *Berliner Lokal-Anzeigers*, Berlin)
SPERL 1923 Tendenz: parteilos

Montags-Zeitung (Wien)
MOSSE 1922 o.A.

Der Morgen am Montag (Wien)
MOSSE 1922 Tendenz: demokratisch
(Mülle 1920 Auflage: 127.000)

Münchner Neueste Nachrichten (München)
MOSSE 1922 Tendenz: bayrisch national
Auflage: 120.000
SPERL 1923 Tendenz: demokratisch
Auflage: 120.000

Neue Badische Landeszeitung (Mannheim)
MOSSE 1922 Tendenz: demokratisch
SPERL 1923 Tendenz: demokratisch

Neue Berliner Zeitung (Berlin)
MOSSE 1922 Tendenz: demokratisch
SPERL 1923 Tendenz: demokratisch
Auflage: 25.000-40.000

Neue Freie Presse (Wien)
MOSSE 1922 Tendenz: deutschfortschrittlich
Auflage: 90.000
SPERL 1923 Tendenz: deutsch-freiheitlich
Auflage: ca. 100.000

Neues Montagblatt (Wien)
MOSSE 1922 Tendenz: christlich

	Auflage:	38.000
SPERL 1923	Tendenz:	christlich-sozial
	Auflage:	30.000

Neues Wiener Journal (Wien)

(ALA 1920	Auflage:	130.000)
(MOSSE 1920	Auflage:	140.000)
MOSSE 1922	Tendenz:	parteilos
SPERL 1923	Tendenz:	parteilos
(DUKES 1924	Auflage:	40.000 (wochentags)
		85.000 (sonntags)

Neues Wiener Tagblatt (Wien)

MOSSE 1922	Tendenz:	demokratisch
	Auflage:	85.000
SPERL 1923	Tendenz:	demokratisch

Neuigkeits-Welt-Blatt (Wien)

MOSSE 1922	Tendenz:	christlich
	Auflage:	30.000

Obersteirerblatt (Bruck an der Mur)

(ALA 1920	Auflage:	1.200)
MOSSE 1922	Tendenz:	deutschnational
(DUKES 1924	Auflage:	2.000)

Die Post (Berlin)[3]

(MOSSE 1920	Tendenz:	national)

Der Reichsbote (Berlin)

MOSSE 1922	Tendenz:	evangelisch-national
SPERL 1923	Tendenz:	national

Reichspost (Wien)

MOSSE 1922	Tendenz:	christlich-sozial
	Auflage:	55.000
SPERL 1923	Tendenz:	christlich-sozial

[3]am 30.06.1921 eingestellt

Auflage: ca. 50.000

Rheinisch-Westfälische Zeitung (Essen)
MOSSE 1922 Tendenz: parteilos
SPERL 1923 Tendenz: national

Die Rote Fahne (Berlin)
MOSSE 1922 Tendenz: K.P.D.

Schlesische Zeitung (Breslau)
MOSSE 1922 Tendenz: deutschnational
SPERL 1923 Tendenz: national

Steyrer Tagblatt (Steyr)
(ALA 1920 Tendenz: deutschfortschrittlich)
MOSSE 1922 o.A.
SPERL 1923 o.A.
(DUKES 1924 Auflage: 4.000)

Der Tag (Berlin)
MOSSE 1922 Tendenz: parteilos
SPERL 1923 Tendenz: parteilos

Tagespost (Graz)
MOSSE 1922 Tendenz: demokratisch
Auflage: 41.000
SPERL 1923 Tendenz: deutsch-freiheitlich
Auflage: 30.000

Tägliche Rundschau (Berlin)
(ALA 1920 Auflage: 80.000)
MOSSE 1922 Tendenz: parteilos national
(Mülle 1920 Auflage: 76.000)

Völkischer Beobachter (München)
MOSSE 1922 Tendenz: deutsch
Auflage: 15.000
SPERL 1923 Tendenz: national-sozialistisch
Auflage: ca. 15.000

Volkswacht für Schlesien (Breslau)
MOSSE 1922 Tendenz: sozialdemokratisch
Auflage: 62.300
SPERL 1923 Tendenz: V.S.P.D.
Auflage: 38.100

Volks-Zeitung (Wien)
(ALA 1920 Auflage: 57.000)
(MOSSE 1920 Auflage: 85.000)
MOSSE 1922 Tendenz: deutschfreisinnig
SPERL 1923 Tendenz: deutsch-demokratisch
(DUKES 1924 Auflage: 50.000 (wochentags)
60.000 (sonntags))

Vorarlberger Tagblatt (Bregenz)
MOSSE 1922 Tendenz: deutschfreiheitlich
Auflage: 3.000
SPERL 1923 Auflage: 3.000

Vorwärts (Berlin)
MOSSE 1922 Tendenz: sozialdemokratisch
SPERL 1923 Tendenz: V.S.P.D.
Auflage: ca. 100.000

Vossische Zeitung (Berlin)
(Mülle 1920 Tendenz: demokratisch)
SPERL 1923 o.A.

Die Welt am Montag (Berlin)
MOSSE 1922 Tendenz: parteilos
Auflage: ca. 175.000

Wiener Allgemeine Zeitung (Wien)
MOSSE 1922 Tendenz: liberal
(DUKES 1924 Auflage: 20.000)

Wiener Mittagspost (Wien)[4]

---

[4]am 26.02.1921 eingestellt

(MOSSE 1920 Tendenz: deutschbürgerlich
Auflage: 30.000)

Wiener Mittags-Zeitung (Wien)
(Mülle 1920 Auflage: 60.000-80.000)
MOSSE 1922 Tendenz: liberal
(DUKES 1924 Auflage: 25.000)

Wiener Morgenzeitung (Wien)
MOSSE 1922 Tendenz: jüdisch-national
(DUKES 1924 Auflage: 19.000)

Wiener Sonn- und Montagszeitung (Wien)
(ALA 1920 Tendenz: politisch-volkswirtschaftlich-finanziell)
MOSSE 1922 o.A.
(DUKES 1924 Auflage: 30.000)

Wiener Stimmen (Wien)
MOSSE 1922 Tendenz: christlich
Auflage: 36.000
SPERL 1923 Tendenz: christlich-sozial
Auflage: 26.700

Wiener Zeitung (Wien)
MOSSE 1922 Tendenz: amtlich
SPERL 1923 Tendenz: parteilos
Auflage: 10.000

Zeitraum 1925

Deutsche Tageszeitung (Berlin)
SPERL 1926 Tendenz: deutsch-national
Auflage: 30.000

Prager Tagblatt (Prag)
SPERL 1926 Tendenz: deutsch-fortschrittlich
Auflage: 63.000

Rostocker Anzeiger (Rostock)
SPERL 1926 Auflage: 58.000

Zusätzliche Angaben

Bei den folgenden Titeln handelt es sich um keine Tageszeitungen. Angaben zu Auflagenhöhe und politischer Tendenz sind daher äußerst selten zu ermitteln:

Allgemeine Rundschau (München): Wochenzeitung
Berliner Illustrierte Zeitung (Berlin): Wochenzeitung
Deutsche Volksstimme (Berlin): zweimal monatlich erschienen
Floridsdorfer Zeitung (Wien): Wochenzeitung; nach DUKES 1904 deutschfortschrittliche Tendenz
Österreichische Illustrierte Zeitung (Wien): Wochenzeitung
Ischler Wochenblatt (Bad Ischl): Wochenzeitung; nach DUKES 1904 liberale Tendenz
Der Volkssturm (Wien): Wochenzeitung

Literatur

Adelt, Leonhardt. "Zur Entstehung der lex Heinze," *Jung-Deutschland* 2 (1900): 18-21.

Alewyn, Richard. "Zweimal Liebe: Schnitzlers *Liebelei* und *Reigen*." R.A. *Probleme und Gestalten. Essays*. Frankfurt am Main: Insel Verlag, 1974. 299-304.

Allen, Richard A. *An Annotated Schnitzler Bibliography*. Chapel Hill: The University of North Carolina Press, 1966.

Andics, Hellmut. *Die Juden in Wien*. Wien: Kremayr & Scheriau, 1988.

Annan, Gabriela. "The Return of *La Ronde*," *The New York Review of Books* xxx.12 (21. Juli 1983): 14-17.

Anon. "Oh, Oh, komm!," *Der Spiegel* Nr. 4/24.1.1994: 175-176.

Anon. "Love Circles," *Variety* cccxxi.12 (15. Januar 1986): 26.

Anon. "Arthur Schnitzler." In *Twentieth-Century Literary Criticism*. Band 4. Detroit, MI: Gale Research Co., 1981. 384-404.

Anon. "Ende einer Selbstzensur," *Der Spiegel* 35.xxxviii (1981): 266.

Anon. *Presseheft der Gloria. Arthur Schnitzlers* Reigen. *Ein Film von Otto Schenk.* [1973]

Anon. "Skandäle, die die Welt erschütterten III," *Zeitmagazin* 6. Oktober 1978, 4: 61-68, 74.

Anon. "Eins und eins," *Der Spiegel* 17.xxxviii (1963): 97-98.

Anon. "*Casanova's Homecoming* Finally Vindicated," *Publishers' Weekly* 118.ii (1. November 1930): 2083.

Anon. "Sumner's Mistake," *Publishers' Weekly* 118.ii (4. Oktober 1930): 1615.

Anon. "*Casanova's Homecoming* Cleared," *Publishers' Weekly* 118.xiii (27. September 1930): 1532.

Anon. "*Casanova's Homecoming* in Court Once More," *Publishers' Weekly* 118.i (16. August 1930): 595.

Anon. "Moabiter *Reigen*," *Das Blaue Heft* 3.ix (1921): 262-264.

Anon. "Berliner Theater," *Deutsche Rundschau* 86.i (1921): 234-239.

Anon. "Der Reigen." *Wochenschrift für Lichtbild-Kritik*. Band V: *Saison 1920-21. Paymanns Filmlisten* Nr. 22.

Anon. "Berliner Filmneuheiten," *Der Kinematograph-Düsseldorf* (3. März 1920) Nr. 686.

Anon. "When Judges Disagree," *Publishers' Weekly* 116.xxiv (14. Dezember 1919): 2758-2759.

Anon. "Schnitzler: *La Ronde*," *La Nouvelle Revue*, sér. 4.ii (Juli-August 1912): 282.

Anon. *Duo-Szenen im Dampfbad. Ringel-Reigen-Rosenkranz nach berühmtem Muster*. Von einer Wienerin. Leipzig-Reudnitz: Magazin-

Verlag Jacques Hegner, 1903; 1904.

Anon. "Die meistgelesenen Bücher," *Das Literarische Echo* 6.vii (1904): 513-514.

Anon. [=Schriftleitung]. "'Sehr geehrter Herr Staatsanwalt'!," *Neue Bahnen.* Halbmonatsschrift für Kunst und öffentliches Leben III.xiii-xiv (1. Juli 1903): 374.

Anon. "Der 'Aufmunterungspreis' für Schnitzler," *Neue Bahnen.* Halbmonatsschrift für Kunst und öffentliches Leben III.vii (1. April 1903): 178-179.

Anon. "[Buchbesprechung *Reigen*]," *Stimmen der Gegenwart* 2 (Februar 1901): 52.

[Anon.] *Josefine Mutzenbacher. Roman einer Wiener Dirne von ihr selbst erzählt.* Mit einem Vorwort von Professor Dr. Schmuel Bieringer. Hrsg. von Roland W. Pinson. Sonderausgabe für Europäische Bildungsgemeinschaft Verlag-GmbH. Stuttgart: Bertelsmann Club GmbH., et. al., o.J.

Aram, Kurt. "Reigen," *Das Literarische Echo* 6.vii (1904): 512-513.

Aschheim, Steven A. "The Myth of 'Judaization' in Germany." *The Jewish Response to German Culture. From the Enlightenment to the Second World War.* Hrsg. von Jehuda Reinharz und Walter Schatzberg. Hanover und London: University Press of New England, 1985. 212-241.

Aspetsberger, Friedbert. *Der Historismus und seine Folgen. Studien zur Literatur in unserem Jahrhundert.* Frankfurt am Main: Athenäum, 1987. (Literatur in der Geschichte. Geschichte in der Literatur. Band 14.)

————. "Literatur vor Gericht: Von 'Les Fleurs du Mal' bis 'Notre-Dame-des-Fleurs'," *Akzente* 12 (1965): 210-231.

Attolini, Vito. "Arthur Schnitzler im Filmschaffen von Max Ophuls." *Akten des Internationalen Symposiums 'Arthur Schnitzler und seine Zeit'.*" Hrsg. von Giuseppe Farese. Bern-Frankfurt am Main-Zürich: Peter Lang, 1985. 137-152.

[Avenarius, Ferdinand.] "Unsittliche Literatur. Einige Gedanken zu dem Kongresse in Köln," *Der Kunstwart* 18 (Oktober 1904-März 1905): 57-63.

Bab, Julius. "Schnitzlers *Reigen,*" *Die Schaubühne* 1 (1905): 379-380.

Bachmann, Ingeborg. "Reigen." I. B. *Werke. Erster Band.* Hrsg. von Christine Koschel, Inge von Weidenbaum und Clemens Münster. München-Zürich: R. Piper & Co., 1978. 35.

———. *Malina*. Frankfurt am Main: Suhrkamp Verlag, 1981. (Suhrkamp Taschenbuch 641)

Bailey, Joseph W. "Arthur Schnitzler's Dramatic Works," *The Texas Review* 5.iv (Juli 1920): 294-307. Abdruck in "Arthur Schnitzler," *Twentieth-Century Literary Criticism*. Band 4. Detroit, MI: Gale Research Co., 1981. 391.

Barth, Gerda. "Der Beitrag der Juden zur Entfaltung des Pressewesens in Wien zwischen 1848 und dem ersten Weltkrieg." *1000 Jahre Österreichisches Judentum. Ausstellungskatalog*. Hrsg. von Klaus Lohrmann. Eisenstadt: Edition Roetzer, 1982. 152-160.

Bauland, Peter. *The Hooded Eagle. Modern German Drama on the New York Stage*. Syracuse, NY: Syracuse Unversity Press, 1968.

Beller, Steven. *Vienna and the Jews 1867-1938. A Cultural History*. Cambridge; New York: Cambridge University Press, 1989.

———. "Soziale Schicht, Kultur und die Wiener Juden um die Jahrhundertwende." *Eine zerstörte Kultur. Jüdisches Leben und Antisemitismus im Wien seit dem 19. Jahrhundert*. Hrsg. von Gerhard Botz, Ivar Oxaal und Michael Pollak. Buchloe: Obermayer GmbH., 1990. 61-82.

Bentley, Eric. "Theatre" [*Reigen*]," *New Republic* 130.xiv (1954): 21. Reprinted as "*Reigen* Comes Full Circle" in *The Dramatic Event: An American Chronicle*. New York: Horizon Press, 1954. 152-155.

———. "Round Dance (1897)." E.B. *From the Modern Repertoire: Series One*. Bloomington, IN: Indiana University Press, 1949. 385-387.

Berchtold, Klaus, Hrsg. und Einleitung. "Das *Salzburger Programm* der Großdeutschen Volkspartei, 1920." *Österreichische Parteiprogramme 1868-1966*. München: R. Oldenbourg, 1967. 439-482.

———. "Das *Linzer Programm* der Deutschnationalen, 1882." *Österreichische Parteiprogramme 1868-1966*. München: R. Oldenbourg, 1967. 198-203.

Berkley, George E. *Vienna and Its Jews. The Tragedy of Success* 1880s-*1980s*. Cambridge, MA: Abt. Books, Inc., Madison Books, 1988.

Berlin, Jeffrey B. *An Annotated Arthur Schnitzler Bibliography 1965-1977*. München: Fink Verlag, 1978.

Bettauer, Hugo. *Die Stadt ohne Juden*. 13 Auflage. Wien-Leipzig: R. Löwit, 1926.

Birnbaum, Martin. "Some Contemporary German Tendencies: Arthur Schnitzler," *The Bookman* xxx.5 (Januar 1910): 502-503. Abdruck in Arthur Schnitzler," *Twentieth-Century Literary Criticism*. Band 4.

Detroit, MI: Gale Research Co., 1981. 385.

Björkman, Edwin. "Introduction." *Three Plays by Arthur Schnitzler: The Lonely Way, Intermezzo, Countess Mizzie*. Hrsg. und übersetzt von Edwin Björkman. New York: Kennerly, 1915; Boston: Little, Brown & Co., 1917. vii-xxxiv. Abdruck als "Arthur Schnitzler," *Twentieth-Century Literary Criticism*. Band 4. Detroit, MI: Gale Research Co., 1981. 388.

Bold, Alan, Hrsg. *The Sexual Dimension in Literature*. London & Totowa, N.J.: Vision and Barnes & Noble, 1982.

Boromäus, K. "Peter Rosegger," *Der Kampf* 6 (1912-1913): 525-526.

Botstein, Leon. "The Jews of Vienna in the Age of Franz Joseph [Buchbesprechung]," *The New York Times Book Review* (14. Januar 1990) vii: 13-15.

Brod, Max. "Die Frau und die neue Sachlichkeit." In Friedrich M. Huebner, *Die Frau von Morgen wie wir sie wünschen*. Leipzig: E. A. Seemann, 1929. 38-48.

Broer, Wolfgang. *Wort als Waffe. Politischer Witz und politische Satire in der Republik Österreich (1918-1927). Versuch einer Darstellung und Auswertung*. Band II. Wien: Verband der wissenschaftlichen Gesellschaften Österreichs, 1983. (Dissertationen der Universität Wien, 100. Dreifachband.)

Brueck, Max von. "Rondo der Liebe—Schnitzlers *Reigen* als Film," *Die Gegenwart* 5.xxiv (1950): 18-19.

Butzko, Ellen. *Arthur Schnitzler und die zeitgenössische Theaterkritik*. Peter Lang: Frankfurt am Main-Bern-New York-Paris, 1991. (German Studies in Canada. Hrsg. von Manfred Kuxdorf. Band 1.)

Colli, Giorgio und Mazzino Montinari, Hrsg. *Die Fröhliche Wissenschaft. Nietzsche Werke*. Kritische Gesamtausgabe. Fünfte Abt. Zweiter Band. Berlin-New York: de Gruyter & Co., 1973. 3-335.

————. "Ueber die Zukunft unserer Bildungsanstalten. Vortrag V." *Nietzsche Werke*. Kritische Gesamtausgabe. Dritte Abt. Zweiter Band. Berlin: de Gruyter & Co., 1973. 225-244.

————. *Zur Genealogie der Moral. Nietzsche Werke*. Kritische Gesamtausgabe. Sechste Abt. Zweiter Band. Berlin: de Gruyter, 1968. 259-430.

————. *Menschliches, Allzumenschliches. Nietzsche Werke*. Kritische Gesamtausgabe. Vierte Abt. Zweiter Band. Berlin: de Gruyter & Co., 1967. 7-375.

Conrad, M.G. "Antwort," *Neue Bahnen*. Halbmonatsschrift für Kunst und öffentliches Leben III.xv-xvi (1. August 1903): 417.

———. "Der Herr Staatsanwalt und die Kultur," *Freistatt* 5.xxv (20. Juni 1903): 493-494.

C[onrad], M[ichael] G[eorg]. "Arthur Schnitzler: Der *Reigen*," *Die Gesellschaft* III.xvi (1900): 251.

———. *Deutsche Weckrufe*. Leipzig: Wilhelm Friedrich, 1890.

Conze, Werner. "Die Weimarer Republik." *Deutsche Geschichte im Überblick*. Hrsg. unter Mitwirkung zahlreicher Fachgelehrter von Peter Rassow. Stuttgart: Metzlersche Verlagsbuchhandlung, 1962. 616-666.

Coveney, Michael. "Financial Times [*La Ronde*],"*London Theatre Record*, 23. März-7. April 1982: 154-155.

Craig, Gordon A. *The Germans*. New York and Scarborough, Ontario: Meridian Book-New American Library, 1983. Übersetzt als *Über die Deutschen*. München: Verlag C. H. Beck, 1983.

Dangel, Elsbeth. "Das Elend der Übersetzung. Bemerkung zu Dominique Auclères Schnitzlerübersetzungen," *Modern Austrian Literature* 17.i (1984): 49-57.

Dannegger, Adolf. "Literatur und Theater [*Reigen*]," *Freistatt* 5.xxxii (8. August 1903): 634.

———. "Arthur Schnitzlers *Reigen* und die Kritik," *Freistatt* 5. xxviii (11. Juli 1903): 549-550.

D[annegger] A[dolf]. "Rundschau: *Neue Bahnen* [2]," *Freistatt* 5.xxvii (4. Juli 1903): 537.

———. "Rundschau: *Neue Bahnen* [1]," *Freistatt* 5.xxiii (6. Juni 1903): 457-458.

Dayag, Joseph H. "Schnitzler in französischer Sicht." *Studies in Arthur Schnitzler*. Hrsg. von Herbert W. Reichert und Herman Salinger. Chapel Hill: The University of North Carolina Press, 1963. 25-33.

Daviau, Donald G. "The Reception of Arthur Schnitzler in the United States." *The Fortunes of German Writers in America: Studies in Literary Reception*. Hrsg. von Wolfgang Elfe, James Hardin und Gunther Holst. Columbia, S.C.: University of South Carolina Press, 1992. 145-165.

Dehnow, Fritz. "Der Prozeß um den *Reigen*," *Zeitschrift für Sexualwissenschaft* 9.ix (Dezember 1922): 250-257.

Delius, Annette. "[Arthur] Schnitzlers *Reigen* und der *Reigen*-Prozeß. Verständliche und manipulierte Mißverständnisse in der Rezeption," *Der Deutschunterricht* 28.ii (1976): 98-115.

Dennemann, Rolf. "Gelsenkirchen: *Der Reigen/ Liebeslieder*," *Marabo*

8.5 (1985): 51.

Derré, Françoise. "Schnitzler und Frankreich," *Modern Austrian Literature* 19.i (1986): 27-36.

Dimier, L. "[*La Ronde*]," *Polybiblion. Revue Bibliographique Universelle. Partie Littéraire* 125, 2. sér., Band 67 (Juli 1912): 26.

Doerry, Martin. "Baß erstaunt im Zauberreich," *Der Spiegel* 22/30.5.94: 192-197.

Dukes, Ashley. "Arthur Schnitzler." In A.D. *The Youngest Drama. Study of Fifty Dramatists*. London: Ernest Benn, 1923; Chicago: Charles S. Sergel, 1924. 42-44.

—————. "Austria: Schnitzler and Hofmannsthal." In A.D. *Modern Dramatists*. Freeport, NY: Books for Libraries Press, Inc., 1912; 1967. [Schnitzler 151-159]

Ebner, Felix. *Meine Bekehrung zur Reinheit. Aus dem Leben eines Junggesellen*. Leipzig: Hermann Seemann Nachfolger, 1902; 1915.

Eckert, Willehald Paul. "Arthur Schnitzler und das Judentum," *Eumuna. Horizonte zur Diskussion über Israel und das Judentum* 8 (1973): xxx.

Eloesser, Arthur. "Reigen," *Freie Deutsche Bühne* 20.ii (1921): 445-447.

Endell, Fritz. "Der *Reigen* in Amerika," *Deutsches Volkstum* 5.vii (Juli 1923): 284-286.

Endler, Franz. "1899—Karl Kraus verläßt die NFP." *Österreich zwischen den Zeilen. Die Verwandlung von Land und Volk seit 1848 im Spiegel der 'Presse.'* Wien-München-Zürich: Verlag Fritz Molden, 1973. 160-172.

Englisch, Paul. *Sittengeschichte Europas*. Mit 230 Abbildungen. Berlin: Gustav Kiepenheuer Verlag; Wien: Phaidon-Verlag, 1931.

—————. *Geschichte der Erotischen Literatur*. Stuttgart: Julius Püttmann, 1927; Magstadt: Horst Bissinger KG, 1965. Fotomechanischer Nachdruck des ursprünglichen Titels *Irrgarten der Erotik* von P.E. Leipzig C 1: Lykeion. Kulturwissenschaftliche Verlagsgesellschaft m.b.H., 1931.

Ernst, Morris L[eopold] und William Seagle. *To the Pure...A Study of Obscenity and the Censor*. New York: The Viking Press, 1919.

Eyck, Erich. *A History of the Weimar Republic*. Band II. Übersetzt von Harlan P. Hanson und Robert G. L. Waite. Cambridge, MA: Harvard University Press, 1963.

Falckenberg, Otto, Hrsg. *Das Buch von der Lex Heinze. Ein Kulturdokument aus dem Anfange des zwanzigsten Jahrhunderts*. Mit Buchschmuck von A. Oppenheim. Leipzig: Commissionsverlag L.Staackmann, 1900.

Feigl, Leo. *Arthur Schnitzler und Wien: Eine Studie*. Wien: Paul Knepler, 1911.

Ferrante, Robert (Executive Producer). [*God of Vengeance*.] *National Public Radio*. Morgenprogramm. 12. November 1992. 20-22.

Foltinek, Herbert. "Arthur Schnitzler in Amerika." *Österreich und die angelsächsische Welt. Kulturbegegnungen und Vergleiche*. Hrsg. von Otto Hietsch. Stuttgart: Wilhelm Braumüller, 1961. 207-214.

Foster, Jeannette H. *Sex Variant Women in Literature*. New York: Vantage Press, 1956; Tallahassee, FL: Naiad Press, 1985.

French, Philip. "Cinema—Returning to Eboli," *The Observer* 2. Mai 1982: 32.

Frey, Philipp. "Schnitzlers *Reigen*," *Die Wage* 6.xvii (18. April 1903): 532-533.

Friend. "*Arthur Schnitzler: 'Ich habe Heimatgefühl, aber keinen Patriotismus'*," *Literatur und Kritik* 269/270 (November 1992): 55-62.

Frisch, Max. "Die chinesische Mauer." M.F. *Stücke I*. Frankfurt am Main: Suhrkamp, 1964. 149-245.

Fritz, Walter. "Arthur Schnitzler und der Film," *Journal of the International Arthur Schnitzler Research Association* 15.iv (1966): 11-52.

Fromm, Erich. *Die Kunst des Liebens*. Autorisierte Übersetzung von Günter Eichel. Berlin: Ullstein Verlag, 1956. [Originaltitel: *The Art of Loving*. Liverpool, London & Prescot: Unwin Books, 1957.]

Fuchs, Eduard. *Die Juden in der Karikatur*. München: Verlag Albert Langen, 1921.

Fundr, Friedrich. *Von Gestern ins Heute. Aus dem Kaiserreich in die Republik*. 2. Aufl. Wien-München: Verlag Herold, 1953.

Geehr, Richard S. *Karl Lueger: Mayor of Fin de Siècle Vienna*. Detroit, MI: Wayne State University Press, 1990.

Gombocz, István. "Ein Tauziehen zwischen Dichtung und Polizeimacht. Der Fall *Reigen*—aus Budapester Sicht," *Text und Kontext* X.2 (1982): 399-410.

Greiner, Leo. "München [Rezension des *Reigen*]," *Das Literarische Echo* 5.xx (1903): 1433.

[Grossmann, Stefan.] "Der Reigen der Gassenjungen," *Das Tagebuch II* (1921): 252-253.

Grossmann, Stefan. "Schnitzler und sein Reigen." Programmheft des Kleinen Schauspielhauses Berlin. Nummer 1. Spielzeit 1920/21.

Grummann, Paul H. "Arthur Schnitzler," *Poet Lore* xxiii (1912): 25-41.

Grunberger, Richard. *Germany 1918-1945*. Philadelphia: Dufour Editions, 1964.

Gstrein, Heinz. *Jüdisches Wien*. München: Herold Verlag, 1984.

Hall, Murray G. *Österreichische Verlagsgeschichte 1918-1938*. Band I: *Geschichte des österreichischen Verlagswesens*. Band II: *Belletristische Verlage der Ersten Republik*. Serie: Literatur und Leben. Wien-Köln-Graz: Hermann Böhlaus Nachf., 1985.

———. "Der Törleß- und *Reigen*-Verleger," *Musil-Forum* 9.i-ii (1983): 129-149.

Hamecher, Peter. "Ein Epilog zur Lex Heinze," *Jung-Deutschland* 4 (1900): 66-68.

Hannum, Hunter G. "'Killing Time.' Aspects of Schnitzler's *Reigen*," *Germanic Review* 37.iii (1962): 190-206.

Harbeck, Hans. "Reigen," *Der Freihafen* III (1921): 72.

Harden, Maximilian. "Reigen," *Die Zukunft* 112 (Januar/ März 1921): 51-57.

Harenberg, Bodo, Hrsg. *Die Chronik Berlins*. Mit einem Essay von Heinrich Albertz. Übersichtsartikel von Helmut Börsch-Supan et.al. 2. ergänzte und aktualisierte Auflage 1991. Dortmund: Chronik Verlag in der Harenberg Kommunikations- und Mediengesellschaft mbH & Co. KG.

Harnisch, Ingeborg. "Nachwort." Arthur Schnitzler. *Casanovas Heimfahrt*. Mit zehn Collagen von Klaus Noeske und einem Nachwort von Ingeborg Harnisch. 2.Auflage. Berlin: Verlag der Nation, 1986. 127-133.

Hayn, Hugo und Alfred N. Gotendorf, Hrsg. *Bibliotheca Germanorum & Curiosa*. Zugleich dritte, ungemein vermehrte Auflage von Hugo Hayns *Bibliotheca Germanorum Erotica*. Band VI (P—R). Hanau: Müller & Kiepenheuer, 1968.

Heer, Friedrich. "Wien." *Der Glaube des Adolf Hitlers. Anatomie einer politischen Religiosität*. München und Eßlingen: Bechtle Verlag, 1968. 51-61.

Heimann-Jelinek, Felicitas. "*Der Weg ins Freie*. Das jüdische Identitätsproblem im Spiegel der Literatur." In *Heilige Gemeinde Wien. Judentum in Wien*. Wien: Eigenverlag der Museen der Stadt Wien, 1987. 71-75. (Historisches Museum der Stadt Wien: 108. Sonderausstellung. Sammlung Max Berger.)

Heine, Wolfgang, Hrsg. und Einleitung. *Der Kampf um den Reigen: Vollständiger Bericht über die sechstägige Verhandlung gegen Direktion und Darsteller des Kleinen Schauspielhauses Berlin*. Berlin: Ernst Rowohlt: 1922.

Held, Gudrun. "Hofmannsthals *Rosenkavalier* und Schnitzlers *Reigen*: Zwei Beispiele zur Übersetzung der Wiener Gesellschaftskomödie des Fin de siècle." In: *Österreichische Literatur in Übersetzungen. Salzburger Linguistische Analysen. Veröffentlichung der Kommission für Linguistik und Kommunikationsforschung*. Hrsg. von Mario Wandruzka und Wolfgang U. Dressler. Band 410. Heft 13. Wien: Verlag der Österreichischen Akademie der Wissenschaften, 1983. 169-274.

Henderson, Archibald. "Arthur Schnitzler," *The North American Review* 196 (1912): 635-645.

Heresch, Elisabeth. *Schnitzler und Rußland. Aufnahme, Wirkung, Kritik.* Wien: Wilhelm Braumüller, 1982.

Herman, William and Dennis DeNitto." *La Ronde*. Directed by Max Ophuls." H. W. und D. de N., *Film and the Critical Eye*. New York: Macmillan Publishing Co., 1975. 272-289.

Hermand, Jost und Frank Trommler. *Die Kultur der Weimarer Republik.* München: Nymphenburger Verlagsbuchhandlung, 1978.

Hirschbach, Frank D. "Hugo Bettauers *Die Stadt ohne Juden*." *Austrian Writers and the Anschluss. Understanding the Past—Overcoming the Past.* Hrsg. und Einleitung von Donald G. Daviau. Riverside, CA: Ariadne Press, 1991. 56-69.

Hoffmann, Camill. "Drei Wiener Bücher," *Stimmen der Gegenwart* 2 (1901): 52-53.

Hofmann, Paul. *The Viennese Splendor, Twilight, and Exile*. New York et al.: Doubleday, 1988.

Hunecker, James Gibbons. "New Plays by Hauptmann, Sudermann und Schnitzler." Kap. 11. *Ivory Apes and Peacocks*. New York: Charles Scribner, 1915, 1926: 210-217; Nachdruck New York: Sagamore Press, 1957: 129-158.

Igelmeier [Pseudon.] "Aus Senekls letzten Stunden," *Neue Bahnen*. Halbmonatsschrift für Kunst und öffentliches Leben III.ix (1. Mai 1903): 247-248.

Ihering, Herbert. *Von Reinhardt bis Brecht. Eine Auswahl der Theaterkritiken 1909-1932*. Hrsg. von Rolf Badenhausen. Reinbek bei Hamburg: Rowohlt Verlag, 1967.

[Jacobsohn, Siegfried.], "Kammer- und Schlafkammerspiele," *Die Weltbühne* 17.i (1921): 72-74.

Janz, Rolf-Peter and Klaus Laermann. *Arthur Schnitzler: Zur Diagnose des Wiener Bürgertums im Fin de Siècle*. Stuttgart: Metzler, 1977.

Jarka, Horst. "Zur Literatur- und Theaterpolitik im *Ständestaat*." *Aufbruch und Untergang. Österreichische Kultur zwischen 1918 und*

1938. Hrsg. von Franz Kadrnoska. Mit einem Vorwort von Bundesminister Dr. Hertha Firnberg. Wien-München-Zürich: Europa Verlag, 1981. 499-538.

Jellinek, Oskar. "Epilog vor der Aufführung des Reigen," *Die Wage* Nr. 6 (5. Februar 1921): 67-68.

Johnson, Linda Sue. *The Reception of Arthur Schnitzler's Dramatic Works in Berlin and Vienna: 1893-1914*. Diss. Northwestern University. Ann Arbor: UMI, 1990.

Kadrnoska, Franz, Hrsg. *Aufbruch und Untergang. Österreichische Kultur zwischen 1918 und 1938*. Mit einem Vorwort von Bundesminister Dr. Hertha Firnberg. Wien-München-Zürich: Europa Verlag, 1981.

Kaes, Anton, Hrsg. *Weimarer Republik. Manifeste und Dokumente zur deutschen Literatur 1918-1933*. Mit einer Einleitung und Kommentaren versehen von Anton Kaes. Stuttgart: J. B. Metzlersche Verlagsbuchhandlung, 1983.

Kappstein, Theodor. *Arthur Schnitzler und seine besten Bühnenwerke*. Berlin, S.W.-Leipzig: Franz Schneider Verlag, [1922].

Karasek, Hellmuth. "Der verschenkte *Reigen*," *Der Spiegel* 27.vl (1973): 202-203.

Kasow, Joel. "Brussels," *Opera News* 58.iii (September 1993): 58.

Kausen, Armin. "Akademisch-dramatische Sauspiele," *Die Wahrheit* 9 (1903): 331-333.

Kemmer, Ludwig. "Halbwelt und Halbkunst," *Allgemeine Rundschau*. Wochenschrift für Politik und Kultur 20.xi (14.5.1905): 228-231.

Kerr, Alfred. "Reigen von Schnitzler," *Neue Deutsche Rundschau* 11.vi (1900): 666.

Kleibömer, Georg. "Zu Schnitzlers Reigen," *Deutsches Volkstum* 4.v (1922): 156-158.

Klieneberger, H. R. "Arthur Schnitzler and the Jewish Question," *Forum for Modern Language Studies* 19.iii (1983): 261-273.

Koula, Martina M. "Schnitzlers *Reigen* im Scaramouche. Die Liebe und ihre Kehrseiten." *Münchner Applaus* 14 (5/90): 42-43.

Koszyk, Kurt. *Deutsche Presse 1914-1945. Geschichte der deutschen Presse*. Teil III. Berlin: Colloquium Verlag, 1972. (Abhandlungen und Materialien zur Publizistik, Band 7.)

Kraus, Karl. "Weimar in Wien." K.K. *Worte in Versen*. Band 7: *Werke von Karl Kraus*. Hrsg. von Heinrich Fischer. München: Kösel-Verlag, 1959. 420.

——————."Antworten des Herausgebers," *Die Fackel* 5.148 (1903):

23-26.

Kröll, M. *Sozialpolitik in Österreich*. Wien: Österreichischer Bundesverlag, 1947. (Sonderheft der sozialpolitischen Reihe der österreichischen Zeitschriften.)

Kuhn, Anna. "The Romantization of Arthur Schnitzler: Max Ophuls' Adaptations of *Liebelei* and *Reigen*." *Probleme der Moderne. Studien zur deutschen Literatur von Nietzsche bis Brecht. Festschrift für Walter Sokel*. Hrsg. von Benjamin Bennett, Anton Kaes, William J. Lillyman. Tübingen: Max Niemeyer, 1983. 83-99.

Kurth, Ferdinand Max. *Reigen der Totentänze*. Berlin-Neurahnsdorf: Ad. Brand's Verlag, 1900.

Landsberg, Hans. *Arthur Schnitzler*. Berlin: Gose & Tetzlaff, 1904. (Moderne Essays, Heft 33).

———. "Deutsche literarische Zeitgemälde, Parodien und Travestien," *Zeitschrift für Bücherfreunde* 6.ix (1902/03): 345-360.

Lechner, Wolfgang. *Mechanismen der Literaturrezeption in Österreich am Beispiel Ödön von Horváths*. Hrsg. von Ulrich Müller et al. Stuttgart: Akademischer Verlag Hans-Dieter Heinz, 1978. (Stuttgarter Arbeiten zur Germanistik. Nr. 46.)

Leip, Hans. "Der Reigen," *Der Freihafen* 3 (1921): 70-72.

Leser, Norbert. "Jüdische Persönlichkeiten in der österreichischen Politik." *Österreichisch—Jüdisches Geistes- und Kulturleben*. Band I. Wien: Literas Universitätsverlag, 1988. 1-37.

Lewandowski, Rainer. "Der Prozeß um Schnitzlers *Reigen*. Eine deutsche Komödie." Norddeutscher Rundfunk. Featured 6. Februar 1980. Handschriftenabteilung Schiller Nationalmuseums, Marbach a.N.

Lewisohn, Ludwig. "Arthur Schnitzler." *The Modern Drama*. New York: Huebsch, 1915. 154-165.

Lichtenstein-Rappaport, Henriette. "Schnitzler der Jude." Hans-Ulrich Lindken. *Arthur Schnitzler. Aspekte und Akzente*. 2. rev. Aufl. Frankfurt am Main, New York, Paris: Peter Lang, 1987. 74-77. (Europäische Hochschulschriften: Reihe 1. Deutsche Sprache und Literatur, Band 754.)

Lifson, David S. "Yiddish Theatre." Maxine Schwartz Seller. *Ethnic Theatre in the United States*. Greenwood, Conn.; London: Greenwood Press, 1983. 549-587.

Linzer, Martin. "Totentänze—Der Reigen—Glaube, Liebe, Hoffnung," *Theater der Zeit* 5 (1987): 4-5.

Liptzin, Sol. *Arthur Schnitzler*. New York: Prentice-Hall, 1932.

Loeb, Kurt. "Gedanken über die Buchillustration (und zu meinen

-Bildern)." *Illustration 63. 20 Jahre Illustration 63. 10 Jahre graphische Kunst. Festschrift zum zwanzigjährigen Bestehen*, Heft 4/1983: 23-28.

Löffler, Sigrid. "Mit Schenk in den Sinnentaumel," *Profil* 20.xxxviii (18. September 1989): 113.

M[ax] V[on] B[rueck]. "Rondo der Liebe. Schnitzlers *Reigen* als Film," *Die Gegenwart* 5 (15. Dezember 1950): 18-19.

Malcolm, Donald. "Off Broadway," *New Yorker* 36.xiv (21. Mai 1960): 117.

Marcuse, Ludwig. "Berlin 1920: Sex, Politik und Kunst im Reigen." L.M. *Obszön. Geschichte einer Entrüstung*. München: Paul List, 1962. 207-263; *Der Monat* 14.clxviii (September 1962): 48-55; 14. clxix (Oktober 1962): 34-46.

Martens, Erika. *Zum Beispiel **Das Reich***. Köln: Verlag Wissenschaft und Politik Berend von Nottbeck, 1972.

Mayer, Hans. "Obszönität und Pornographie in Film und Theater. Vortrag [Englisch] gehalten in Madison, Wisconsin am 3. April 1974," *Akzente* 21 (1974): 372-383. Melischek, Gabriele, und Josef Seethaler. *Historische Pressedokution*. Wien: Österreichische Akademie der Wissenschaften, 1992.

Mendelssohn, Peter de. "Zur Geschichte des *Reigen*. Aus dem Briefwechsel zwischen Arthur Schnitzler und S. Fischer." *Almanach. Das sechsundsiebzigste Jahr*. Frankfurt am Main: S. Fischer Verlag, 1962. 18-35.

Merschmeier, Michael. "Im Sumpf der Wiener Doppelmoral. Arthur Schnitzlers *Liebelei* und *Reigen* in Berlin," *Theater Heute* 23.x (1982): 1-2.

Morgan, Bayard Quincy. "Arthur Schnitzler," *The Drama* II.vii (August 1912): 3-13.

Moser, Jonny. "Antisemitismus und Zionismus im Wien des Fin de Siècle." *Traum und Wirklichkeit 1870-1930*. Katalog der 93. Sonderausstellung des Historischen Museums der Stadt Wien 28. Maerz bis 6. Oktober 1985. 2. Aufl. Wien: Eigenverlag der Museen der Stadt Wien, o.J. 260-265.

Mosse, George L. *Comforting the Nation. Jewish and Western Nationalism*. Hanover & London: Brandeis University Press, 1993.

————. *The Crisis of German Ideology. Intellectual Origins of the Third Reich*. New York: Grosset & Dunlap, 1964.

Moult, Thomas. "The German Theatre" [*Reigen*]," *The English Review* xxxiii (Juli-Dezember 1921): 226-230.

Musil, Robert. "Die Frau von gestern und morgen." *Gesammelte Werke in Einzelausgaben. Tagebücher. Aphorismen. Essays und Reden.* Hrsg. von Adolf Frisé. Hamburg: Rowohlt Verlag, 1955. 640-646.

Neuse, Erna. "Die Funktionen von Motiven und stereotypen Wendungen in Schnitzlers *Reigen*," *Monatshefte* 64.iv (1962): 356-370.

Nickl, Therese und Heinrich Schnitzler, Hrsg. *Briefwechsel: Hugo von Hofmannsthal—Arthur Schnitzler*. Frankfurt am Main: S. Fischer Verlag, 1964.

Niewyk, Donald L. *The Jews in Weimar Germany*. Baton Rouge and London: Louisiana State University Press, 1980.

Nöbel, Manfred, Hrsg. *Dialog. Arthur Schnitzler: Der grüne Kakadu und andere Stücke*. Herausgegeben und mit einem Nachwort und Kommentaren versehen von M.N. Berlin: Henschelverlag Kunst und Gesellschaft, 1986.

Oliver, Edith. ["Rondelay,"] *The New Yorker* 45 (15. November 1969): 166.

O.M.F. "Kammerspiele des Deutschen Volkstheaters," *Der Merker* XII. 4 (Januar-März 1921): 139.

Oxaal, Ivar. "Die Juden in Wien des jungen Hitler: Historische und soziologische Aspekte." *Eine zerstörte Kultur. Jüdisches Leben und Antisemitismus im Wien seit dem 19. Jahrhundert*. Hrsg. von Gerhard Botz, Ivar Oxaal und Michael Pollak. Buchloe: Obermayer GmbH., 1990. 29-60.

Paumgartten, Karl. *Judentum und Sozialdemokratie*. Graz: Stocker Verlag, o.J.

Paupié, Kurt. *Handbuch der österreichischen Pressegeschichte 1848-1959*. Band I. Wien-Stuttgart: Wilhelm Braumüller, 1960.

Pfoser, A[lfred], K[ristina] Pfoser-Schewig, G[erhard] Renner. *Schnitzlers Reigen*. Band 1: *Der Skandal. Analysen und Dokumente*. Band 2: *Die Prozesse. Analysen und Dokumente*. (Informationen und Materialien zur Literatur.) Frankfurt am Main: Fischer Taschenbuch Verlag, 1993.

Pfoser, Alfred. "Die Wiener Aufführung." Abschnitt IV. In A. Pfoser, K. Pfoser-Schewig, G. Renner. *Schnitzlers Reigen*. Band 1: *Der Skandal. Analysen und Dokumente*. Frankfurt am Main: Fischer Taschenbuch, 1993. 81-175.

————— . "Wer hat Angst vor Arthur Schnitzler? Der Wiener *Reigen*-Skandal 1921—ein unerledigtes Drama," *Die Presse-Literaricum* 2/3 Mai 1981: v.

—————. "Verstörte Männer und emanzipierte Frauen. Zur Sitten-

und Literaturgeschichte der Ersten Republik." *Aufbruch und Untergang. Zur Sitten- und Literaturgeschichte der Ersten Republik.* Hrsg. von Franz Kadrnoska. Wien-München-Zürich: Europa Verlag, 1981. 205-222.

———. *Literatur und Austromarxismus.* Wien: Löcker Verlag, 1980.

Pinson, Koppel S. *Modern Germany. Its History and Civilization.* New York: The Macmillan Company, 1954.

Pollard, Percival. "Vienna's Essence: Schnitzler." P. P., *Masks and Minstrels of New Germany.* Boston: John W. Luce and Co., 1911. 265-283; "Arthur Schnitzler," *Twentieth-Century Literary Criticism.* Band 4. Detroit, MI: Gale Research Co., 1981. 386.

Polunbi-Katalog. Nachtrag Nr. 2 zum *Verzeichnis der auf Grund des § 184 des Reichsstrafgesetzbuchs eingezogenen und unbrauchbar zu machenden sowie der als unzüchtig verdächtigten Schriften.* Hrsg. von der Reichszentrale zur Bekämpfung unzüchtiger Bilder, Schriften und Inserate bei dem Preußischen Landeskriminalpolizeiamt in Berlin. 3. Auflage 1936. Berlin: Gedruckt in der Reichsdruckerei, 1936. (Nr. 3181)

Porché, François. " *Le Théâtre,*" *Revue de Paris* 39.xxi (November 1932): 211-213.

Pulzer, Peter. *The Rise of Political Anti-Semitism in Germany and Austria.* New York-London-Sydney: John Wiley & Sons, 1964.

[Qualtinger, Helmut.] *Qualtinger's [sic] beste Satiren. Vom Traunicek zum Herrn Karl.* Mit Texten von Helmut Qualtinger, Gerhard Bronner und Carl Merz. Hrsg. und mit einem Nachwort versehen von Brigitte Erbacher. München-Wien: Georg Müller Verlag, 1973. 155-186.

Richarz, Monika, Hrsg. *Jewish Life in Germany. Memories from Three Centuries.* Übersetzt von Stella P. Rosenfeld und Sidney Rosenfeld. Bloomington and Indianapolis: Indiana University Press, 1991.

Robinson, Gabriel. "*Reigen.* By Arthur Schnitzler. Akademie-Theater, Vienna. 1. November 1984," *Theatre Journal* 37 (Oktober 1985): 363-364.

Rosenheim, Richard. "Zu Arthur Schnitzlers *Reigen,*" *Hefte des Neuen Schauspielhauses.* Sondernummer Arthur Schnitzler III (Dezember 1921).

Rozenblit, Marsha L. *The Jews of Vienna 1867-1914.* Albany: State University of New York Press, 1983.

Rüdiger, Horst. "[Arthur] Schnitzlers [Stück] *Reigen* und seine Parodie:

[*Reigen-Express*]." In *Mélanges offerts à Claude David pour son 70e anniversaire*. Hrsg. von Jean-Louis Bandet. Bern: Peter Lang,1983. 383-401.

Rühle, Günther. "Schrecklich und schön zugleich. Arthur Schnitzlers *Reigen*: ein Stück deutsch/österreichischer Kulturgeschichte." *Feature* des Hessischen Rundfunks (Abendstudio: Kulturelles Wort). Aufgenommen am 20. Januar 1982. Gesendet im Programm II am 2. Februar 1982. Das Ms. befindet sich in der Handschriftenabteilung des Schiller Nationalmuseums, Marbach a.N.

———. *Theater für die Republik 1917-1933 im Spiegel der Kritik*. Frankfurt am Main: S. Fischer Verlag, 1967.

Sarris, Andrew. "films in focus [*La Ronde*]," *the village voice* 16. Oktober 1969: 55-56.

———. "films," *the village voice* 4. September 1969: 43.

Schinnerer, Otto P. "The History of Schnitzler's *Reigen*," *PMLA* 46 (1931): 839-859.

Schmidt-Hansen, Gerda. *Eine für Viele. Aus dem Tagebuche einer jungen Frau*. Leipzig: Hermann Seemann Nachfolger, 1902.

Schmitz, Manfred. "Der *Reigen* und das gesunde Volksempfinden. Über die Technik der politischen Diffamierung." Hrsg. von Hans Otto Horch. *Judentum, Antisemitismus und europäische Kultur*. Tübingen: A. Francke Verlag, 1988. 267-288.

Schmuck, Hilmar und Willi Gorzny, Hrsg. *Gesamtverzeichnis des deutschsprachigen Schrifttums (GV) 1700—1910*. München-New York-London-Paris: K. G. Saur, 1984. Band 115.

Schneider, Gerd K. "Time and Time Again: Perspectivism, Primeval Power, and Eternal Recurrence in the Works of Friedrich Nietzsche and Arthur Schnitzler." *Turn-Of-The-Century Vienna and Its Legacy. Essays in Honor of Donald G. Daviau*. Hrsg. von Jeffrey B. Berlin, Jorun B. Johns und Richard H. Lawson. Edition Atelier 1993. 103-118.

———. "The Reception of Arthur Schnitzler's *Reigen* in the Old Country and the New World: A Study in Cultural Differences," *Modern Austrian Literature* 19.iii-iv (1986): 75-90.

Schnitzler, Arthur. *Tagebuch 1920-1922*. Hrsg. von M. Werner Welzig mit Peter Michael Braunwarth, Susanne Pertlik und Reinhard Urbach. Wien: Verlag der Österreichischen Akademie der Wissenschaften, 1993.

———. *Tagebuch 1903-1908*. Hrsg. von Werner Welzig unter Mitwirkung von Peter Michael Braunwarth, Susanne Pertlik und Reinhard Urbach. Wien: Verlag der Österreichischen Akademie der Wissenschaften, 1991.

———. *Tagebuch 1893-1902*. Hrsg. von Werner Welzig unter Mitwirkung von Peter Michael Braunwarth, Konstanze Fliedl, Susanne Pertlik und Reinhard Urbach. Wien: Verlag der Österreichischen Akademie der Wissenschaften, 1989.

———. *Tagebuch 1917—1919*. Hsrg. von Werner Welzig mit Peter Michael Braunwarth, Richard Miklin, Susanne Pertlik und Reinhard Urbach. Wien: Verlag der Österreichischen Akademie der Wissenschaften, 1985.

———. *Briefe 1913-1931*. Hrsg. von Peter Michael Braunwarth, Richard Miklin, Susanne Pertlik und Heinrich Schnitzler. Frankfurt am Main: S. Fischer, 1984.

———. *Briefe 1875-1912*. Hrsg. von Therese Nickl und Heinrich Schnitzler. Frankfurt am Main: S. Fischer, 1981.

———. *Reigen*. Erinnerung an einen Skandal anläßlich der Inszenierung von Eike Gramms im Bühnenbild von Werner Hutterl am Staatstheater Darmstadt 1982. Darmstadt: Eduard Roether Verlag,1982.

———. *Tagebuch 1909—1912*. Hrsg. von Werner Welzig mit Peter Michael Braunwarth, Richard Miklin, Maria Neyes, Susanne Pertlick, Walter Ruprechter, und Reinhard Urbach. Wien: Verlag der Österreichischen Akademie der Wissenschaften, 1981.

———. "Ihre liebenswürdige Anfrage zu beantworten. Briefe zum *Reigen*. Mitgeteilt von Reinhard Urbach," *Ver Sacrum* 5 (1974): 36-43.

———. Mappe: Briefe den *Reigen* betreffend. Schnitzler-Nachlaß. Schiller Nationalmuseum—Handschriftenabteilung. Marbach a.N.

———. *Jugend in Wien. Eine Autobiographie*. Hrsg. von Therese Nickl und Heinrich Schnitzler. Wien-München-Zürich: Fritz Molden, 1968.

———. "Der Geist im Wort und der Geist in der Tat." *Arthur Schnitzler. Gesammelte Werke. Aphorismen und Betrachtungen*. Hrsg. von Robert Weiss. Frankfurt am Main: S. Fischer Verlag, 1967. 13-166.

———. "Der Weg ins Freie." *Arthur Schnitzler. Gesammelte Werke. Die Erzählenden Schriften*. Band I. Frankfurt am Main: S. Ficher Verlag, 1961. 635-958.

———. *Merry-Go-Round*. Ill. Philip Gough. Einleitung von Ilsa Barea. Übersetzt von Frank und Jacqueline Marcus. London: Weidenfeld and Nicolson, Ltd, 1953.

————. "Berichtigung. Ein paar Worte zum Gutachten Maximilian Hardens über den *Reigen*," *Neues Wiener Journal* (Morgenausgabe) 30. Januar 1921: 6.

————. *Reigen: Zehn Dialoge*. Privatdruck. Winter 1896/97.

Schnitzler, Henry. "Austria." *A History of Modern Drama*. Hrsg. von Barrett H. Clark und George Freedley. New York-London: D. Appleton-Century, Inc., 1947. 124-159.

Schorske, Carl E. "Politics and the Psyche: Schnitzler and Hofmannsthal." C.E.S., *Fin-de-Siècle Vienna. Politics and Culture*. New York: Vintage Books, 1981. 3-23.

Schwab, Werner. *Der Reizende Reigen nach dem Reigen des Reizenden Herrn Arthur Schnitzler*. Masch. Wien, München: Thomas Sessler Verlag, o.J.

Schwarz, Egon. "Arthur Schnitzler und das Judentum." *Im Zeichen Hiobs. Jüdische Schriftsteller und deutsche Literatur im 20. Jahrhundert*. Hrsg. von Gunter E. Grimm, Hans-Peter Bayerdörfer. Königstein/Ts: Athenäum Verlag, 1985. 67-83.

Sebald, W. G. "Die Mädchen aus der Feenwelt—Bemerkungen zu Liebe und Prostitution mit Bezügen zu Raimund, Schnitzler und Horvath" *Neophilologus* 67 (1983): 109-117.

Sebestyén, György. "Ex Libris: Literarische Sendungen. *Schnitzler in Rußland*. Eine Sendung von Ernst Schönwiese und Volkmar Parschalk." 24. April 1982. Österreichischer Rundfunk. [Ms. Handschriftenabteilung Schiller Nationalmuseum in Marbach a.N.]

Shepherd, William G. "Arthur Schnitzler's Widely Discussed Problem Play Is Declared by Frau Eysoldt to Be of the Highest Morality and What the German People Need Today," *The World Magazine* 12. Juni 1921: 5.

Shipman, David. "Reissue *La Ronde*," *Films and Filming* 332 (Mai 1982): 25-26.

Simon, Walter B. *Österreich 1918-1938. Ideologien und Politik*. Wien-Köln-Graz: 1. 388.Hermann Böhlaus Nachf., 1984.

Simon & Schuster, "*Casanova's Homecoming*," *The Saturday Review of Literature* VII.18 (22. November 1930): 372.

Smith, Winnifred. "A Viennese Playwright in English," *The Dial* LI.702 (30. September 1915): 267-269; Abdruck "Arthur Schnitzler, Twentieth-Century Literary Criticism. Band 4. Detroit, MI: Gale Research Co., 1981. 388.

Sontheimer, Kurt. *Antidemokratisches Denken in der Weimarer*

Republik. München: Deutscher Taschenbuch Verlag GmbH & Co. KG, 1992. 3. Auflage.

Staatstheater Darmstadt, Hsrg. *Arthur Schnitzler: Reigen. Erinnerung an einen Skandal*. Anläßlich der Inszenierung von Eike Gramss im Bühnenbild von Werner Hutterli am Staatstheater Darmstadt 1982. Darmstadt: Eduard Roether Verlag, 1982. Die Chronologie wurde von Renate Wagner zusammengestellt.

Stadler, Ernst. "Freundinnen. Ein lyrisches Spiel," *Magazin für Litteratur* (2. Februarheft 1904): 139-143.

St[apel, Wilhelm.] "Ein Schlußwort zum Reigen-Prozeß," *Deutsches Volkstum* 4.ix (November 1922): 368-369.

Stapel, Wilhelm. "Das Geschäft mit Sexualien: Die Reigen=Presse," *Deutsches Volkstum* 4.v (Mai 1922): 145-154.

Stoeßl, Otto. "Verbotene Litteratur," *Magazin für Literatur* (Erstes Februarheft 1904): 81-85.

Strauß, Rudolf. "Der Pornograph Schnitzler," *Die Wage* 6.xxvii (27. Juni 1903): 812-814.

Stumm, Reinhardt. "Klasse—Liebe, Klassen—Liebe. Geschichte und Geschichten des *Reigen*. Wie Arthur Schnitzlers einstiges Skandalstück nach seiner Freigabe in Basel und München wiederaufgeführt wurde," *Theater heute* 23.ii (1982): 10-15.

Tesar, Ludwig Erik. ["Leserbrief zu Max Ophüls *Reigen*"]," *Geistiges Frankreich* Nr. 157 (1950). Schreibmaschin. Bl. Literaturhaus Wien.

Thomé, Horst. "Sozialgeschichtliche Perspektiven der neueren Schnitzler-Forschung." *Internationales Archiv für Sozialgeschichte der deutschen Literatur*. Hsrg. von Wolfgang Frühwald et al. Band 13 (1988): 158-187.

Thompson, Bruce. *Schnitzler's Vienna. Image of a Society*. London and New York: Routledge, 1990.

Tietze, Hans. *Die Juden Wiens. Geschichte-Wirtschaft-Kultur*. Wien-Leipzig: E. P. Tal, 1933; Nachdruck Himberg bei Wien: Wiener Journal Zeitschriftenverlag GmbH., 1987.

Tögel, Fritz. *Arthur Schnitzlers Reigen*. Leipzig: Neulandhaus Verlag Walther Tietz, 1921. (Flugschrift 2: Sonderdruck aus *Neues Land*, H. 1.)

Törnsee, Fr[iedrich]. "Sehr geehrter Herr Staatsanwalt!," *Neue Bahnen*. Halbmonatsschrift für Kunst und öffentliches Leben III.xi-xii (1. Juni 1903): 288-289.

————. "Bücherschau: Arthur Schnitzlers *Reigen*," *Neue Bahnen* III.ix (1. Mai 1903): 245.

Troller, Georg Stefan. *Selbstbeschreibung*. München: Droemersche Verlagsanstalt Th. Knaur Nachf., 1991.

[Umfrage]. "Gegen das Schmutz- und Schundgesetz," *Der Kulturwille* 3.xii (1. Dezember 1926): 258-259. Abdruck in Kaes 143-145.

[Uraufführung.] *Freistatt* V.xxvii (4. Juli 1903): 534.

Urbach, Reinhard, Hrsg. mit Mathilde Urban, Andreas Weigel et al.*Akademietheater*, Heft 3. Wien: Österreichischer Bundestheaterverband, Saison 1983/84.

————. *Schnitzler—Kommentar zu den erzählenden Schriften und dramatischen Werken*. München : Winkler Verlag, 1974.

Valentin, Hugo. *Antisemitism. Historically and Critically Examined.* New York: The Viking Press, 1936.

Viereck, George Sylvester. "The World of Arthur Schnitzler." G.V. *Glimpses of the Great*. New York: Macauley Co., 1930. 395-409.

Vogel, Margot Elfving. *Schnitzler Rezeption in Schweden. Zur Rezeption seiner Werke*. Stockholm: Borgströms Tryckeri: AB, Motala 1979. (Akademische Abhandlung für das Doktorexamen an der Universität Uppsala 1979.)

Volker. "Schnitzlers *Reigen* wird aufgeführt," *Neue Bahnen*. Halbmonatsschrift für Kunst und öffentliches Leben III.xiii-xiv (1. Juli 1903): 373.

von der March, Ottokar Stauf. "In eigener Sache," *Neue Bahnen* I.xvii-xviiii (1. September 1903): 466-467.

————. "Antwort," *Neue Bahnen* III.xvi-xvi (1. August 1903): 417.

————. "Offener Brief an Dr. M. G. Conrad," *Neue Bahnen* III. xiii-xiv (1. Juli 1903): 367-369. [Siehe auch Conrad, "Antwort"]

Wagenknecht, Christian. " 'Um den Reigen': Karl Kraus und Arthur Schnitzler." *Akten des Internationalen Symposiums 'Arthur Schnitzler und seine Zeit'*. Hrsg. von Giuseppe Farese. Bern-Frankfurt am Main -Zürich: Peter Lang, 1985. 153-163.

Wagner, Renate. *Arthur Schnitzler. Eine Biographie*. Wien-München-Zürich-New York: Fritz Molden, 1981.

Wagner, Renate und Brigitte Vacha. *Wiener Schnitzler-Aufführungen* 1891-1970. München: Prestel Verlag, 1971. (Studien zur Kunst des neunzehnten Jahrhunderts. Band 17.)

Walton, Sarah Luverne. *Arthur Schnitzler on the New York Stage*. Ann Arbor, MI: University Microfilms, Inc. 1966. [Ph.D. Dissertation, Columbia University.] [*Reigen* 61-93; 178-180]

Wassermann, Jakob. *Mein Weg als Deutscher und Jude*. Berlin: S. Fischer Verlag, 1921.

Weber, Leopold. "Münchner Theater," *Der Kunstwart* 16.xx (1903): 380-382.

Weininger, Otto. *Geschlecht und Charakter.* Wien und Leipzig: Braumüller, 1903, 1908.

Weinzierl, Ulrich. "Die Kultur der *Reichspost.*" *Aufbruch und Untergang. Österreichische Kultur zwischen 1918 und 1938.* Hrsg. von Franz Kadrnoska. Mit einem Vorwort vom Bundesminister Dr. Herta Firnberg. Wien-München-Zürich: Europaverlag, 1981. 325-344.

Weller, Uwe B. "Die Zukunft (1892-1922)." *Deutsche Zeitschriften des 17. bis 20. Jahrhunderts.* Hrsg. von Heinz-Dietrich Fischer. Pullach bei München: Verlag Dokumentation, 1973. 241-254.

[Wiesenthal, Simon.] "'Das eigene Schuldgefühl tilgen'. Nazi-Verfolger Simon Wiesenthal über den österreichischen Antisemitismus," *Der Spiegel* Nr. 1.ivl (30. Dezember1991): 136-140.

Willi, Andrea. *Arthur Schnitzlers Roman Der Weg ins Freie.* Eine Untersuchung zur Tageskritik und ihren zeitgenössischen Bezügen. Heidelberg: Carl Winter Universitätsverlag, 1989. (Beiträge zur neueren Literaturgeschichte; Folge 3, Bd. 91).

Williams, Alan. "The Circles of Desire: Narration and Representation in *La Ronde,*" *Film Quarterly* 27.i (Herbst 1973): 41.

Wilson, Colin. "Literature and Pornography." *The Sexual Dimension in Literature.* Hsrg. von Alan Bold. London & Totowa. N.J.: Vision and Barnes & Noble, 1982. 202-219.

Wistrich, Robert S. *The Jews of Vienna in the Age of Franz Joseph.* New York und Toronto: Oxford University Press, 1989.

Wrobel, Ignaz [= Kurt Tucholsky]. "Brunner im Amt," *Die Weltbühne* 18.xxxvi (September 1922): 266-267.

Yates, W.E. *Schnitzler, Hofmannsthal, and the Austrian Theatre.* New Haven, London: Yale University Press, 1992.

————. "The Tendentious Reception of *Professor Bernhardi*: Documentation in Schnitzler's Collection of Press Cuttings." *Austrian Studies I. Vienna 1900 from Altenberg to Wittgenstein.* Hrsg. von Edward Timms und Ritchie Robertson. Edinburgh: Edinburgh University Press, 1990. 108-125.

Zeller, Bernhard, Hrsg. *Jugend in Wien. Literatur um 1900.* Eine Ausstellung des Deutschen Literaturarchivs im Schiller-Nationalmuseum Marbach a. Neckar. München: Kösel Verlag, 1974.

Zohn, Harry. "'Ich bin ein Sohn der deutschen Sprache nur . . . '. Jüdisches Erbe in der Österreichischen Literatur." *Darstellungen und*

Dokumentation. München: Amalthea-Verlag, 1986. 25-34.

———. "Fin-de-Siècle Vienna: The Jewish Contribution." *The Jewish Response to German Culture. From the Enlightenment to the Second World War*. Hrsg. von Jehnda Reinharz und Walter Schatzberg. Hanover and London: University Press of New England, 1985. 137-149.

———. *Österreichische Juden in der Literatur. Ein biobibliographisches Lexicon*. Tel Aviv: Olamenu, 1969. (Schriftenreihe des Zwi-Perz-Chajes-Inst. 1.)

Zweig, Stefan. *Die Welt von Gestern. Erinnerungen eines Europäers*. Stockholm: Bermann-Fischer Verlag, 1947.

Verzeichnis der Bilddokumente

S. 590 Zu S. 11-12. Titelblatt des Privatdrucks und Vorwort zum *Reigen* vom Winter 1896/97. Diese Emil Weber gewidmete Ausgabe trägt die Nummer 136 und befindet sich im Privatbesitz des Verfassers.

S. 591 Zu S. 92-93. Max Reinhardts Regiebuch zu Schnitzlers *Reigen*. Erster Dialog zwischen dem Soldaten und der Dirne. Max Reinhardt-Archiv der State University of New York, Binghamton.

S. 592 Zu S. 152-154. Karikatur zum Reigen um den *Reigen*. In: *Illustriertes Wiener Extrablatt*, 13. Februar 1921. Schiller-National Museum, Marbach am Neckar, und Schnitzler-Archiv in Exeter.

S. 593 Zu S. 158. Antisemitische Karikatur zur *Reigen*-Aufführung in Wien. In: *Neues Montagblatt* (Wien), 14. Februar 1921 Schnitzler-Archiv in Exeter.

S. 594 Zu S. 167-168. Zeichnung der 'gesprengten' *Reigen*-Aufführung in Wien. In: *Illustriertes Wiener Extrablatt*, 18. Februar 1921. Schiller Nationalmuseum, Marbach am Neckar, und Schnitzler-Archiv in Exeter.

S. 595 Zu S. 171. Karikatur Jakob Reumanns als Beschützer des *Reigen*. In: *Wiener Stimmen*, 17. Februar 1921. Schnitzler-Archiv in Exeter.

S. 596 Zu S. 179. Karikatur zur Wiederaufnahme der *Reigen*-Aufführungen in Wien. In: *Wiener Mittags=Zeitung*, 6. März 1922.

S. 597 Zu S. 180. Karikatur Arthur Schnitzlers zu seinem sechzigsten Geburtstag. In: *Wiener Stimmen*, 17. Mai 1922. Schiller-Nationalmuseum, Marbach am Neckar.

S. 598 Zu S. 199. Aufruf der Nationaldemokratischen Partei zur Diskussion über Schnitzlers *Reigen* und die freie Liebe. Berlin am 16. November 1921. Schiller-Nationalmuseum, Marbach am Neckar.

S. 599 Zu S. 254. Anschlag des Stadttheaters Teplitz bez. des Spielverbots des *Reigen* im August 1928. Schnitzler-Archiv in Exeter.

S. 600 Zu S. 258. Anzeige des Verlags Frisch & Co., bez. der illegalen Beschlagnahme des *Reigen* 1922. Schiller-Nationalmuseum, Marbach am Neckar.

Reigen.

Zehn Dialoge

von

Arthur Schnitzler.

Ein Erscheinen der nachfolgenden Scenen ist vorläufig ausgeschlossen. Ich habe sie nun als Manuscript in Druck gegeben; denn ich glaube, ihr Wert liegt anderswo als darin, daß ihr Inhalt den geltenden Begriffen nach die Veröffentlichung zu verbieten scheint. Da jedoch Dummheit und böser Wille immer in der Nähe sind, füge ich den ausdrücklichen Wunsch bei, daß meine Freunde, denen ich dieses Manuscript gelegentlich übergeben werde, es durchaus in diesem Sinne behandeln und als ein bescheidenes, ihnen persönlich zugedachtes Geschenk des Verfassers aufnehmen mögen.

Winter 1896/97.

Titelblatt des Privatdrucks 1896/1897

bei mir. Wer weiß, ob wir morgen noch's Leben haben.

Soldat.
So komm' — aber g'schwind

Dirne.
Gib obacht, da ist so dunkel. Wennst ausrutsch'st, liegst in der Donau.

Soldat.
Wär' eh das Beste.

Dirne.
Pst, so wart' nur ein bissel. Gleich kommen wir zu einer Bank.

Soldat.
Kennst dich da gut aus.

Dirne.
So einen wie dich möcht' ich zum Geliebten.

Soldat.
Ich tät' dir zu viel eifern.

14

Dirne.
Das möcht' ich dir schon abgewöhnen.

Soldat.
Ha —

Dirne.
Nicht so laut. Manchmal is doch, daß sich ein Wachter her verirrt. ~~Sollt man glauben, daß wir da mitten in der Wienerstadt sind?~~

Soldat.
Daher komm', daher.

Dirne.
Aber was fallt dir denn ein, wenn wir da ausrutschen, liegen wir im Wasser unten.

Soldat (hat sie gepackt).
Ah, du —

Dirne.
Halt dich nur fest an.

Soldat. w. O.
Hab' kein' Angst . . .

Max Reinhardts Regiebuch

Der Reigen um den „Reigen".

Volksvertreter und Regierungsleute,
Laßt uns vom Theaterreigen schweigen;

Schöner wärs, wenn ihr im Drang des Heute
Würdet euch in diesem Reigen zeigen!

Die heutige Nummer ist 18 Seiten stark.

Karikatur zum Kampf um den *Reigen*

Antisemitische Karikatur zur *Reigen*-Aufführung in Wien

Das Verbot der „Reigen“-Auff[illegible]en.

Aus Rücksichten der öffentlichen Ruhe und Ordnung.

(Der Text zu diesem Bilde befindet sich im Innern des Blattes.)

Die heutige Nummer ist 10 Seiten stark.

Die ‘gesprengte’ *Reigen*-Aufführung in Wien

Karikatur Jakob Reumanns

Karikatur zur Wiederaufnahme der *Reigen*-Aufführungen in Wien

Zeichnung von Fritz Schönpflug

Zum Sechziger des „Reigen"-Dichters.

Zeichnung von Theo Zasche

„Wir winden dir den — Lorbeerkranz."

Wiener Stimmen, 17. Mai 1922, S. 1

Karikatur A. Schnitzlers zu seinem 60. Geburtstag

Nationaldemokratische Partei

Berlin C. 2, Breite Straße 4

Am **Mittwoch, den 16. November 1921,** abends ½8 Uhr, in **Haverlands Festsälen** (Luisensaal), Neue Friedrichstr. 35 (Bahnhof Börse)

Versammlung.

Vortrag: 1. Die Pazifisten als Vorkämpfer für die Versklavung Deutschlands.

2. Schnitzlers „Reigen" und die freie Liebe.

Gäste willkommen.

Bürger, Arbeiter, Frauen! Die Gerichtsverhandlung in Moabit gegen die „Reigen"-Vorführung ist ein wenig erbauliches Schauspiel. Freie Liebe ist Herren- und Männerrecht. Die Frau ist der leidtragende Teil. Der Herr hat nur das Vergnügen. Die Frau hat das uneheliche Kind zu ernähren. Der uneheliche Vater drückt sich gewöhnlich von den Vaterpflichten und Kosten. Genosse Heine als Vorkämpfer für die Wüstlinge vom Kurfürstendamm und als Vernichter der Menschenrechte der Proletarierfrauen: Welch ein Schauspiel!

Die Pazifisten wiederum gebärden sich wie Organe des französischen Militarismus. Sie fordern die einseitige Entwaffnung Deutschlands. Sie behaupten, wie es die französische Militärpartei wünscht, daß Deutschland allein Schuld am Kriegsausbruch ist. Sie befürworten die Losung „Nie wieder Krieg", d. h. bis in die Ewigkeit sollen bleiben die Franzosen die Herren, die Deutschen die Sklaven. Glaubt ihr, daß wir die Franzosen jemals wieder loswerden?

Schloß-Druckerei, Berlin C. 2, Breitestr. 4

Aufruf der NSDAP zur Versammlung

„REIGEN"
behördlich verboten!

Die polit. Bezirksverwaltung Teplitz-Schönau hat die Aufführung von Schnitzlers „Reigen" aus Beweggründen der öffentl. Ordnung (§ 6 der Min. Vdg. v. 25. Nov. 1850, Rgbl. Nr. 454) verboten.

Es wird alles geschehen, um die Aufhebung dieses Verbotes zu veranlassen und die Aufführung an einem späteren Termin nachzuholen. Wir bitten unser Publikum, Geduld zu bewahren u. uns durch möglichst zahlreichen Besuch auch der anderen Stücke über die Zeit bis dahin hinweg zu helfen, damit „Reigen", der ein besonderes künstlerisches Ereignis zu werden verspricht, doch noch ermöglicht wird u. nicht durch vorzeitigen Abbruch der Spielzeit trotz event. späterer Aufhebung des Verbotes unaufgeführt bleibt.

Wir rechnen auf die Unterstützung aller unserer zahlreichen Freunde!

Teplitz, am 3. August 1928.

Das Schauspiel-Ensemble des Stadttheaters.

C. WEIGEND. TEPLITZ-SCHÖNAU

Spielverbot des *Reigen* in Teplitz

Verehrliche Schriftleitung!

Der in unserem Verlage erschienene Luxusdruck „Schnitzler: Reigen, mit 10 Radierungen von Stefan Eggeler" wurde von einem Zollbeamten in Hof (Oberbayern), **der sich für zensurberechtigt hielt, als unzüchtig beschlagnahmt** und dem Landgericht Hof zur weiteren Amtshandlung übergeben. Das Amtsgericht Hof hat demgemäß die Beschlagnahme ausgesprochen und das Strafverfahren gegen uns eingeleitet. Auf den von uns eingebrachten Rekurs erhielten wir von der Strafkammer, Landgericht Hof, die Mitteilung, daß die Beschlagnahme aufgehoben wurde, unter Angabe der nachstehend angeführten Gründe. Da diese Entscheidung auch für die Öffentlichkeit von Interesse ist, stellen wir es Ihnen anheim, das unten angeführte Gutachten in Ihrem geschätzten Blatte zu veröffentlichen.

Hochachtungsvoll

FRISCH & Co. VERLAG

Begl. Abschrift.

Hof, den 14. Januar 1922.

B e s c h l u ß

der Strafkammer des Landgerichts Hof.

Der Beschluß des Amtsgerichts Hof vom 17. November 1921 wird aufgehoben.

G r ü n d e :

Das Amtsgericht Hof hat mit vorbezeichnetem Beschluß die Beschlagnahme eines Exemplars Nr. 224 des im Verlag von Frisch & Co. in Wien—Leipzig erschienen Buches: „Reigen", von Arthur Schnitzler, ausgesprochen, da Inhalt und Abbildungen desselben unzüchtig seien, und das Buch als Beweismittel für die Untersuchung von Bedeutung sei und der Einziehung unterliege. §§ 184, Z. 1, 41, 42, St.-G.-B., §§ 94, 98, St.-P.-O.

Die von der Verlagsbuchhandlung wirksam dagegen eingelegte Beschwerde ist begründet. **Weder der Inhalt der den „Reigen" bildenden 10 Dialoge, noch die 10 Illustrationen hiezu nach Radierungen von Stefan Eggeler sind unzüchtig** im Sinne des § 184, Z. 1, St.-G.-B. Das geht schon aus der künstlerischen Form der Darstellung hervor. **Aber auch vom Inhalt kann nicht gesagt werden, daß er geeignet sei, das Scham- und Sittlichkeitsgefühl des normal empfindenden Menschen in geschlechtlicher Beziehung zu verletzen.** In den Dialogen treten verschiedene Typen des Wiener Volkslebens auf. Deren in sittlicher Hinsicht allerdings zum Teil sehr tiefstehende Anschauungen über geschlechtliche Dinge darzustellen, ist der wahre Zweck der Schrift. Zu berücksichtigen ist auch, daß das Buch in einer kleinen, numerierten, sehr teueren Ausgabe hergestellt ist.

Trotzdem der Text des Buches schon seit zirka 20 Jahren im Buchhandel erschienen ist, ist nach Mitteilung der Polizeidirektion München bis jetzt nicht bekannt geworden, daß bayerische Gerichte das Buch als unzüchtig im Sinne des § 184, St.-G.-B., erklärt haben.

gez. W a l b e r — D r. T h o m a s — L e u p o l d t

Zur Beglaubigung.

Hof, den 16. Januar 1922.

Gerichtsschreiberei des Landgerichts.

H a l l m e i e r, O.-Sekr.

L. S.

Bekanntmachung der Beschlagnahme des *Reigen* 1922

Personenregister